2020 / 2021 ver
학습 가능

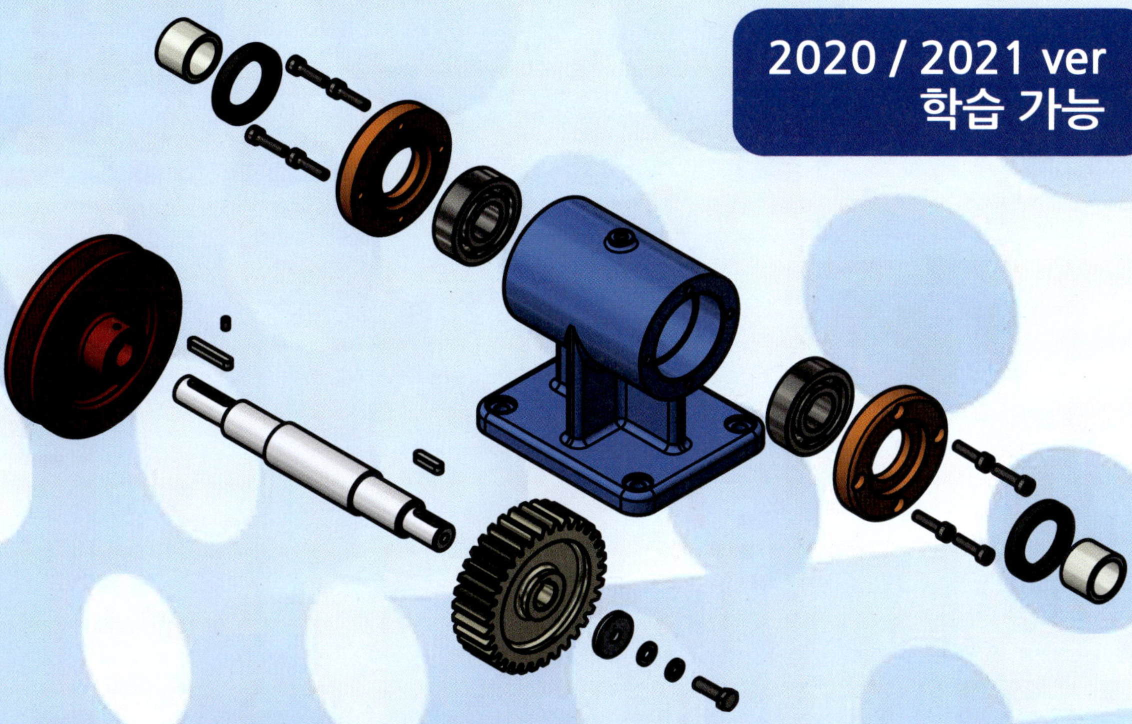

다양한 예제로 배우는

AUTODESK INVENTOR 2022 Professional Master

초급편

청담북스

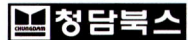

다양한 예제로 배우는
AUTODESK
INVENTOR 2022
Professional Master

초판 1쇄 인쇄	2021년 6월 10일
초판 1쇄 발행	2021년 6월 15일

저 자	조성일
발행인	유미정
발행처	도서출판 청담북스
주 소	(우)10909 경기도 파주시 하우3길 100-15(야당동)
전 화	031-943-0424
팩 스	031-600-0424
등 록	제406-2009-000086호
정 가	30,000원
ISBN	979-11-91218-10-7 93550

※이 책은 저작권법에 따라 보호를 받는 저작물이므로 무단 전재나 복제를 금지하며,
  이 책 내용의 전부 또는 일부를 이용하려면 반드시 저작권자나 발행인의 서면동의를 받아야 합니다.

※잘못된 책은 구입하신 서점에서 바꾸어드립니다.

머리말

처음 인벤터 책을 쓸때가 생각납니다. 그때는 책 집필에 대한 것에 대해서 아무것도 모르고 막연히 "나라면 이렇게 쓸 텐데..." 라고 혼자 멋대로 결론 내리고는 내가 쓰고 싶은 스타일대로 막연히 썼었더랬지요.

그때 처음으로 인벤터 기초 책을 쓰고 나서 중급 책, 시뮬레이션 DVD 까지 냈었는데 거의 10년을 돌고 돌아서 다시 기초 책을 쓰게 되었네요.

그래서 다시 처음으로 돌아간다는 생각으로 또 처음부터 고민을 다시 하게 되었네요. 항상 책을 쓸 때마다 고민을 합니다. 독자들에게 알려주고 싶은 깊이있는 내용과 많은 내용과 많은 예제를 어떻게 하면 500페이지안에 다 집어넣을 수 있을까?

시작할때는....그랬던 것 같습니다. 내가 아는 내용을 최대한 심도있게 가르쳐주겠다! 내가 실무에서 작업했었던 내용들을 아주 자세하게 가르쳐 주는 방향으로 가야겠다! 라는 방향으로 흘러갔더니 다루는 분야가 너무 좁아져 버렸습니다. 한권에 꽉꽉 채운거 같았는데 결과는 겨우 솔리드 모델링 기초만 다루고 말았으니까요. 항상 솔리드 중급 모델링과 곡면 모델링, 판금 모델링을 기초편에 같이 담지 못하는 것이 너무 아쉬웠습니다. 조립품도 마찬가지로더군요. 기초적은 조립 명령만 다루었고 좀 더 심도있는 내용을 다루지도 못했으니까요.

그래서 이번 책에서는 다시 새로운 시도를 하게 되었습니다. 아이러니하게도 책을 쓰는 입장에서 한국 사람들은 어차피 글 많은거 싫어해! 하고 외치고는 되도록 글을 적게 넣고 그림으로 많이 보여주기로 했지요. 설명이 적은건 어떡하냐고요? 지금이 바야흐로 대 유튜브 시대가 아니겠습니까. 세상의 모든 정보를 유튜브로 얻고 있는 상황이니 저도 유튜브의 힘을 좀 빌려보기로 했습니다. 큰 줄기나 정보, 도면 등은 책에 담되 상세한 설명은 유튜브 채널을 빌려서 하기로요.

그 결과 이번 책에는 정말 많은 내용을 담을 수가 있게 되었습니다. 예제 도면이 이렇게 많이 들어간 적이 있었나 싶을 정도네요. 웬만한 도면 예제집에 버금가는 연습 예제가 들어가면서 그 연습 예제에 하나하나 다 유븀트 강의를 만들어서 넣을 생각을 하다니...

음..아무튼 그래서 지금 머리말을 쓰고 있는 이 순간에도 걱정이 참 많습니다. 왜냐하면 이제부터 책의 본문과 연습예제를 설명할 영상을 만들어야 하기 때문이죠. 옛날 같았으면 "이제 탈고다!!"하고 외쳤겠지만 지금은 "어, 이제 절반 했네"라는 생각이 들더군요. 지금 등에서 식은땀이 흐르고 있습니다.

책이란 건 참 어려운 것 같습니다. 이렇게 야심차게 기획을 하고 또 새로운 포맷으로 다시 책을 만들었음에도 불구하고, 이 내용이 빠진것 같은데, 이런 형식을 독자들이 좋아해 줄까? 라고 오만가지 생각이 다 드네요. 뭐 판단은 독자 어려분들이 해주시겠지요.

2021년 5월 저자 조성일 23번째 머리말을 쓰다.

이 책을 학습하는 방법

How to Learn

이 책을 공부하기에 앞서 책의 구성과 학습 방법에 대해서 알아보도록 하겠습니다. 이 책은 예제중심으로 진행되며, 여러분들은 예제를 하나하나 따라하시다 보면 자연스럽게 인벤터에 익숙해질 수 있게 구성되어 있습니다.

❶ **챕터 제목** : 현재 진행하는 챕터의 제목이 표시됩니다.

❷ **본문 진행** : 번호와 그림에 맞춰 각 단원의 과제를 수행해 나갑니다.

❸ **팁** : 학습할 때 유용한 팁에 대해서 표시합니다.

❹ **본문 예제 도면** : 현재 챕터에서 학습한 명령어로 순서에 맞춰 차근차근 예제를 진행합니다.

❺ **연습 예제 도면** : 학습한 명령어와 본문 예제로 인해 학습한 후 학습자가 직접 여러가지 연습 예제를 진행합니다.

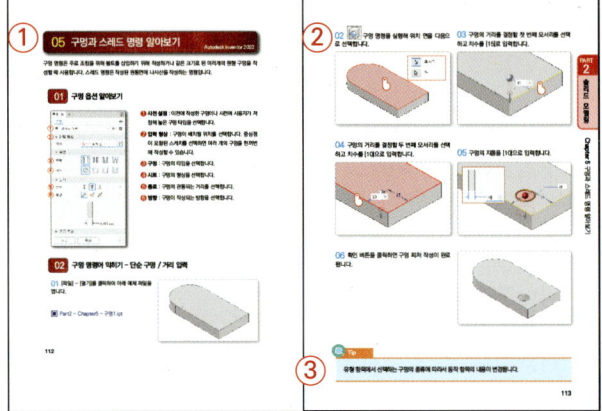

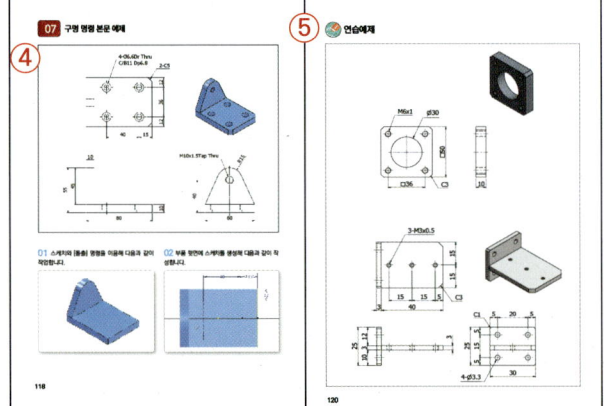

유튜브 채널 소개
Youtube Channel

이 책에 있는 본문예제는 유튜브에서 책과 함께 더욱더 자세히 설명합니다. 책만 가지고 이해가 되기 어려우신 분들은 바라기의 인벤터 유튜트를 검색해서 들어오세요!

유튜브에서 검색어를 "sungil cho"로 검색합니다.

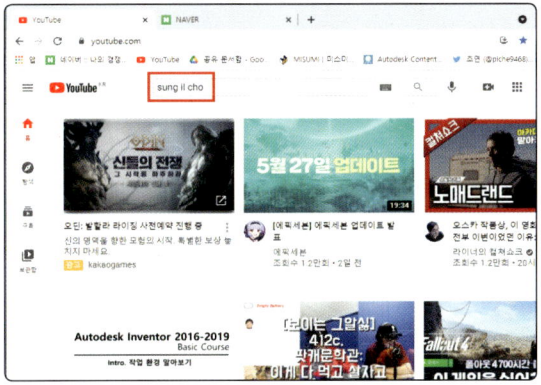

검색결과가 표시되면 제 계정 이름을 클릭해주세요.

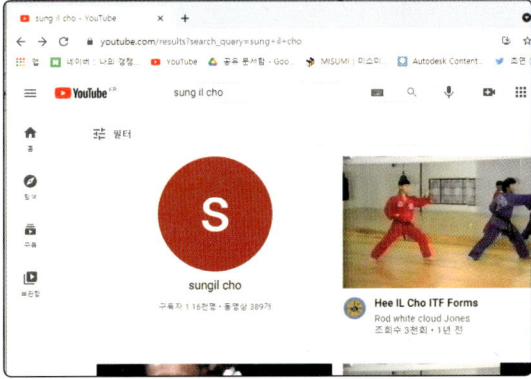

다음과 같이 유튜브 채널로 들어옵니다.

여기서 이 책의 재생목록으로 들어오시면 됩니다. 인벤터 및 Fusion 360 관련 채널들이 표시됩니다.

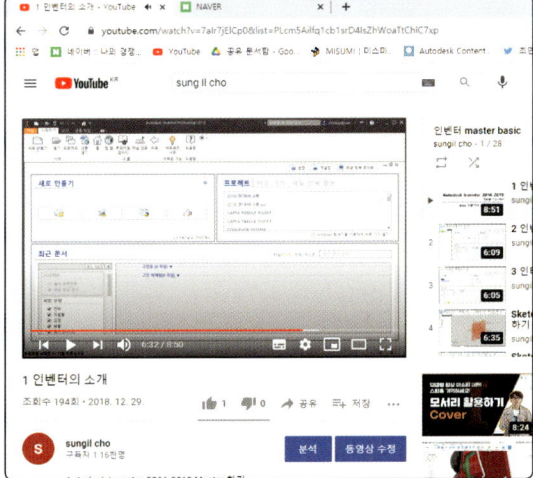

인벤터 마스터 트레이닝 카페

Cummunity Cafe

인벤터 마스터 트레이닝 카페에 대한 소개를 해 드리도록 하겠습니다.

인벤터 마스터 트레이닝 카페란 저자가 직접 운영하는 인벤터 교육 관련 카페입니다. 인벤터 무료 동영상 강좌는 물론 다양한 예제파일과 자료가 있는 카페입니다. 이 카페를 찾아가는 방법에 대해서 알아보도록 하겠습니다.

네이버 메인 페이지에서 카페 버튼을 클릭합니다.

카페 검색 창에서 인벤터를 검색합니다.

카페 목록에서 다음 카페 이름을 클릭합니다.

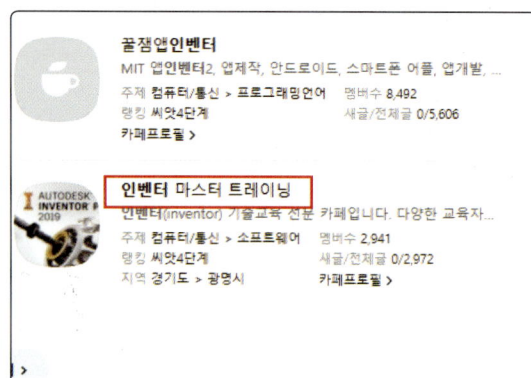

Inventor 유저 모임 카페로 이동합니다.

예제 파일 다운로드하기
Example Download

이 책의 모든 예제 파일은 앞서 소개한 **인벤터 마스터 트레이닝 카페**에서 받으실 수 있습니다.

카페 왼쪽의 카테고리에서 **인벤터 2022 예제파일**을 클릭해 주세요.

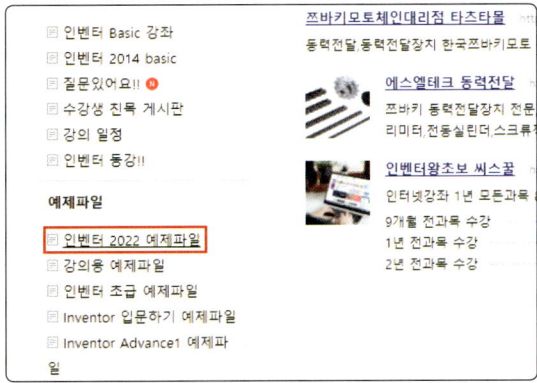

다음 게시글을 클릭합니다.

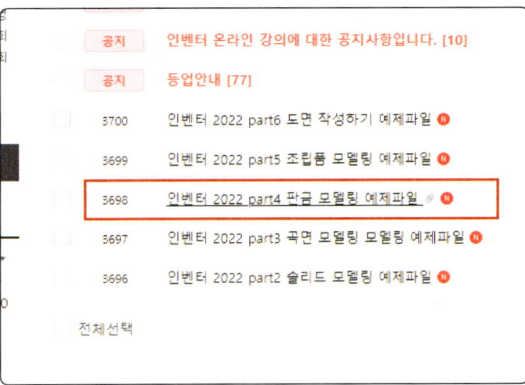

게시글의 첨부 파일을 클릭한 후 [내 컴퓨터 저장] 버튼을 클릭합니다.

원하는 폴더 위치에 저장한 후 압축을 풉니다.

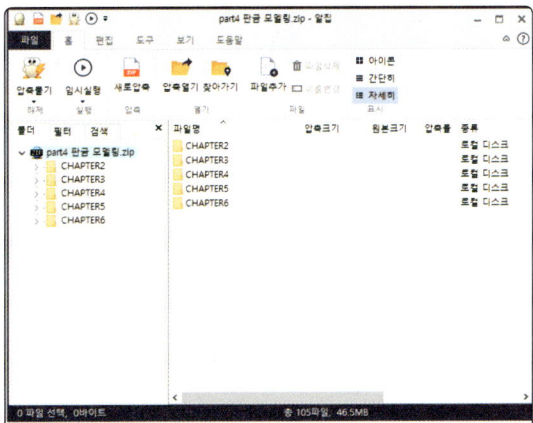

목차

Part 1 인벤터 시작하기

Chapter 01 인벤터의 소개 · · · · · · 22

- 01 인벤터란? · · · 22
- 02 인벤터의 주요 기능 소개 · · · 22
- 03 시스템 요구 사항 · · · 24
- 04 PDMC 제품군에 대하여 · · · 25
- 05 Autodesk Inventor 2022 What's New · · · 26

Chapter 02 인벤터의 인터페이스 · · · · · · 28

- 01 인벤터 실행하기 · · · 28
- 02 인벤터 시작 화면 소개 · · · 28
- 03 새 파일 작성하기 · · · 29
- 04 인벤터의 템플릿 소개 · · · 30
- 05 응용프로그램 옵션 설정하기 · · · 30
- 06 문서 설정하기 · · · 34
- 07 사용자화 설정하기 · · · 35

Chapter 03 화면 제어하기 · · · · · · 36

- 01 마우스와 키보드를 이용한 화면 제어 · · · 36
- 02 뷰 큐브를 이용한 화면 제어하기 · · · 37
- 03 탐색 막대로 제어하기 · · · 39
- 04 뷰 탭 · · · 39
- 05 비주얼 스타일 · · · 40
- 06 사용자 인터페이스 옵션 · · · 42
- 07 팝업 메뉴에 대해서 · · · 43

Part 2   솔리드 모델링

Chapter 01   솔리드 모델링의 개요 ················ 46
- 01 솔리드 모델링의 기본 구성   46
- 02 부품 모델링 시작하기   47
- 03 부품 환경의 인터페이스   48
- 04 솔리드 모델링의 명령어   49

Chapter 02   스케치 ················ 50
- 01 스케치란?   50
- 02 스케치를 작성하는 방법   50
- 03 스케치 환경의 인터페이스   51
- 04 스케치 작성 명령   52
- 05 스케치 수정 명령   58
- 06 스케치 패턴 명령   61
- 07 치수 작성하기   62
- 08 구속조건 명령   64
- 09 형식   70
- 10 스케치 편집   71
- 11 스케치의 완전 정의   71
- ▶ 연습 예제   72

Chapter 03   돌출 알아보기 ················ 84
- 01 돌출 명령어 옵션 알아보기   84
- 02 돌출 명령어 익히기 - 새 솔리드   87
- 03 돌출 명령어 익히기 - 접합   87
- 04 돌출 명령어 익히기 - 잘라내기   88
- 05 돌출 명령어 익히기 - 교차   89
- 06 돌출 명령어 익히기 - 테이퍼 옵션   90
- 07 돌출 본문 예제   92
- ▶ 연습 예제   94

Chapter 04 모따기와 모깎기 알아보기 ········· 100

- 01 모따기 옵션 알아보기   100
- 02 모따기 명령어 익히기 - 동등 거리   100
- 03 모따기 명령어 익히기 - 거리 및 각도   101
- 04 모따기 명령어 익히기 - 두 거리   102
- 05 모깎기 옵션 알아보기   103
- 06 모깎기 명령어 익히기 - 모깎기   103
- 07 모깎기 명령어 익히기 - 모서리 세트 추가   105
- 08 모깎기 명령어 익히기 - 면 모깎기   106
- 09 모깎기 명령어 익히기 - 전체 둥근 모깎기   107
- 10 모따기와 모깎기 본문 예제   108
- ▶ 연습 예제   110

Chapter 05 구멍과 스레드 명령 알아보기 ········· 114

- 01 구멍 옵션 알아보기   114
- 02 구멍 명령어 익히기 - 단순 구멍 / 거리 입력   114
- 03 구멍 명령어 익히기 - 카운터 보어 구멍 / 동심   116
- 04 구멍 명령어 익히기 - 스케치 이용 / 탭 구멍   117
- 05 스레드 옵션 알아보기   118
- 06 스레드 명령어 익히기   119
- 07 구멍 명령 본문 예제   120
- ▶ 연습 예제   122

Chapter 06 회전 명령 알아보기 ········· 130

- 01 회전 옵션 알아보기   130
- 02 회전 명령어 익히기 - 전체 회전   130
- 03 회전 명령어 익히기 - 각도 회전   131
- 04 회전 명령어 익히기 - 잘라내기   132
- 05 회전 명령 본문 예제   133
- ▶ 연습 예제   135

Chapter 07 쉘 명령 알아보기 · 144

- 01 쉘 옵션 알아보기 · 144
- 02 쉘 명령어 익히기 - 균일 두께 · 144
- 03 쉘 명령어 익히기 - 다중 두께 · 145
- 04 쉘 명령 본문 예제 · 147
- ▶ 연습 예제 · 149

Chapter 08 코일 명령 알아보기 · 154

- 01 코일 옵션 알아보기 · 154
- 02 코일 명령어 익히기 - 코일 생성 · 154
- 03 코일 명령어 익히기 - 코일 컷 · 156
- 04 코일 명령 본문 예제 · 157
- ▶ 연습 예제 · 159

Chapter 09 리브 명령 알아보기 · 160

- 01 리브 옵션 알아보기 · 160
- 02 리브 명령어 익히기 · 161
- 03 리브 명령 본문 예제 · 162
- ▶ 연습 예제 · 164

Chapter 10 작업 피처 명령 알아보기 · 166

- 01 작업 형상의 종류 알아보기 · 166
- 02 평면에서 간격 띄우기 기능 익히기 · 168
- 03 두 평면 사이의 중간 평면 기능 익히기 · 170
- 04 점에서 곡선에 수직 기능 익히기 · 171
- 05 작업 피처 명령 본문 예제 · 174
- ▶ 연습 예제 · 176

Chapter 11 스윕 명령 알아보기 · 178

- 01 스윕 옵션 알아보기 · 178
- 02 스윕 명령어 익히기 · 178
- 03 스윕 명령어 익히기 - 테이퍼 옵션 · 179

04	스윕 명령어 익히기 - 비틀기 옵션	180
05	스윕 명령 본문 예제	181
▶	연습 예제	183

Chapter 12 로프트 명령 알아보기 188

01	로프트 옵션 알아보기	188
02	로프트 명령어 익히기 - 두 개의 단면 잇기	189
03	로프트 명령어 익히기 - 세 개 이상의 단면 잇기	190
04	로프트 명령어 익히기 - 레일 이용하기	191
05	로프트 명령 본문 예제	192
▶	연습 예제	194

Chapter 13 원형 패턴 명령 알아보기 200

01	원형 패턴 옵션 알아보기	200
02	원형 패턴 명령어 익히기 - 피처 패턴	200
03	원형 패턴 명령어 익히기 - 솔리드 패턴	201
04	원형 패턴 명령 본문 예제	203
▶	연습 예제	205

Chapter 14 직사각형 패턴 명령 알아보기 212

01	직사각형 패턴 옵션 알아보기	212
02	직사각형 패턴 명령어 익히기 - 피처 패턴	212
03	직사각형 패턴 명령어 익히기 - 경로 이용 패턴	214
04	직사각형 패턴 명령어 익히기 - 솔리드 패턴	215
05	직사각형 패턴 명령 본문 예제	216
▶	연습 예제	218

Chapter 15 미러 명령 알아보기 222

01	미러 옵션 알아보기	222
02	미러 명령어 익히기 - 피처 타입	222
03	미러 명령어 익히기 - 솔리드 타입	223
04	미러 명령 본문 예제	225
▶	연습 예제	227

Chapter 16 스케치 연계 패턴 명령 알아보기 ········· 234

- 01 스케치 연계 패턴 옵션 알아보기 234
- 02 스케치 연계 패턴 명령어 익히기 - 피처 패턴 234
- 03 스케치 연계 패턴 명령어 익히기 - 솔리드 패턴 235
- 04 스케치 연계 패턴 명령 본문 예제 237
- 05 재질 스타일 작성하기 239
- ▶ 연습 예제 240

Part 3 곡면 모델링

Chapter 01 곡면 모델링의 개요 ········· 244

- 01 곡면 모델링의 개요 244
- 02 곡면 모델링의 작업 종류 245
- 03 곡면 모델링 명령어 245

Chapter 02 곡면 돌출 알아보기 ········· 246

- 01 곡면 돌출 옵션으로 바꾸기 246
- 02 곡면 돌출 명령어 익히기 246
- 03 분할 명령어 옵션 알아보기 248
- 04 분할 명령어 익히기 - 면 분할 248
- 05 분할 명령어 익히기 - 솔리드 분할 249
- 06 제도 명령어 옵션 알아보기 250
- 07 제도 명령어 익히기 251
- 08 곡면 돌출 명령 본문 예제 252
- ▶ 연습 예제 254

Chapter 03 곡면 회전 알아보기 ········· 260

- 01 곡면 회전 옵션으로 바꾸기 260
- 02 곡면 회전 명령어 익히기 260
- 03 면 대체 명령어 옵션 알아보기 262
- 04 면 대체 명령어 익히기 262
- 05 면 삭제 명령어 옵션 알아보기 263

06 면 삭제 명령어 익히기 264
07 곡면 회전 명령 본문 예제 265
▶ 연습 예제 267

Chapter 04 곡면 로프트 알아보기 270

01 곡면 로프트 옵션으로 바꾸기 270
02 곡면 로프트 명령어 익히기 270
03 곡면 연장 명령어 옵션 알아보기 272
04 곡면 연장 명령어 익히기 272
05 곡면 자르기 명령어 옵션 알아보기 273
06 곡면 자르기 명령어 익히기 273
07 두껍게 하기 명령어 옵션 알아보기 274
08 두껍게 하기 명령어 익히기 275
09 곡면 로프트 명령 본문 예제 276
▶ 연습 예제 278

Chapter 05 곡면 스윕 알아보기 282

01 곡면 스윕 옵션으로 바꾸기 282
02 곡면 스윕 명령어 익히기 282
03 패치 명령어 옵션 알아보기 284
04 패치 명령어 익히기 284
05 스티치 명령어 옵션 알아보기 285
06 스티치 명령어 익히기 286
07 조각 명령어 옵션 알아보기 287
08 조각 명령어 익히기 287
09 곡면 스윕 명령 본문 예제 288
▶ 연습 예제 290

Part 4 판금 모델링

Chapter 01 판금 모델링의 개요 300
- 01 판금 모델링의 개요 300
- 02 판금 모델링의 특징 300
- 03 판금 모델링 명령어 301

Chapter 02 면 / 접기 / 잘라내기 302
- 01 면 명령어 옵션 알아보기 302
- 02 면 명령어 익히기 303
- 03 접기 명령어 옵션 알아보기 303
- 04 접기 명령어 익히기 304
- 05 잘라내기 명령어 옵션 알아보기 305
- 06 잘라내기 명령어 익히기 306
- 07 면 / 접기 / 잘라내기 명령 본문 예제 307
- ▶ 연습 예제 309

Chapter 03 플랜지 / 펀칭 도구 312
- 01 플랜지 명령어 옵션 알아보기 312
- 02 플랜지 명령어 익히기 313
- 03 펀칭 도구 명령어 옵션 알아보기 314
- 04 펀칭 도구 명령어 익히기 315
- 05 플랜지 / 펀칭 도구 명령 본문 예제 316
- ▶ 연습 예제 318

Chapter 04 컨투어 플랜지 / 햄 322
- 01 컨투어 플랜지 옵션 알아보기 322
- 02 컨투어 플랜지 명령어 익히기 323
- 03 햄 명령어 옵션 알아보기 324
- 04 햄 명령어 익히기 324
- 05 컨투어 플랜지 / 햄 명령 본문 예제 326
- ▶ 연습 예제 328

Chapter 05 로프트 플랜지 / 플랫 패턴 ······ 338

- 01 로프트 플랜지 옵션 알아보기 ········ 338
- 02 로프트 플랜지 명령어 익히기 ········ 339
- 03 플랫 패턴 익히기 ········ 340
- 04 로프트 플랜지 / 플랫 패턴 명령 본문 예제 ········ 342

Chapter 06 윤곽선 롤 / 전개 / 재접힘 ······ 344

- 01 윤곽선 롤 옵션 알아보기 ········ 344
- 02 윤곽선 롤 명령어 익히기 ········ 345
- 03 컨투어 플랜지 응용 명령 익히기 ········ 345
- 04 전개 옵션 알아보기 ········ 346
- 05 전개 / 재접힘 명령어 익히기 ········ 347
- 06 윤곽선 롤 / 전개 / 재접힘 명령 본문 예제 ········ 349
- ▶ 연습 예제 ········ 351

Part 5 조립품 모델링

Chapter 01 조립품 모델링의 개요 ······ 354

- 01 조립품 모델링의 개요 ········ 354
- 02 조립품 시작하기 ········ 355
- 03 조립품 환경의 인터페이스 ········ 355
- 04 검색기 인터페이스 ········ 356
- 05 조립 탭 명령어 알아보기 ········ 356
- 06 설계 탭 명령어 알아보기 ········ 357
- 07 검사 탭 명령어 알아보기 ········ 357

Chapter 02 조립품 명령어 학습하기 ······ 358

- 01 조립품 시작 및 부품 배치하기 ········ 358
- 02 부품 이동 및 회전하기 ········ 360
- 03 부품 복사하기 ········ 361
- 04 구속조건 명령 알아보기 ········ 362

05	메이트 구속조건 학습하기	363
06	플러쉬 구속조건 학습하기	364
07	플러쉬 - 거리주기 구속조건 학습하기	365
08	메이트 - 동심 구속조건 학습하기	365
09	삽입 구속조건 학습하기	367
10	각도 구속조건 학습하기	368
11	대칭 구속조건 학습하기	369
12	접합 명령 알아보기	370
13	접합 - 강체 학습하기	371
14	접합 - 회전 학습하기	372
15	접합 - 슬라이더 학습하기	373
16	접합 - 원통형 학습하기	374
17	접합 - 평면형 학습하기	376
18	컨텐츠 센터 라이브러리 부품 배치 학습하기	377
19	컨텐츠 센터 라이브러리 부품 배치 - 리스트에서 고르기	379
20	구속조건과 접합 명령으로 조립품 작성하기	381
▶ 연습 예제		389

Chapter 03 조립품 명령 활용하기 · · · · · · · · · · · · · · · 398

01	간섭 분석하기와 작동가능	398
02	유연성	401
03	구속조건 구동하기	402
04	충돌 탐지	404
05	접촉세트	405
06	표현-뷰	406
07	표현-위치	409
08	표현-위치 응용편	411
09	생산성 명령어	413

Chapter 04 프리젠테이션 · · · · · · · · · · · · · · · 414

01	프리젠테이션 시작하기	414
02	프리젠테이션 명령어 알아보기	415
03	구성요소 미세조정 명령어 실습하기	416
04	불투명도 명령어 실습하기	417

	05 카메라 캡처 명령어 실습하기	418
	06 스냅샷 뷰와 래스터 이미지로 내보내기	419
	07 스토리보드 제어하기	420
	08 게시 명령어 실습하기	421
	09 프리젠테이션 본문 예제	423
▶ 연습 예제		427

Part 6 도면 작성하기

Chapter 01 도면의 개요 · · · · · · 436

01 인터페이스 알아보기	436
02 시트에 대해서	437
03 축척에 대해서	437
04 도면 환경의 검색기 알아보기	438
05 시트 설정하기	439

Chapter 02 도면 템플릿 작성하기 · · · · · · 440

01 도면 시작하기	440
02 경계 작성하기	441
03 제목 블록 작성하기	442
04 스타일 편집기 알아보기	444
05 템플릿으로 저장하기	446

Chapter 03 뷰 배치 명령어 알아보기 · · · · · · 448

01 뷰 배치 명령어 알아보기	448
02 기준 뷰 명령 실습하기	449
03 투영 뷰 명령 실습하기	451
04 보조 뷰 명령 실습하기	454
05 단면 뷰 명령 실습하기 - 전단면	455
06 단면 뷰 명령 실습하기 - 계단 단면	457
07 상세 뷰 명령 실습하기	458
08 오버레이 뷰 명령 실습하기	459

	09 끊기 뷰 명령 실습하기	461
	10 브레이크 아웃 뷰 명령 실습하기	462
	11 오리기 명령 실습하기	463

Chapter 04 주석 명령어 알아보기 · · · · · · · 464

	01 주석 명령어 알아보기	464
	02 치수	465
	03 피처 주	466
	04 텍스트	467
	05 기호	468
	06 중심선 마크 기호	469
	07 테이블	471
	08 내보내기	473
▶	연습 예제	476

인벤터 시작하기

Chapter 1   인벤터의 소개
Chapter 2   인벤터의 인터페이스
Chapter 3   화면 제어하기

01 인벤터의 소개

Autodesk Inventor 2022

인벤터는 어떠한 프로그램이며 어떤 기능들이 있는지 알아보도록 하겠습니다.

01 인벤터란?

오토캐드로 유명한 오토데스크 사의 3차원 캐드 프로그램입니다. 다른 여타 3DCAD와 마찬가지로 파라메트릭 모델링(Parametric Modeling)과 히스토리(History) 방식을 채용하고 있으며, 오토캐드와의 뛰어난 호환성으로 인해 많은 설계자들에게 사랑받고 있습니다. 현재 전세계에서 가장 많은 사용자를 가지고 있는 프로그램중 하나입니다.

02 인벤터의 주요 기능 소개

❶ **모델링** : 파라메트릭 모델링(Parametric Modeling)과 히스토리(History) 방식을 이용한 기본 솔리드 모델링부터, 곡면 모델링, 판금 모델링, 자유형 모델링 등 다양한 모델링 프로세스를 사용할 수 있습니다.

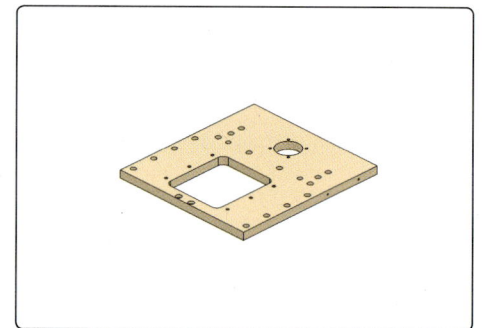

❷ **조립품** : 구속조건과 접합을 활용한 기본적인 조립에서 부터 용접 구조물 조립품, 금형 몰드 조립품까지 작성이 가능하며, 간섭체크, 충돌탐지 등 다양한 기능을 활용할 수 있습니다.

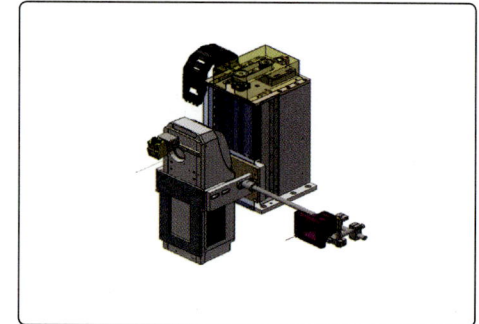

❸ **도면** : 도면 자원과 스타일 편집기, 오토캐드와의 강력한 호환성으로 인해 강력한 성능을 자랑합니다. 또한 조립품의 BOM 기능의 연동으로 인한 자동화된 리스트 작성 및 외부 데이터와의 연동도 가능합니다.

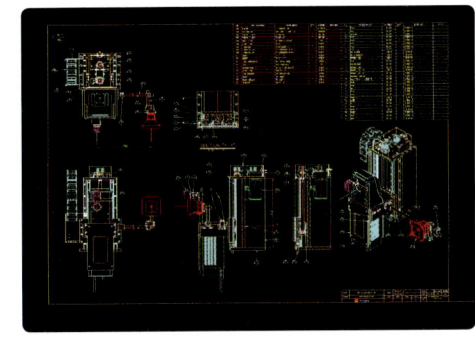

❹ **해석** : 기본적인 구조해석과 진동해석은 물론 동역학 해석과 프레임 분석 기능을 탑재하고 있습니다. 또한 쉐이프 생성기 기능을 활용해 최적화 해석 모델링도 가능합니다.

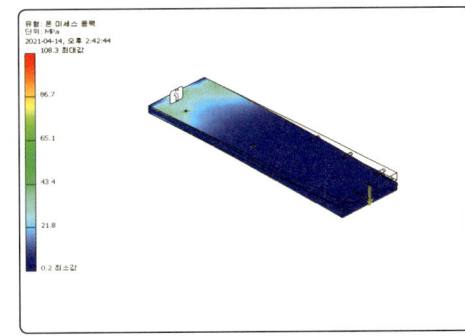

❺ **iLogic** : 인벤터의 규칙 기반 설계 기능입니다. 이 기능을 활용해 인벤터의 모든 기능을 규칙 기반으로 제어할수 있으며, 규칙 기반 제어, 설계 자동화, 문서 자동 생성 등 다양한 분야에서 활용할 수 있습니다.

❻ **라우팅** : 튜브 및 파이프, 케이블 및 하네스 등 경로를 따라 작성해야 하는 복합 조립품 구성을 도와줍니다.

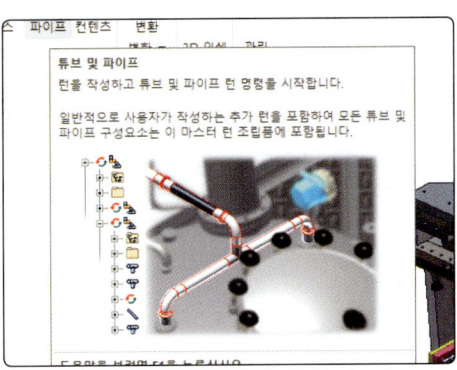

03 시스템 요구사항

Autodesk Inventor 2022의 시스템 요구사항

운영 체제	64비트 Microsoft® Windows® 10
CPU	권장 : 3.0GHz 이상, 4개 이상의 코어 최소 : 2.5GHz 이상
메모리	권장 : 32GB RAM 이상 최소 : 16GB RAM(부품 조립품이 500개 미만인 경우)
디스크 공간	설치 프로그램 및 전체 설치: 40GB
그래픽 카드	권장 : 4GB GPU, 106GB/S 대역폭 및 DirectX 11 호환 최소 : 1GB GPU, 29GB/S 대역폭 및 DirectX 11 호환
해상도	권장 : 3840 x 2160(4K), 최적 화면 배율: 100%, 125%, 150% 또는 200% 최소 : 1280 x 1024
포인팅 장치	MS 마우스 규격 생산성: 3DConnexion SpaceMouse®, 드라이버 버전 10.5.12 이상
네트워크	Autodesk® 데스크탑 앱의 웹 설치, Autodesk® 공동 작업 기능, 웹 다운로드 및 라이센스를 위한 인터넷 연결. Network License Manager는 Windows Server® 2019, 2016, 2012, 2012 R2, 2008 R2 및 위에 나열된 운영 체제를 지원합니다.
스프레드시트	스프레드시트를 작성하고 편집하는 워크플로우에 대한 Microsoft® Excel 2016(빌드 16.0.4519.1000) 이상의 전체 로컬 설치. Office 365 구독 고객의 경우 Microsoft Excel이 로컬에 설치되어 있어야 합니다. Windows Excel Starter®, OpenOffice® 및 브라우저 기반 Office 365 응용프로그램은 지원되지 않습니다.
브라우저	Google Chrome™ 또는 동급 브라우저
.NET Framework	.NET Framework 버전 4.8 이상 설치하려면 Windows 업데이트가 활성화되어 있어야 합니다.

복잡한 모델, 복잡한 금형 조립품 및 대형 조립품의 경우(일반적으로 부품 수 1,000개 이상)

그래픽	권장 : 4GB GPU, 106GB/S 대역폭 및 DirectX 11 호환
CPU 유형	권장 : 3.30GHz 이상, 4개 이상의 코어
메모리	권장 : 64GB RAM 이상

04 PDMC 제품군에 대하여

PDMC란 Product Design & Manufacturing Collection의 약자로써 컨셉에서 생산까지 모든 분야의 작업자를 연결해 주는 전문적인 응용프로그램이 결합된 컬렉션입니다.

Product Design & Manufacturing Collection에 포함된 소프트웨어

Inventor
3D 기계 설계, 시뮬레이션 및 문서화를 위한 전문적인 도구

AutoCAD
산업군별 툴셋이 포함된 2D 및 3D CAD 소프트웨어

Fusion 360
제품 설계 및 제조를 위한 클라우드 기반의 CAD/CAM/CAE 소프트웨어

Inventor Tolerance Analysis
치수 변동에 따른 영향을 파악할 수 있는 공차 누적 해석 소프트웨어

Inventor Nesting
원재료의 산출량을 최적화하기 위한 Inventor용 네스팅 소프트웨어

Inventor CAM
Inventor를 위한 통합 2.5~5축 CAD/CAM 프로그래밍 솔루션

Factory Design Utilities
효율적인 생산 레이아웃을 계획, 설계 및 설치할 수 있는 공장 설계 소프트웨어

Vault
설계 파일을 관리하고 리비전을 추적할 수 있는 제품 데이터 관리 소프트웨어

Inventor Nastran
비선형 응력, 열, 진동 및 피로 시뮬레이션을 위한 CAD 내재 소프트웨어

Navisworks Manage
간섭 검토 및 일정 관리 기능을 지원하는 대규모 설계 검토 소프트웨어

3ds Max
설계 시각화를 지원하는 3D 렌더링 및 애니메이션 소프트웨어

ReCap Pro
리얼리티 캡처 및 3D 스캔 소프트웨어와 서비스

HSMWorks
SOLIDWORKS를 위한 통합 2.5~5축 CAD/CAM 프로그래밍 솔루션

Autodesk Rendering
클라우드에서의 빠른 고해상도 렌더링을 지원하는 소프트웨어

Autodesk Drive
개인 및 소규모 팀을 위한 CAD 지원 클라우드 저장소

05 Autodesk Inventor 2022 What's New

Autodesk Inventor 2022가 출시되면서 다음과 같은 사항들이 개선되거나 새로 추가되었습니다.

❶ **모형 상태** : 모형 상태가 새로 추가되었습니다. 이제 사용자는 부품 및 조립품에서 다양한 옵션을 추가하여 여러가지 상태 지정을 할 수 있게 되었습니다.

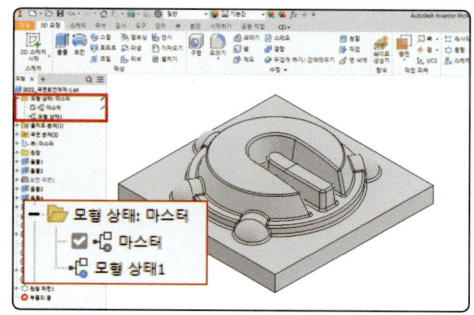

❷ **조립품의 구속조건 상태** : 조립품에 포함된 부품들의 구속상태를 마크[●, -, ○]로 표시할 수 있게 되었습니다. 이제 사용자는 자유도 명령을 사용하지 않고도 각 부품의 구속 상태를 알아볼 수 있습니다.

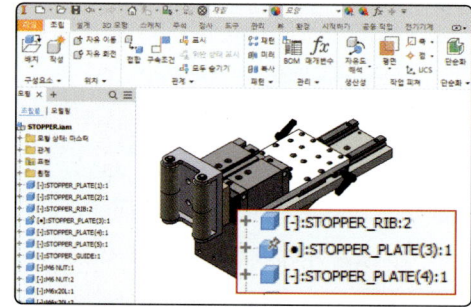

❸ **새 단순화 명령** : 단순화 명령이 개선되고 인터페이스 창이 변경되었습니다.

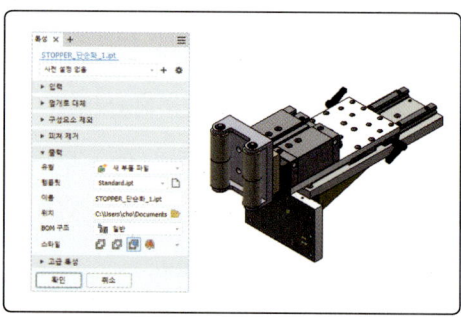

❹ **모깎기 기능의 변화** : 모깎기 기능이 향상되었습니다. 기존의 세 가지 탭으로 작성하는 것과 달리 명령어 아이콘이 따로따로 구분됩니다.

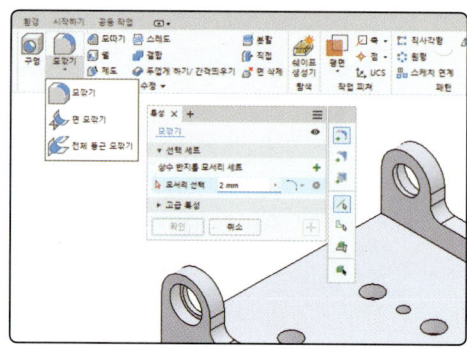

❺ **도면 뷰 옵션의 변화** : 도면 뷰의 음영처리가 개선됩니다. 음영처리가 단순 음영처리가 아닌 사용자가 직접 비주얼 스타일로 지정할 수 있습니다. 또한 뷰 표현 옵션에 카메라 뷰와 3D 주석 포함이 추가됩니다.

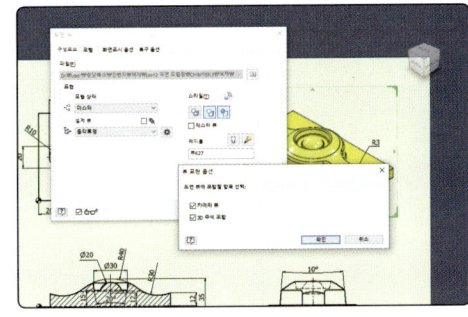

❻ **상호 운용성 변화** : 내보내기 기능이 향상되었습니다. REVIT 데이터로 내보내기 기능이 향상되었으며 Fusion 360과 Inventor 부품 파일을 쉽게 공유할 수 있는 새 워크플로우가 추가되었습니다.

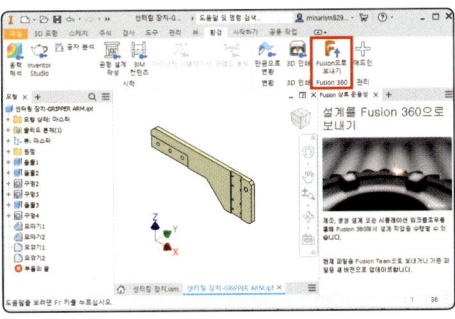

❼ **측정 명령의 변화** : 측정 명령의 기능이 향상되었습니다. 이제 측정 명령은 새로운 인터페이스를 가지게 되며 여러가지 추가 기능으로 인해 좀 더 향상된 측정을 기대할 수 있게 되었습니다.

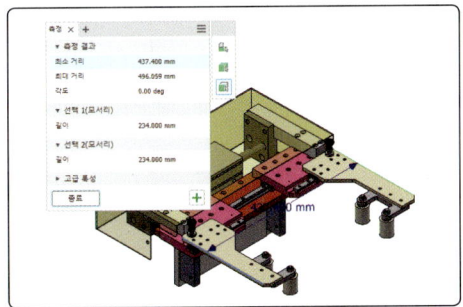

❽ **UI 테마** : 이전 릴리즈에서 베타로 제공되었던 어두운 UI 테마를 이제 정식으로 사용할 수 있게 되었습니다.

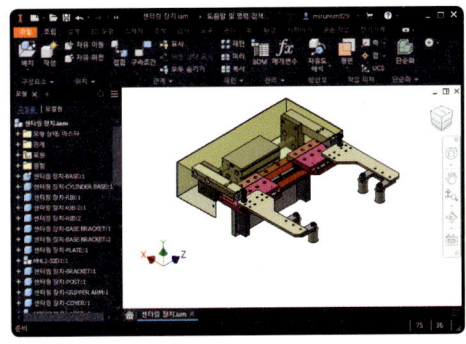

❾ **기타 개선점들** : 그 외에도 2022 버전에서는 여러가지 내부적인 개선점이 추가됩니다. 시작시의 성능 및 내부 편집 개선 및 그래픽 디스플레이 개선과 일반적인 기본 개선점이 추가됩니다. 또한 iLogic에서도 여러가지 기능 향상이 추가됩니다.

02 인벤터의 인터페이스

Autodesk Inventor 2022

이번 시간에는 인벤터의 인터페이스에 대해서 알아보도록 하겠습니다.

01 인벤터 실행하기

인벤터를 설치 후 프로그램 아이콘을 클릭해서 실행합니다.

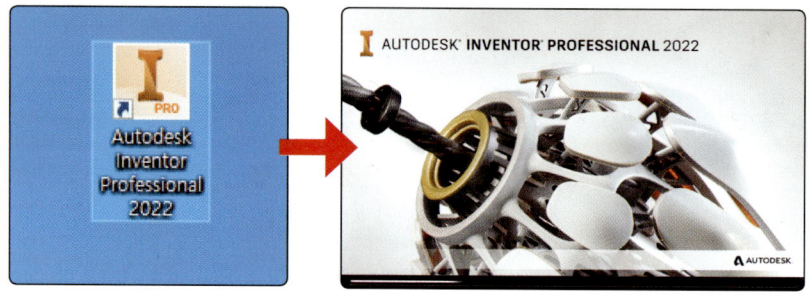

02 인벤터 시작 화면 소개

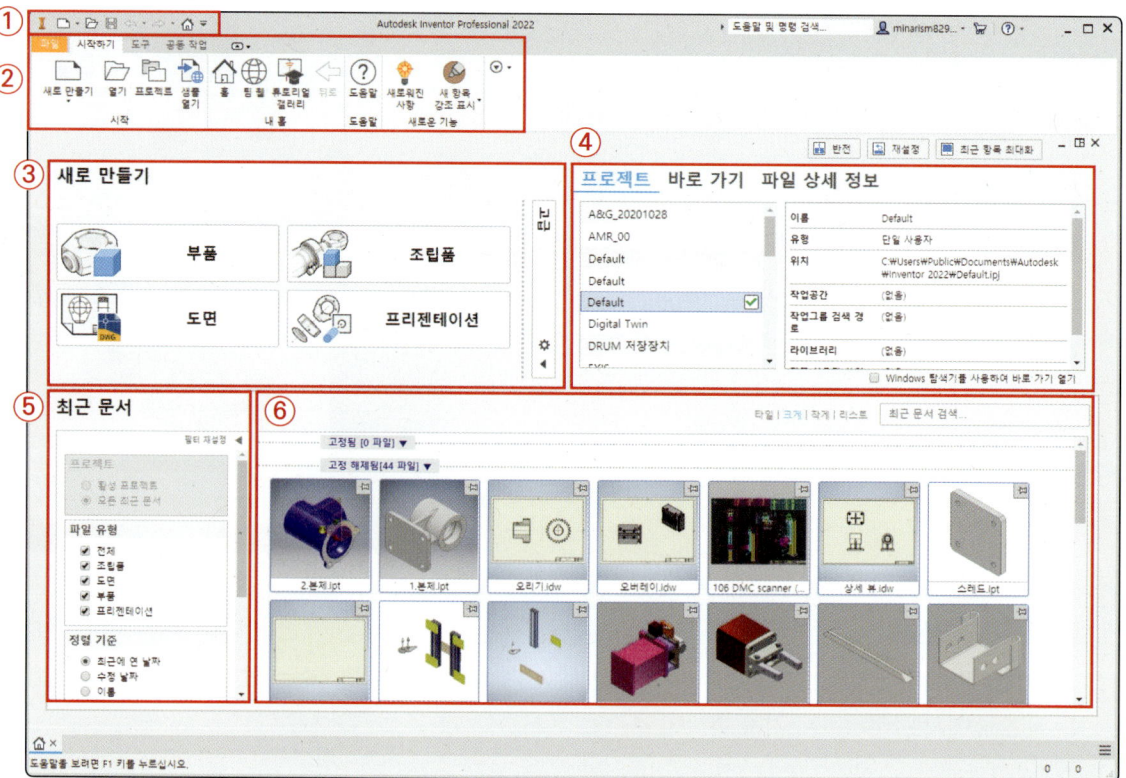

❶ **풀다운 메뉴** : 인벤터의 파일 관련 메뉴가 모여 있습니다.

❷ **아이콘 툴바** : 명령어 아이콘들이 있는 툴바입니다.

❸ **템플릿** : 기본 템플릿을 선택할 수 있으며 고급 템플릿 항목에서 템플릿 기본 설정도 가능합니다.

❹ **프로젝트 / 바로가기 / 파일 상세 정보** : 프로젝트와 바로가기 및 파일 상세 정보를 설정합니다.

❺ **최근 문서 검색 옵션** : 최근 문서를 표시할 검색 옵션을 설정합니다.

❻ **최근 문서 표시 창** : 최근 문서 리스트를 표시합니다.

03 새 파일 작성하기

시작 – 새로 만들기 버튼을 클릭하면 다음과 같이 새 파일 작성 창이 표시됩니다.

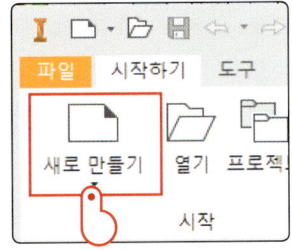

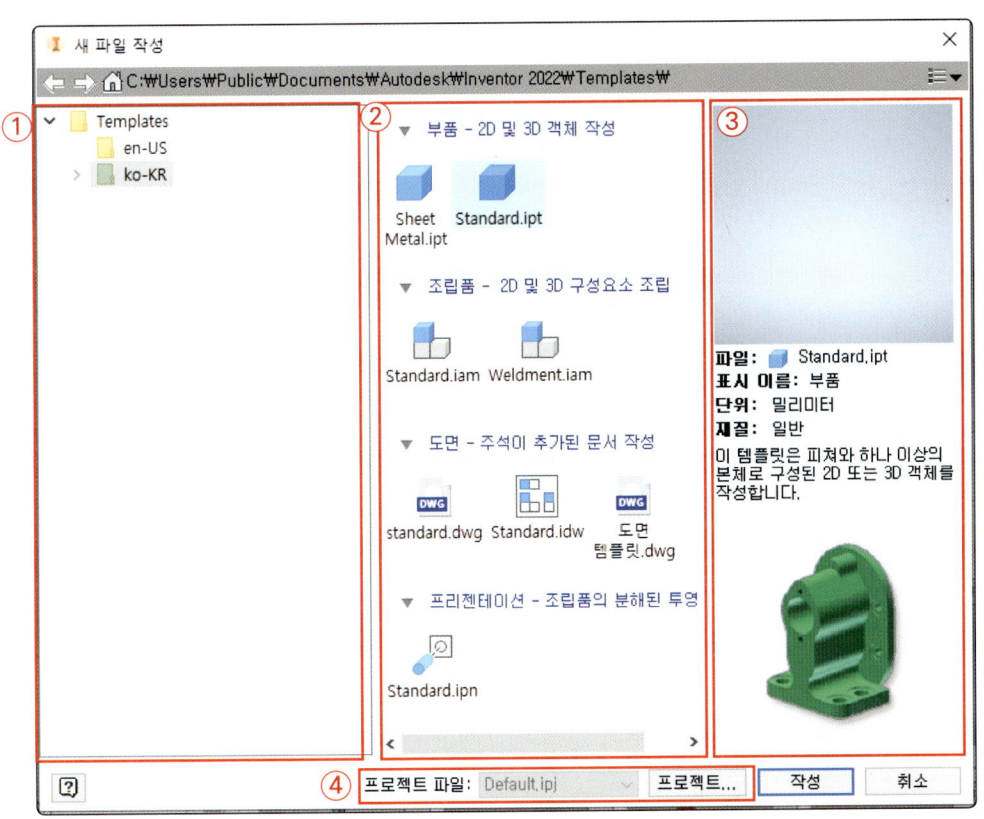

❶ **템플릿 트리** : 템플릿의 트리 구조가 표시됩니다.
❷ **템플릿 파일 검색기** : 템플릿 트리에서 선택한 폴더 안의 템플릿 파일이 표시됩니다.
❸ **템플릿 설명** : 선택한 템플릿의 개요와 설명이 표시됩니다.
❹ **프로젝트** : 템플릿 바로가기와 템플릿 변경 버튼이 표시됩니다.

04 인벤터의 템플릿 소개

❶ **Standard.ipt** : 기본적인 부품 작업 환경을 제공합니다.

❷ **Sheet Metal.ipt** : 판금부품을 작성하는 환경을 제공합니다.

❸ **Standard.iam** : 기본적인 조립품 환경을 제공합니다.

❹ **Weldment.iam** : 용접환경이 추가된 조립품 환경을 제공합니다.

❺ **Standard.idw** : 기본적인 도면 작업 환경을 제공합니다.

❻ **Standard.dwg** : 오토캐드에서 읽기 전용으로 확인할 수 있는 도면 환경입니다.

❼ **Standard.ipn** : 분해도 및 애니메이션을 작성할 수 있는 프리젠테이션 작업 환경을 제공합니다.

05 응용프로그램 옵션 설정하기

도구 탭의 응용프로그램 옵션 버튼을 클릭합니다.

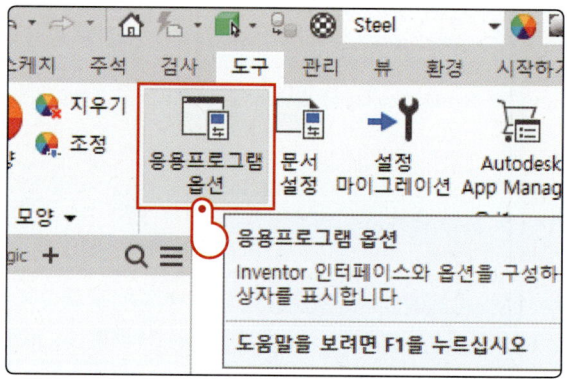

❶ **일반 탭** : 일반 설정을 할 수 있는 탭입니다.

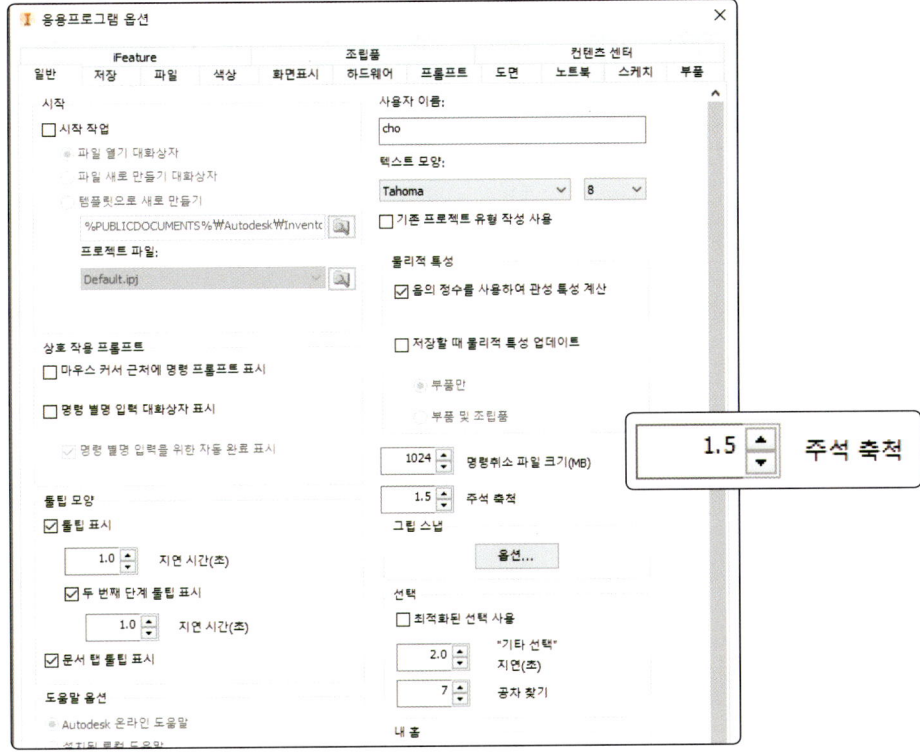

❷ **색상 탭** : 작업 화면의 스타일 설정을 하는 탭입니다.

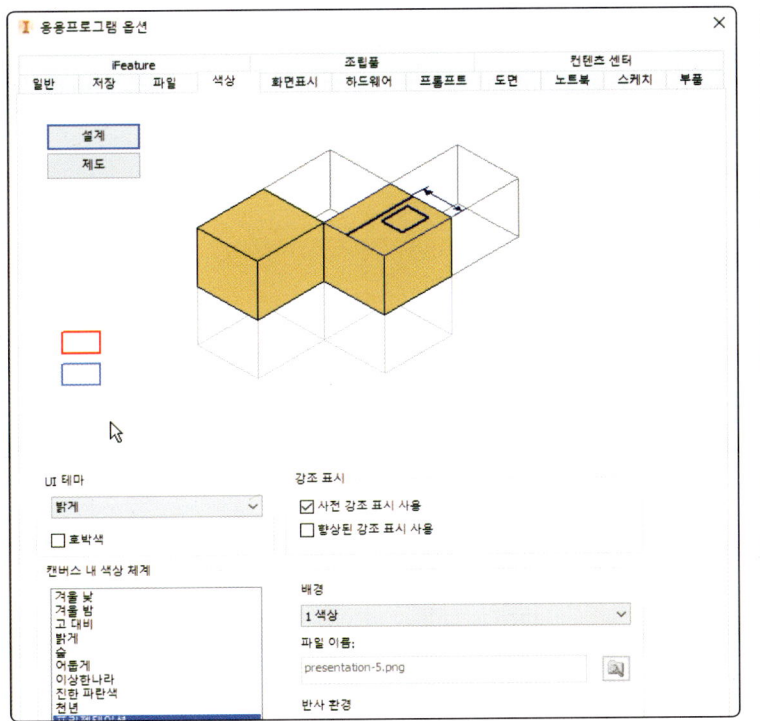

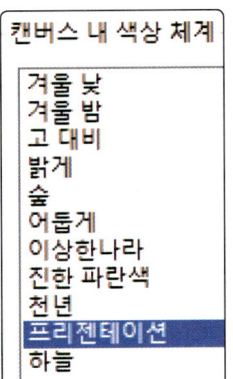

❸ **화면표시 탭** : 화면 조정 및 기본 비주얼 스타일을 조절합니다. 응용프로그램 설정 사용에 체크하고 설정 버튼을 클릭해 아래 순서를 따릅니다.

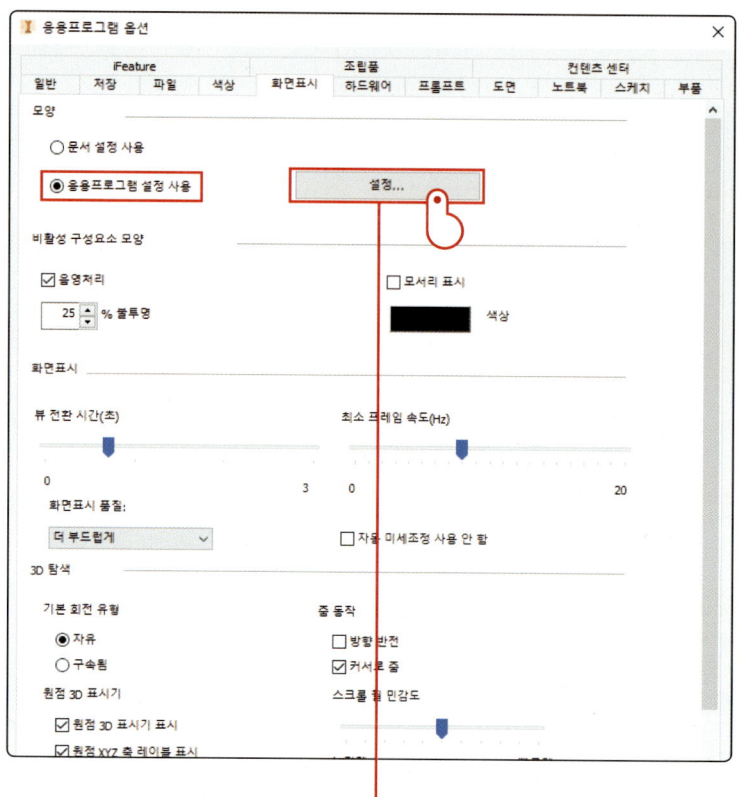

❹ **화면 표시 모양** : 비주얼 스타일을 모서리로 음영처리로 설정합니다.

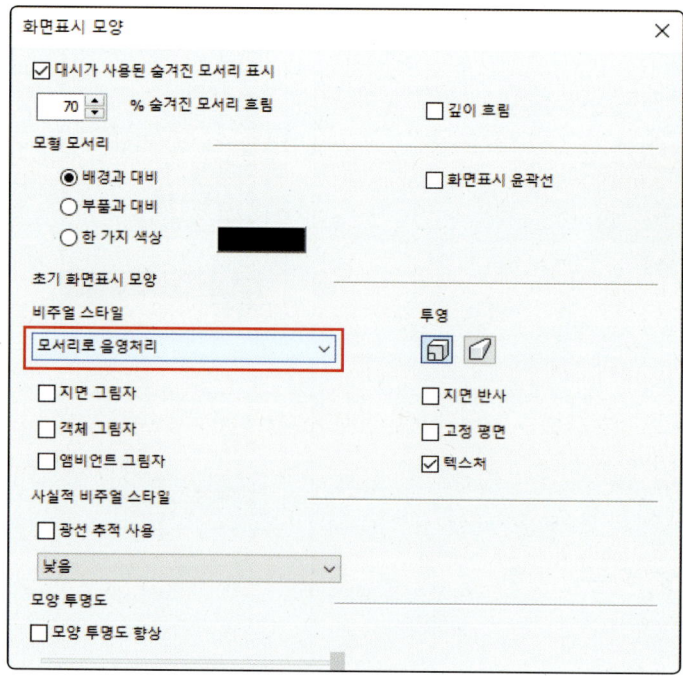

❺ **스케치 탭** : 스케치의 일반적인 설정을 합니다.

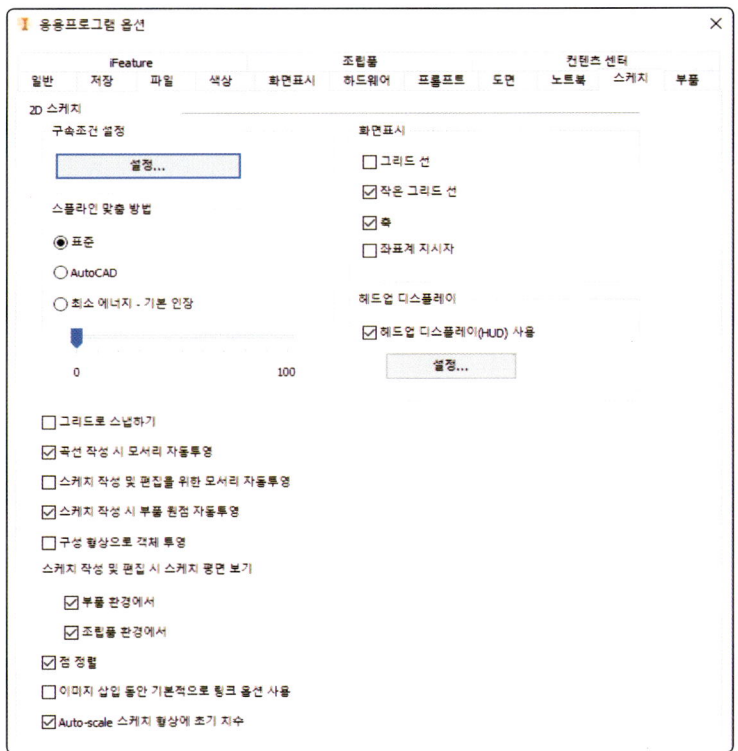

❻ **부품 탭** : 부품 모델링 환경의 일반적인 설정을 합니다.

❼ **조립품 탭** : 조립품 환경의 일반적인 설정을 합니다.

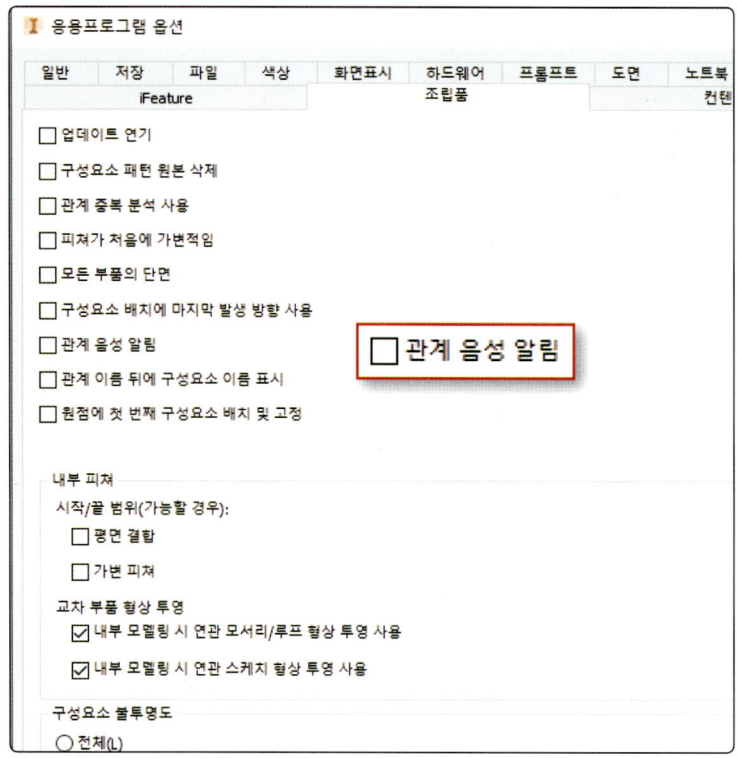

06 문서 설정하기

도구 탭의 문서 설정 버튼을 클릭합니다. 문서 설정은 해당 부품의 설정만 하는 명령입니다. 따라서 템플릿 설정을 할 때 주로 쓰게 됩니다.

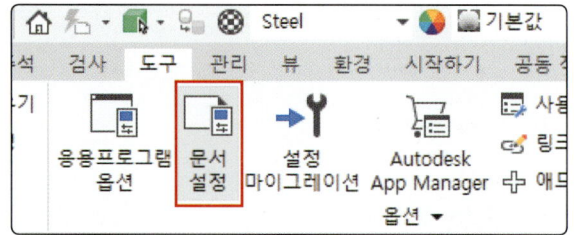

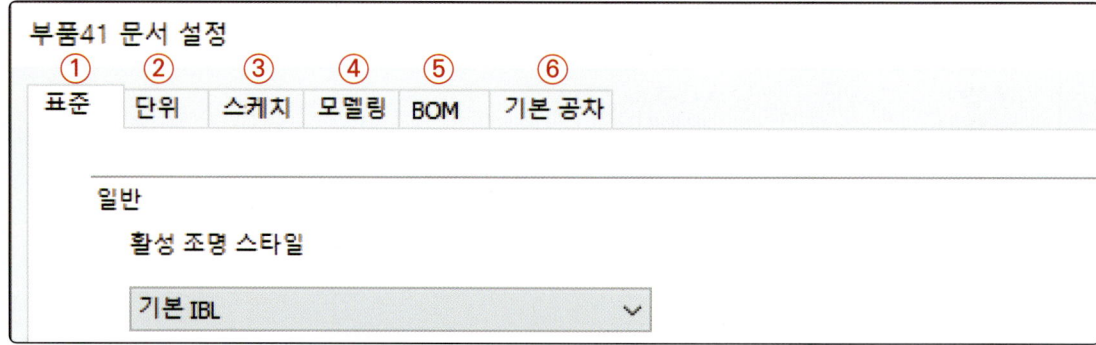

❶ **표준 탭** : 일반 설정을 할 수 있는 탭입니다.

❷ **단위 탭** : 모델링의 기본 단위를 설정합니다. 길이, 각도, 시간, 질량 및 치수 화면표시를 설정합니다.

❸ **스케치 탭** : 스케치 환경의 스냅과 그리드 및 선 가중치 옵션을 설정합니다.

❹ **모델링 탭** : 모델링 기본 설정을 합니다.

❺ **BOM 탭** : 부품의 기본 BOM 설정을 합니다.

❻ **기본 공차 탭** : 모델링의 기본 공차 설정을 합니다.

07 사용자화 설정하기

사용자화 명령으로 추가적으로 사용자가 원하는 설정을 할 수 있습니다.

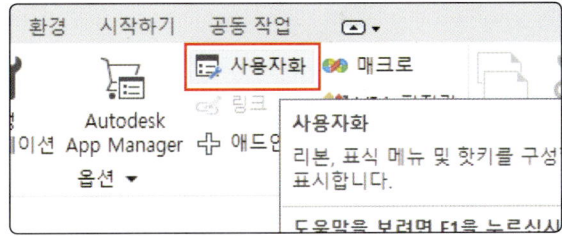

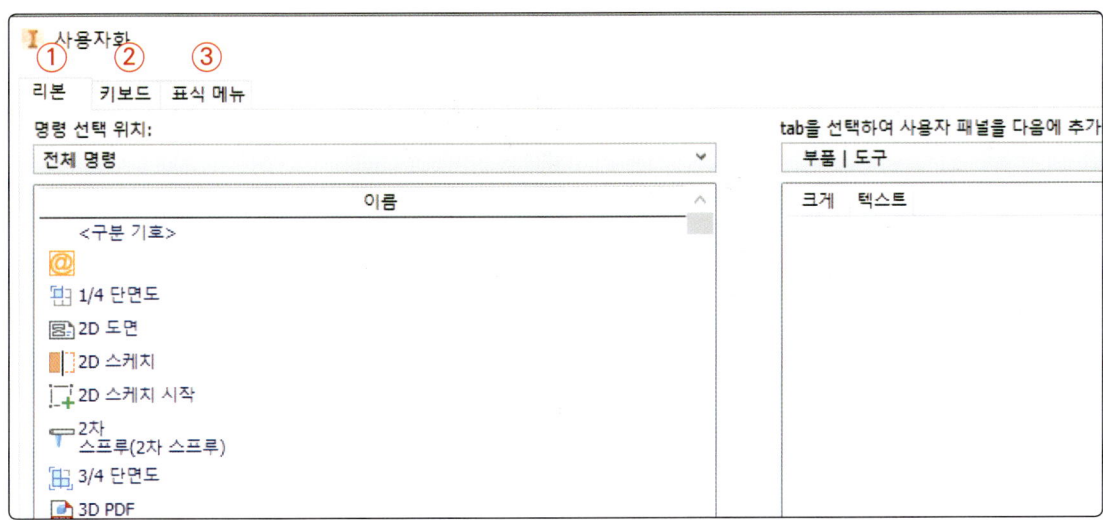

❶ **리본 탭** : 사용자 명령 패널을 임의로 작성할 수 있습니다.

❷ **키보드 탭** : 단축키를 설정할 수 있는 탭입니다.

❸ **표식 메뉴** : 각 환경에서 표시할 수 있는 팝업 메뉴를 설정할 수 있습니다.

03 화면 제어하기

Autodesk Inventor 2022

이번 시간에는 인벤터의 화면 제어 방법에 대해서 알아보도록 하겠습니다.

01 마우스와 키보드를 이용한 화면 제어

❶ **전체 확대** : 휠 버튼을 더블클릭합니다.

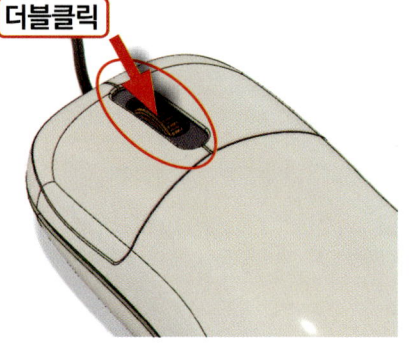

❷ **휠 버튼 굴리기** : 위로 굴리면 확대, 아래로 굴리면 축소됩니다.

❸ **시점 이동** : 마우스 휠 버튼을 클릭하고 드래그하면 화면 시점이 이동합니다.

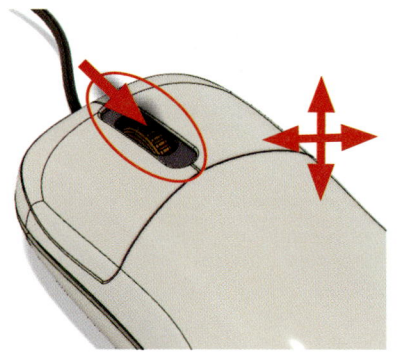

❹ **화면 회전** : Shift 버튼을 누른 채로 마우스 휠버튼을 드래그하면 화면이 회전합니다.

 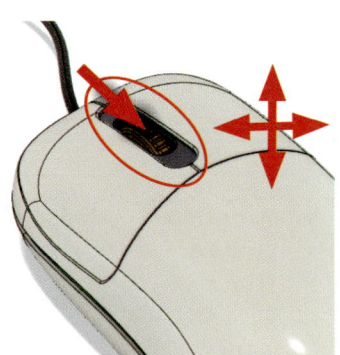

❺ **화면 회전** : 단축키 F4를 누른 채로 마우스 왼쪽 버튼을 클릭&드래그 합니다.

 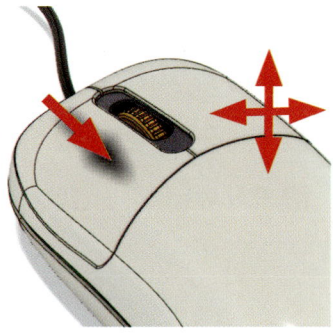

02 뷰 큐브를 이용한 화면 제어하기

뷰 큐브란 작업 화면 우측 상단에 있는 상자 모양의 아이콘입니다. 이 뷰 큐브는 실제 화면의 방향이 상자 표면에 표시되어 현재 방향을 쉽게 파악할 수 있습니다.

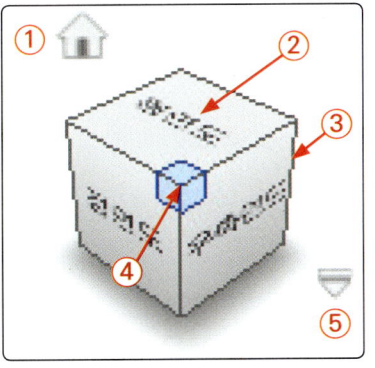

❶ **홈 버튼** : 클릭하면 뷰를 홈 뷰로 설정된 방향으로 바꿔줍니다.

❷ **뷰 큐브의 면** : 클릭하면 면을 똑바로 바라본 모양으로 회전합니다.

❸ **뷰 큐브의 모서리** : 클릭하면 해당 모서리를 품고 있는 면의 중간 45도로 회전합니다.

❹ **뷰 큐브의 꼭지점** : 클릭하면 꼭지점을 품고 있는 세 면의 등각투상 방향으로 회전합니다.

❺ **추가 옵션** : 뷰 큐브의 세부 설정 메뉴가 표시됩니다.

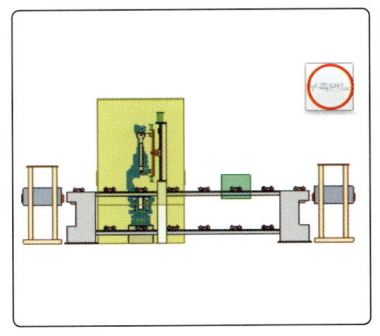
▲ 면을 클릭한 경우

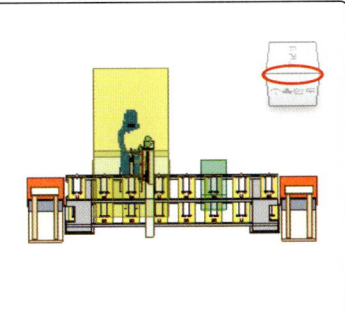
▲ 모서리를 클릭한 경우

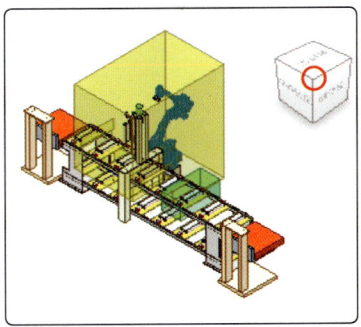
▲ 꼭지점을 클릭한 경우

뷰 큐브의 면을 클릭한 경우는 다른 경우에는 표시되지 않는 메뉴가 표시됩니다.

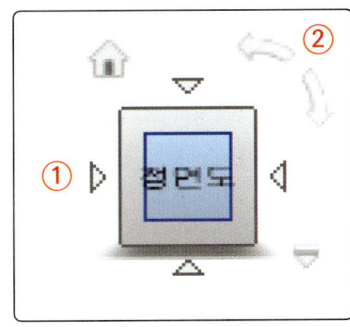

❶ **회전 버튼** : 클릭하면 화살표 방향으로 90도 회전합니다.

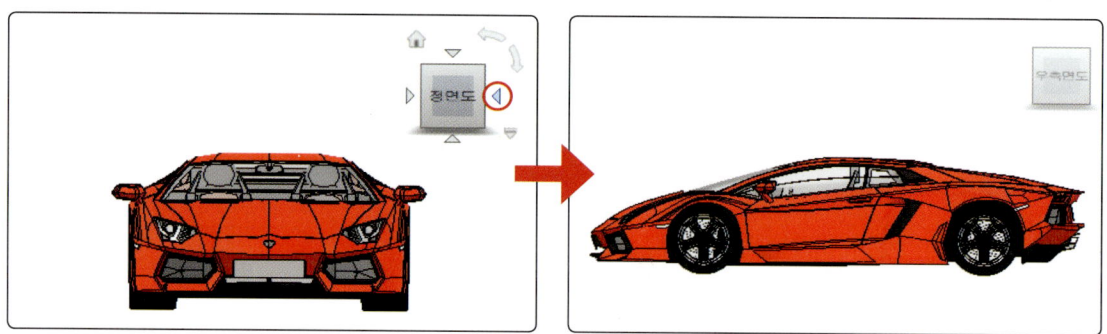

❷ **틸팅 버튼** : 클릭하면 시계 방향/시계 반대방향으로 회전합니다.

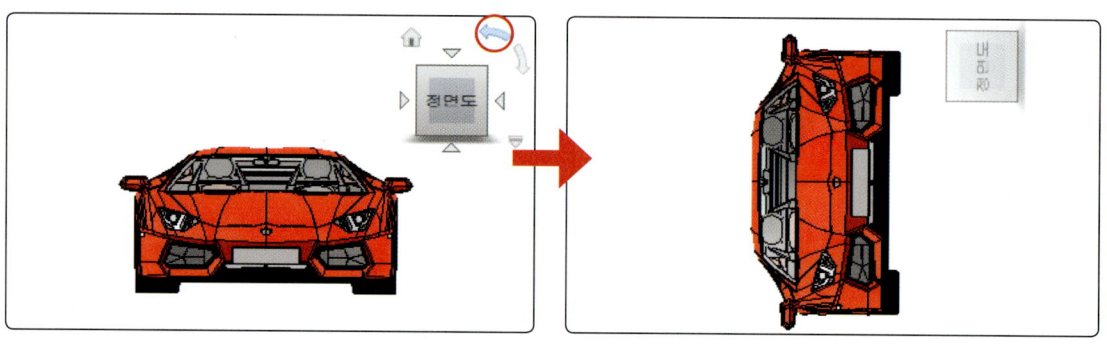

뷰 큐브 아래의 확장 버튼을 클릭하면 다음과 같이 추가 메뉴가 표시됩니다.

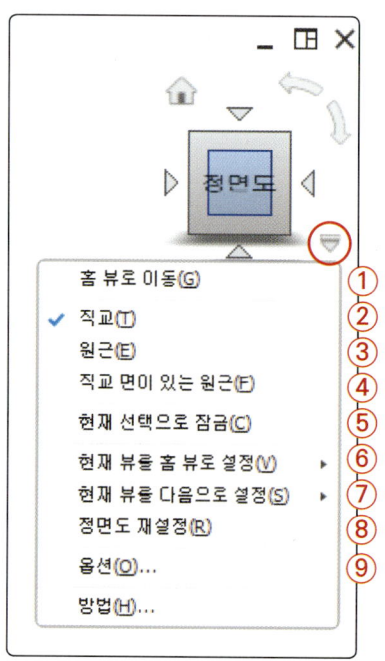

❶ **홈 뷰로 이동** : 홈 뷰로 복원합니다.

❷ **직교** : 직교뷰로 표시합니다.

❸ **원근** : 원근뷰로 표시합니다.

❹ **직교 면이 있는 원근** : 일반적으로는 원근 뷰로 표시되지만 뷰큐브의 면을 클릭하여 평면 뷰가 될 때에는 직교 뷰로 전환됩니다.

❺ **현재 선택으로 잠금** : 현재 선택한 개체를 기준으로 뷰의 중심이 고정됩니다.

❻ **현재 뷰를 홈 뷰로 설정**: 현재 뷰를 홈 뷰로 지정합니다.

❼ **현재의 뷰를 다음으로 설정** : 현재 뷰를 정면도, 혹은 평면도로 설정합니다.

❽ **정면도 재설정** : 정면뷰를 초기값으로 재설정합니다.

❾ **옵션** : 뷰 큐브의 세부 옵션을 설정합니다.

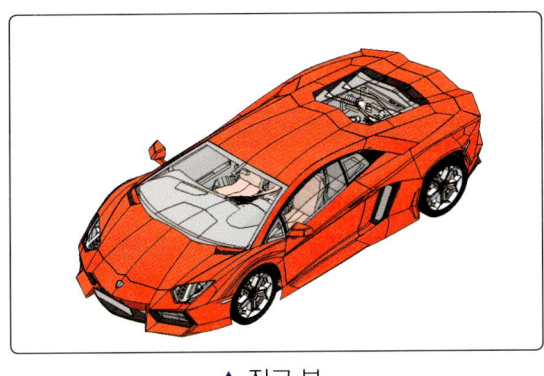
▲ 직교 뷰

▲ 원근 뷰

03 탐색 막대로 제어하기

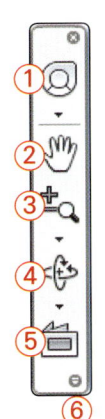

❶ **전체 탐색 휠** : 인벤터 화면제어에 필요한 모든 명령을 리모컨 형식으로 간편하게 쓸 수 있도록 되어 있습니다.

❷ **초점 이동** : 클릭한 후 드래그하면 화면의 시점이 이동합니다.

❸ **Zoom(줌)** : 화면의 확대 축소 명령 아이콘입니다.

❹ **회전** : 화면을 회전시킵니다. 구속된 회전과 각도에서 회전이 있습니다.

❺ **보기(Page Up)** : 선택한 면이 화면에 정면으로 보이게 회전시킵니다.

❻ **사용자화** : 그 외 화면제어에 필요한 기타 아이콘 명령어들이 포함되어 있습니다. 포함된 항목을 체크하면 탐색 막대에 추가됩니다.

04 뷰 탭

인벤터에서 화면표시에 대한 모든 명령어가 모여있는 탭입니다.

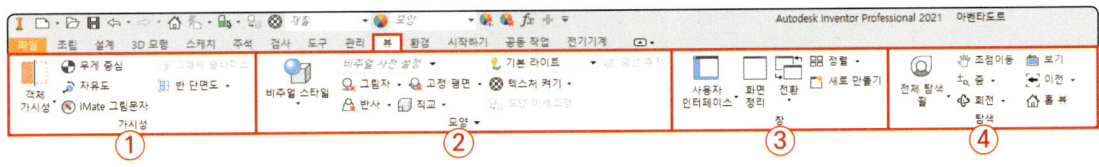

❶ **가시성 패널** : 특정 객체의 가시성 또는 무게중심이나 곡률 분석을 하는 명령어가 모여있습니다.

❷ **모양 패널** : 비주얼 스타일 또는 그림자와 텍스처, 반사 등 모델의 화면 표시 모양을 결정합니다.

❸ **창 패널** : 인벤터의 화면 구성을 담당하는 요소들을 제어할 수 있습니다.

❹ **탐색 패널** : 탐색 막대의 명령어들이 모여 있습니다.

05 비주얼 스타일

인벤터에서 비주얼 스타일에는 다음과 같은 종류가 있습니다.

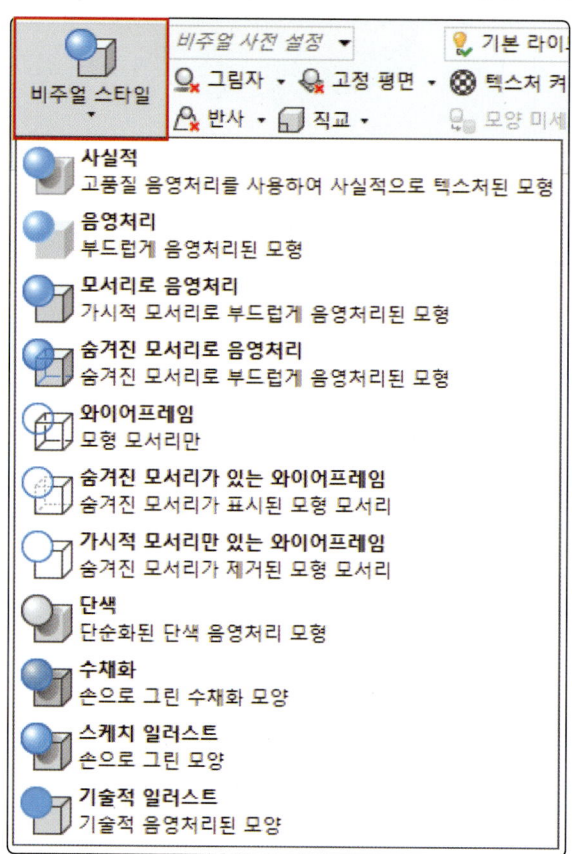

▶ 사실적

▶ 음영처리

▶ 모서리로 음영처리

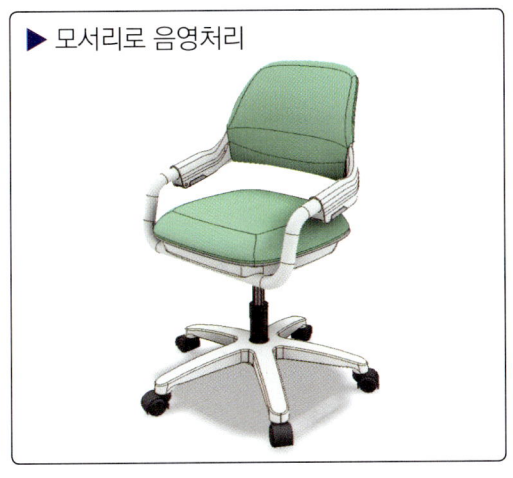

▶ 숨겨진 모서리로 음영처리

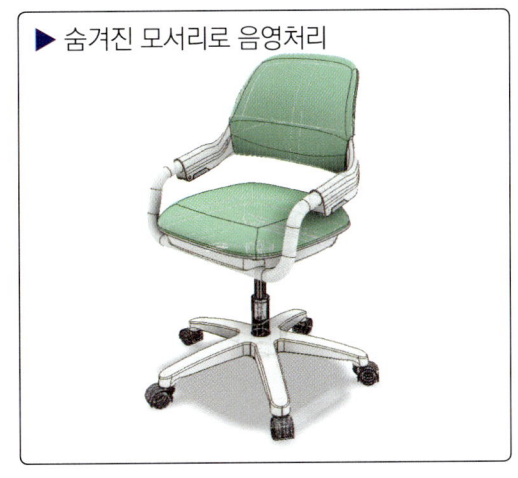

▶ 와이어 프레임

▶ 숨겨진 모서리가 있는 와이어 프레임

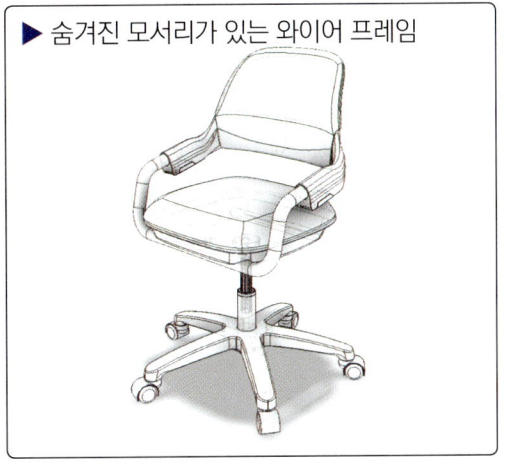

▶ 가시적 모서리가 있는 와이어 프레임

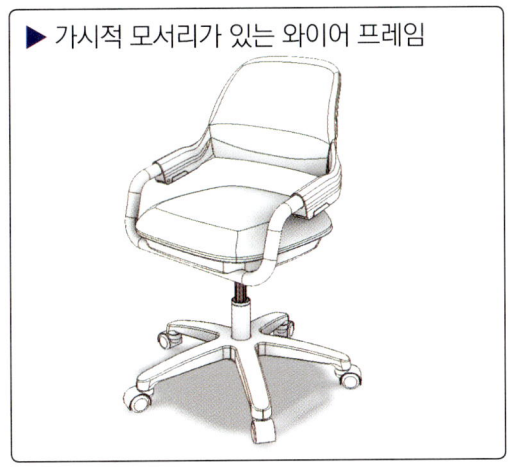

▶ 단색

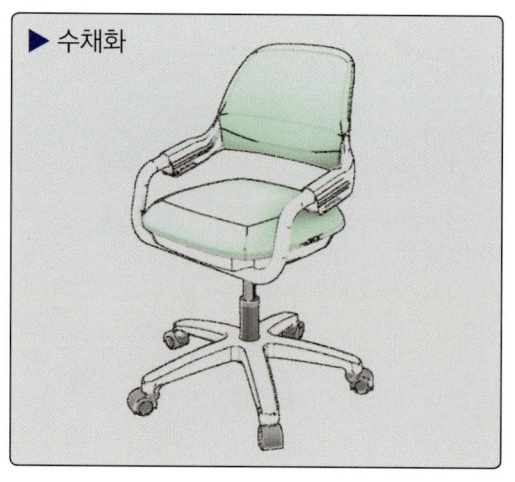
▶ 수채화

▶ 스케치 일러스트

▶ 기술적 일러스트

06 사용자 인터페이스 옵션

사용자 인터페이스에는 다음과 같이 화면 구성 아이콘들을 표시할 수 있습니다.

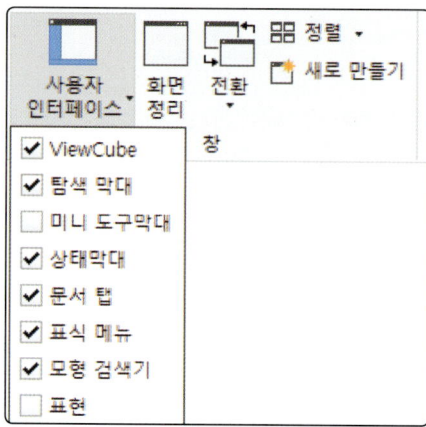

07 팝업 메뉴에 대해서

작업 환경에서 마우스 오른쪽 버튼을 클릭하면 각각의 환경에 맞게 사용할 수 있는 마킹 메뉴가 표시됩니다.

❶ 스케치 환경

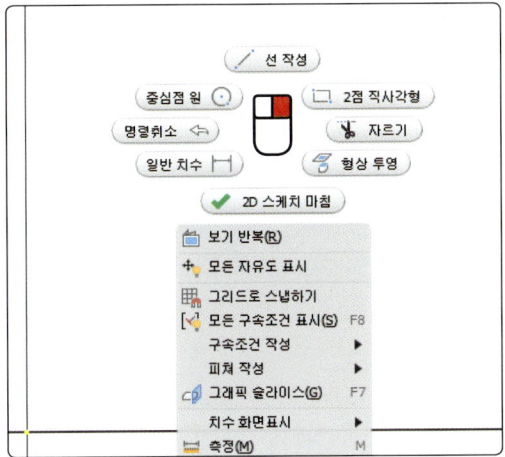

❷ 부품 모델링 환경

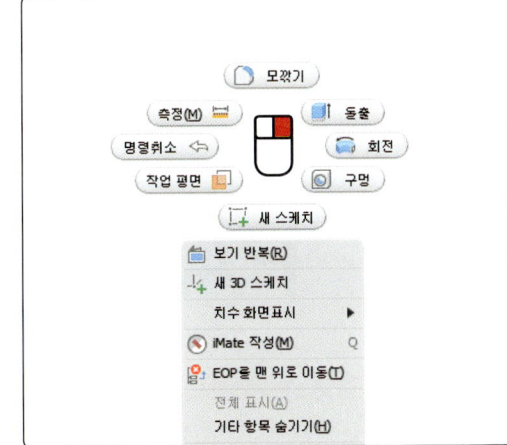

❸ 조립품 환경

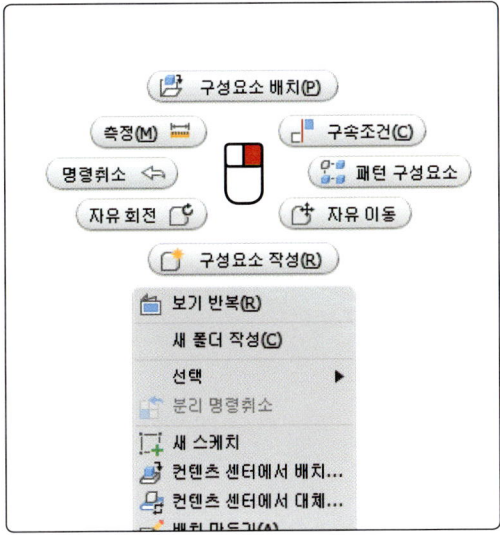

❹ 도면 환경

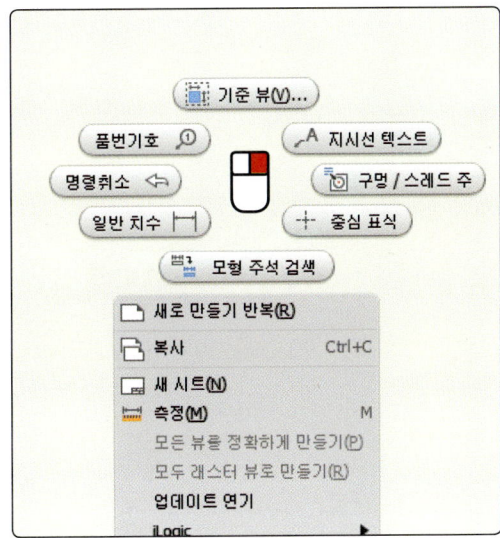

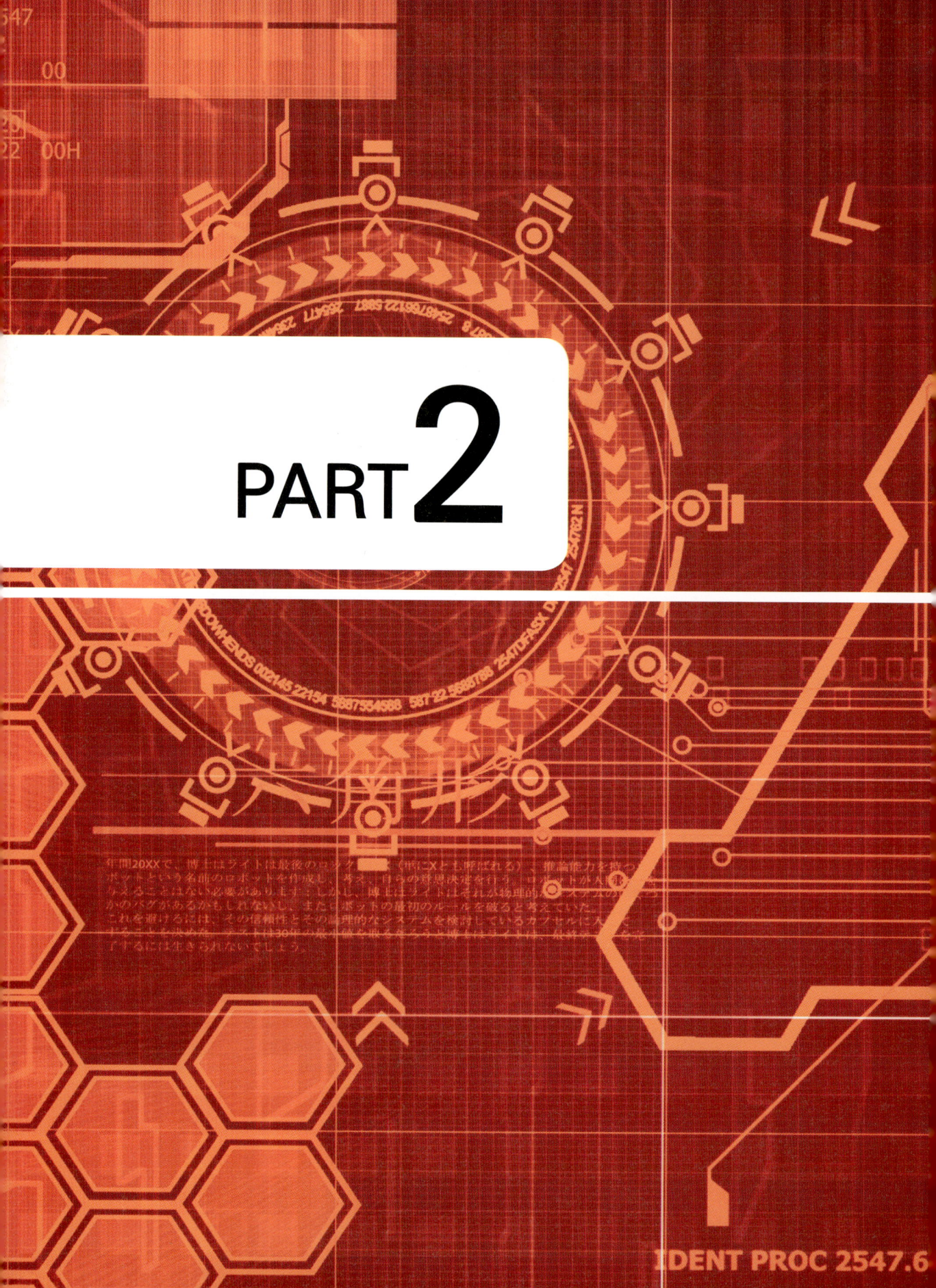

솔리드 모델링

Chapter 1 솔리드 모델링의 개요
Chapter 2 스케치
Chapter 3 돌출 알아보기
Chapter 4 모따기와 모깎기 알아보기
Chapter 5 구멍과 스레드 명령 알아보기
Chapter 6 회전 명령 알아보기
Chapter 7 쉘 명령 알아보기
Chapter 8 코일 명령 알아보기
Chapter 9 리브 명령 알아보기
Chapter 10 작업 피처 명령 알아보기
Chapter 11 스윕 명령 알아보기
Chapter 12 로프트 명령 알아보기
Chapter 13 원형 패턴 명령 알아보기
Chapter 14 직사각형 패턴 명령 알아보기
Chapter 15 미러 명령 알아보기
Chapter 16 스케치 연계 패턴 명령 알아보기

01 솔리드 모델링의 개요

솔리드 모델링의 개요와 명령어에 대해서 알아보도록 하겠습니다.

01 솔리드 모델링의 기본 구성

솔리드 모델링은 속이 꽉 차있는 덩어리를 뜻하는 것으로써 기본 구성은 다음과 같습니다.

❶ **베이스 피처** : 모델의 전체 형상이자 가장 큰 덩어리를 구성하는 첫 번째 피처를 의미합니다.

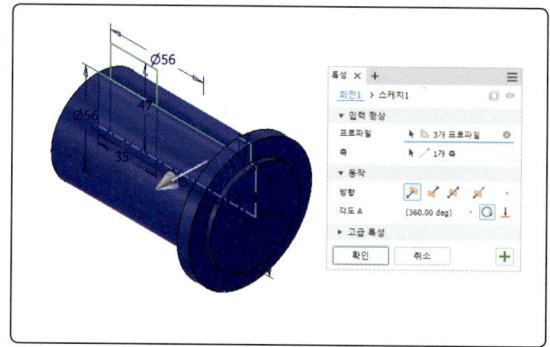

❷ **서브 피처** : 베이스 피처 작업을 토대로 작성되는 두 번째 피처 혹은 추가 피처를 의미합니다.

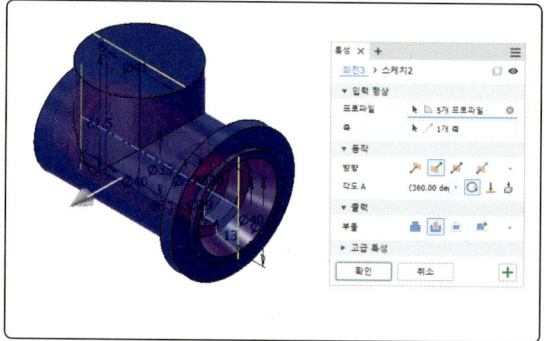

❸ **마무리 피처** : 솔리드 모델링의 마지막 마무리를 하는 피처로써 마지막 형상을 다듬는 피처를 의미합니다.

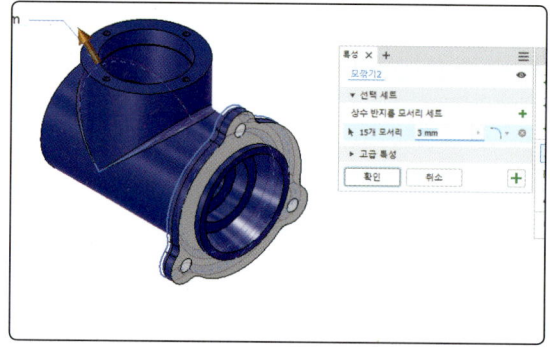

또한 솔리드 모델링은 모델링 작업시에 사용자가 작성하는 모든 수치가 가지는 변수값인 매개변수(Parameter)와 피처 작업 순서에 따라 검색기에 배치되는 피처의 히스토리(History)로 제어합니다.

❶ **매개변수(Parameter)** : 인벤터에서 모델을 구성하는 모든 치수 및 상수는 다음과 같이 매개변수로 정리됩니다. 이 매개변수로 제어함으로써 사용자는 설계의도에 맞게 모델을 제어할 수 있게 됩니다.

❷ **히스토리(History)** : 인벤터에서는 검색기라고 불리는 우측의 리스트에서 히스토리가 표시됩니다. 부품의 작업 내역을 표시하며, 순서에 따라 종속성과 연계성을 가지게 됩니다.

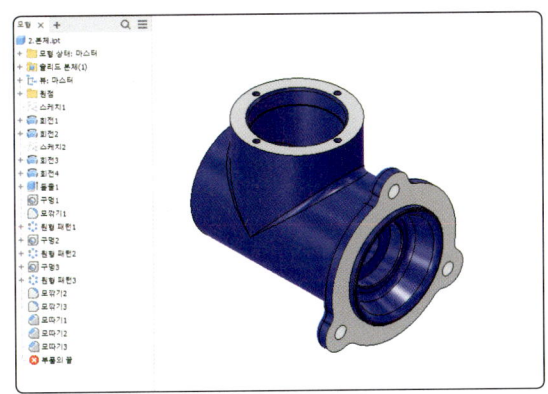

02 부품 모델링 시작하기

새로 만들기 명령에서 부품 템플릿을 선택해 시작하면 조립품 환경을 시작할 수 있습니다.

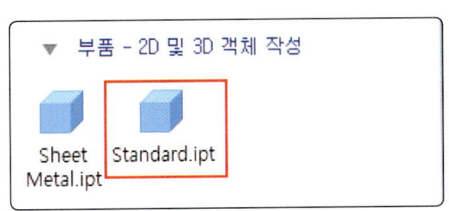

03 부품 환경의 인터페이스

부품 환경의 인터페이스에 대해서 알아보도록 하겠습니다.

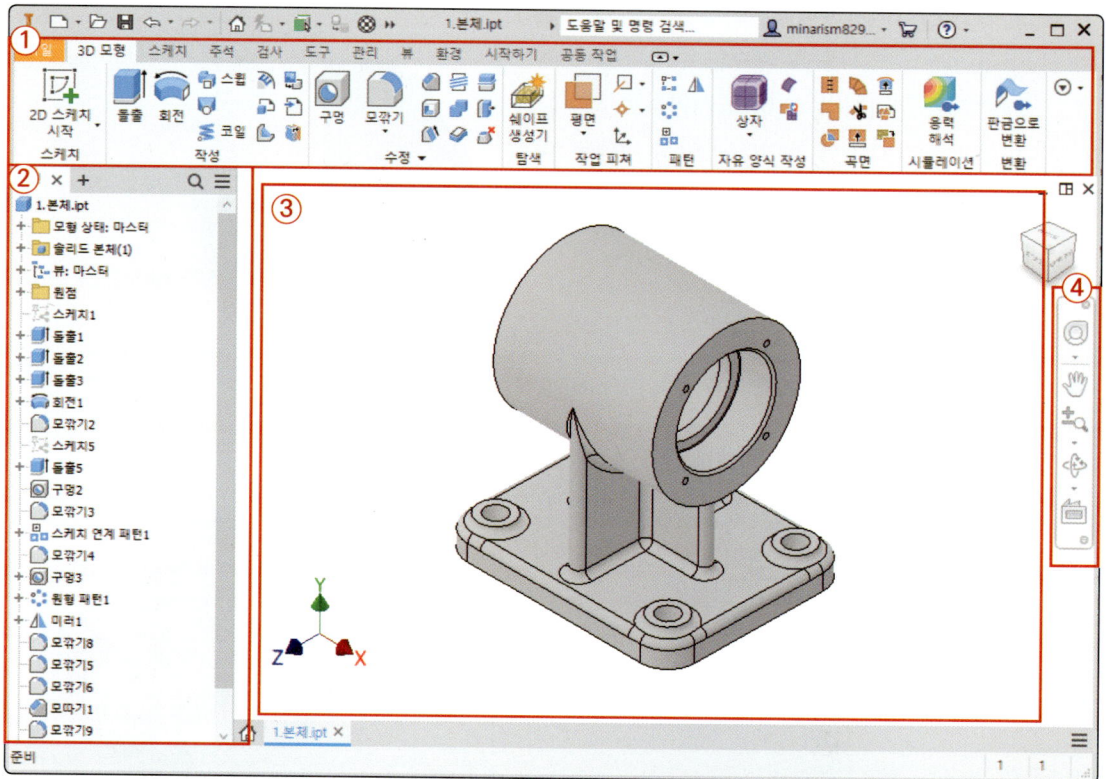

❶ **아이콘 툴바** : 부품 모델링 작업을 수행할 수 있는 조립 탭과 설계 탭이 있습니다.

❷ **검색기** : 조립품 삽입된 부품 및 하위 조립품의 검색기입니다.

❸ **작업 창** : 부품 모델링 작업을 수행하는 그래픽 창입니다.

❹ **탐색 막대** : 화면 제어 도구들이 모여 있습니다.

04 솔리드 모델링의 명령어

솔리드 모델링 명령어는 아이콘 툴바의 3D 모형탭을 클릭하면 확인할 수 있습니다.

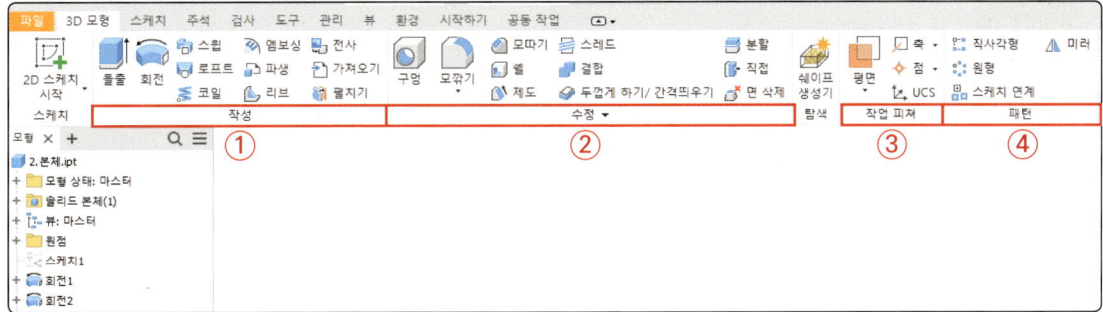

❶ **작성** : 솔리드 모델링 형상을 작성하는 명령어 그룹입니다.

❷ **수정** : 작성된 솔리드 모델을 수정하는 명령어 그룹입니다.

❸ **작업 피처** : 사용자 작업면, 작업축, 작업점을 작성하는 명령어 그룹입니다.

❹ **패턴** : 작성된 피처 및 솔리드를 일정한 규칙에 따라 패턴 복사하는 명령어 그룹입니다.

02 스케치

Autodesk Inventor 2022

01 스케치란?

스케치란 3차원 형상을 작성하기 위한 밑그림을 뜻합니다. 이때 3차원 형상에 쓰이는 영역을 "프로파일"이라 부릅니다. 솔리드 모델링을 작성할 때의 프로파일은 어느 막힌 영역을 쓰며, 곡면 모델링을 작성할 때의 프로파일은 영역이 아닌 스케치 개체 그 자체를 씁니다.

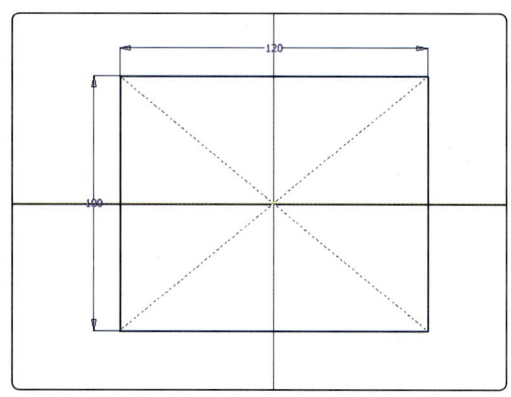

02 스케치를 작성하는 방법

❶ **원점 평면에 작성하기** : 검색기의 원점 평면을 선택한 후에 스케치 작성 버튼을 클릭합니다.

❷ **스케치 시작 버튼으로 작성하기** : 2D 스케치 시작 버튼을 클릭한 후 원점 평면을 클릭합니다.

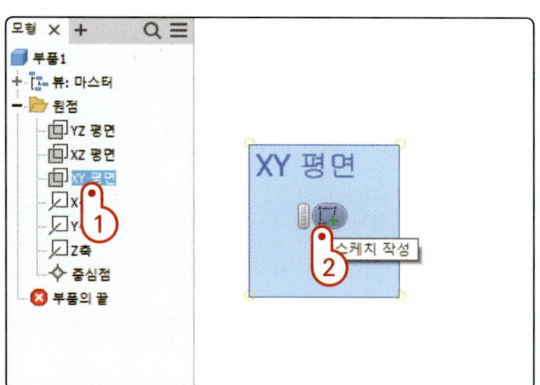

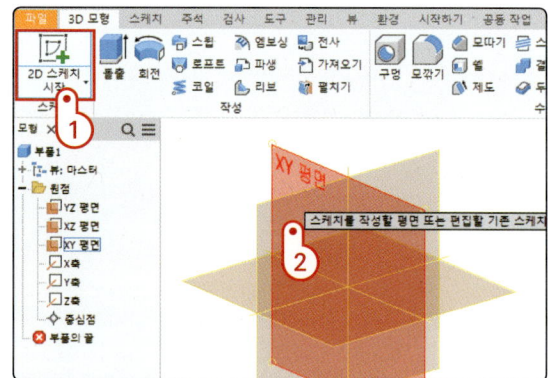

 Tip

첫 번째 스케치는 그리고자 하는 부품의 가장 기본적인 형상을 그리는 방향으로 선택합니다.

❸ **모델면에 작성하기** : 이미 작성되어 있는 모델의 평면을 클릭해 작성합니다.

❹ **작업 평면에 작성하기** : 사용자가 작성한 작업 평면을 클릭해 작성합니다.

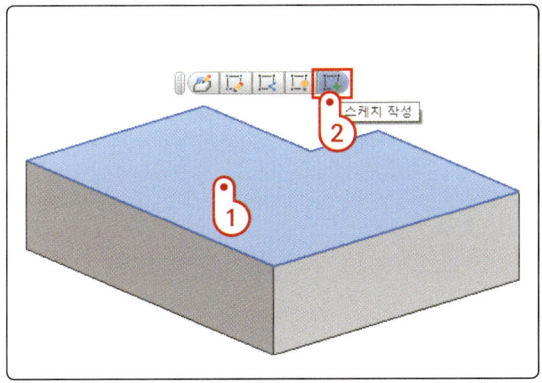
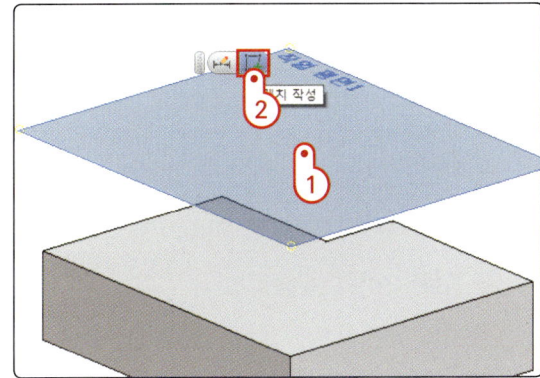

03 스케치 환경의 인터페이스

스케치 환경의 인터페이스는 다음과 같습니다.

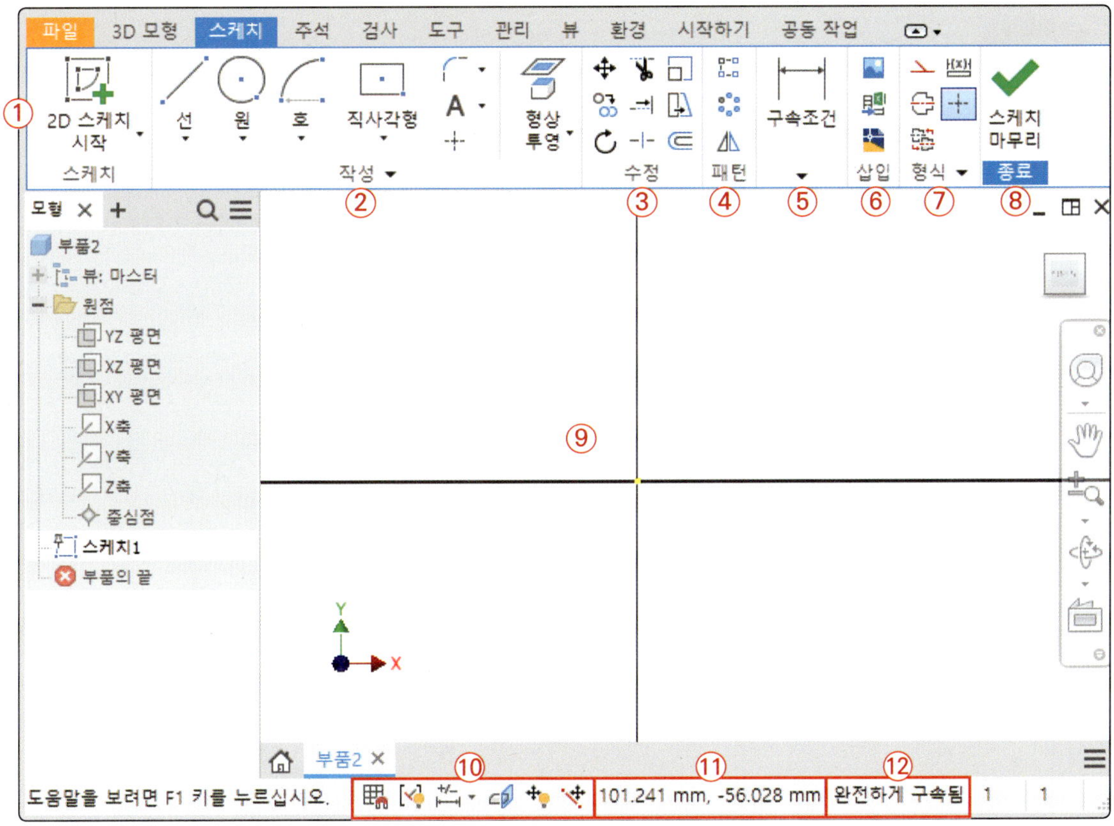

❶ **2D/3D 스케치 시작** : 2D/3D 스케치를 작성할 수 있습니다.

❷ **작성** : 스케치 개체를 작성하는 명령입니다.

❸ **수정** : 작성한 스케치 개체를 수정하는 명령입니다.

❹ **패턴** : 작성한 스케치 개체를 패턴하는 명령입니다.

❺ **구속조건** : 작성한 스케치 개체에 치수 및 구속조건을 부여합니다.

❻ **삽입** : 스케치 환경에 외부 개체를 삽입합니다.

❼ **형식** : 스케치 개체 및 치수의 형식을 설정합니다.

❽ **종료** : 스케치를 종료합니다.

❾ **작업 화면** : 스케치를 작성할 작업 화면입니다.

❿ **보조 옵션** : 스케치의 보조 옵션 명령을 표시합니다.

⓫ **좌표** : 화면에 위치한 마우스 커서의 좌표를 표시합니다.

⓬ **스케치 구속 상태** : 스케치가 완전구속이 되기 위한 치수/구속조건의 개수를 표시합니다. 완전 구속일 경우에는 **완전하게 구속됨**이란 문자를 표시합니다.

04 스케치 작성 명령

스케치 요소를 작성하는 종류의 명령어입니다.

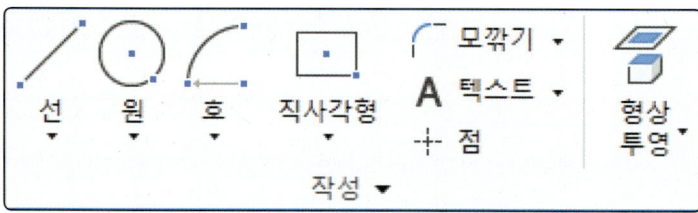

❶ **선** : 두 개의 점을 이어 직선을 작성합니다.

수평선 : 두 개의 점을 수평선상에 클릭해 작성합니다.

수직선 : 두 개의 점을 수직선상에 클릭해 작성합니다.

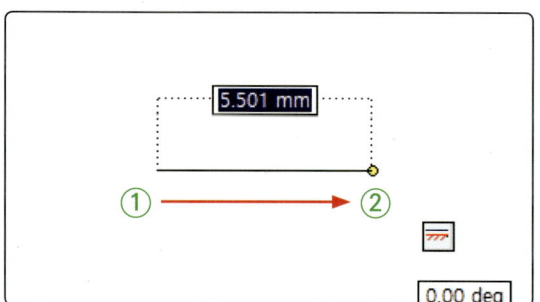
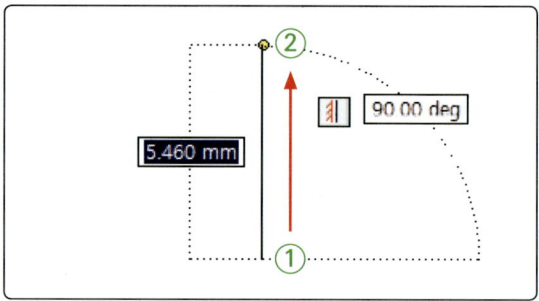

사선 : 두 개의 점이 수평/수직선상에 있지 않게 작성합니다.

연속선 : 연속으로 점을 클릭해 선을 작성합니다.

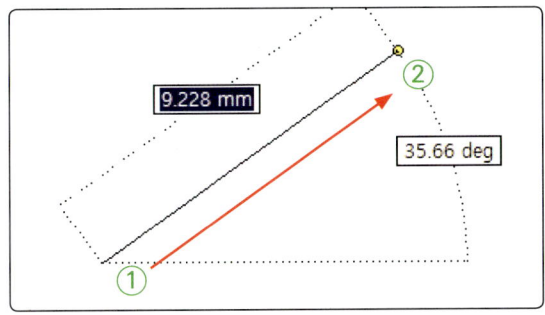
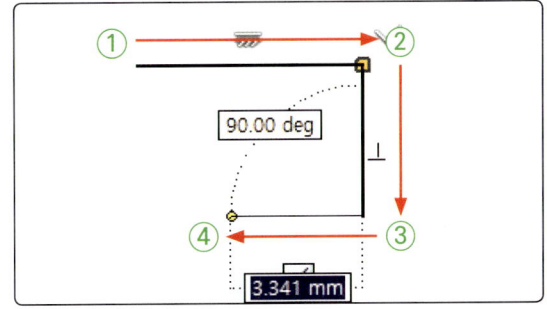

❷ **제어 꼭지점 스플라인** : 제어 꼭지점으로 제어되는 스플라인을 작성합니다.

❸ **보간 스플라인** : 클릭한 점을 지나는 스플라인을 작성합니다.

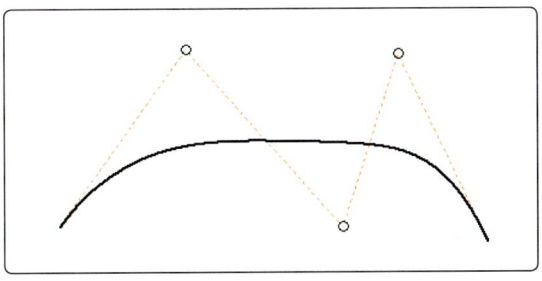
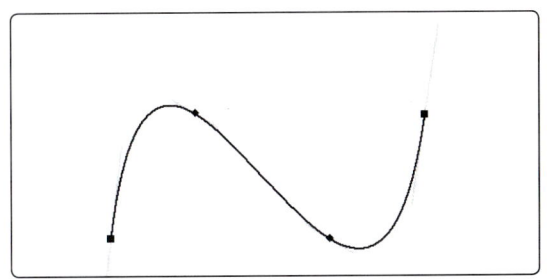

❹ **원** : 원을 작성합니다.

중심점 원 : 중심점과 반지름의 크기를 결정하는 두 번째 점을 클릭해 원을 작성합니다.

접선 원 : 세 개의 개체에 접하는 원을 작성합니다.

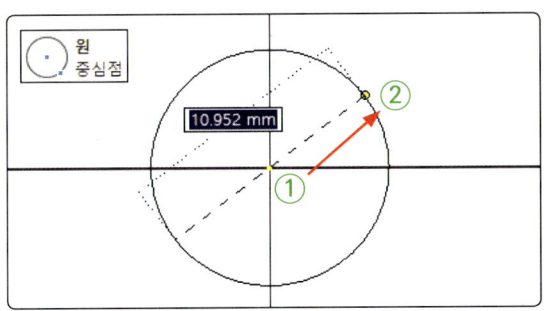
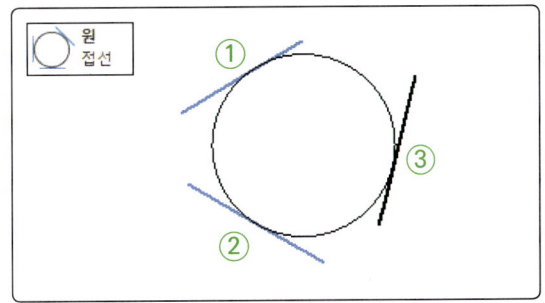

타원 : 중심점과 두 반지름 점을 클릭해 타원을 작성합니다.

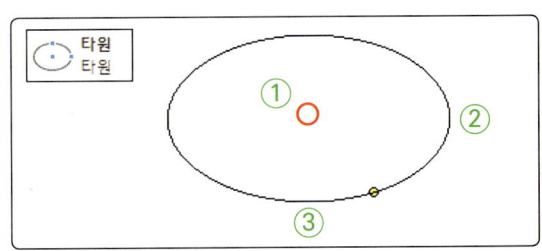

❺ **호** : 호를 작성합니다.

3점 호 : 원호의 시작점과 끝점, 중간점을 클릭해 작성합니다.

접선 호 : 작성된 스케치 개체의 끝점에 접하는 원호를 작성합니다.

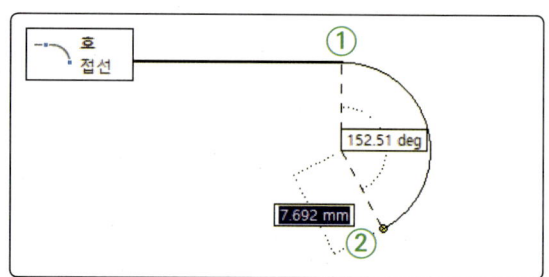

중심점 호 : 호의 중심점과 원호의 시작점, 끝점을 클릭해 작성합니다.

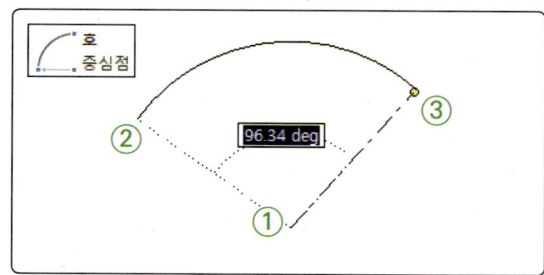

❻ **사각형** : 사각형을 작성합니다.

2점 직사각형 : 두 개의 구석점을 클릭해 사각형을 작성합니다.

3점 직사각형 : 두 점을 클릭해 사각형 밑변을 작성한 후 직각으로 뻗어나오는 사각형을 작성합니다.

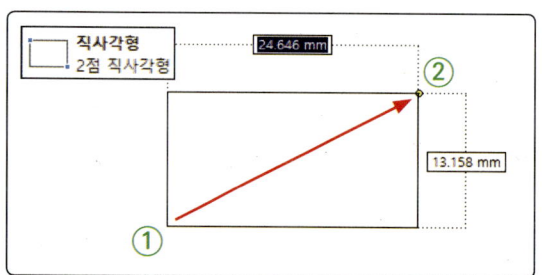
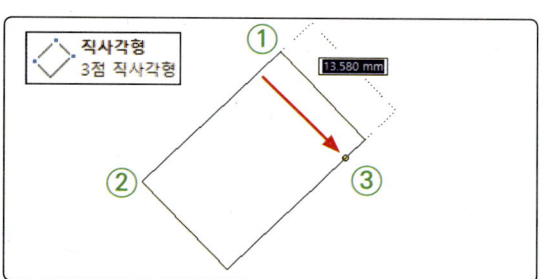

두 점 중심 직사각형 : 사각형의 중심점과 구석점을 클릭해 작성합니다.

세 점 중심 직사각형 : 사각형의 중심점과 양쪽 너비 방향의 중간점을 클릭해 작성합니다.

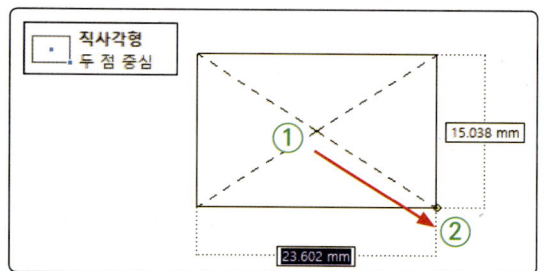
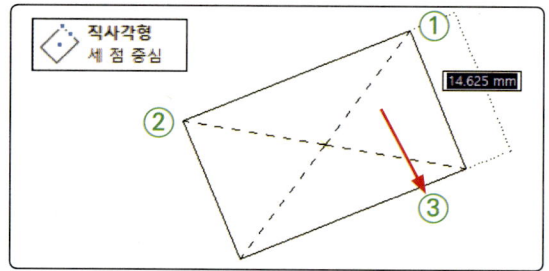

❼ 슬롯 : 슬롯을 작성합니다.

중심 대 중심 : 슬롯의 중심선을 작성한 후 슬롯의 반지름을 클릭해 작성합니다.

전체 : 슬롯의 양 끝점을 클릭한 후 슬롯의 반지름을 클릭해 작성합니다.

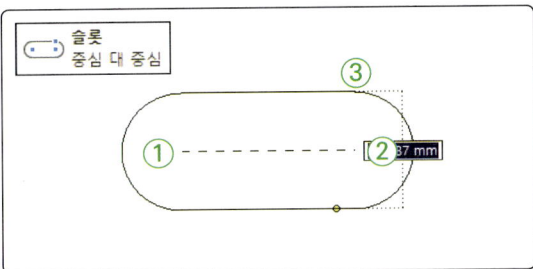
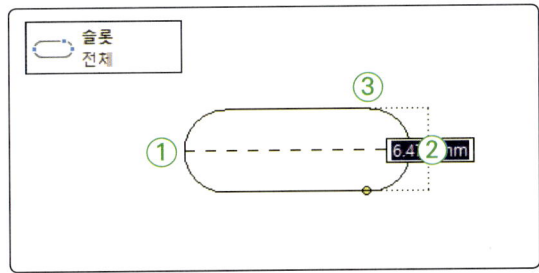

중심점 : 슬롯의 중심선의 중간점과 끝점을 클릭해 작성하고 반지름을 클릭해 작성합니다.

3점 호 : 3점 호를 작성하는 방법으로 중심선을 작성한 후 슬롯의 반지름을 클릭해 작성합니다.

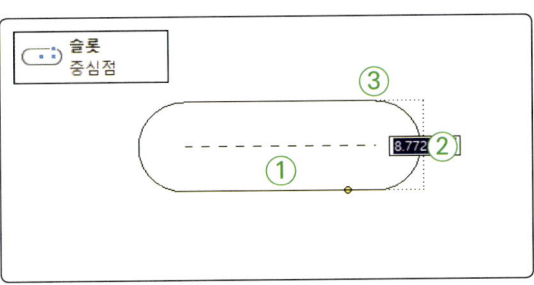
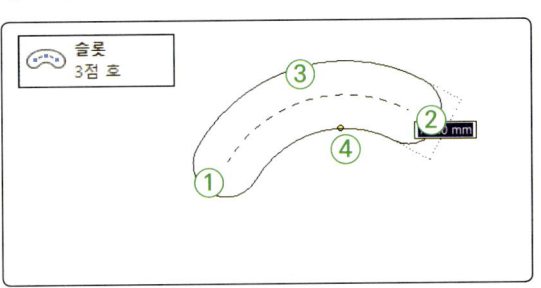

중심점 호 : 중심점 호를 작성하는 방법으로 중심선을 작성한 후 슬롯의 반지름을 클릭해 작성합니다.

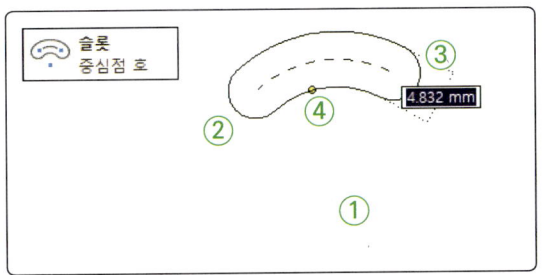

❽ 다각형 : 같은 길이를 가지는 다양한 개수의 변으로 이루어진 다각형을 작성합니다.

내접 : 가이드원에 내접하는 다각형을 작성합니다.
외접 : 가이드원에 외접하는 다각형을 작성합니다.

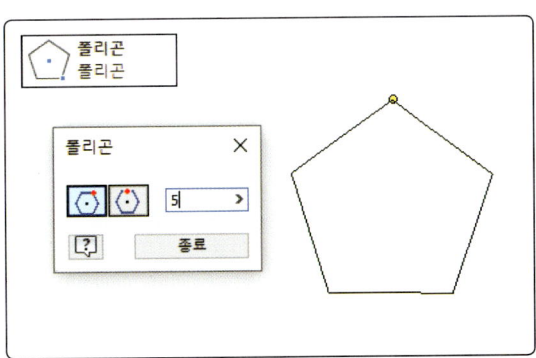

❾ **모깎기** : 구석점에 라운드를 작성합니다.

두 개의 선을 선택해서 모깎기

꼭지점을 선택해서 모깎기하기

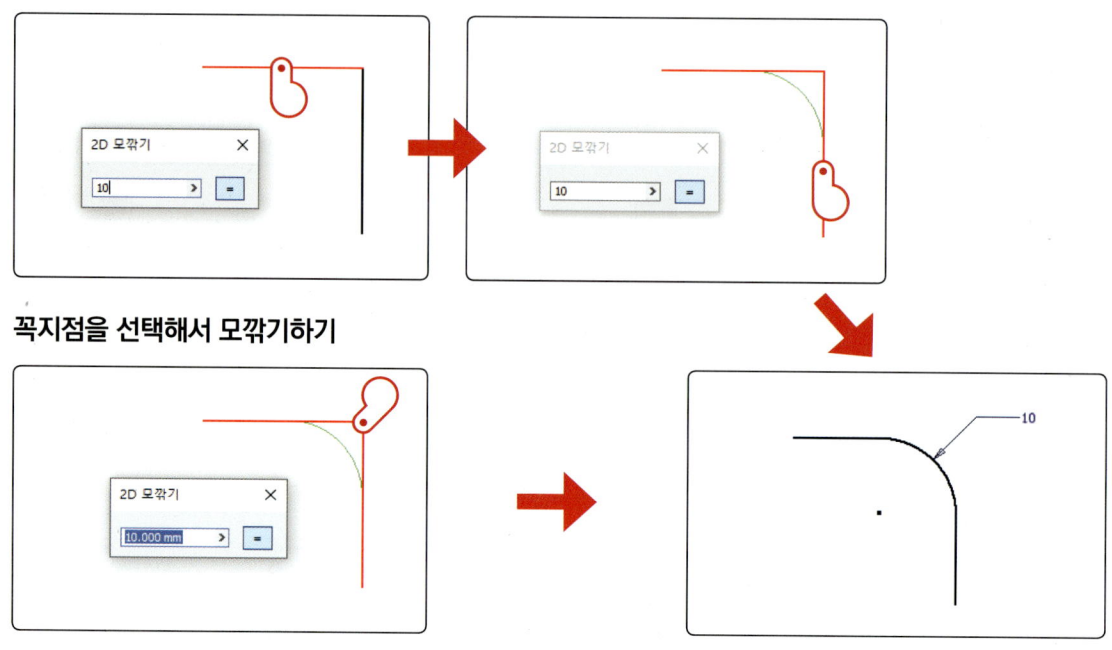

❿ **모따기** : 구석점에 모따기를 작성합니다.

두 개의 선을 선택해서 모따기

꼭지점을 선택해서 모따기하기

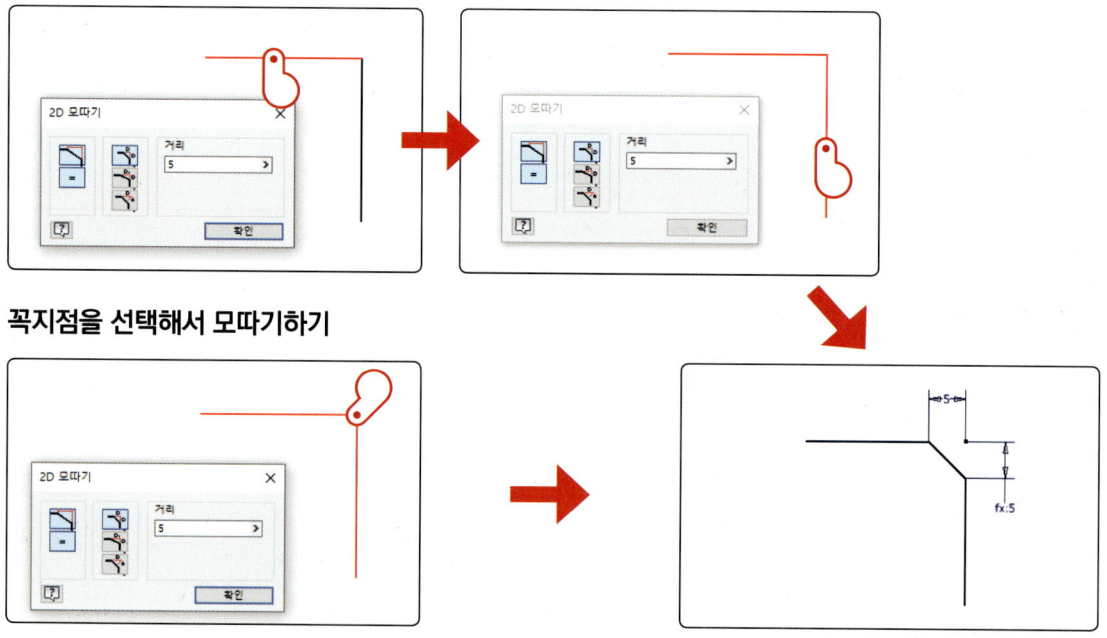

⑪ 텍스트 : 스케치에 문자를 배치합니다.

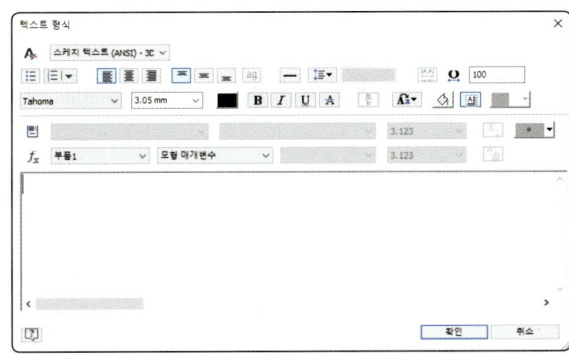

⑫ 점 : 스케치에 점을 작성합니다. 스케이 요소의 스탭을 인식하여 그림과 같이 다양한 스냅점에 배치할 수 있습니다.

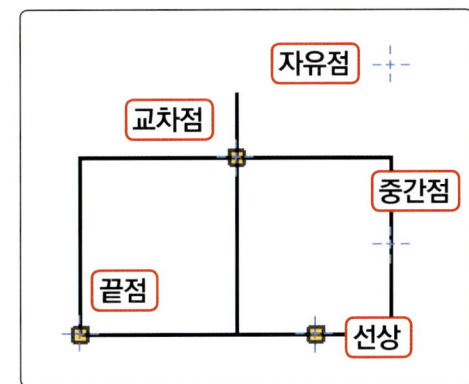

⑬ 형상 투영 : 모델의 모서리나 다른 스케치의 요소를 현재 스케치 요소로 변경합니다.

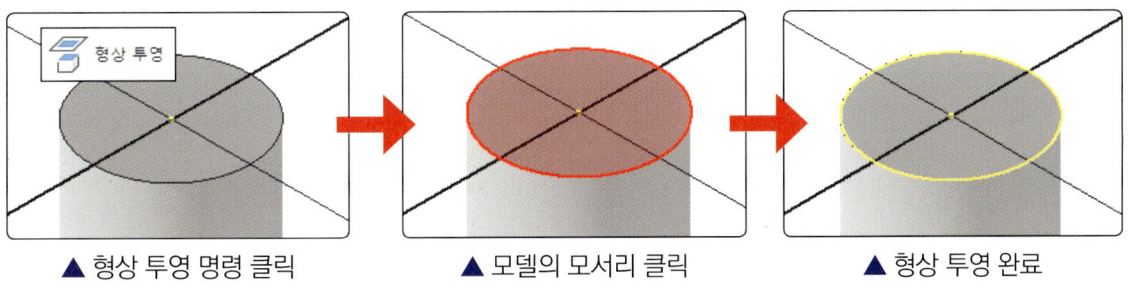

▲ 형상 투영 명령 클릭　　　▲ 모델의 모서리 클릭　　　▲ 형상 투영 완료

⑭ 절단 모서리 투영 : 현재 스케치 평면과 교차하는 모델의 모서리를 자동 투영합니다.

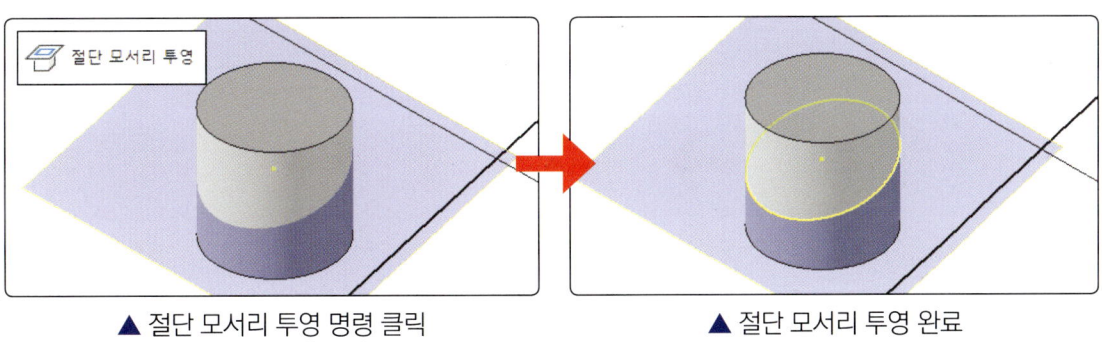

▲ 절단 모서리 투영 명령 클릭　　　▲ 절단 모서리 투영 완료

05 스케치 수정 명령

작성한 스케치 요소를 편집하는 종류의 명령어입니다.

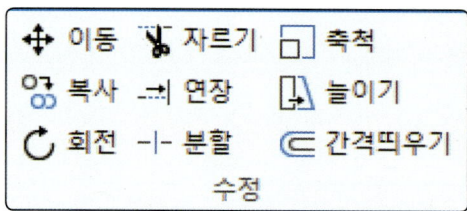

❶ **이동** : 스케치 개체의 위치를 이동합니다.

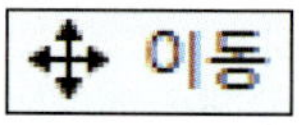

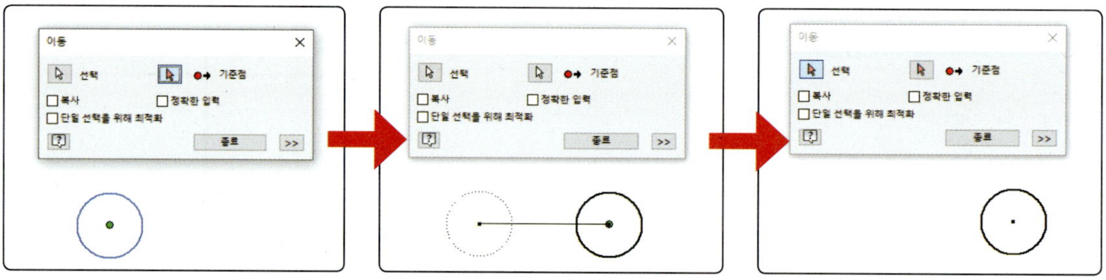

▲ 개체와 기준점 선택 　　▲ 이동할 점 선택 　　▲ 이동 완료

❷ **복사** : 스케치 개체를 복사합니다.

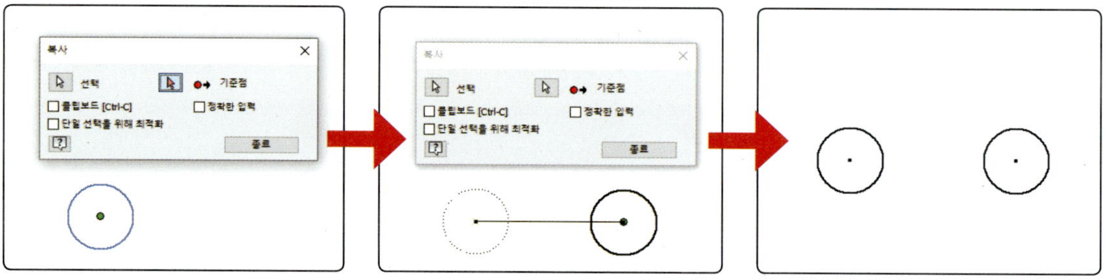

▲ 개체와 기준점 선택 　　▲ 복사할 점 선택 　　▲ 복사 완료

❸ **회전** : 스케치 개체를 회전합니다.

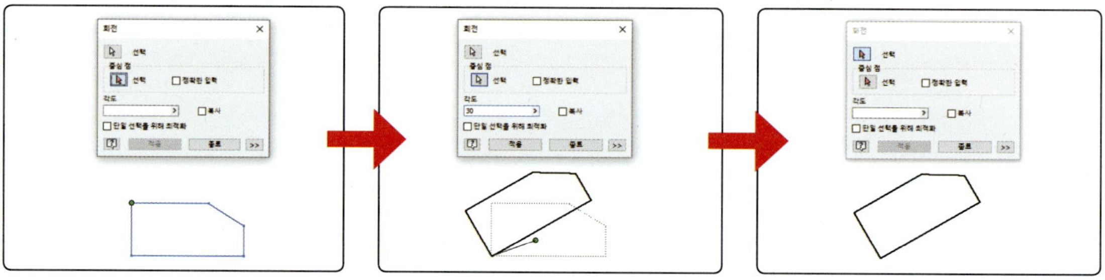

▲ 개체와 기준점 선택 　　▲ 회전할 각도 선택 　　▲ 회전 완료

❹ **자르기** : 서로 교차하는 스케치 개체를 잘라냅니다.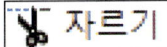

교차하는 지점을 직접 클릭해 잘라내기

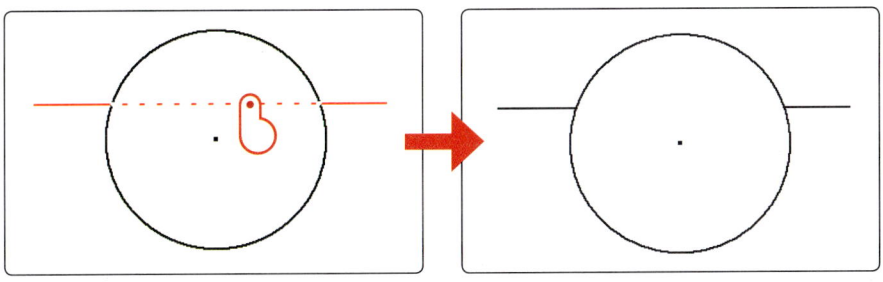

드래그해서 잘라내기

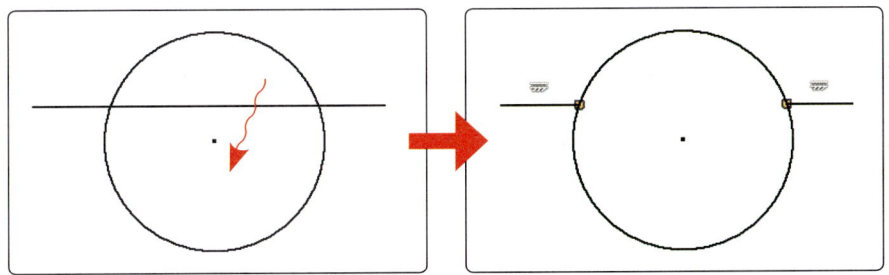

❺ **연장** : 스케치 요소를 다른 요소까지 연장합니다.

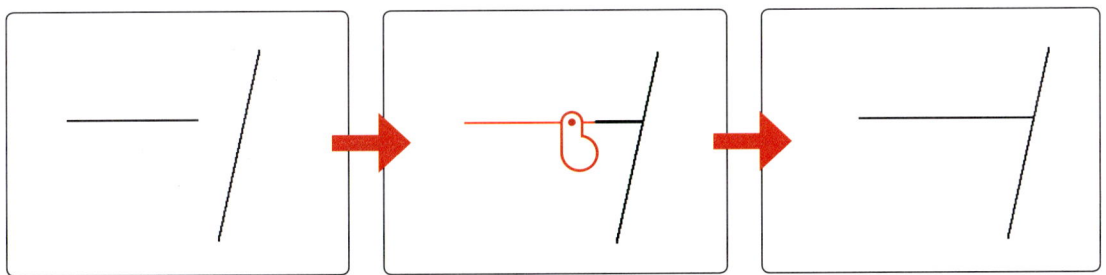

❻ **분할** : 교차하는 스케치 개체를 분할합니다.

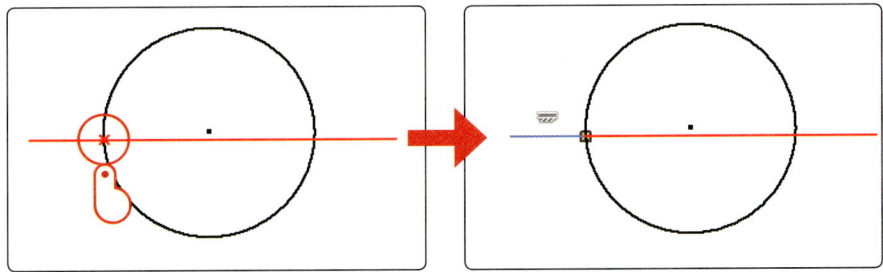

❼ **축척** : 스케치 요소의 축척을 변경합니다.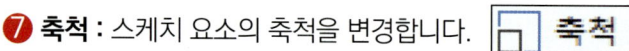

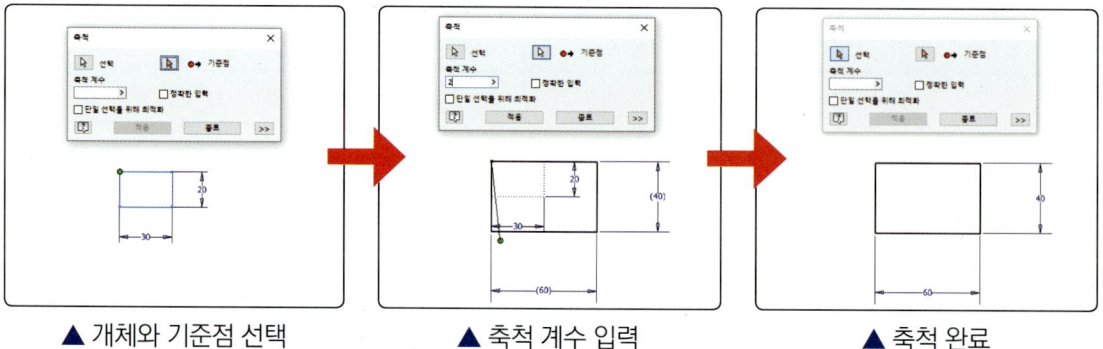

▲ 개체와 기준점 선택　　　▲ 축척 계수 입력　　　▲ 축척 완료

❽ **늘이기** : 걸치기 선택으로 요소를 선택해 늘입니다.

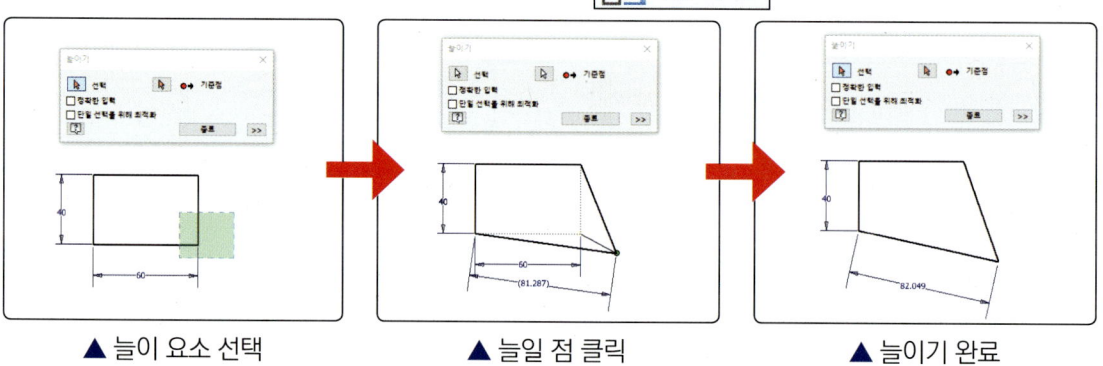

▲ 늘이 요소 선택　　　▲ 늘일 점 클릭　　　▲ 늘이기 완료

❾ **간격띄우기** : 선택한 스케치 개체를 간격띄우기 합니다.

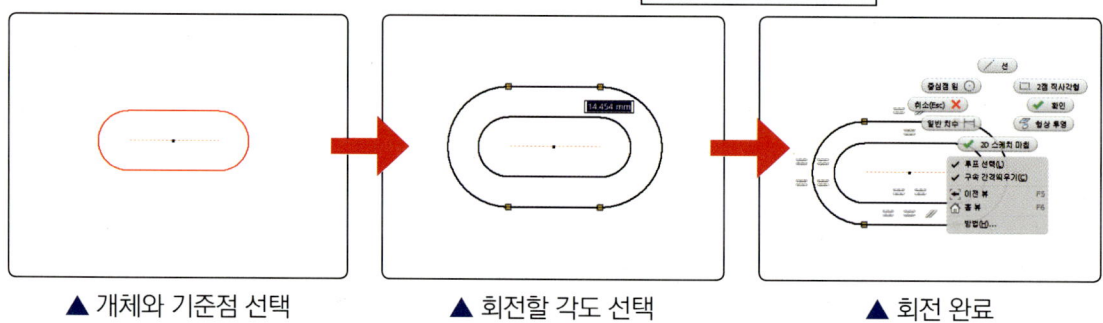

▲ 개체와 기준점 선택　　　▲ 회전할 각도 선택　　　▲ 회전 완료

루프선택 : 루프 상태의 스케치 요소를 한꺼번에 선택합니다.
구속 간격띄우기 : 간격띄우기 거리를 치수로 구속합니다.

06 스케치 패턴 명령

작성한 스케치 요소를 패턴 복사하는 종류의 명령어입니다.

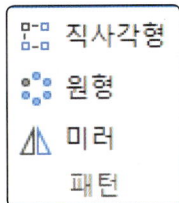

❶ **직사각형 패턴** : 스케치 개체를 행과 열로 배열 복사합니다.

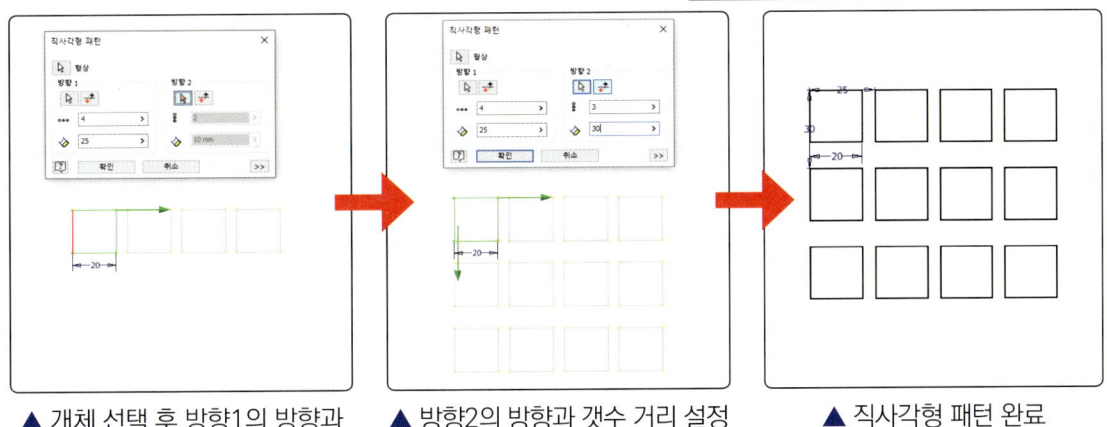

▲ 개체 선택 후 방향1의 방향과 갯수 거리 설정   ▲ 방향2의 방향과 갯수 거리 설정   ▲ 직사각형 패턴 완료

❷ **원형 패턴** : 스케치 개체를 원형으로 배열 복사합니다.

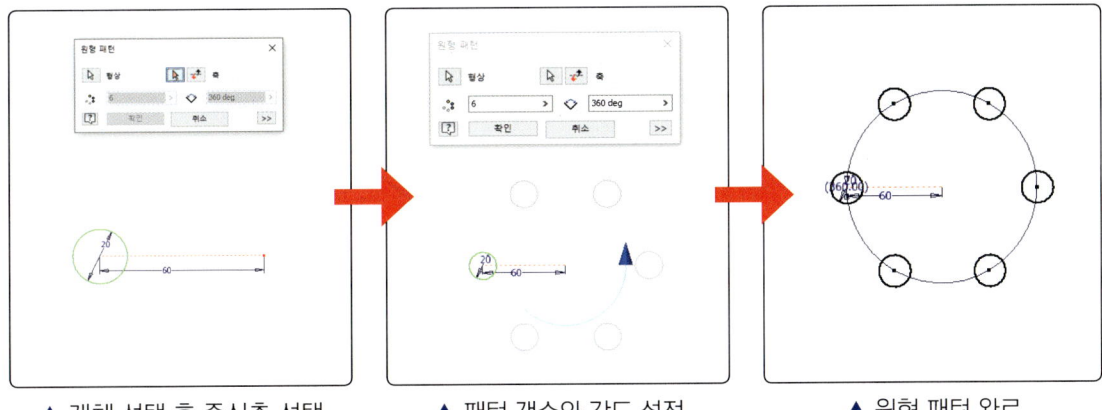

▲ 개체 선택 후 중심축 선택   ▲ 패턴 갯수와 각도 설정   ▲ 원형 패턴 완료

❸ **대칭 패턴** : 스케치 개체를 중심축을 기준으로 대칭 복사합니다.

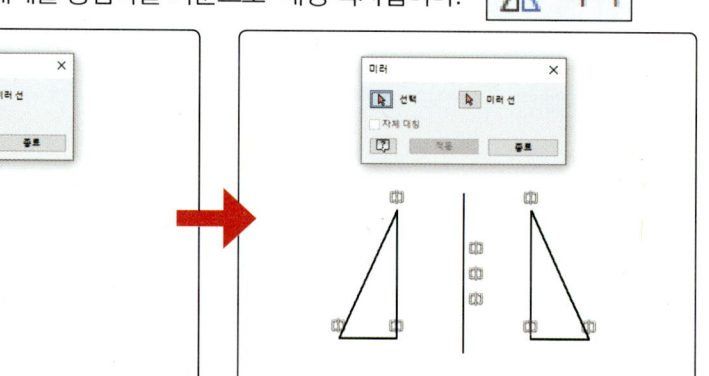

▲ 대칭할 개체와 미러 선 선택　　　　▲ 대칭 패턴 완료

07 치수 작성하기

구속조건 패널의 치수 명령을 클릭해 여러가지 타입의 스케치 치수를 작성합니다.

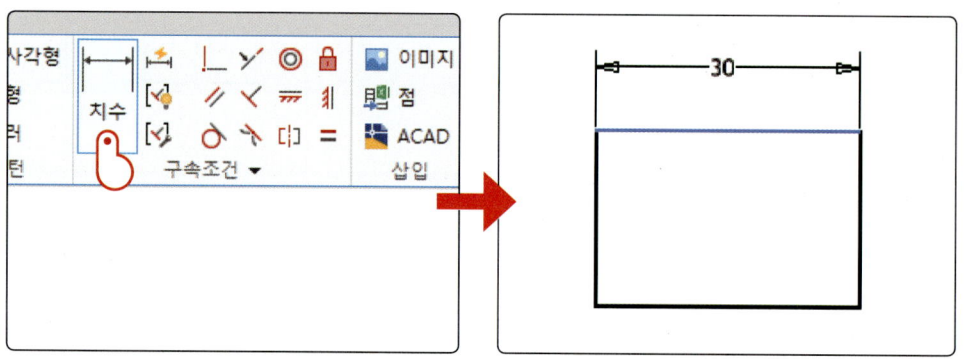

❶ **선형 치수** : 다음과 같은 타입의 치수를 작성할 수 있습니다.

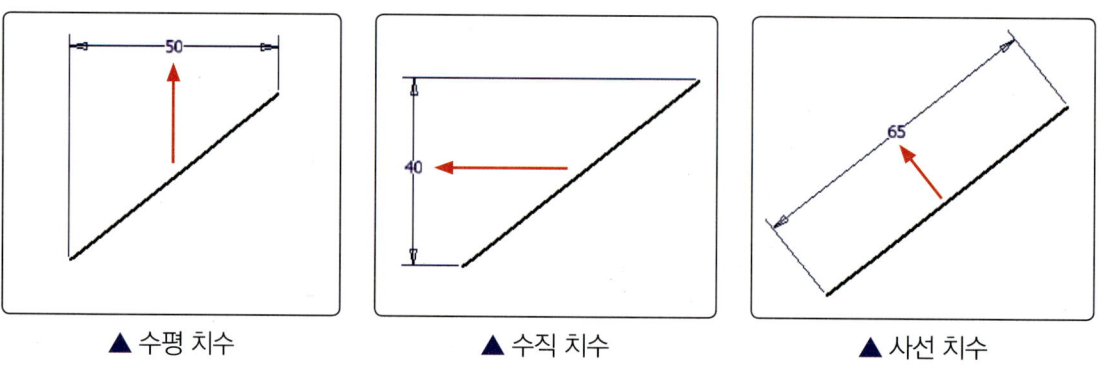

▲ 수평 치수　　　　▲ 수직 치수　　　　▲ 사선 치수

❷ **각도 치수** : 평행하지 않은 두 개의 선을 이용해 각도 치수를 작성합니다.

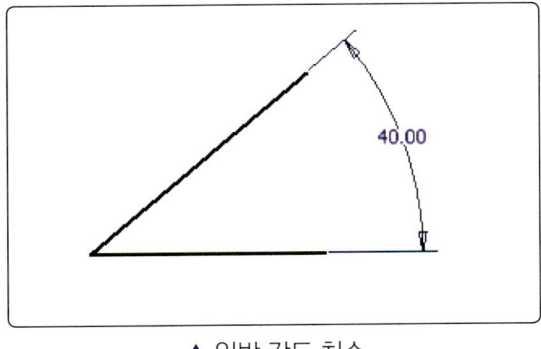

▲ 일반 각도 치수

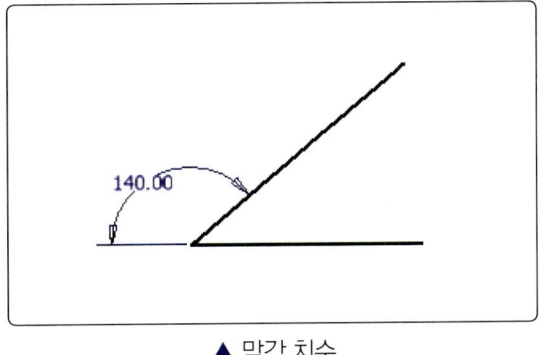

▲ 맞각 치수

❸ **지름 치수** : 원을 클릭해 지름 치수를 작성합니다.

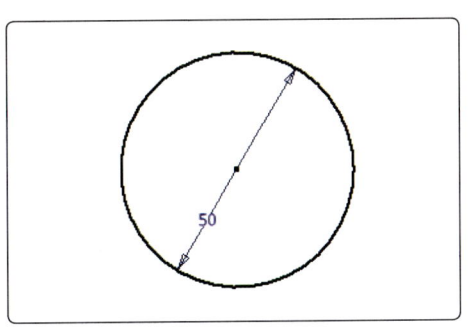

❹ **원호의 반지름 치수** : 팝업 메뉴로 원호의 반지름 치수를 작성합니다.

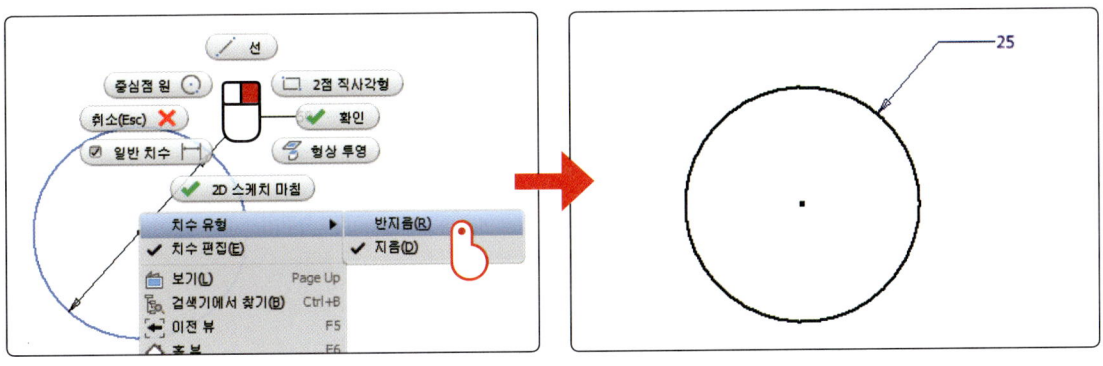

❺ **반지름 치수** : 호를 클릭해 반지름 치수를 작성합니다.

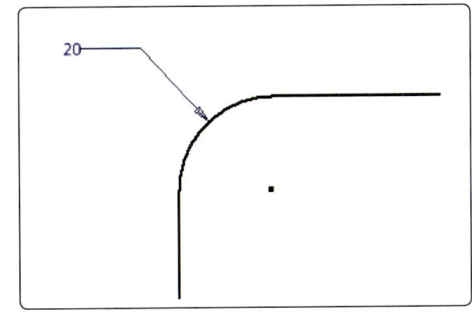

❻ **호의 길이 치수** : 팝업 메뉴로 원호의 길이 치수를 작성합니다.

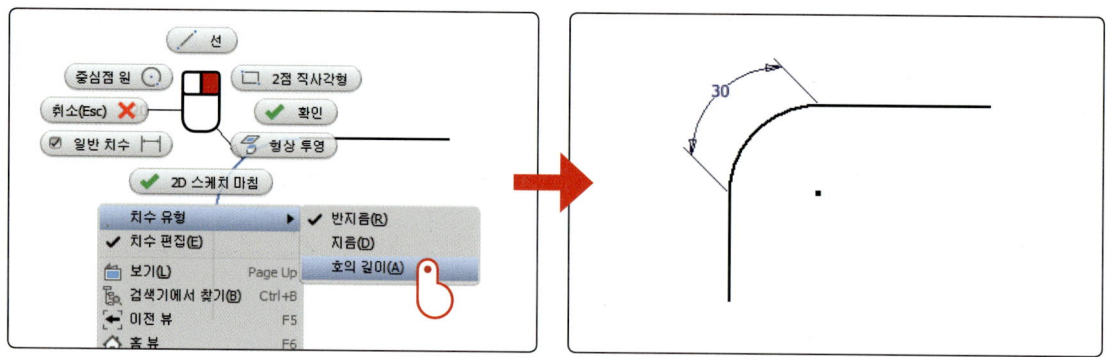

❼ **폭 치수** : 서로 평행한 두 개의 선을 클릭해 폭 치수를 작성합니다.

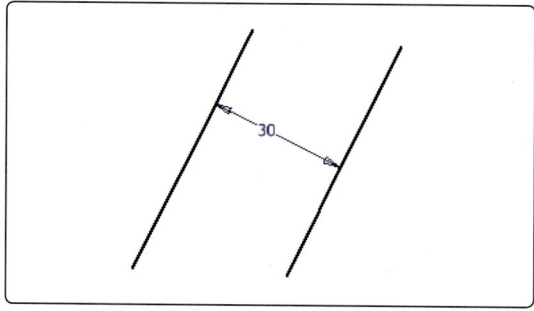

❽ **슬롯의 폭 치수** : 슬롯의 사분점 부분을 클릭해 슬롯의 폭 치수를 작성합니다.

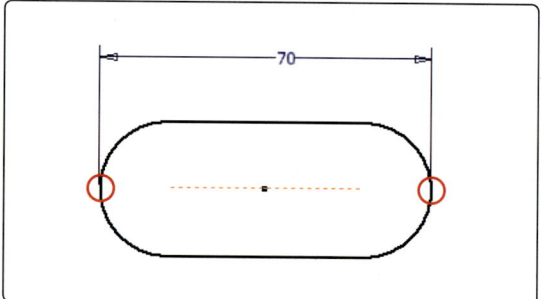

08 구속조건 명령

스케치 요소간의 관계구속 조건을 부여합니다.

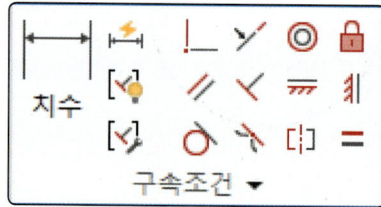

> **Tip**
>
> 구속조건의 사용 여부에 따라서 작업의 속도나 스케치의 개념적인 작성이 가능해집니다. 처음 접할 땐 어려운 개념이지만 반복숙달을 통해서 반드시 익숙해지도록 합시다.

❶ 일치 구속조건

선과 점을 일치시킵니다.

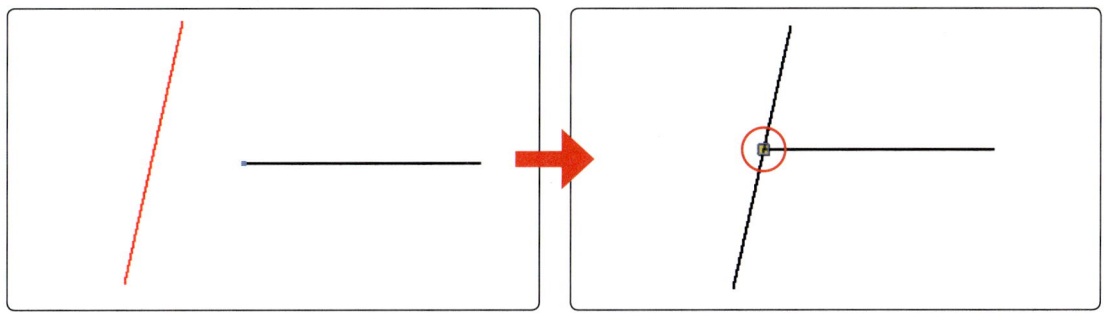

점과 점을 일치시킵니다.

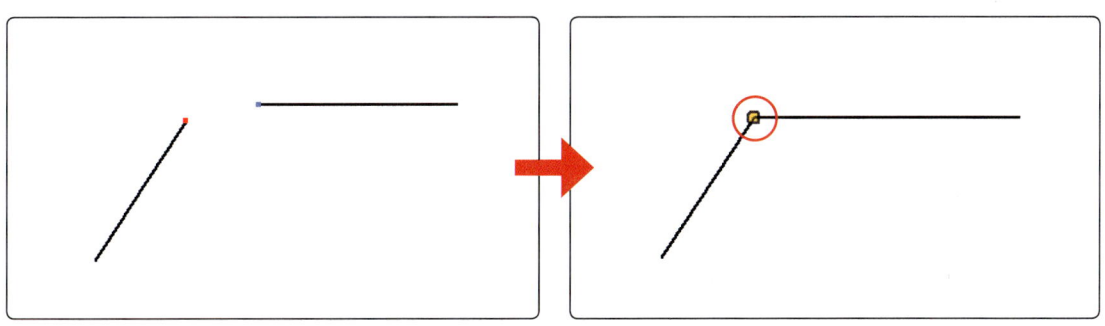

선의 중간점과 점을 일치시킵니다.

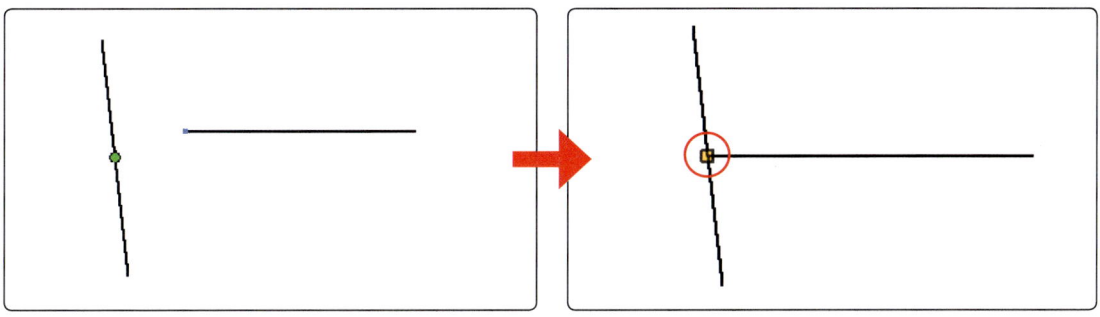

선의 중간점과 선의 중간점을 일치시킵니다.

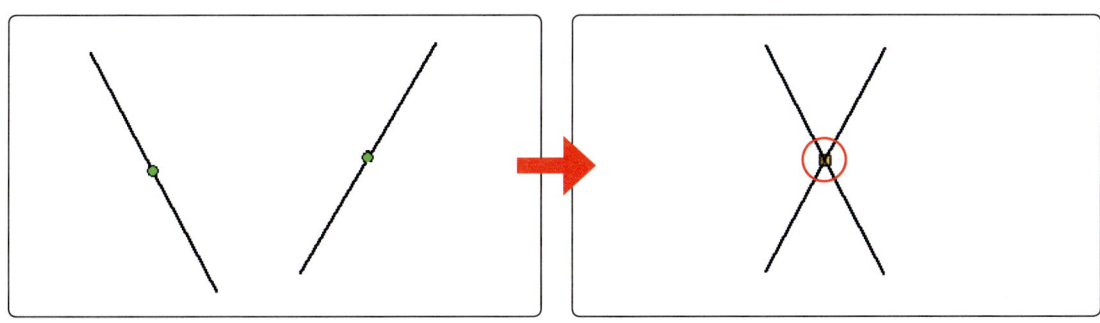

❷ **동일선상 구속조건** : 두 개의 선을 동일선상에 위치시킵니다.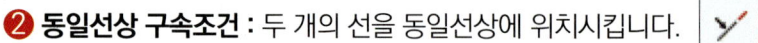

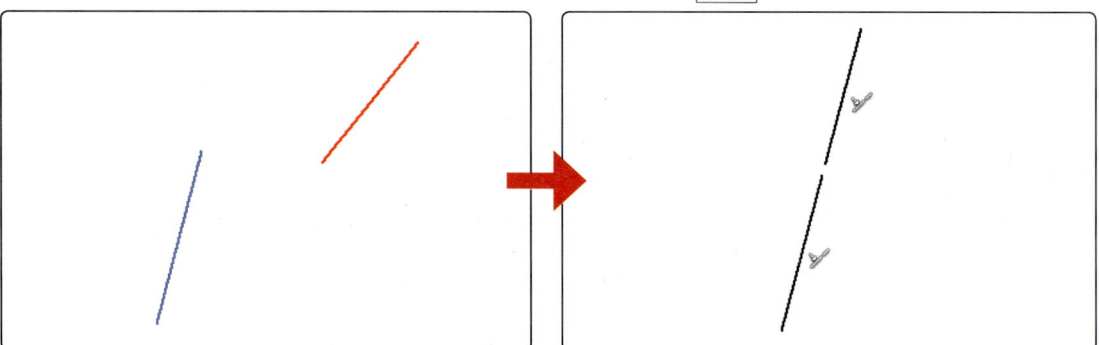

❸ **동심 구속조건** : 두 개의 원의 중심을 동일하게 합니다.

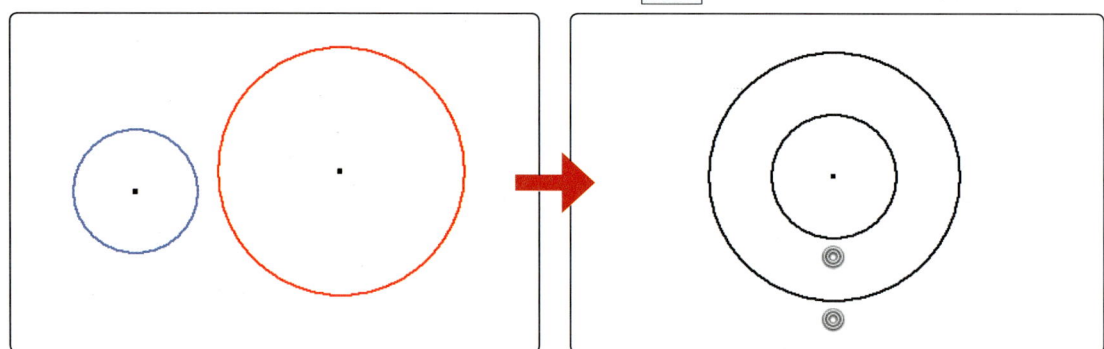

❹ **고정 구속조건** : 스케치 요소를 그 자리에 고정시킵니다.

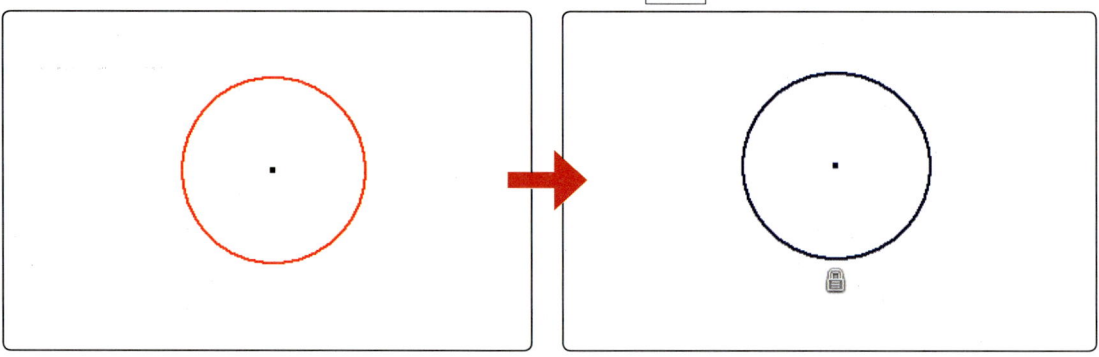

Tip
고정 구속조건은 캐드파일을 불러왔을 때 빠르게 완전구속을 시키기 위해 쓰기도 합니다.

❺ **평행 구속조건** : 두 개의 선을 평행하게 만듭니다.

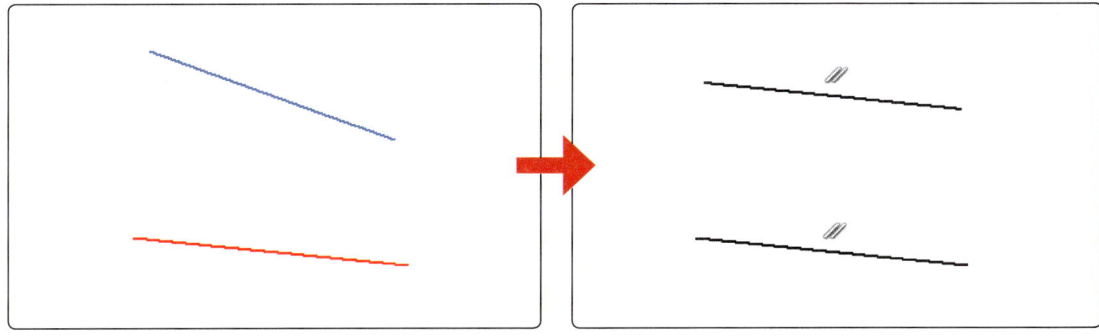

❻ **직각 구속조건** : 두 개의 선을 직각 상태로 만듭니다.

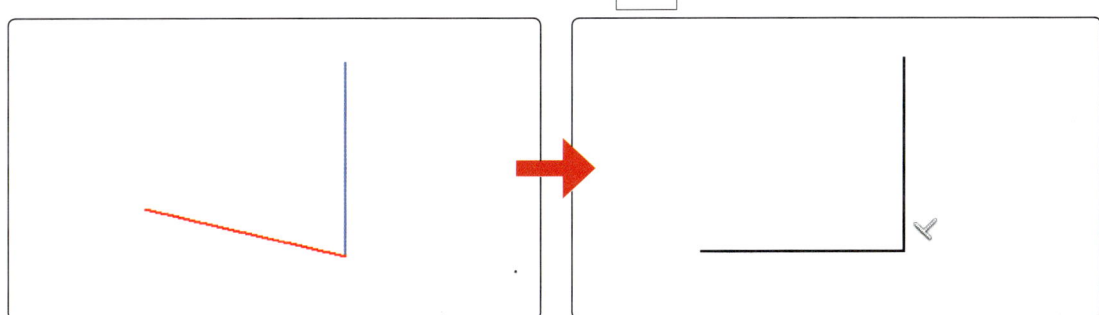

❼ **수평 구속조건**

수평이 아닌 선을 수평하게 만드는 구속조건을 부여합니다.

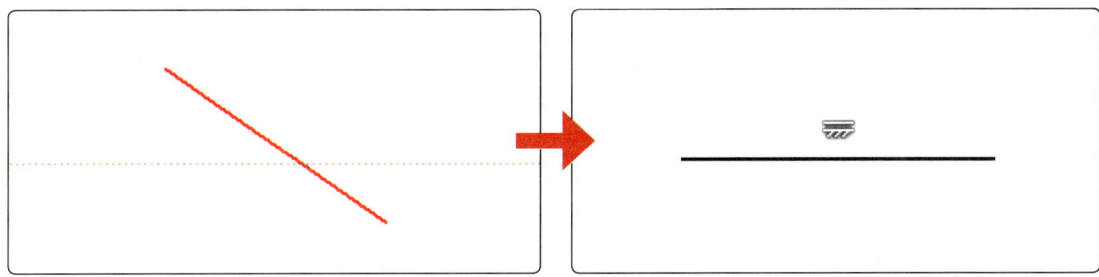

두 개의 점을 수평상태로 정렬하는 구속조건을 부여합니다.

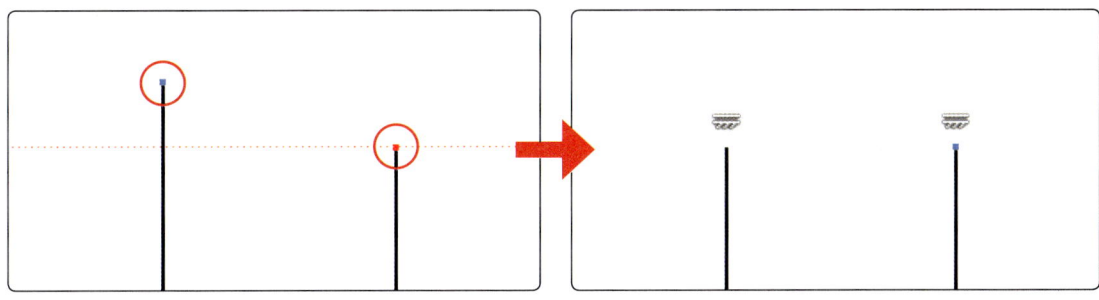

❽ **수직 구속조건**

수직이 아닌 선을 수직하게 만드는 구속조건을 부여합니다.

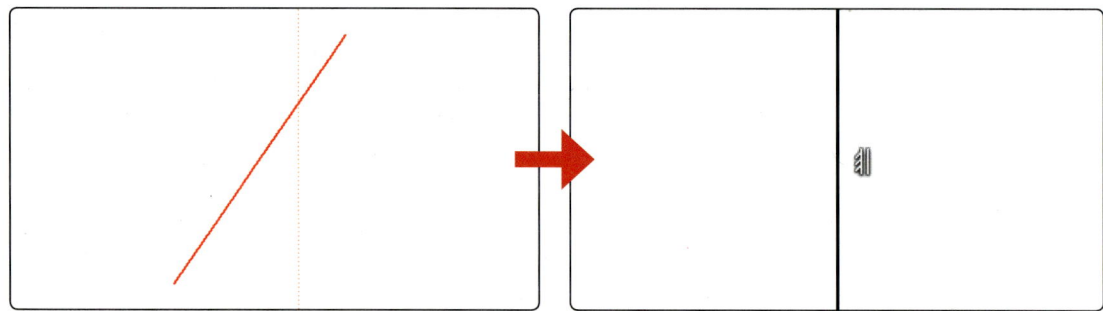

두 개의 점을 수직상태로 정렬하는 구속조건을 부여합니다.

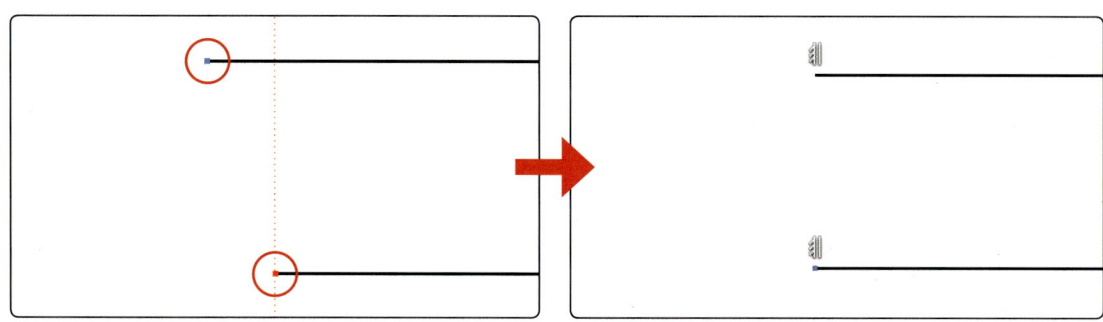

❾ **접선 구속조건** : 원호와 선을 서로 접하게 만듭니다.

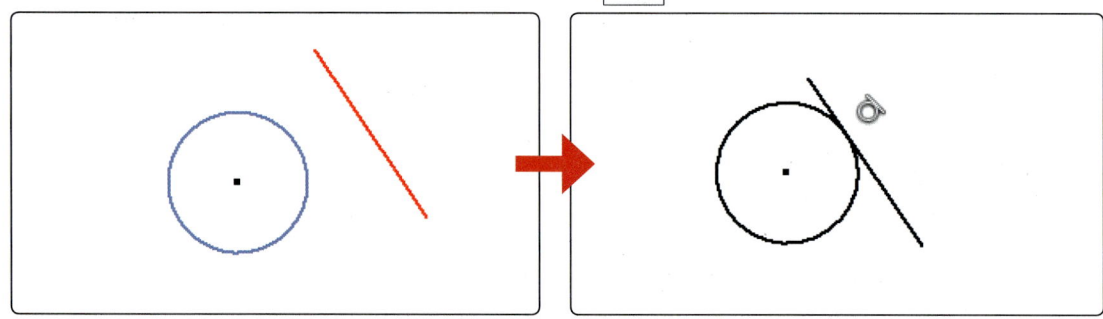

❿ **부드럽게 구속조건** : 두 개의 곡선의 연결점을 부드럽게 바꿉니다.

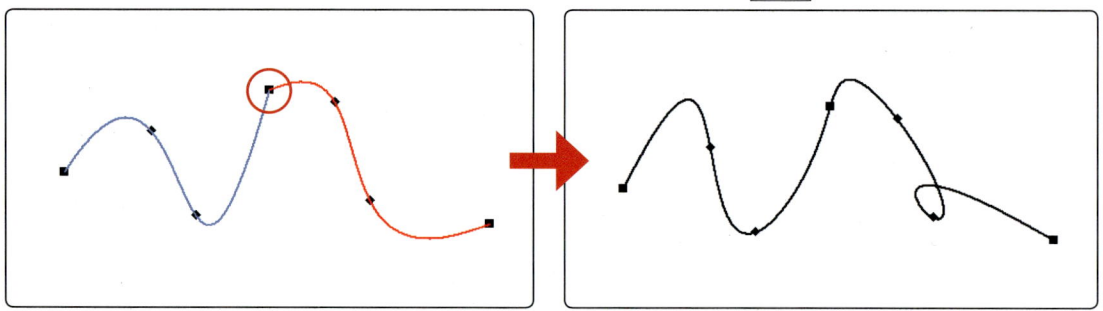

⓫ **대칭 구속조건** : 두 개의 개체를 중심선을 기준으로 대칭하게 만듭니다.

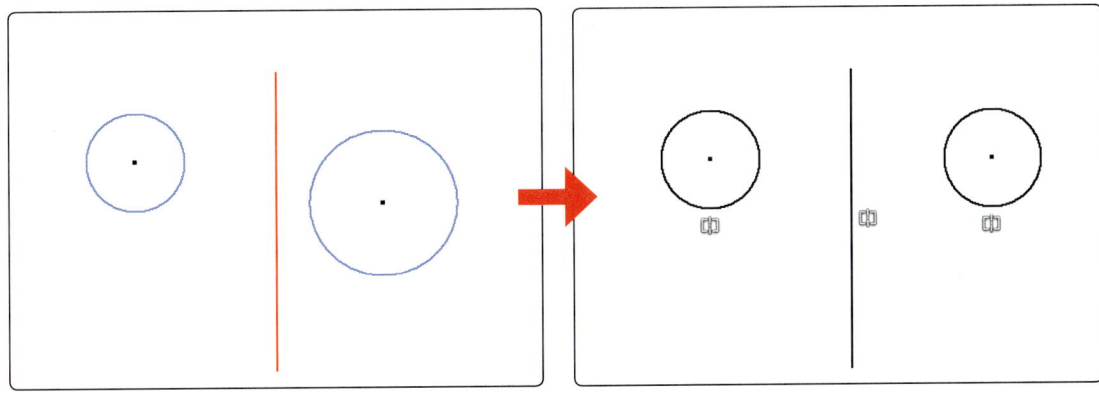

⓬ **동일 구속조건**

선 개체의 길이를 서로 같게 만듭니다.

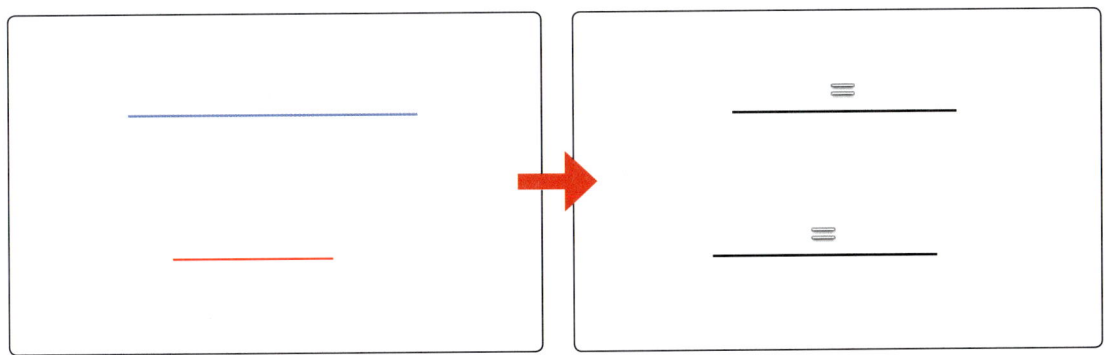

원 또는 호의 지름/반지름을 서로 같게 만듭니다.

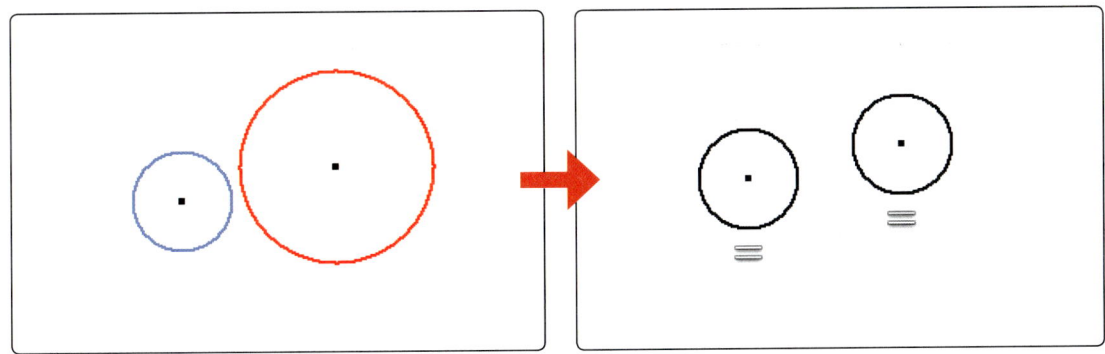

09 형식

스케치 요소의 형식을 설정합니다.

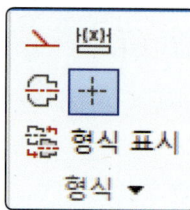

❶ **선의 형식** : 일반 프로파일로 쓰이는 일반선과 가상선으로 쓰이는 구성선, 중심선으로 쓰이는 중심선으로 나뉩니다.

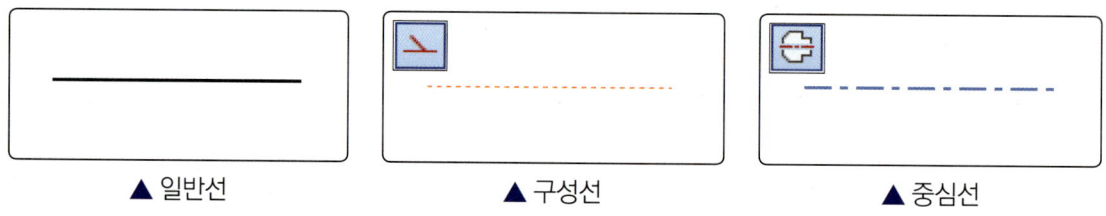

▲ 일반선   ▲ 구성선   ▲ 중심선

❷ **치수의 형식** : 사용자가 치수를 직접 설정해 사용하는 일반 치수와 다른 개체에 의해 치수값이 연계되는 연계 치수로 나뉩니다.

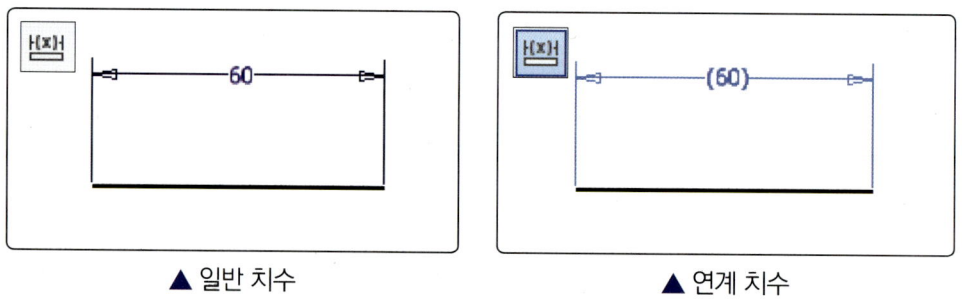

▲ 일반 치수   ▲ 연계 치수

❸ **점의 형식** : 일반적인 점과 구멍 명령 작성시 구멍의 중심으로 자동 인식되는 중심점으로 나뉩니다.

▲ 일반점   ▲ 중심점

10 스케치 편집

이미 작성이 마친 스케치는 다음과 같이 편집할 수 있습니다.

❶ 검색기에서 스케치 아이콘 팝업 메뉴를 열어서 스케치 편집

❷ 스케치가 포함된 피처 아이콘을 팝업 메뉴를 열어서 스케치 편집

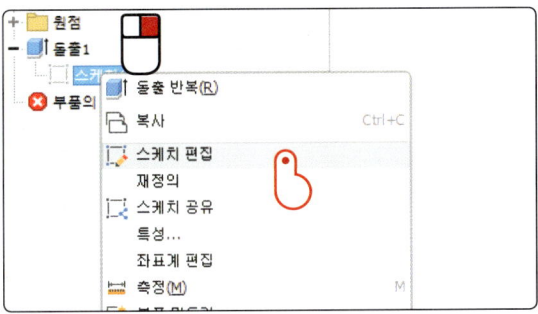
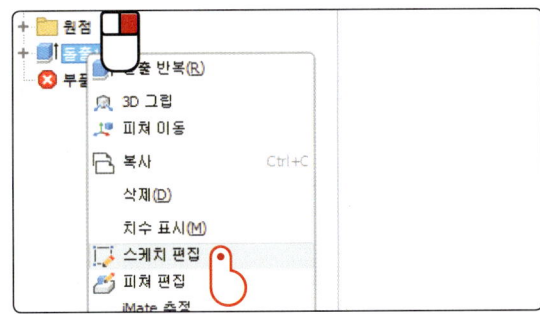

11 스케치의 완전 정의

스케치의 완전 정의란 스케치 원점을 기준으로 모든 스케치 요소가 치수 및 구속조건에 의해서 완전히 구속되어 있는 상태를 말합니다.

❶ 스케치 완전 정의를 구분하는 방법 : 다음 두 가지 방법으로 스케치 완전 정의를 구분합니다.

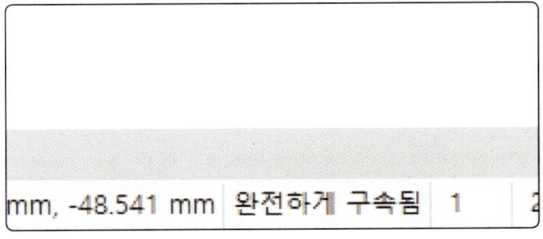
▲ 화면 우측 하단의 메시지 확인

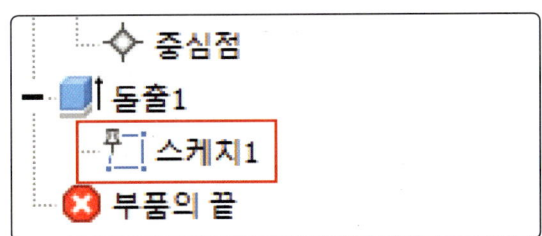
▲ 검색기의 스케치 그림 마크 확인

❷ 불완전 구속 개체를 찾는 방법 : 다음 두 가지 방법으로 불완전 구속 개체를 찾습니다.

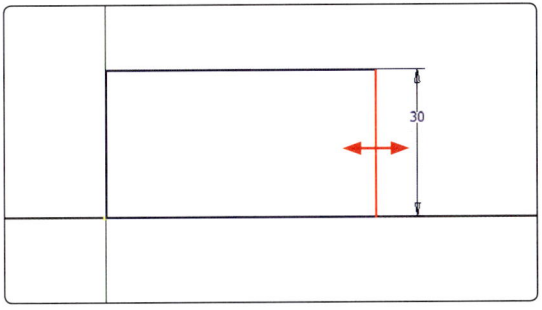
▲ 치수가 없는 개체 드래그

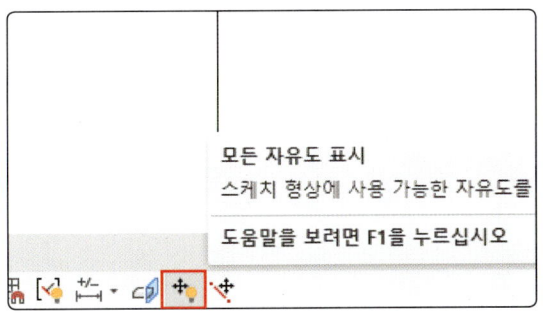
▲ 스케치 하단의 자유도 표시 명령 클릭

연습예제

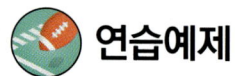

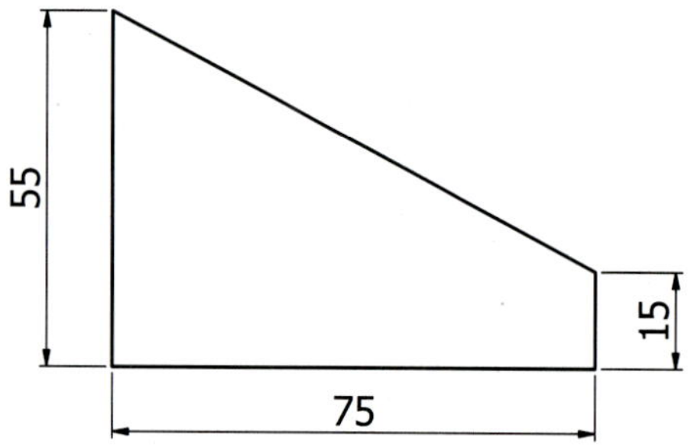
55
15
75

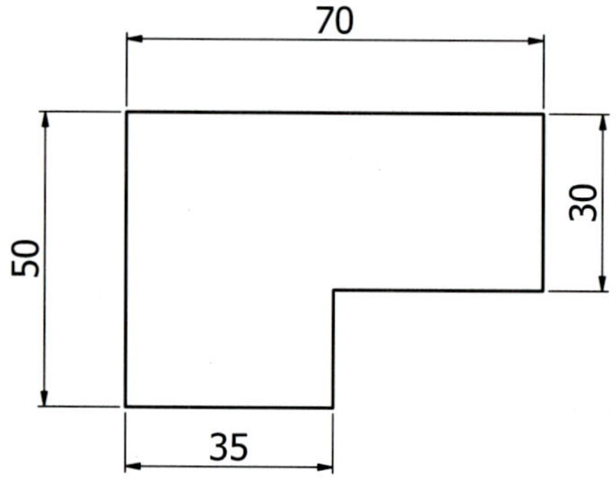
70
50
30
35

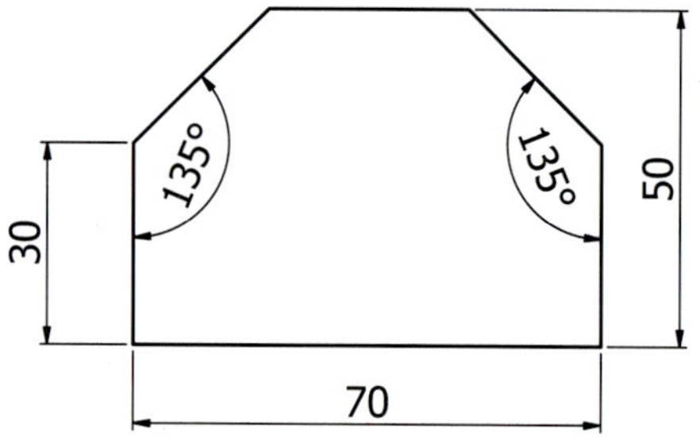
135°
135°
30
50
70

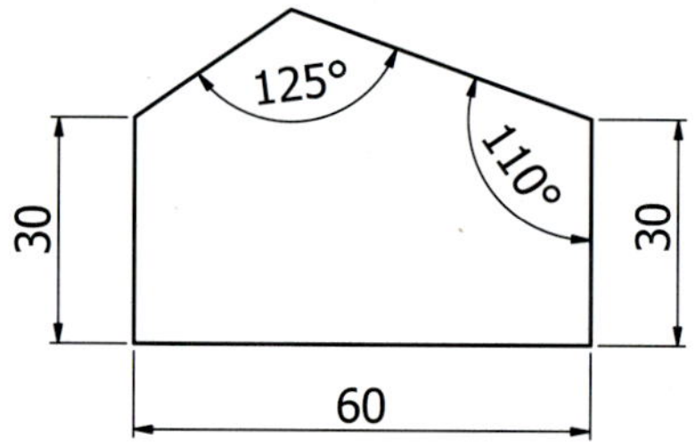
125°
110°
30
30
60

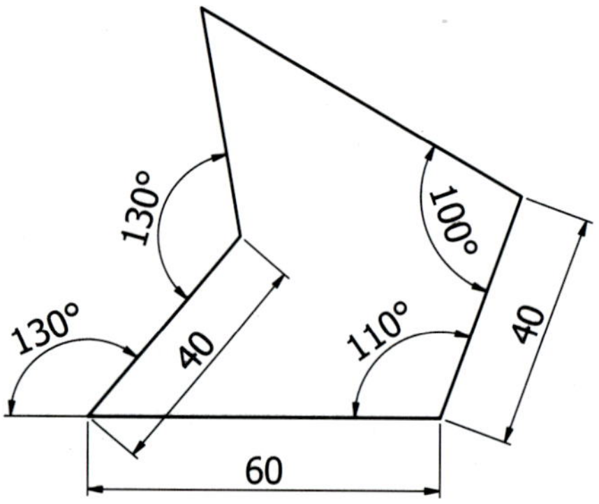
130°
130°
100°
110°
40
40
60

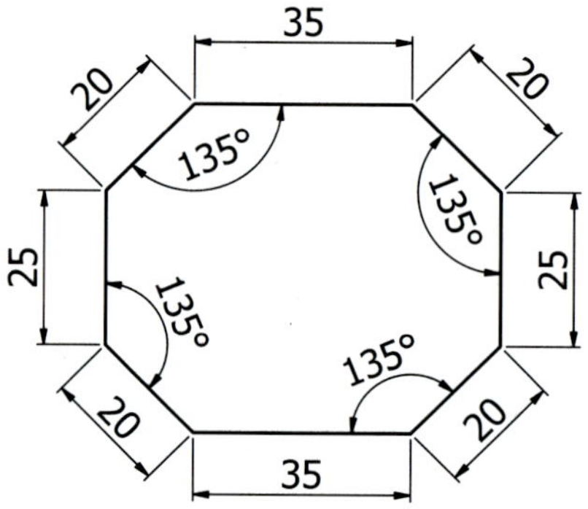
35
20
20
135°
135°
25
25
135°
135°
20
20
35

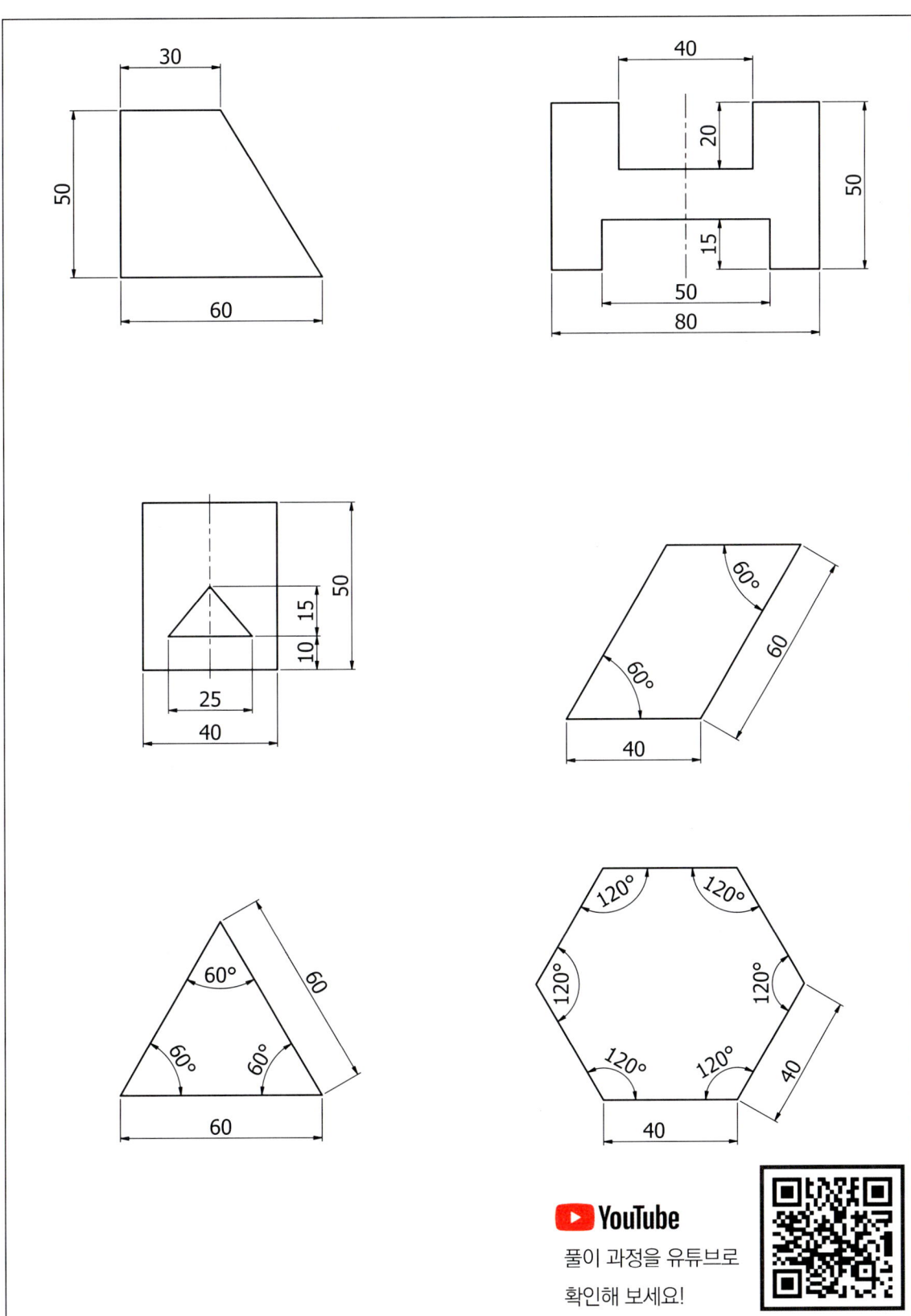

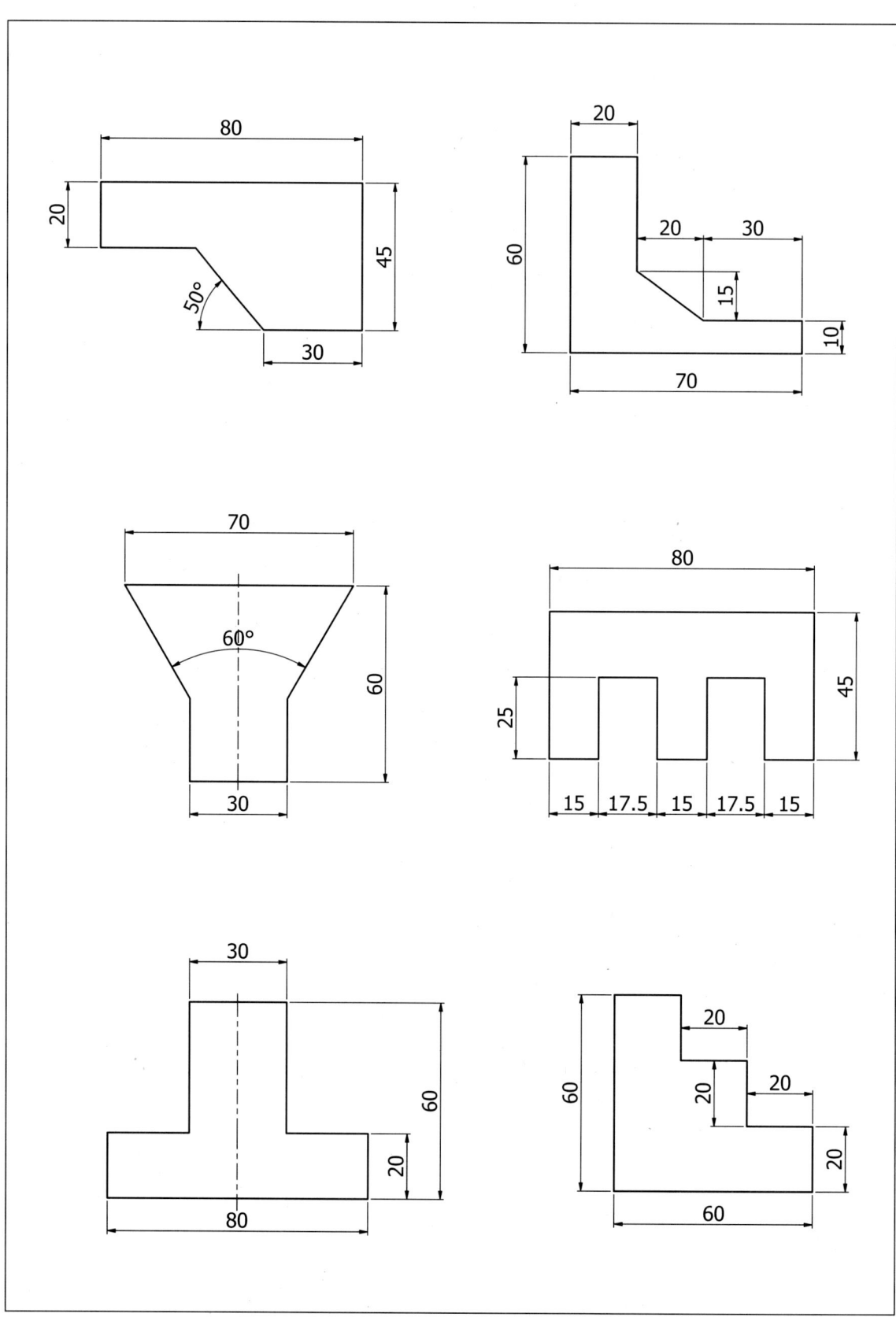

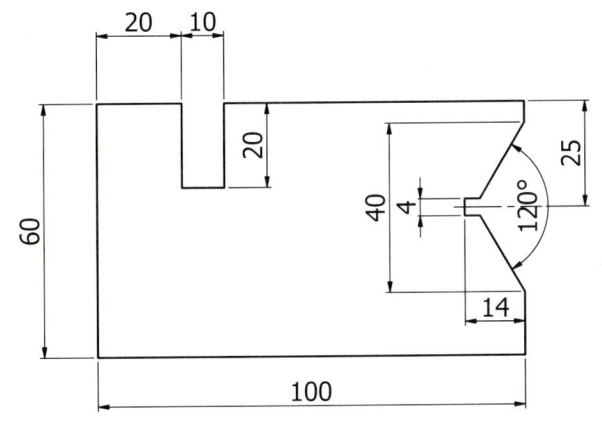

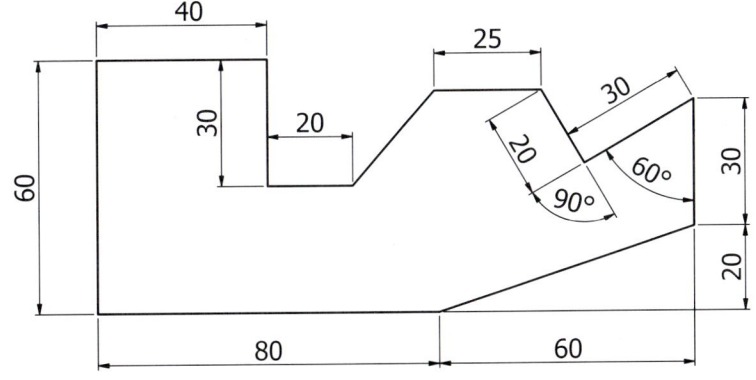

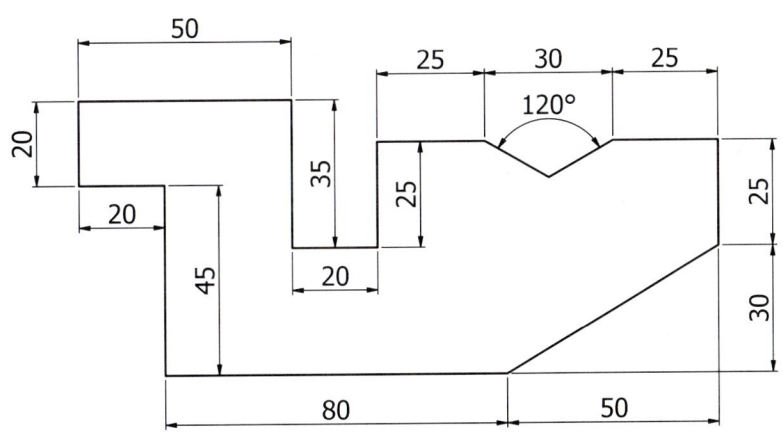

▶ YouTube
풀이 과정을 유튜브로
확인해 보세요!

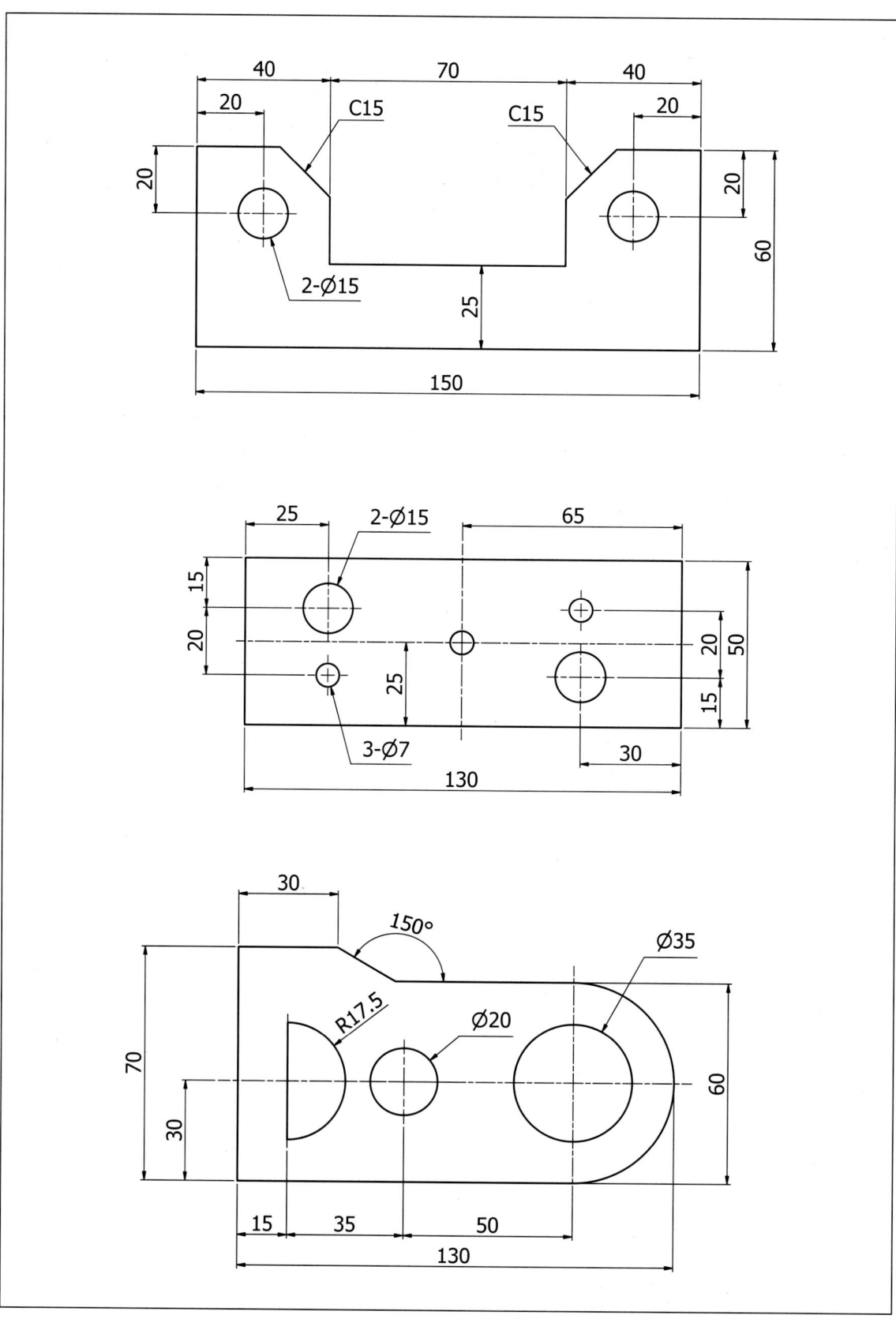

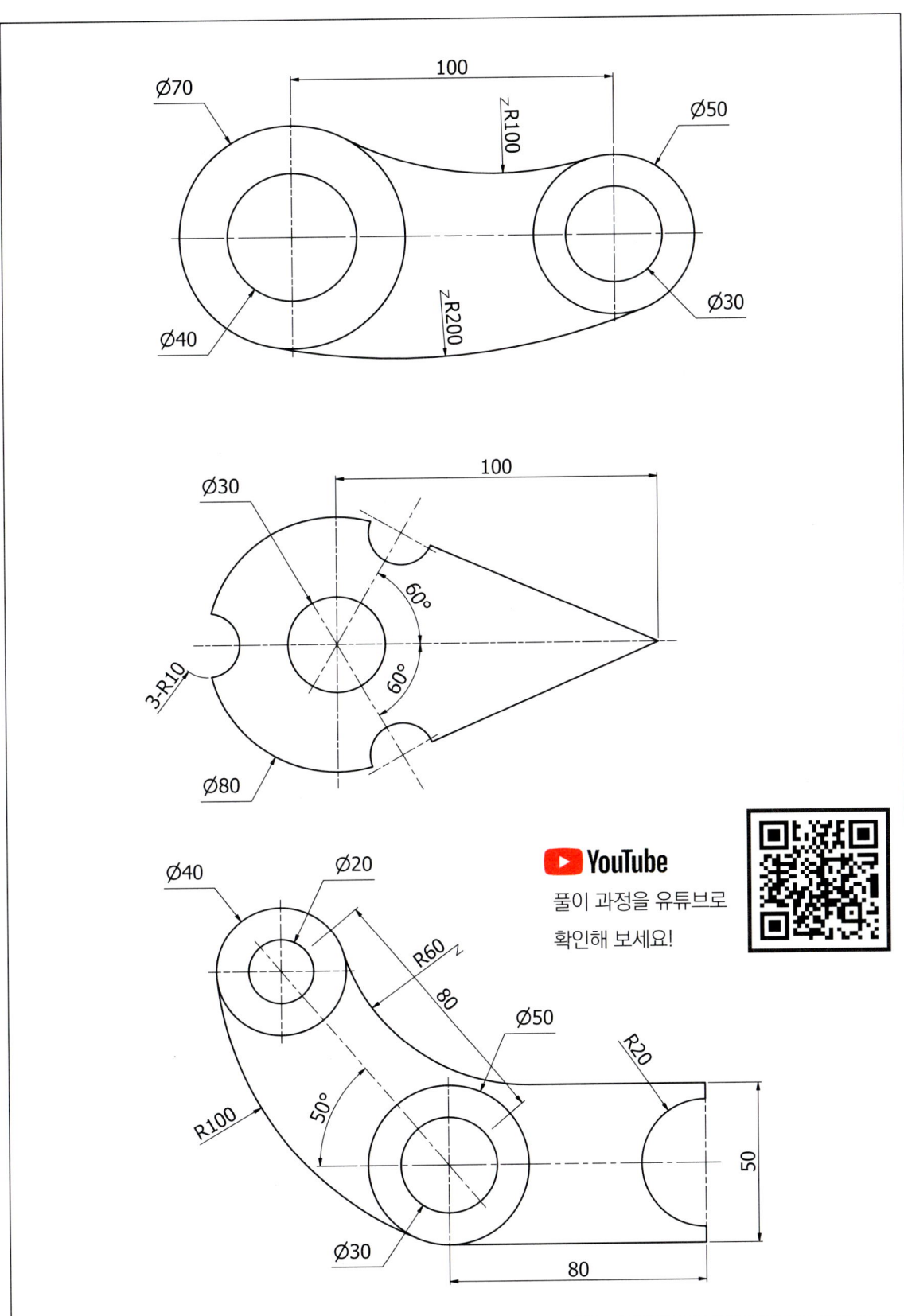

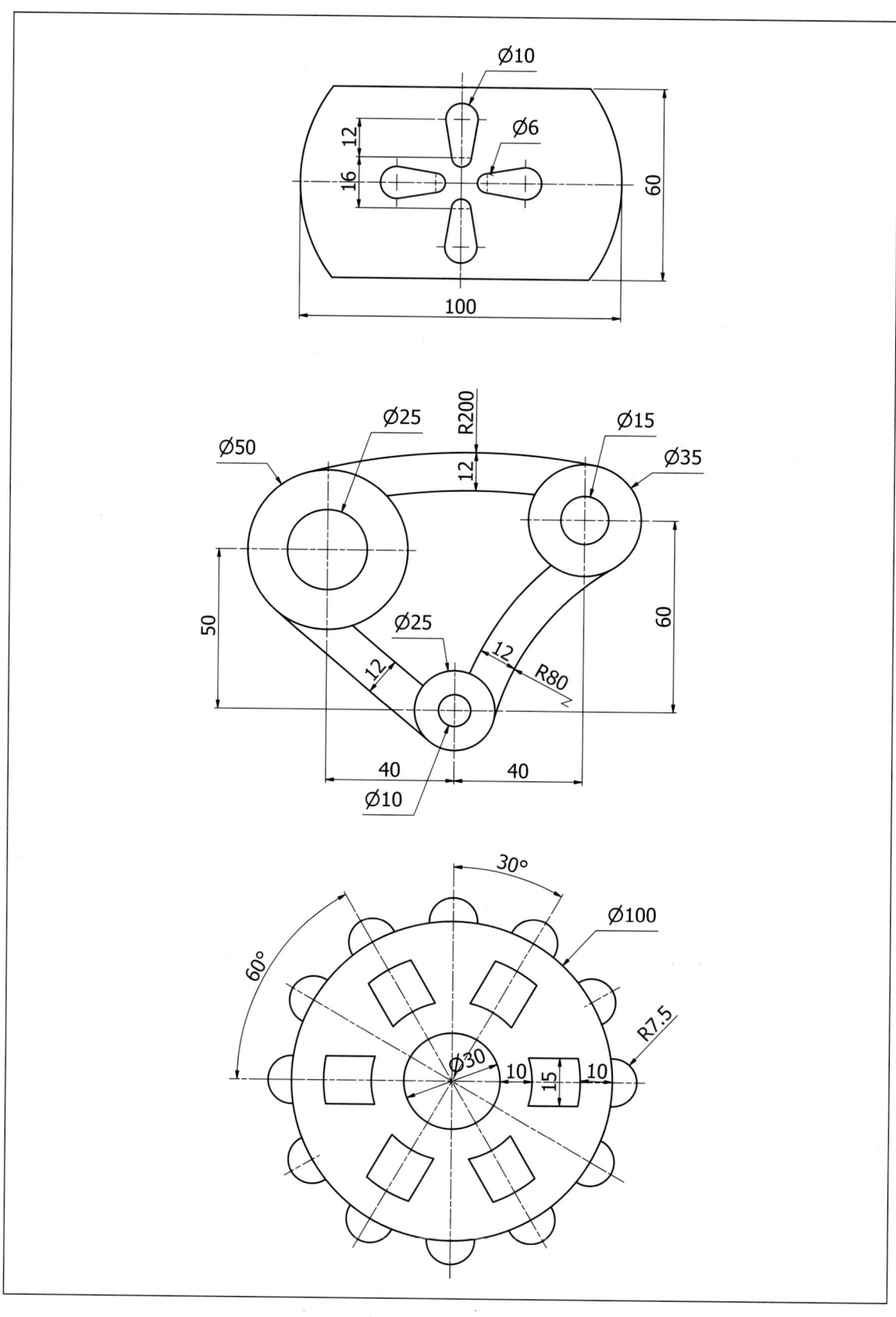

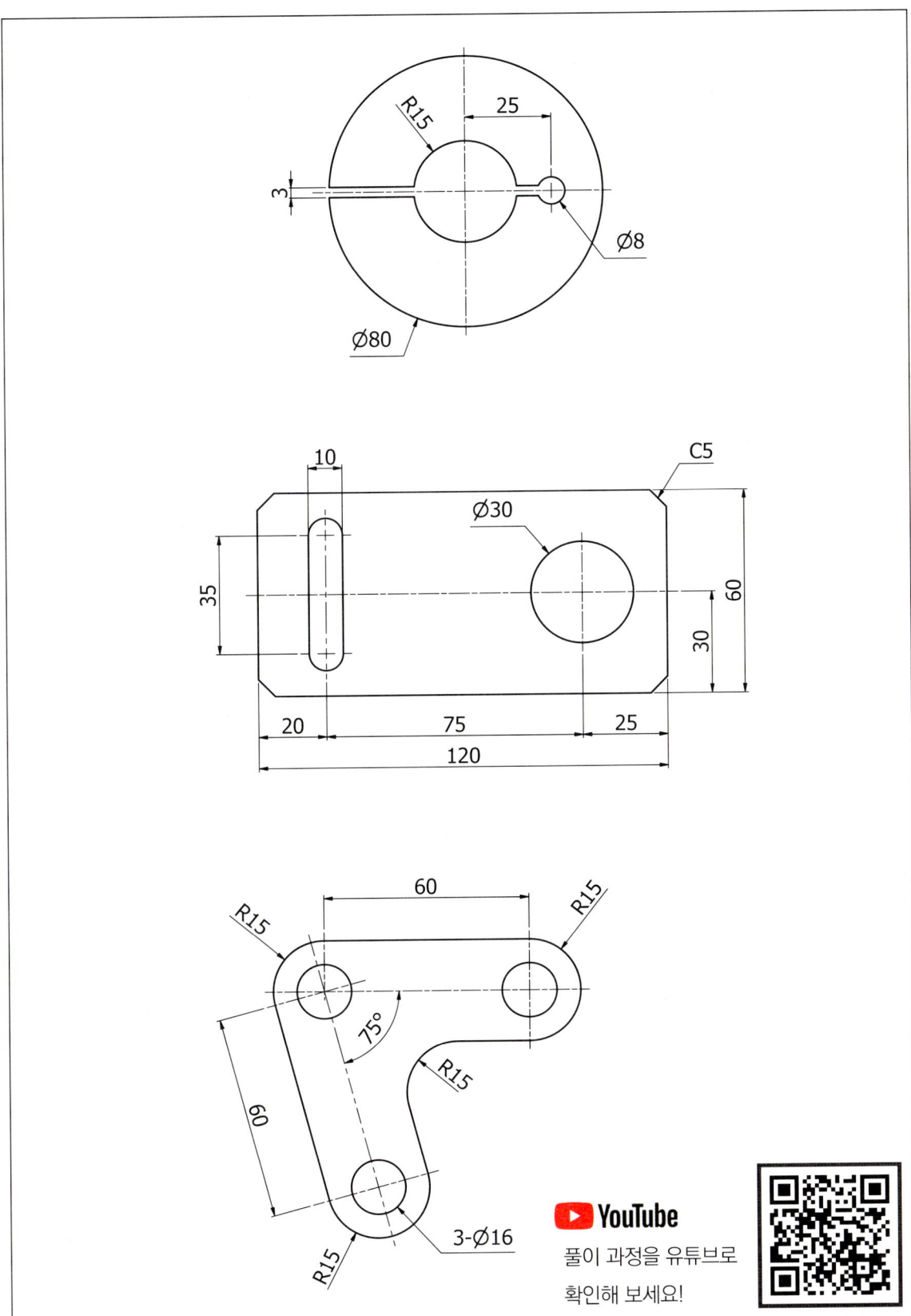

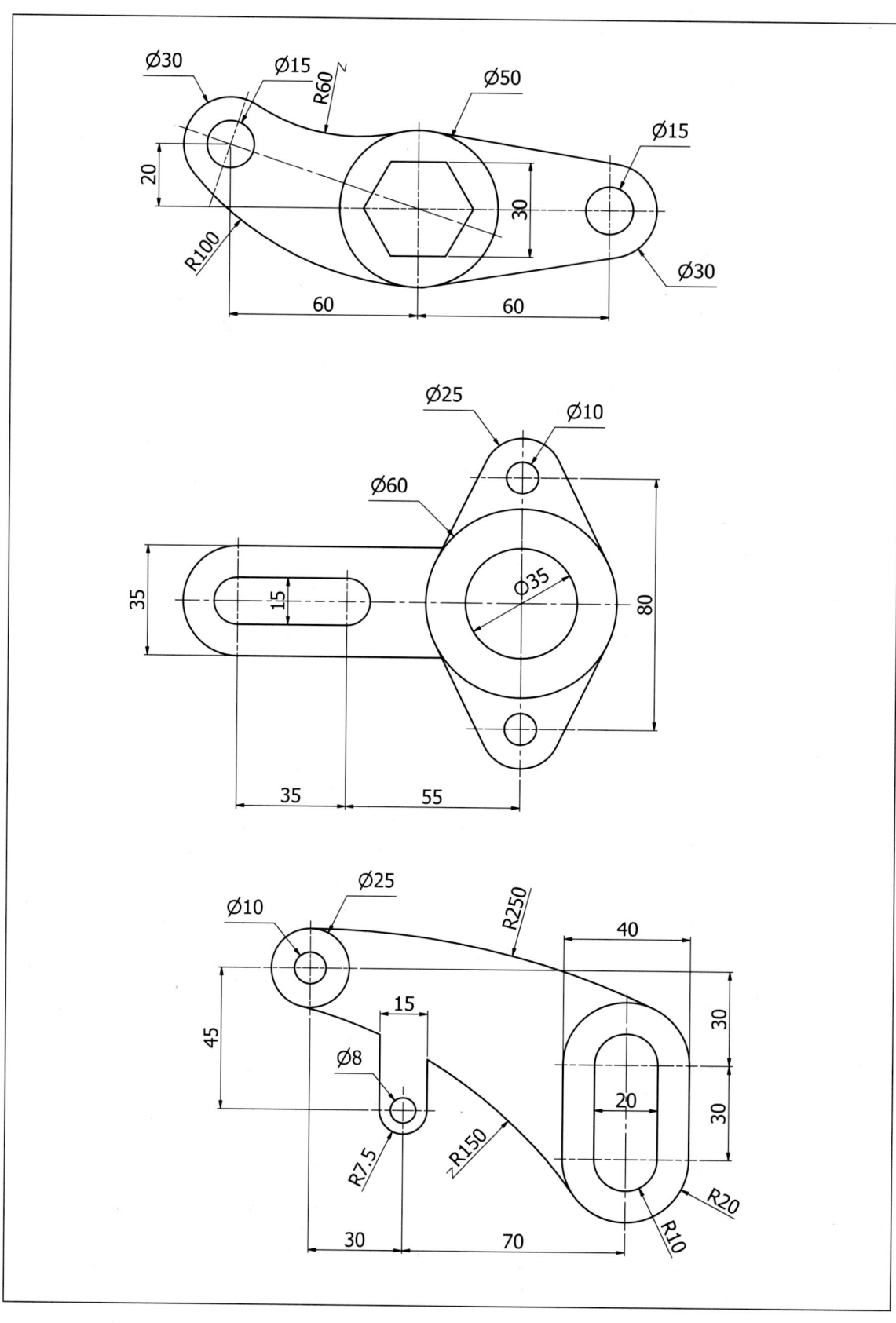

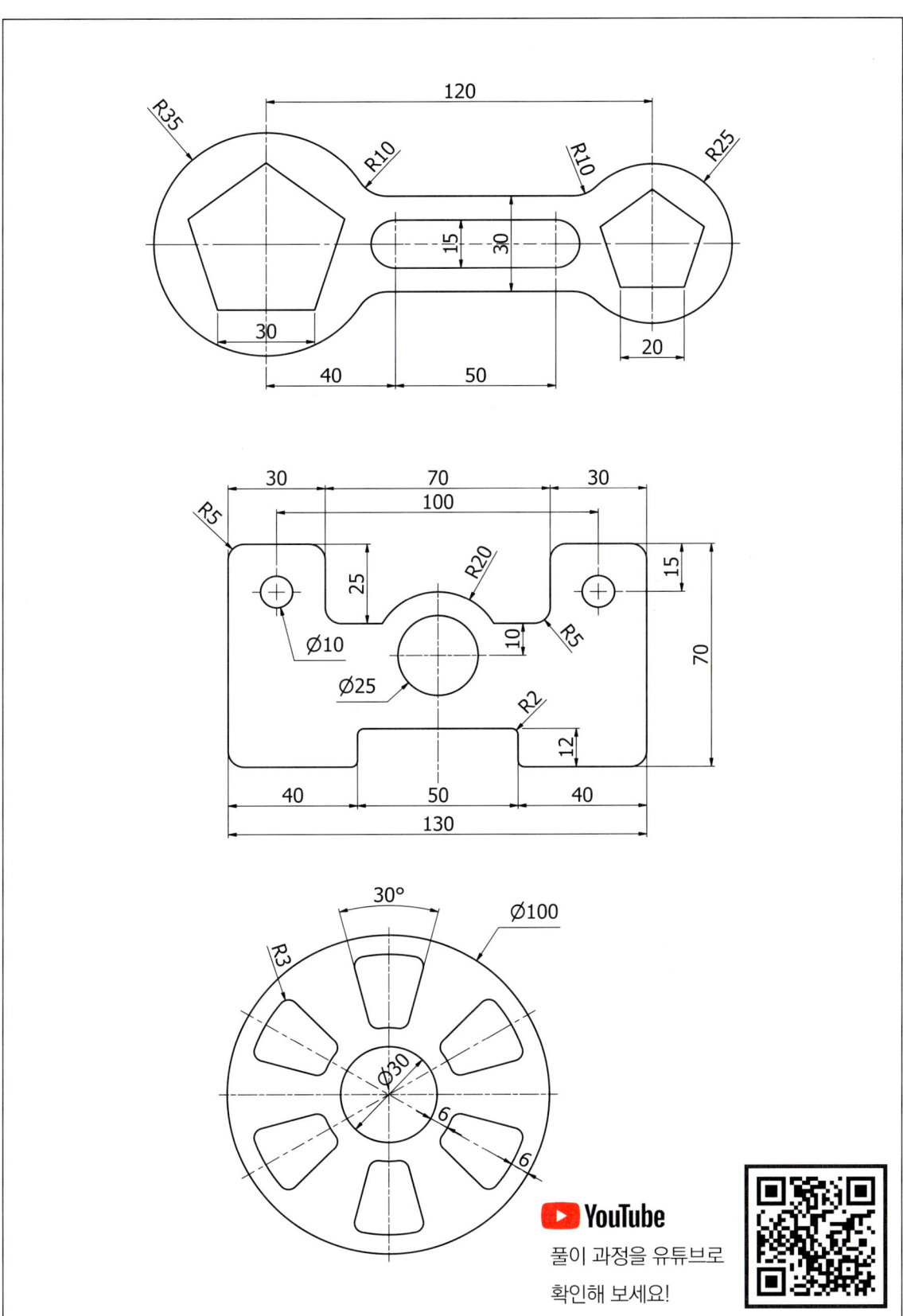

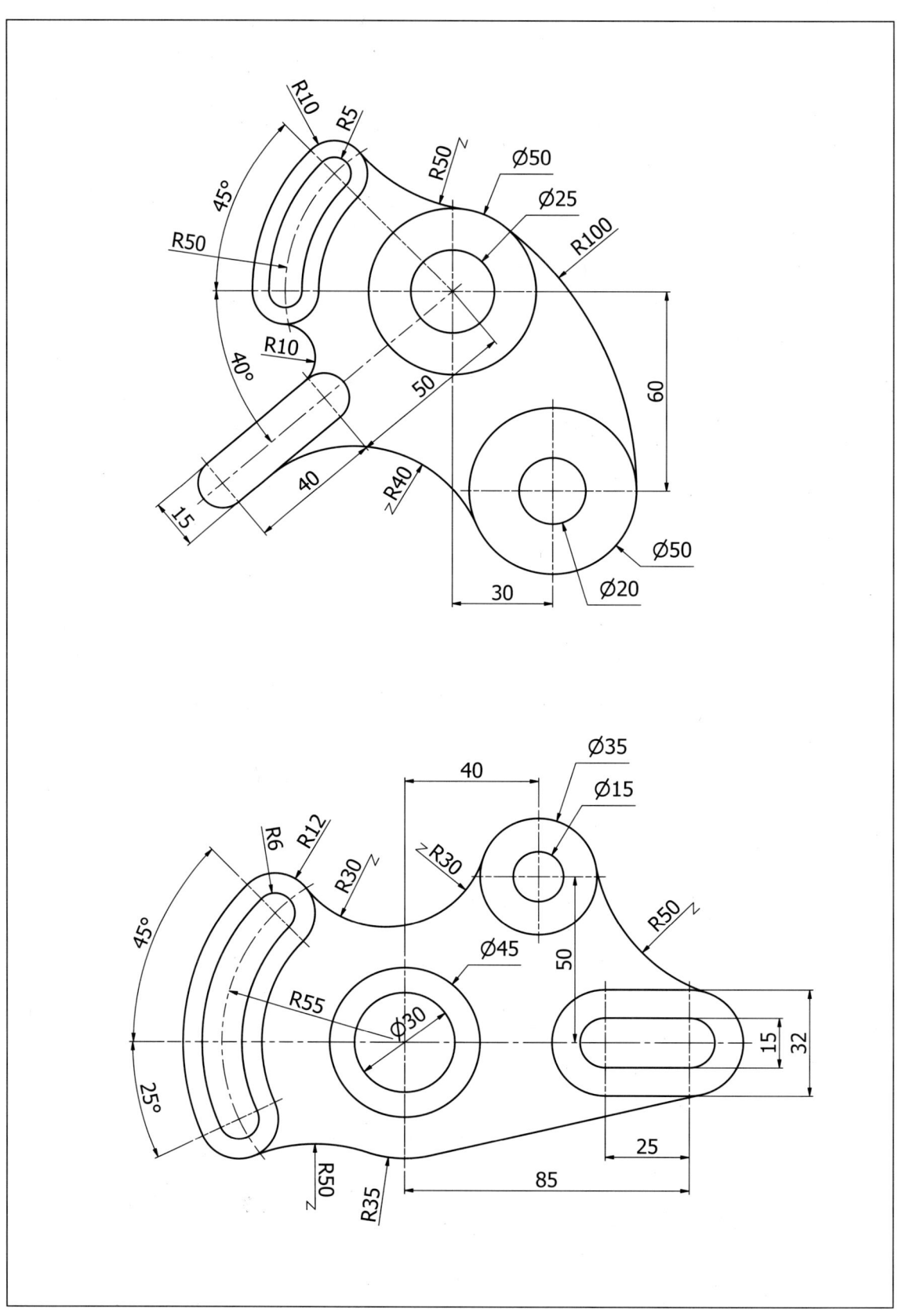

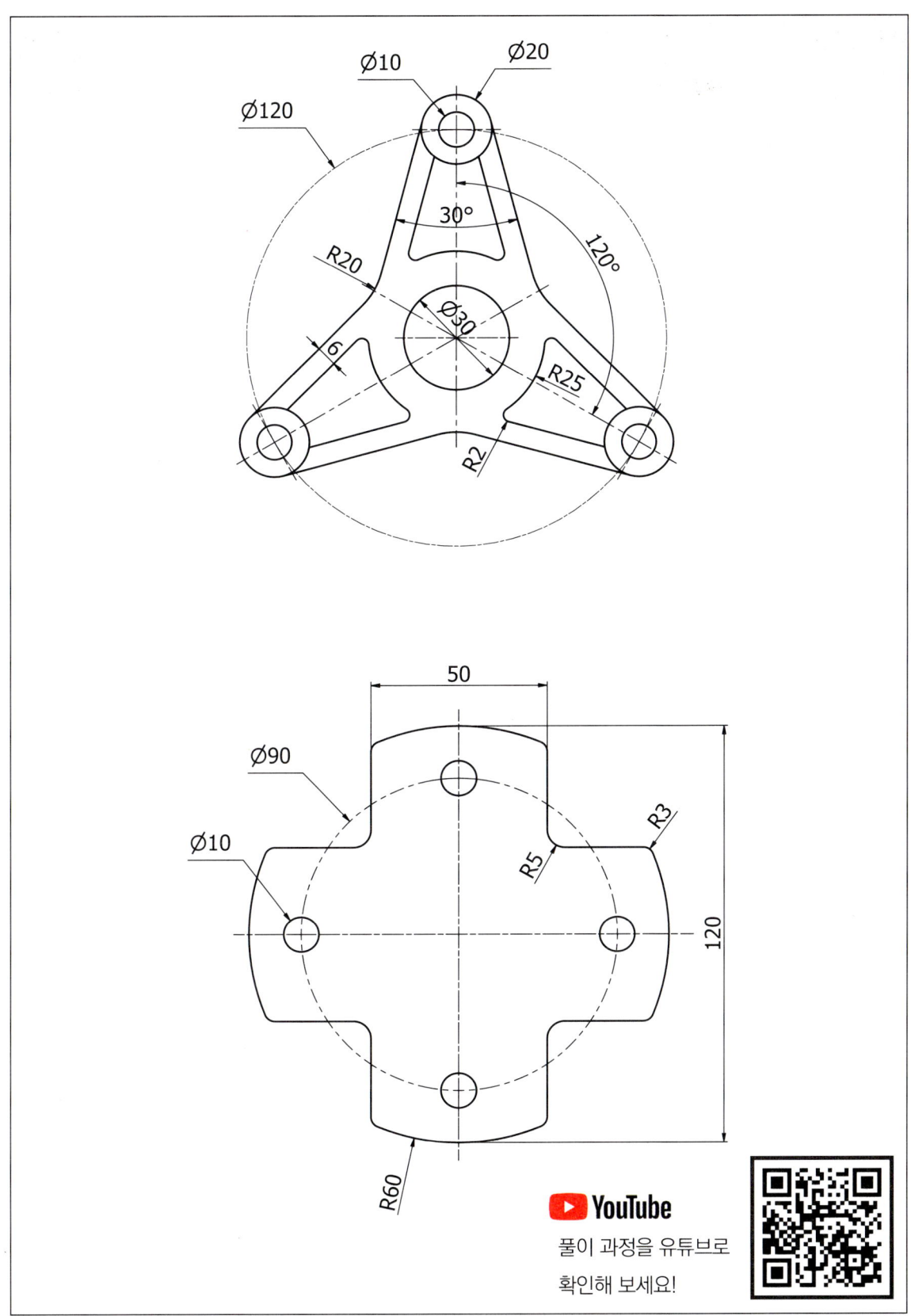

03 돌출 알아보기

Autodesk Inventor 2022

돌출 명령은 프로파일, 즉 스케치 개체로 작성된 닫힌 영역 혹은 열린 개체를 지정된 방향으로 밀어내는 형상을 만드는 명령입니다. 이 돌출 명령은 가장 기본적인 3차원 객체를 만드는 명령어이고 그만큼 많이 쓰이는 명령어이기도 합니다. 이 돌출 명령을 확실히 습득해 놔야 나중에 어려운 형상을 만드는 데에도 큰 어려움이 없을 것입니다.

01 돌출 명령어 옵션 알아보기

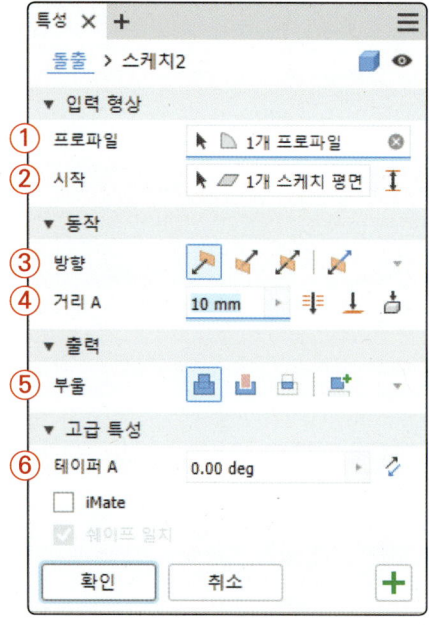

❶ **프로파일** : 스케치 프로파일을 선택합니다.

❷ **시작** : 돌출의 시작면을 선택합니다. 사이옵션을 클릭해 지정한 두 개의 면 사이 돌출을 할 수 있습니다.

❸ **방향** : 돌출 방향을 선택합니다.

❹ **거리** : 돌출 피처의 작성 거리를 설정합니다. 직접 입력과 전체 관통, 지정 면 및 지정 객체까지를 지원합니다.

❺ **부울** : 돌출 피처의 생성 옵션을 선택합니다.

❻ **테이퍼** : 돌출 피처의 구배 각도를 설정합니다.

❸ **방향** : 돌출 방향을 선택합니다.

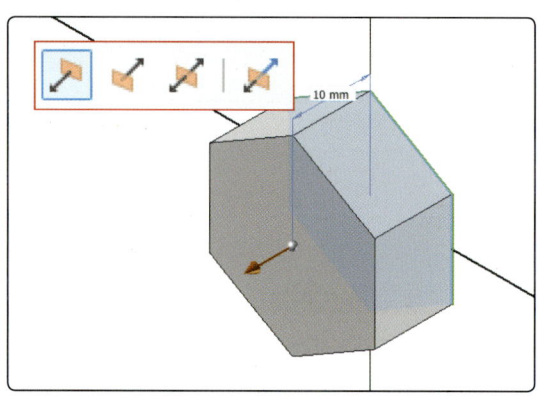

▲ 방향 : 기본값

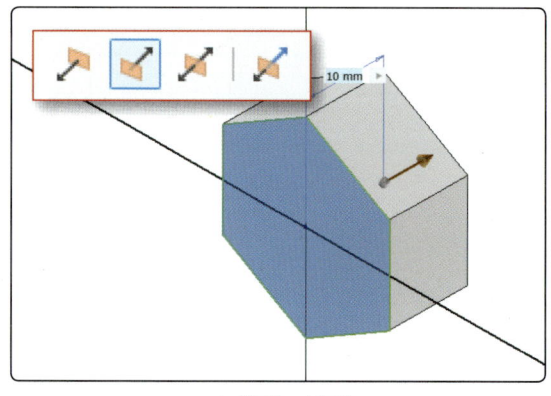

▲ 방향 : 반전

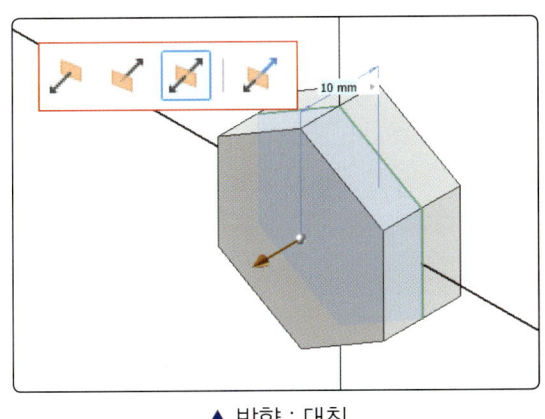

▲ 방향 : 대칭　　　　　　　　　▲ 방향 : 비대칭

❹ **거리** : 돌출 작성의 거리를 설정합니다.

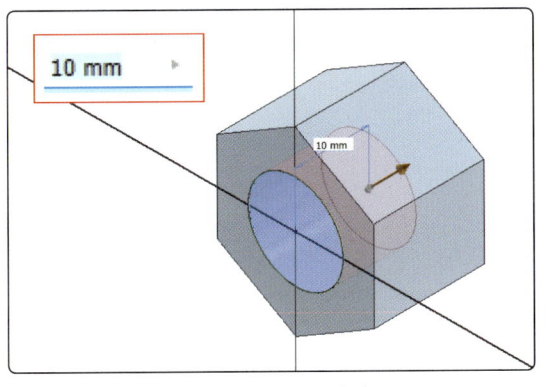
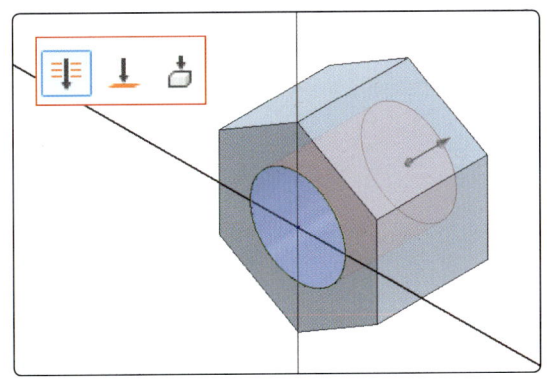

▲ 거리 : 직접 입력　　　　　　　▲ 거리 : 전체 관통

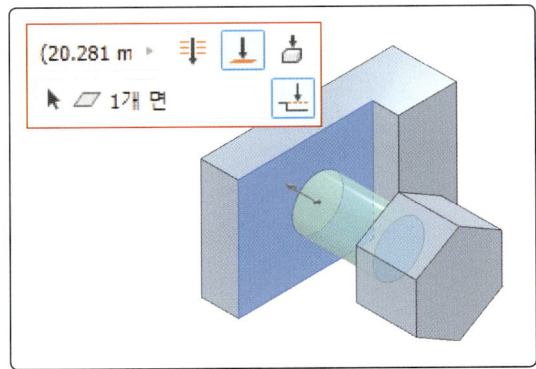
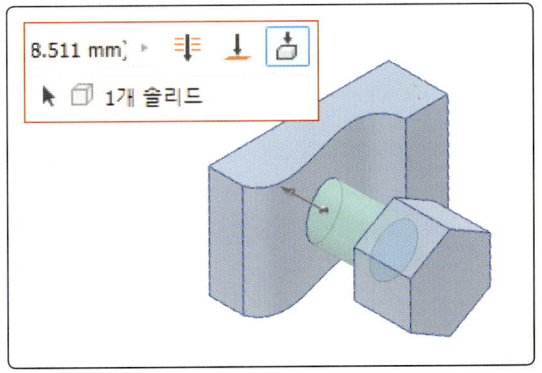

▲ 거리 : 끝(돌출이 끝나는 면을 지정함)　　▲ 거리 : 다음까지(돌출이 끝나는 솔리드를 지정함)

> **Tip**
>
> 돌출 거리의 전체 관통 옵션은 부울 옵션이 접합일때는 사용할 수 없습니다.

❺ **부울** : 생성 옵션을 선택합니다.

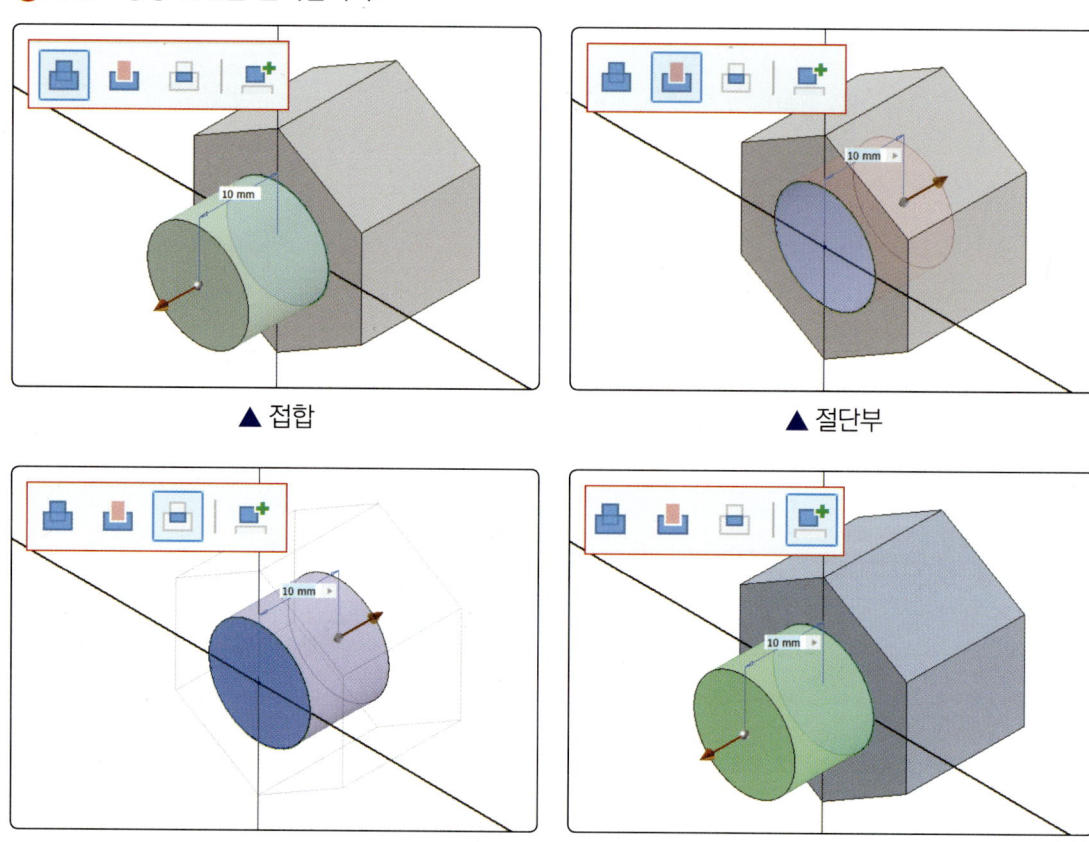

▲ 접합　　　　　　　　　▲ 절단부

▲ 교차　　　　　　　　　▲ 새 솔리드

❻ **테이퍼** : 구배 각도를 설정합니다.

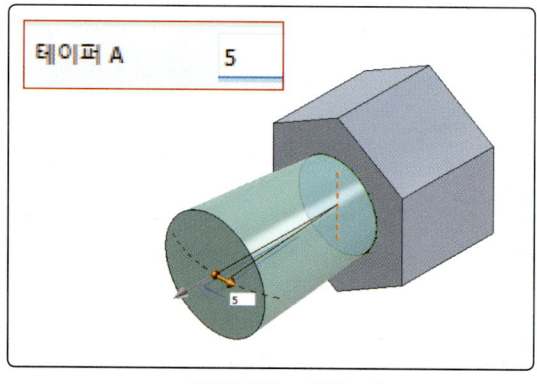 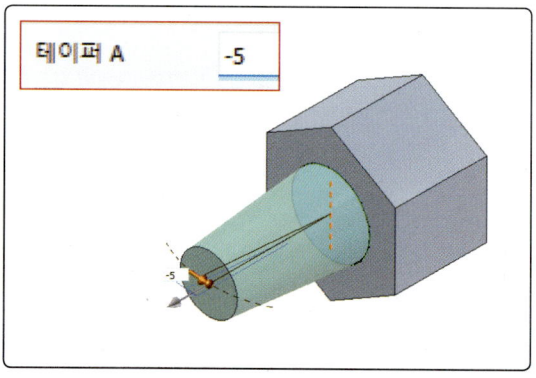

▲ 테이퍼가 + 값일 때　　　　　　▲ 테이퍼가 – 값일 때

 Tip

화면에 표시되어 있는 프로파일이 하나만 존재하면 돌출 명령을 실행했을 때 프로파일이 자동 선택됩니다.

02 돌출 명령어 익히기 – 새 솔리드

01 [파일] – [열기]를 클릭하여 아래 예제 파일을 엽니다.

■ Part2 – Chapter3 – 돌출1.ipt

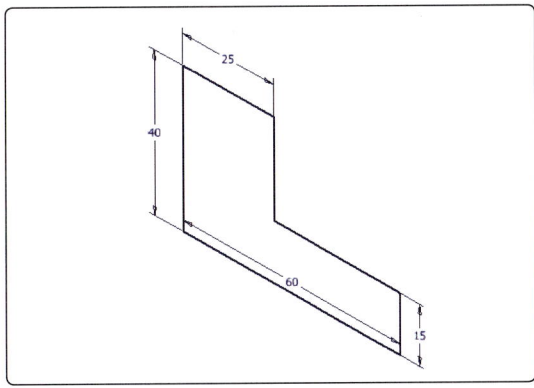

02 [돌출] 명령을 실행해 방향을 [대칭], 거리를 [40]으로 입력하고 확인 버튼을 클릭하면 돌출 피처가 작성됩니다.

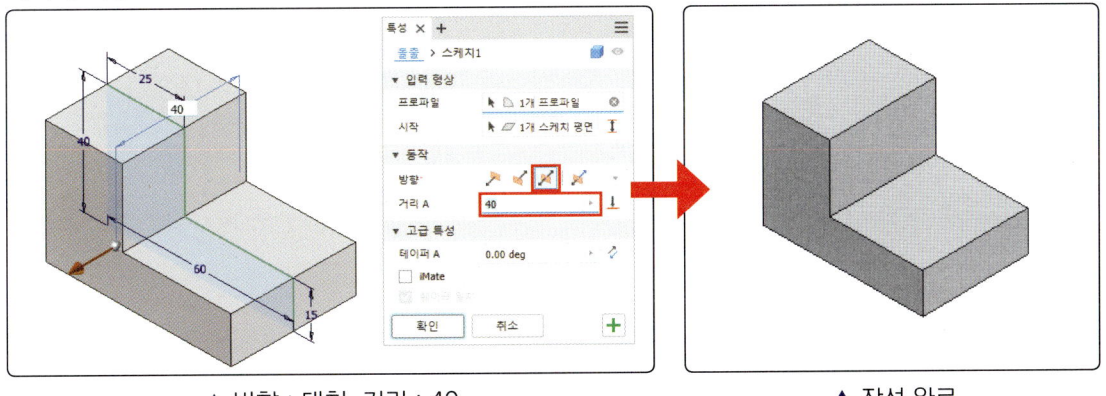

▲ 방향 : 대칭, 거리 : 40　　　　　　　　　　　　　▲ 작성 완료

03 돌출 명령어 익히기 – 접합

01 [파일] – [열기]를 클릭하여 아래 예제 파일을 엽니다.

■ Part2 – Chapter3 – 돌출2.ipt

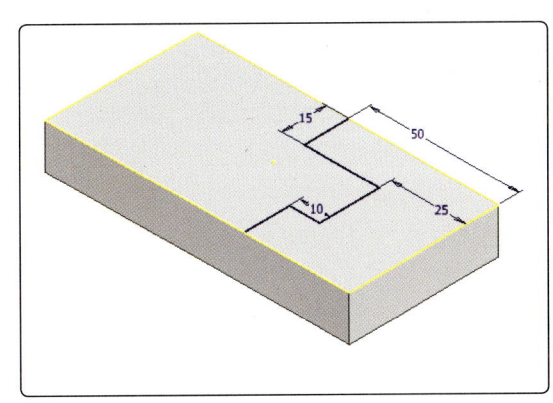

02 [돌출] 명령을 실행해 프로파일을 다음 영역을 선택합니다.

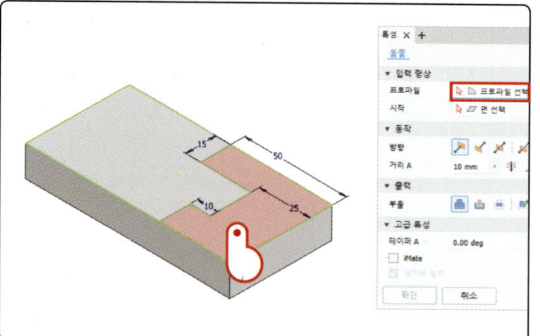

03 거리를 [30]으로 입력한 후 [확인] 버튼을 클릭합니다.

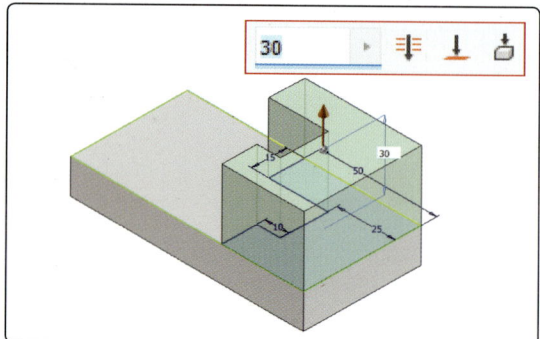

04 돌출 피처 작성이 완료되었습니다.

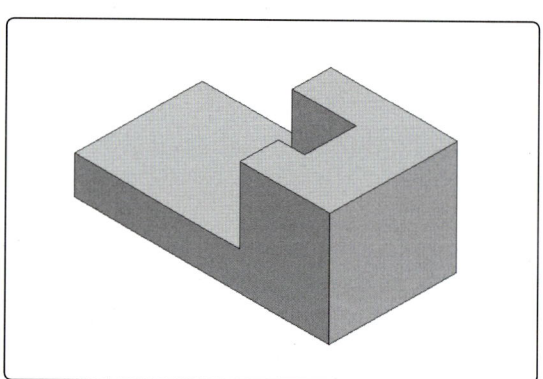

Tip
화면에 표시되어 있는 프로파일이 하나 이상인 경우에는 직접 클릭해서 선택합니다.

04 돌출 명령어 익히기 - 잘라내기

01 [파일] - [열기]를 클릭하여 아래 예제 파일을 엽니다.

■ Part2 - Chapter3 - 돌출3.ipt

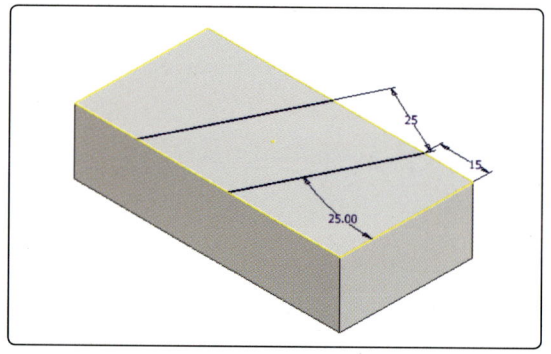

02 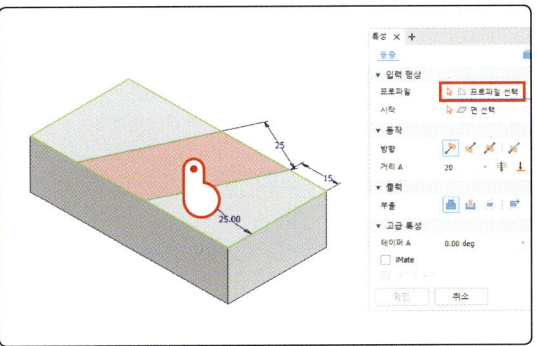 [돌출] 명령을 실행해 프로파일을 다음 영역을 선택합니다.

03 부울 옵션을 [잘라내기]로 하고 거리를 [10]으로 입력합니다.

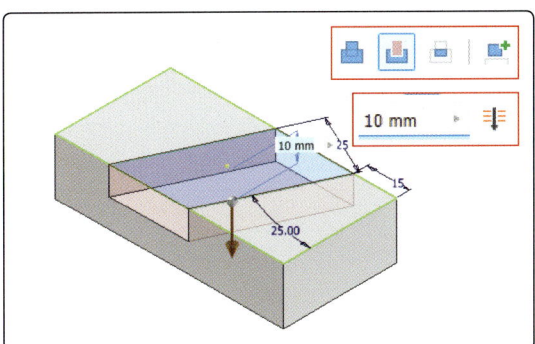

04 확인 버튼을 클릭하면 돌출 피처 작성이 완료됩니다.

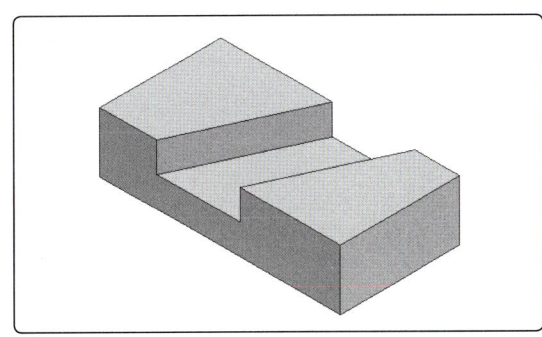

Tip

부울 옵션을 잘라내기로 변경하면 돌출 방향이 반전으로 자동 변경됩니다.

05 돌출 명령어 익히기 - 교차

01 [파일] - [열기]를 클릭하여 아래 예제 파일을 엽니다.

■ Part2 - Chapter3 - 돌출4.ipt

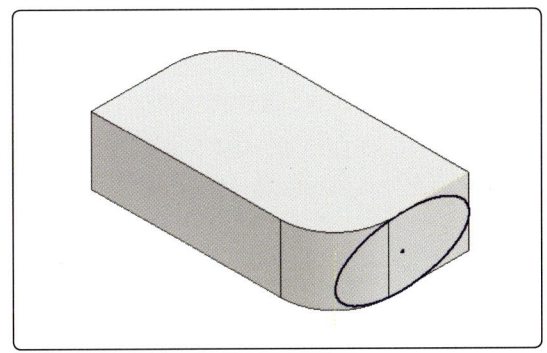

02 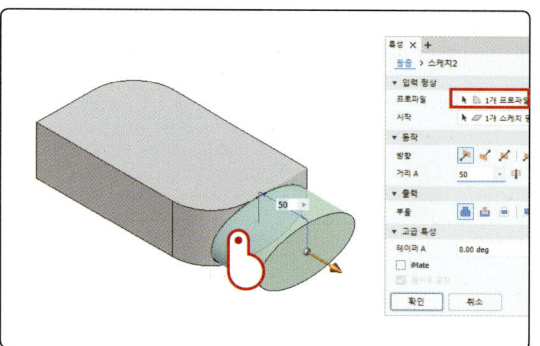 [돌출] 명령을 실행해 프로파일을 다음 영역을 선택합니다.

03 부울 옵션을 [교차], 거리 옵션을 [전체 관통]으로 선택합니다.

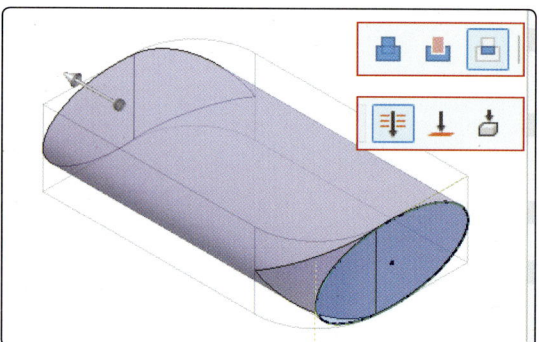

04 확인 버튼을 클릭하면 돌출 피처 작성이 완성됩니다.

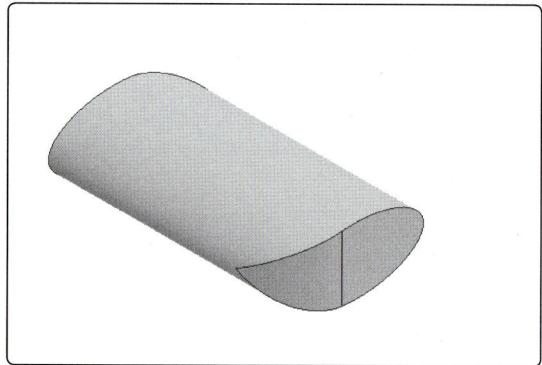

Tip

부울 옵션의 선택 항목에 따라 방향 옵션이 자동으로 변경되기도 합니다.

06 돌출 명령어 익히기 – 테이퍼 옵션

01 [파일] - [열기]를 클릭하여 아래 예제 파일을 엽니다.

■ Part2 – Chapter3 – 돌출5.ipt

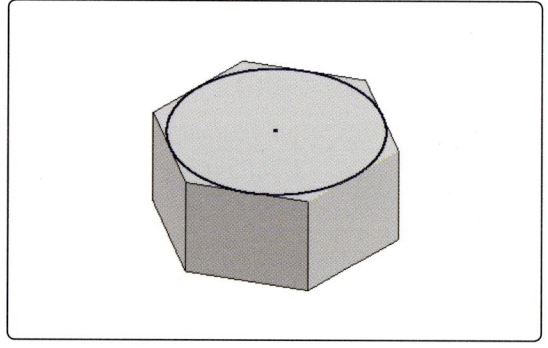

02 [돌출] 명령을 실행해, 부울 옵션을 [교차], 거리 옵션을 [전체 관통]으로 선택합니다.

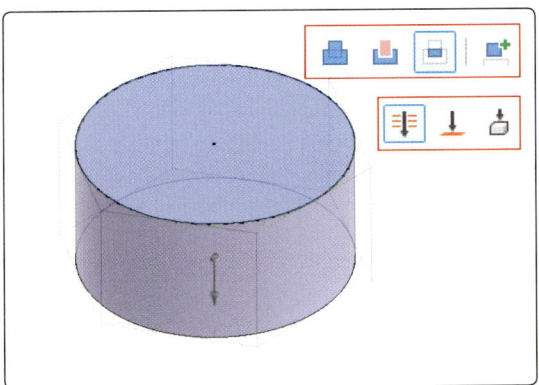

03 테이퍼를 [60]으로 입력한 후 [확인] 버튼을 클릭합니다.

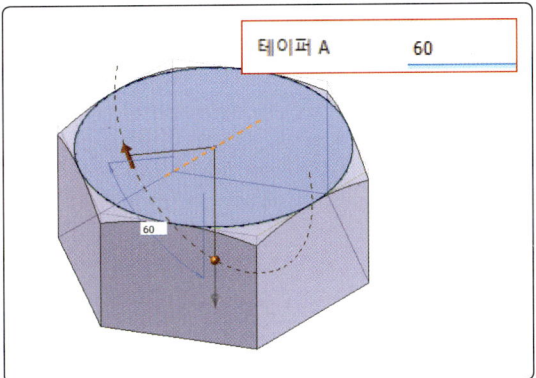

04 돌출 피처 작성이 완료되었습니다.

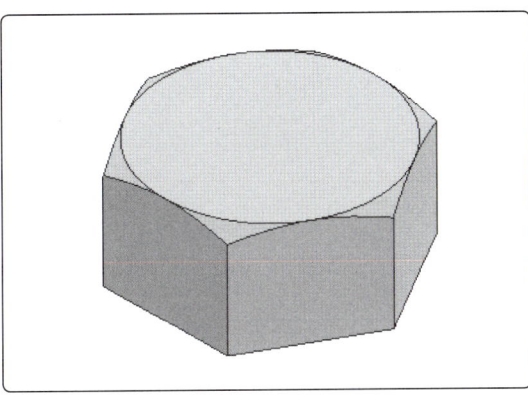

07 돌출 본문 예제

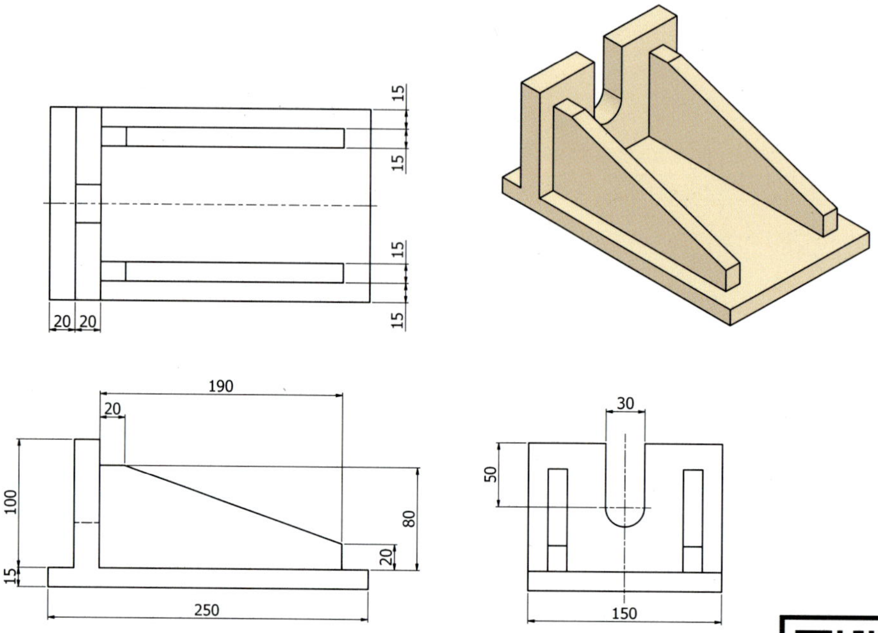

YouTube
풀이 과정을 유튜브로
확인해 보세요!

01 평면도에 스케치를 작성합니다.

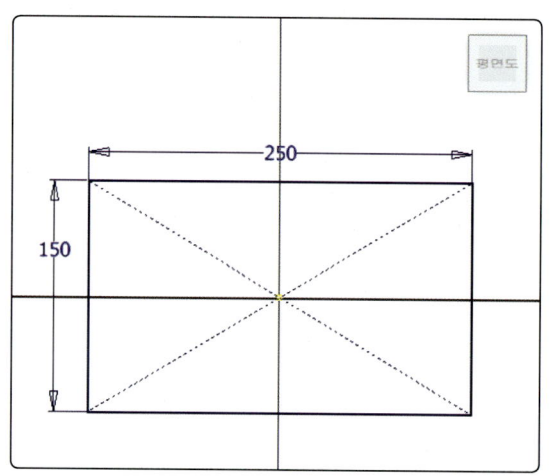

02 [돌출] 명령을 실행해 거리를 [15]로 입력합니다.

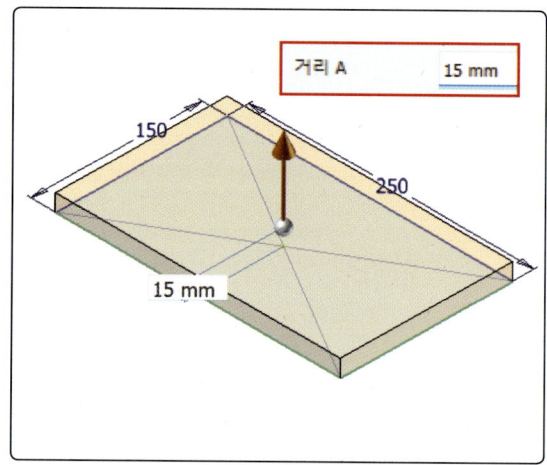

03 부품 윗면에 스케치를 작성하고, [돌출] 명령을 실행해 거리를 [100]으로 입력해 작성합니다.

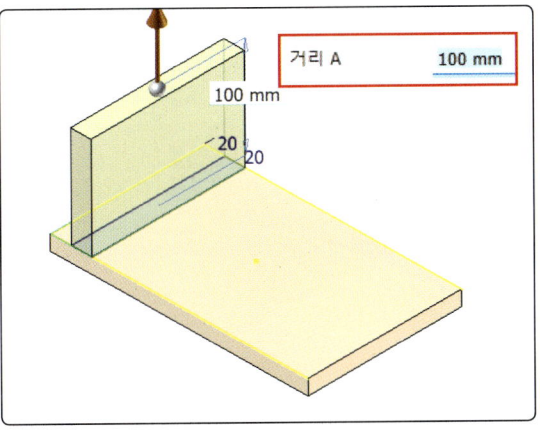

04 부품 윗면에 스케치를 작성하고, [돌출] 명령을 실행해 거리를 [80]으로 입력해 작성합니다.

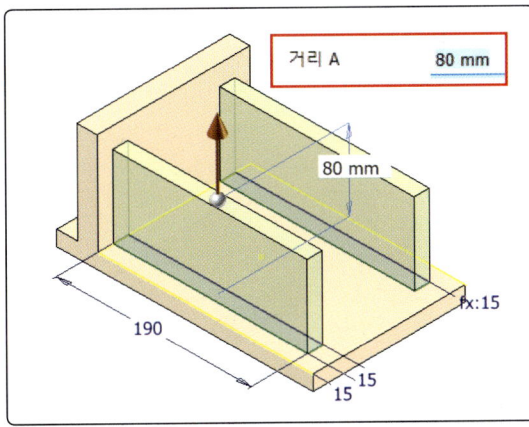

05 부품 옆면에 스케치를 작성하고, [돌출] 명령을 실행해 잘라내기로 관통합니다.

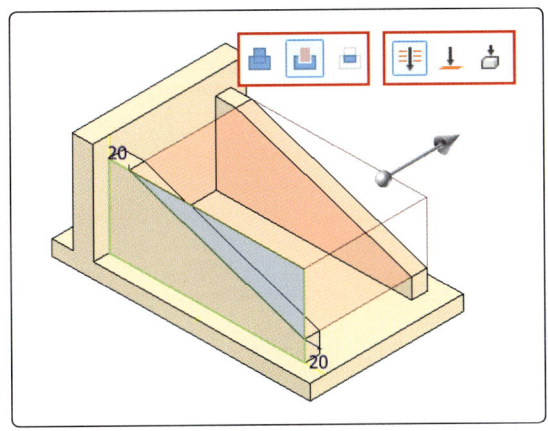

06 부품 옆면에 스케치를 작성하고, [돌출] 명령을 실행해 잘라내기로 관통합니다.

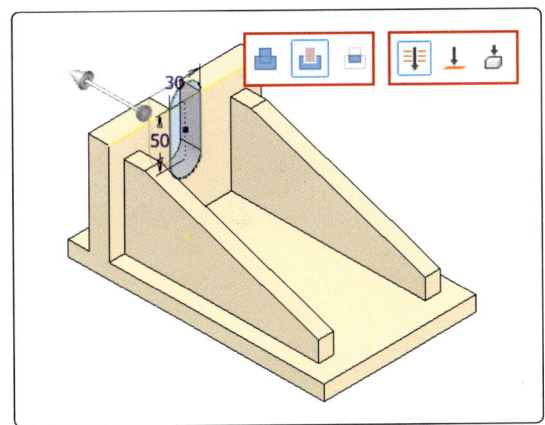

07 다음과 같이 부품 작성이 완료되었습니다.

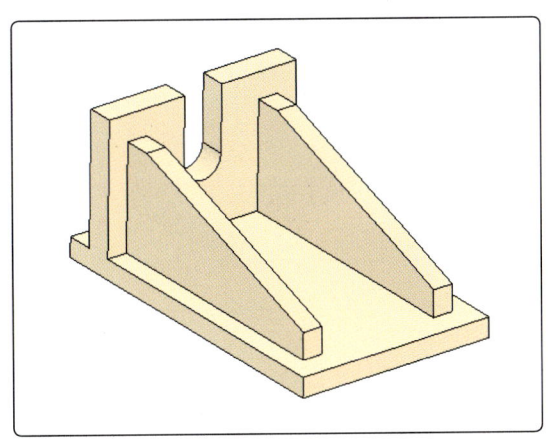

 **연습예제**

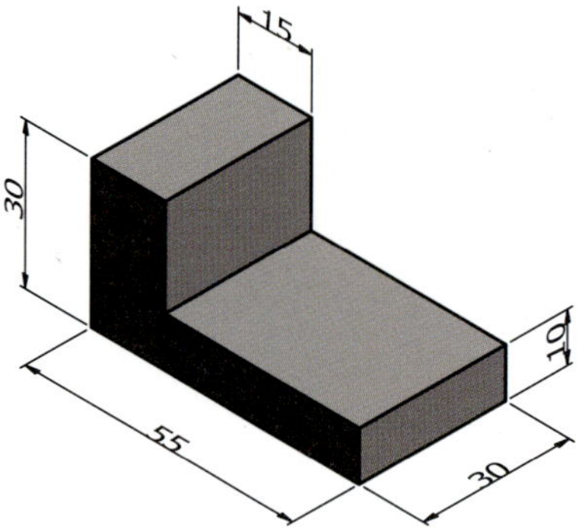

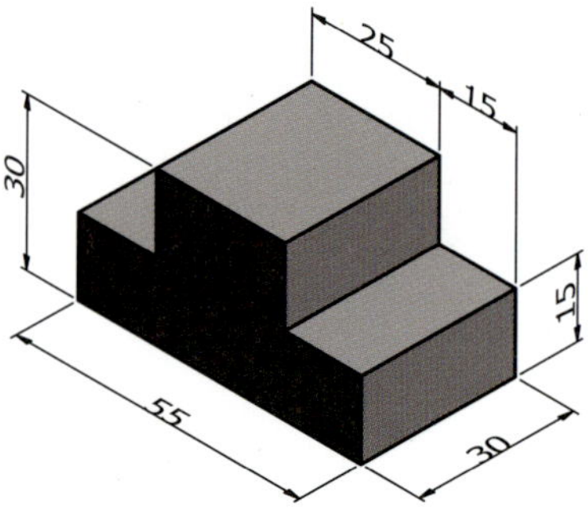

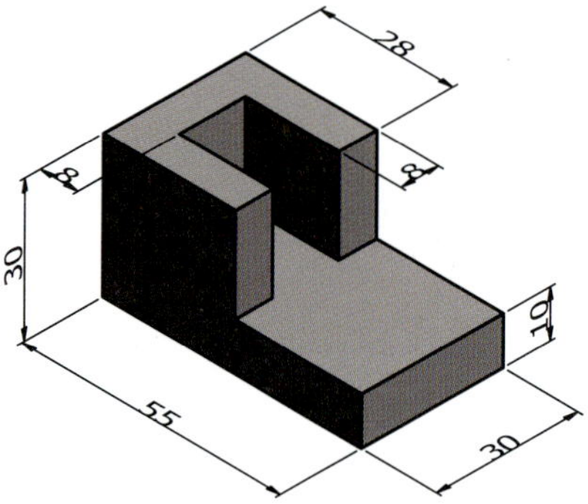

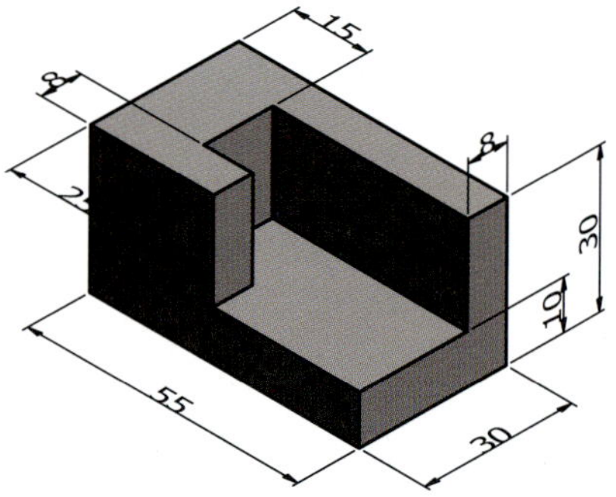

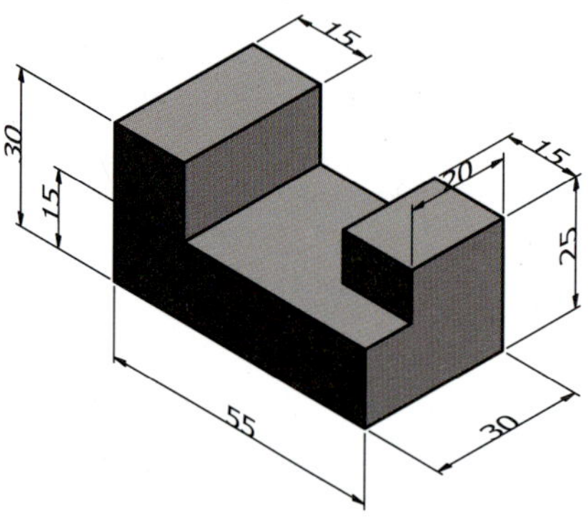

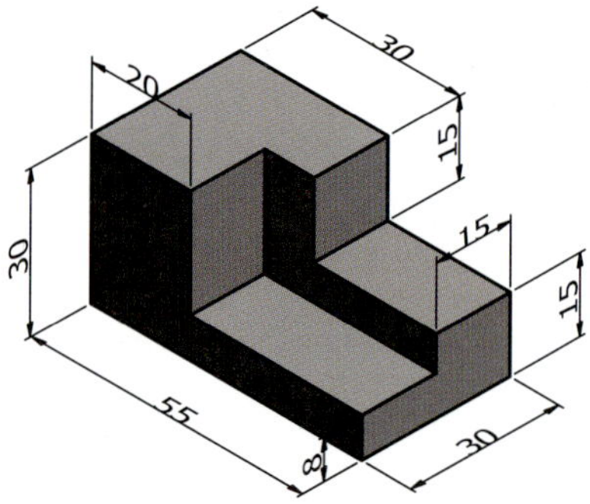

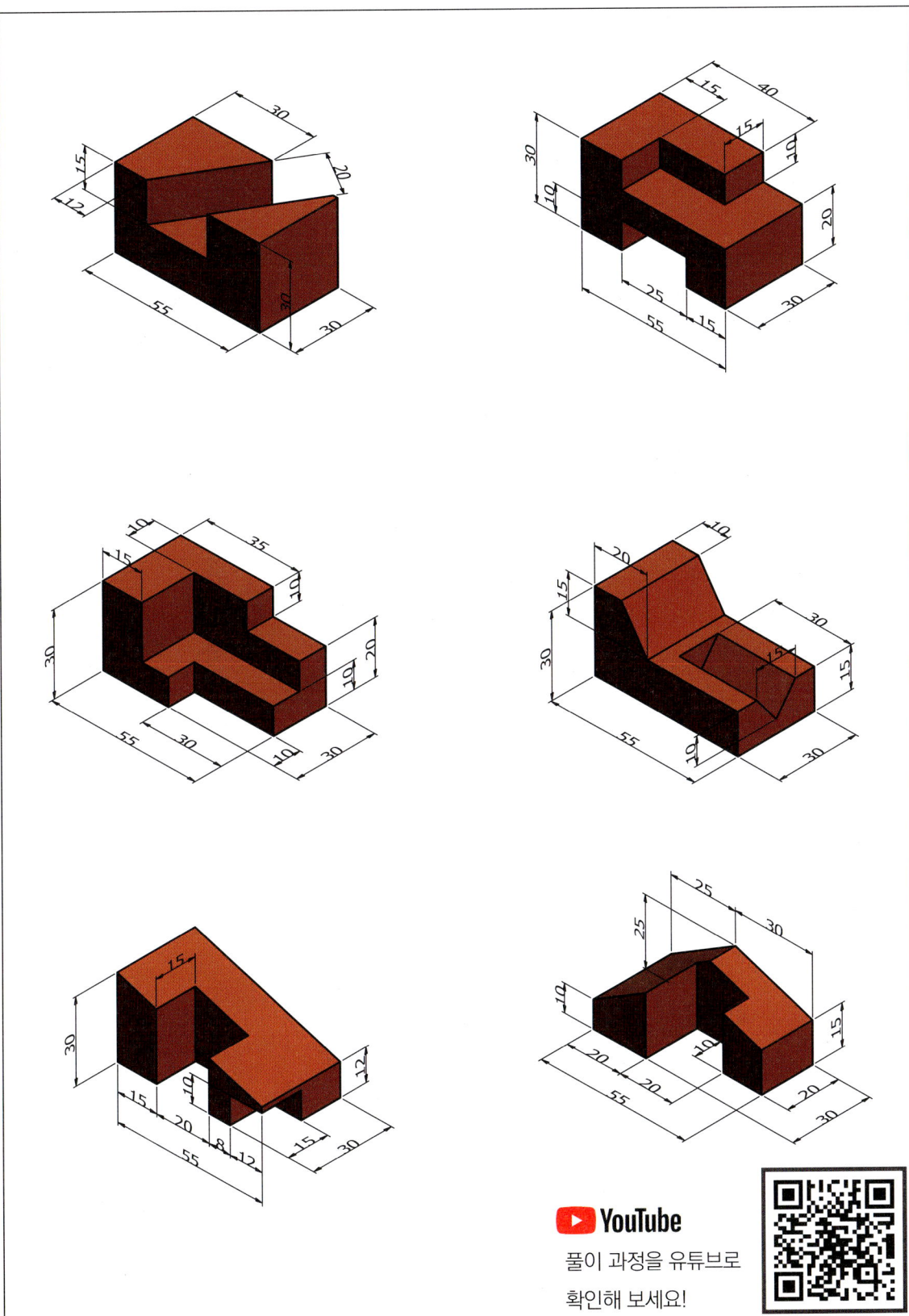

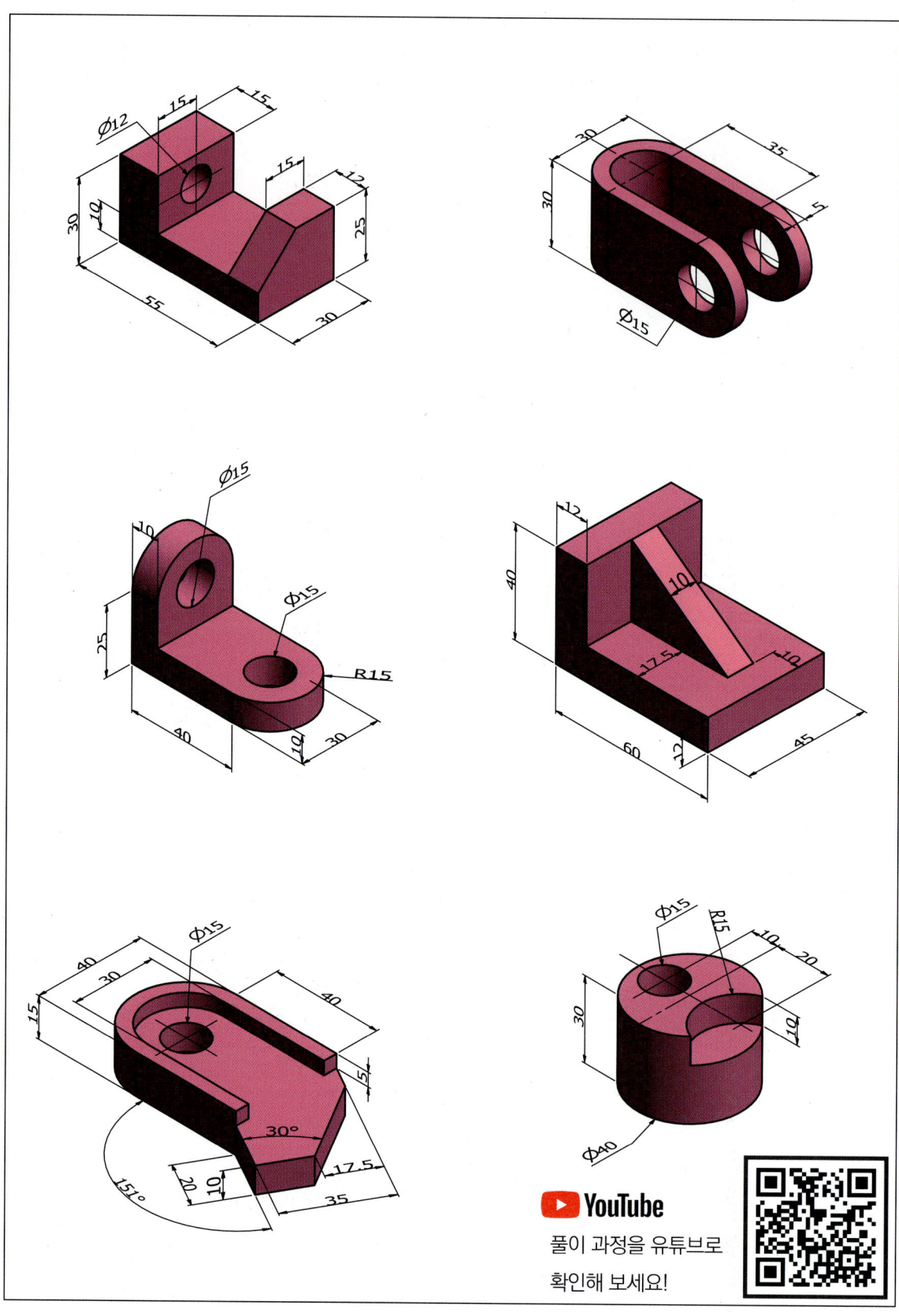

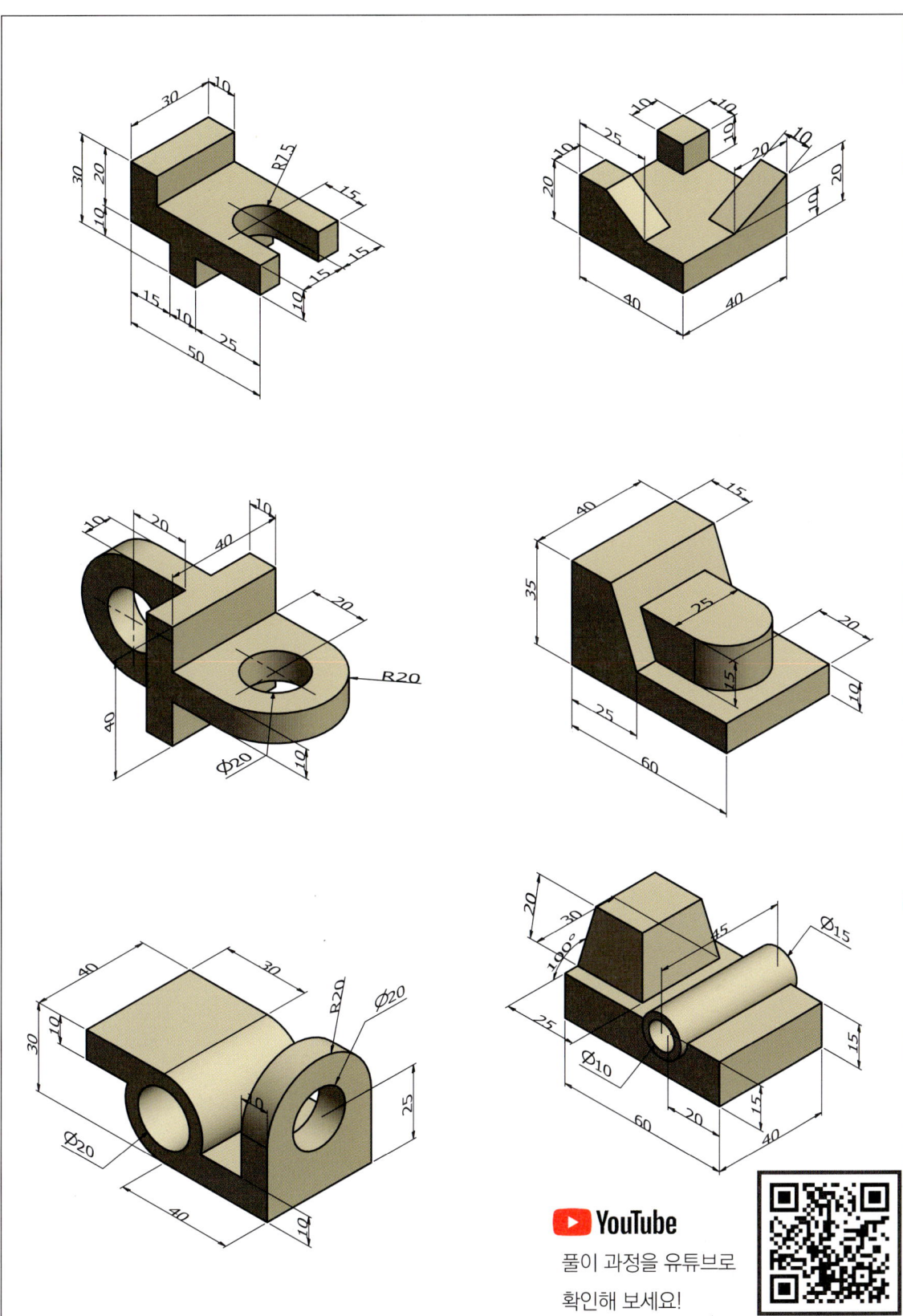

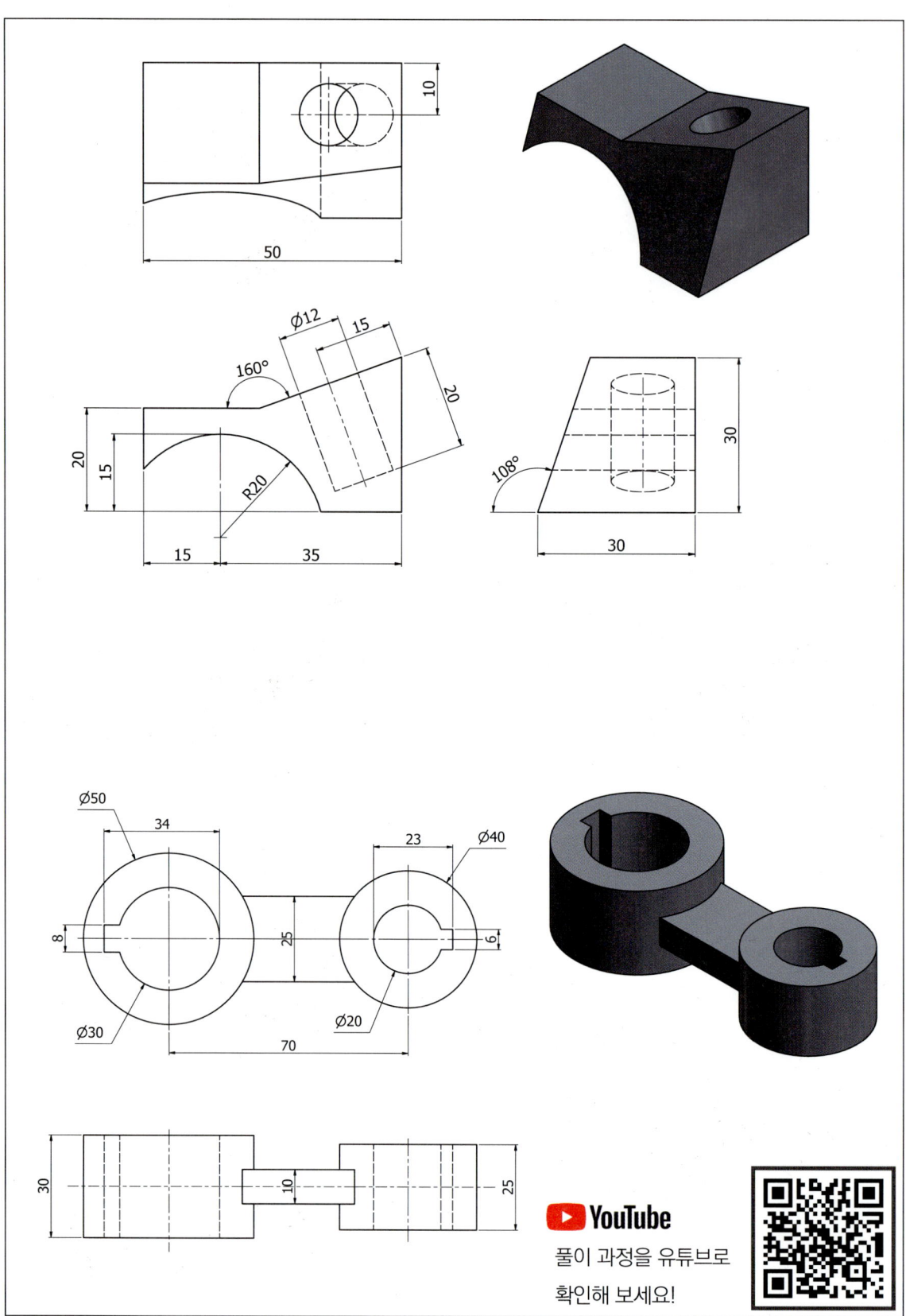

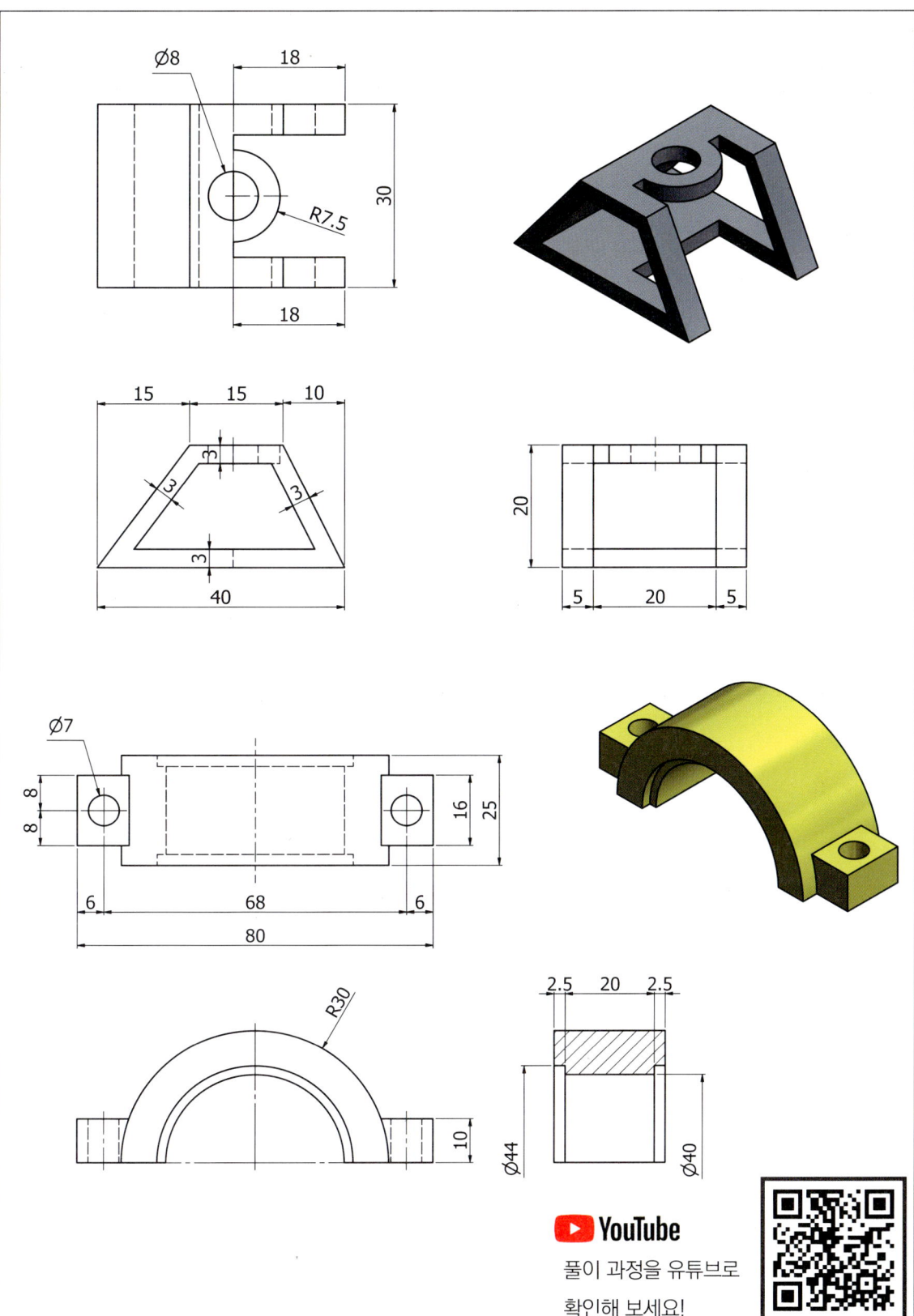

04 모따기와 모깎기 알아보기

Autodesk Inventor 2022

모따기와 모깎기 명령은 모델링의 후반부에 쓰이는 마무리 피쳐의 용도로 쓰이게 됩니다. 사용방법은 거의 유사하나 모따기는 모서리를 각지게 깎아내고 모깎기는 모서리를 둥글게 깎아내는 차이점이 있습니다.

01 모따기 옵션 알아보기

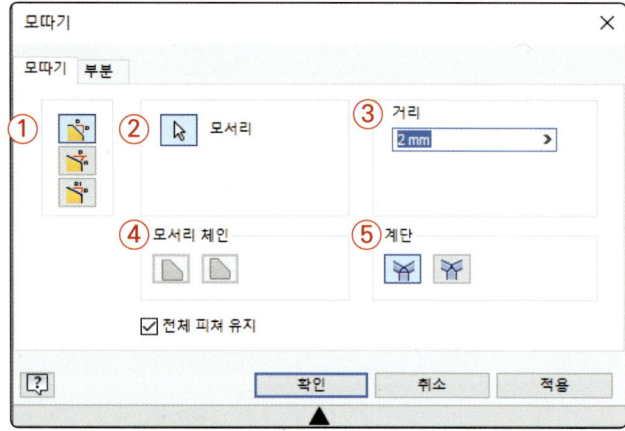

❶ **옵션** : 모따기 작성 방법을 선택합니다.

❷ **선택 모서리** : 모따기를 작성할 모서리나 면을 선택합니다.

❸ **거리** : 모따기 거리를 입력합니다.

❹ **모서리 체인** : 체인 모서리를 따라 연속 모따기를 할지 말지를 결정합니다.

❺ **계단** : 모서리가 만나는 코너점의 부분을 어떻게 작성할지 선택합니다.

02 모따기 명령어 익히기 - 동등 거리

01 [파일] - [열기]를 클릭하여 아래 예제 파일을 엽니다.

■ Part2 - Chapter4 - 모따기1.ipt

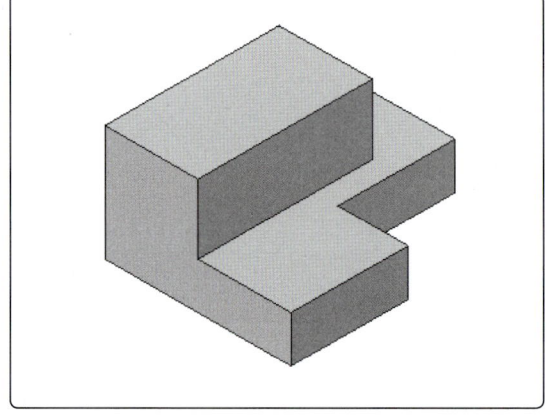

02 [모따기] 명령을 클릭해 모서리를 선택합니다.

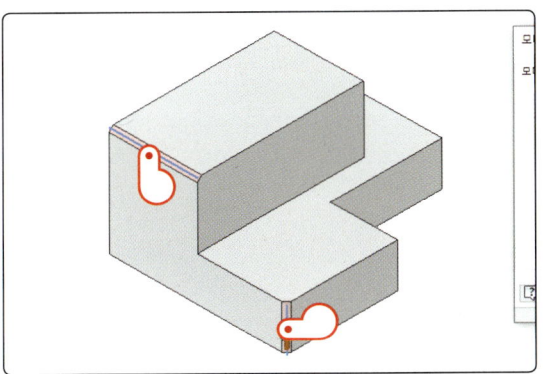

03 모따기 거리를 입력합니다.

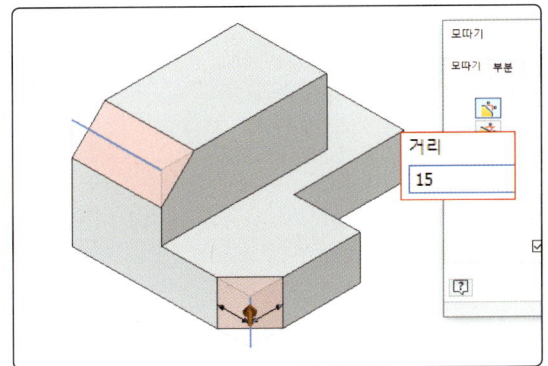

04 확인 버튼을 클릭하면 모따기 피처 작성이 완료됩니다.

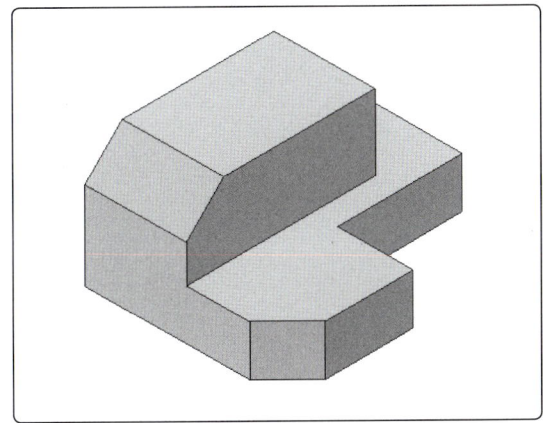

03 모따기 명령어 익히기 – 거리 및 각도

01 [파일] – [열기]를 클릭하여 아래 예제 파일을 엽니다.

■ Part2 – Chapter4 – 모따기2.ipt

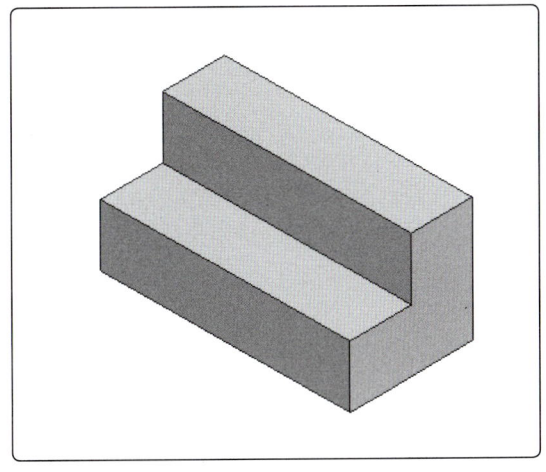

02 [모따기] 명령을 실행해 옵션을 두 거리로 한 다음, 면을 선택합니다.

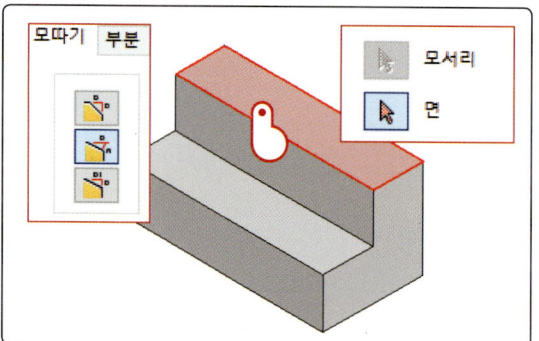

03 모따기할 모서리를 선택합니다.

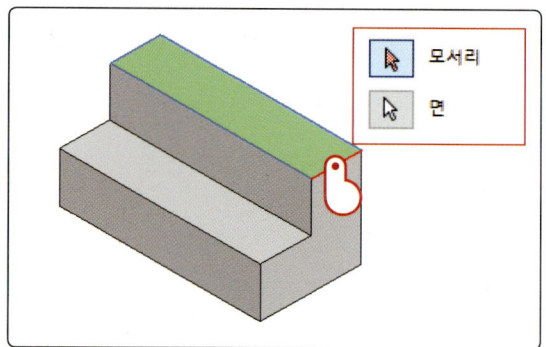

04 거리를 [30], 각도를 [30]으로 입력합니다.

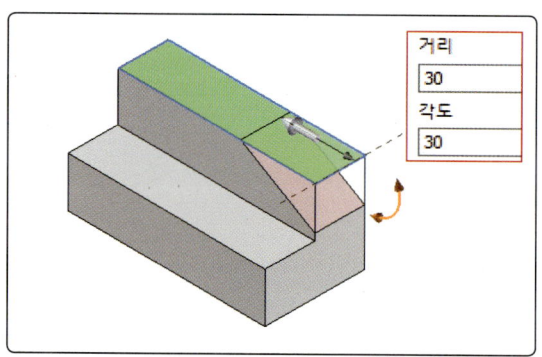

05 확인 버튼을 클릭하면 모따기 작성이 완료됩니다.

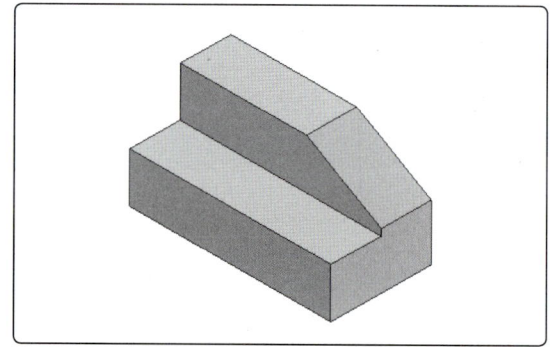

04 모따기 명령어 익히기 – 두 거리

01 지난 예제에 이어서 옵션을 두 거리로 바꾼 후, 모따기할 모서리를 선택합니다.

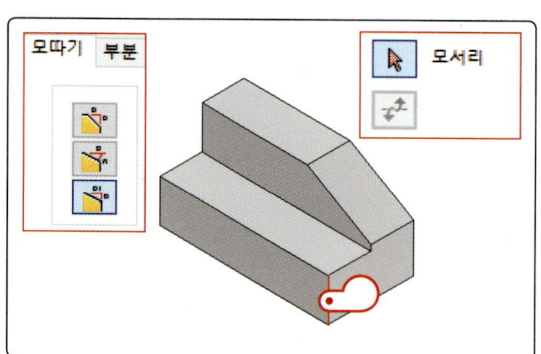

02 거리1을 [15], 거리2를 [30]으로 입력합니다.

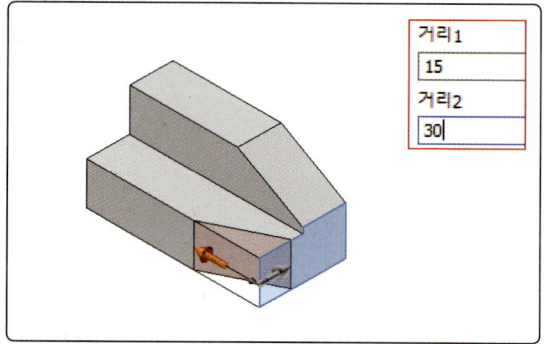

03 확인 버튼을 클릭하면 모따기 작성이 완료됩니다.

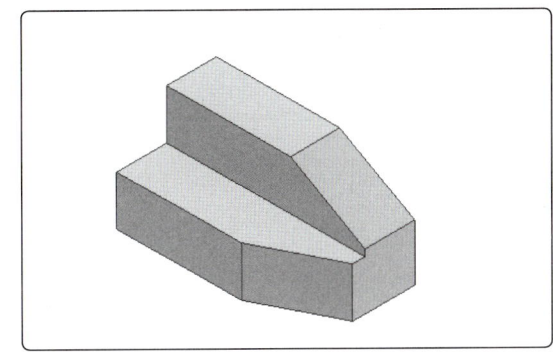

05 모깎기 옵션 알아보기

모깎기 명령의 종류는 다음과 같이 3가지가 있습니다.

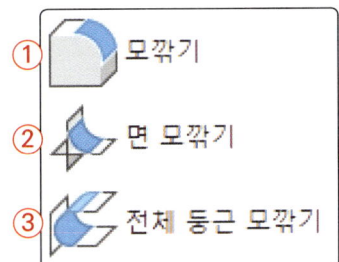

① **모깎기** : 일반 모깎기 명령입니다. 모서리를 선택해 작성합니다.

② **면 모깎기** : 두 개의 면을 선택해 교차하는 모서리에 모깎기를 작성합니다.

③ **전체 둥근 모깎기** : 세 개의 면을 선택해 둥글게 하는 모깎기를 작성합니다.

06 모깎기 명령어 익히기 - 모깎기

01 [파일] - [열기]를 클릭하여 아래 예제 파일을 엽니다.

■ Part2 - Chapter4 - 모깎기1.ipt

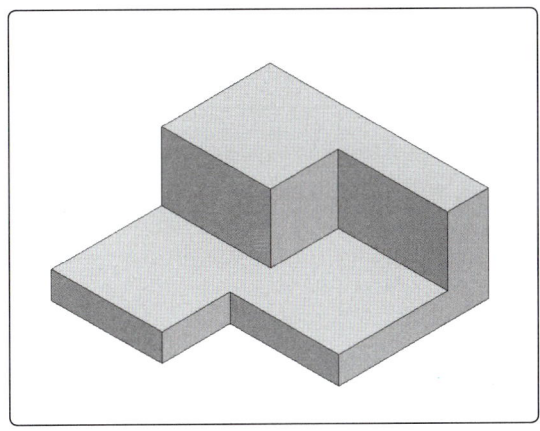

02 [모깎기] 명령을 클릭합니다.

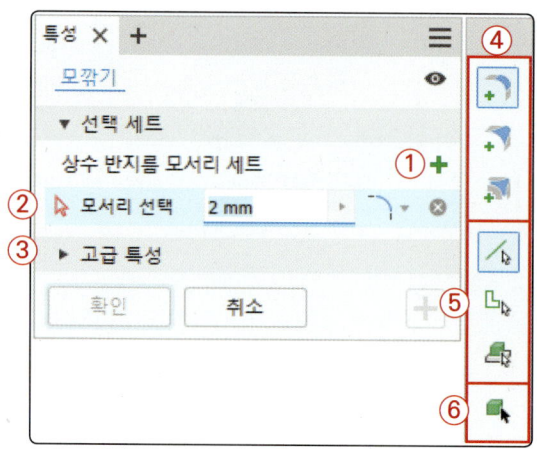

❶ **모서리 세트 추가** : 클릭하면 새로운 반지름을 가지는 모서리 세트를 추가할 수 있습니다.

❷ **모서리 선택** : 모깎기할 모서리와 반지름을 설정합니다.

❸ **고급 특성** : 모깎기의 세부 고급 옵션을 설정합니다.

❹ **반지름 유형** : 작성할 모깎기의 반지름 생성 세부 옵션을 설정합니다.

❺ **선택 우선순위** : 모깎기 선택의 우선순위를 선택합니다. (모서리 / 모서리 루프 / 피처)

❻ **솔리드 종속 관계** : 모깎기할 솔리드의 종속 관계를 선택합니다.

03 모깎기할 모서리를 선택합니다.

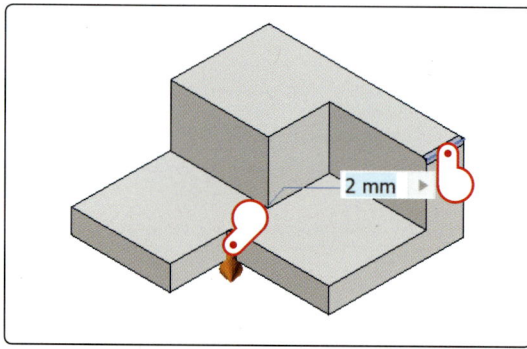

04 반지름을 [10]으로 입력합니다.

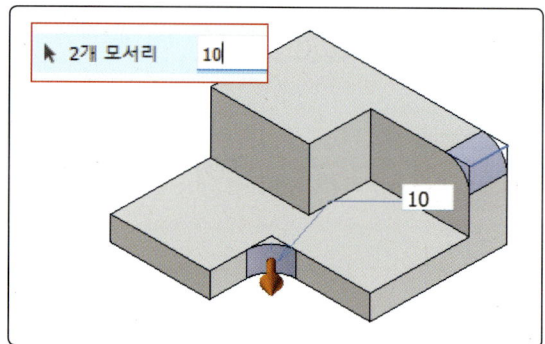

05 확인 버튼을 클릭하면 다음과 같이 모깎기가 작성됩니다.

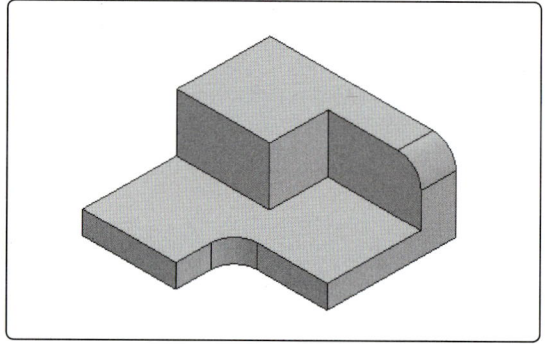

07 모깎기 명령어 익히기 – 모서리 세트 추가

01 [모깎기] 명령을 실행후 다음 모서리를 선택하여 반지름을 [10]으로 입력합니다.

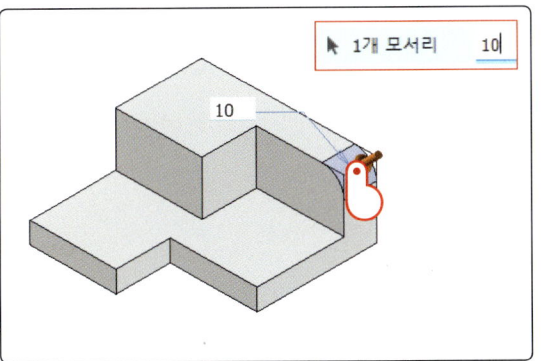

02 모서리 세트 추가 버튼을 클릭해 모서리 세트를 추가합니다.

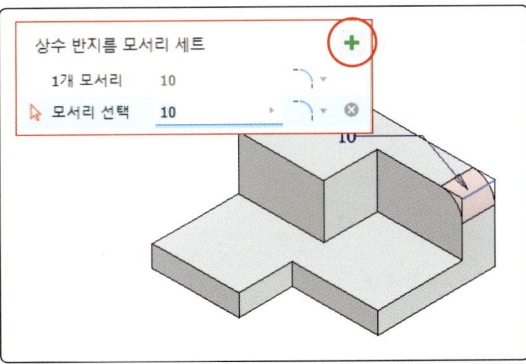

03 다음 모서리를 선택한 후 반지름을 [20]으로 입력합니다.

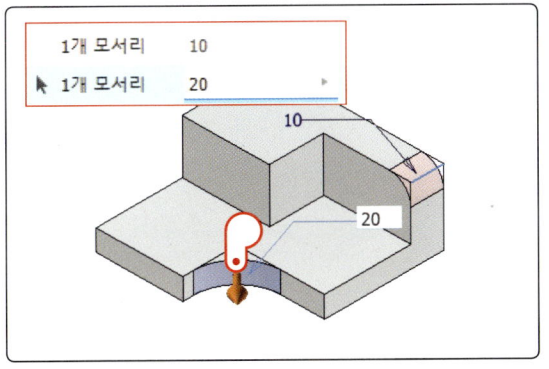

04 확인 버튼을 클릭하면 다음과 같이 모깎기가 작성됩니다.

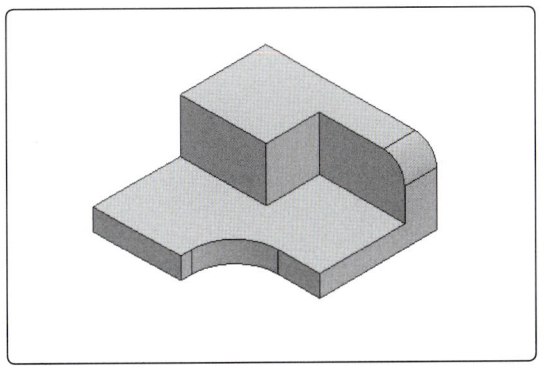

Tip

모따기 타입 : 모따기는 다음 옵션에 따라 다양한 형태로 작성할 수 있습니다.

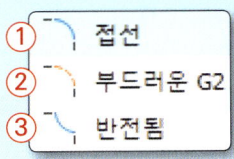
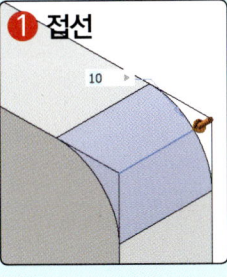
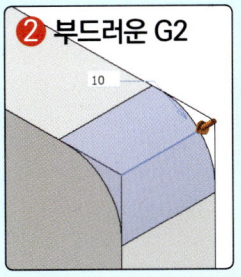
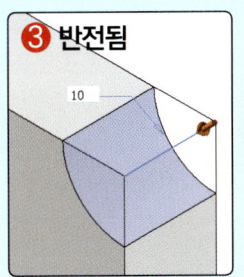

08 모깎기 명령어 익히기 – 면 모깎기

01 지난 예제에 쓴 파일을 다시 열어서 [면 모깎기] 명령을 클릭합니다.

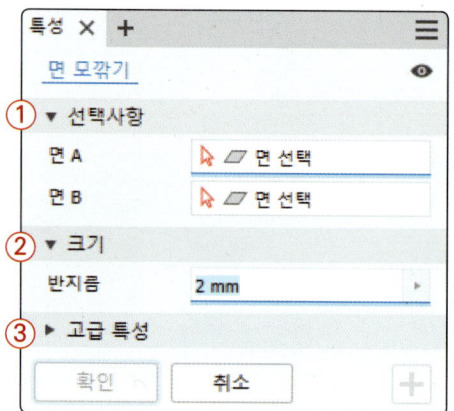

❶ **선택사항** : 모깎기에 사용할 두 개의 면을 선택합니다.

❷ **반지름** : 모깎기할 반지름을 설정합니다.

❸ **고급 특성** : 모깎기의 세부 고급 옵션을 설정합니다.

02 면 A를 다음 면을 선택합니다.

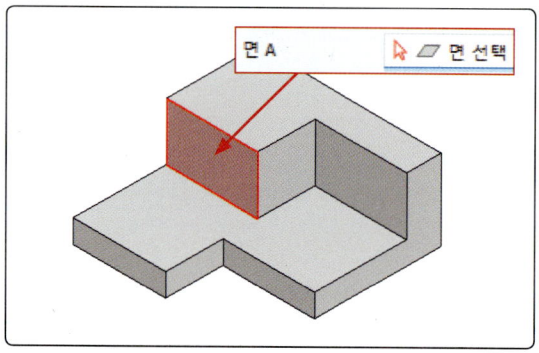

03 면 B를 다음 면을 선택합니다.

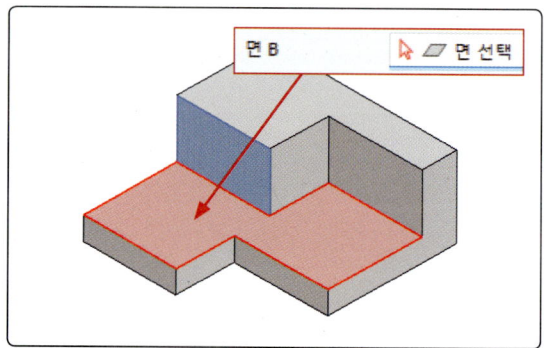

04 반지름을 [10]으로 입력합니다.

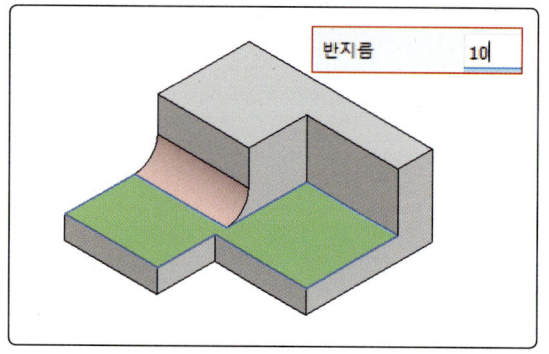

05 확인 버튼을 클릭하면 모깎기가 작성됩니다.

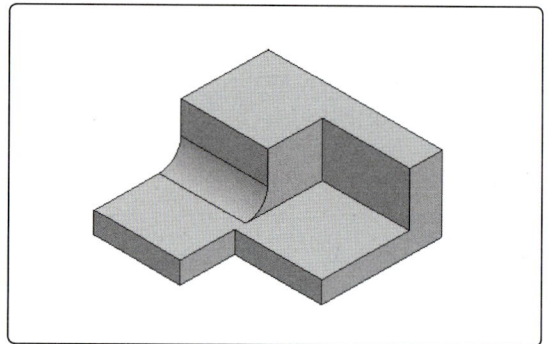

09 모깎기 명령어 익히기 – 전체 둥근 모깎기

01 [파일] – [열기]를 클릭하여 아래 예제 파일을 엽니다.

■ Part2 – Chapter4 – 모깎기2.ipt

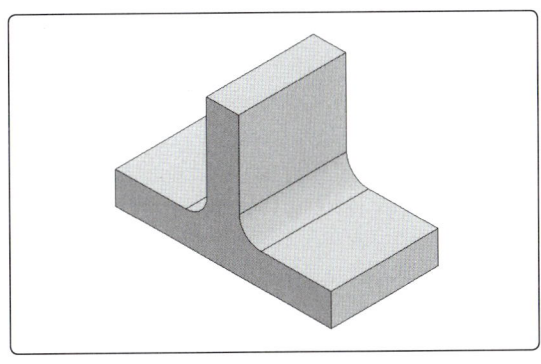

02 [전체 둥근 모깎기] 명령을 클릭합니다.

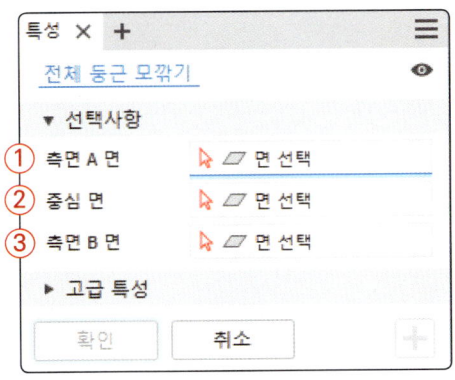

❶ **측면 A 면** : 모깎기의 첫 번째 측면을 선택합니다.

❷ **중심 면** : 모깎기의 중간 면을 선택합니다.

❸ **측면 B 면** : 모깎기의 반대쪽 측면을 선택합니다.

03 다음과 같이 면들을 선택합니다.

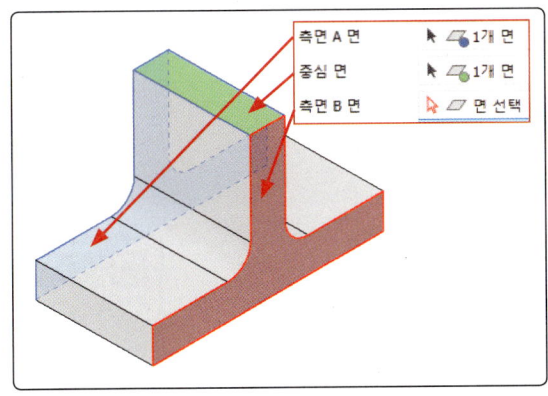

04 전체 둥근 모깎기가 미리보기가 되면 확인 버튼을 클릭합니다.

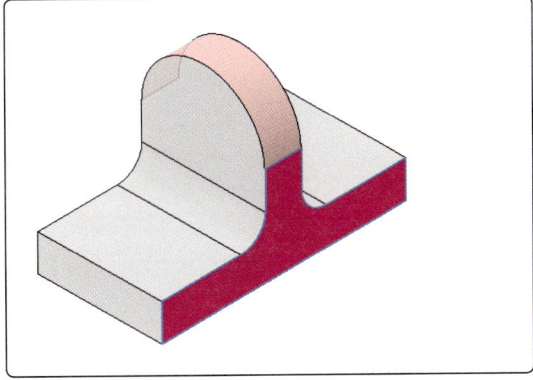

05 다음과 같이 전체 둥근 모깎기가 작성됩니다.

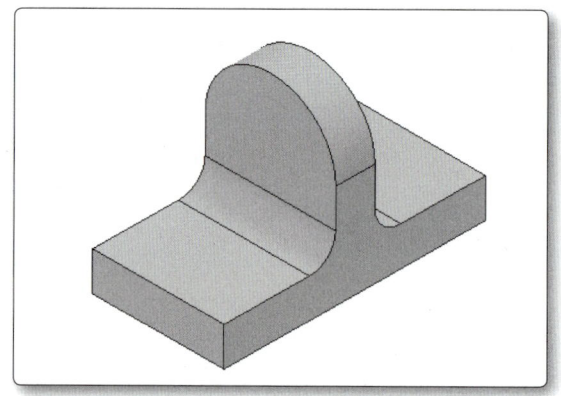

10 모따기와 모깎기 본문 예제

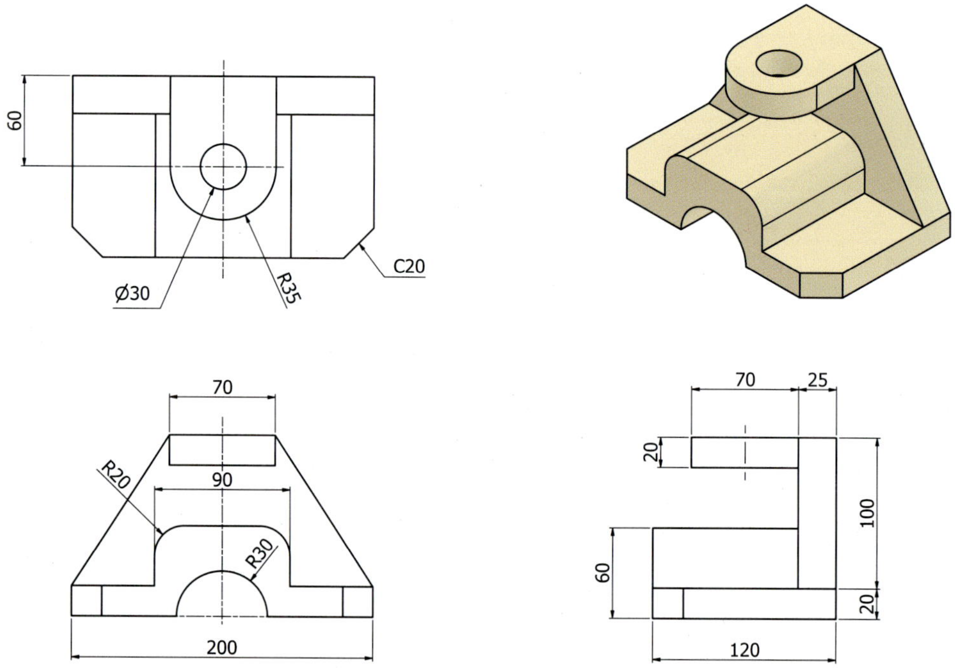

01 스케치와 [돌출] 명령을 이용해 다음과 같이 작성합니다.

02 부품 앞면에 스케치를 작성하고, [돌출] 명령을 실행해 잘라내기로 관통합니다.

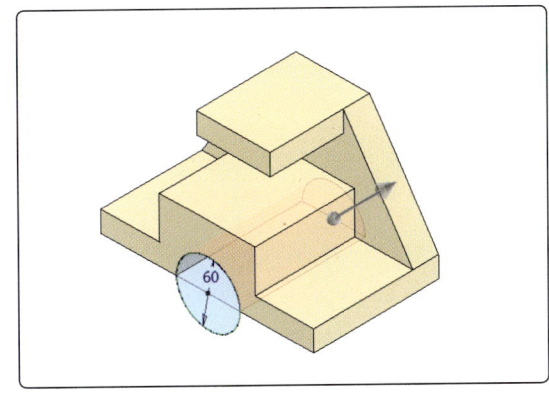

03 [전체 둥근 모깎기] 명령을 실행해 다음과 같이 작성합니다.

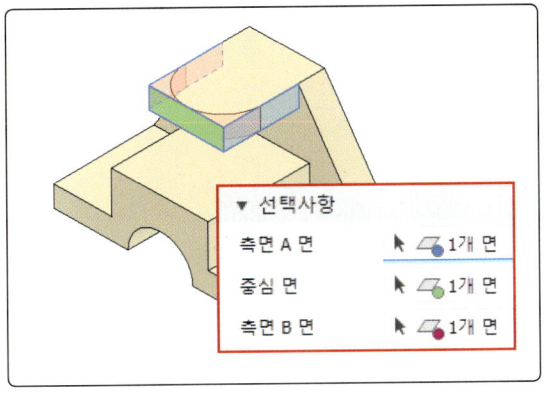

04 [모깎기] 명령을 실행해 다음과 같이 작성합니다.

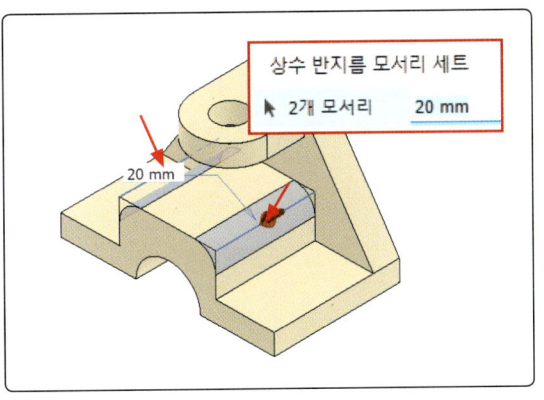

05 [모따기] 명령을 실행해 다음과 같이 작성합니다.

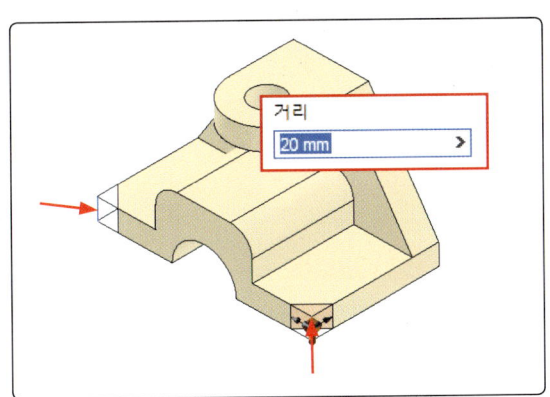

06 다음과 같이 부품 작성이 완료되었습니다.

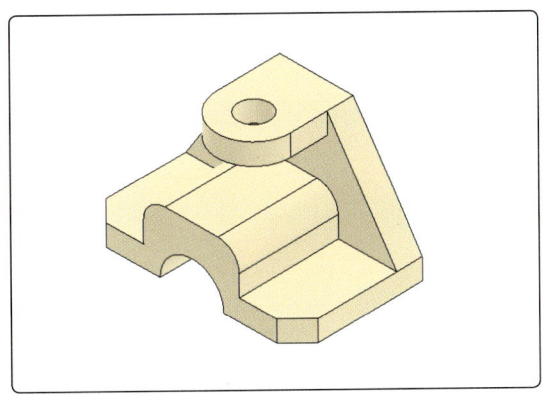

 **연습예제**

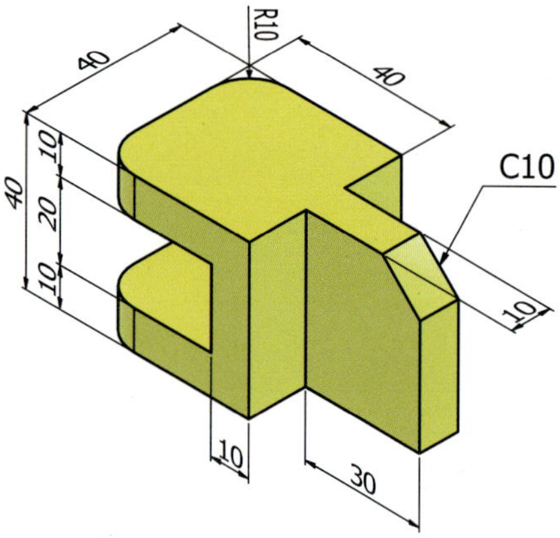

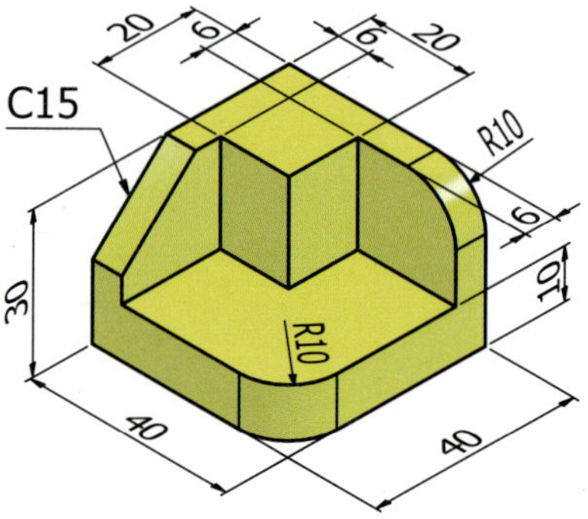

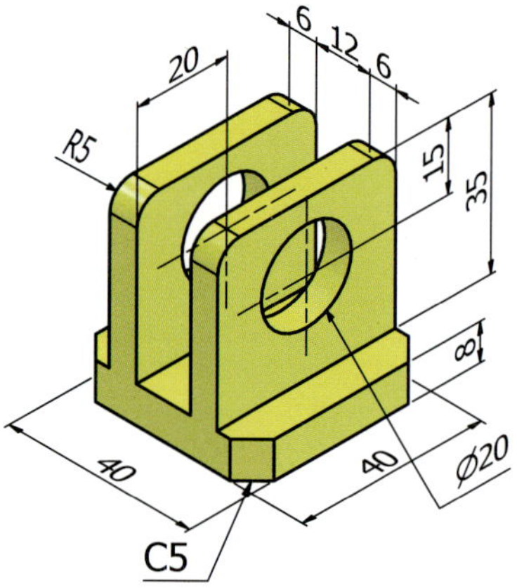

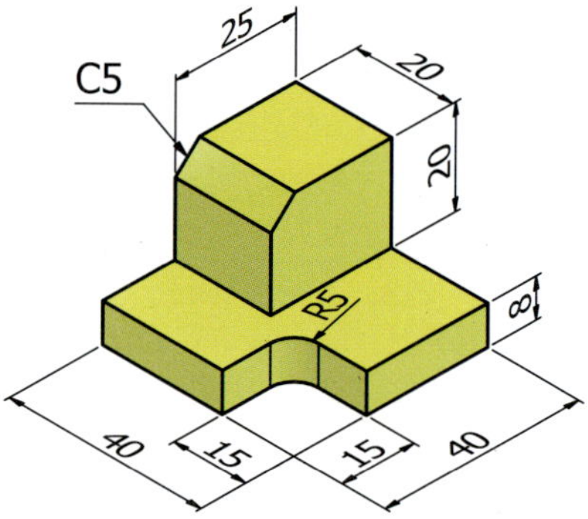

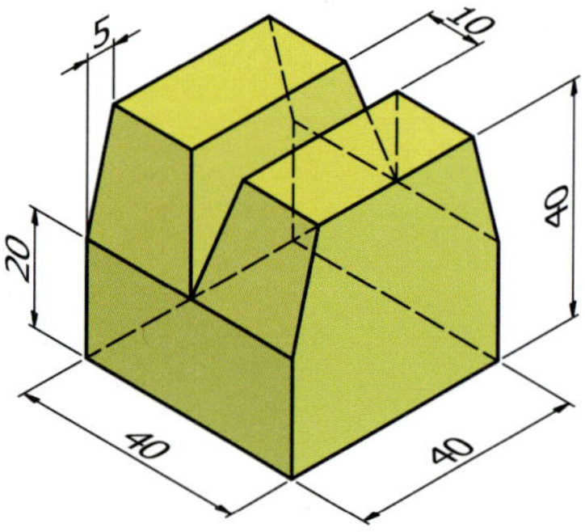

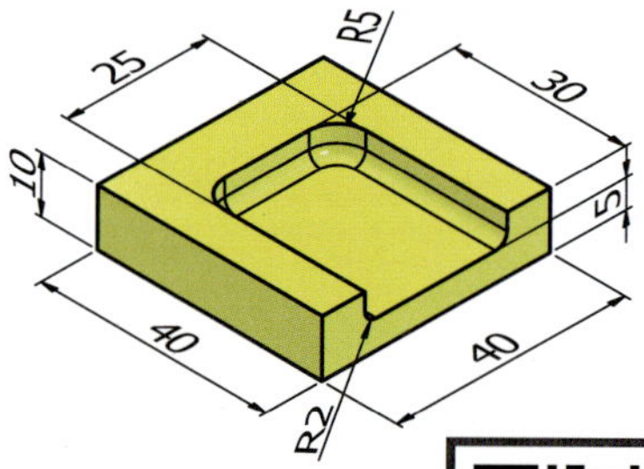

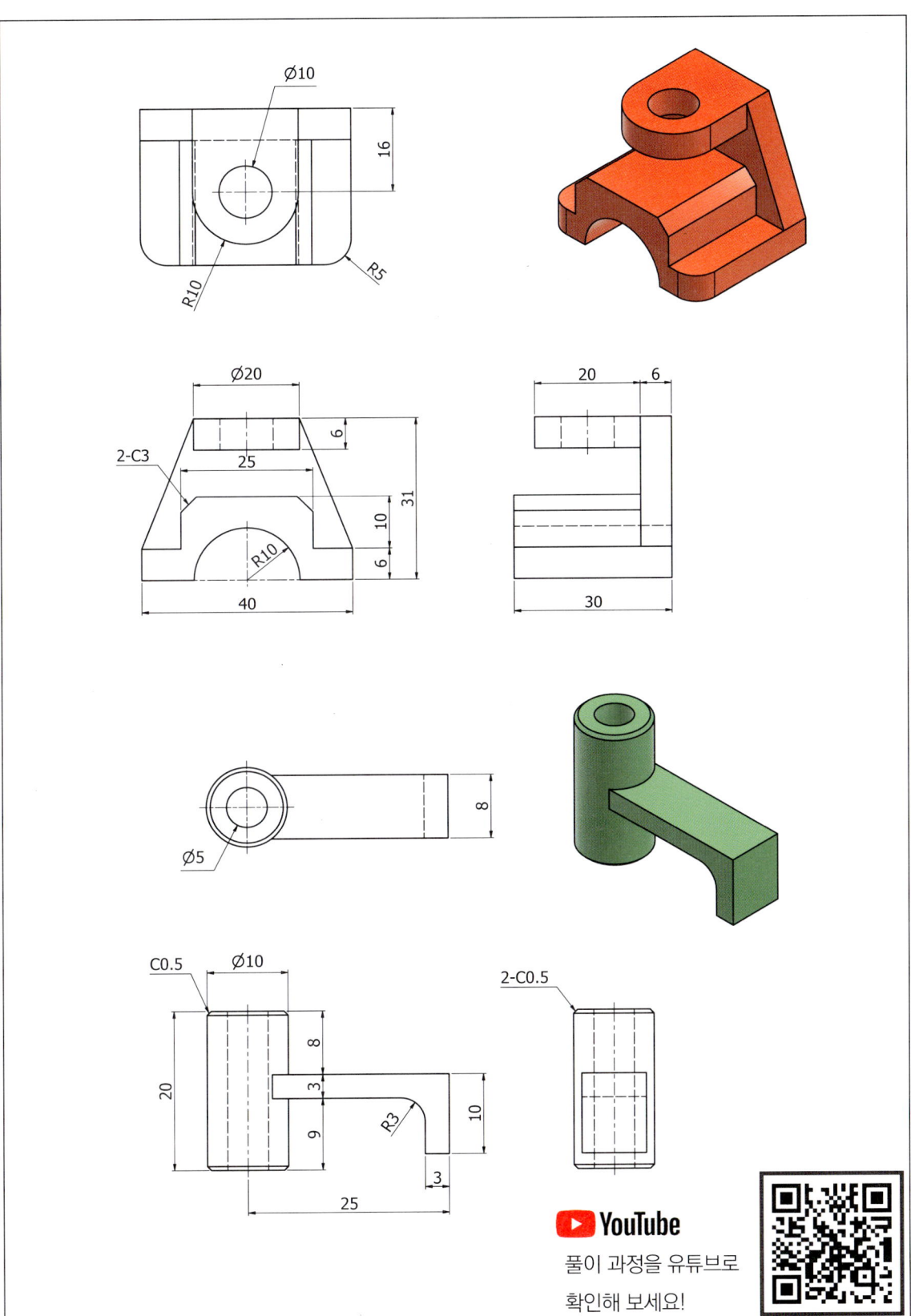

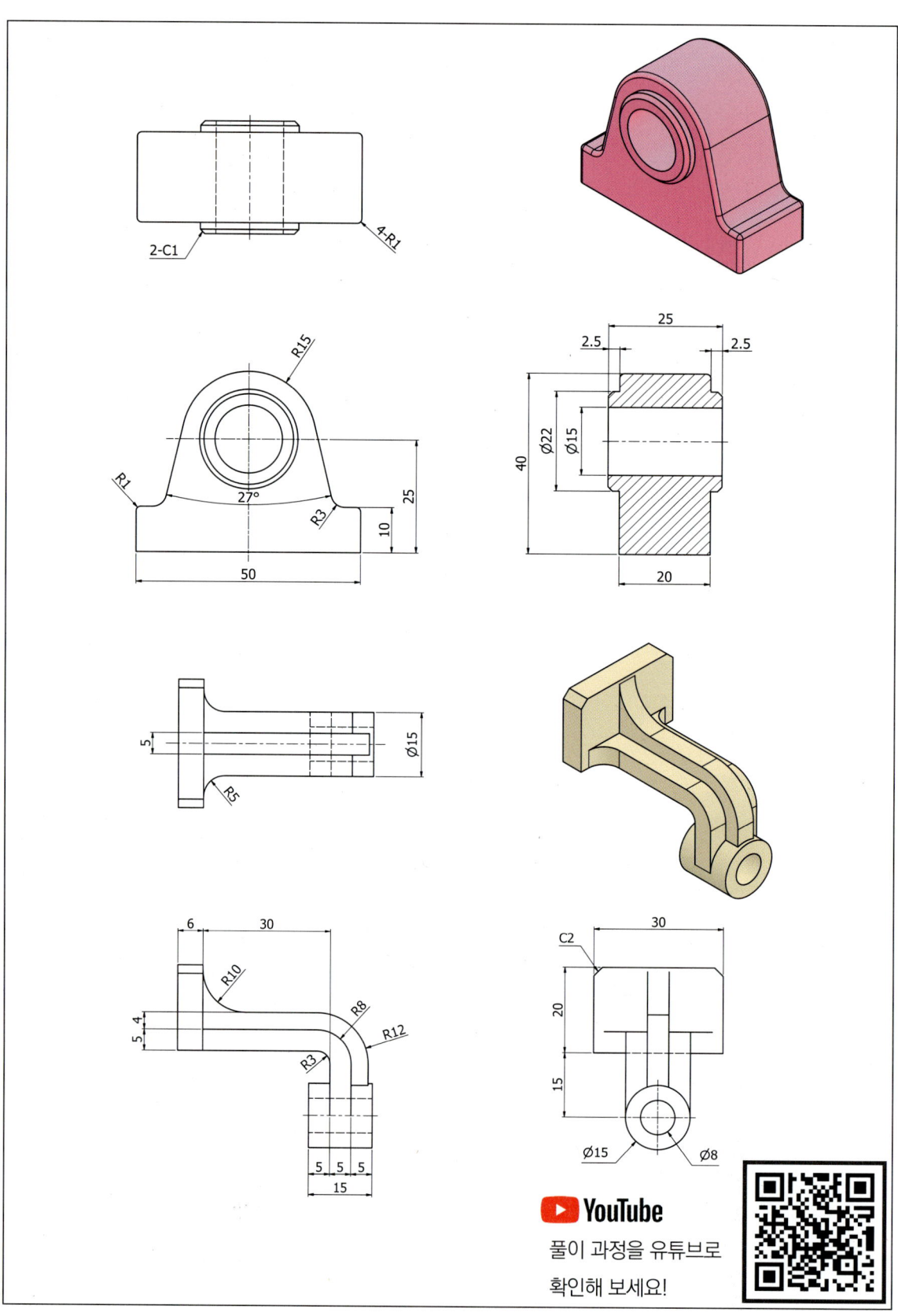

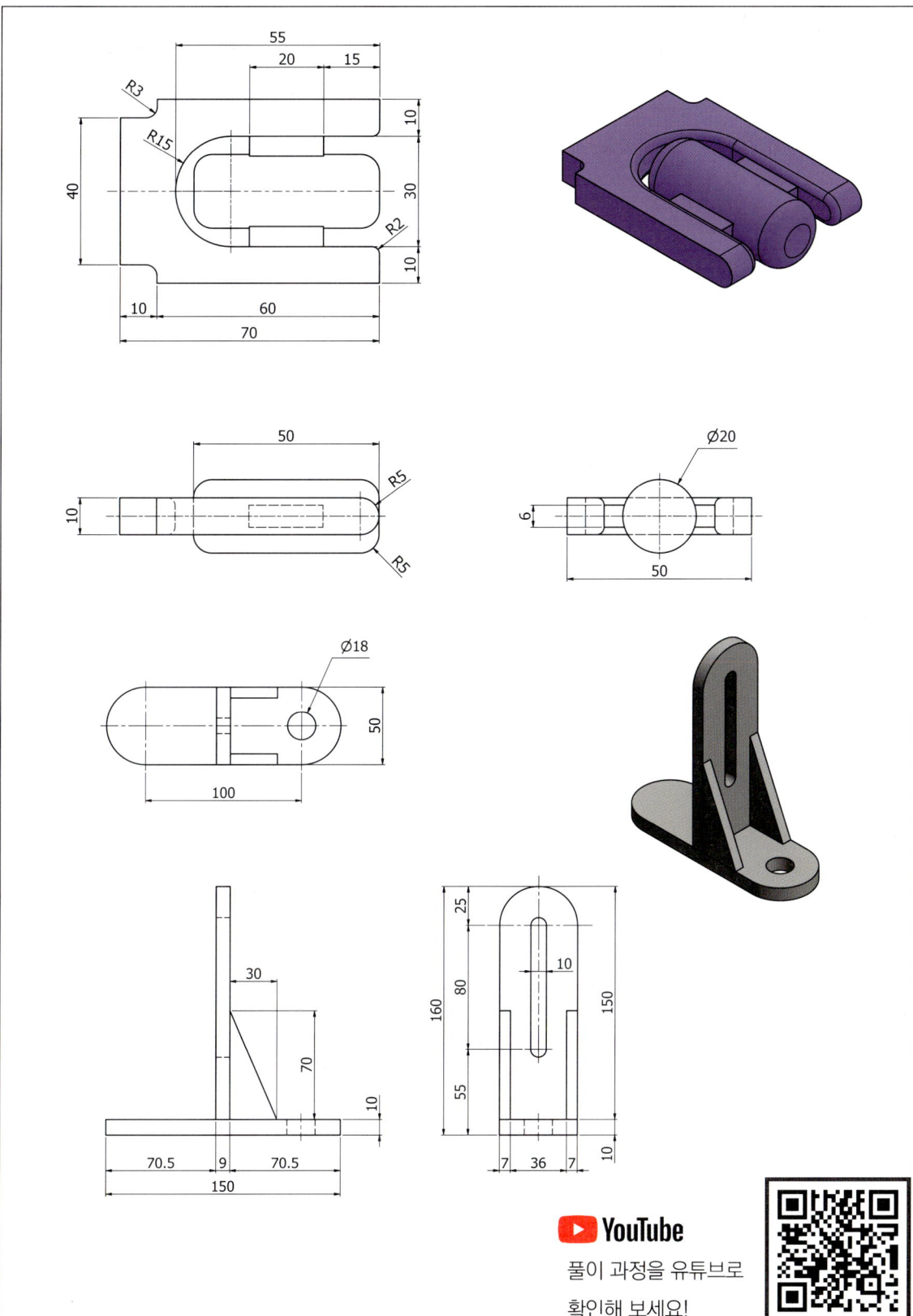

05 구멍과 스레드 명령 알아보기

Autodesk Inventor 2022

구멍 명령은 주로 조립을 위한 볼트를 삽입하기 위해 작성하거나 같은 크기로 된 여러개의 원형 구멍을 작성할 때 사용합니다. 스레드 명령은 작성된 원통면에 나사산을 작성하는 명령입니다.

01 구멍 옵션 알아보기

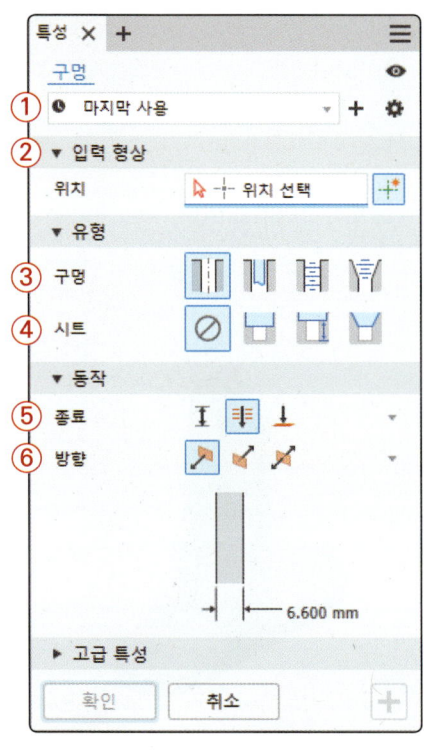

❶ **사전 설정** : 이전에 작성한 구멍이나 사전에 사용자가 저장해 놓은 구멍 타입을 선택합니다.

❷ **입력 형상** : 구멍이 배치될 위치를 선택합니다. 중심점이 포함된 스케치를 선택하면 여러 개의 구멍을 한꺼번에 작성할 수 있습니다.

❸ **구멍** : 구멍의 타입을 선택합니다.

❹ **시트** : 구멍의 형상을 선택합니다.

❺ **종료** : 구멍의 관통되는 거리를 선택합니다.

❻ **방향** : 구멍이 작성되는 방향을 선택합니다.

02 구멍 명령어 익히기 - 단순 구멍 / 거리 입력

01 [파일] - [열기]를 클릭하여 아래 예제 파일을 엽니다.

■ Part2 - Chapter5 - 구멍1.ipt

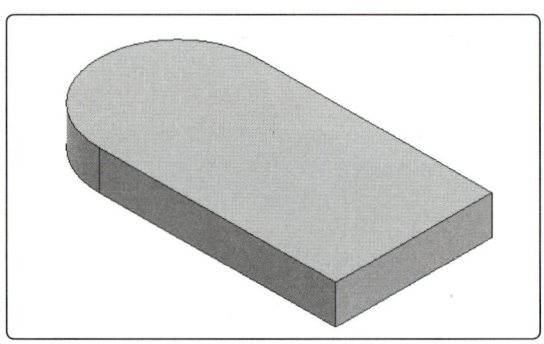

02 　 구멍 명령을 실행해 위치 면을 다음으로 선택합니다.

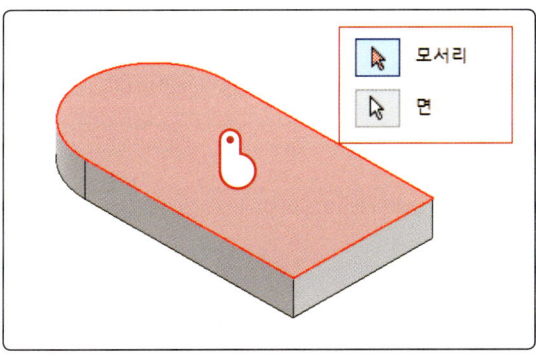

03 구멍의 거리를 결정할 첫 번째 모서리를 선택하고 치수를 [15]로 입력합니다.

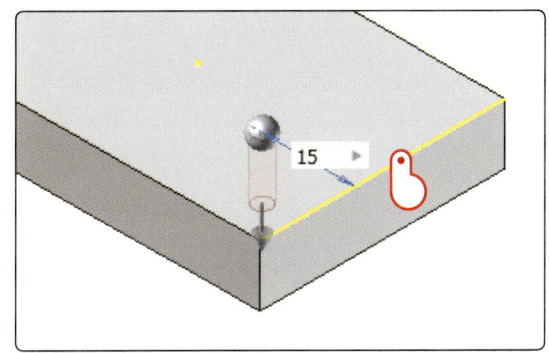

04 구멍의 거리를 결정할 두 번째 모서리를 선택하고 치수를 [10]으로 입력합니다.

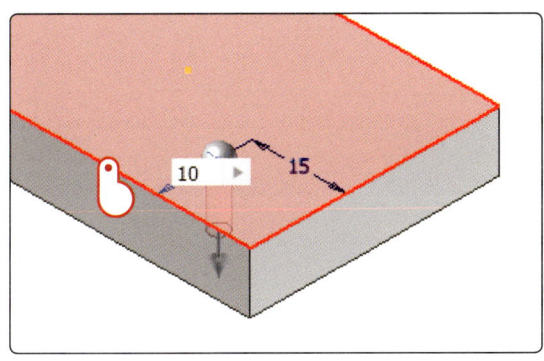

05 구멍의 지름을 [10]으로 입력합니다.

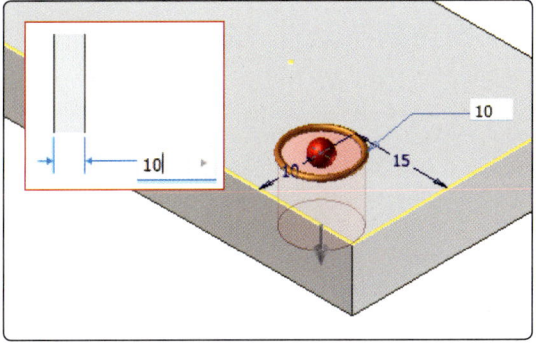

06 확인 버튼을 클릭하면 구멍 피처 작성이 완료됩니다.

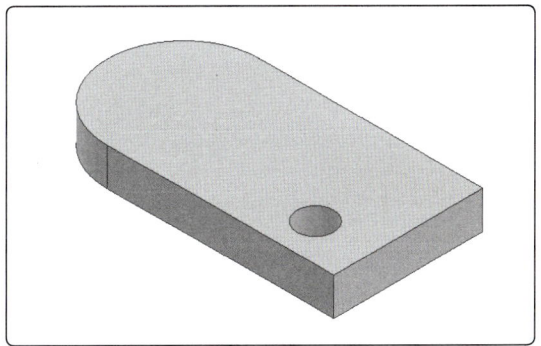

Tip

유형 항목에서 선택하는 구멍의 종류에 따라서 동작 항목의 내용이 변경됩니다.

03 구멍 명령어 익히기 – 카운터 보어 구멍 / 동심

01 앞서 진행한 예제파일에서 [구멍] 명령을 실행해 위치 면을 다음으로 선택합니다.

02 다음 원형 모서리를 선택하면 구멍의 위치가 원형 모서리의 중심으로 정렬됩니다.

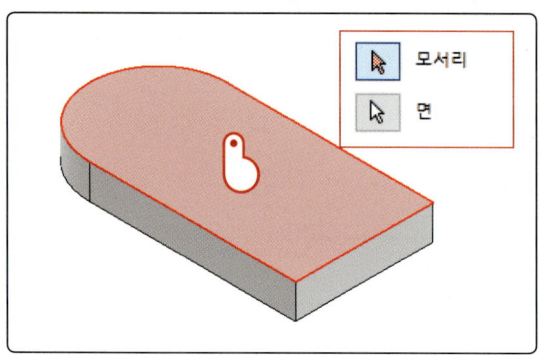
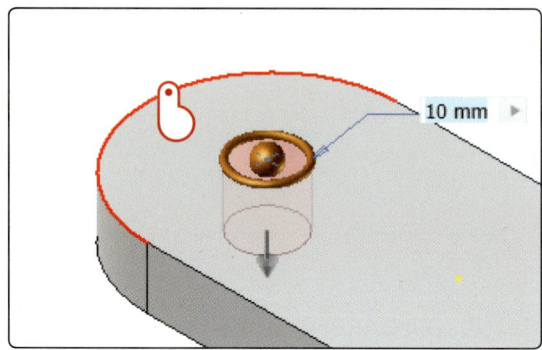

03 [유형]과 [동작] 항목을 다음과 같이 설정합니다.

04 확인 버튼을 클릭하면 카운터 보어 구멍이 작성됩니다.

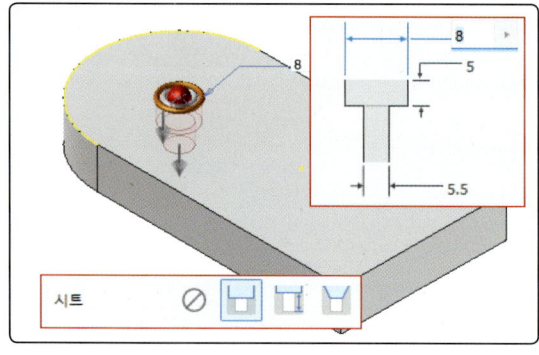
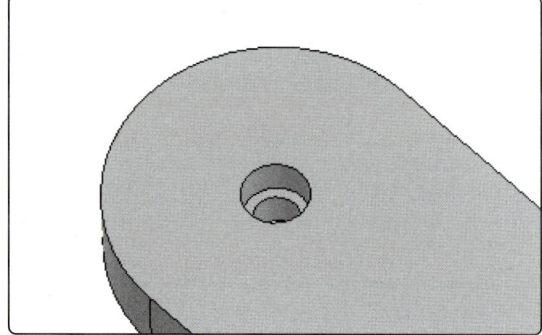

Tip

시트의 종류 : 시트의 종류에는 다음과 같은 것들이 있습니다.

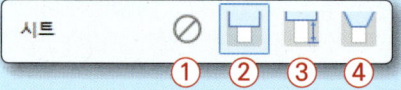

❶ **없음** : 일반 구멍 타입으로 작성합니다.

❷ **카운터 보어** : 육각 홀붙이 볼트를 조립할 수 있는 카운터 보어 구멍을 작성합니다.

❸ **접촉 공간** : 얕은 자리파기의 보어 구멍을 작성합니다.

❹ **카운터 싱크** : 접시머리 볼트를 조립할 수 있는 카운터 싱크 구멍을 작성합니다.

04 구멍 명령어 익히기 - 스케치 이용 / 탭 구멍

01 [파일] - [열기]를 클릭하여 아래 예제 파일을 엽니다.

■ Part2 - Chapter5 - 구멍2.ipt

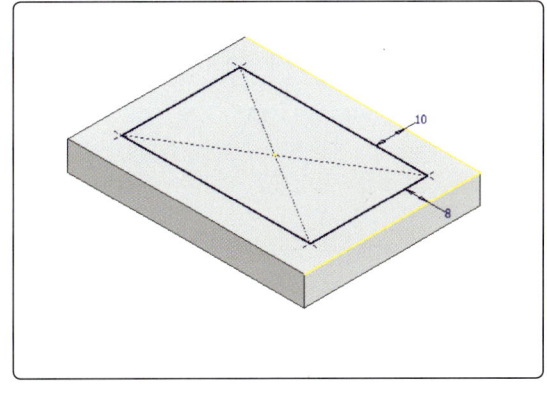

02 [구멍] 명령을 실행하면 스케치 점을 인식하여 구멍이 자동으로 배치됩니다.

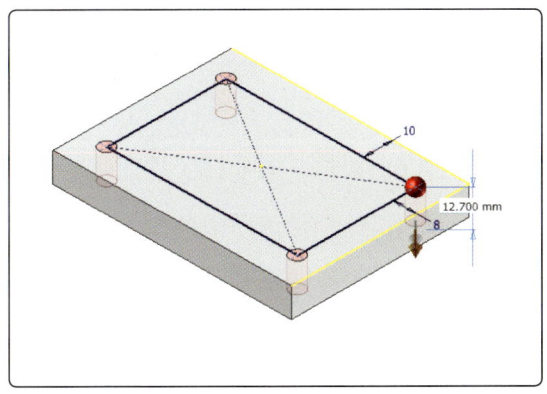

03 [유형]과 [스레드] 항목을 다음과 같이 설정합니다.

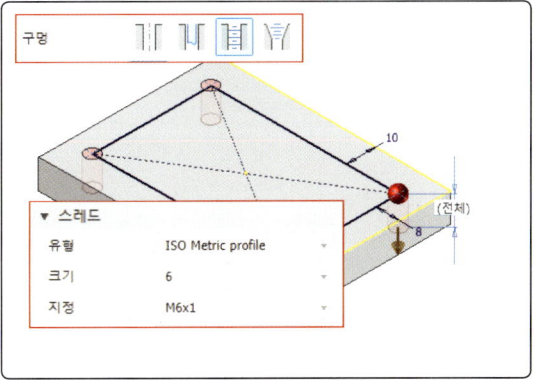

04 확인 버튼을 클릭하면 구멍 피처 작성이 완료됩니다.

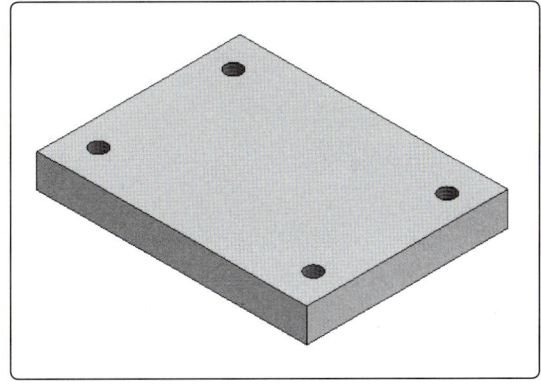

 **Tip**

구멍의 종류 : 구멍의 종류에는 다음과 같은 것들이 있습니다.

❶ **단순 구멍** : 일반 구멍 타입으로 작성합니다.
❷ **틈새 구멍** : 규격에 의한 맞춤 구멍을 작성합니다.
❸ **탭 구멍** : 일반 탭 구멍을 작성합니다.
❹ **테이퍼 탭 구멍** : 파이프 탭 구멍을 작성합니다.

05 스레드 옵션 알아보기

❶ **사전 설정** : 이전에 작성한 스레드나 사전에 사용자가 저장해 놓은 스레드 타입을 선택합니다.

❷ **입력 형상** : 스레드를 입힐 면을 선택합니다. 원통 면만 선택됩니다.

❸ **유형** : 스레드의 유형을 선택합니다.

❹ **크기** : 스레드의 호칭 크기를 선택합니다.

❺ **지정** : 스레드의 피치를 선택합니다.

❻ **방향** : 스레드의 좌나사 / 우나사를 선택합니다.

❼ **동작** : 스레드가 적용될 구간의 깊이를 설정합니다.

❽ **고급 특성** : 모델링 화면에서 스레드를 표시/표시 해제합니다.

Tip

구멍 명령은 암나사를 작성할 때 주로 쓰이고 스레드는 이미 작성되어 있는 원통에 수나사를 작성할 때 주로 쓰이게 됩니다.

06 스레드 명령어 익히기

01 [파일] - [열기]를 클릭하여 아래 예제 파일을 엽니다.

■ Part2 - Chapter5 - 스레드.ipt

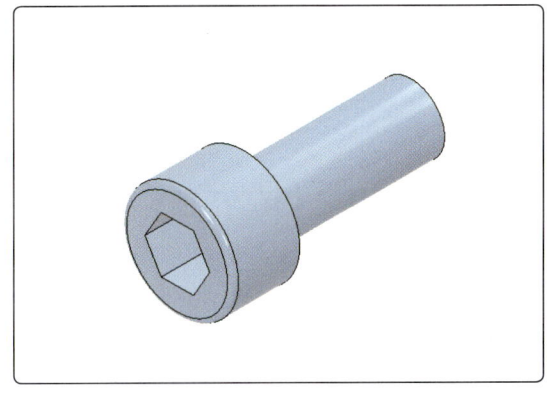

02 [스레드] 명령을 실행해 전체 깊이 버튼을 클릭해 끈 후, 다음 면을 선택합니다.

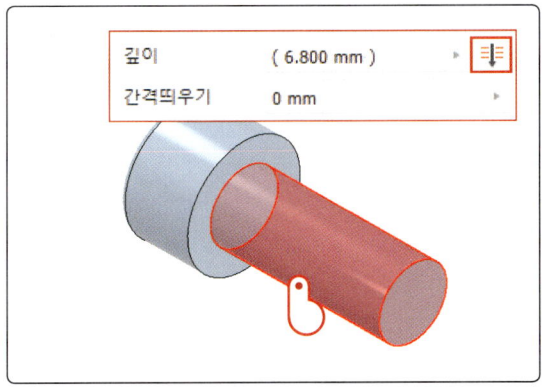

03 [스레드] 항목이 다음과 같이 자동 설정됩니다. 깊이를 다음과 같이 설정합니다.

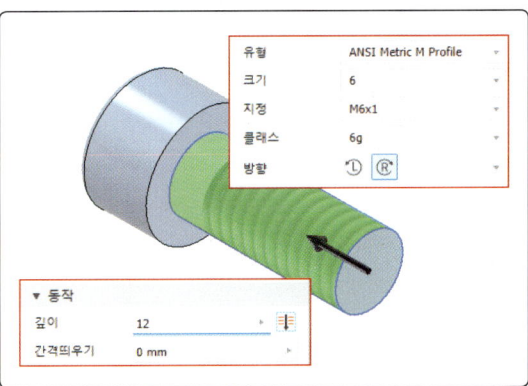

04 확인 버튼을 클릭하면 스레드 피처 작성이 완료됩니다.

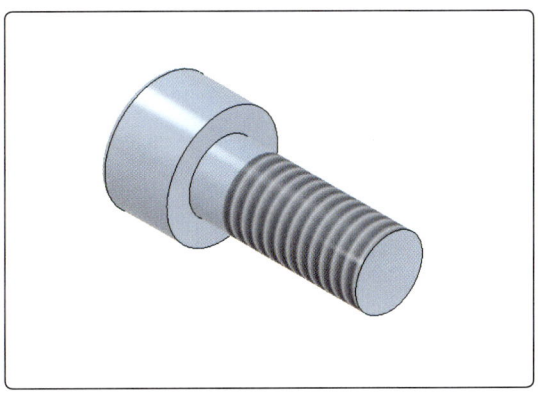

07 구멍 명령 본문 예제

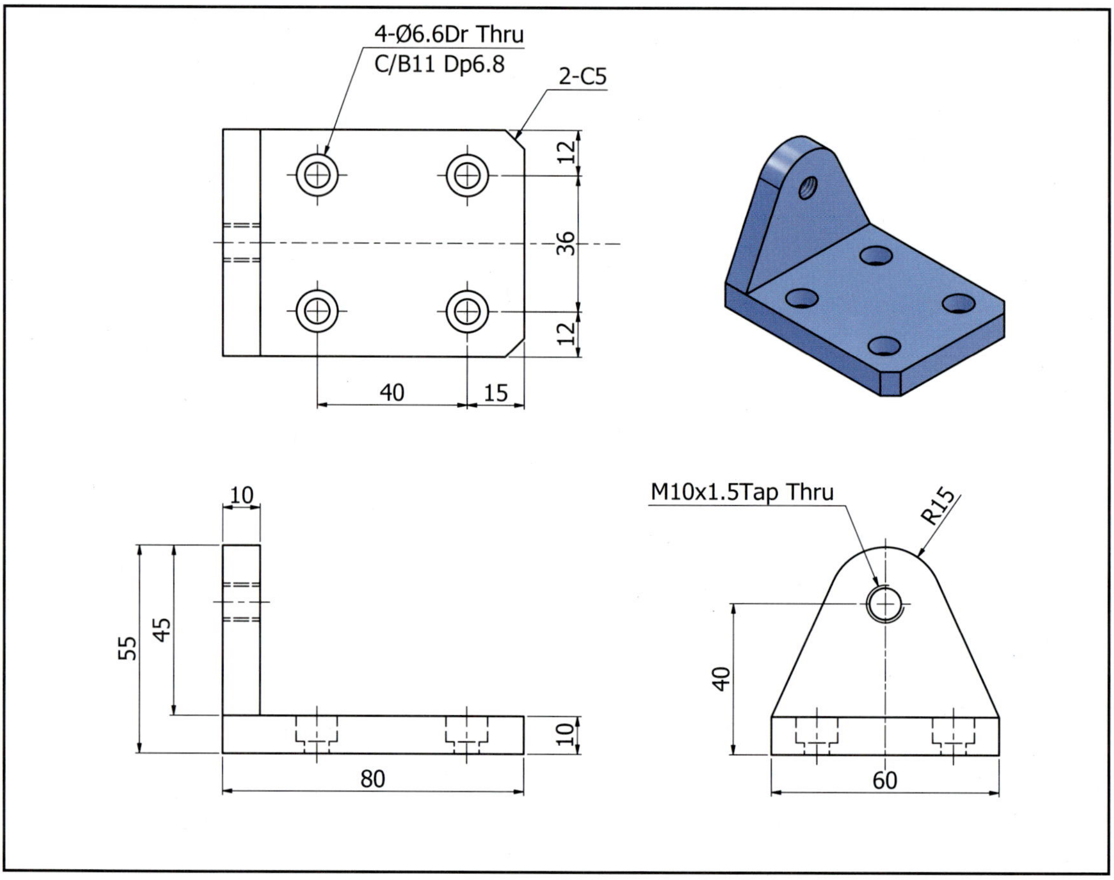

01 스케치와 [돌출] 명령을 이용해 다음과 같이 작업합니다.

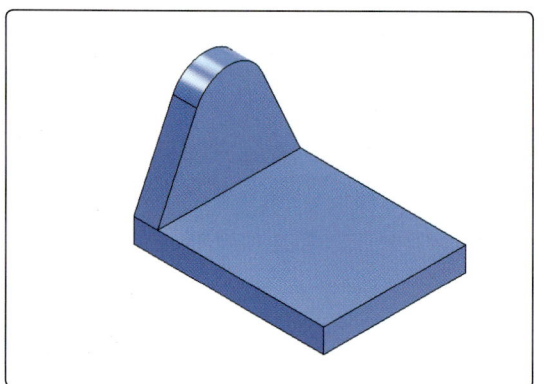

02 부품 윗면에 스케치를 생성해 다음과 같이 작성합니다.

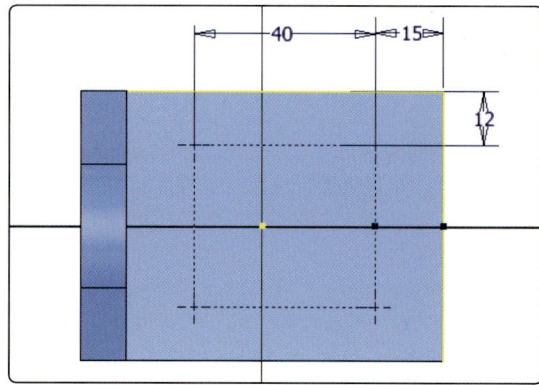

03 [구멍] 명령을 실행해 다음과 같이 작성합니다.

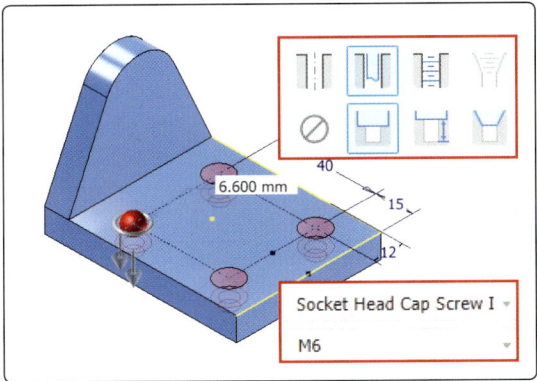

04 [구멍] 명령을 실행해 다음과 같이 작성합니다.

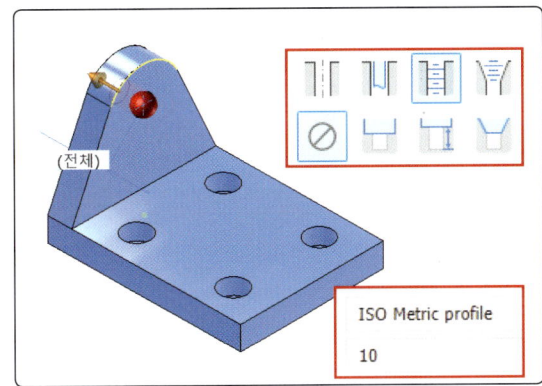

05 [모따기] 명령을 실행해 다음과 같이 작성합니다.

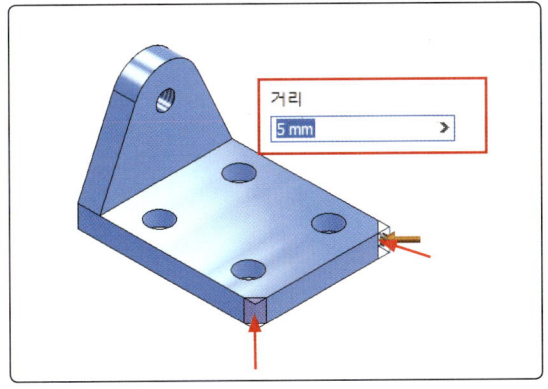

06 다음과 같이 부품 작성이 완료되었습니다.

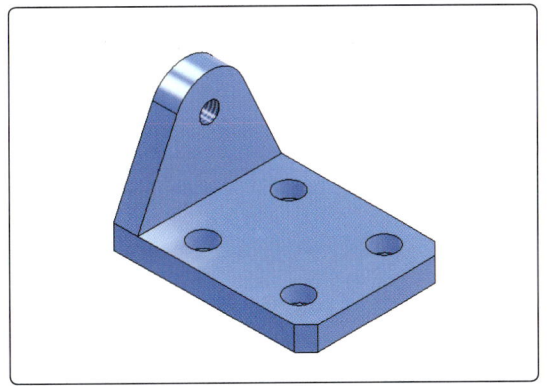

풀이 과정을 유튜브로 확인해 보세요!

 **연습예제**

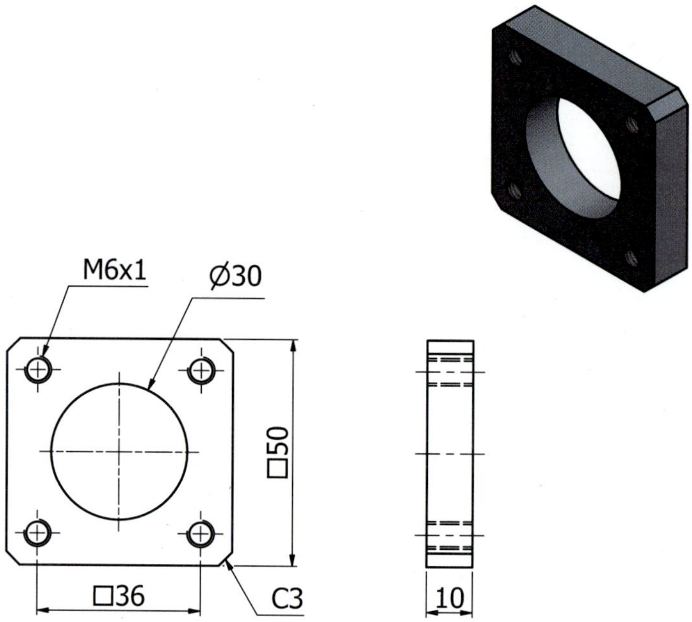

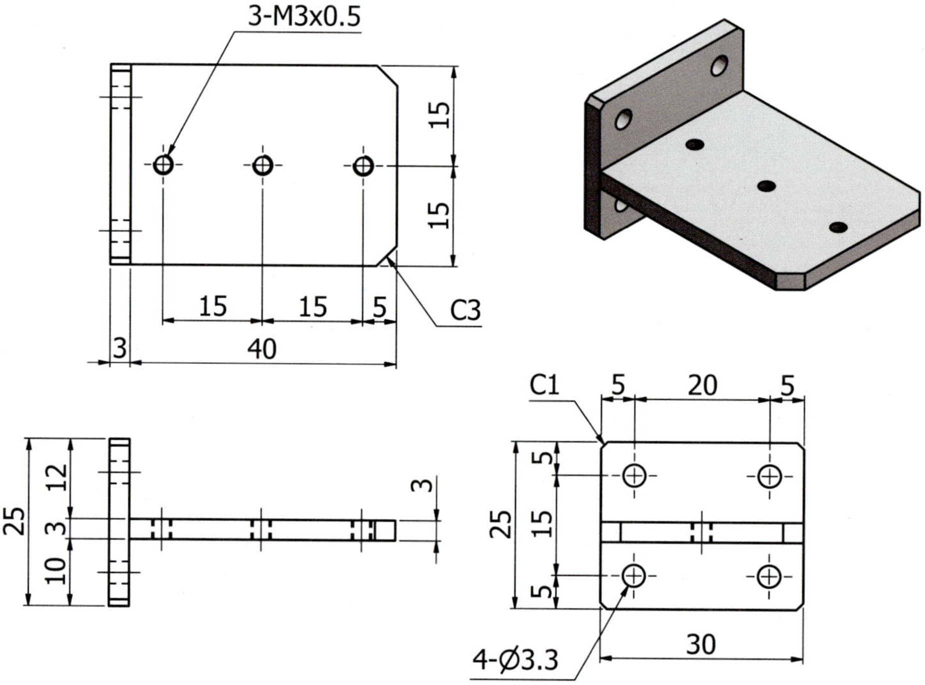

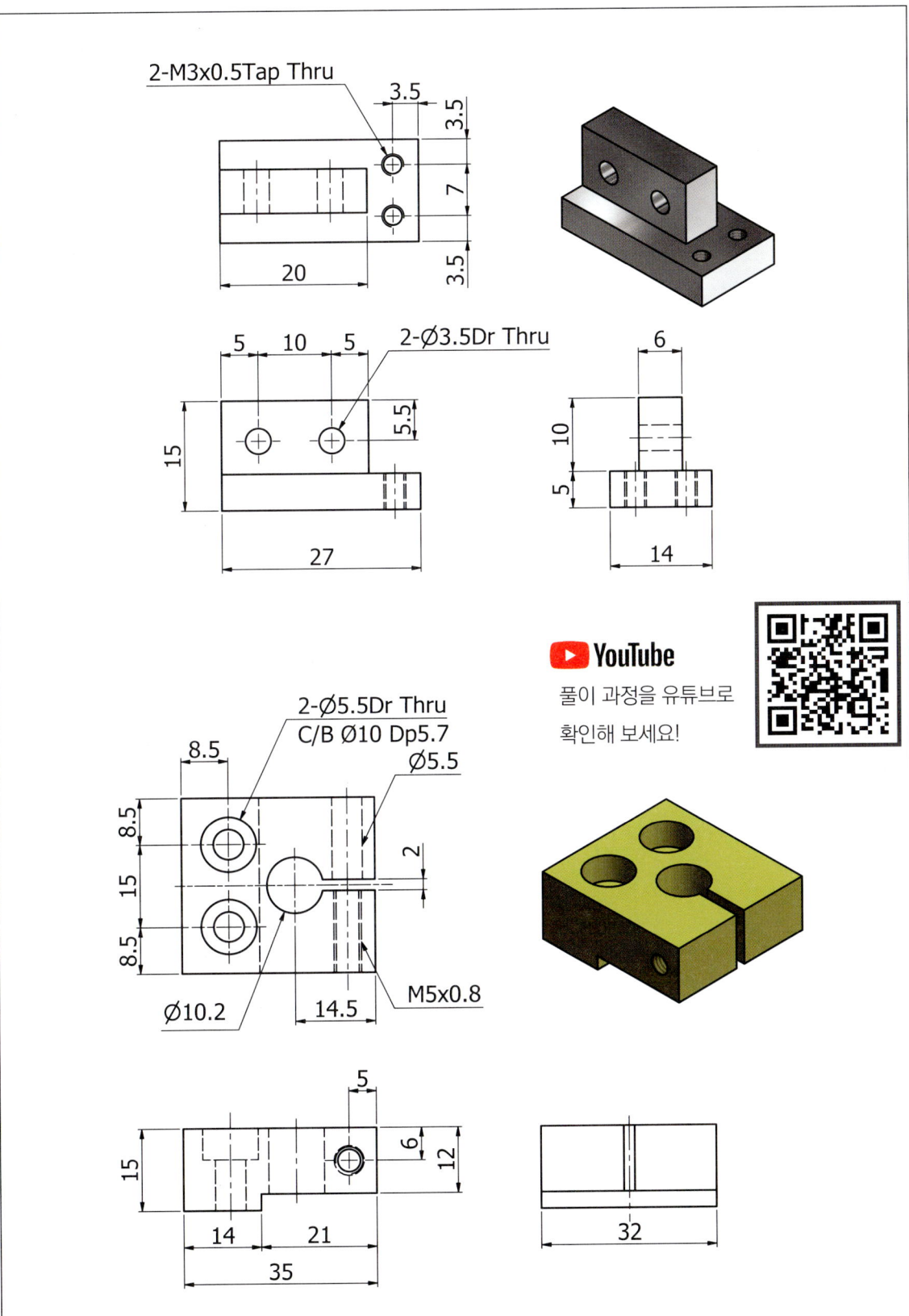

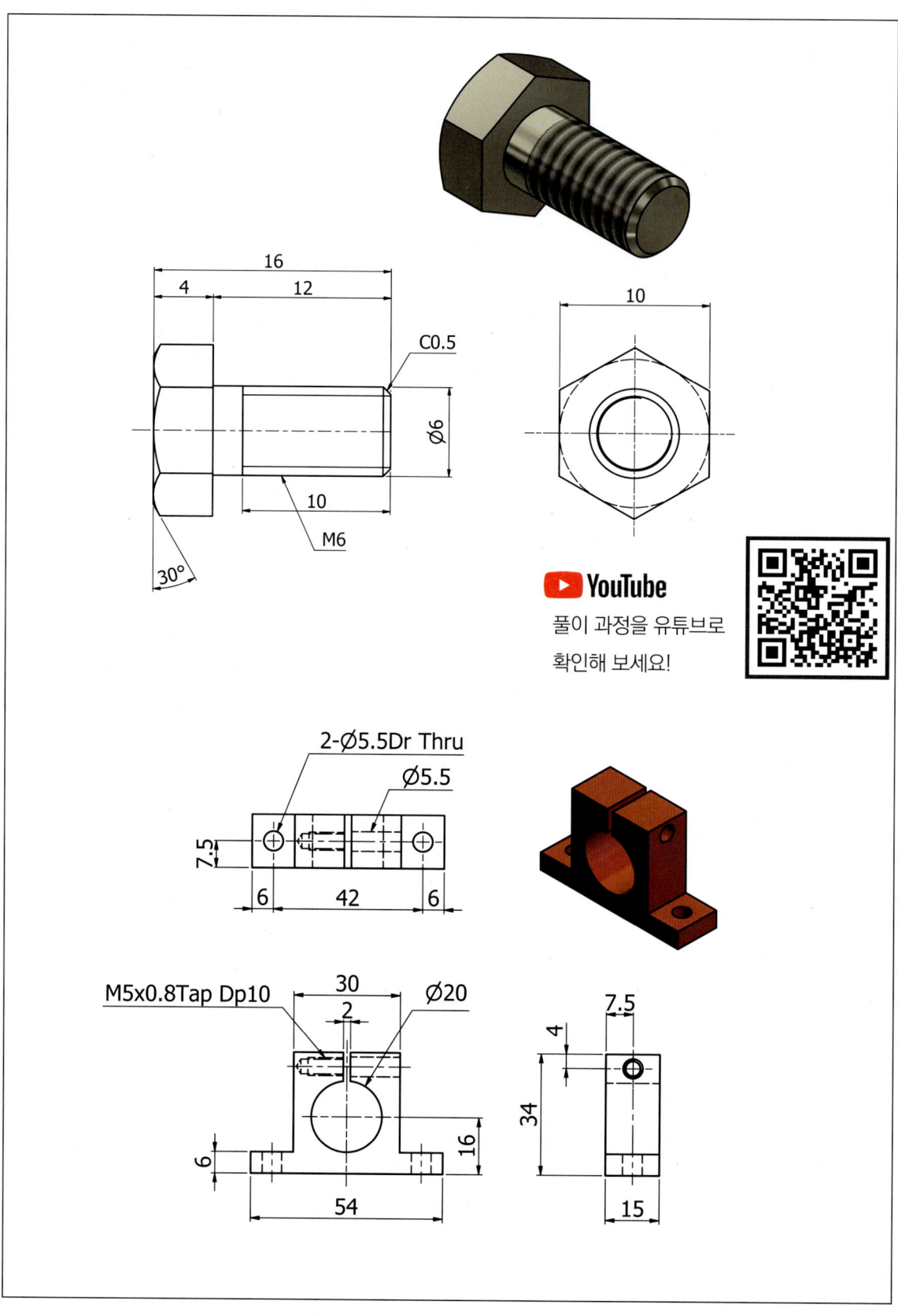

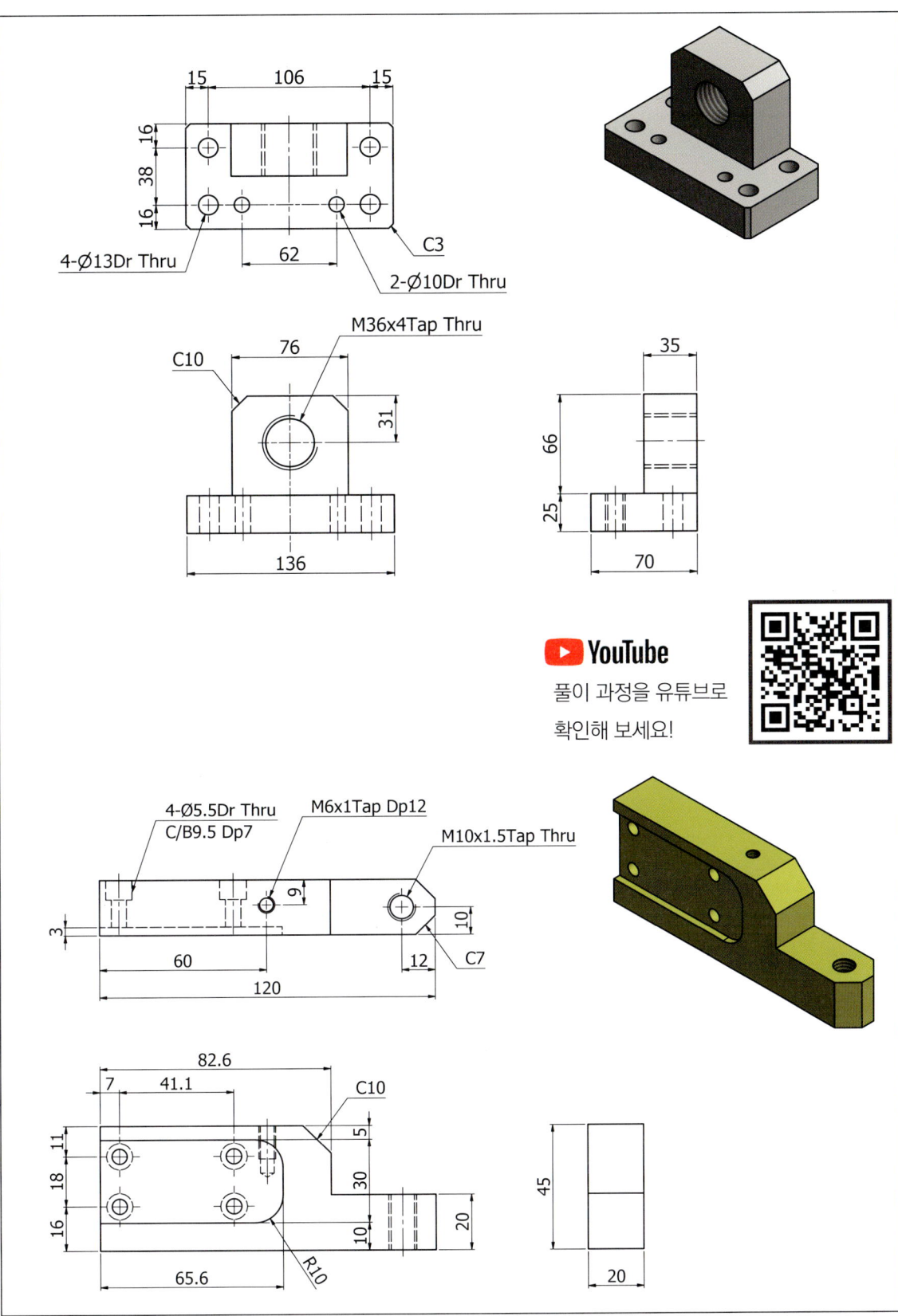

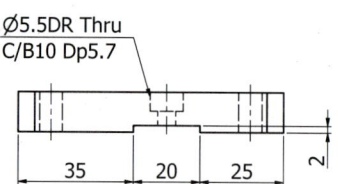
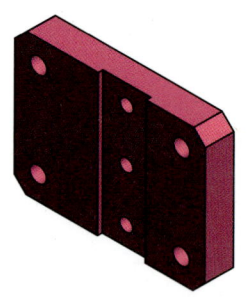
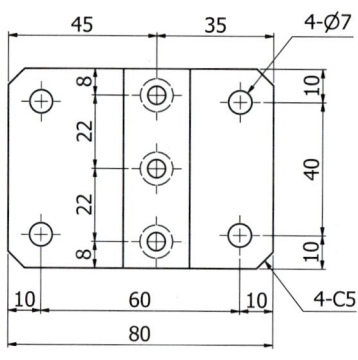
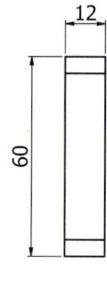

풀이 과정을 유튜브로 확인해 보세요!

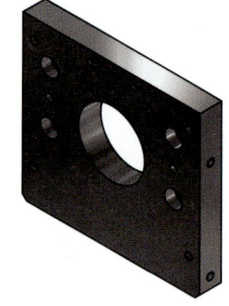
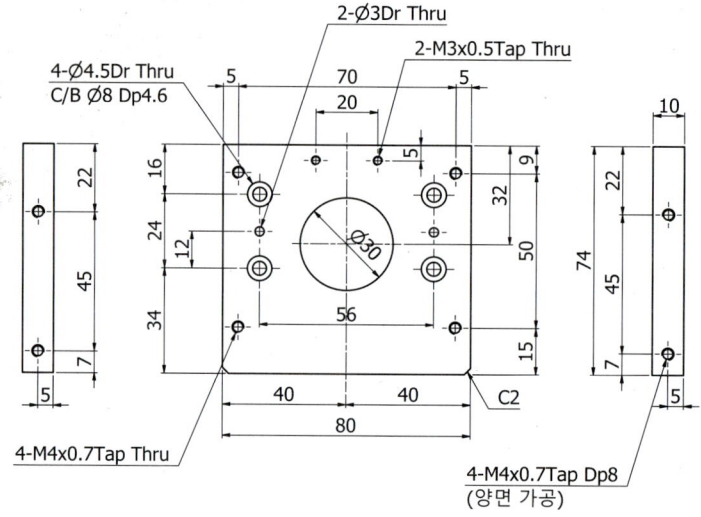

126

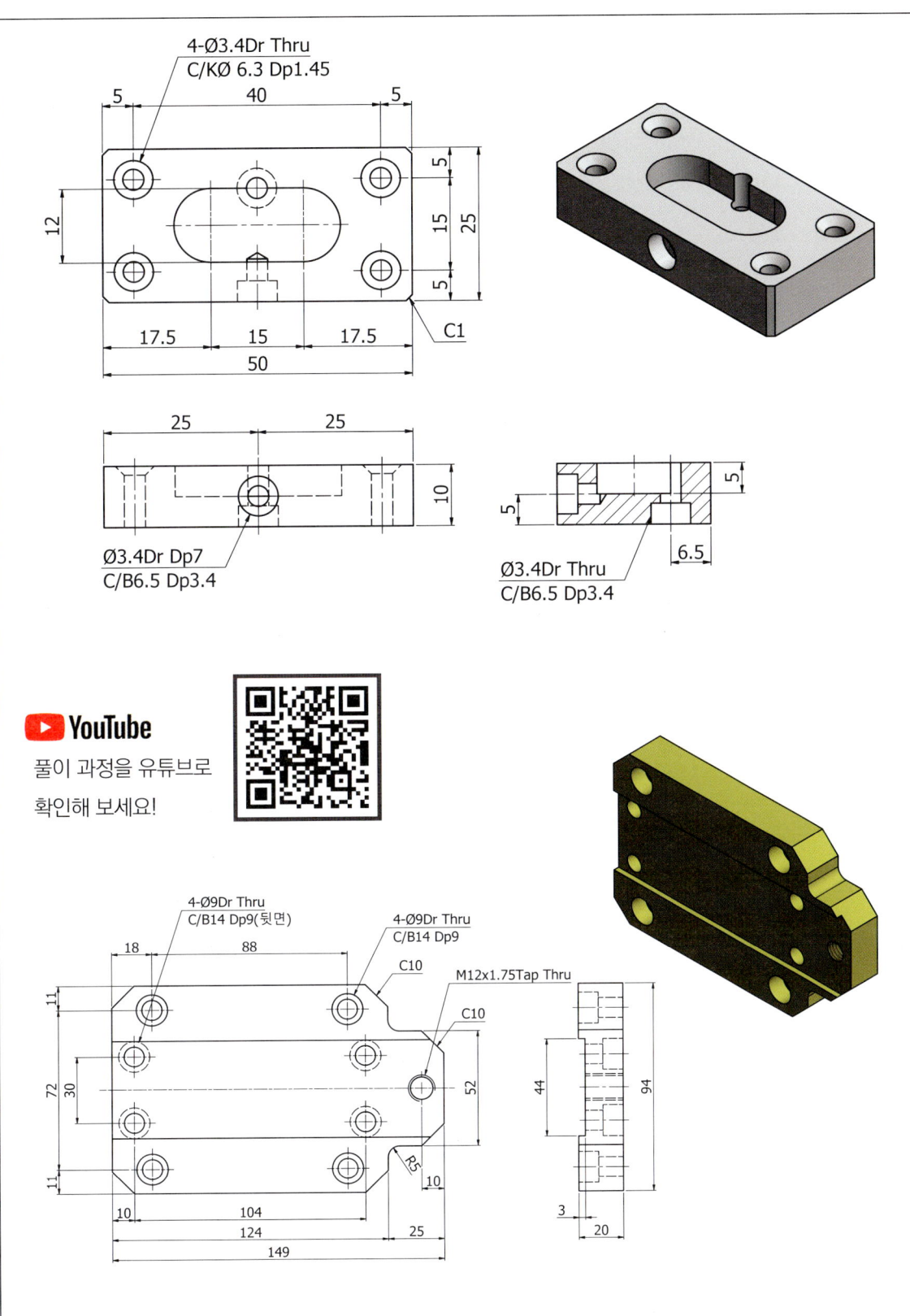

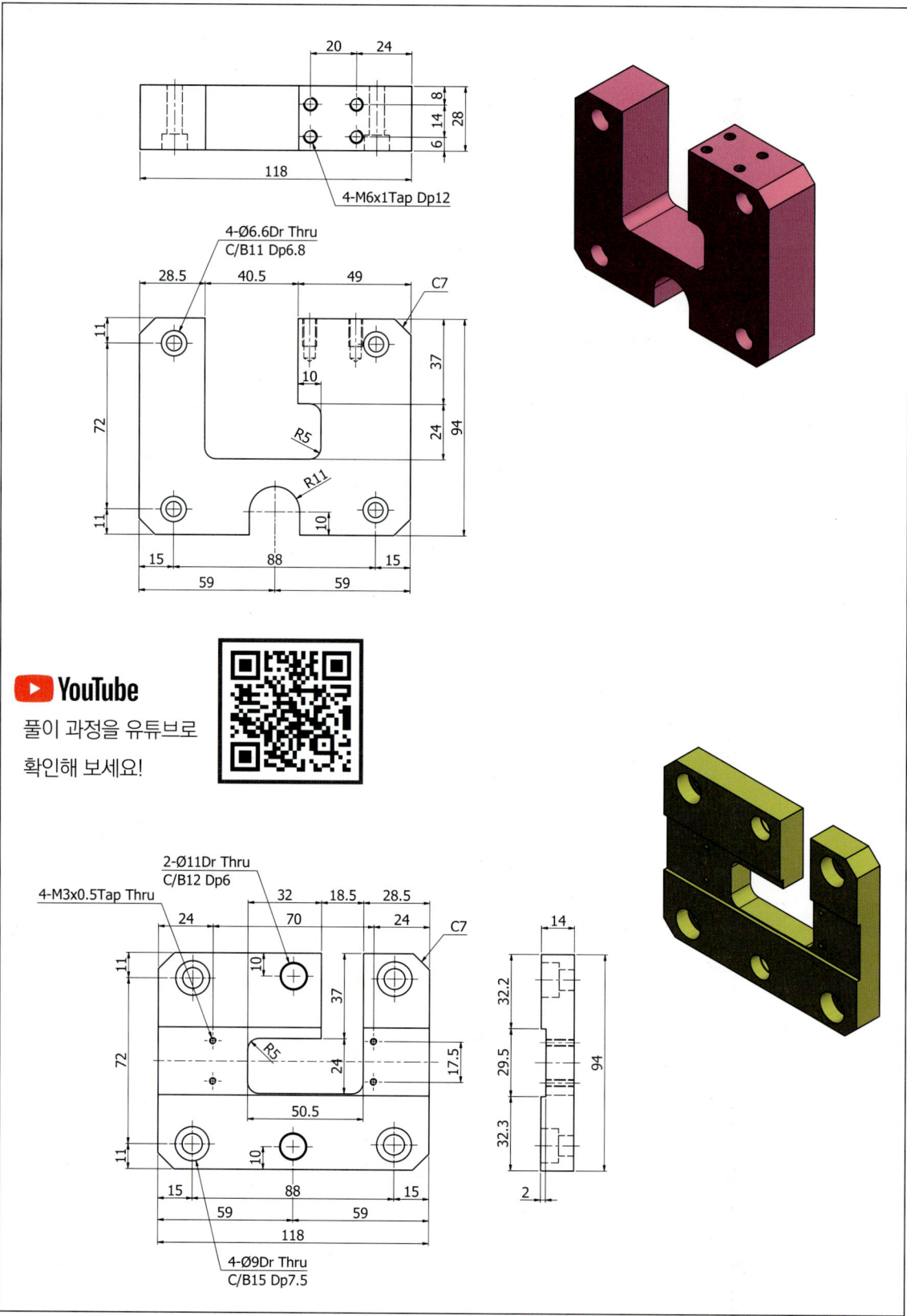

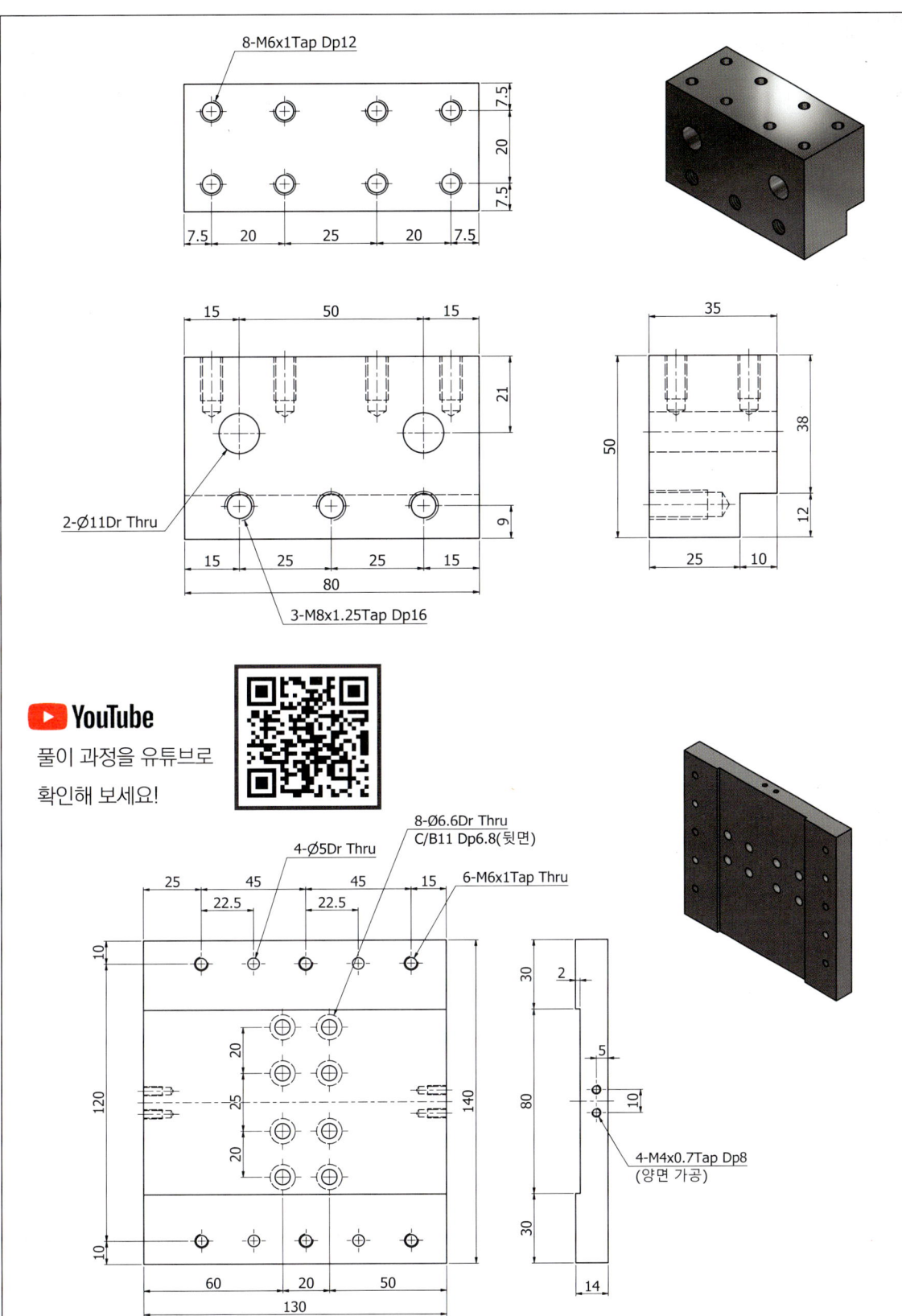

06 회전 명령 알아보기

Autodesk Inventor 2022

회전 명령은 프로파일이 회전축을 중심으로 회전하면서 형상을 만드는 명령입니다. 지름이 하나짜리인 부품보다는 지름이 여러개가 있는 부품을 작성하는데 더 유용합니다.

01 회전 옵션 알아보기

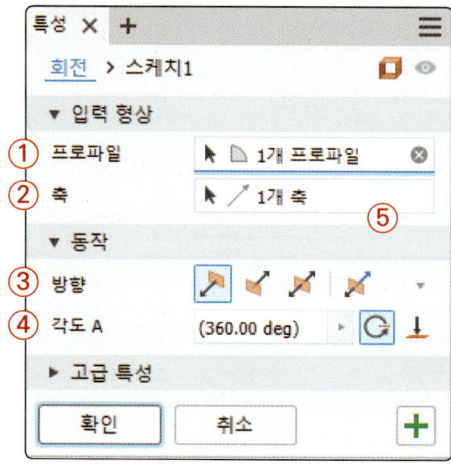

① **프로파일** : 스케치 프로파일을 선택합니다.

② **축** : 프로파일을 회전시킬 축을 선택합니다.

③ **방향** : 프로파일을 회전시킬 방향을 선택합니다.

④ **각도** : 회전 각도를 설정합니다. 기본으로 360도로 지정되어 있습니다.

02 회전 명령어 익히기 - 전체 회전

01 [파일] - [열기]를 클릭하여 아래 예제 파일을 엽니다.

■ Part2 - Chapter6 - 회전1.ipt

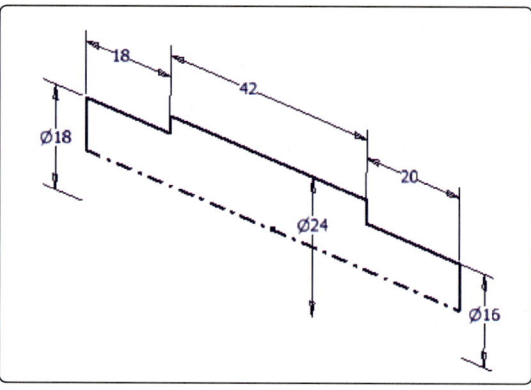

 Tip

스케치 화면에 프로파일과 중심선이 각각 하나씩 있을 때 회전 명령을 실행하면 자동 선택됩니다.

02 [회전] 명령을 실행하면 다음과 같이 프로파일과 축이 자동 선택되면서 회전 형상이 미리보기가 됩니다.

03 확인 버튼을 클릭하면 회전 피처 작성이 완료됩니다.

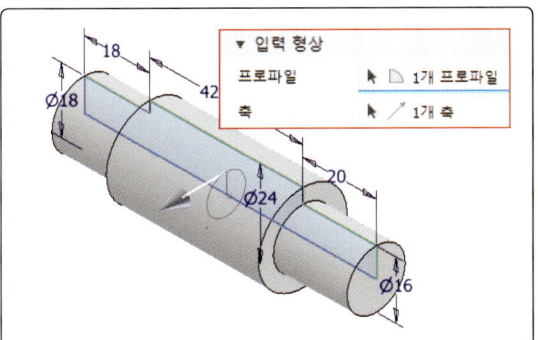
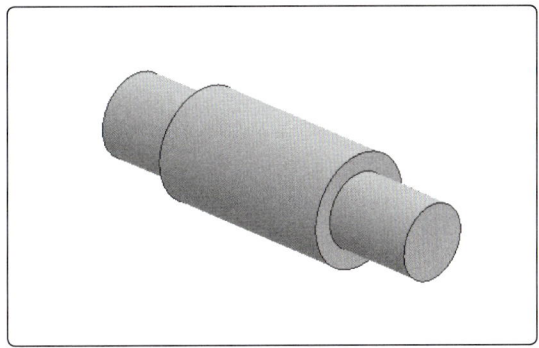

03 회전 명령어 익히기 – 각도 회전

01 [파일] – [열기]를 클릭하여 아래 예제 파일을 엽니다.

■ Part2 – Chapter6 – 회전2.ipt

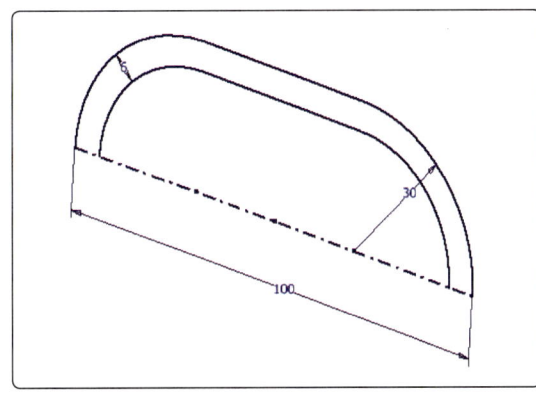

02 [회전] 명령을 실행해 [프로파일]을 다음 영역을 선택합니다.

03 [축]을 다음과 같이 선택합니다.

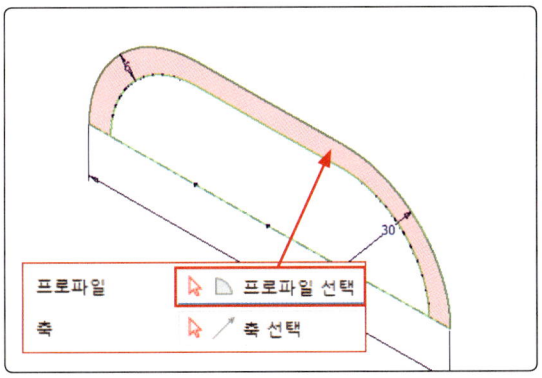
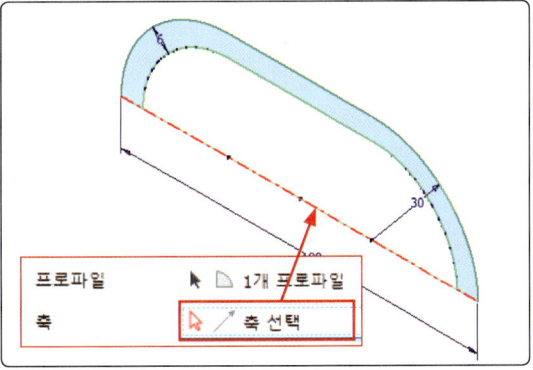

04 각도를 [180]으로 설정하면 회전 피처가 다음과 같이 미리보기 됩니다.

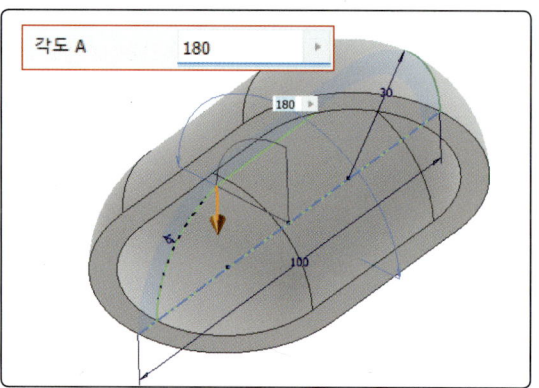

05 확인 버튼을 클릭하면 회전 피처 작성이 완료됩니다.

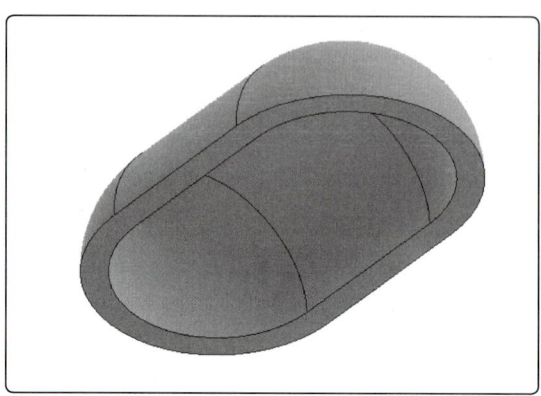

04 회전 명령어 익히기 – 잘라내기

01 [파일] – [열기]를 클릭하여 아래 예제 파일을 엽니다.

■ Part2 – Chapter6 – 회전3.ipt

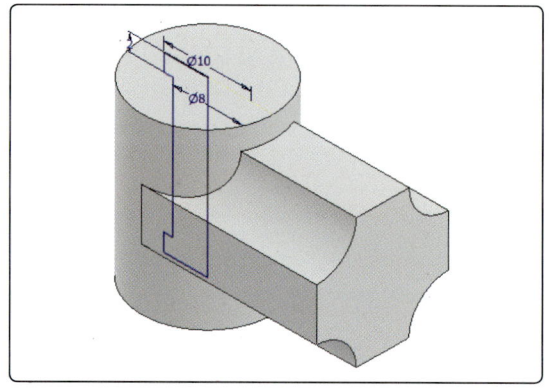

02 [회전] 명령을 실행하면 다음과 같이 프로파일과 축이 자동 선택되면서 회전 형상이 미리보기가 됩니다.

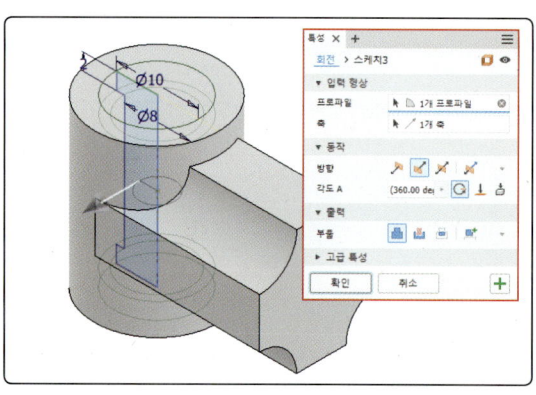

03 부울 옵션을 [잘라내기]로 변경하면 미리보기가 다음과 같이 변경됩니다.

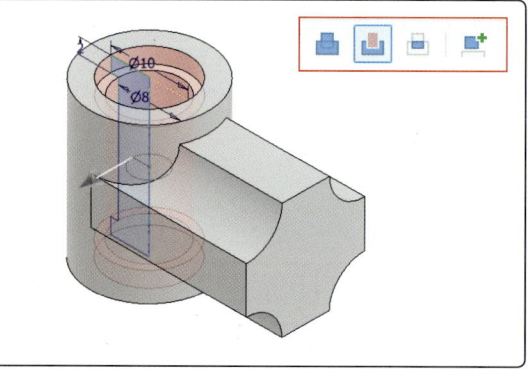

04 확인 버튼을 클릭하면 회전 피처 작성이 완료됩니다.

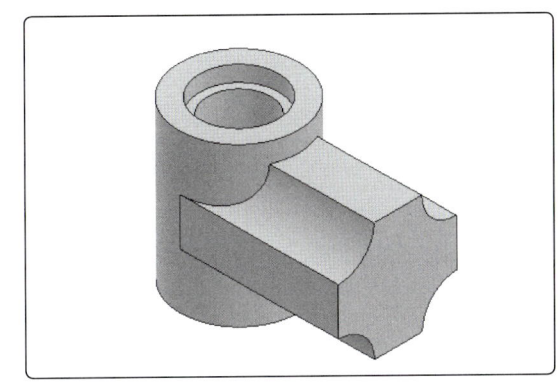

05 회전 명령 본문 예제

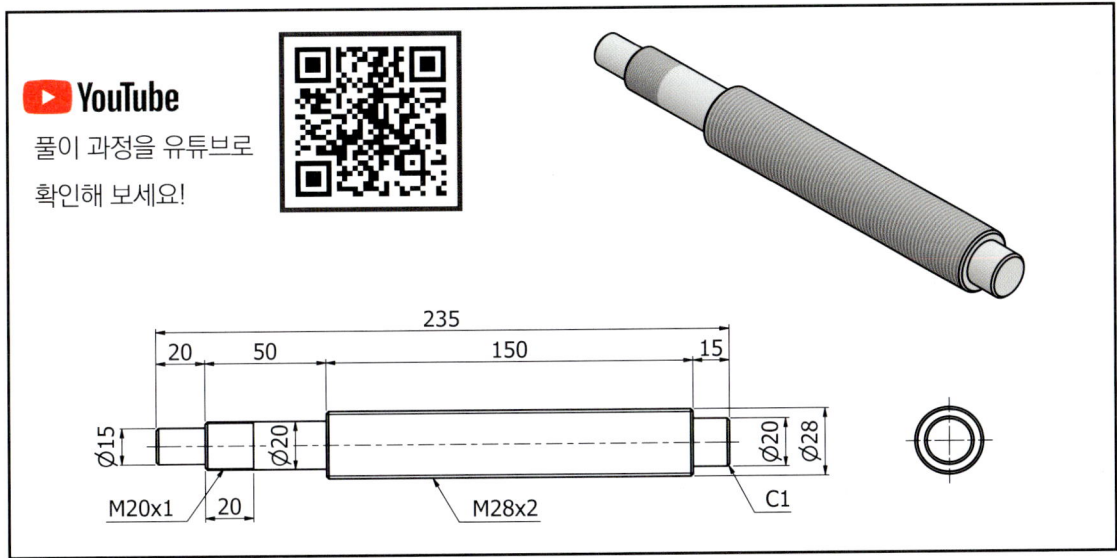

01 정면도에 스케치를 생성해 전체 길이에 해당하는 선을 작성하고 중심선으로 변경합니다.

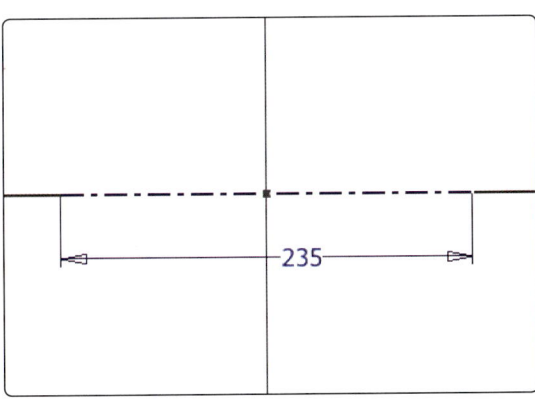

02 프로파일을 작성한 후 먼저 지름 치수를 작성합니다.

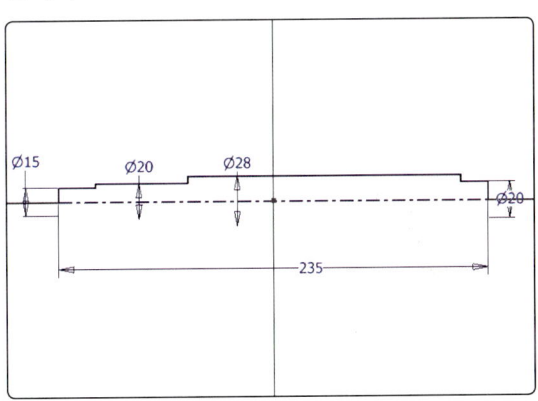

03 각 단의 길이 치수를 작성해 스케치를 마무리합니다.

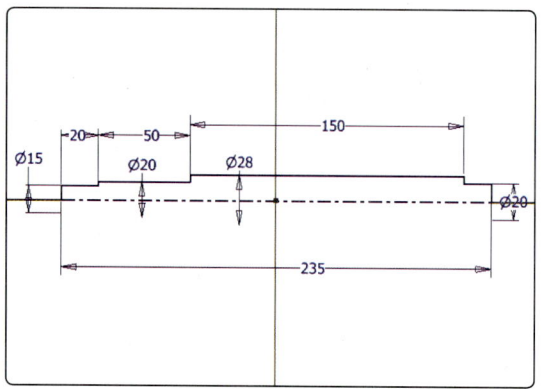

04 [회전] 명령을 실행해 형상이 미리보기가 되면 [확인] 버튼을 클릭합니다.

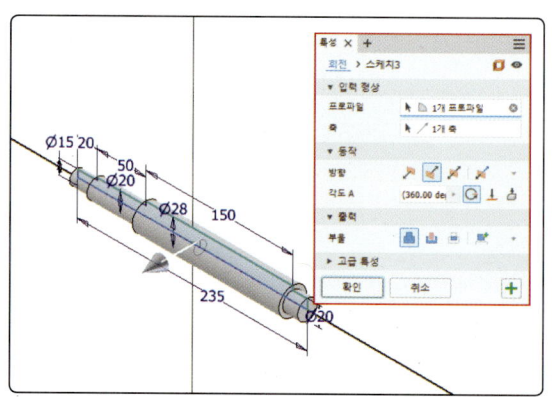

05 [스레드] 명령을 실행해 다음면에 스레드를 작성합니다.

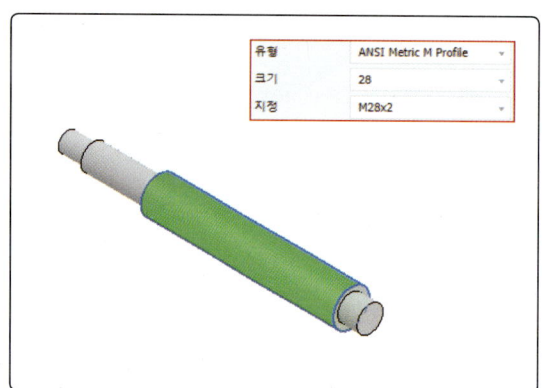

06 [스레드] 명령을 실행해 다음면에 스레드를 작성합니다.

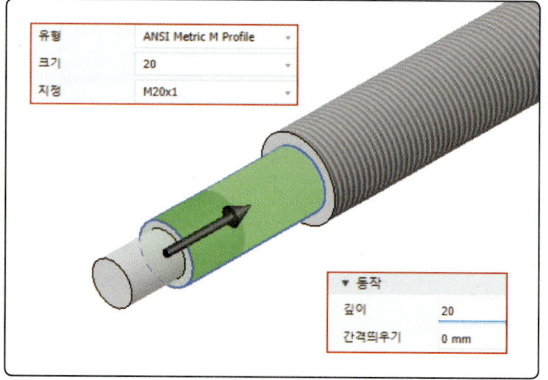

07 다음 모서리에 모따기를 작성합니다.

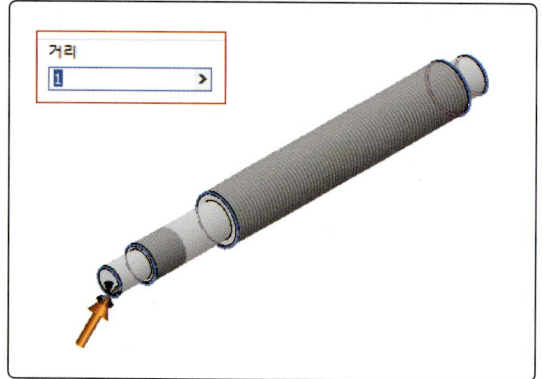

08 다음과 같이 부품 작성이 완료되었습니다.

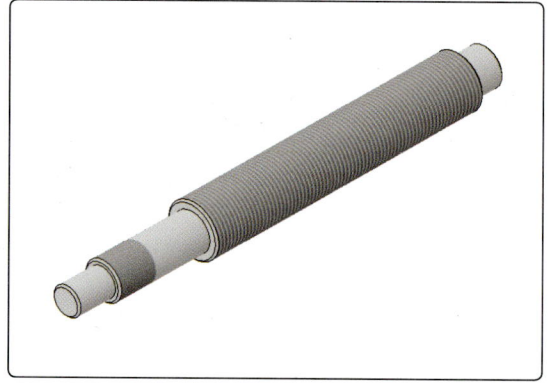

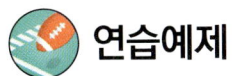 연습예제

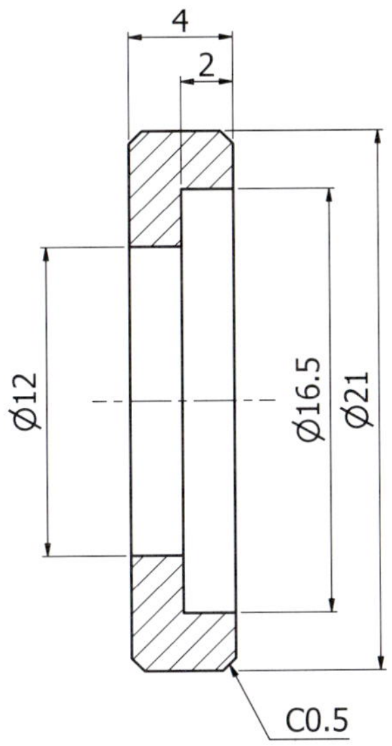

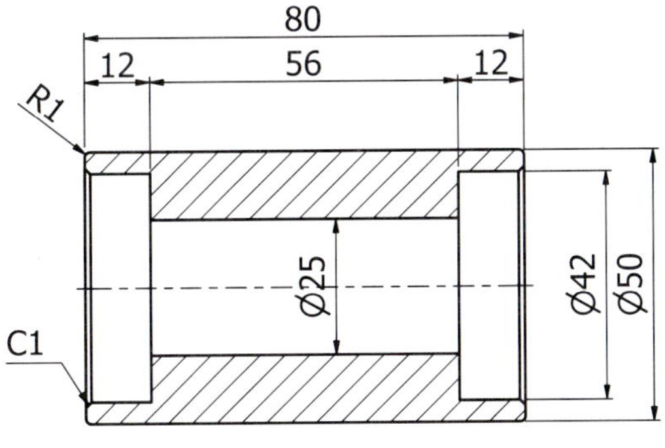

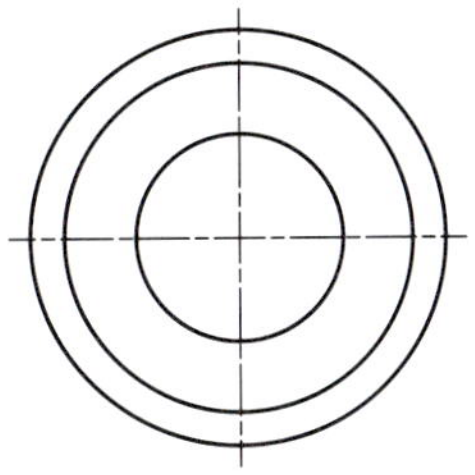

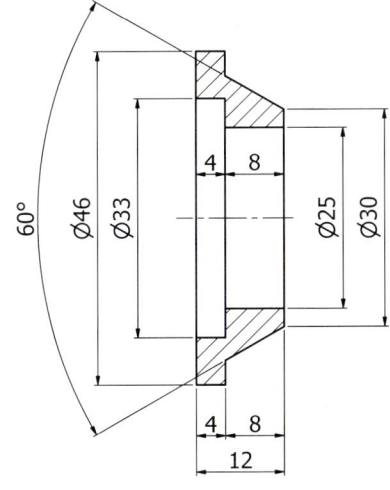

YouTube
풀이 과정을 유튜브로
확인해 보세요!

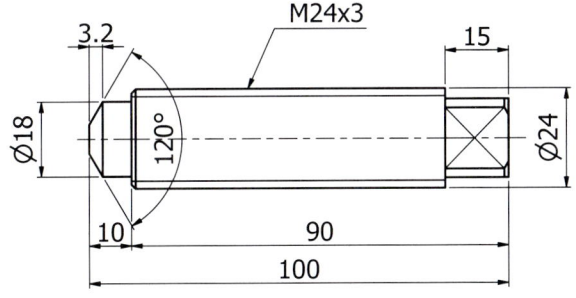

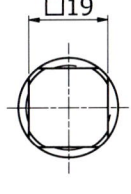

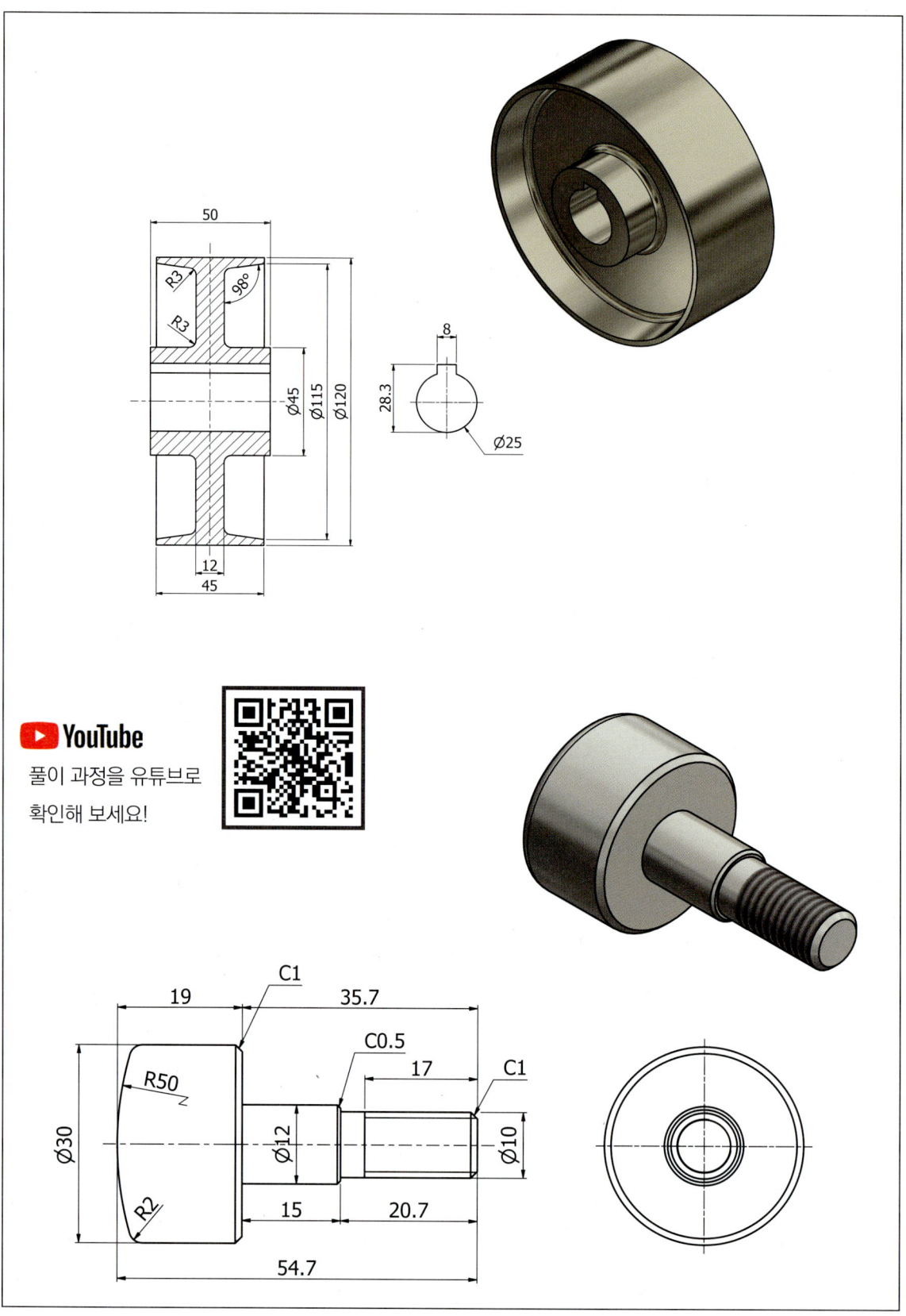

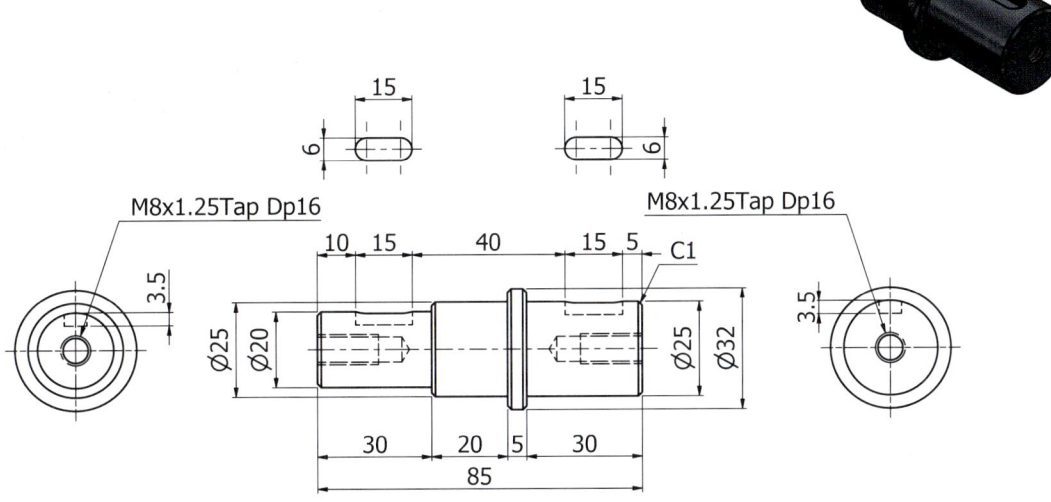

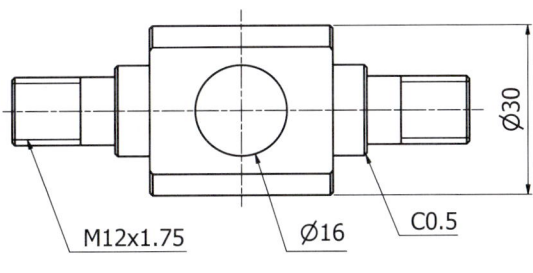

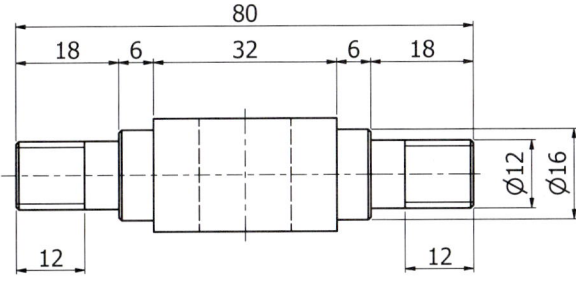

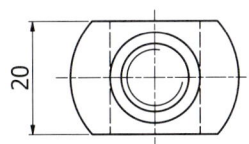

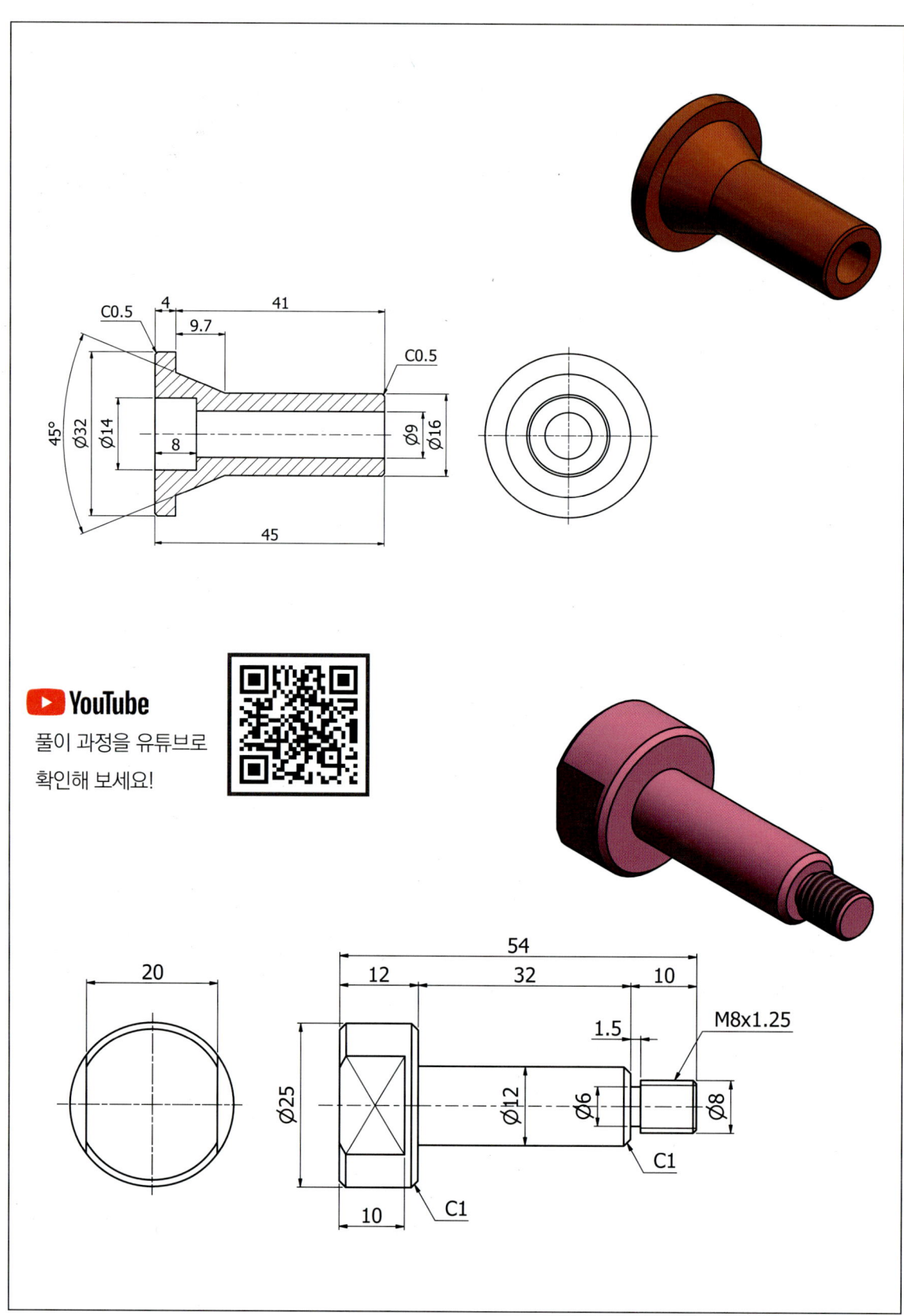

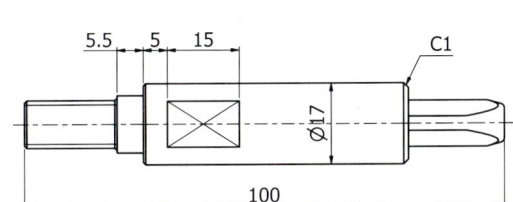

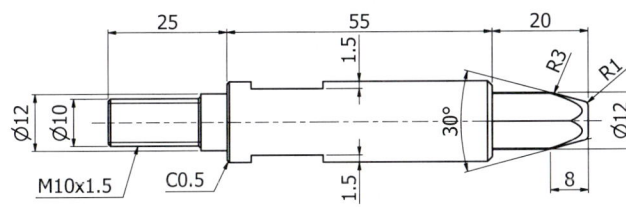

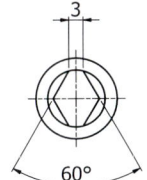

▶ YouTube

풀이 과정을 유튜브로
확인해 보세요!

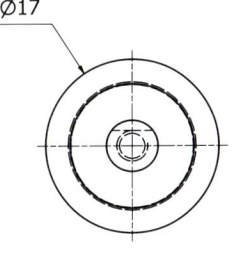

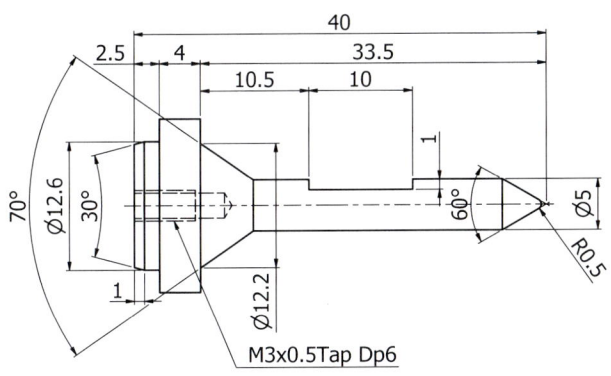

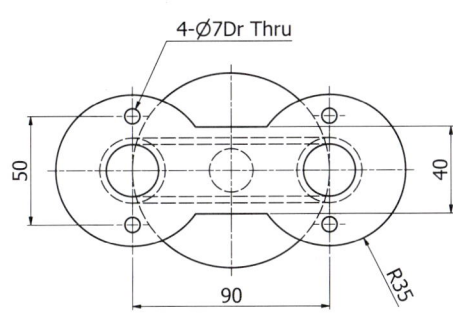

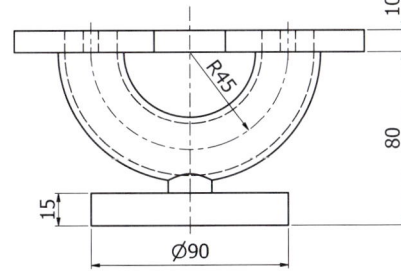
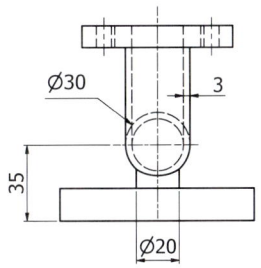

▶ YouTube
풀이 과정을 유튜브로
확인해 보세요!

07 쉘 명령 알아보기

Autodesk Inventor 2022

형상의 내부를 제거하여 설정한 두께를 가지는 속이 빈 형태를 작성하는 명령입니다. 이 명령은 주로 속이 빈 박스나 커버같은 모양의 부품을 작성할 때 유용합니다.

01 쉘 옵션 알아보기

❶ **두께 옵션** : 쉘 두께의 방향을 설정합니다.

❷ **면 제거** : 쉘 명령으로 껍데기를 제거할 면을 선택합니다.

❸ **솔리드** : 쉘 명령을 적용할 솔리드를 선택합니다.

❹ **두께** : 쉘 두께를 설정합니다.

❺ **확장 옵션** : 고유 면 두께 옵션을 확장합니다.

02 쉘 명령어 익히기 – 균일 두께

01 [파일] – [열기]를 클릭하여 아래 예제 파일을 엽니다.

■ Part2 – Chapter7 – 쉘1.ipt

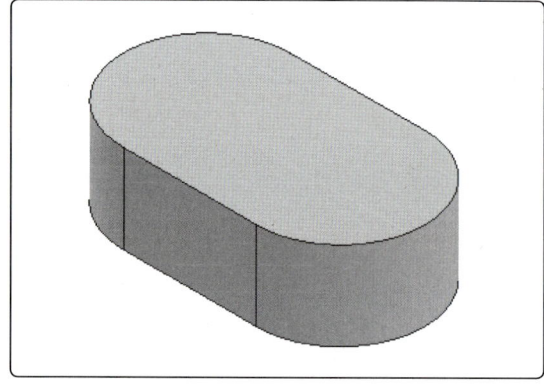

> **Tip**
> 쉘 명령을 실행 후 [면 제거] 항목을 선택하지 않으면 사방이 막혀있는 상태로 작성됩니다.

02 [쉘] 명령을 실행해 [면 제거] 항목을 다음 면을 선택합니다.

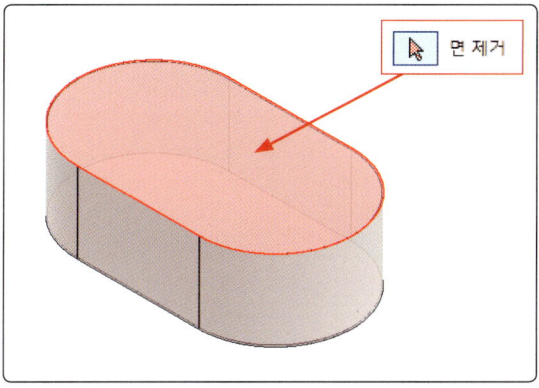

03 두께 항목을 [10]으로 입력합니다.

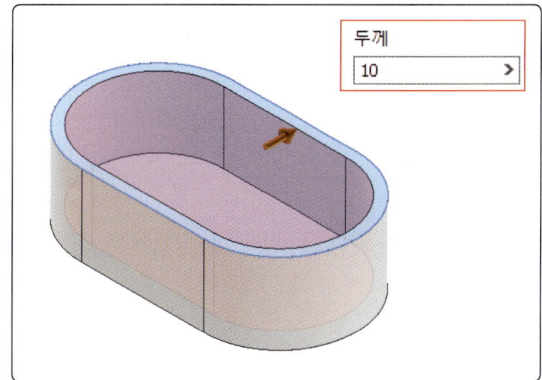

04 확인 버튼을 클릭하면 쉘 피처 작성이 완료됩니다.

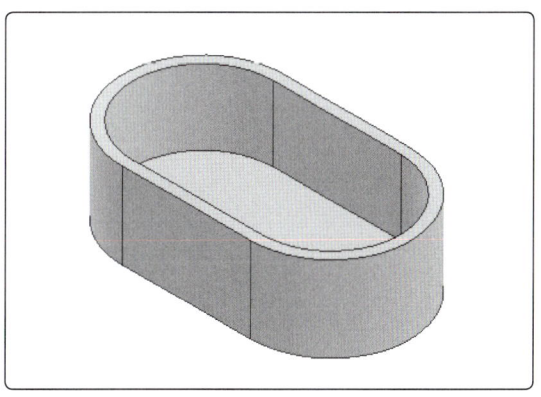

03 쉘 명령어 익히기 – 다중 두께

01 [파일] – [열기]를 클릭하여 아래 예제 파일을 엽니다.

 Part2 – Chapter7 – 쉘2.ipt

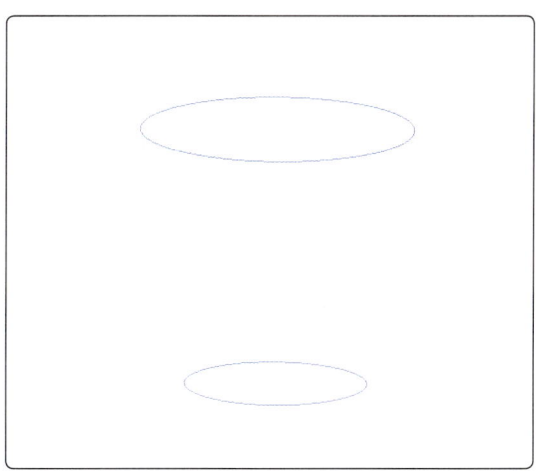

02 [쉘] 명령을 실행해 [면 제거] 항목을 다음 면을 선택합니다.

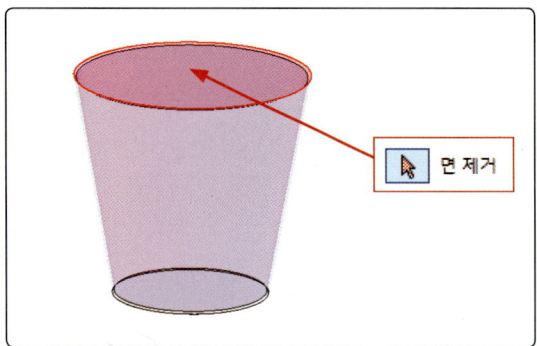

03 두께 항목을 [3]으로 설정합니다.

04 확장 버튼을 클릭해 고유 면 두께 항목을 클릭해 추가합니다.

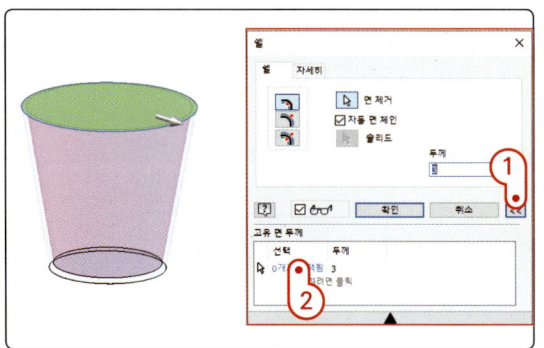

05 추가한 고유 면 두께의 두께를 [10]으로 설정한 다음 아랫면을 선택합니다.

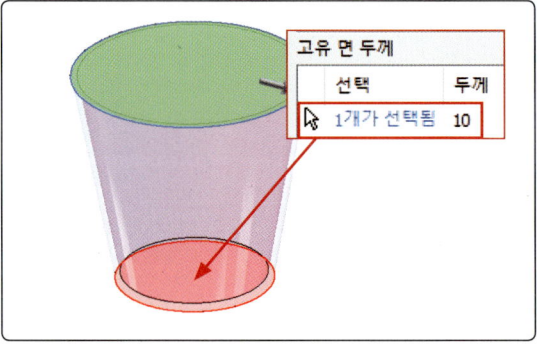

06 확인 버튼을 클릭하면 쉘 피처 작성이 완료됩니다.

 **Tip**

고유 면 두께는 사용자가 원하는 대로 추가할 수 있습니다.

04 쉘 명령 본문 예제

YouTube
풀이 과정을 유튜브로
확인해 보세요!

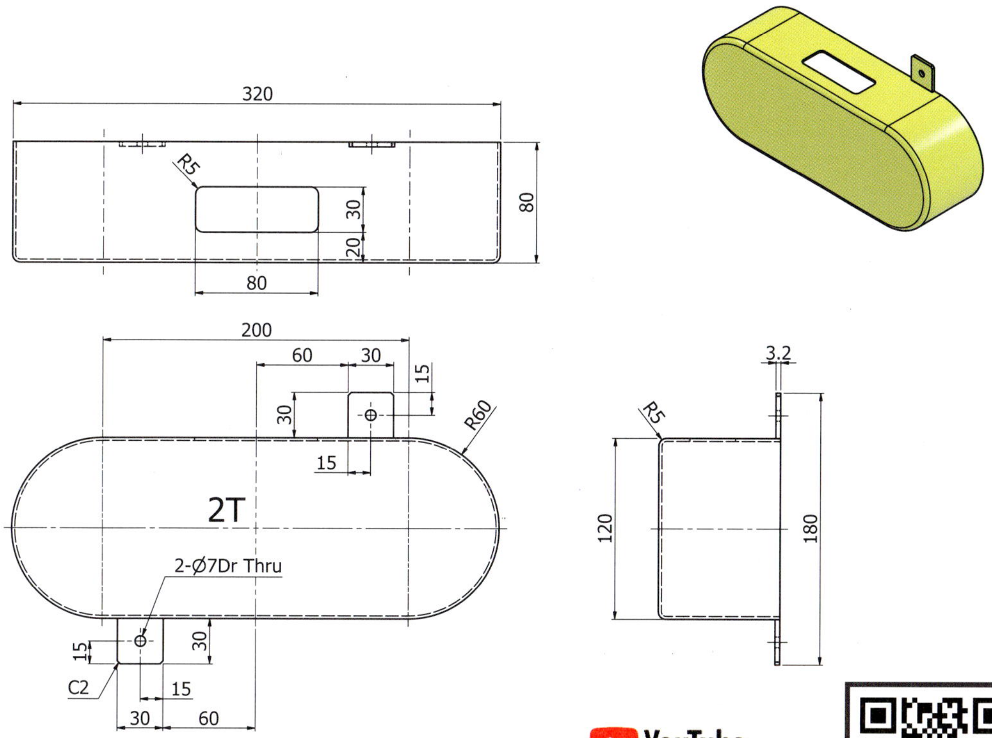

01 정면도에 스케치를 작성한 후, [돌출] 명령을 실행해 높이를 [80]으로 입력합니다.

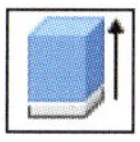

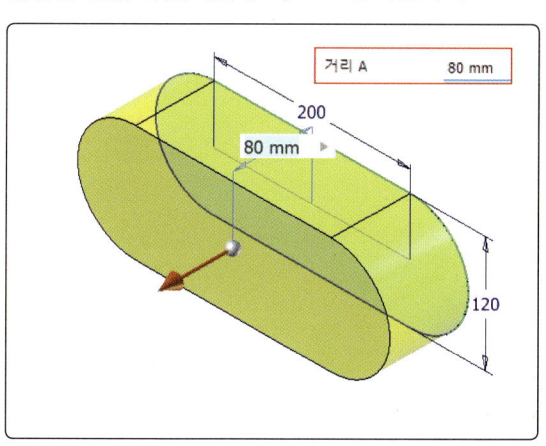

02 [모깎기] 명령을 실행해 다음과 같이 작성합니다.

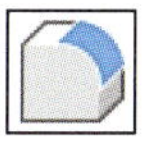

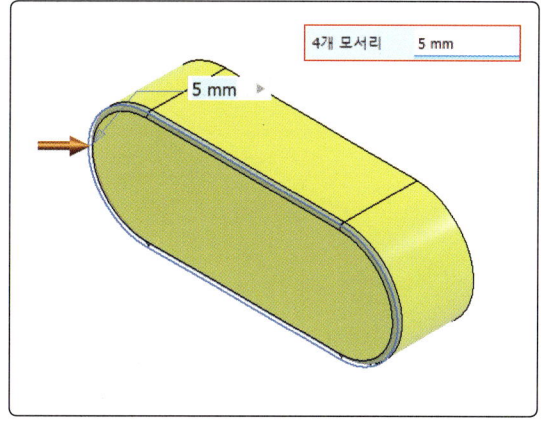

03 [쉘] 명령을 실행해 다음과 같이 작성합니다.

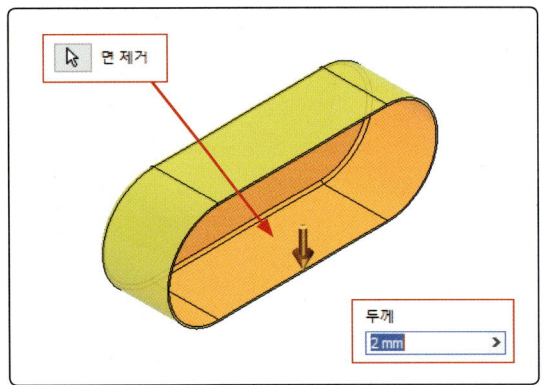

04 모델면에 스케치를 작성해 [돌출] 명령으로 다음과 같이 작성합니다.

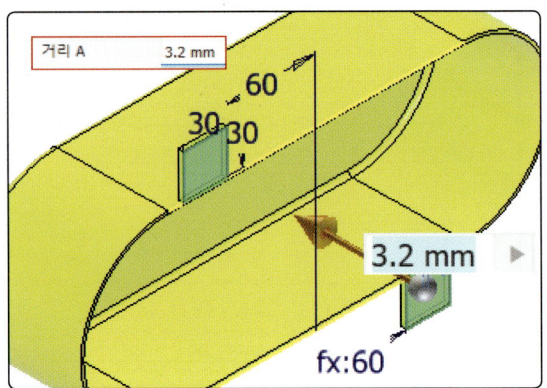

05 모델면에 스케치를 작성하고 [구멍] 명령을 실행해 다음과 같이 작성합니다.

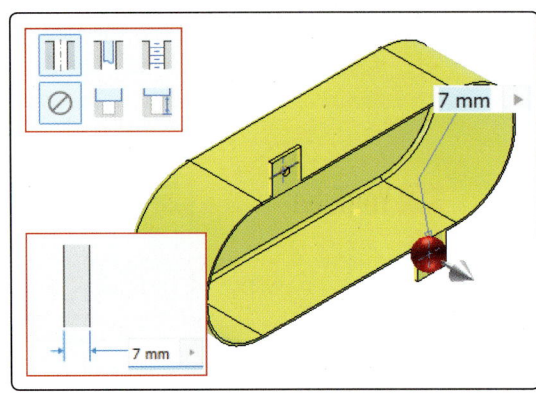

06 모델면에 스케치를 작성해 [돌출] 명령으로 다음과 같이 작성합니다.

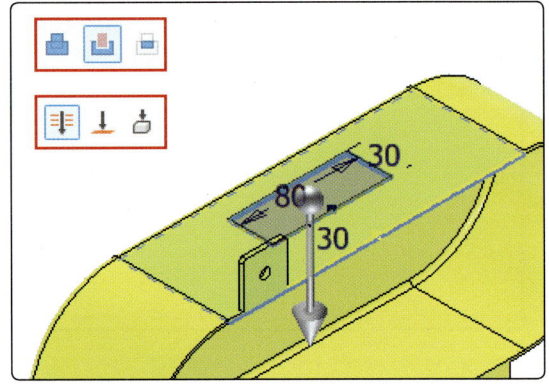

07 다음 모서리에 [모깎기]를 작성합니다.

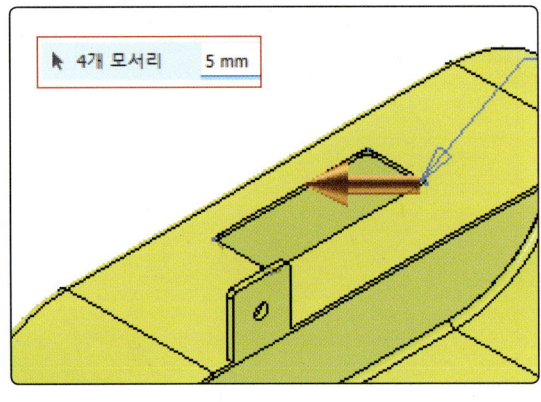

08 다음과 같이 부품 작성이 완료되었습니다.

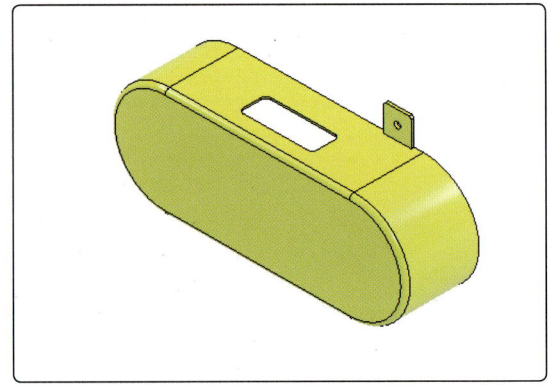

 연습예제

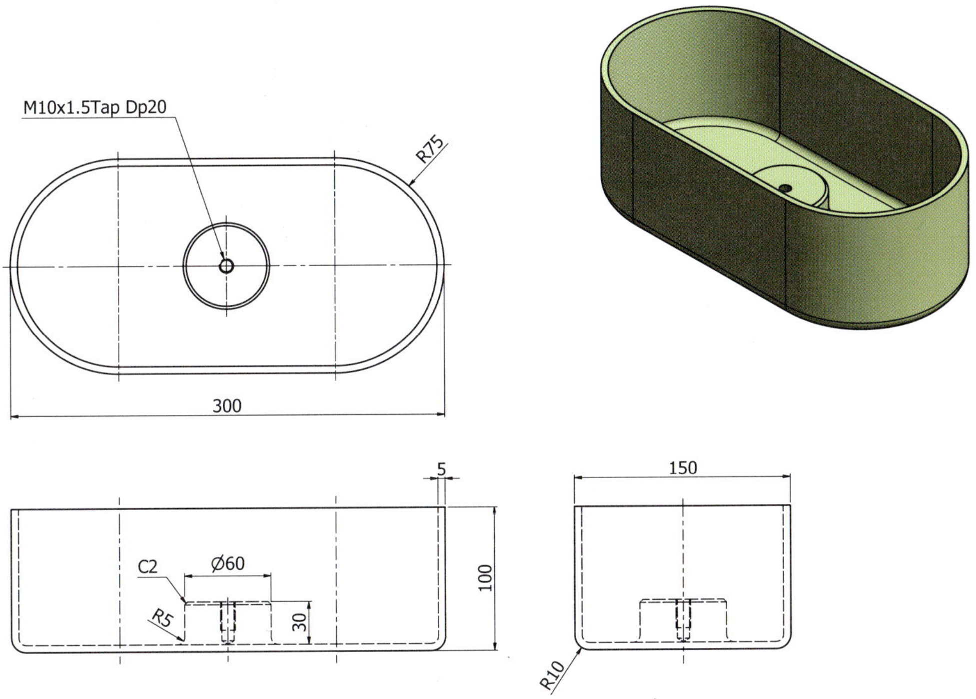

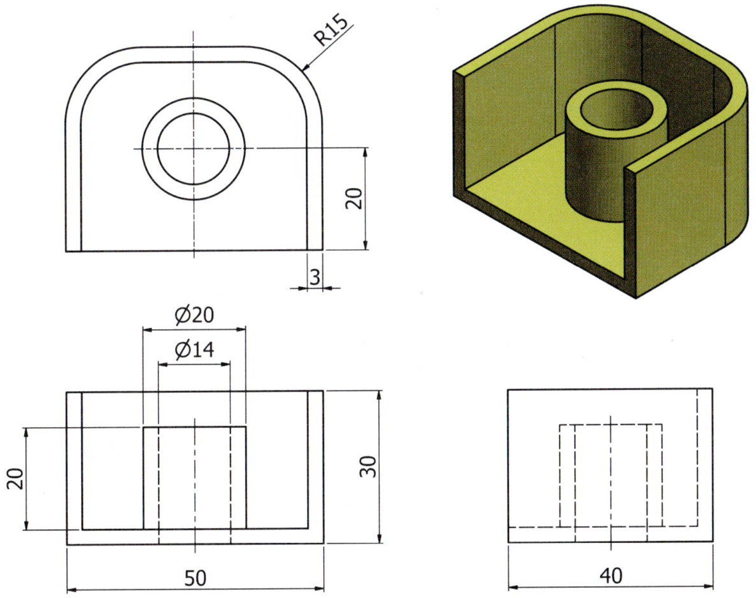

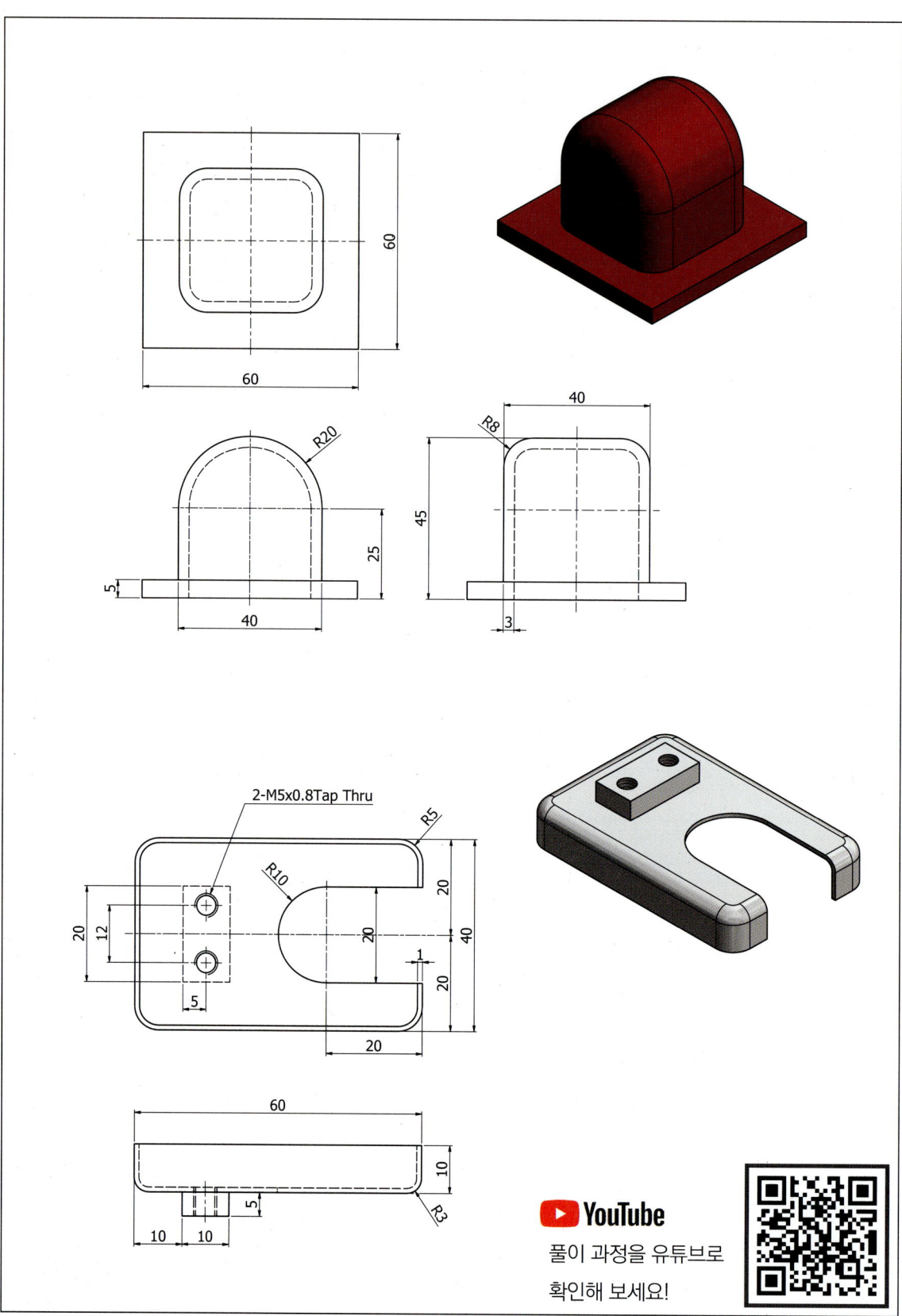

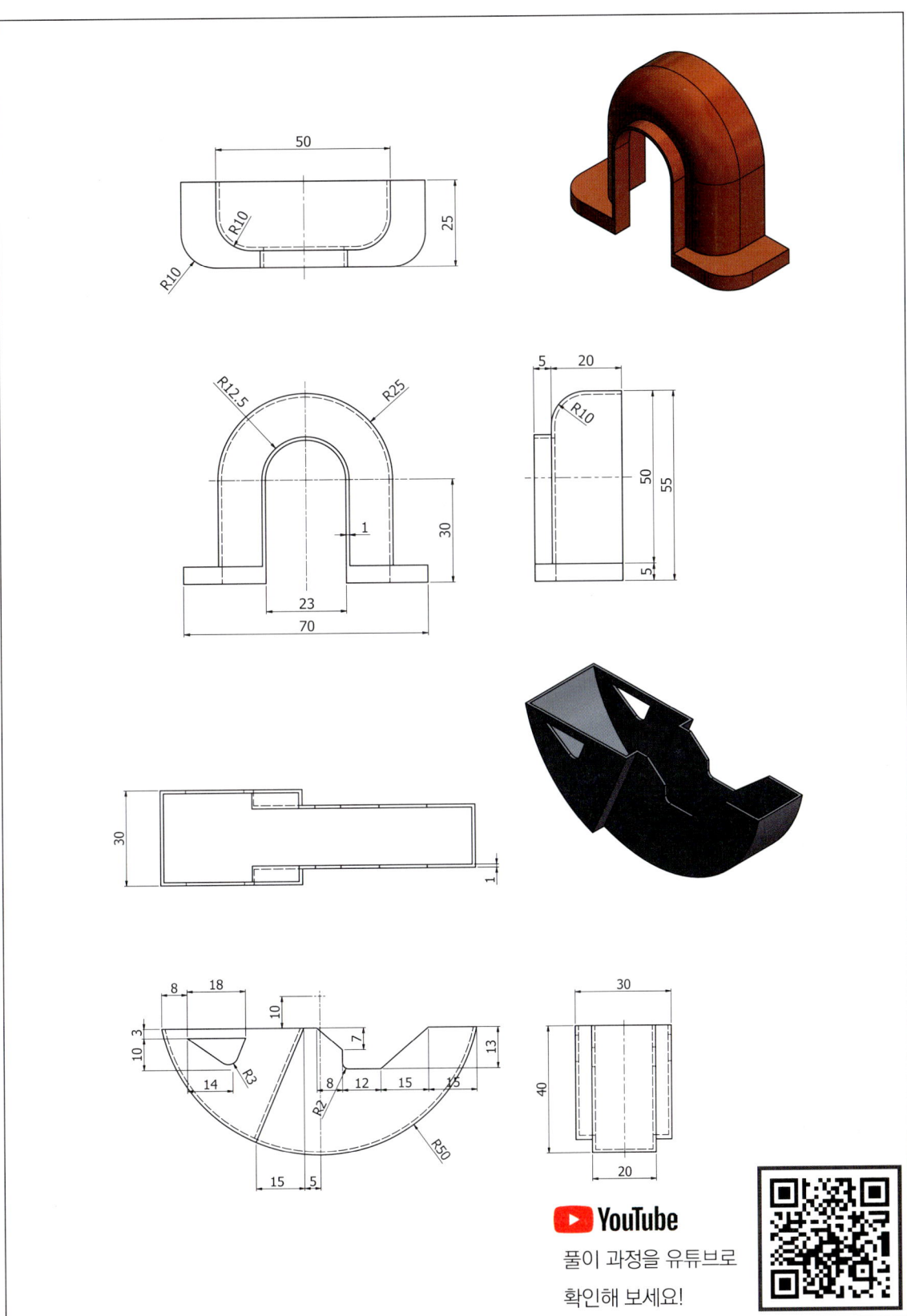

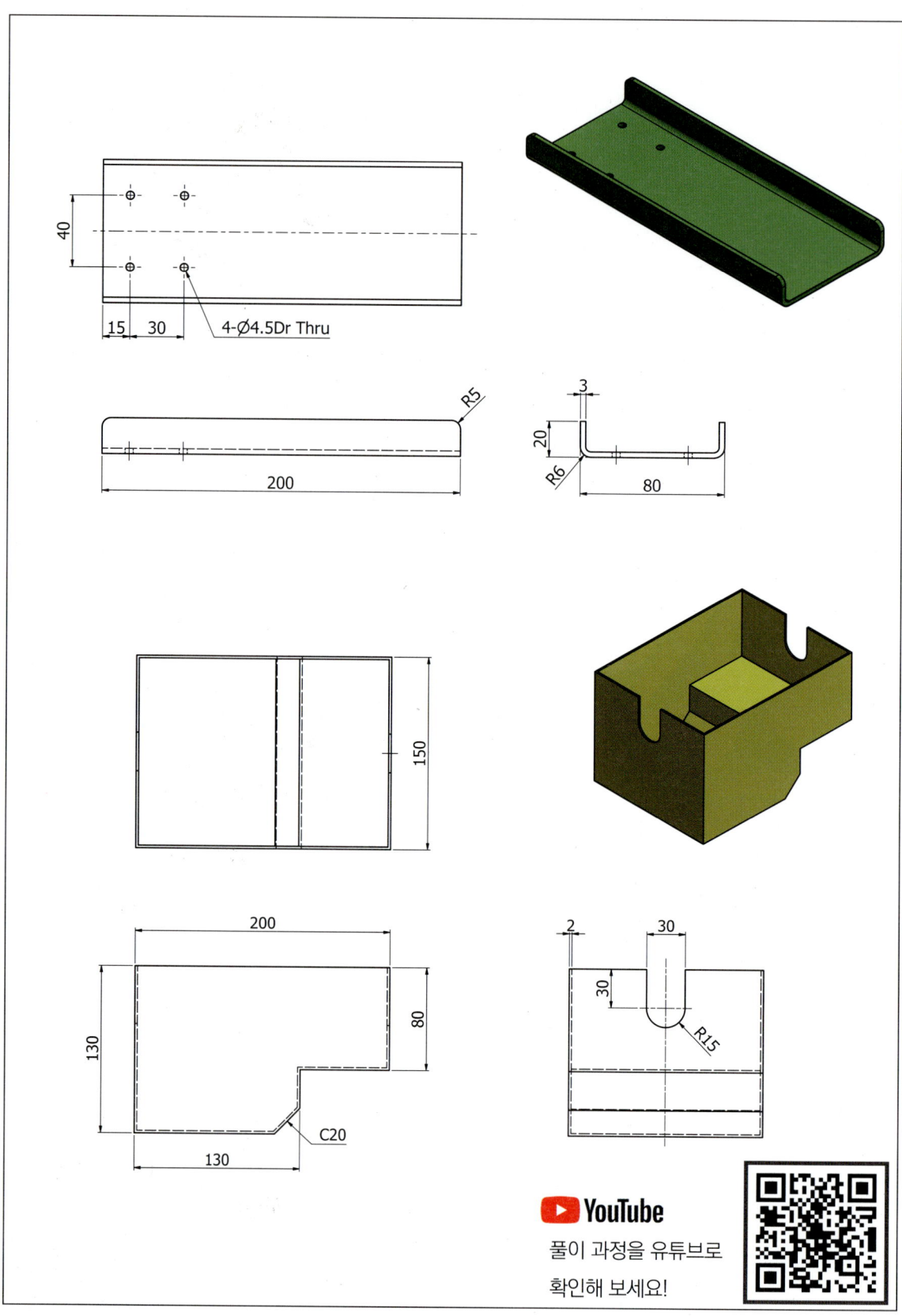

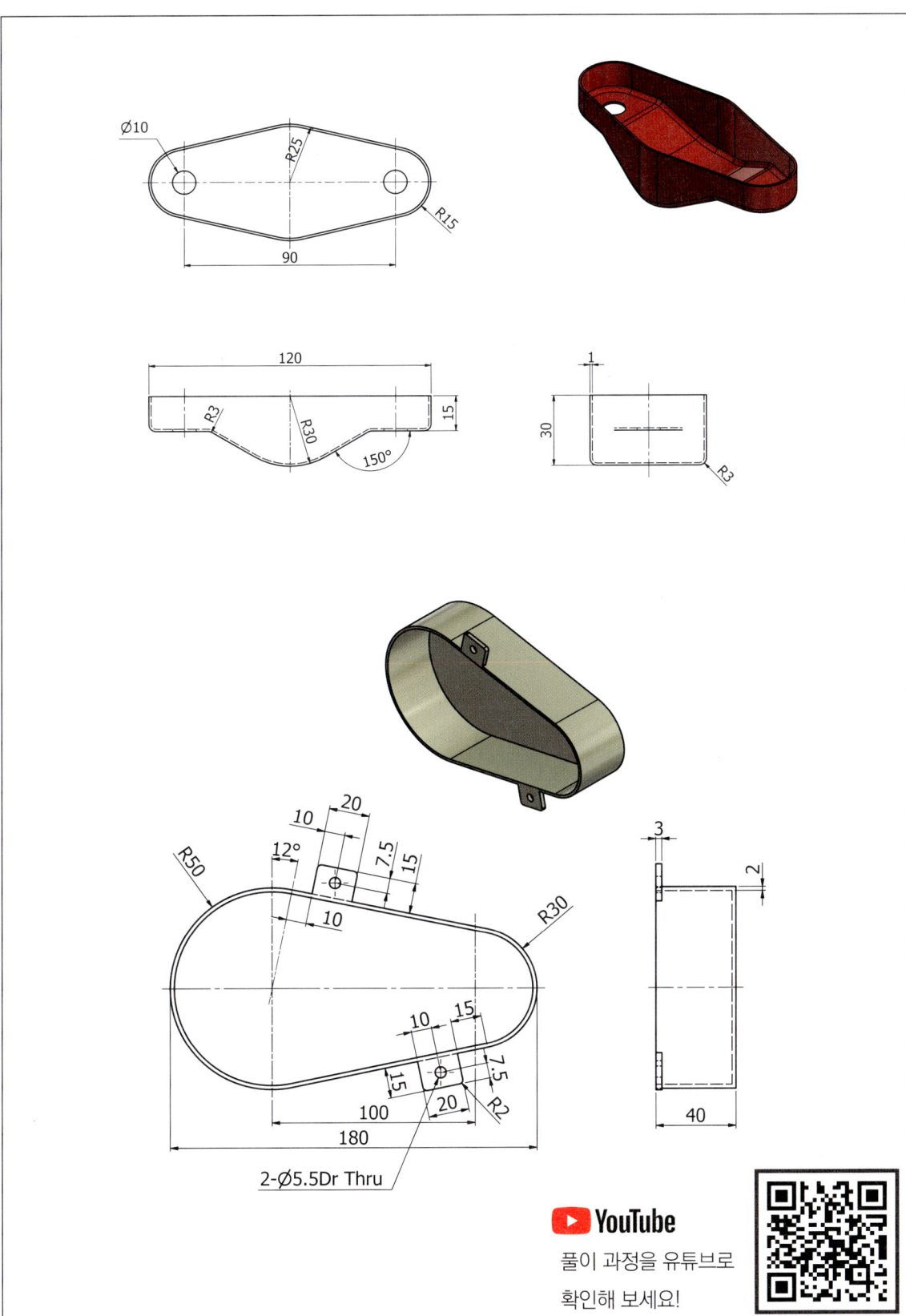

08 코일 명령 알아보기

Autodesk Inventor 2022

코일 명령은 주로 스프링 형상이나 나사산 형상을 작성할 때 쓰입니다.

01 코일 옵션 알아보기

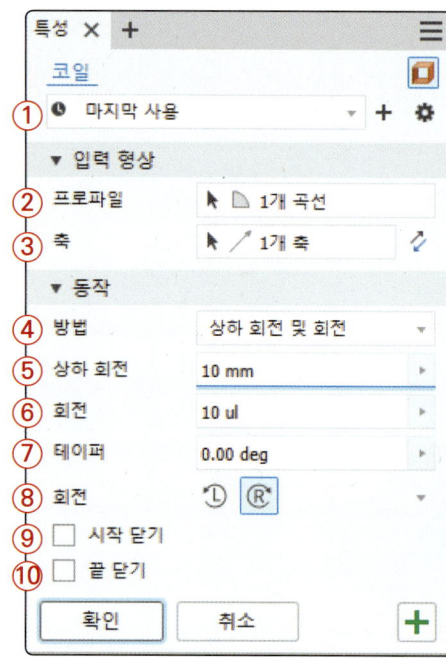

① **사전 설정** : 이전에 코일이나 사전에 사용자가 저장해 놓은 코일 타입을 선택합니다.

② **프로파일** : 코일의 단면 프로파일을 선택합니다.

③ **축** : 코일이 감겨 올라갈 중심축을 선택합니다.

④ **방법** : 코일의 크기를 결정할 변수 타입을 선택합니다.

⑤ **상하 회전** : 코일이 1 회전했을 때의 높이를 설정합니다.

⑥ **회전** : 코일의 회전 수를 설정합니다.

⑦ **테이퍼** : 코일이 감겨 올라갈때의 각도를 설정합니다.

⑧ **회전** : 코일이 감겨 올라가는 방향을 설정합니다. 오른쪽/왼쪽 회전 설정이 있습니다.

⑨ **시작 닫기** : 코일의 회전 시작 각도의 디테일을 설정합니다.

⑩ **끝 닫기** : 코일의 회전 끝 각도의 디테일을 설정합니다.

02 코일 명령어 익히기 - 코일 생성

01 [파일] - [열기]를 클릭하여 아래 예제 파일을 엽니다.

■ Part2 - Chapter8 - 코일1.ipt

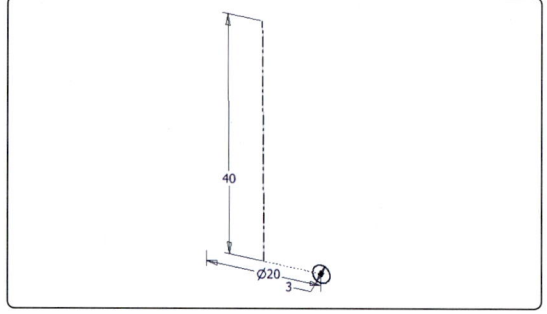

02 ![코일아이콘] [코일] 명령을 실행하면 다음과 같이 프로파일과 축이 자동 선택되면서 코일 형상이 미리보기가 됩니다.

03 동작 항목에서 방법을 [회전 및 높이]로 선택합니다.

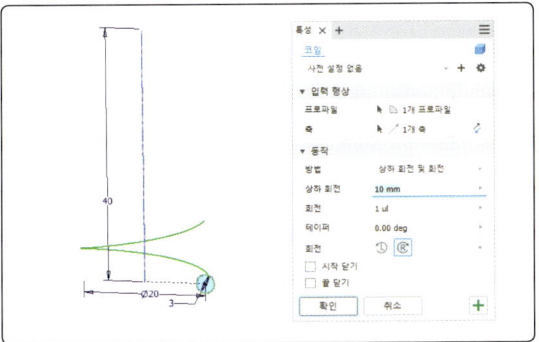

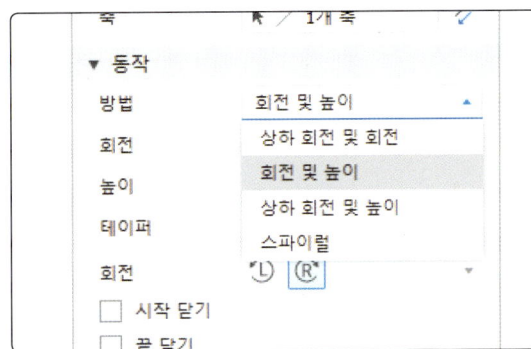

04 높이 항목에 스케치의 높이 치수인 [40]을 클릭하면 해당 치수의 매개변수가 입력됩니다.

05 회전 항목에 [6]을 입력하면 회전수가 변경됩니다.

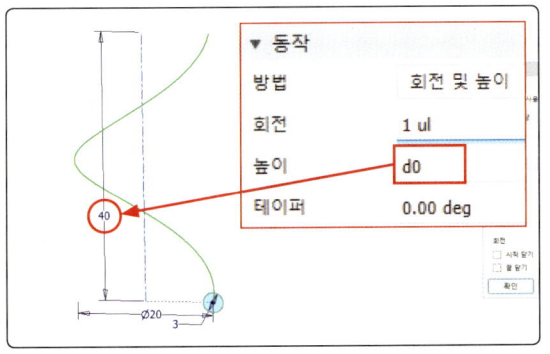

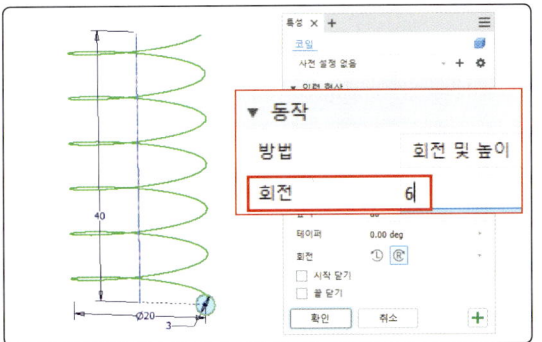

06 확인 버튼을 클릭하면 코일 피처 작성이 완료됩니다.

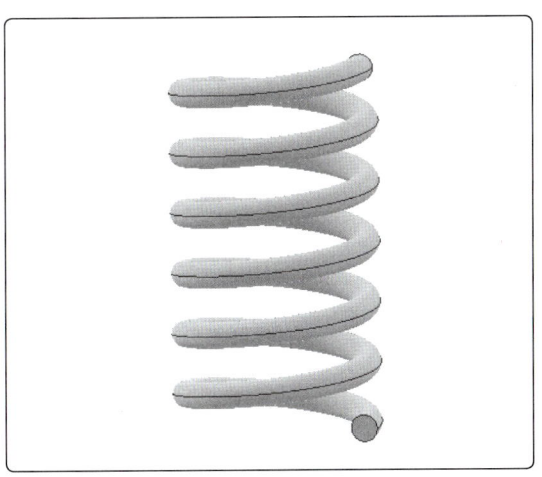

03 코일 명령어 익히기 - 코일 컷

01 [파일] - [열기]를 클릭하여 아래 예제 파일을 엽니다.

▣ Part2 - Chapter8 - 코일2.ipt

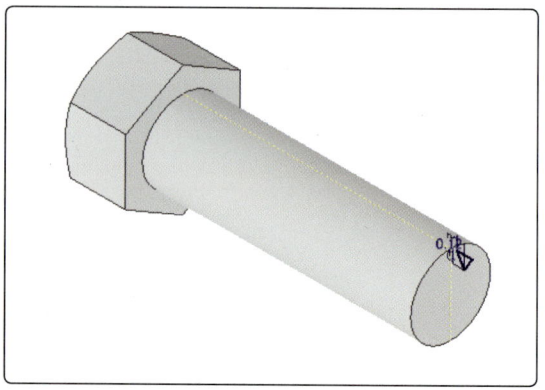

02 [코일] 명령을 실행하면 다음과 같이 프로파일이 자동으로 선택됩니다.

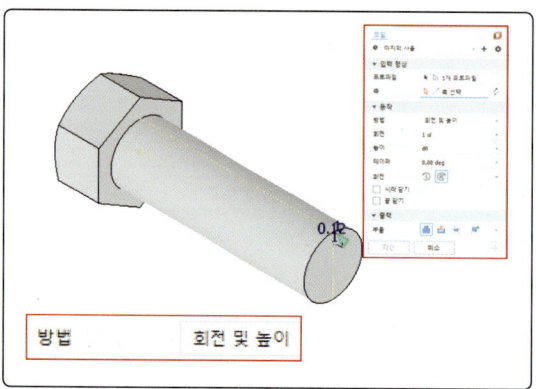

03 축 항목을 검색기의 X축을 선택합니다.

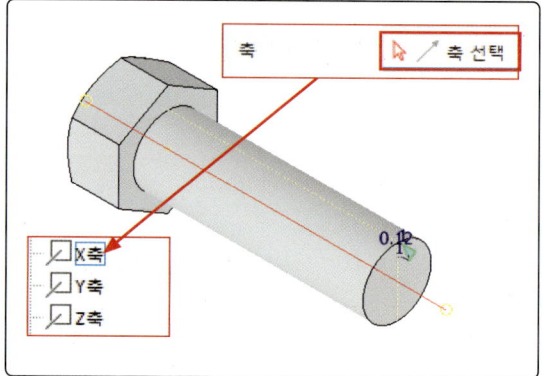

04 다음과 같이 코일 형상이 미리보기가 됩니다.

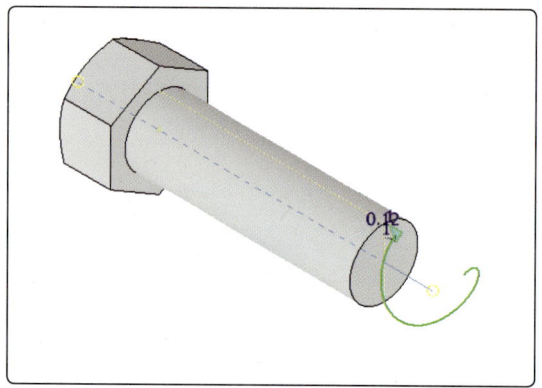

05 축 항목의 [반전] 버튼을 클릭해 코일의 방향을 바꾼 후 부울 옵션을 [잘라내기]로 바꿉니다.

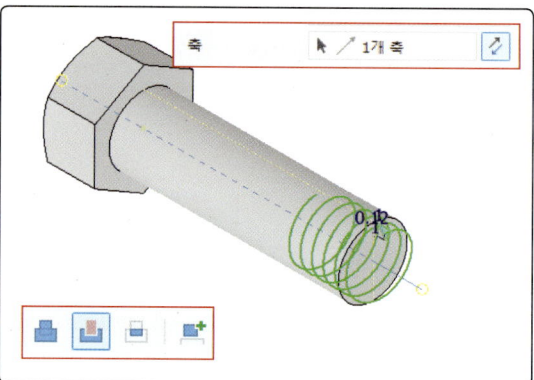

06 동작 항목을 다음과 같이 설정합니다.

07 확인 버튼을 클릭하면 코일 컷 피처가 작성됩니다.

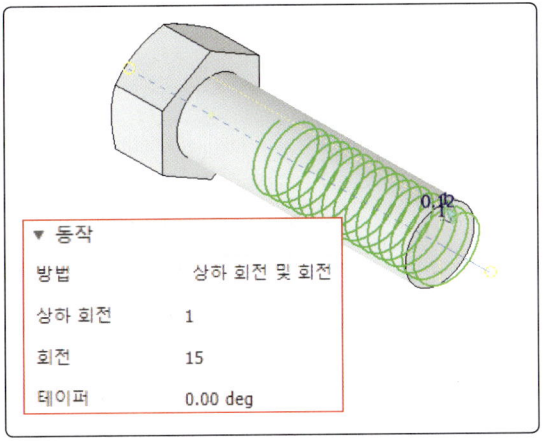
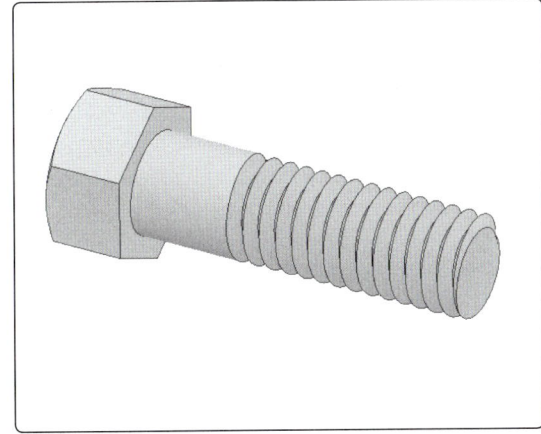

04 코일 명령 본문 예제

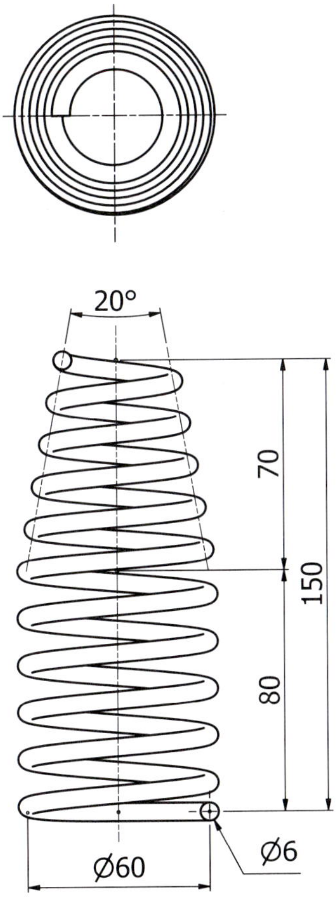

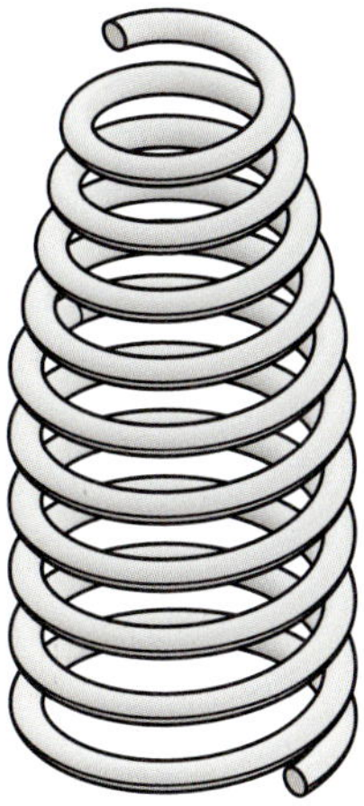

▶ YouTube
풀이 과정을 유튜브로
확인해 보세요!

01 정면도에 스케치를 다음과 같이 작성합니다.

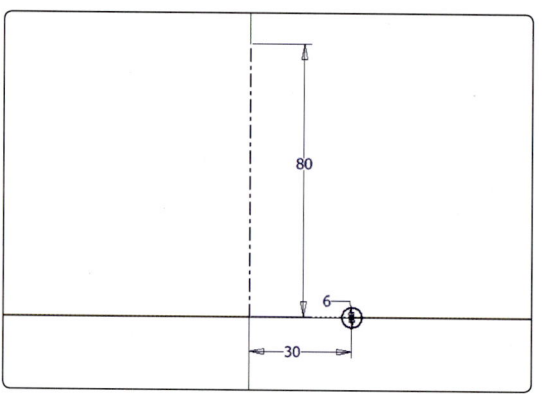

02 [코일] 명령을 실행해 다음과 같이 작성합니다.

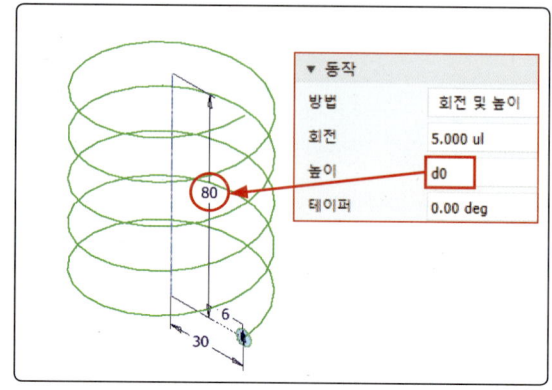

03 [시작 닫기] 옵션을 체크해서 다음과 같이 설정하고 코일 명령을 마무리합니다.

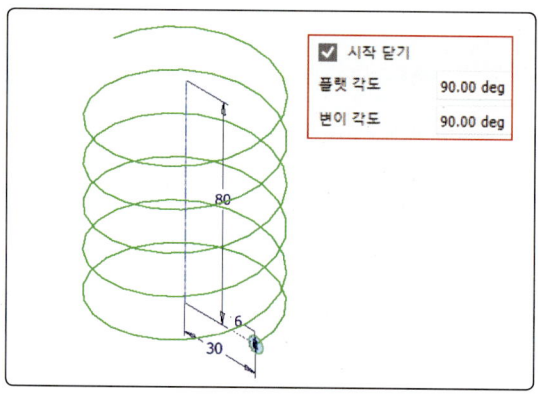

04 정면도에 스케치를 작성해서 작성된 코일 형상을 형상투영해 추가로 다음과 같이 작성합니다.

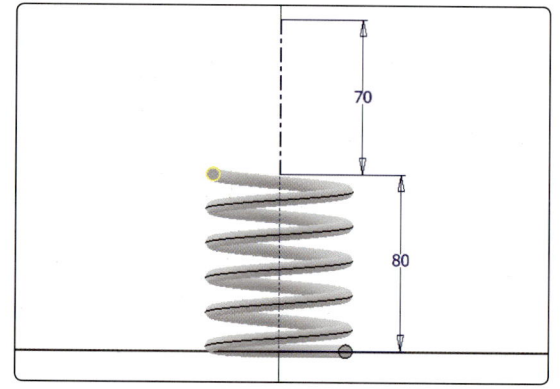

05 [코일] 명령을 실행해 다음과 같이 작성합니다.

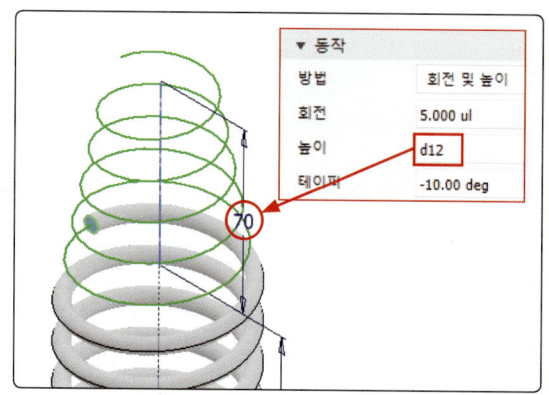

06 다음과 같이 부품 작성이 완료되었습니다.

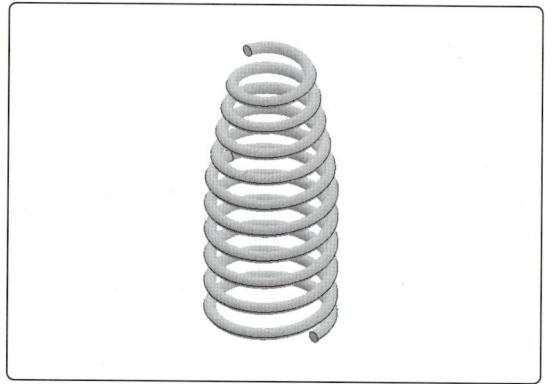

 연습예제

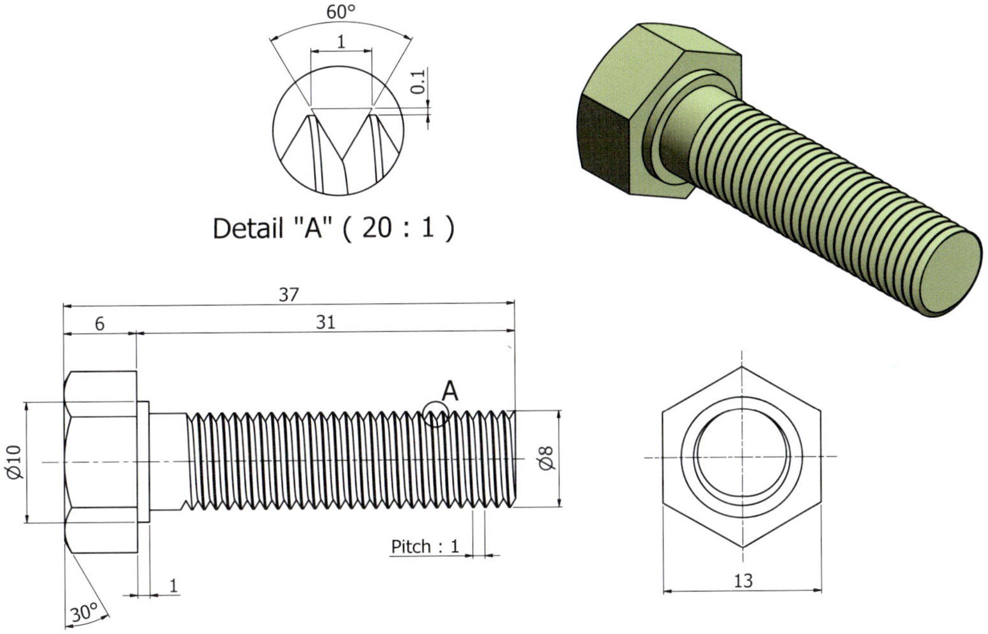

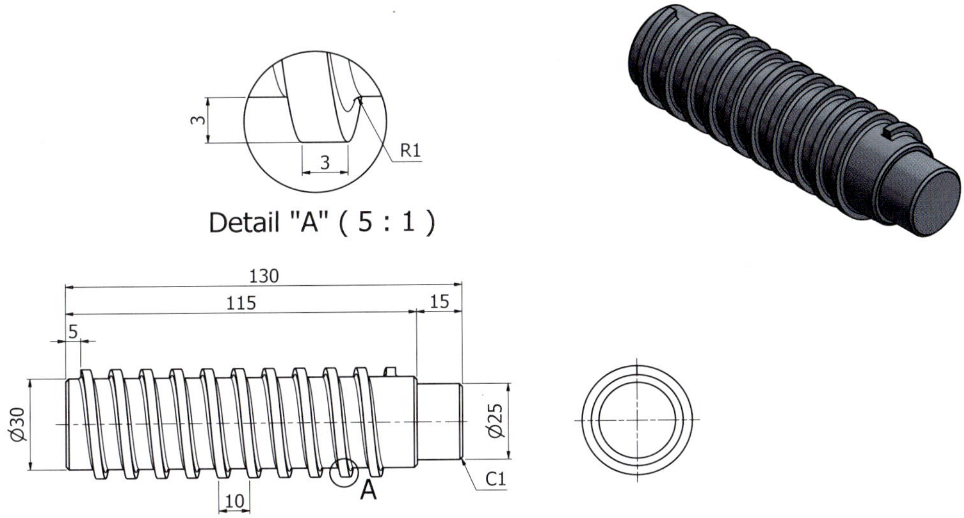

09 리브 명령 알아보기

Autodesk Inventor 2022

리브 명령은 주로 보강대 형상을 작성하는 명령입니다. 다중 솔리드를 이어주는 형상은 작성할 수 없으며 단일 솔리드에서만 사용 가능합니다.

01 리브 옵션 알아보기

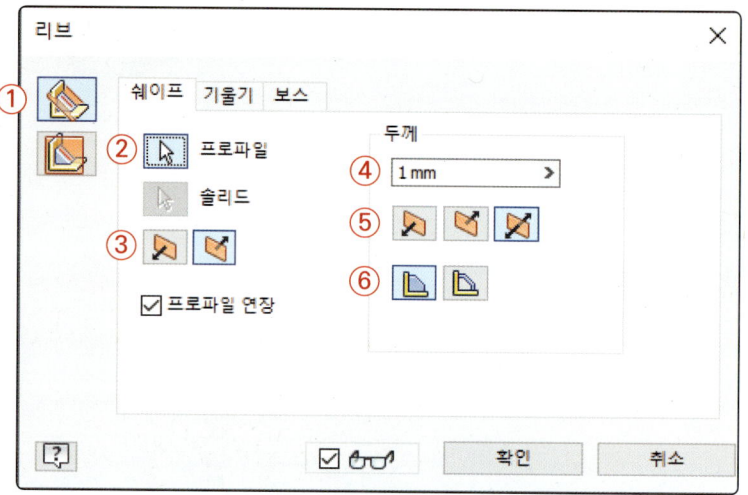

❶ **옵션** : 리브 작성 방법을 선택합니다.

❷ **프로파일** : 리브의 형상으로 쓸 프로파일 형상을 선택합니다.

❸ **방향** : 리브가 생성될 방향을 선택합니다.

❹ **두께** : 리브의 두께를 설정합니다.

❺ **두께 방향** : 리브의 두께가 생성되는 방향을 선택합니다.

❻ **두께 옵션** : 리브의 두께 모양 옵션을 선택합니다.

02 리브 명령어 익히기

01 [파일] – [열기]를 클릭하여 아래 예제 파일을 엽니다.

■ Part2 – Chapter9 – 리브1.ipt

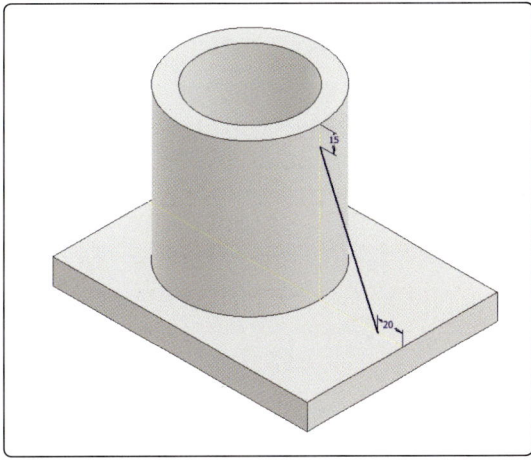

02 [리브] 명령을 실행하면 다음과 같이 프로파일이 자동으로 선택됩니다.

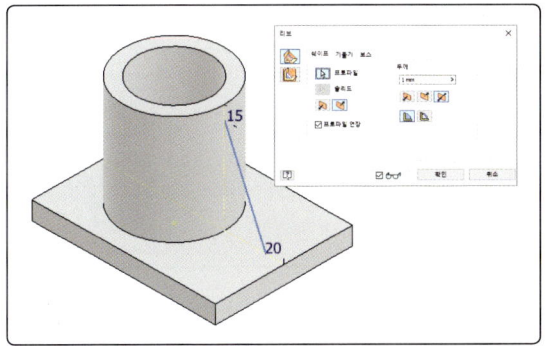

03 옵션을 [스케치 평면에 평행]으로 변경하고 방향을 [반전]으로 변경하면 리브의 기본적인 형상이 미리보기가 됩니다.

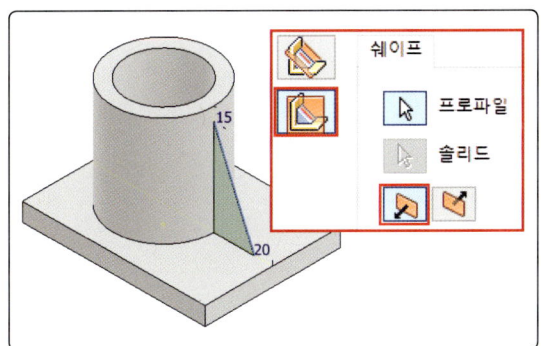

04 두께를 [20]으로 입력합니다.

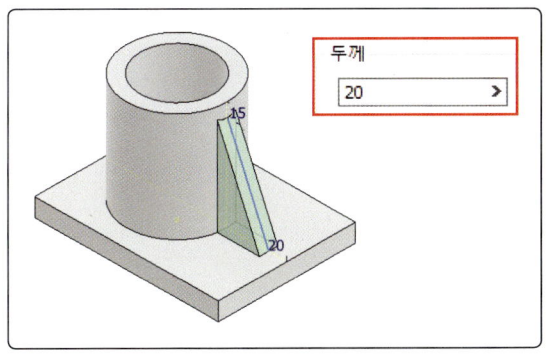

05 확인 버튼을 클릭하면 리브 피처 작성이 완료됩니다.

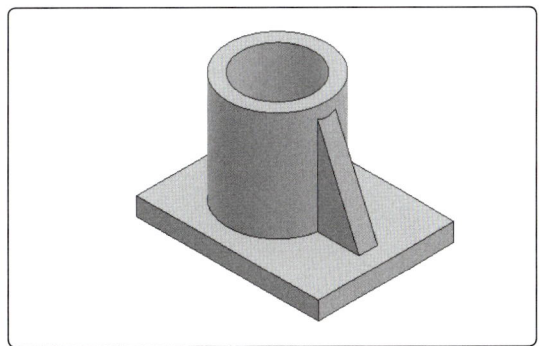

03 리브 명령 본문 예제

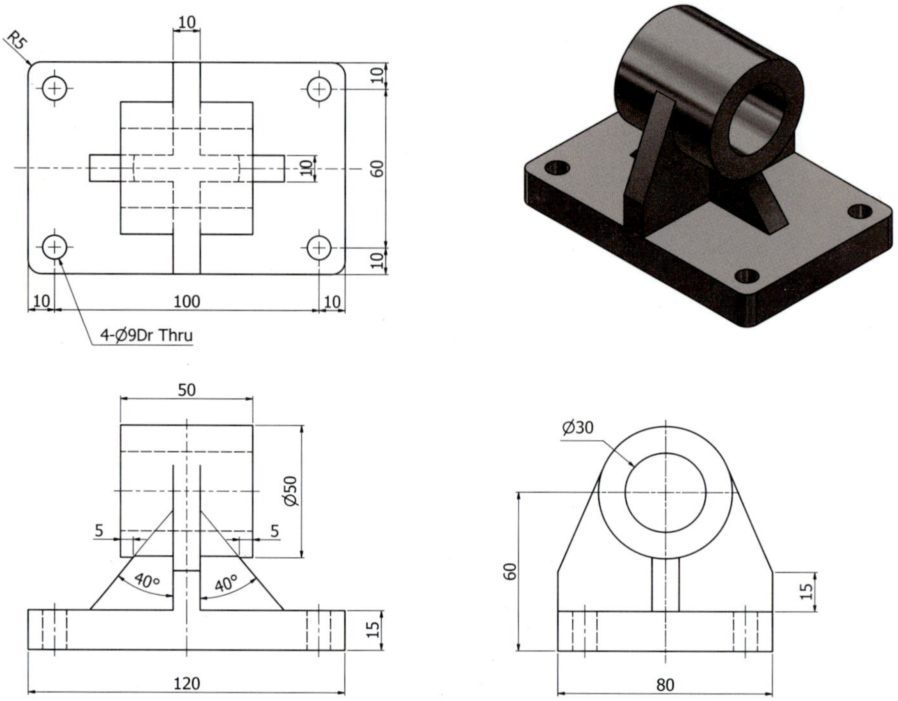

YouTube
풀이 과정을 유튜브로
확인해 보세요!

01 평면도에 스케치를 작성해 [돌출] 명령을 실행후 다음과 같이 작성합니다.

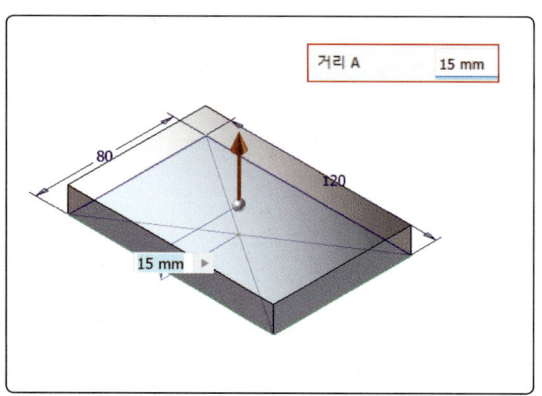

02 우측면도에 스케치를 작성해 [돌출] 명령을 실행후 다음과 같이 작성합니다.

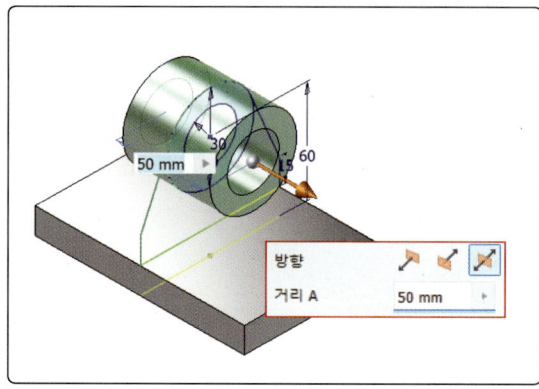

03 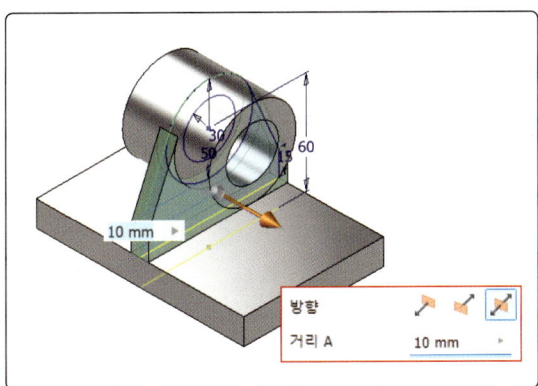 [돌출] 명령을 실행해 다음과 같이 작성합니다.

04 정면도에 다음과 같이 스케치를 작성합니다.

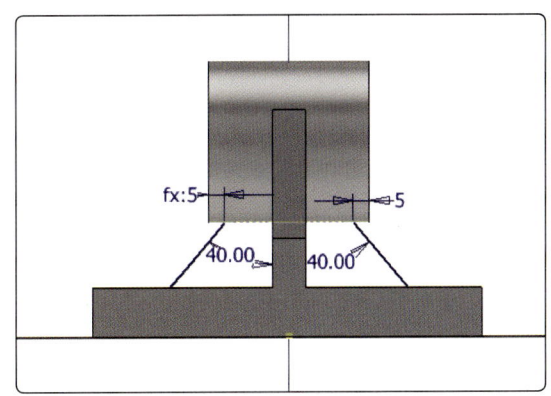

05 [리브] 명령을 실행해 다음과 같이 작성합니다.

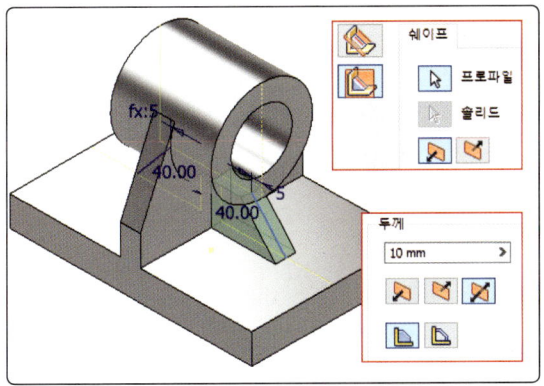

06 [리브] 명령을 실행해 반대쪽도 작성합니다.

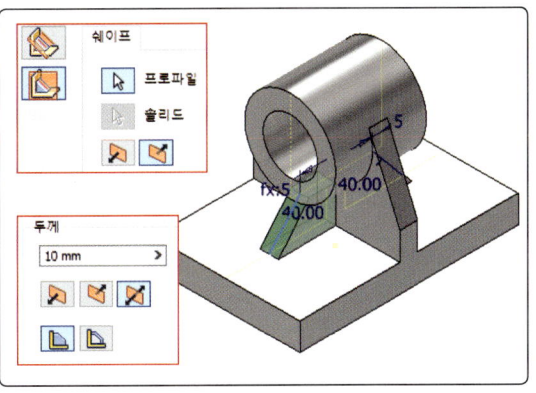

07 모델면에 스케치를 작성하고 [구멍] 명령을 실행해 다음과 같이 작성합니다.

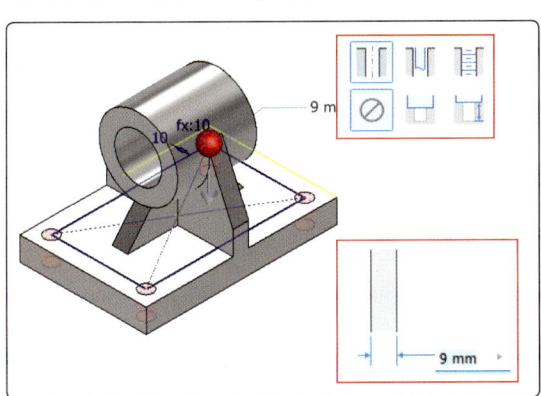

08 [모따기] 피처를 추가해 모델 작성을 마무리합니다.

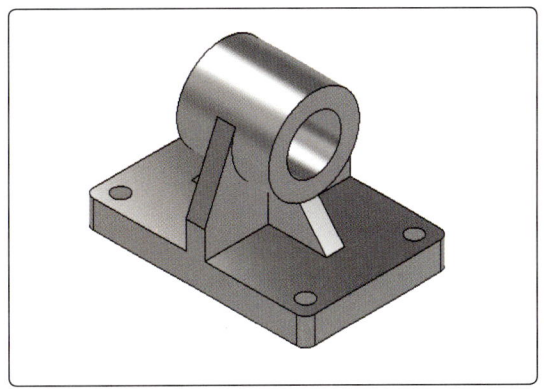

 **연습예제**

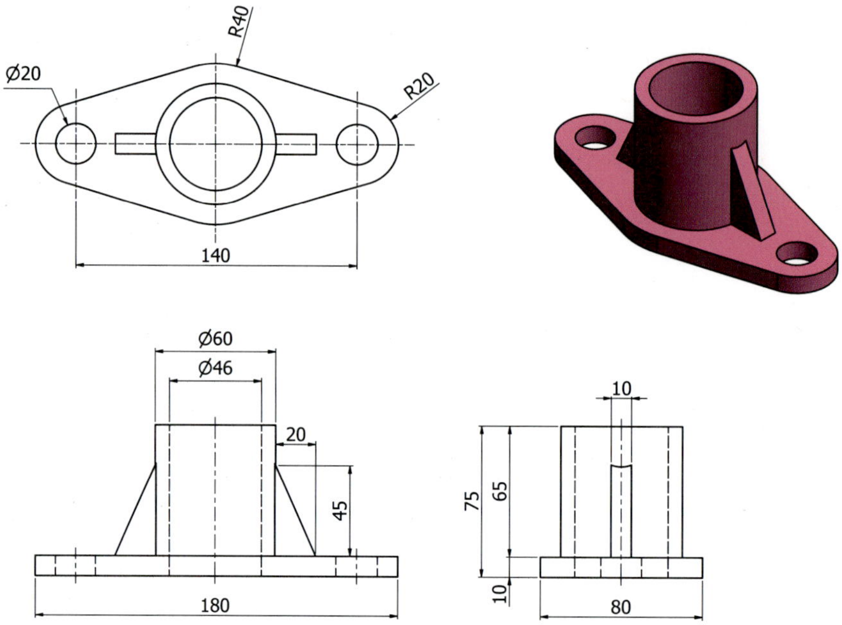

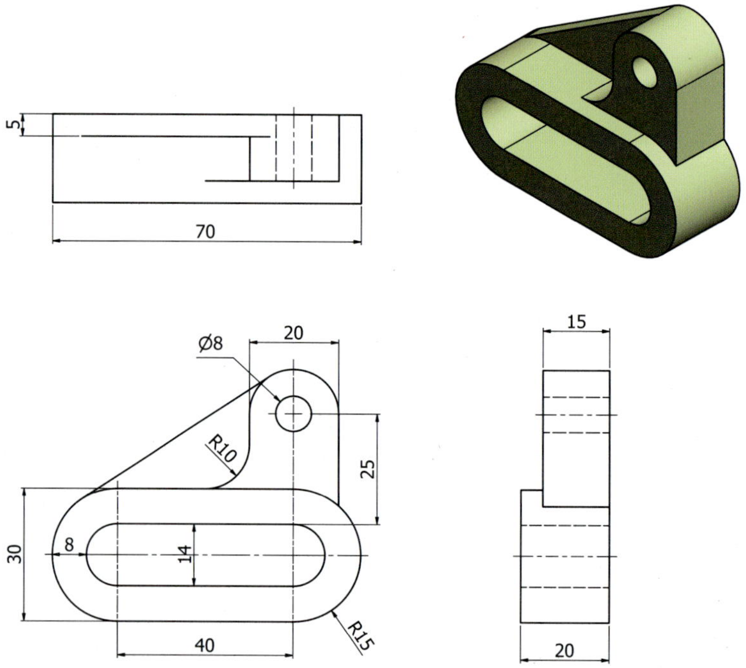

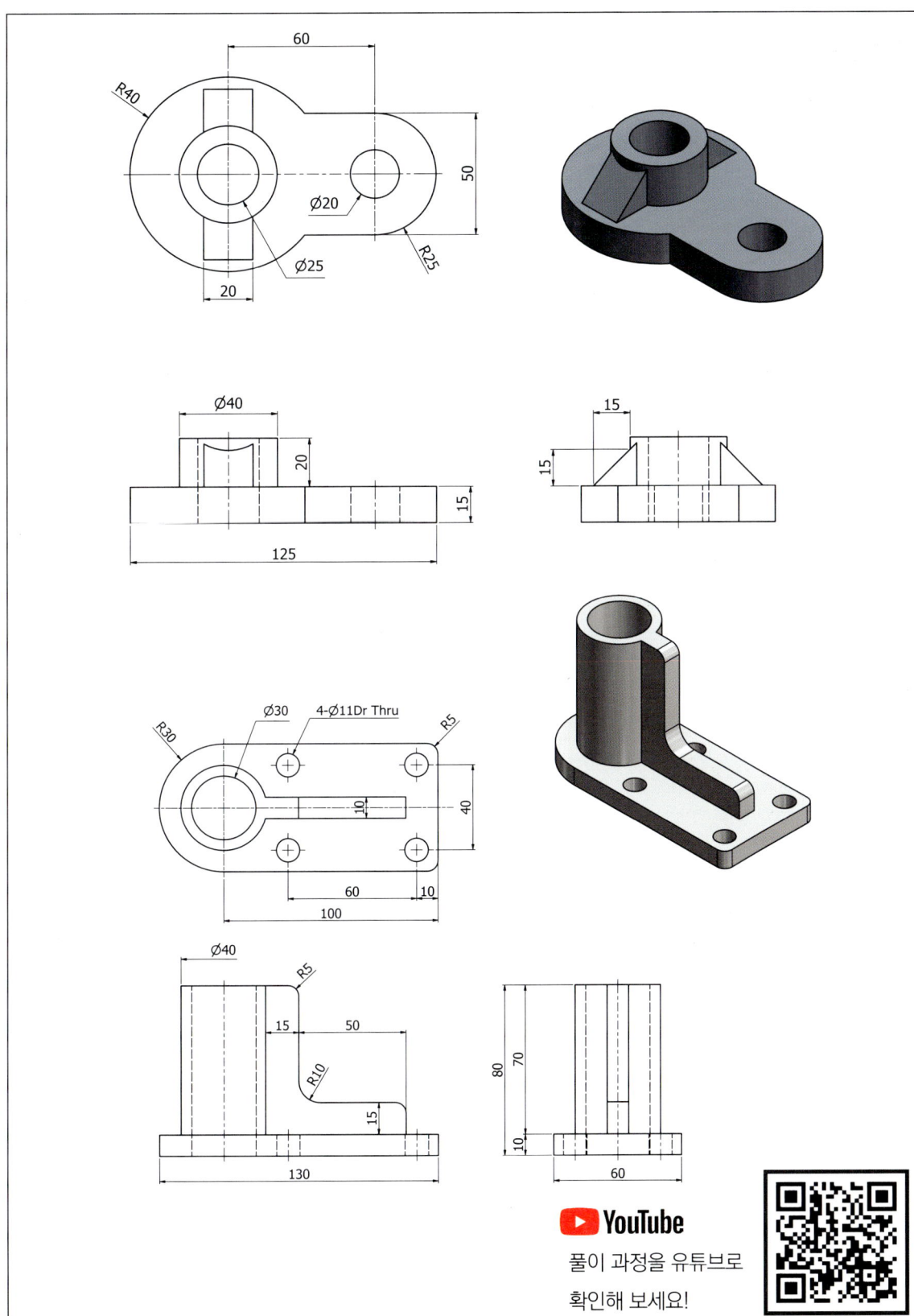

10 작업 피처 명령 알아보기
Autodesk Inventor 2022

작업 피처는 원점 평면에 있는 기준 평면, 기준 축, 기준 점 이외에 사용자가 필요한 평면, 축, 점을 작성해 사용하는 명령입니다. 이 명령을 잘 활용하면 어려운 타입의 모델링을 하는데 많은 도움이 됩니다.

01 작업 형상의 종류 알아보기

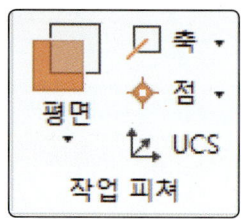

① 평면
② 평면에서 간격띄우기
③ 점을 통과하여 평면에 평행
④ 두 평면 사이의 중간평면
⑤ 원환의 중간평면
⑥ 모서리를 중심으로 평면에 대한 각도
⑦ 3점
⑧ 두 개의 동일평면상 모서리
⑨ 모서리를 통과하여 곡면에 접함
⑩ 점을 통과하여 곡면에 접함
⑪ 곡면에 접하고 평면에 평행
⑫ 점을 통과하여 축에 수직
⑬ 점에서 곡선에 수직

① **평면** : 자유 평면을 작성합니다. 사용자가 선택한 개체에 따라 다양한 형태의 평면을 작성할 수 있습니다.

② **평면에서 간격 띄우기** : 평면에서 일정한 거리만큼 간격띄우기한 평면을 작성합니다.

③ **점을 통과하여 평면에 평행** : 선택한 점을 통과하면서 평면에 평행한 면을 작성합니다.

④ **두 평면 사이의 중간평면** : 두 평면 사이의 중간 평면을 작성합니다.

⑤ **원환의 중간평면** : 도넛 형태의 중앙을 지나는 평면을 작성합니다.

⑥ **모서리를 중심으로 평면에 대한 각도** : 선택한 모서리에서 각도를 가지는 평면을 작성합니다.

⑦ **3점** : 세 개의 점을 지나는 평면을 작성합니다.

⑧ **두 개의 동일평면상 모서리** : 두 개의 평행한 모서리를 지나는 평면을 작성합니다.

⑨ **모서리를 통과하여 곡면에 접함** : 곡면에 접하면서 모서리를 지나는 평면을 작성합니다.

⑩ **점을 통과하여 곡면에 접함** : 곡면에 접하면서 점을 지나는 평면을 작성합니다.

⓫ **곡면에 접하고 평면에 평행** : 곡면에 접하면서 평면에 평행한 평면을 작성합니다.
⓬ **점을 통과하여 축에 수직** : 점을 통과하면서 축에 수직한 평면을 작성합니다.
⓭ **점에서 곡선에 수직** : 점을 통과하면서 곡선에 수직한 평면을 작성합니다.

❶ **축** : 자유 축을 작성합니다. 사용자가 선택한 개체에 따라 다양한 형태의 축을 작성할 수 있습니다.

❷ **선 또는 모서리에 있음** : 선이나 모서리를 지나는 축을 작성합니다.

❸ **점을 통과하여 선에 평행** : 점을 통과하면서 선에 평행한 축을 작성합니다.

❹ **두 점 통과** : 두 점을 통과하는 축을 작성합니다.

❺ **두 평면의 교차선** : 두 평면의 교차선에 해당하는 축을 작성합니다.

❻ **점을 통과하여 평면에 수직** : 점을 통과하면서 평면에 수직한 축을 작성합니다.

❼ **원형 또는 타원형 모서리의 중심 통과** : 원형 모서리의 중심을 통과하는 축을 작성합니다.

❽ **회전된 면 또는 피처 통과** : 원통면 형상을 통과하는 축을 작성합니다.

❶ **점** : 자유 점을 작성합니다. 사용자가 선택한 개체에 따라 다양한 형태의 점을 작성할 수 있습니다.

❷ **고정 점** : 기존의 점을 고정 점으로 작성합니다.

❸ **꼭지점, 스케치 점 또는 중간점에 있음** : 꼭지점이나 스케치 점, 중간점을 점으로 작성합니다.

❹ **세 평면의 교차점** : 세 평면의 교차점을 점으로 작성합니다.

❺ **두 선의 교차점** : 두 선의 교차점을 점으로 작성합니다.

❻ **평면/곡면과 선의 교차점** : 평면/곡면과 선의 교차점에 점을 작성합니다.

❼ **모서리 루프의 중심점** : 루프로 이어진 모서리의 중심점에 점을 작성합니다.

❽ **원환의 중심점** : 원환의 중심점을 점으로 작성합니다.

❾ **구의 중심점** : 구의 중심점을 점으로 작성합니다.

02 평면에서 간격 띄우기 기능 익히기

01 [파일] - [열기]를 클릭하여 아래 예제 파일을 엽니다.

■ Part2 - Chapter10 - 작업평면1.ipt

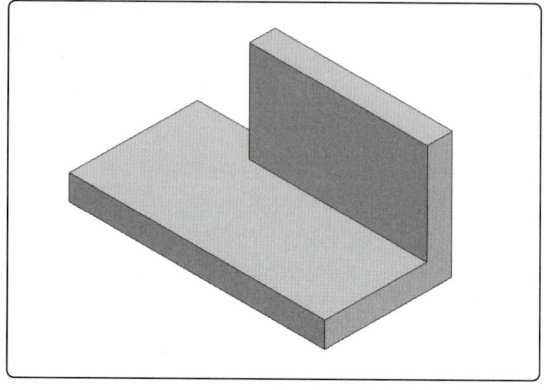

02 [평면에서 간격띄우기] 명령을 클릭합니다.

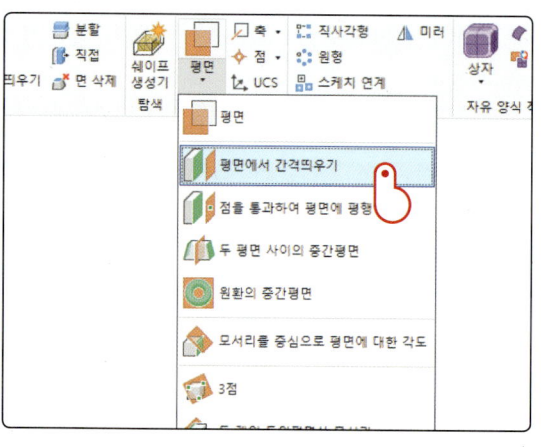

03 다음 면을 선택해 안쪽으로 드래그한 후 거리 [30]을 입력합니다.

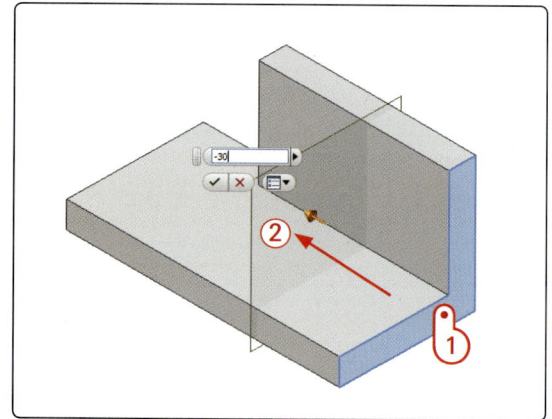

04 [ENTER] 키를 누르면 평면이 작성됩니다.

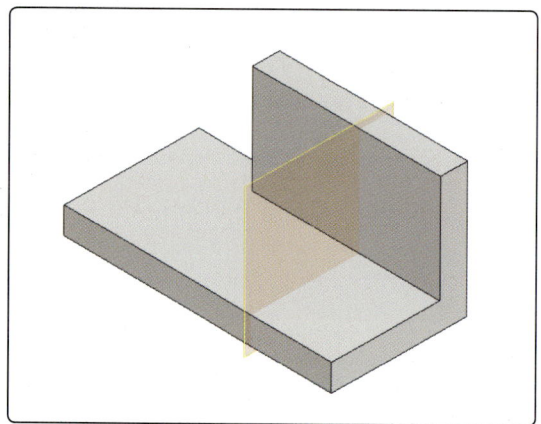

05 작성된 평면을 선택해 스케치를 작성합니다.

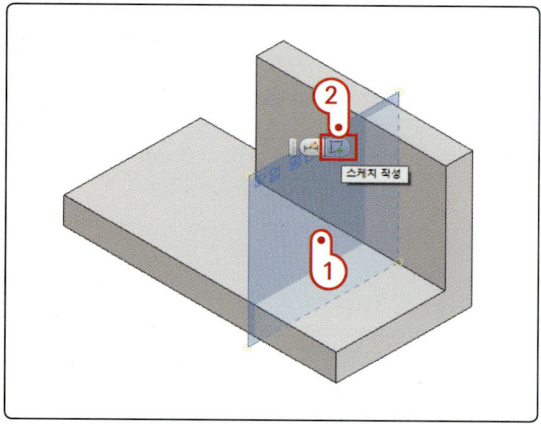

06 다음과 같이 스케치를 작성합니다.

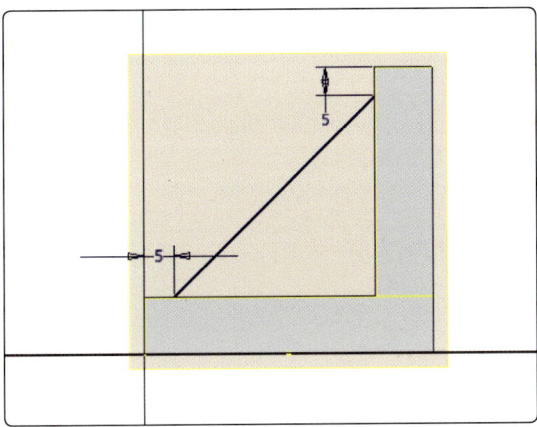

07 [돌출] 명령을 실행해 거리를 입력합니다.

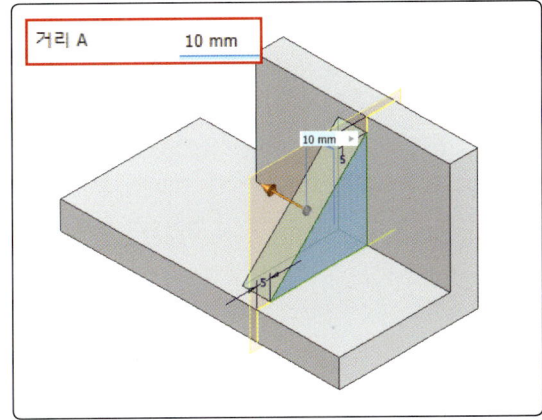

08 확인 버튼을 클릭하면 돌출 피처가 작성됩니다.

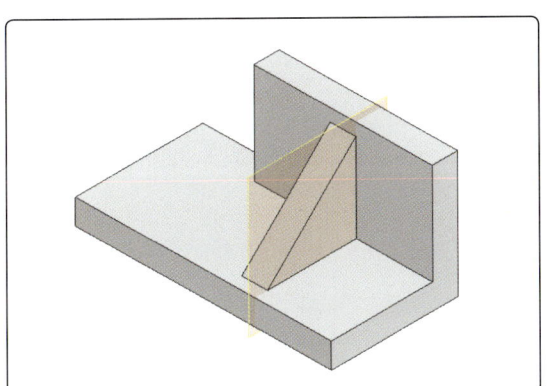

09 검색기에서 작성된 작업 평면 항목을 선택해 팝업 메뉴에서 [가시성]을 클릭해 체크 해제합니다.

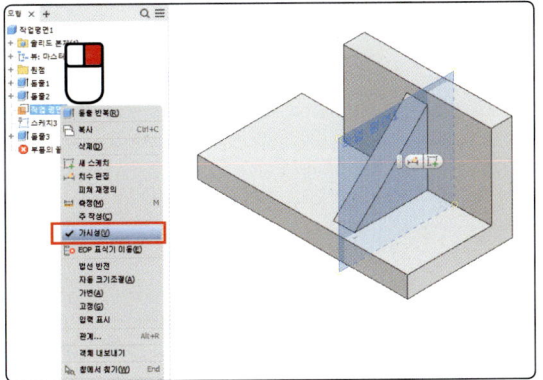

10 다음과 같이 작성된 작업 평면이 사라집니다.

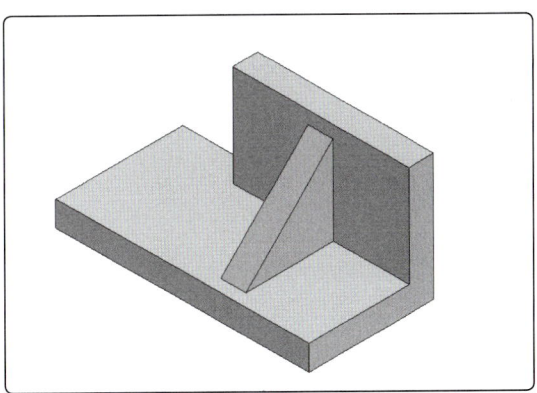

03 두 평면 사이의 중간 평면 기능 익히기

01 [파일] - [열기]를 클릭하여 아래 예제 파일을 엽니다.

■ Part2 - Chapter10 - 작업평면2.ipt

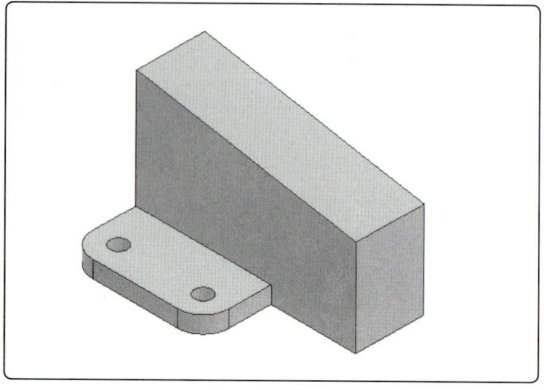

02 [두 평면 사이의 중간평면] 명령을 클릭합니다.

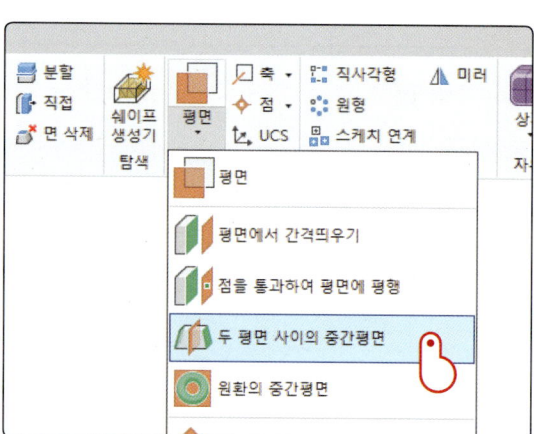

03 다음 두 면을 선택합니다.

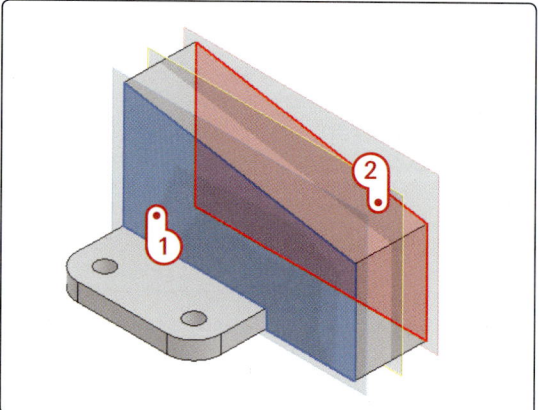

04 [ENTER] 키를 누르면 평면이 작성됩니다.

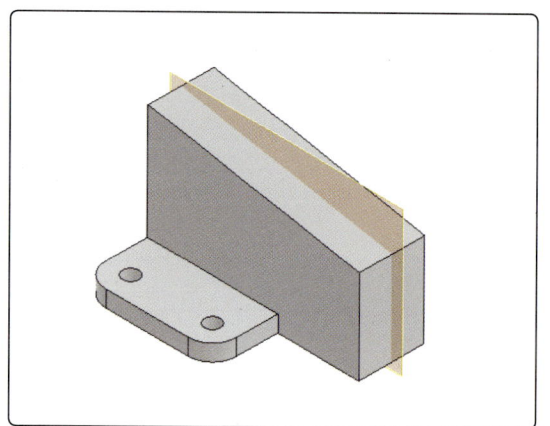

05 작성된 평면을 선택해 스케치를 작성합니다.

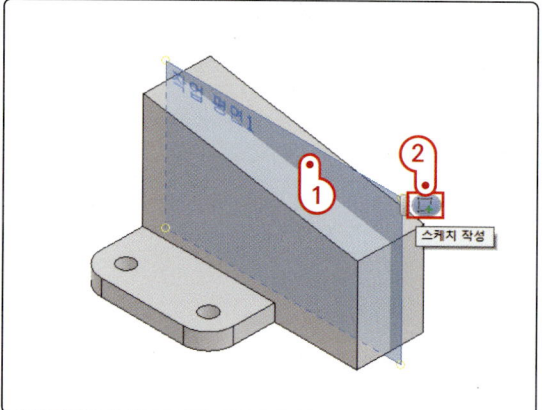

06 다음과 같이 스케치를 작성합니다.

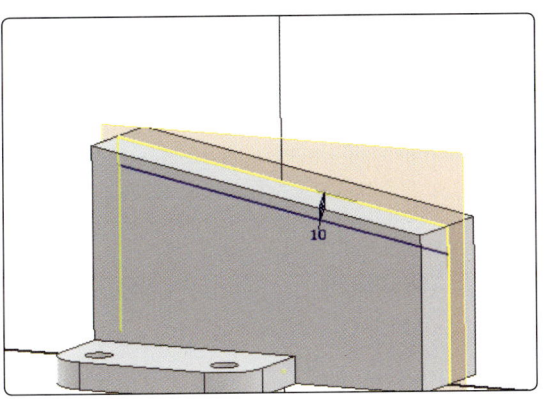

07 [돌출] 명령을 실행해 거리를 입력하고 부울은 [잘라내기] 방향은 [중간평면]으로 합니다.

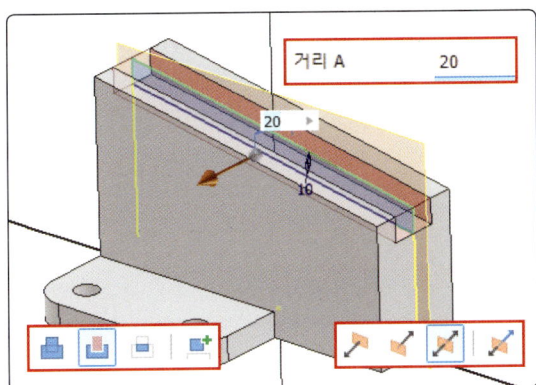

08 확인 버튼을 눌러 돌출 피처 작성을 마친 후 작업 평면을 선택해 가시성을 해제합니다.

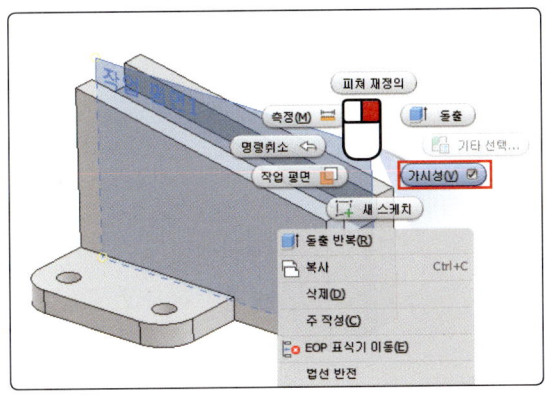

09 다음과 같이 작업 평면이 사라집니다.

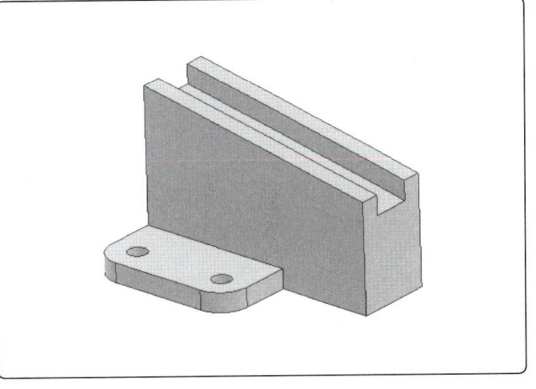

04 점에서 곡선에 수직 기능 익히기

01 [파일] - [열기]를 클릭하여 아래 예제 파일을 엽니다.

■ Part2 - Chapter10 - 작업평면3.ipt

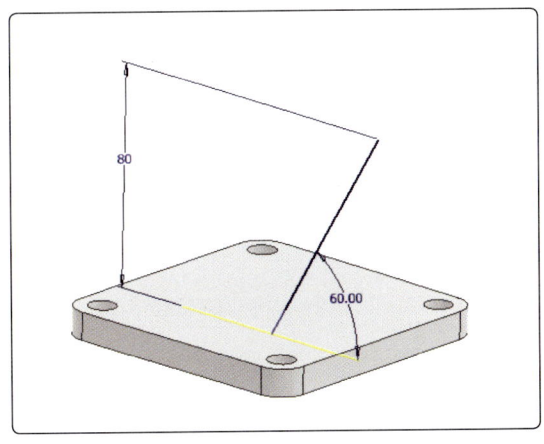

02 [점에서 곡선에 수직] 명령을 클릭합니다.

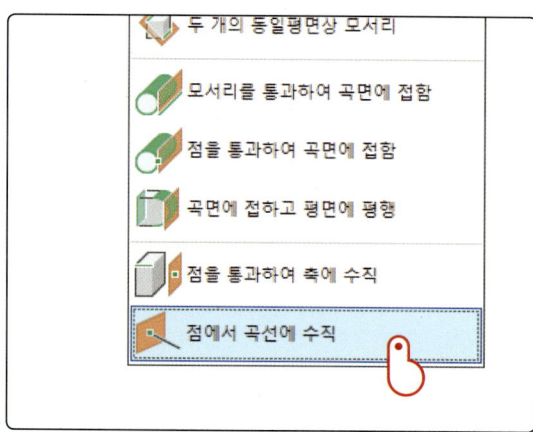

03 다음 스케치 선을 클릭합니다.

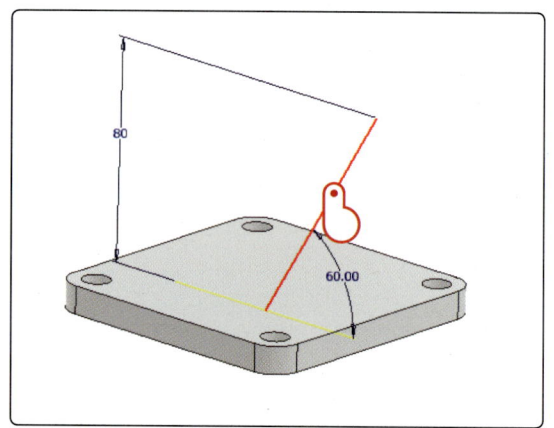

04 스케치 선 끝의 점을 클릭한 후 [ENTER] 키를 누르면 작업 평면이 작성됩니다.

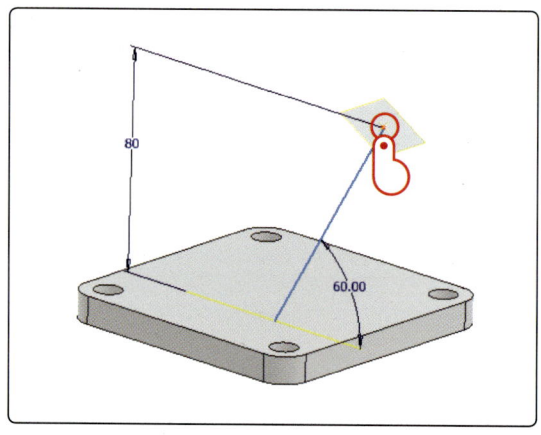

05 작성된 평면을 선택해 스케치를 작성합니다.

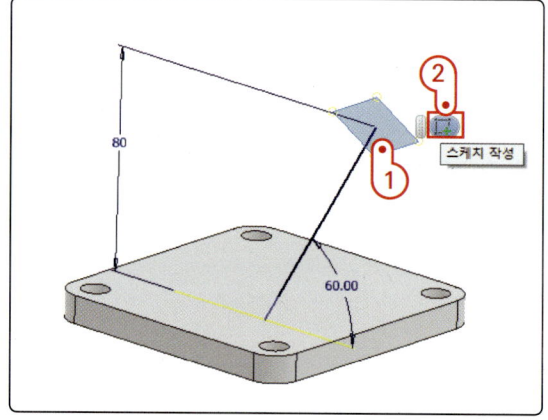

06 다음과 같이 스케치를 작성합니다.

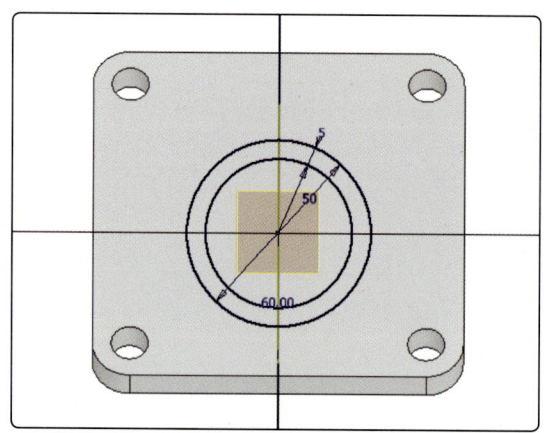

07 [돌출] 명령을 실행해 프로파일을 선택합니다.

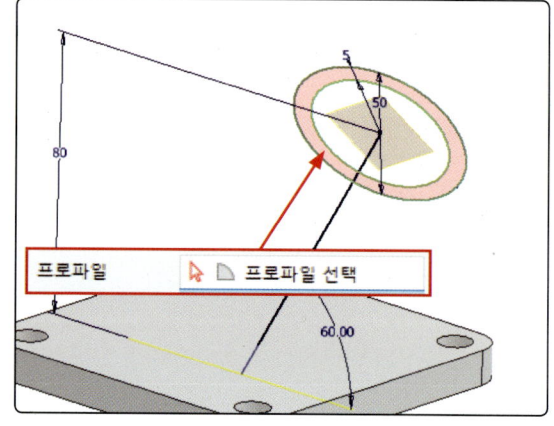

08 거리 옵션을 [끝]으로 변경한 후 다음 면을 선택합니다.

09 돌출 피처가 미리보기가 되면 확인 버튼을 클릭합니다.

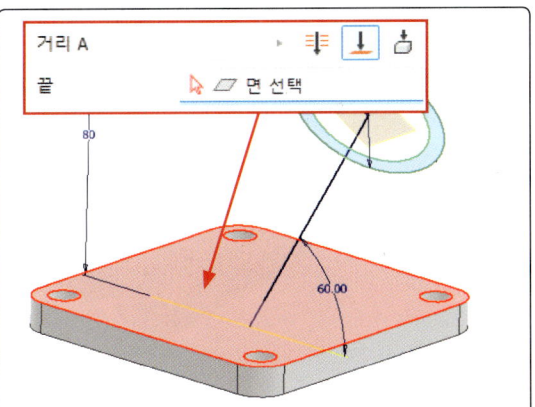

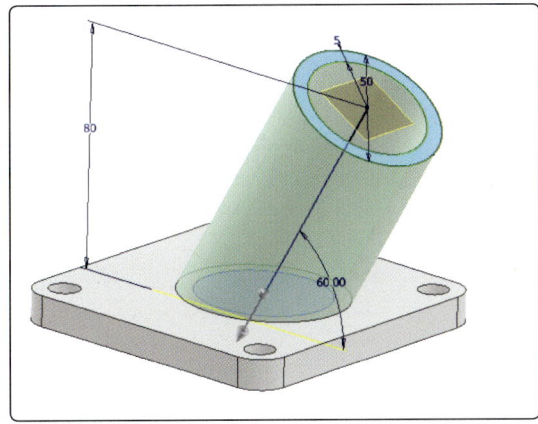

10 다음과 같이 돌출 피처가 작성되었습니다.

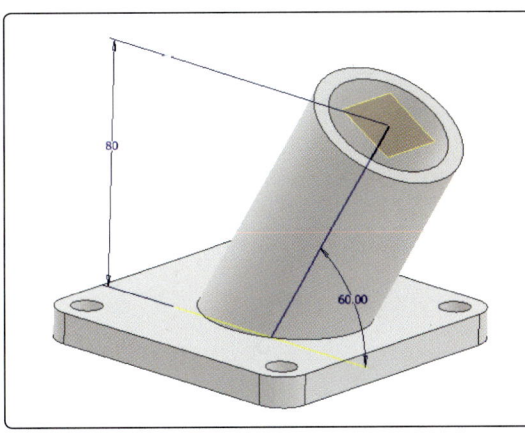

05 작업 피처 명령 본문 예제

YouTube

풀이 과정을 유튜브로

확인해 보세요!

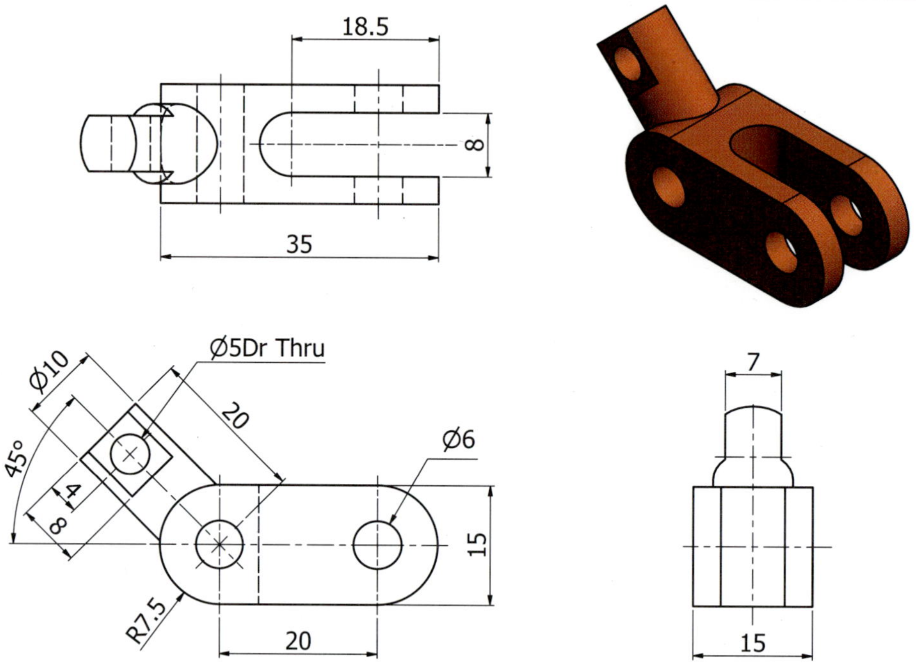

01 스케치와 [돌출] 명령을 이용해 다음과 같이 작업합니다.

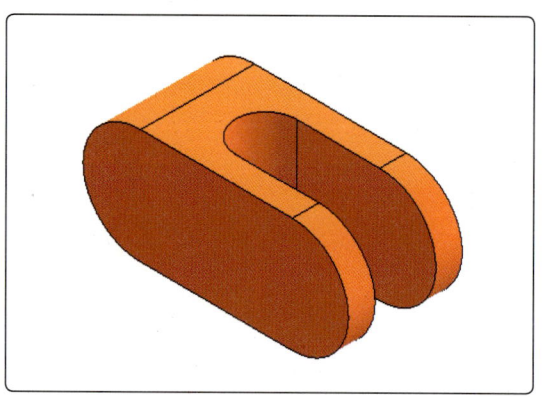

02 정면도에 스케치를 작성한 후 [평면] 명령을 실행해 다음과 같이 작업 평면을 작성합니다.

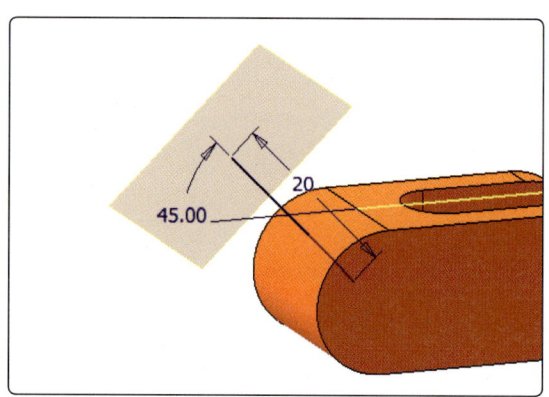

03 작업 평면에 스케치를 작성합니다.

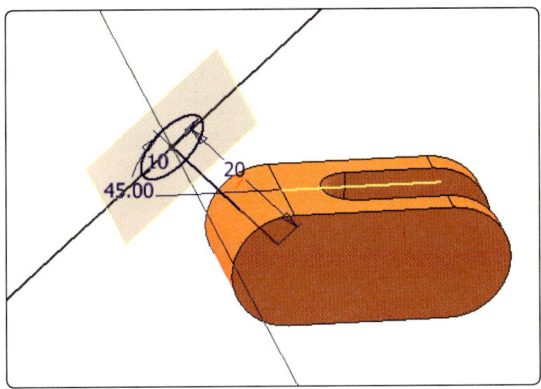

04 [돌출] 명령을 실행해 다음과 같이 작성합니다.

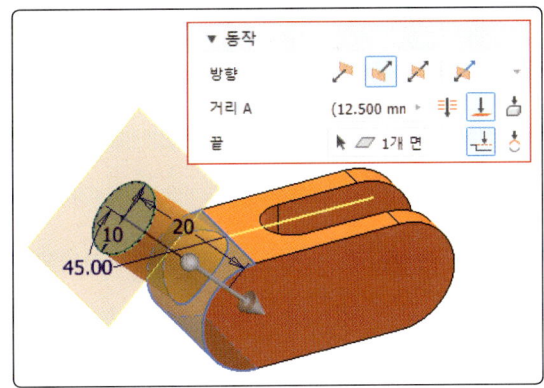

05 [돌출] 명령을 실행해 다음과 같이 작성합니다.

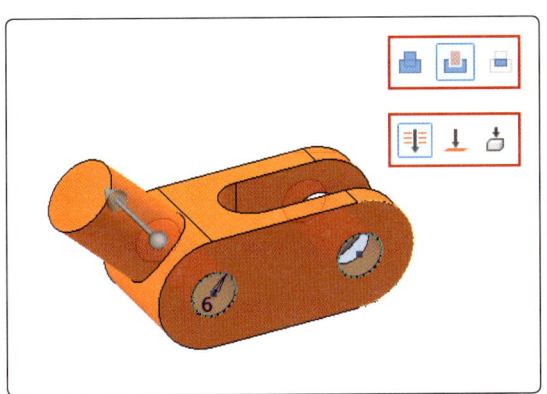

06 [돌출] 명령을 실행해 다음과 같이 작성합니다.

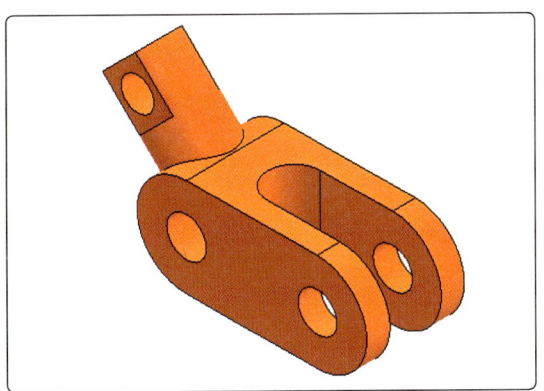

07 [돌출] 명령을 실행해 다음과 같이 작성합니다.

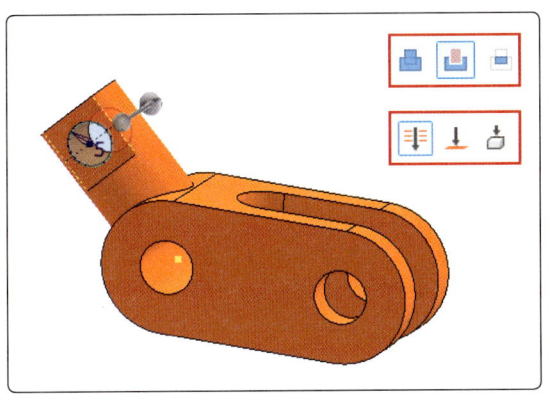

08 다음과 같이 부품 작성이 완료되었습니다.

 **연습예제**

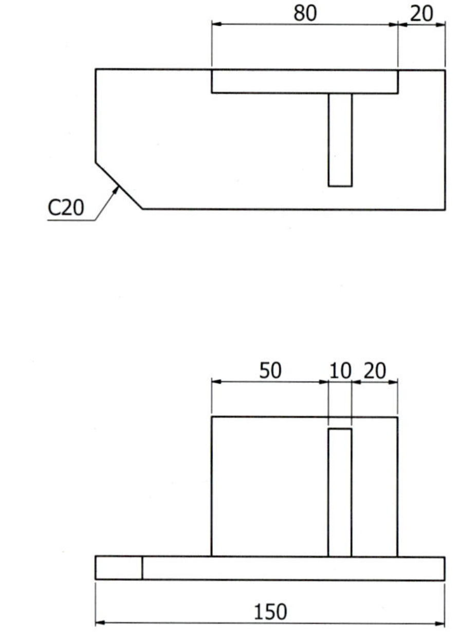

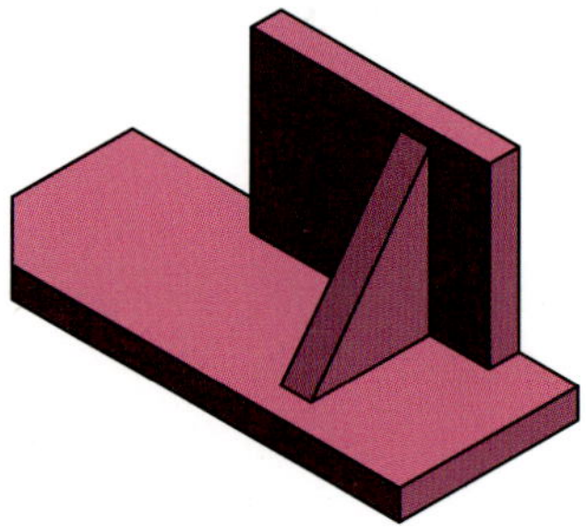

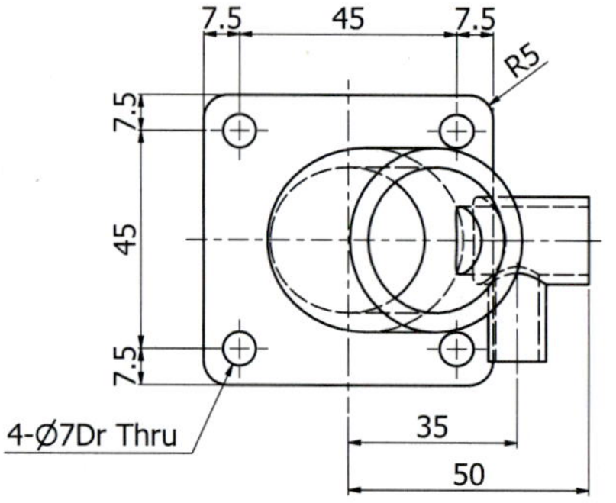

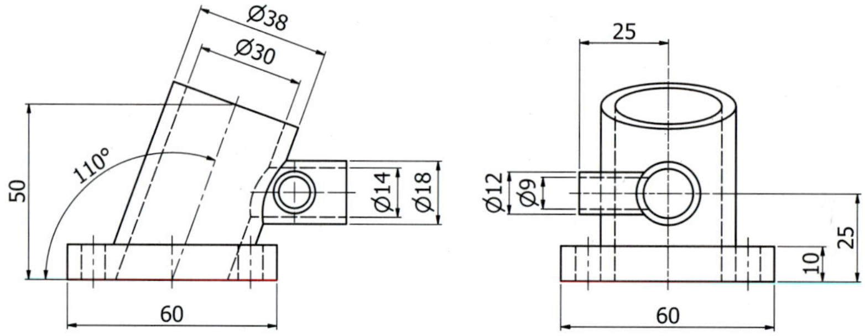

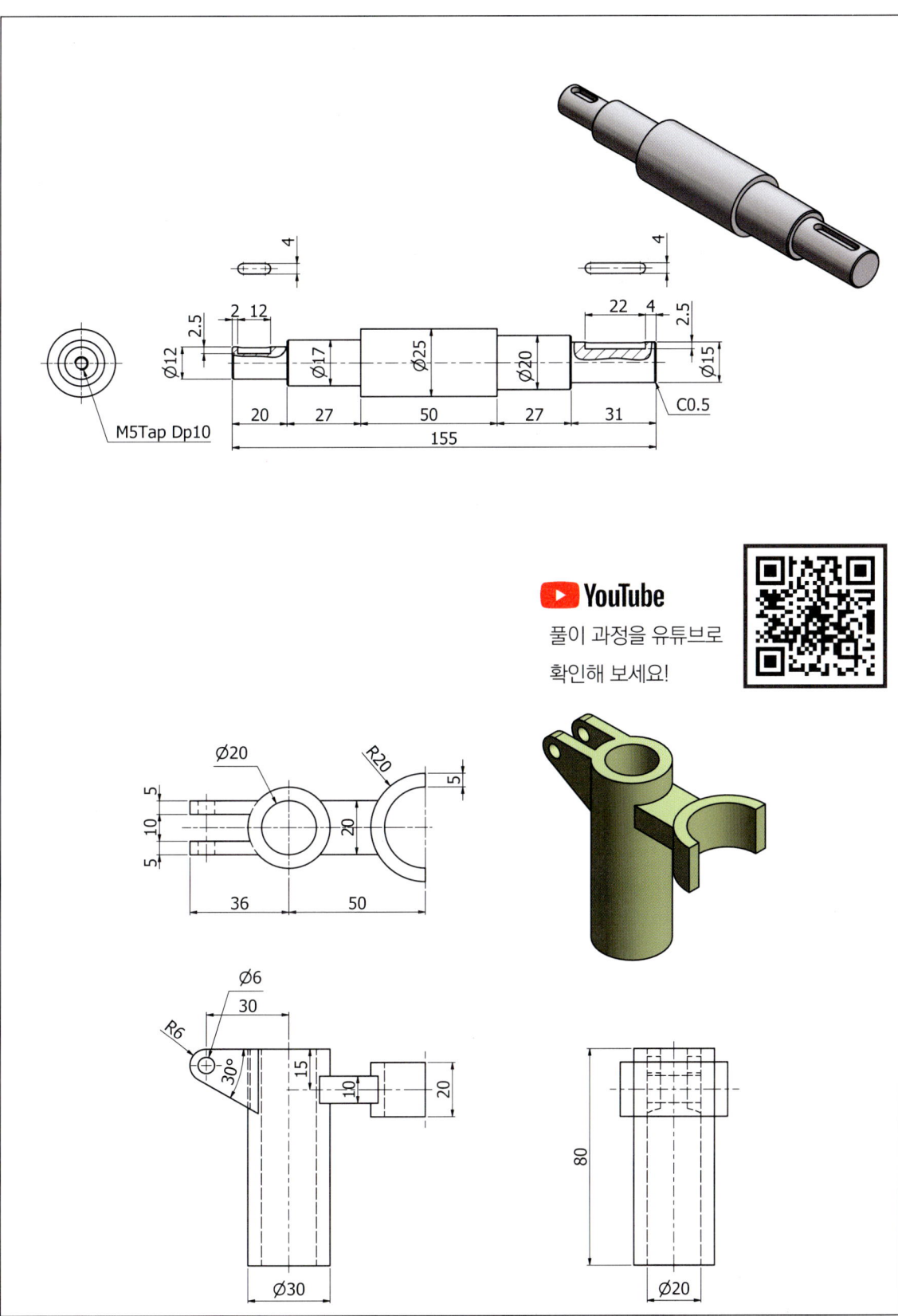

11 스윕 명령 알아보기

Autodesk Inventor 2022

스윕 명령은 프로파일이 경로를 따라가는 형상을 작성하는 명령어로써 주로 호스 모양이나 파이프 타입의 부품을 작성할 때 주로 쓰이는 명령어입니다.

01 스윕 옵션 알아보기

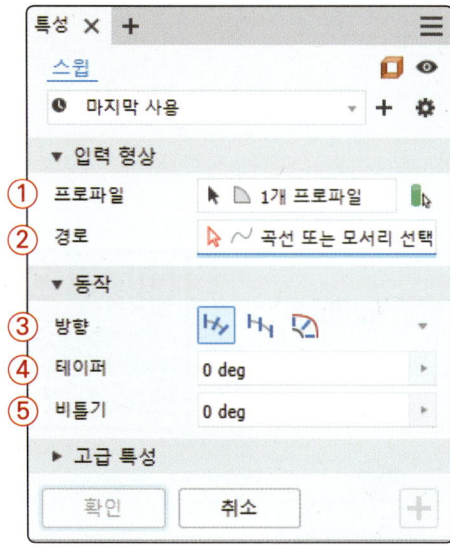

① **프로파일** : 스윕의 단면으로 쓸 프로파일을 선택합니다.

② **경로** : 스윕의 경로로 쓸 곡선, 혹은 모서리를 선택합니다.

③ **방향** : 프로파일이 경로를 따라가는 옵션을 설정합니다.

④ **테이퍼** : 프로파일이 경로를 따라갈때의 구배를 설정합니다.

⑤ **비틀기** : 프로파일이 경로를 따라갈 때 꼬이는 각도를 설정합니다.

02 스윕 명령어 익히기

01 [파일] - [열기]를 클릭하여 아래 예제 파일을 엽니다.

■ Part2 - Chapter11 - 스윕1.ipt

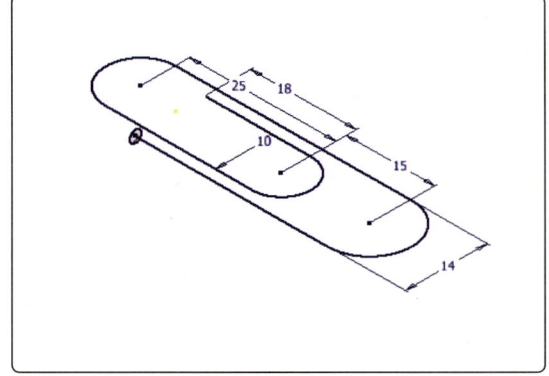

02 [스윕] 명령을 실행하면 자동으로 프로파일이 선택되어 있습니다. 경로로 다음 선을 선택합니다.

03 스윕 형상이 미리보기가 되면 확인 버튼을 클릭합니다.

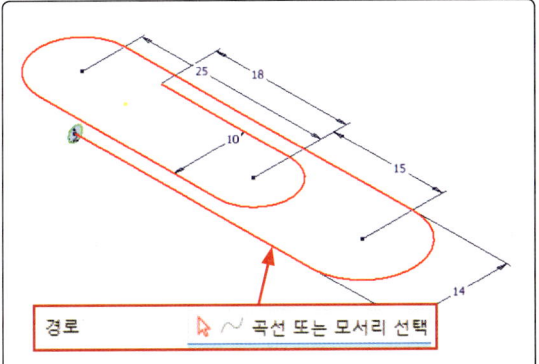
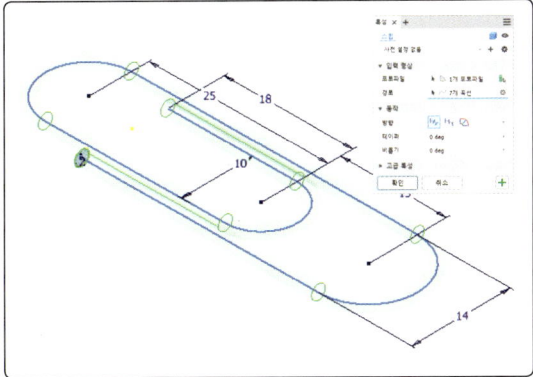

04 확인 버튼을 클릭하면 스윕 피처 작성이 완료됩니다.

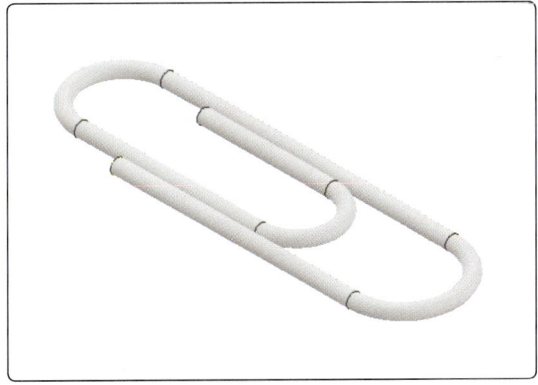

03 스윕 명령어 익히기 – 테이퍼 옵션

01 [파일] – [열기]를 클릭하여 아래 예제 파일을 엽니다.

■ Part2 – Chapter11 – 스윕2.ipt

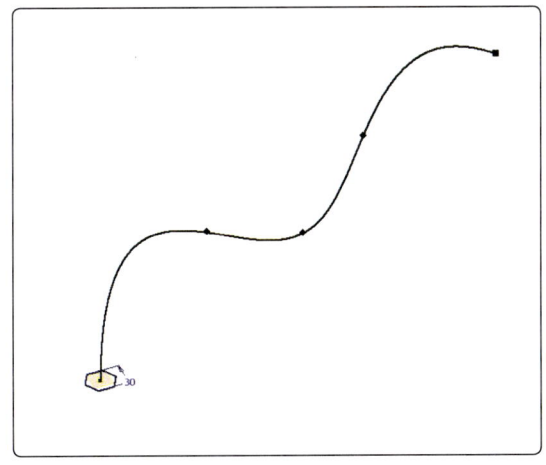

02 [스윕] 명령을 실행해 프로파일과 경로를 다음과 같이 선택합니다.

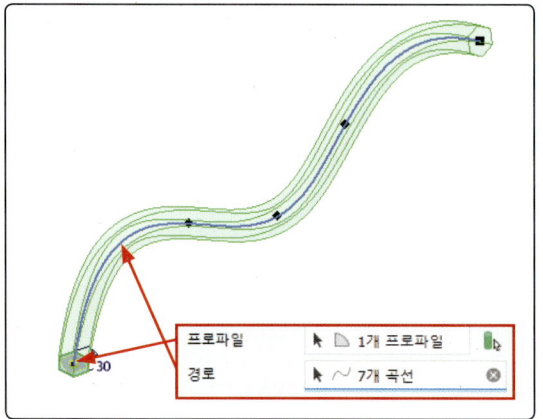

03 테이퍼 각도를 [2]로 입력합니다.

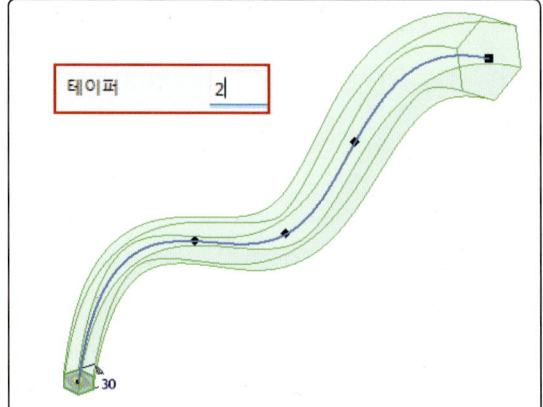

04 확인 버튼을 클릭하면 스윕 피처 작성이 완료됩니다.

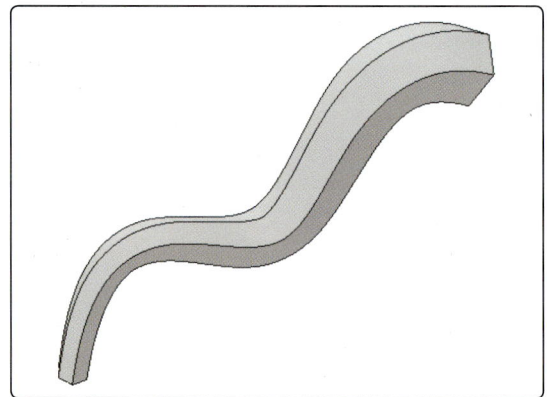

04 스윕 명령어 익히기 - 비틀기 옵션

01 이전 예제 파일을 다시 열어서 [스윕] 명령을 실행해 프로파일과 경로를 다음과 같이 선택합니다.

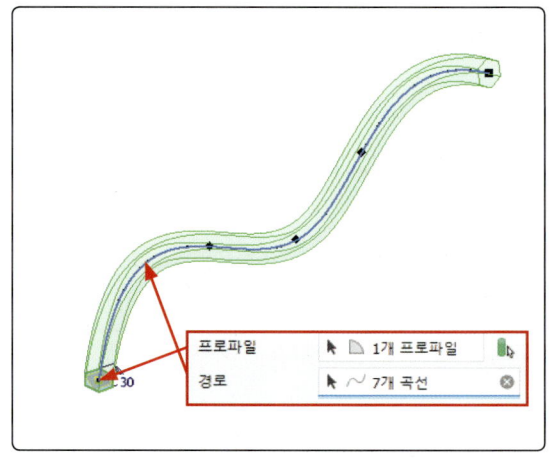

02 비틀기 각도를 [1200]으로 입력합니다.

03 확인 버튼을 클릭하면 스윕 피처 작성이 완료됩니다.

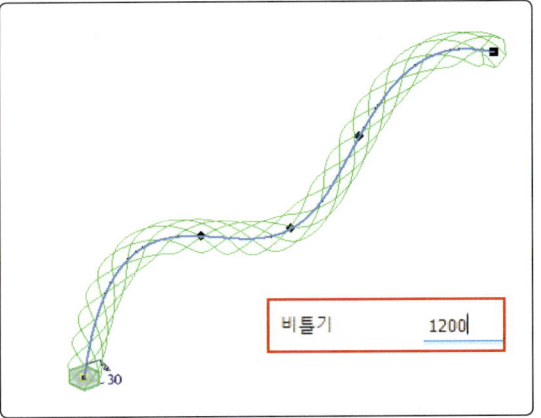

05 스윕 명령 본문 예제

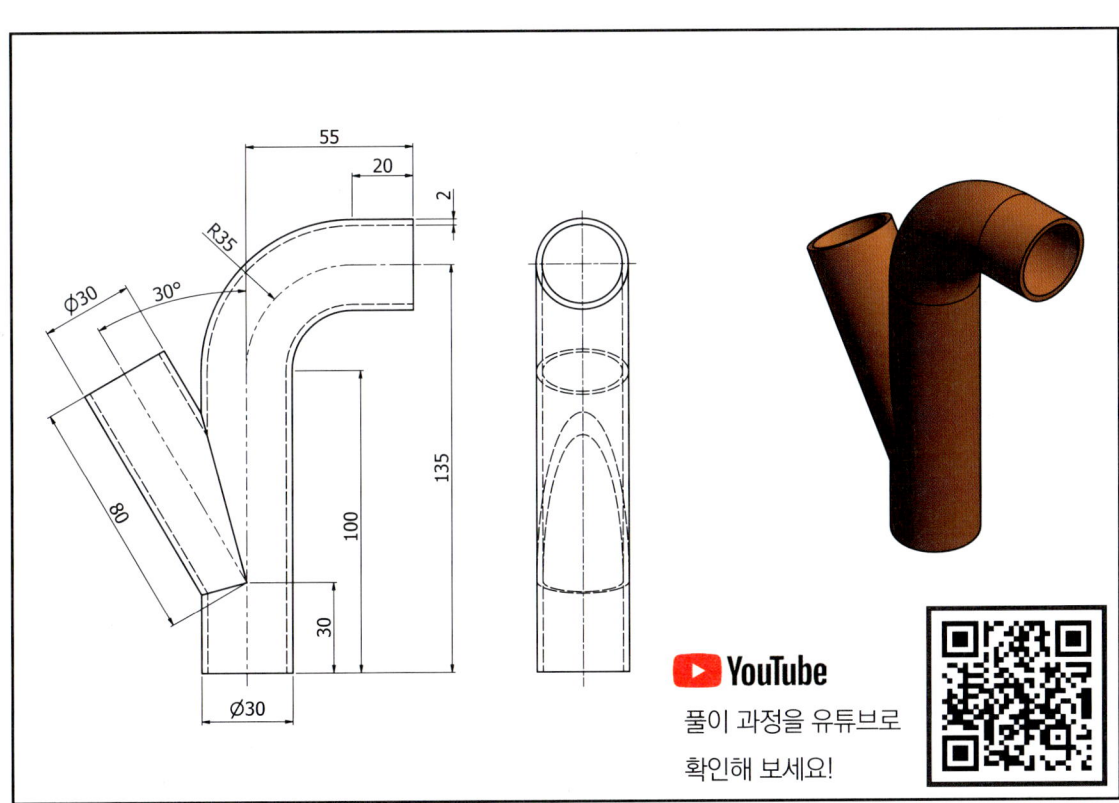

▶ YouTube
풀이 과정을 유튜브로
확인해 보세요!

01 경로 스케치와 단면 스케치를 작성합니다.

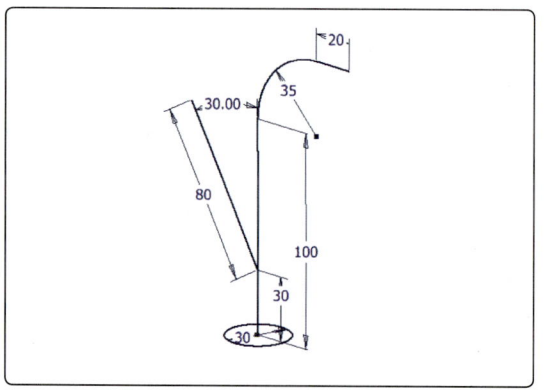

02 [스윕] 명령을 실행해 다음과 같이 작성합니다.

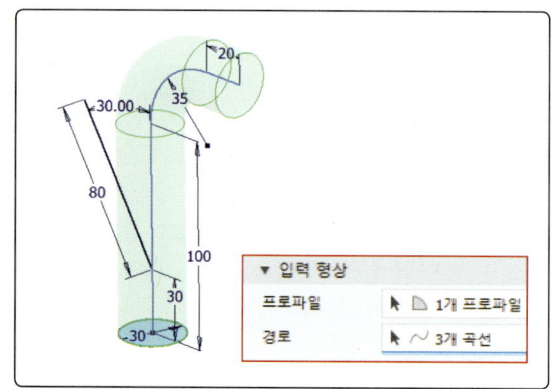

03 [평면] 명령을 실행해 다음과 같이 작업 평면을 작성한 후 스케치를 작성합니다.

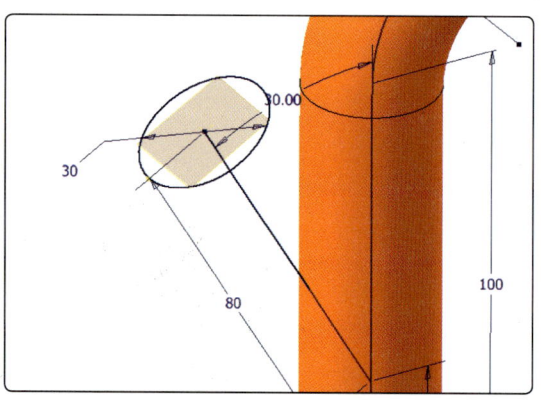

04 [돌출] 명령을 실행해 다음과 같이 작성합니다.

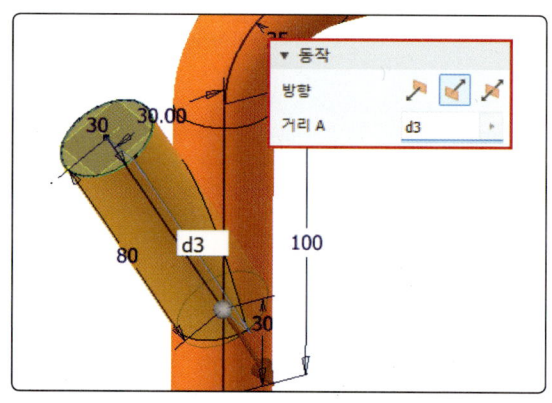

05 [쉘] 명령을 실행해 다음과 같이 작성합니다.

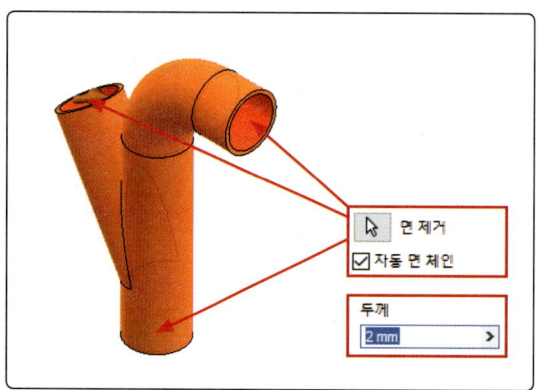

06 다음과 같이 부품 작성이 완료되었습니다.

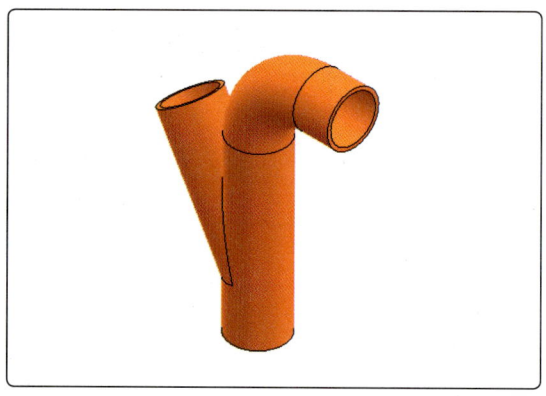

 연습예제

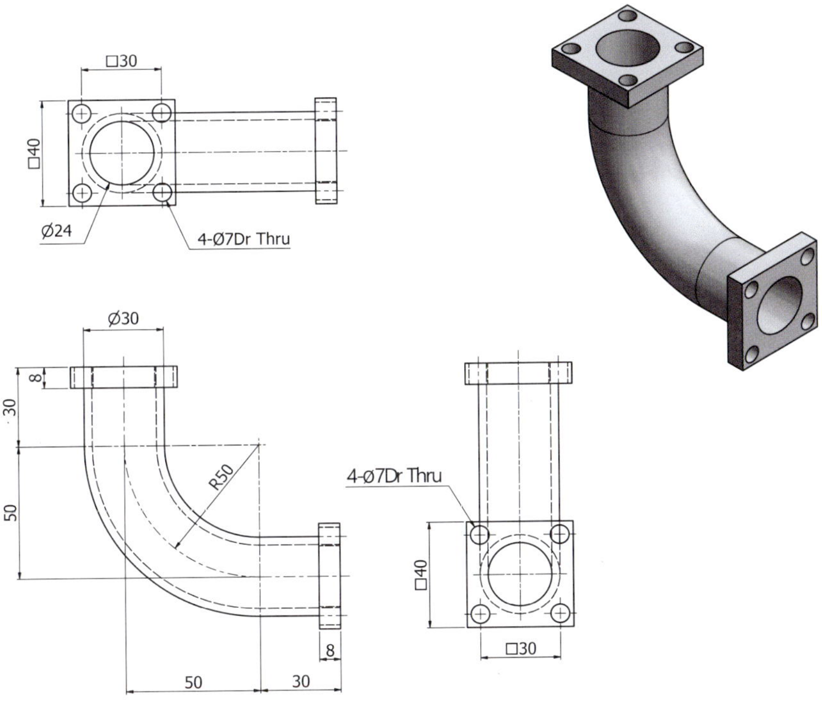

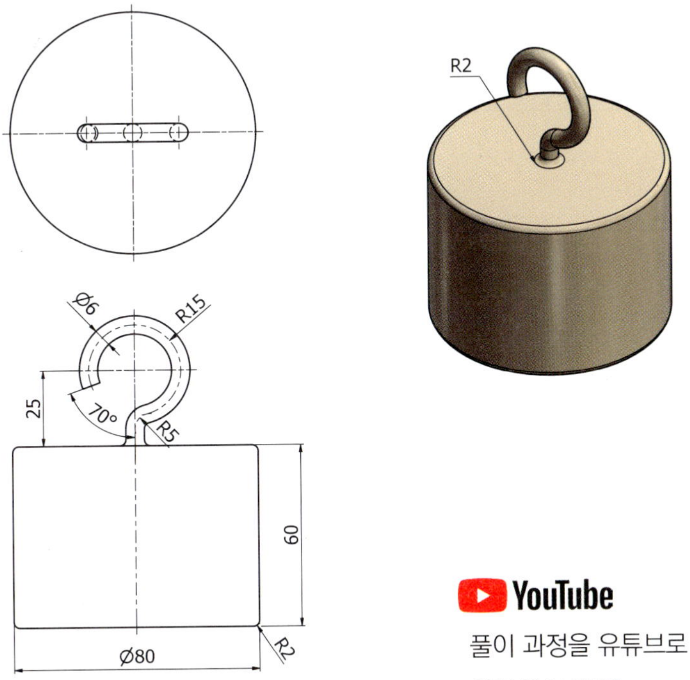

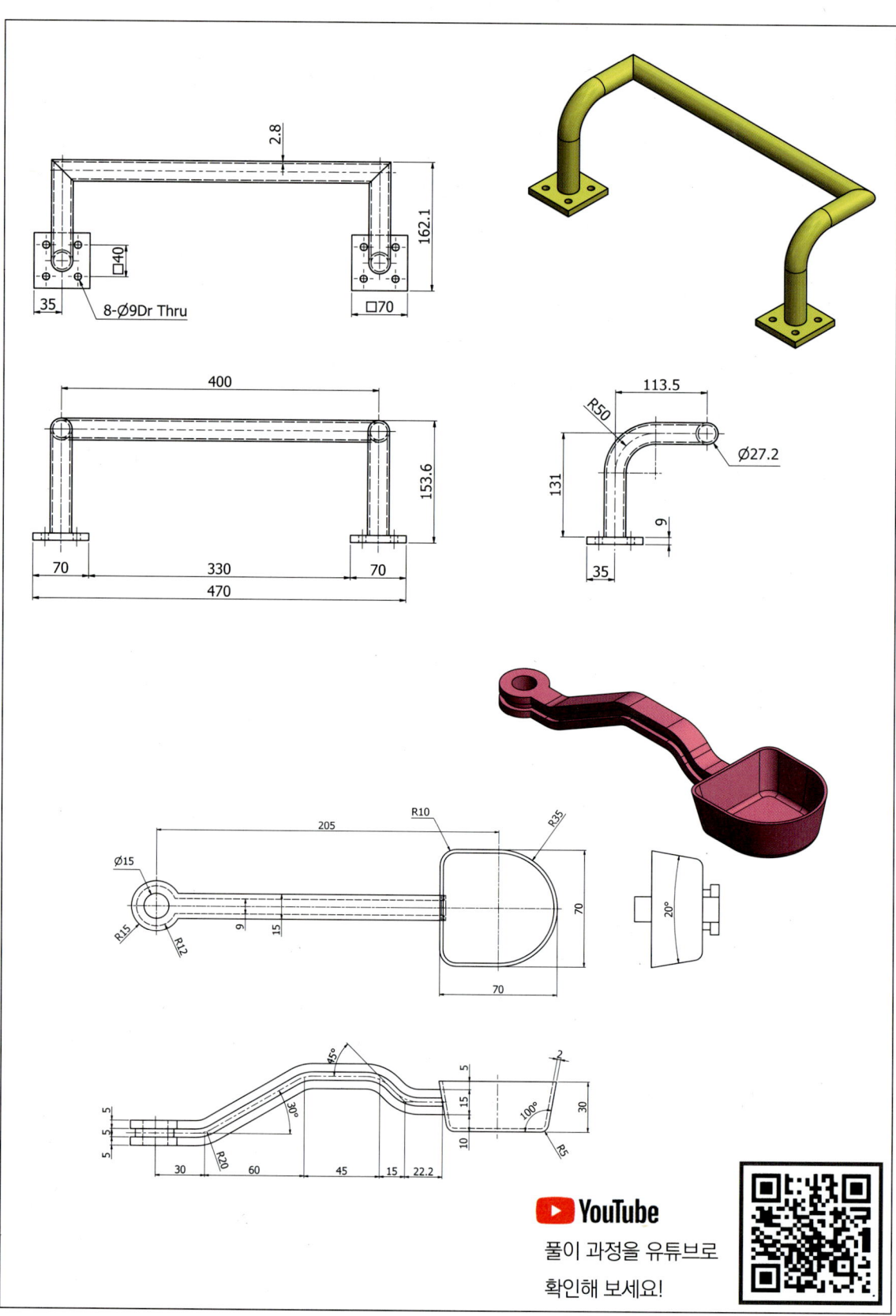

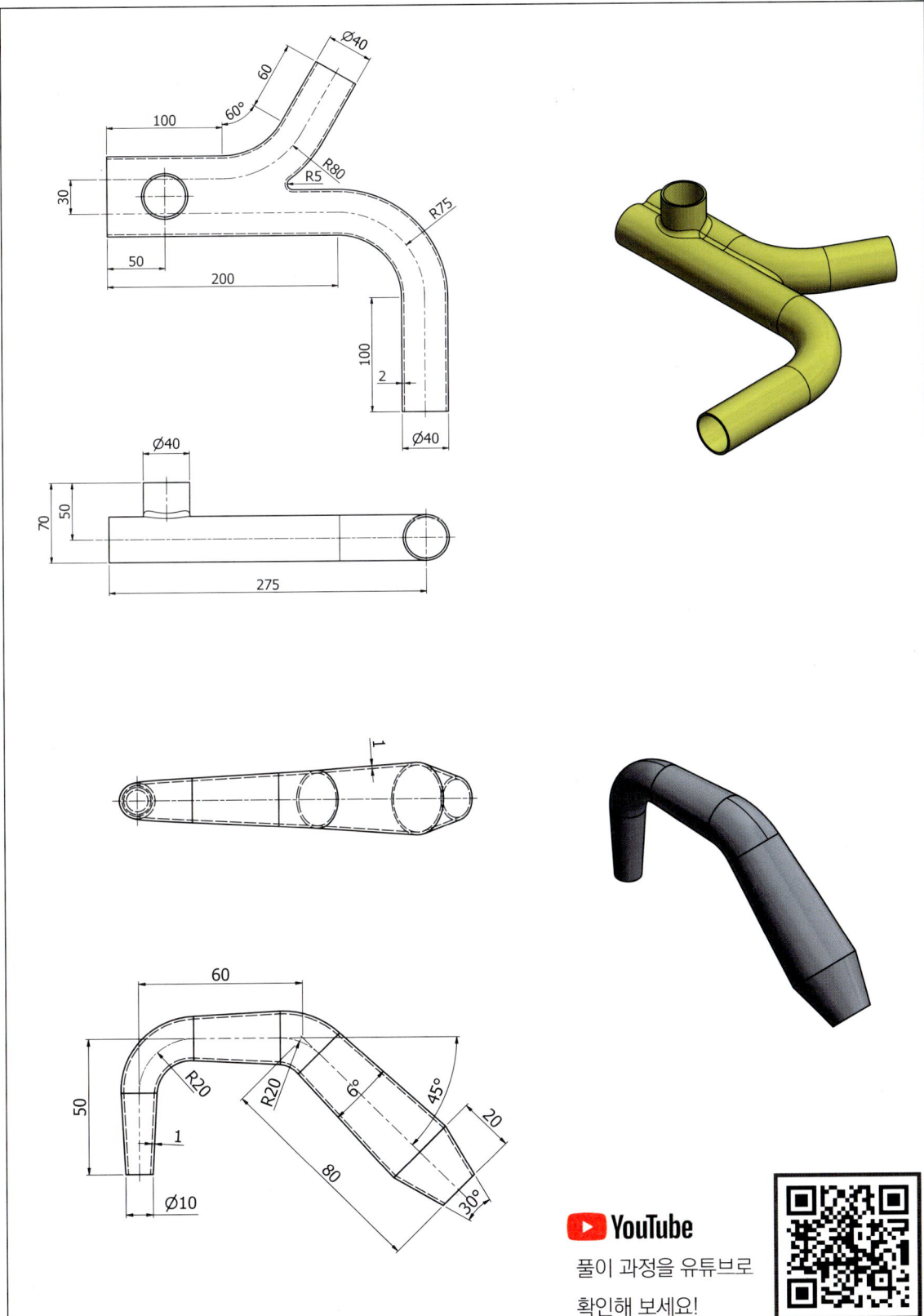

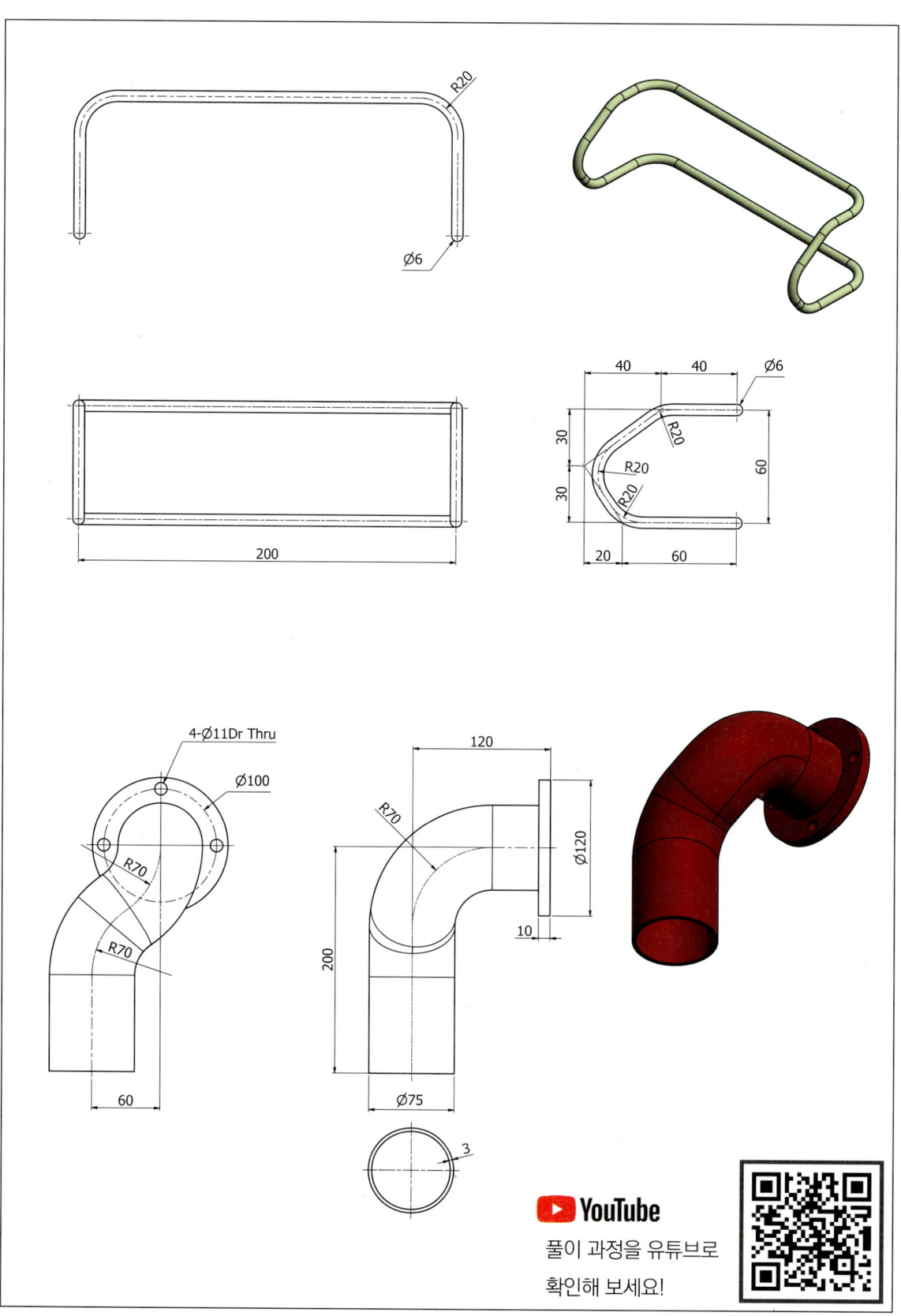

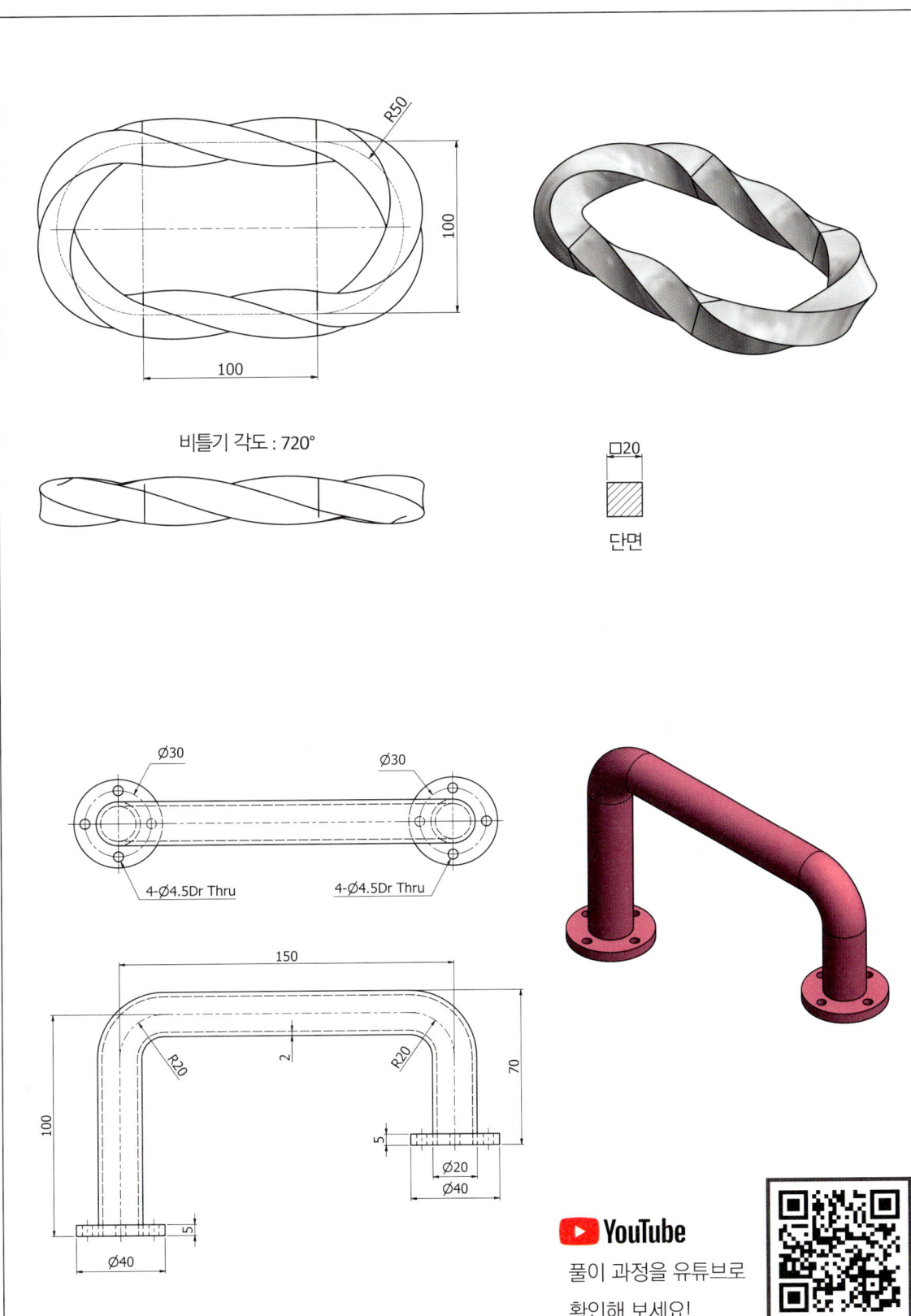

12 로프트 명령 알아보기

Autodesk Inventor 2022

로프트 명령은 서로 같은 평면에 있지 않은 두 개 이상의 단면을 이어주는 형상을 작성하는 명령입니다. 이 명령을 어떻게 활용하느냐에 따라 복잡한 곡면을 가지는 형상을 쉽게 작성할 수 있습니다.

01 로프트 옵션 알아보기

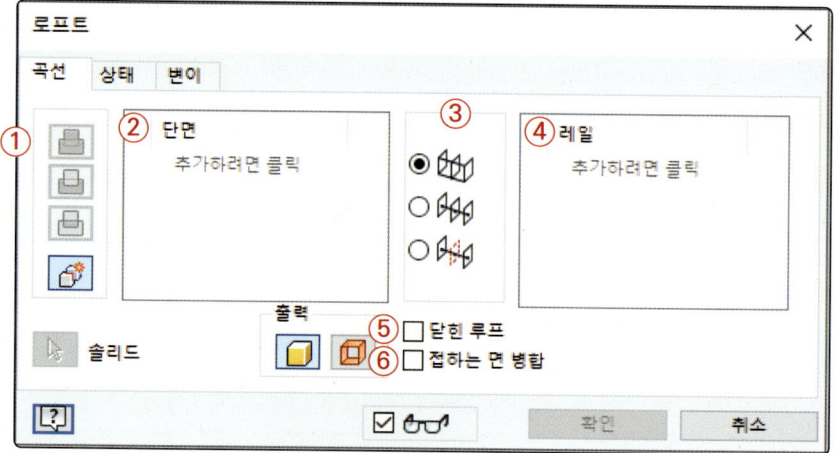

❶ **부울** : 로프트의 생성 옵션을 선택합니다.

❷ **단면** : 로프트의 단면 프로파일을 선택합니다.

❸ **중심선** : 로프트의 중심선 타입을 선택합니다.

❹ **레일** : 로프트의 중심선 레일을 선택합니다.

❺ **닫힌 루프** : 로프트의 처음 단면과 마지막 단면을 이어줍니다.

❻ **접하는 면 병합** : 접하는 면을 병합합니다.

02 로프트 명령어 익히기 - 두 개의 단면 잇기

01 [파일] - [열기]를 클릭하여 아래 예제 파일을 엽니다.

■ Part2 - Chapter12 - 로프트1.ipt

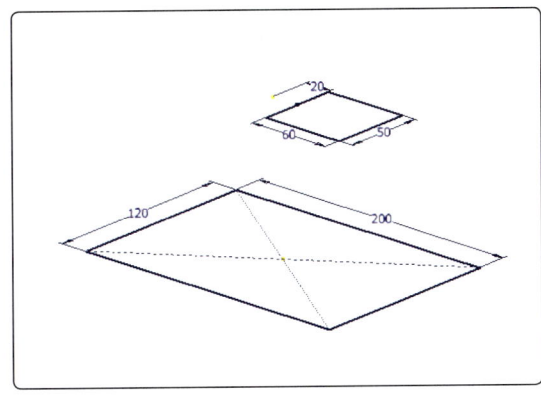

02 [로프트] 명령을 실행해 처음 단면으로 다음 스케치 프로파일을 선택합니다.

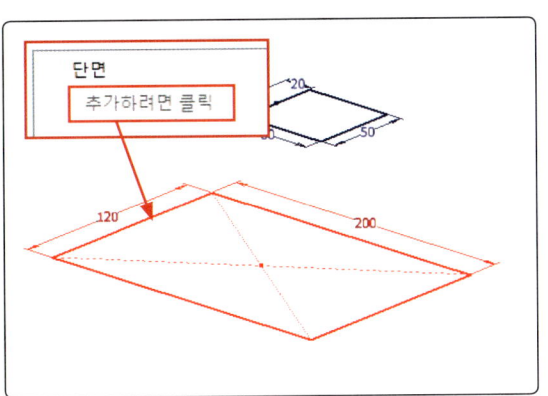

03 두 번째 단면으로 다음 스케치 프로파일을 선택합니다.

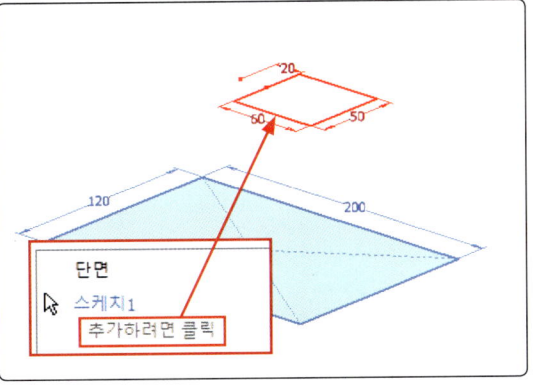

04 로프트 피처가 미리보기가 되면 확인 버튼을 클릭합니다.

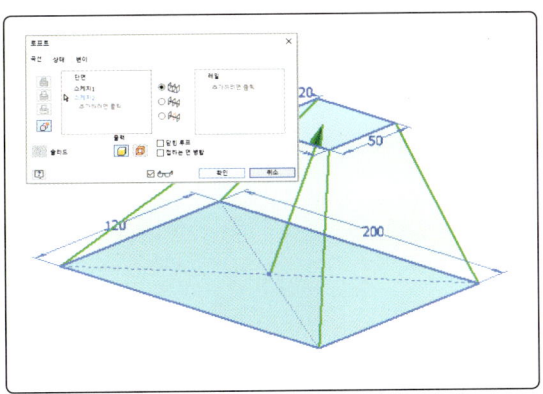

05 다음과 같이 로프트 피처 작성이 완료되었습니다.

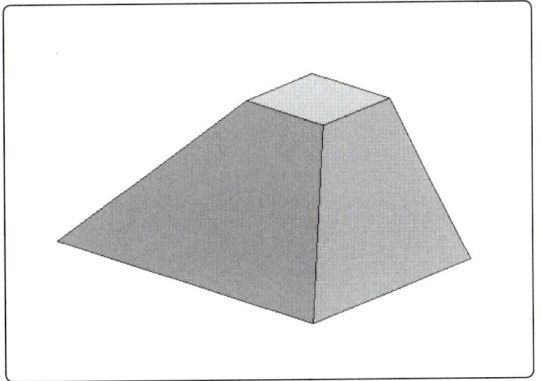

03 로프트 명령어 익히기 – 세 개 이상의 단면 잇기

01 [파일] – [열기]를 클릭하여 아래 예제 파일을 엽니다.

■ Part2 – Chapter12 – 로프트2.ipt

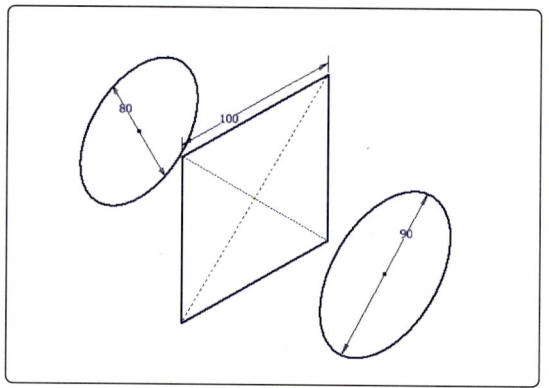

02 [로프트] 명령을 실행해 처음 단면으로 다음 스케치 프로파일을 선택합니다.

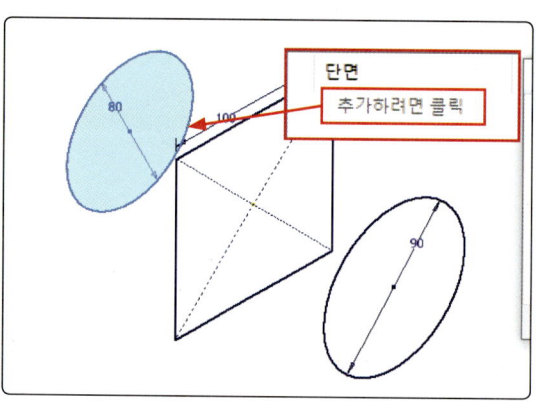

03 두 번째 단면으로 다음 스케치 프로파일을 선택합니다.

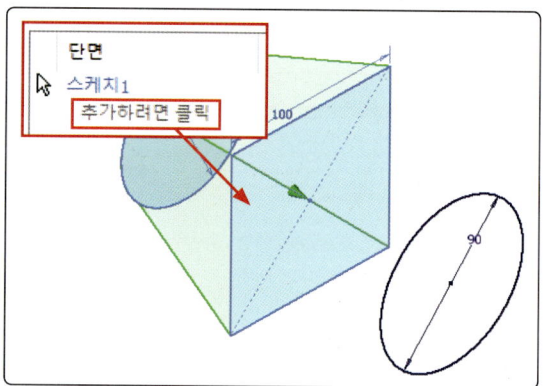

04 세 번째 단면으로 다음 스케치 프로파일을 선택합니다.

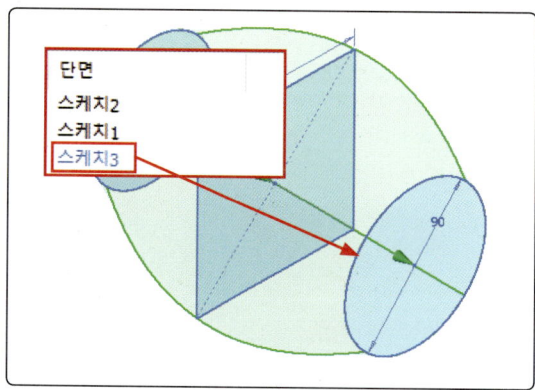

05 확인 버튼을 클릭하면 로프트 피처 작성이 완료됩니다.

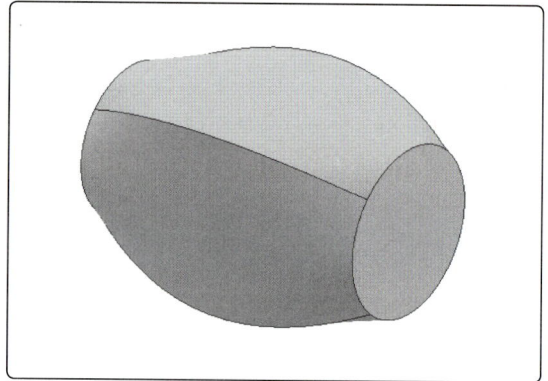

04 로프트 명령어 익히기 - 레일 이용하기

01 [파일] - [열기]를 클릭하여 아래 예제 파일을 엽니다.

■ Part2 - Chapter12 - 로프트3.ipt

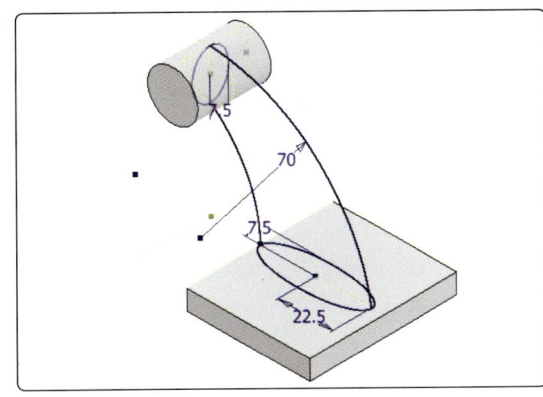

02 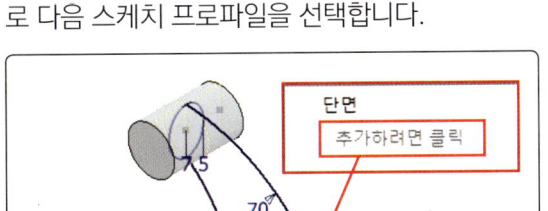 [로프트] 명령을 실행해 처음 단면으로 다음 스케치 프로파일을 선택합니다.

03 두 번째 단면으로 다음 스케치 프로파일을 선택합니다.

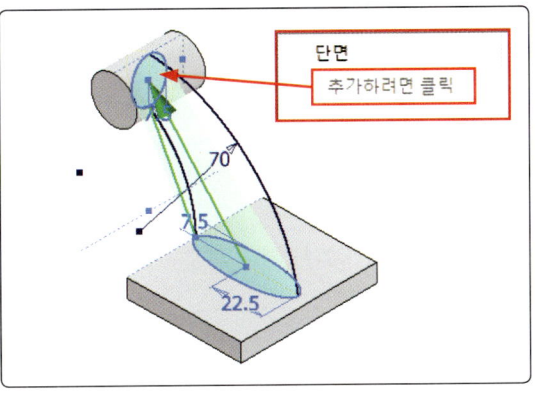

04 레일 항목을 클릭해 다음 스케치 선을 선택합니다.

05 레일 항목을 추가로 클릭해 다음 스케치 선을 선택합니다.

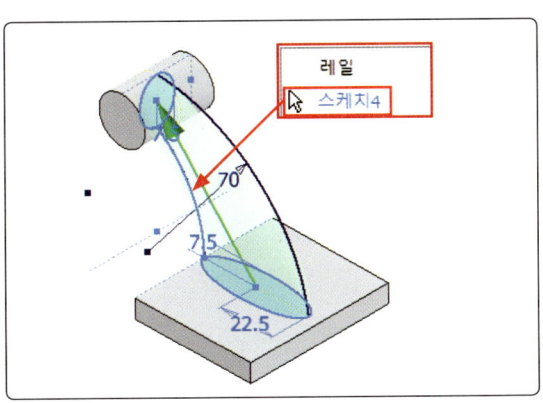
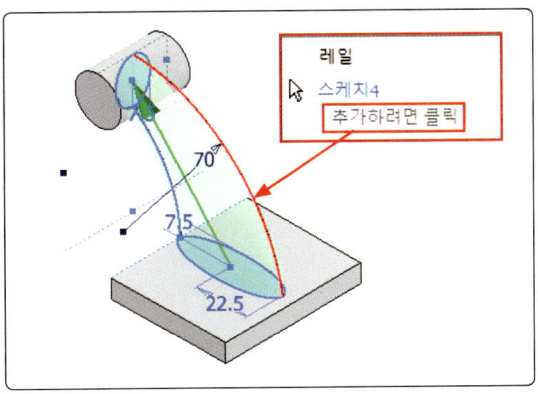

06 로프트 피처가 미리보기가 되면 확인 버튼을 클릭합니다.

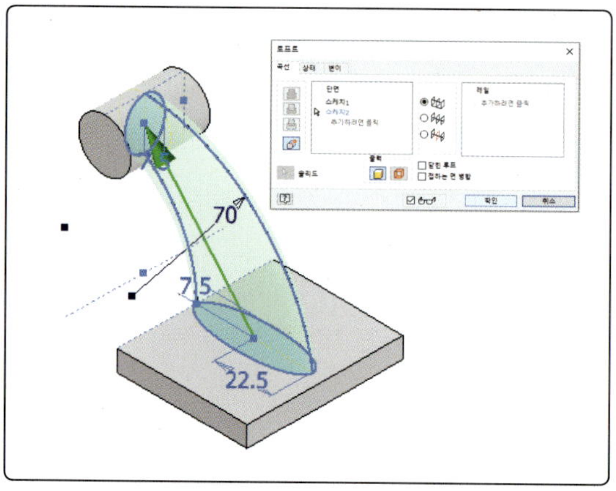

07 다음과 같이 로프트 피처 작성이 완료되었습니다.

05 로프트 명령 본문 예제

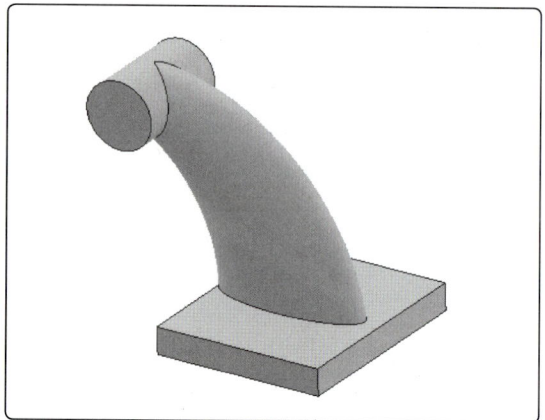

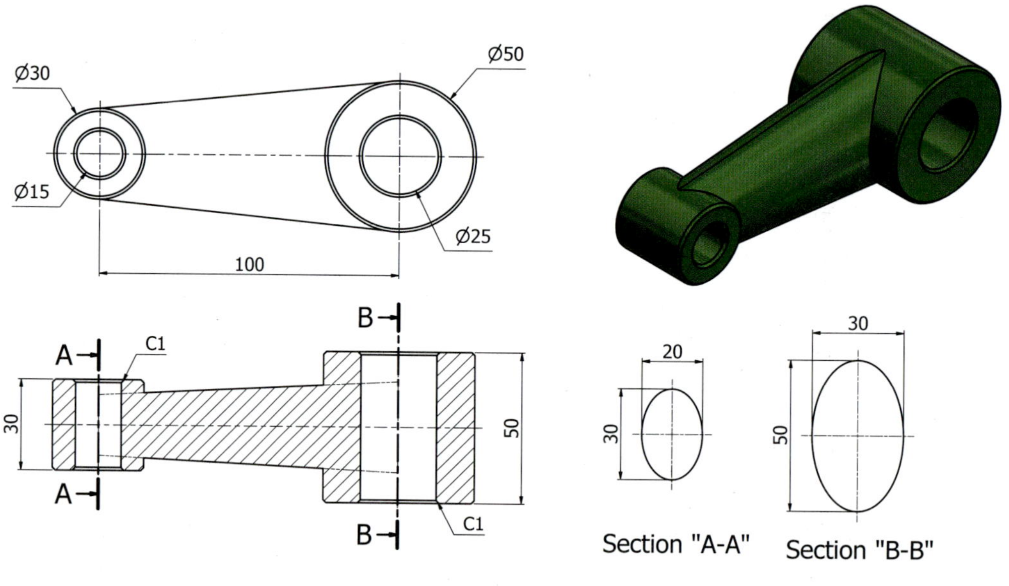

Section "A-A"   Section "B-B"

▶ YouTube
풀이 과정을 유튜브로
확인해 보세요!

01 [돌출] 명령을 실행해 다음과 같이 작성합니다.

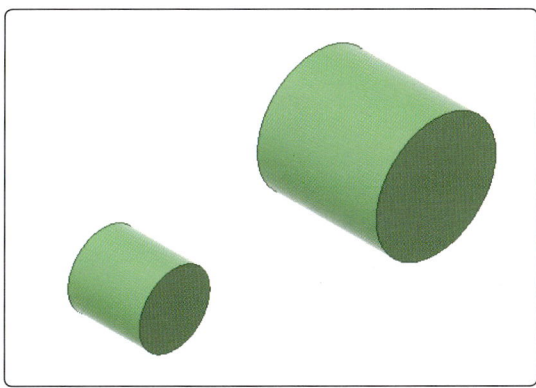

02 [평면] 명령을 실행해 다음 위치에 평면을 작성합니다.

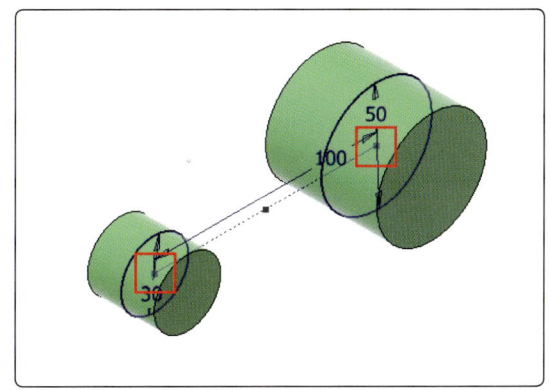

03 작성된 평면에 타원 스케치를 작성합니다.

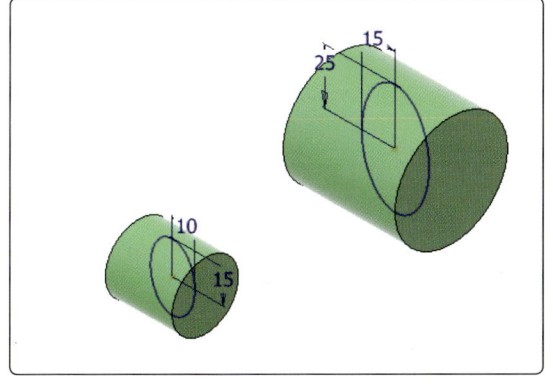

04 [로프트] 명령을 실행해 다음과 같이 작성합니다.

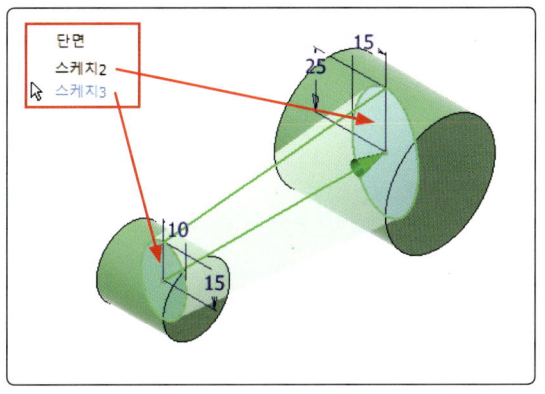

05 [구멍] 명령을 실행해 다음과 같이 작성합니다.

06 [모따기] 명령을 실행해 다음과 같이 작성해 모델 작성을 마무리합니다.

 **연습예제**

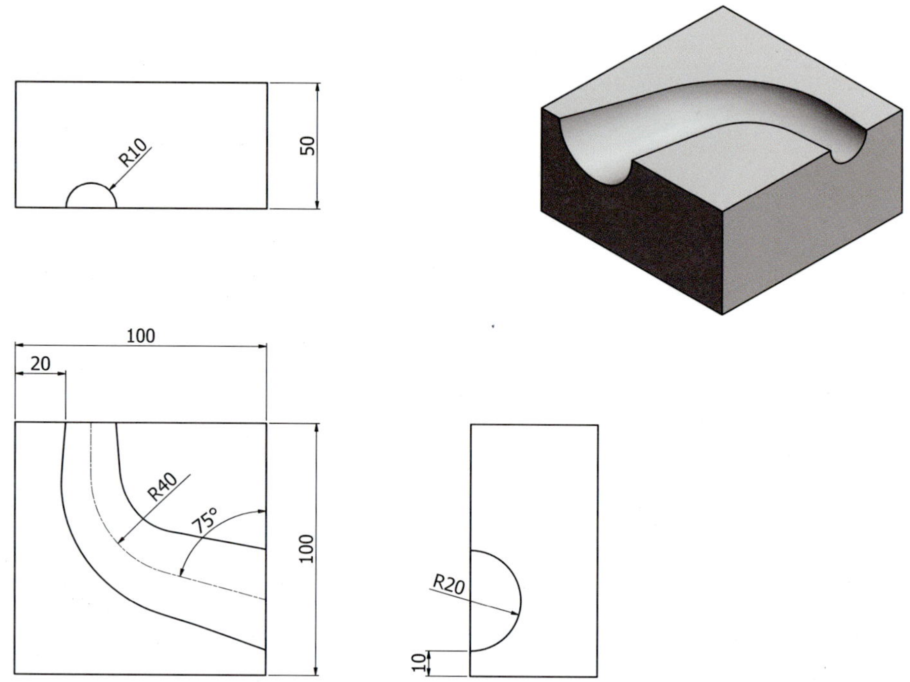

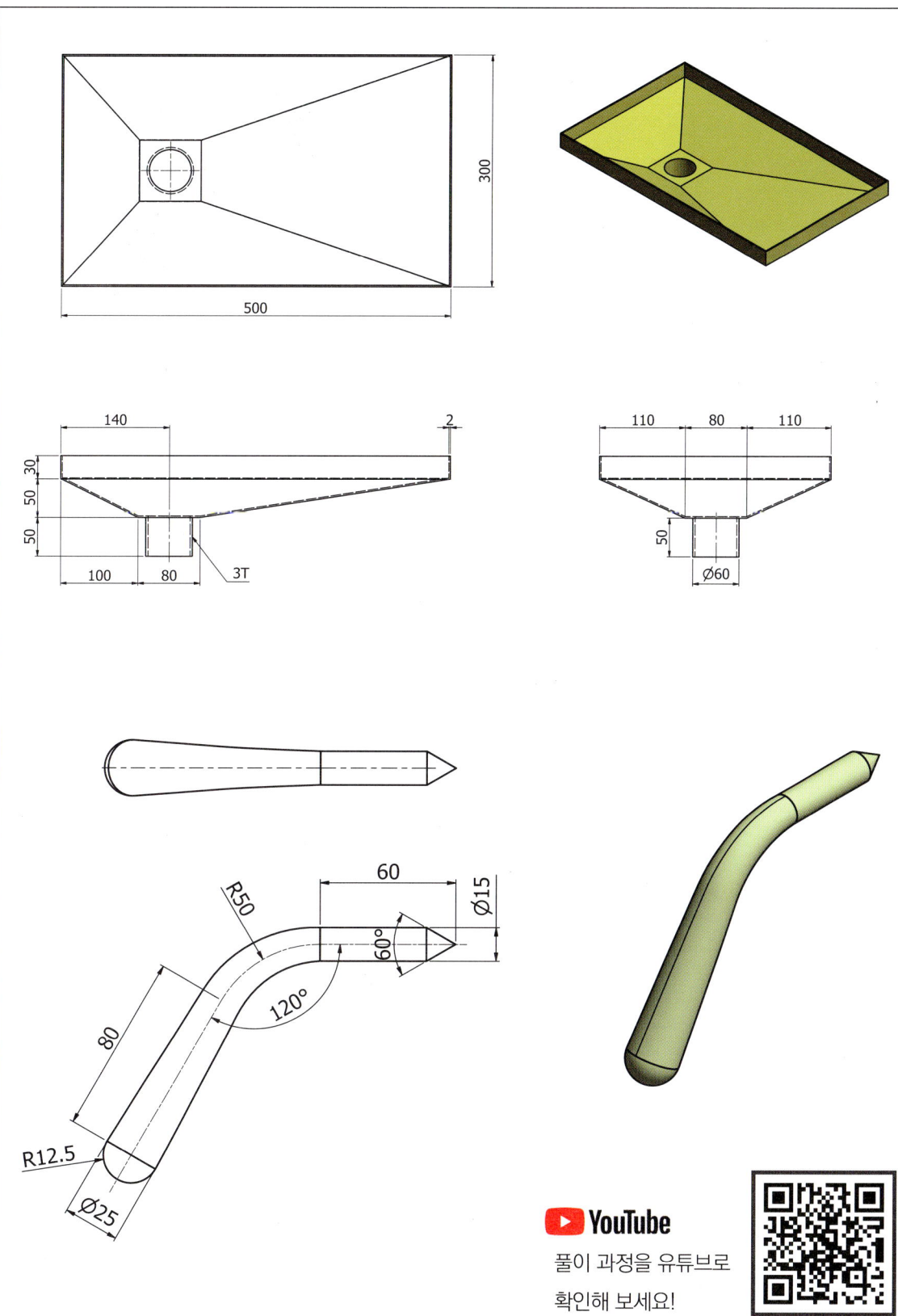

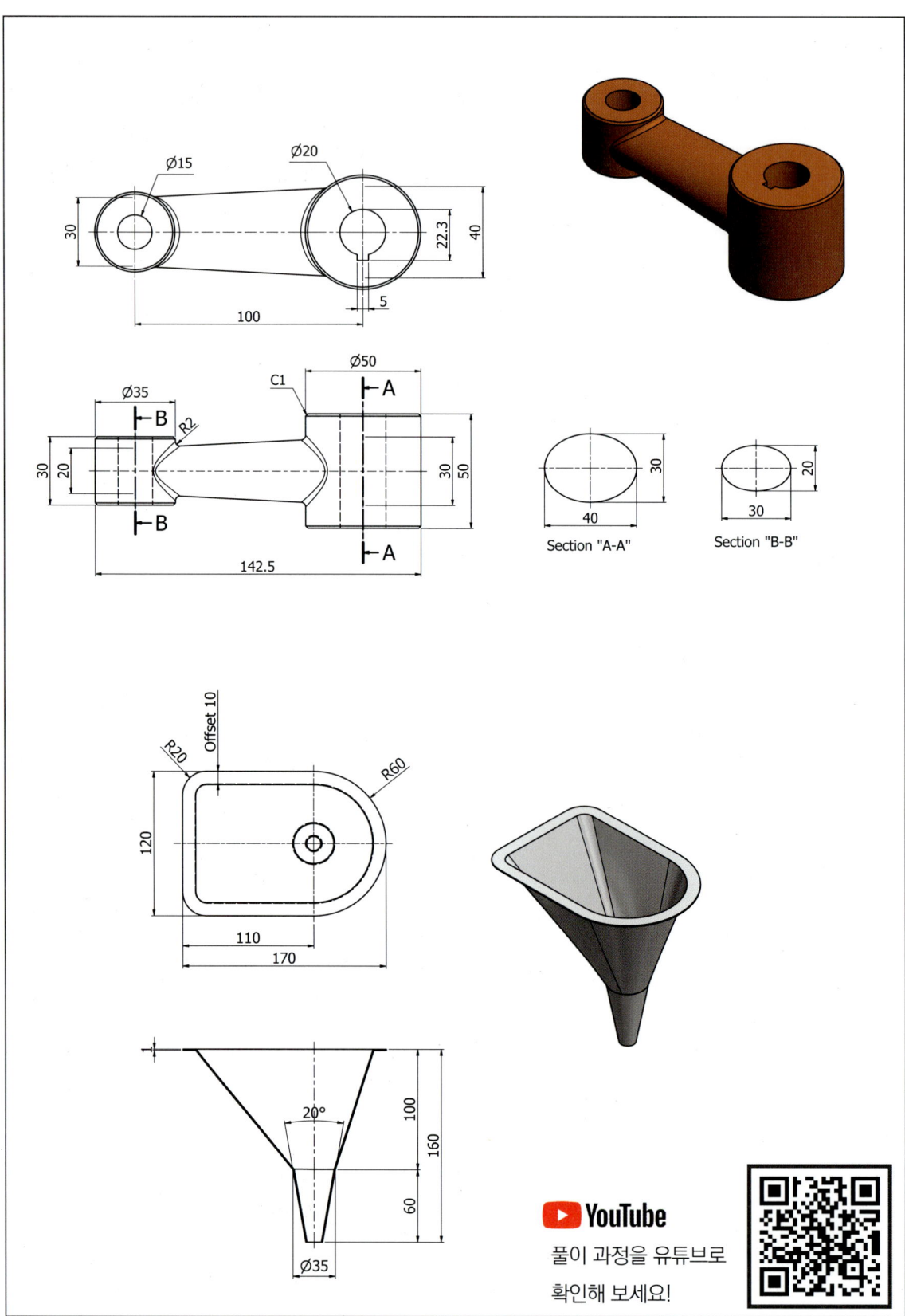

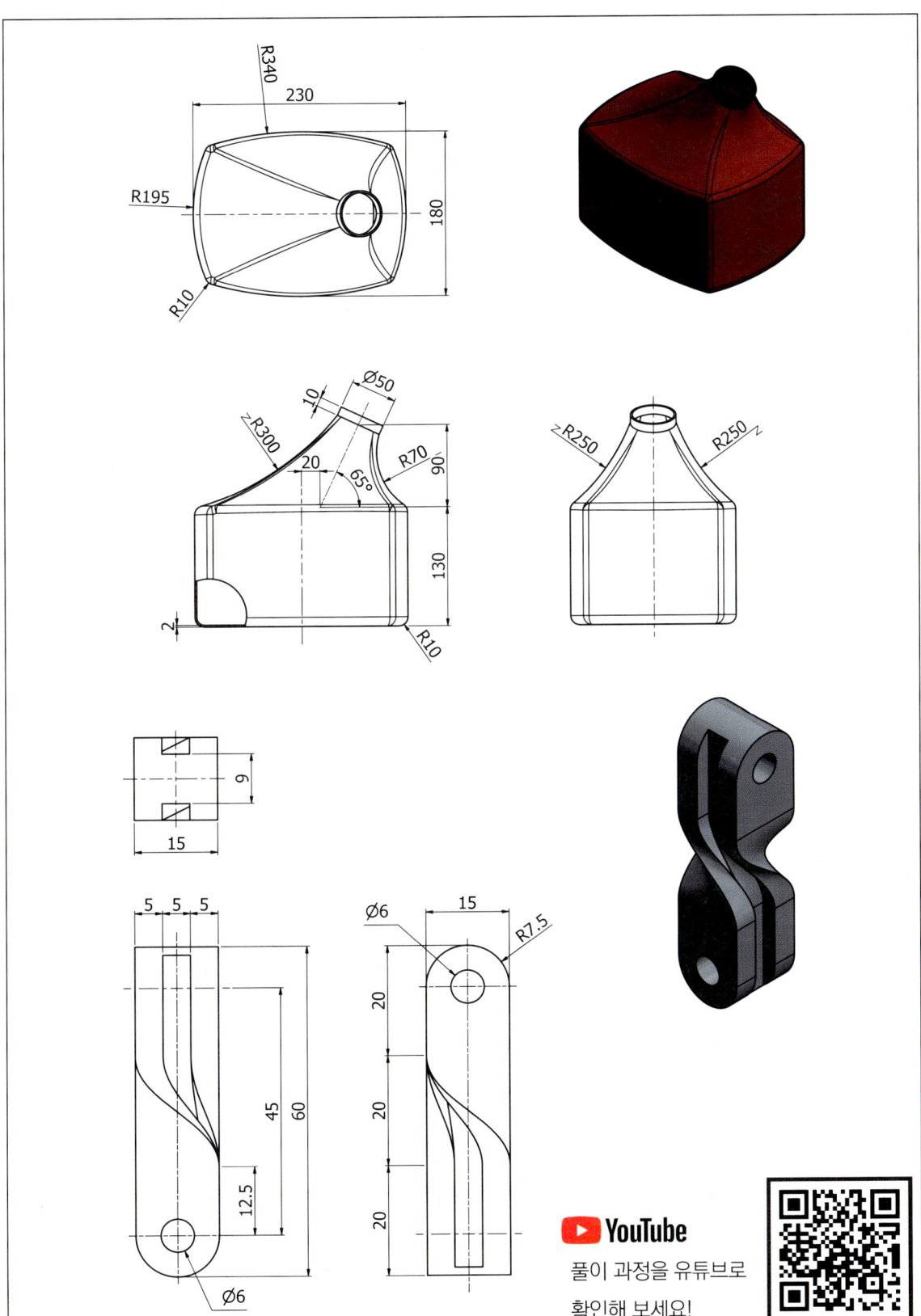

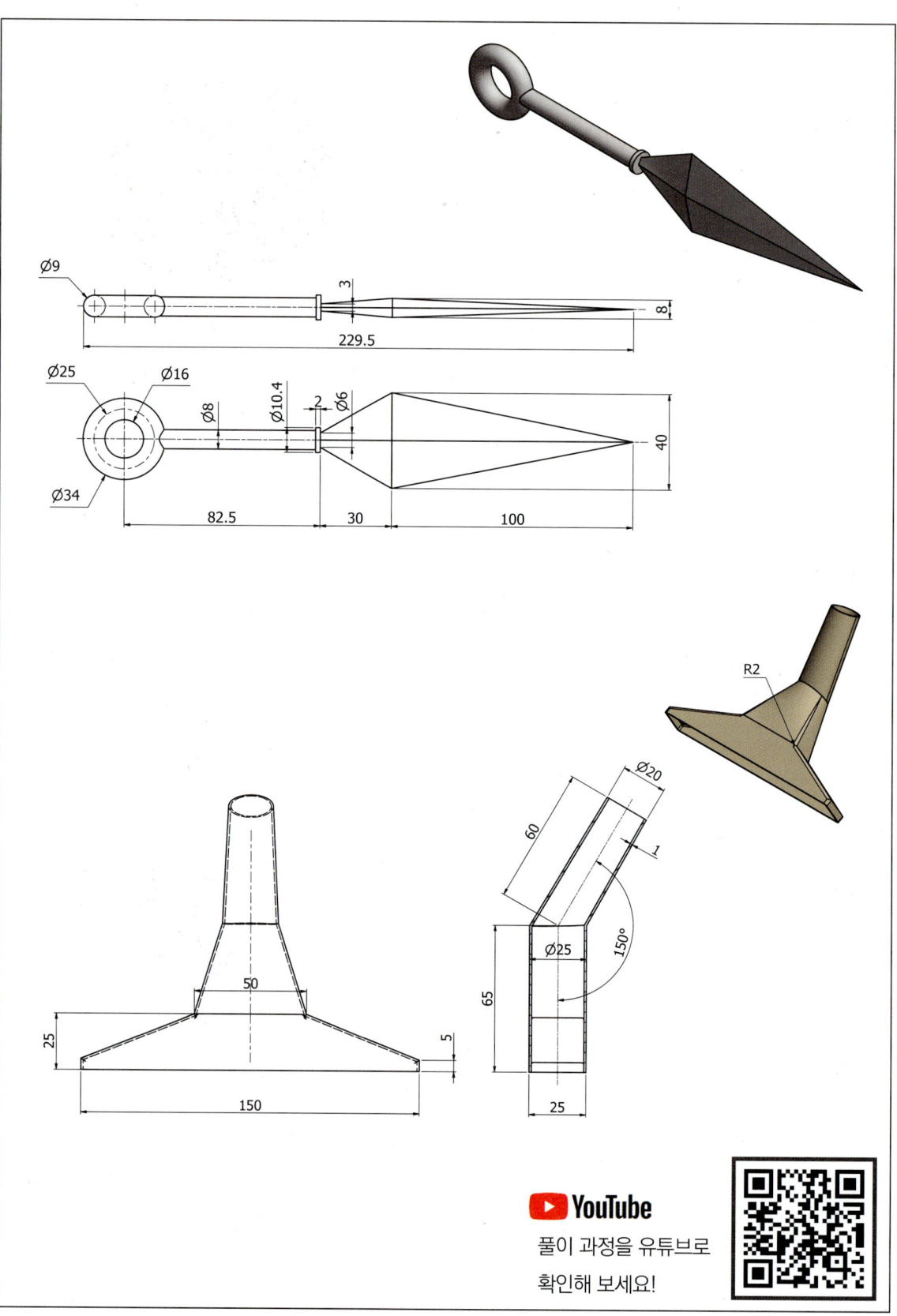

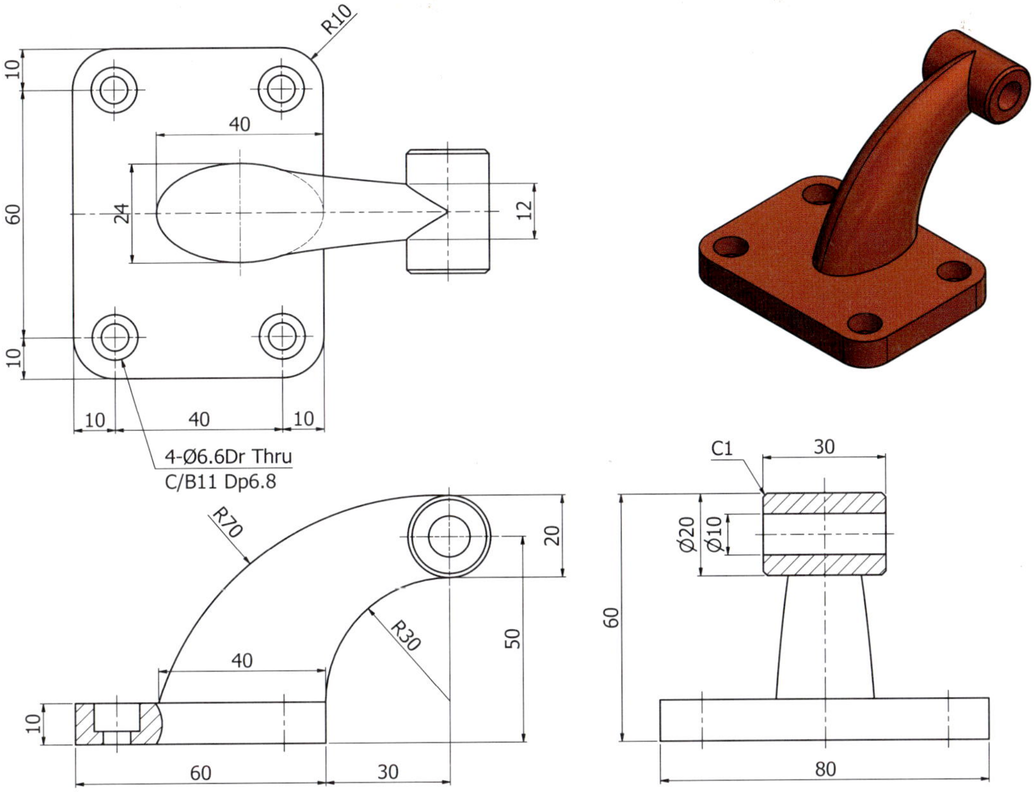

YouTube
풀이 과정을 유튜브로
확인해 보세요!

13 원형 패턴 명령 알아보기

Autodesk Inventor 2022

원형 패턴 명령은 사용자가 작성한 피처, 혹은 솔리드 개체를 중심축을 기준으로 일정한 각도로 원형 배열 복사하는 명령어입니다.

01 원형 패턴 옵션 알아보기

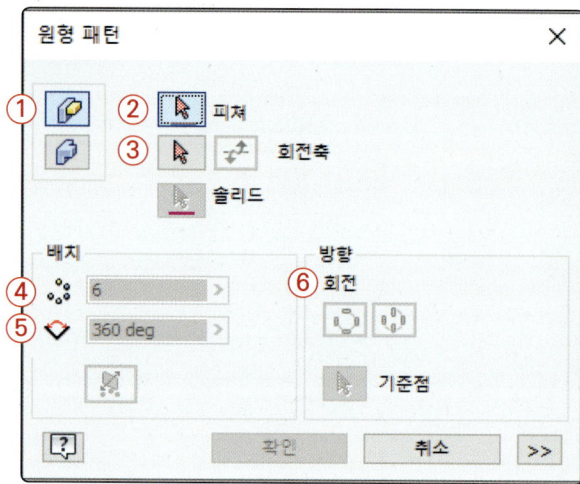

① **패턴 타입** : 피처 패턴과 솔리드 패턴으로 나눕니다.

② **패턴 개체** : 패턴할 개체를 선택합니다. 타입에 따라 선택해야 하는 개체의 속성이 변경됩니다.

③ **회전축** : 패턴의 기준 축을 선택합니다.

④ **패턴 갯수** : 패턴할 갯수를 설정합니다.

⑤ **패턴 각도** : 패턴할 각도를 설정합니다.

⑥ **회전 옵션** : 원형 패턴이 배열되는 형태를 선택합니다.

02 원형 패턴 명령어 익히기 - 피처 패턴

01 [파일] - [열기]를 클릭하여 아래 예제 파일을 엽니다.

■ Part2 - Chapter13 - 원형패턴1.ipt

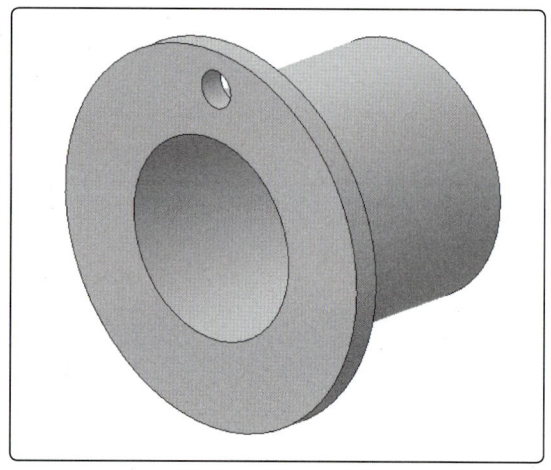

02 [원형 패턴] 명령을 실행해 패턴할 개체를 선택합니다.

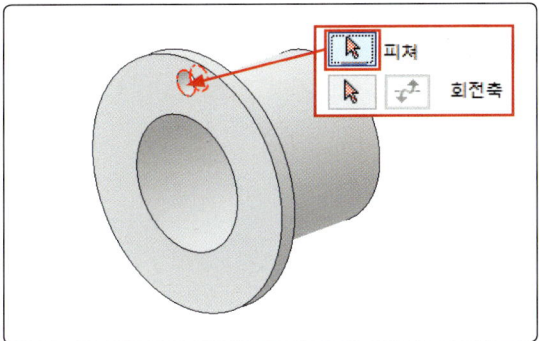

03 [회전축] 버튼을 누른 후 안쪽 원통 모서리를 선택하면 회전축으로 인식됩니다.

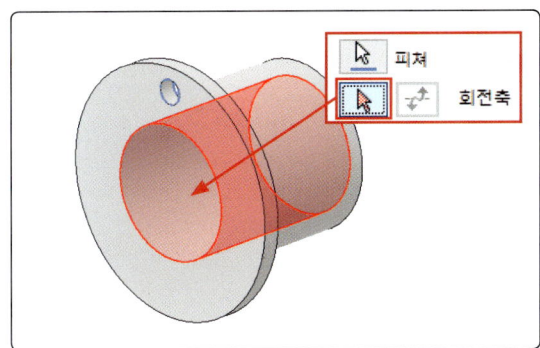

04 패턴 갯수를 [6]으로 입력합니다.

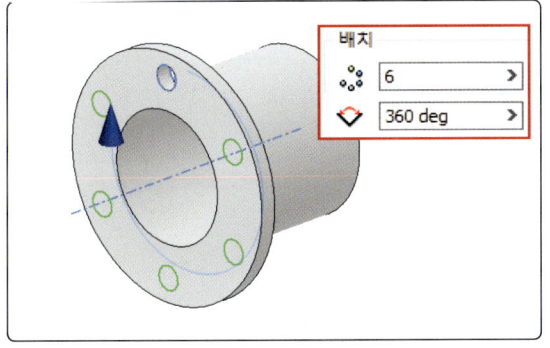

05 확인 버튼을 클릭하면 원형 패턴 피처 작성이 완료됩니다.

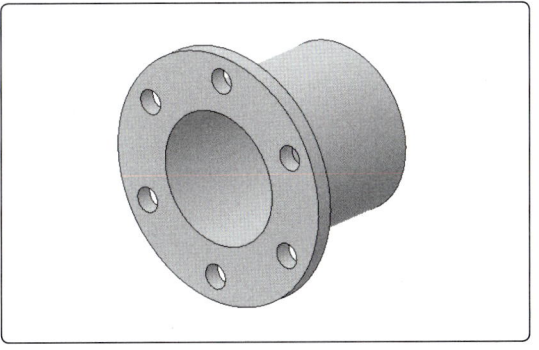

03 원형 패턴 명령어 익히기 – 솔리드 패턴

01 [파일] – [열기]를 클릭하여 아래 예제 파일을 엽니다.

■ Part2 – Chapter13 – 원형패턴2.ipt

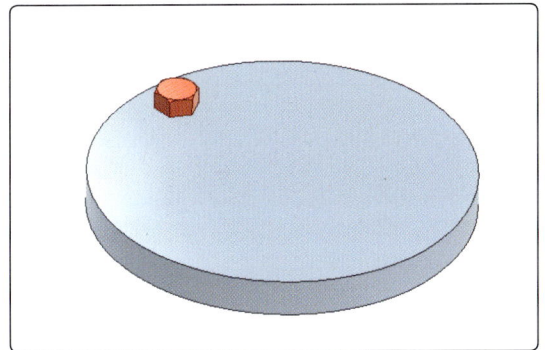

02 [원형 패턴] 명령을 실행해 타입을 [솔리드]로 선택한 후, 다음 솔리드 개체를 선택합니다.

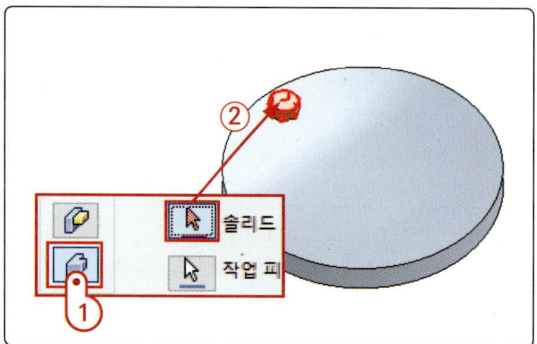

03 [회전축] 버튼을 누른 후 바깥쪽 원통 모서리를 선택하면 회전축으로 인식됩니다.

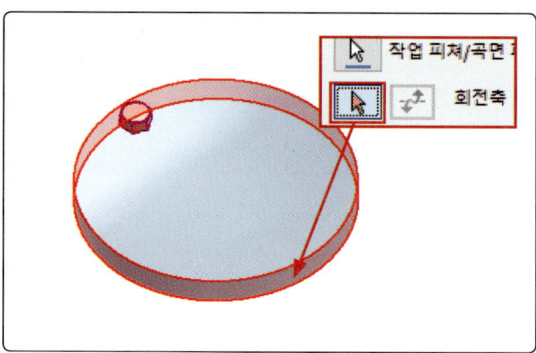

04 패턴 갯수를 [6]으로 입력합니다.

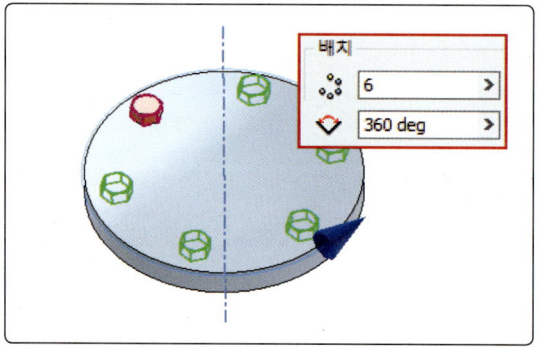

05 확인 버튼을 클릭하면 원형 패턴 피처 작성이 완료됩니다.

04 원형 패턴 명령 본문 예제

YouTube
풀이 과정을 유튜브로
확인해 보세요!

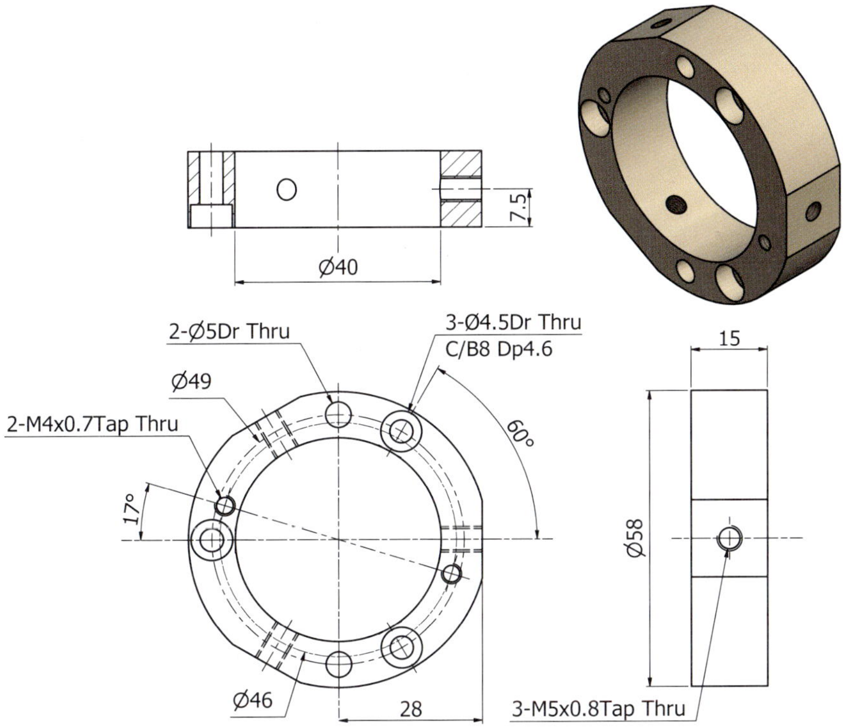

01 정면도에 스케치를 작성한 후, [돌출] 명령을 실행해 높이를 [15]로 입력합니다.

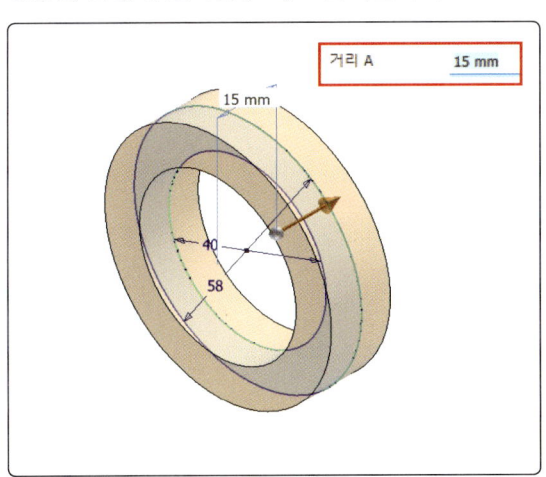

02 모델면에 스케치를 작성해 [돌출] 명령으로 다음과 같이 작성합니다.

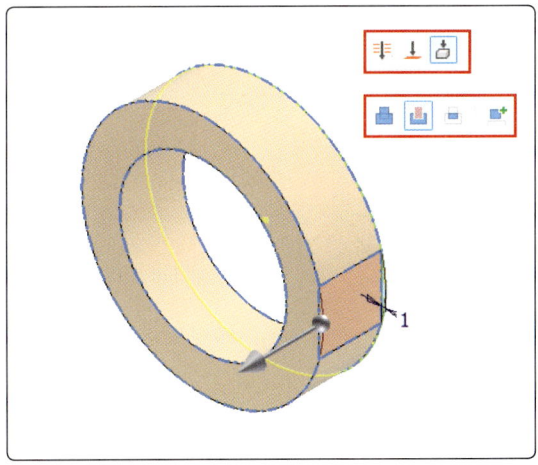

03 모델면에 스케치를 작성하고 [구멍] 명령을 실행해 다음과 같이 작성합니다.

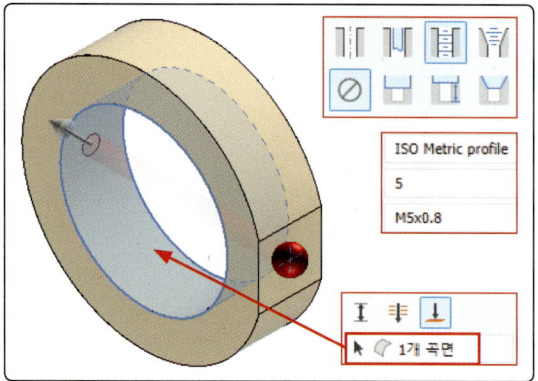

04 모델면에 스케치를 작성하고 [구멍] 명령을 실행해 다음과 같이 작성합니다.

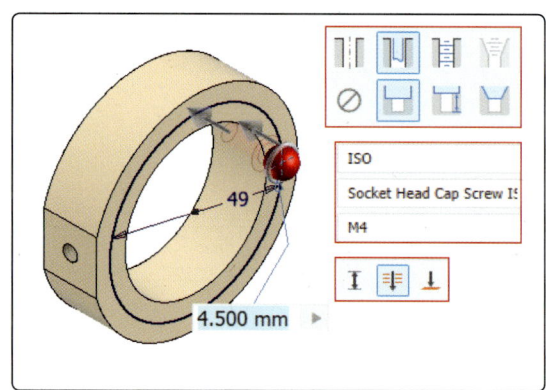

05 [원형 패턴] 명령을 실행해 다음과 같이 작성합니다.

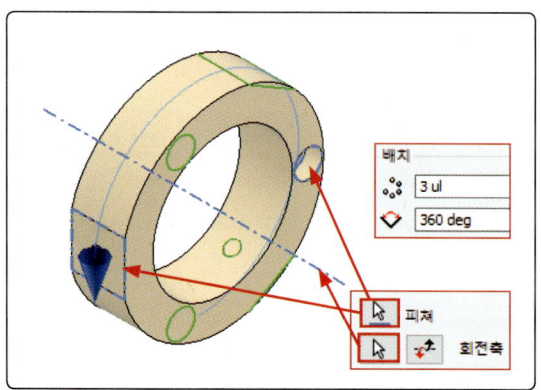

06 모델면에 스케치를 작성하고 [구멍] 명령을 실행해 다음과 같이 작성합니다.

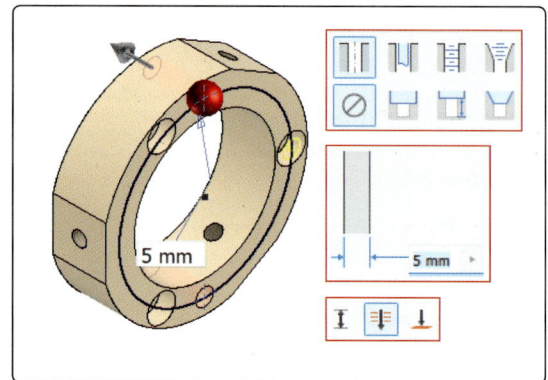

07 모델면에 스케치를 작성하고 [구멍] 명령을 실행해 다음과 같이 작성합니다.

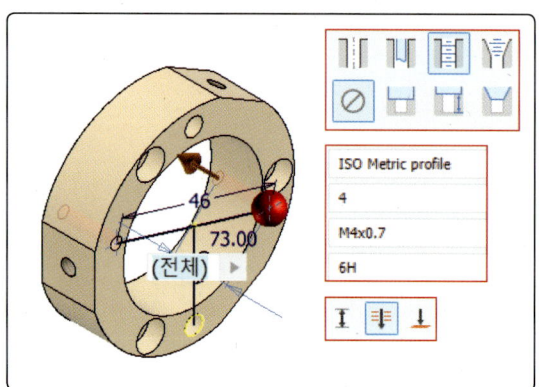

08 다음과 같이 부품 작성이 완료되었습니다.

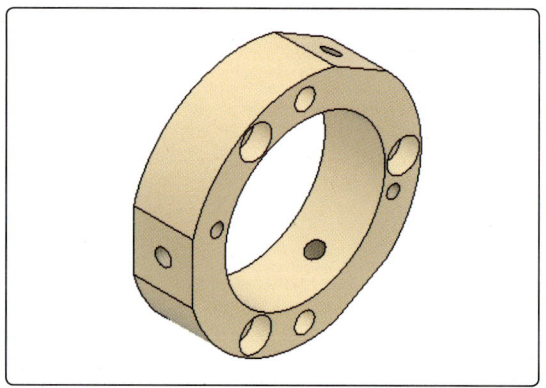

연습예제

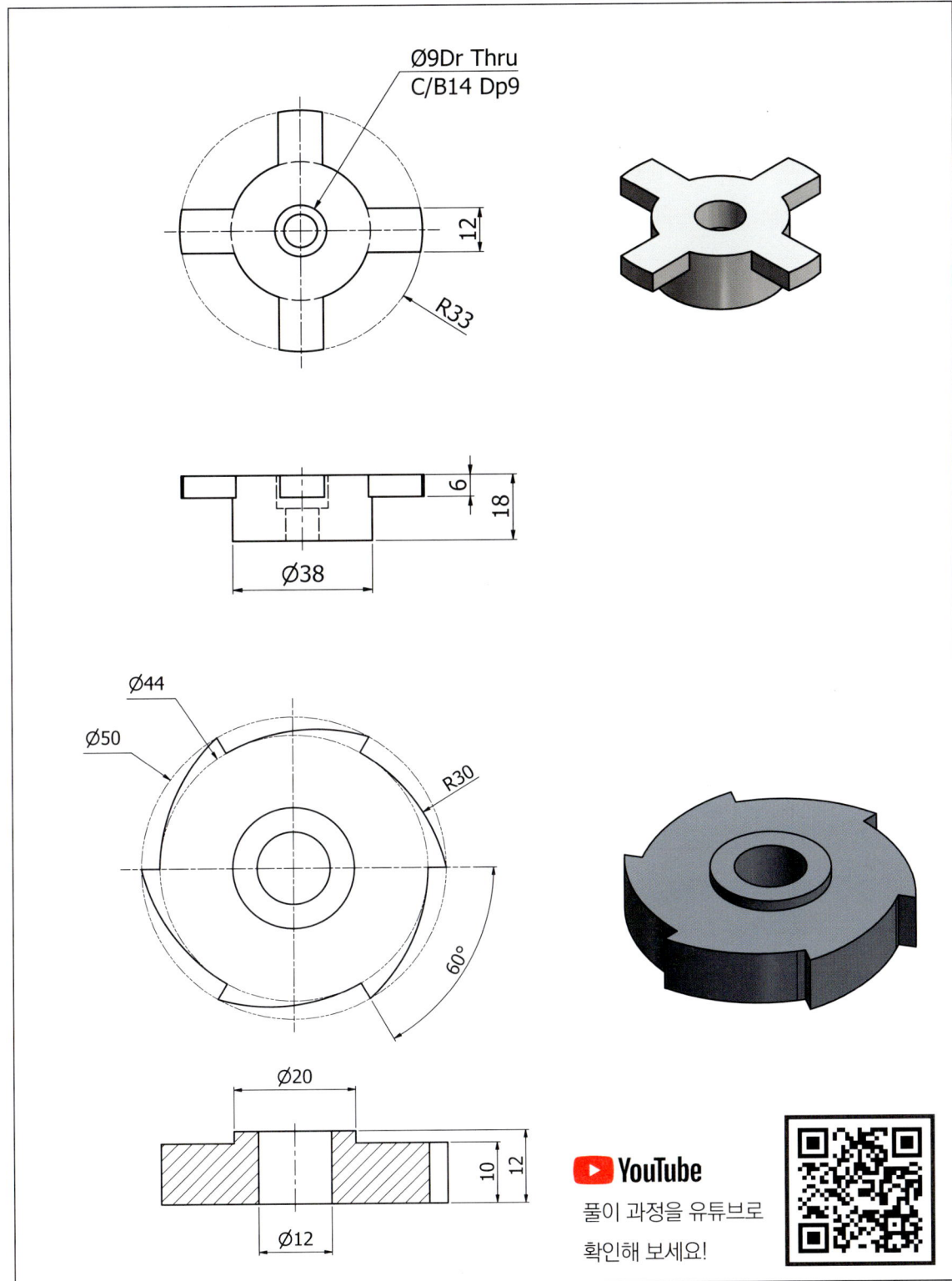

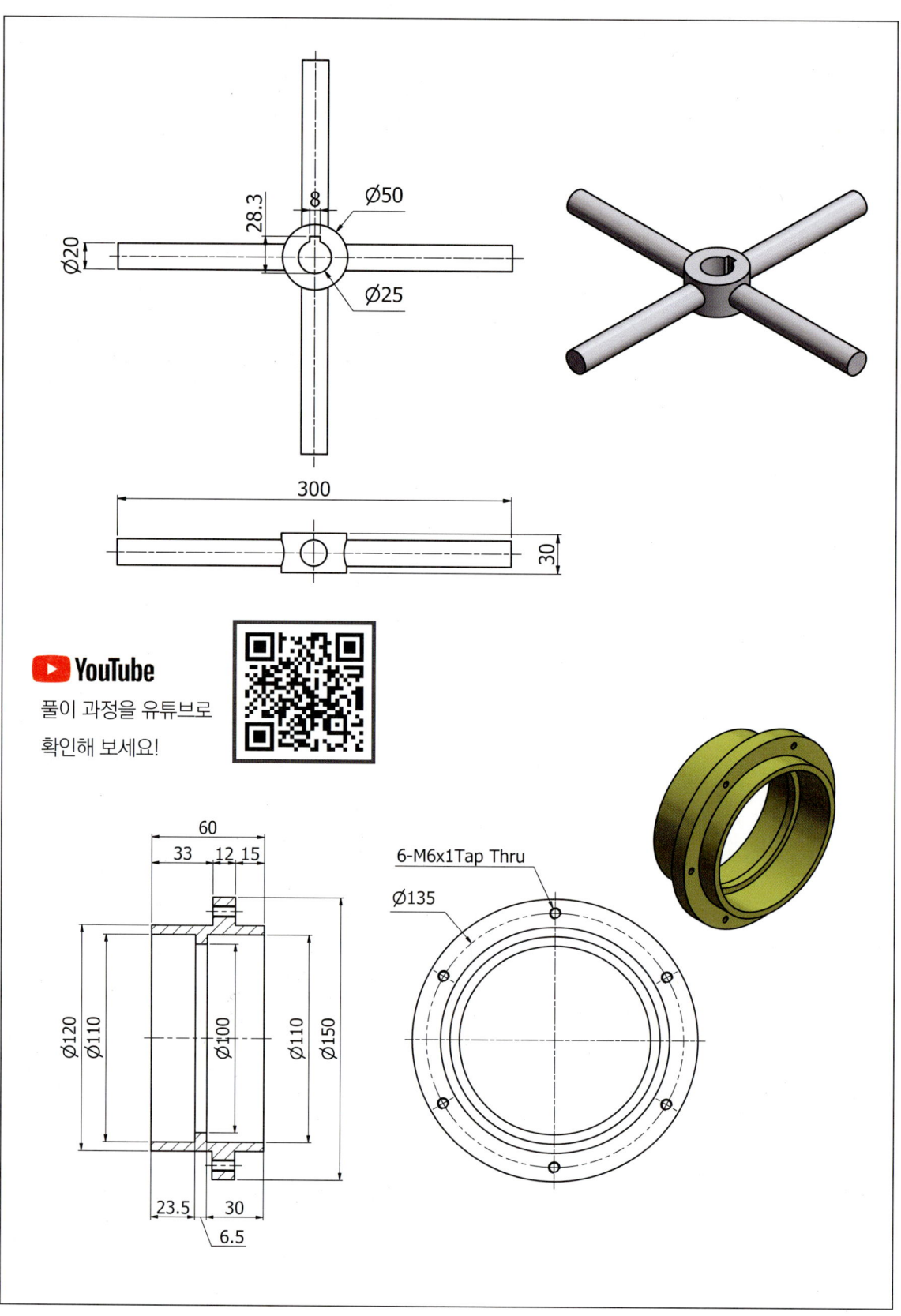

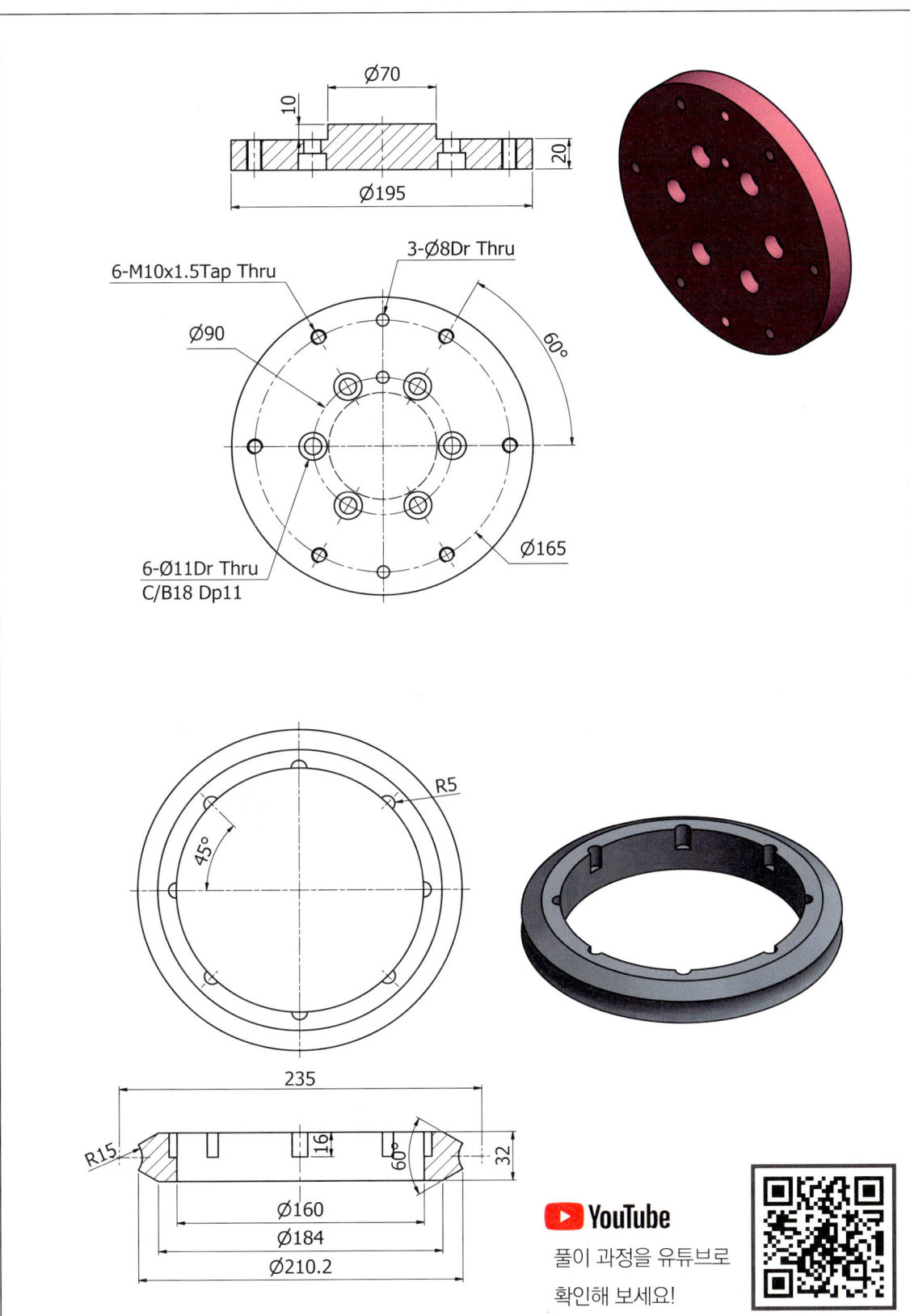

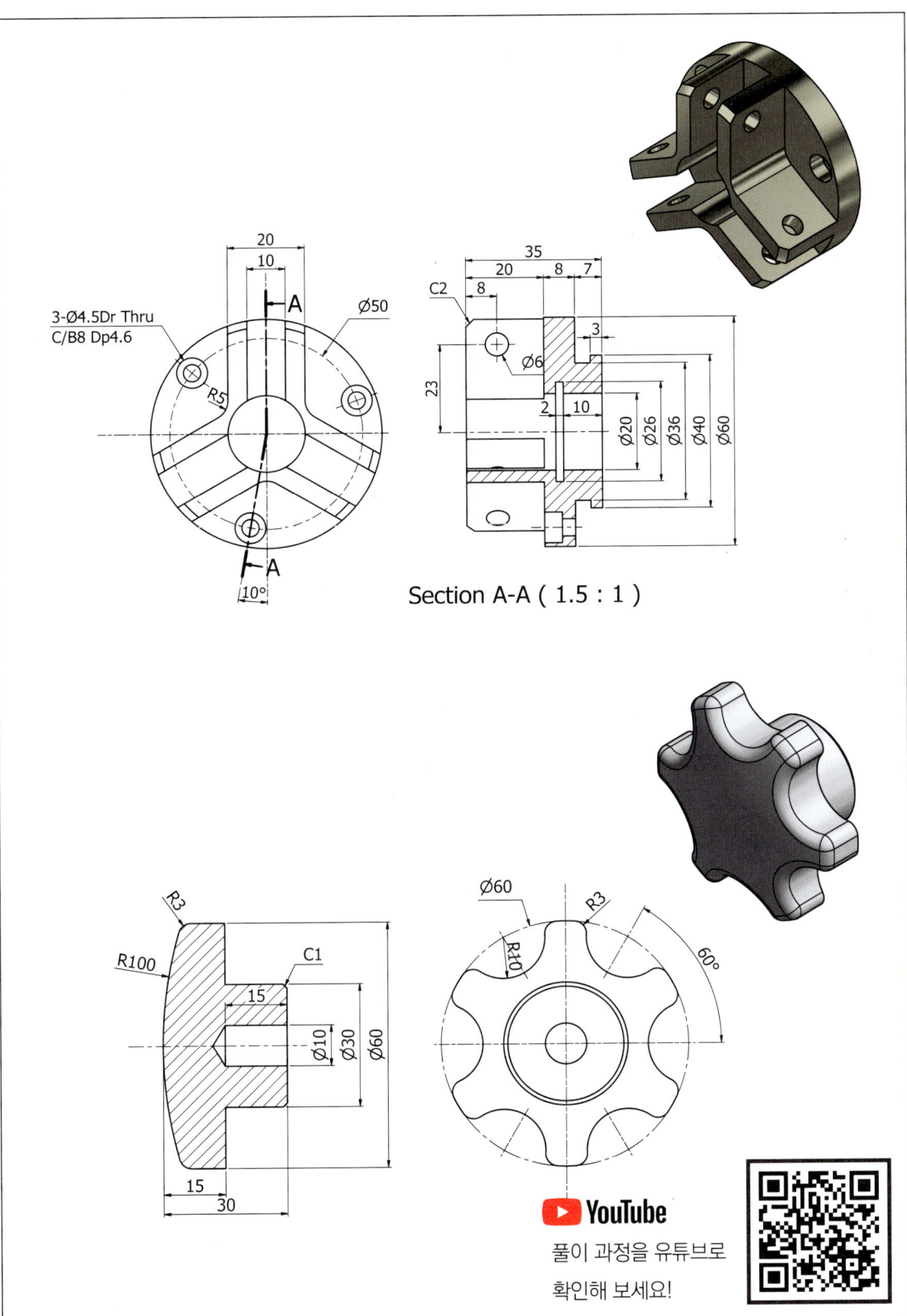

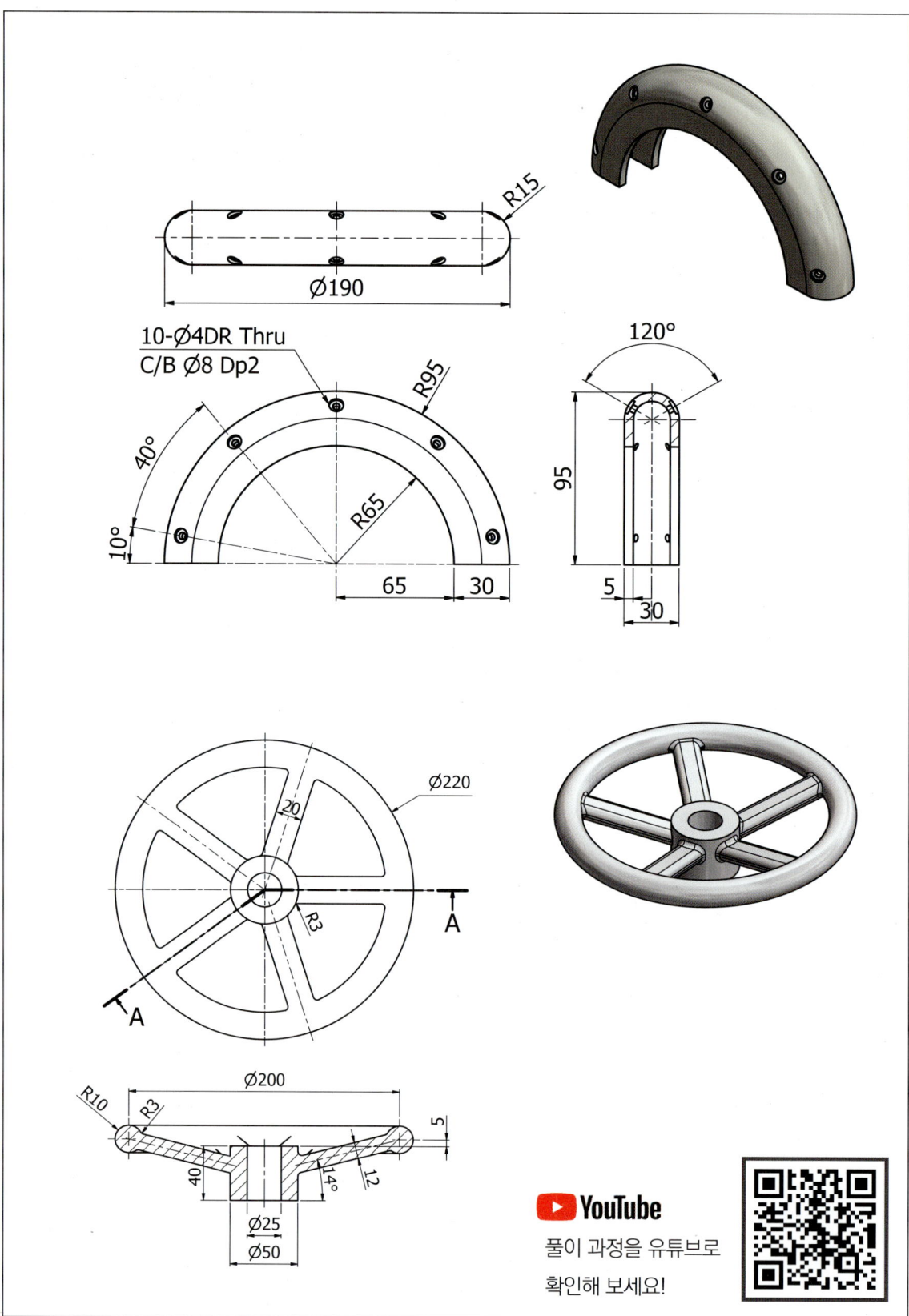

스퍼기어 요목표	
기어치형	표준
공구 모듈	2
공구 치형	보통이
공구 압력각	20°
전체 이 높이	4.5
피치원 지름	Ø68
잇 수	34

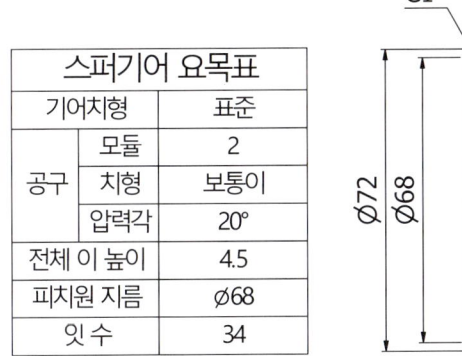
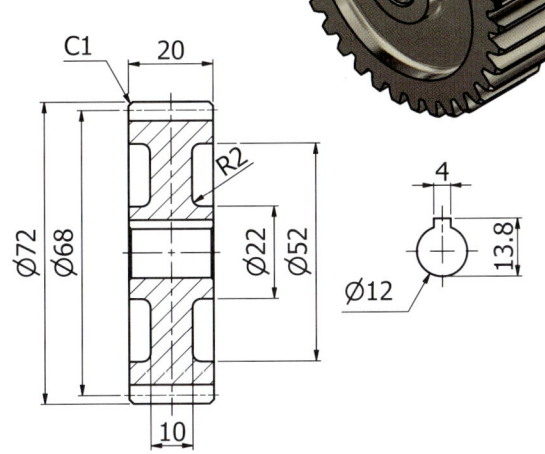
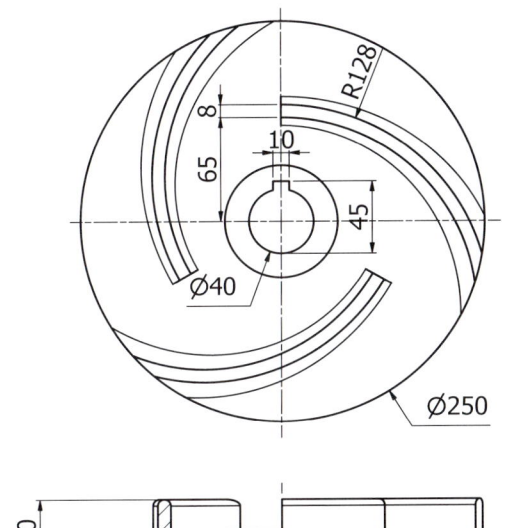
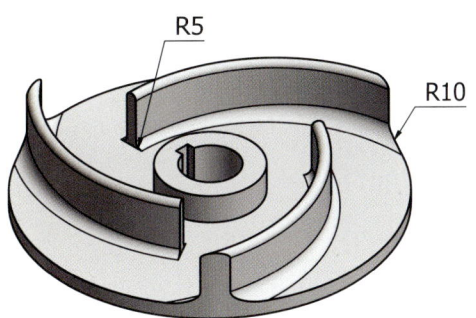
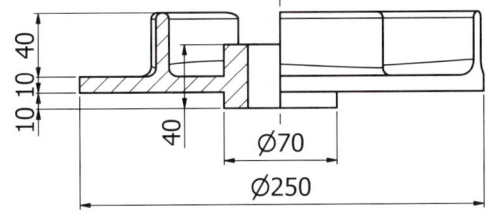

풀이 과정을 유튜브로
확인해 보세요!

14 직사각형 패턴 명령 알아보기

Autodesk Inventor 2022

직사각형 패턴 명령은 사용자가 작성한 피처, 혹은 솔리드 개체를 일정한 거리만큼 지정한 갯수대로 배열복사되는 명령어입니다.

01 직사각형 패턴 옵션 알아보기

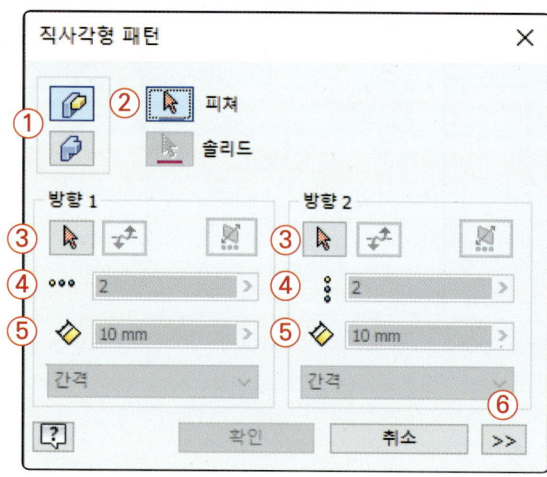

❶ **패턴 타입** : 피처 패턴과 솔리드 패턴으로 나뉩니다.

❷ **패턴 개체** : 패턴할 개체를 선택합니다. 타입에 따라 선택해야 하는 개체의 속성이 변경됩니다.

❸ **방향** : 패턴할 방향을 선택합니다.

❹ **패턴 갯수** : 패턴할 갯수를 설정합니다.

❺ **패턴 거리** : 패턴할 거리를 설정합니다.

❻ **확장** : 직사각형 패턴의 확장 옵션을 표시합니다.

02 직사각형 패턴 명령어 익히기 - 피처 패턴

01 [파일] - [열기]를 클릭하여 아래 예제 파일을 엽니다.

■ Part2 - Chapter14 - 직사각형 패턴1.ipt

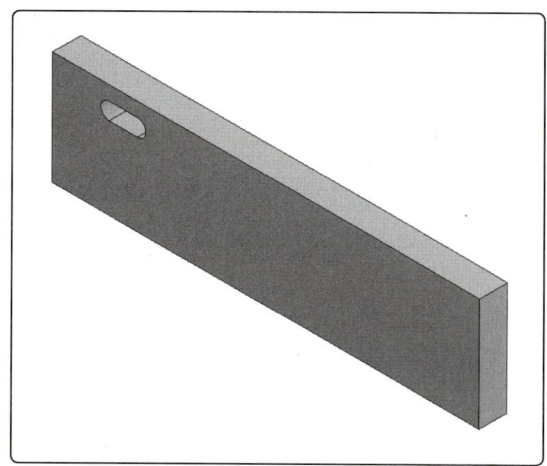

02 [직사각형 패턴] 명령을 실행해 패턴할 피처를 선택합니다.

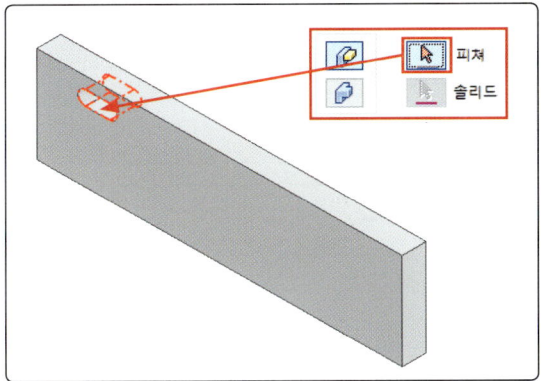

03 [방향1]의 모서리를 선택해 방향을 지정합니다.

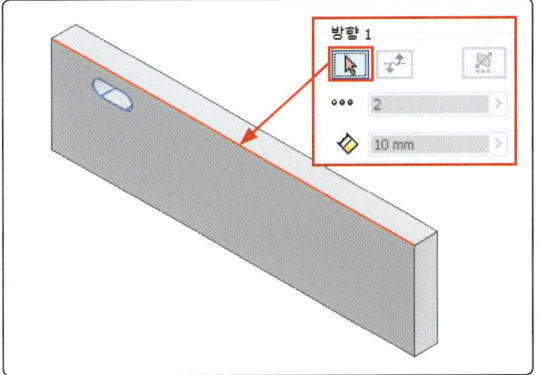

04 패턴 갯수를 [4], 거리를 [30]으로 입력합니다.

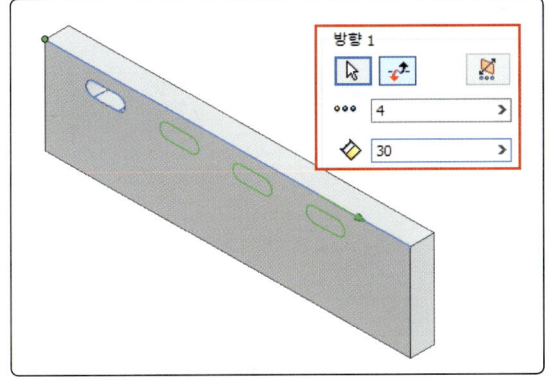

05 [방향2]의 모서리를 선택해 방향을 지정합니다.

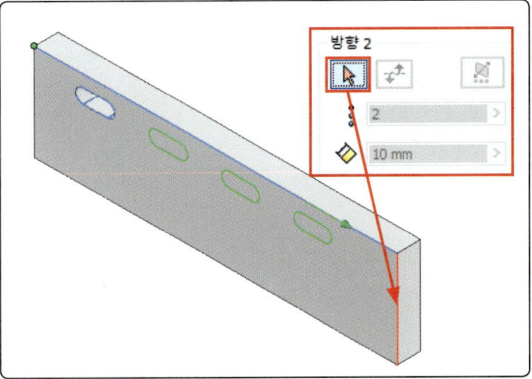

06 패턴 갯수를 [2], 거리를 [15]으로 입력합니다.

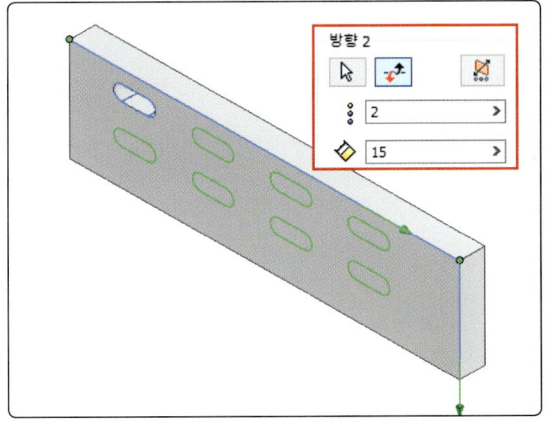

07 확인 버튼을 클릭하면 직사각형 패턴 피처 작성이 완료됩니다.

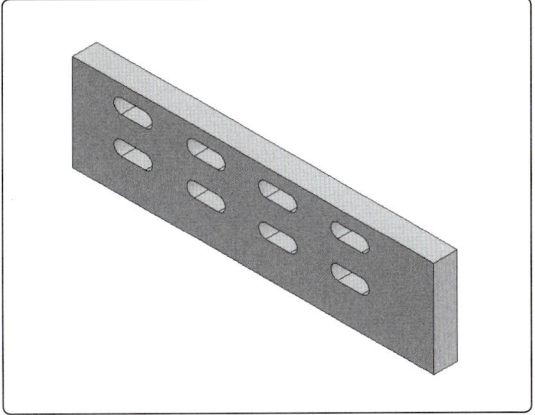

03 직사각형 패턴 명령어 익히기 – 경로 이용 패턴

01 [파일] – [열기]를 클릭하여 아래 예제 파일을 엽니다.

■ Part2 – Chapter14 – 직사각형 패턴2.ipt

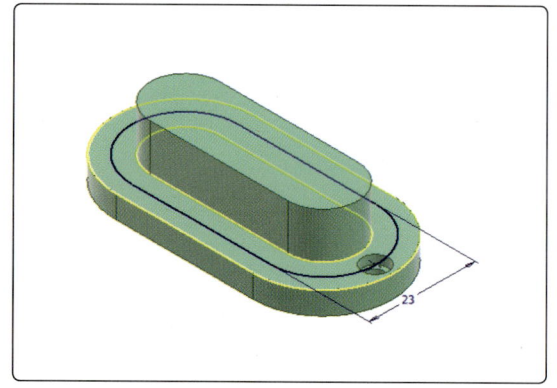

02 [직사각형 패턴] 명령을 실행해 패턴할 피처를 선택합니다.

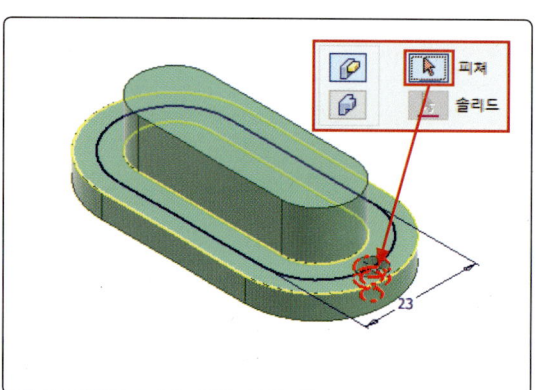

03 [방향1]에 쓰기 위해 다음 스케치 선을 선택합니다.

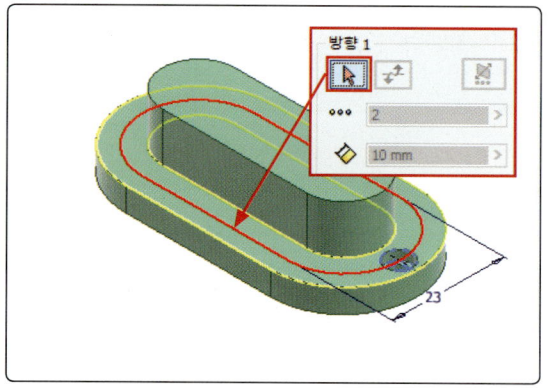

04 확장 버튼을 클릭해 추가 옵션을 표시합니다.

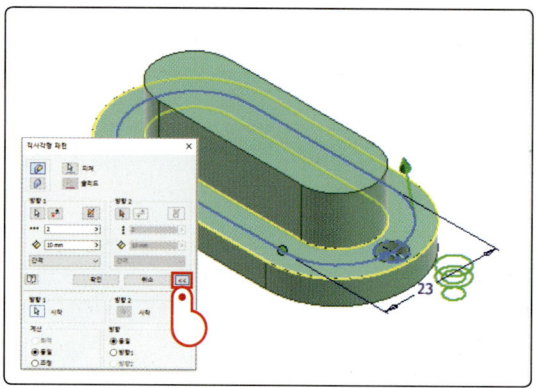

05 간격 옵션을 [곡선 길이]로 변경합니다.

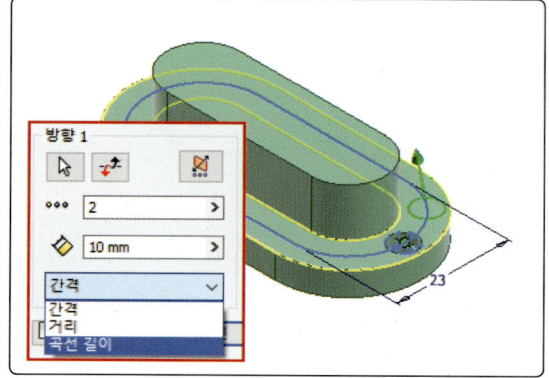

06 방향 옵션을 [방향1]로 선택하고 갯수를 [6]으로 입력합니다.

07 확인 버튼을 클릭하면 곡선이용 패턴 피처 작성이 완료됩니다.

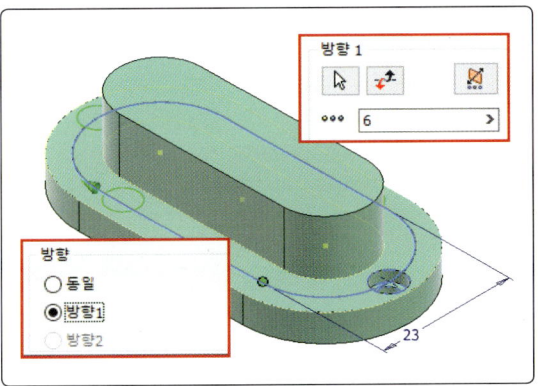
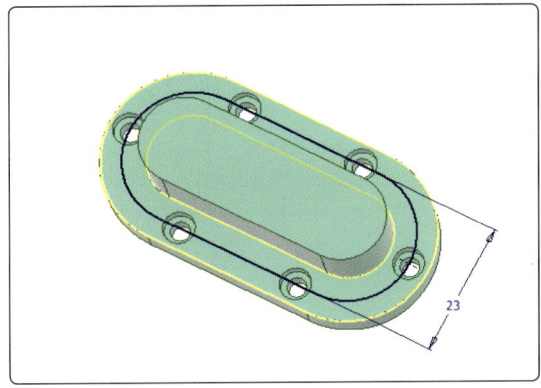

04 직사각형 패턴 명령어 익히기 - 솔리드 패턴

01 [파일] - [열기]를 클릭하여 아래 예제 파일을 엽니다.

■ Part2 - Chapter14 - 직사각형 패턴3.ipt

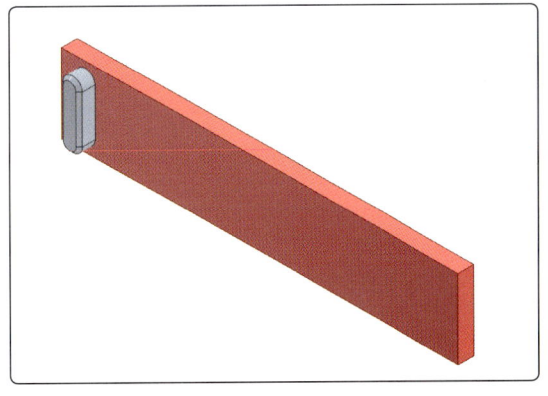

02 [직사각형 패턴] 명령을 실행해 타입을 [솔리드]로 선택한 후, 다음 솔리드 개체를 선택합니다.

03 [방향1]에 쓰기 위해 다음 면을 선택합니다.

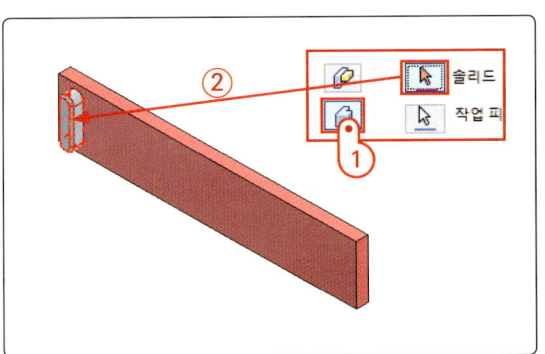
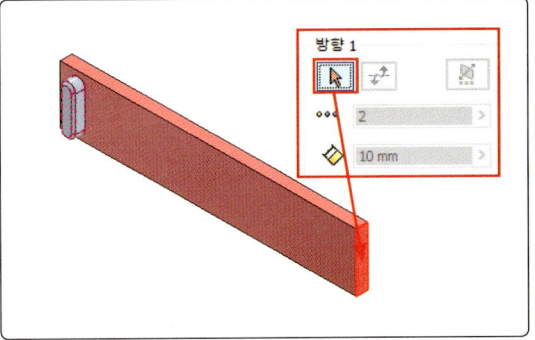

04 패턴 갯수를 [8], 거리를 [30]으로 입력합니다.

05 확인 버튼을 클릭하면 직사각형 패턴 피처 작성이 완료됩니다.

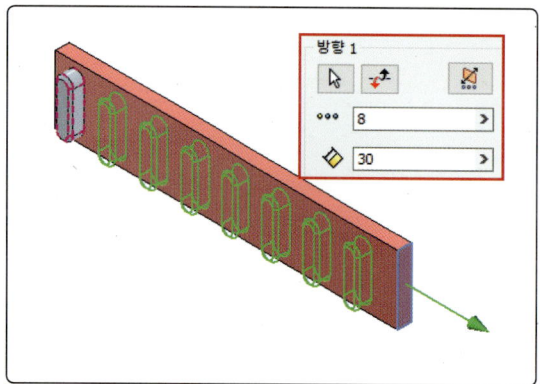

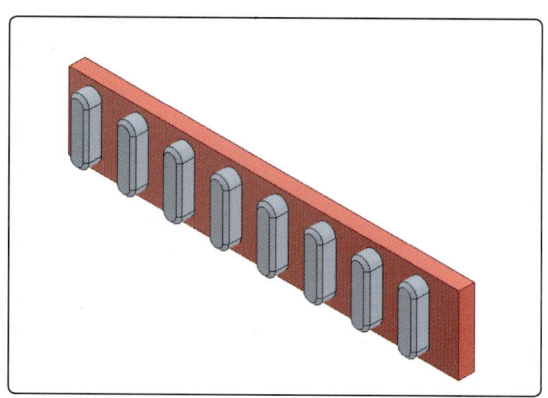

05 직사각형 패턴 명령 본문 예제

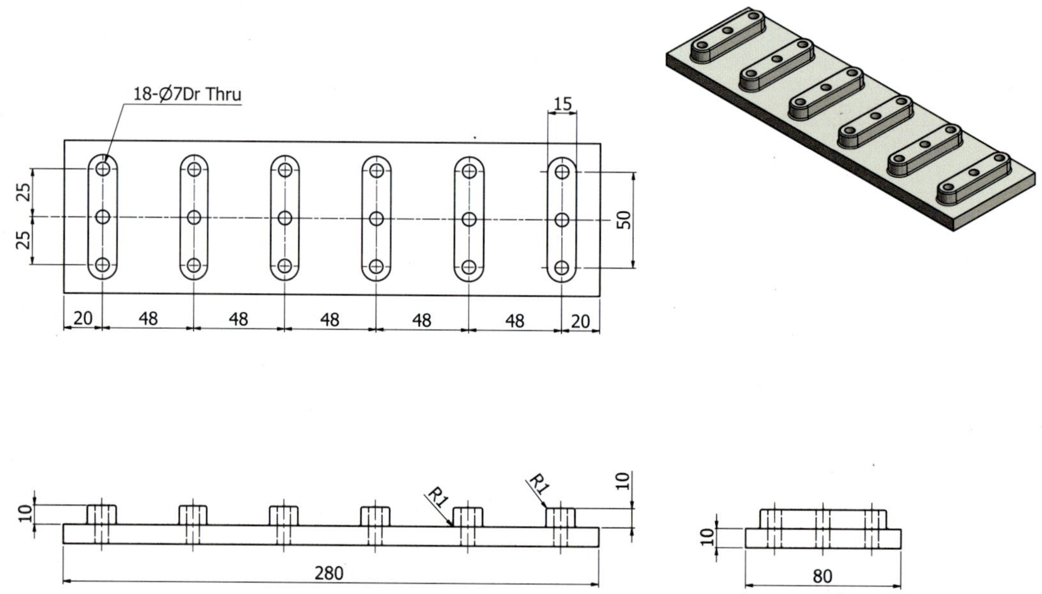

▶ YouTube
풀이 과정을 유튜브로
확인해 보세요!

01 정면도에 스케치를 작성한 후, [돌출] 명령을 실행해 높이를 [10]으로 입력합니다.

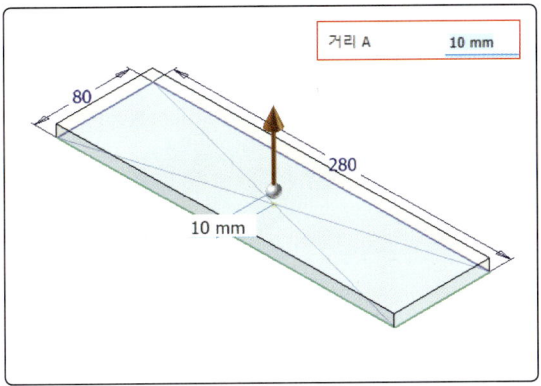

02 모델면에 스케치를 작성해 [돌출] 명령으로 다음과 같이 작성합니다.

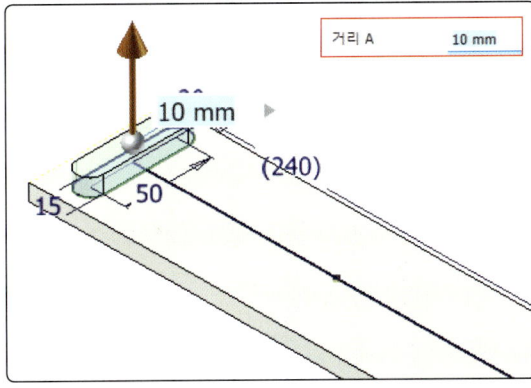

03 모델면에 스케치를 작성하고 [구멍] 명령을 실행해 다음과 같이 작성합니다.

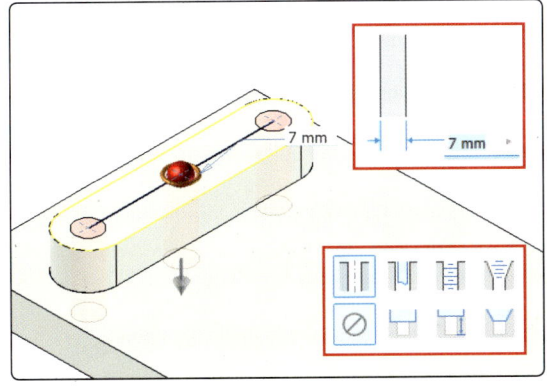

04 [모깎기] 명령을 실행해 다음과 같이 작성합니다.

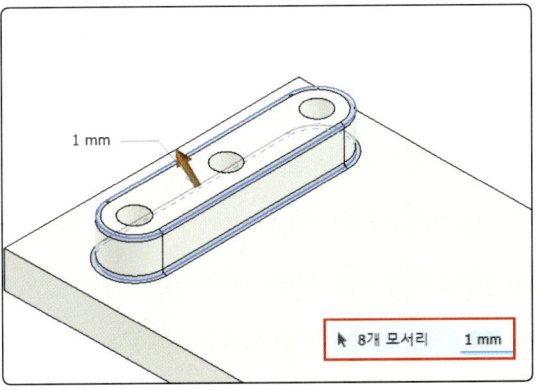

05 [직사각형 패턴] 명령을 실행해 다음과 같이 작성합니다.

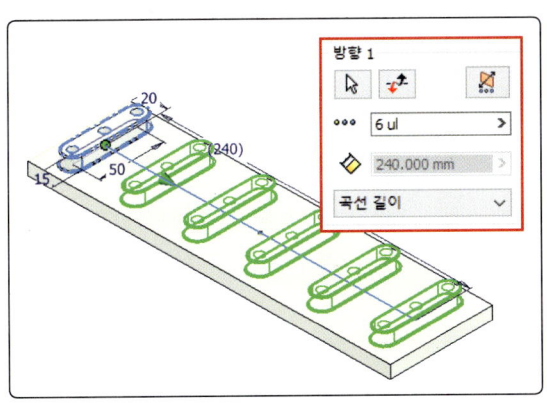

06 다음과 같이 부품 작성이 완료되었습니다.

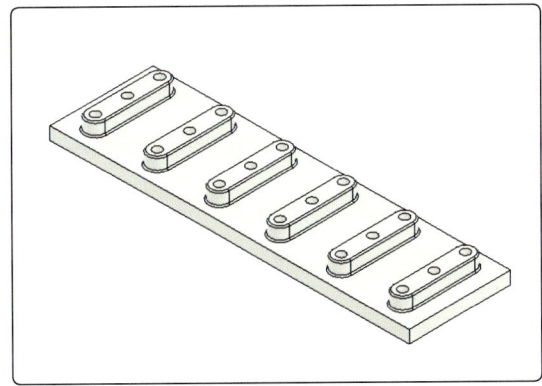

 **연습예제**

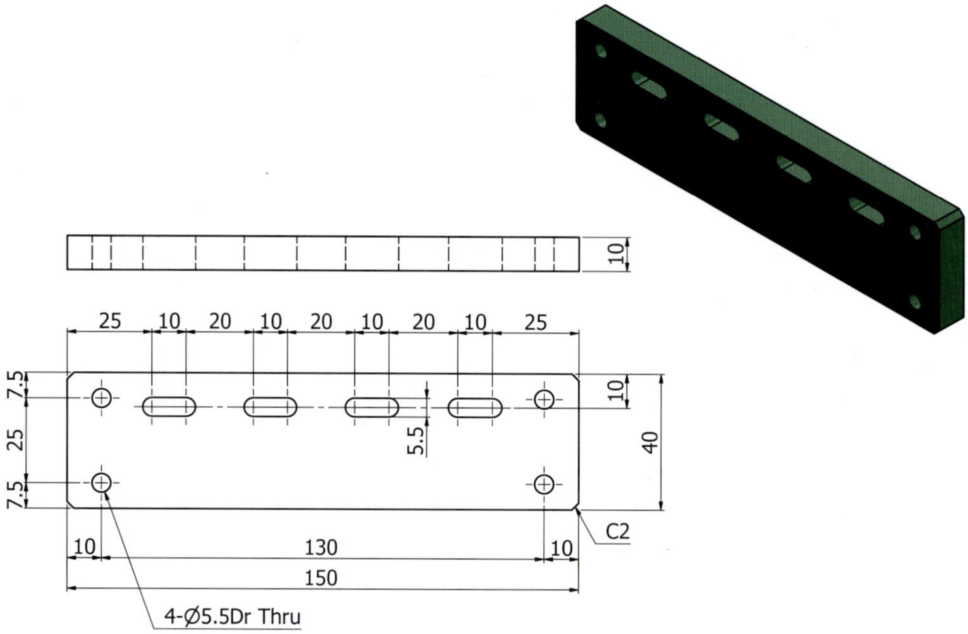

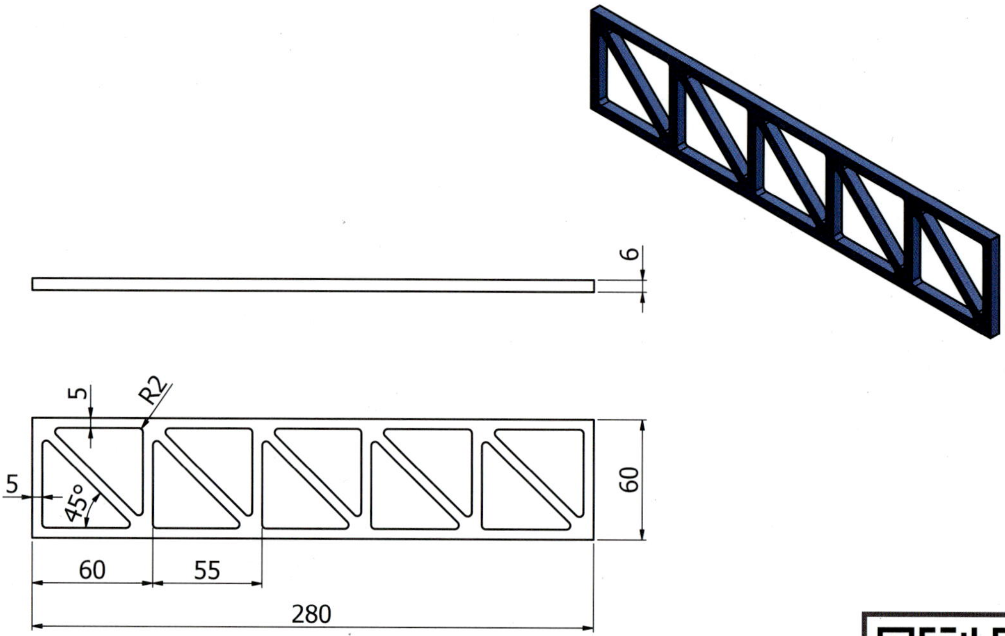

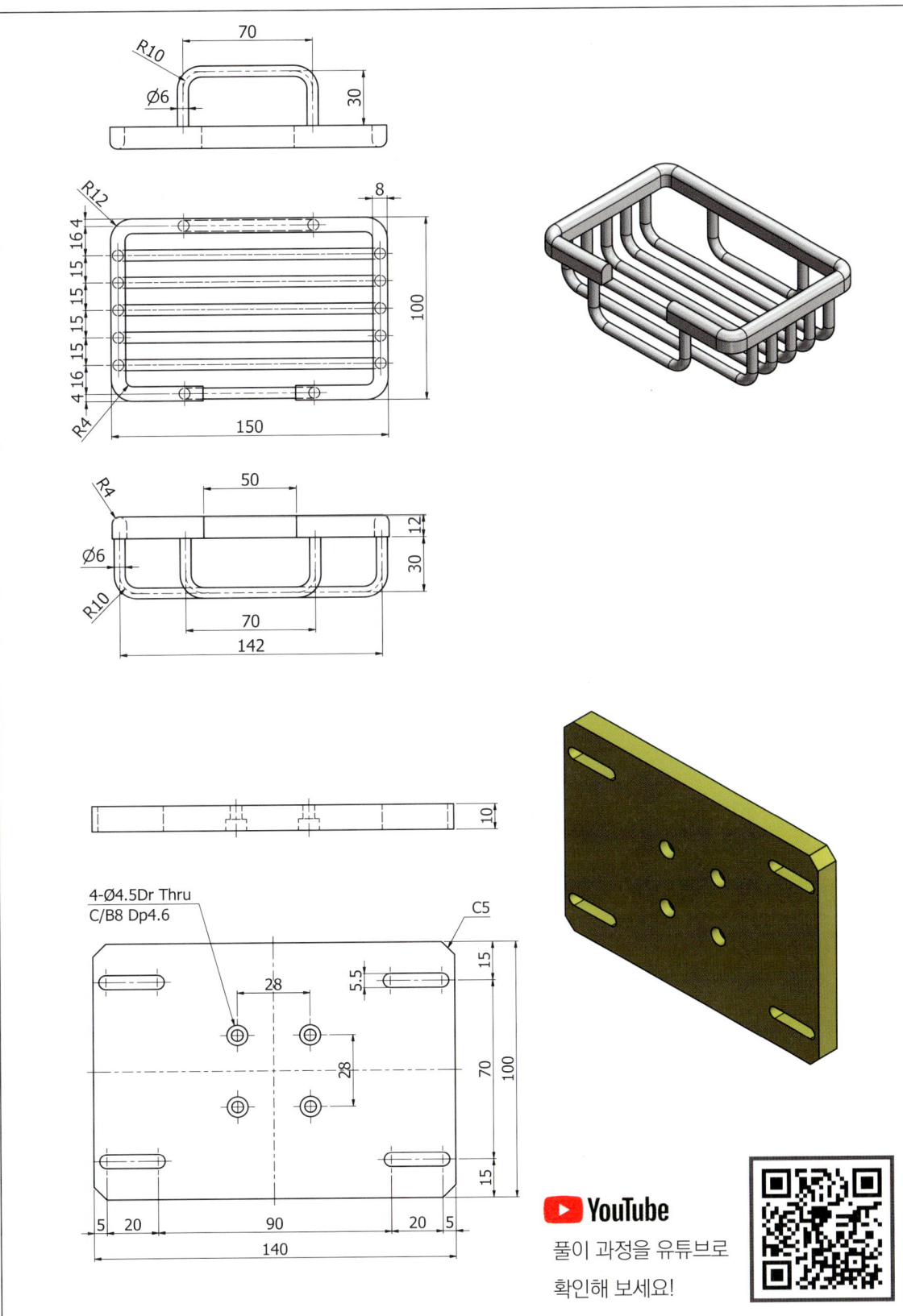

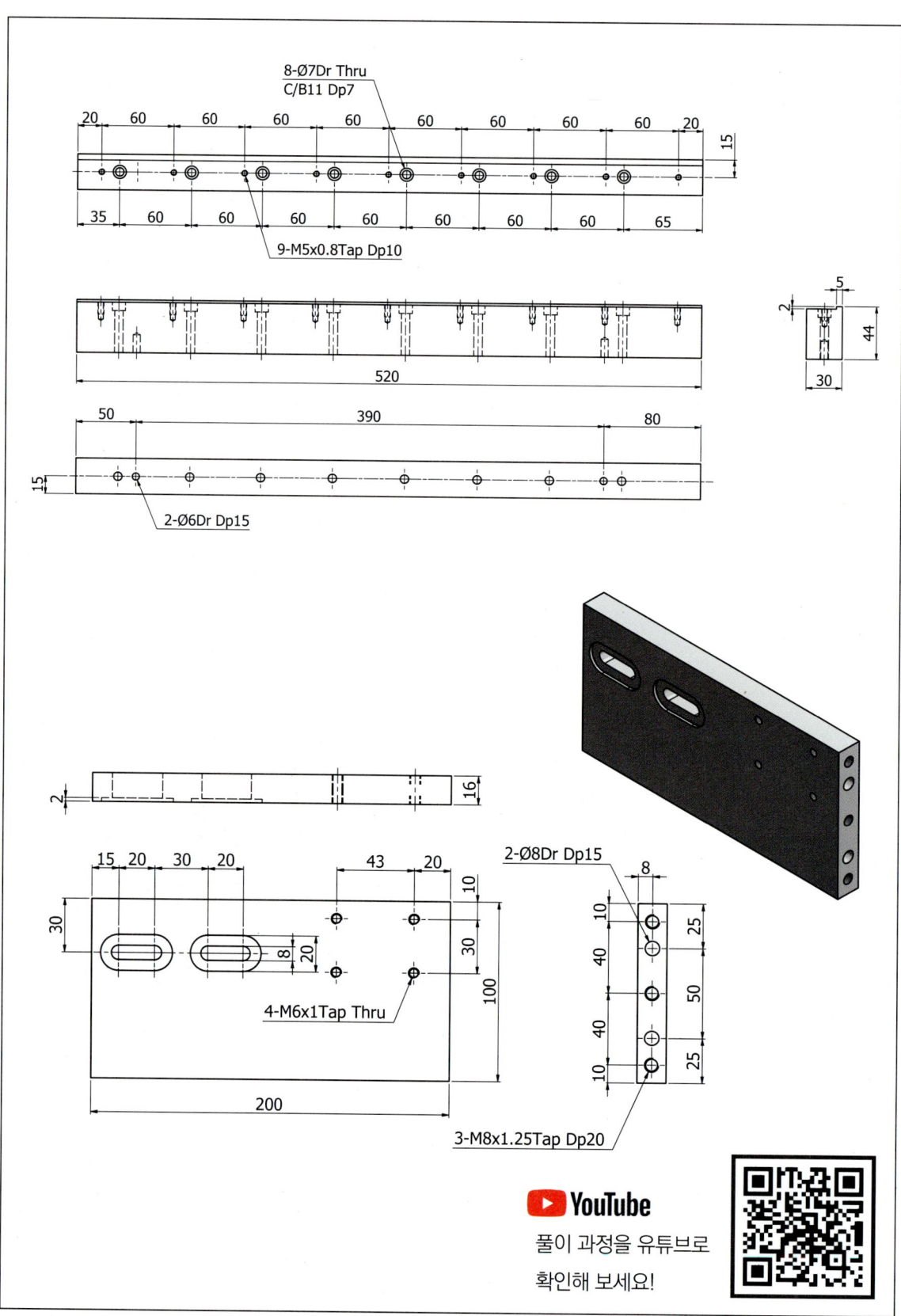

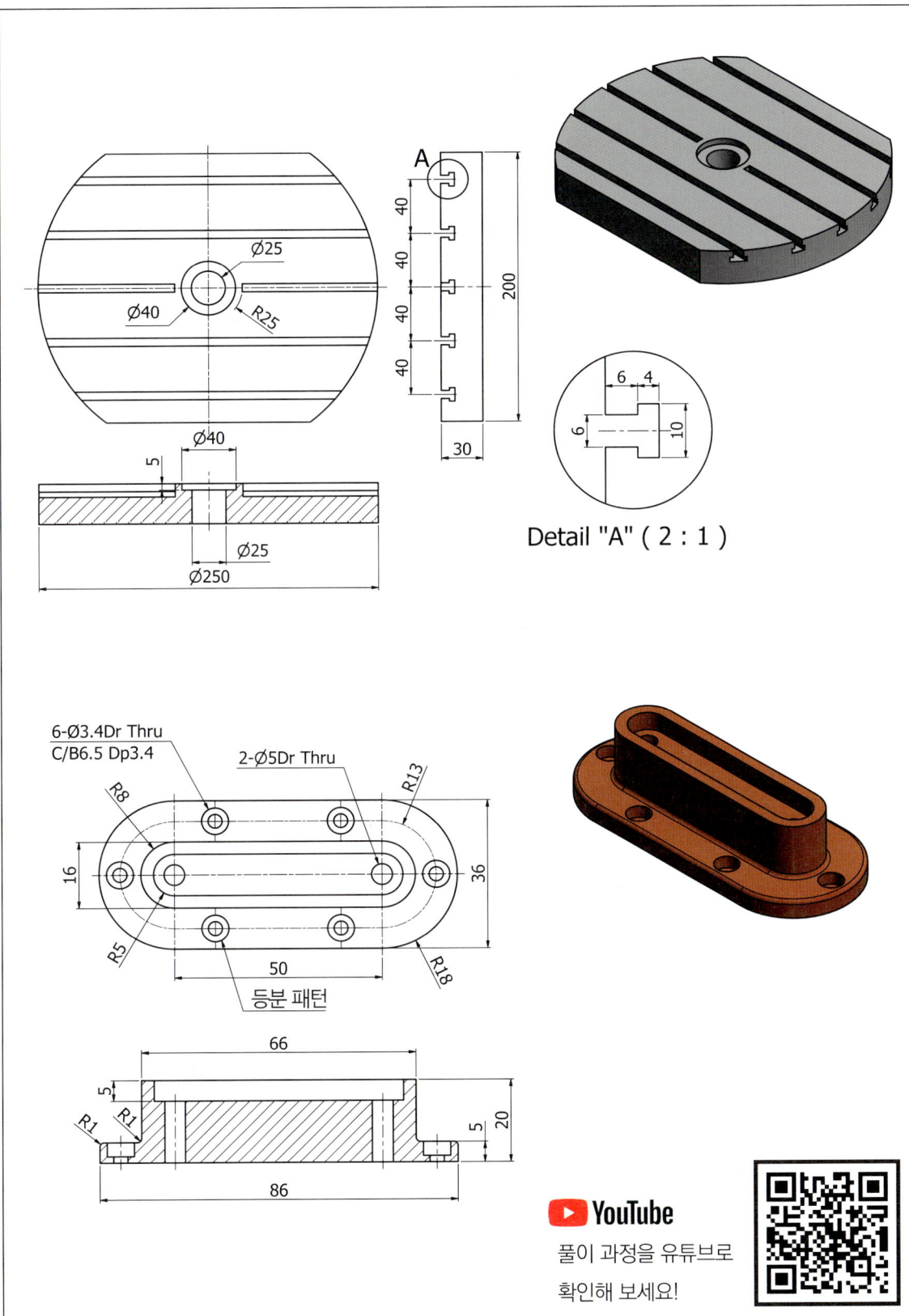

Detail "A" (2 : 1)

15 미러 명령 알아보기

Autodesk Inventor 2022

미러 명령은 작성되어 있는 피처 혹은 솔리드를 미러 평면을 기준으로 대칭 복사 하는 명령어입니다.

01 미러 옵션 알아보기

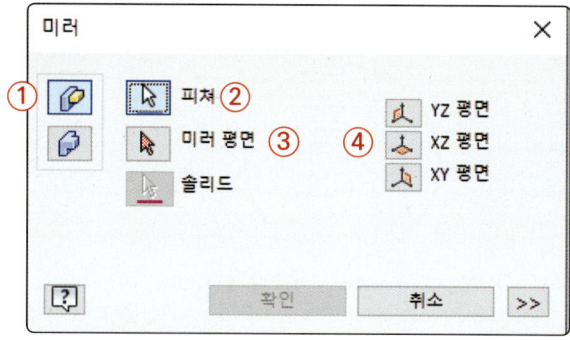

❶ **패턴 타입** : 피처 미러와 솔리드 미러로 나눕니다.

❷ **패턴 개체** : 패턴할 개체를 선택합니다. 타입에 따라 선택해야 하는 개체의 속성이 변경됩니다.

❸ **미러 평면** : 대칭 복사할 기준 평면을 선택합니다.

❹ **원점 평면** : 대칭 복사할 기준 평면을 원점 평면을 이용해 빠르게 선택할 수 있게 해줍니다.

02 미러 명령어 익히기 – 피처 타입

01 [파일] – [열기]를 클릭하여 아래 예제 파일을 엽니다.

■ Part2 – Chapter15 – 미러1.ipt

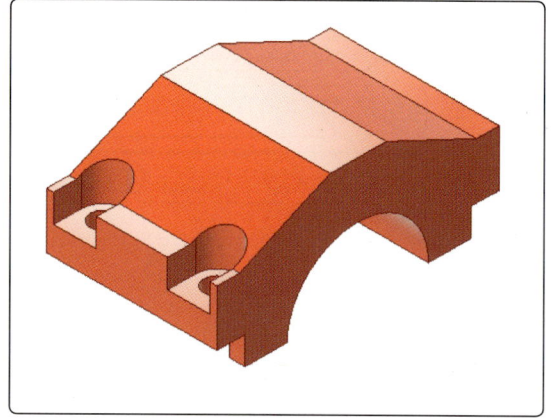

02 [미러] 명령을 실행해 대칭할 피처[구멍1, 돌출3]를 선택합니다.

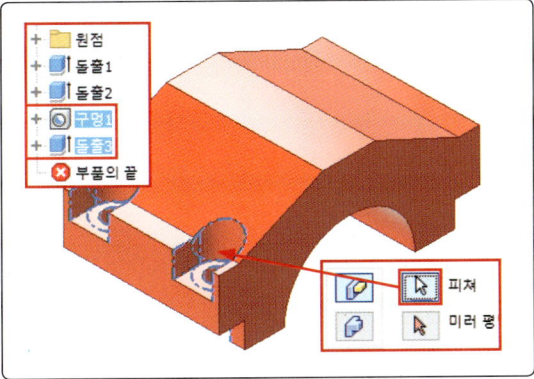

03 원점 항목의 [YZ 평면]을 선택합니다.

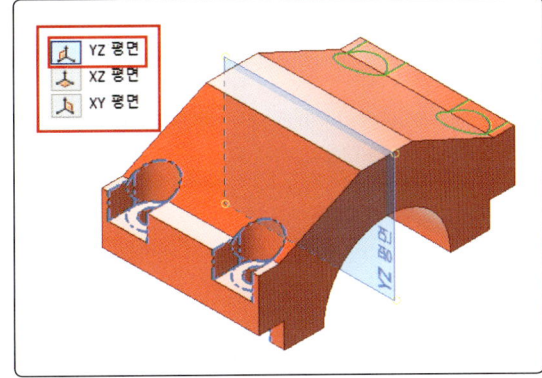

04 확인 버튼을 클릭하면 미러 피처 작성이 완료됩니다.

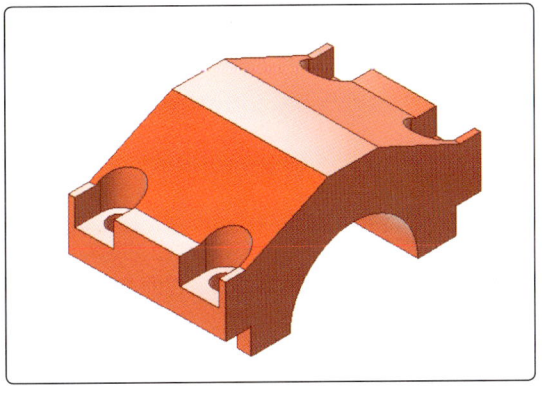

03 미러 명령어 익히기 – 솔리드 타입

01 [파일] – [열기]를 클릭하여 아래 예제 파일을 엽니다.

■ Part2 – Chapter15 – 미러2.ipt

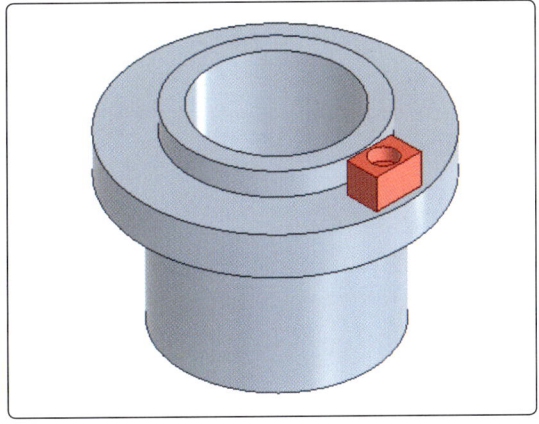

02 [미러] 명령을 실행해 타입을 [솔리드]로 선택한 후, 다음 솔리드 개체를 선택합니다.

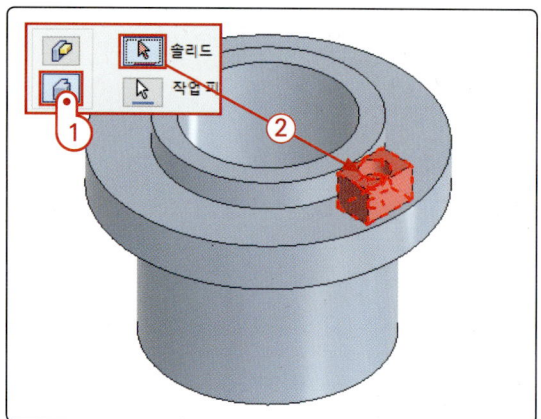

03 원점 항목의 [XZ 평면]을 선택합니다.

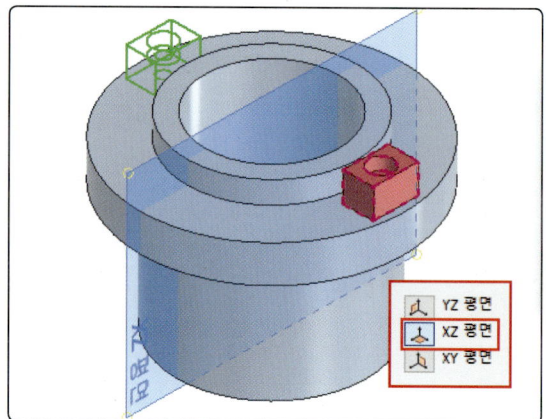

04 확인 버튼을 클릭하면 미러 피처 작성이 완료됩니다.

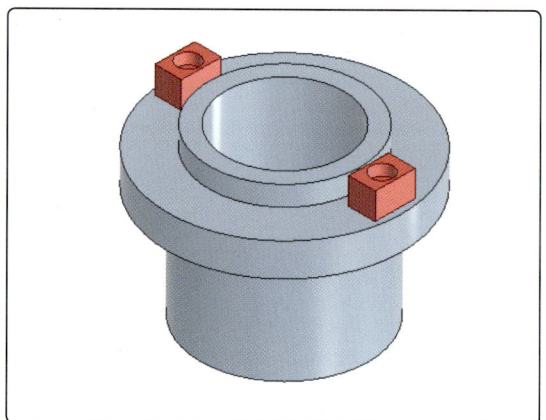

04 미러 명령 본문 예제

YouTube
풀이 과정을 유튜브로
확인해 보세요!

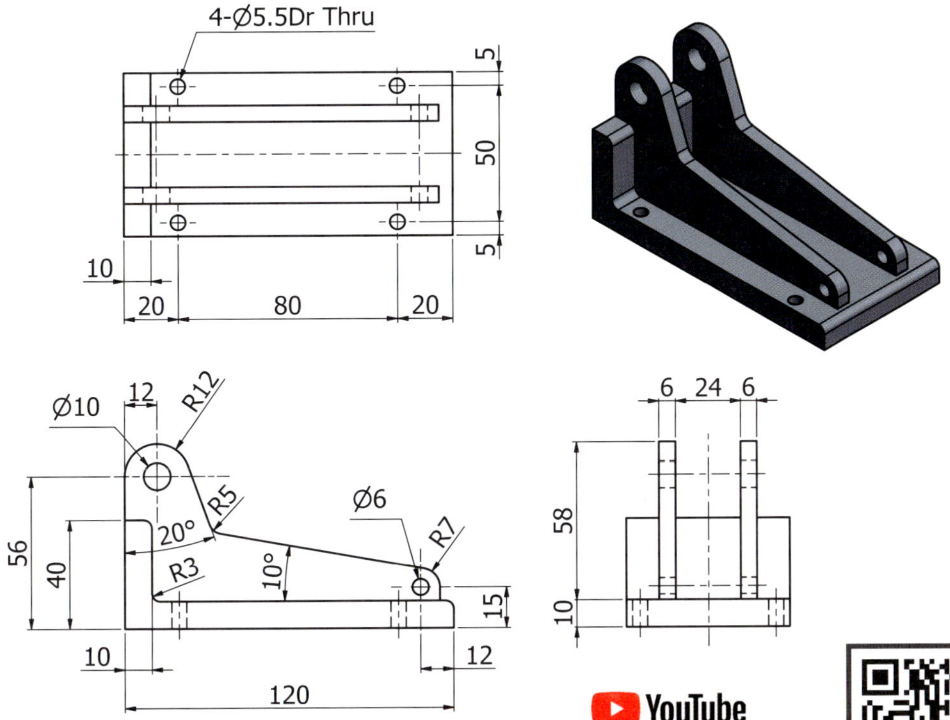

01 정면도에 스케치를 작성한 후, [돌출] 명령을 실행해 다음과 같이 작성합니다.

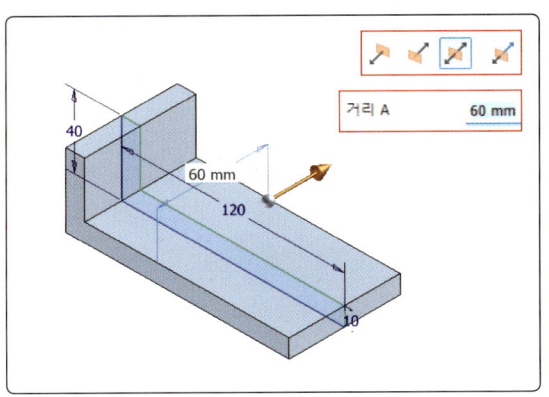

02 다음과 같이 정면도를 이용해 [평면] 명령을 실행해 다음과 같이 작업 평면을 작성합니다.

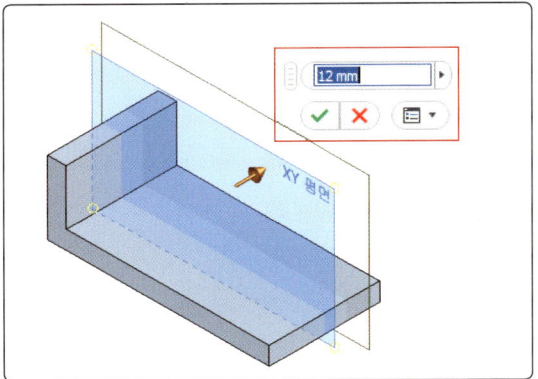

03 작성된 평면에 스케치를 작성해 [돌출] 명령을 실행해 다음과 같이 작성합니다.

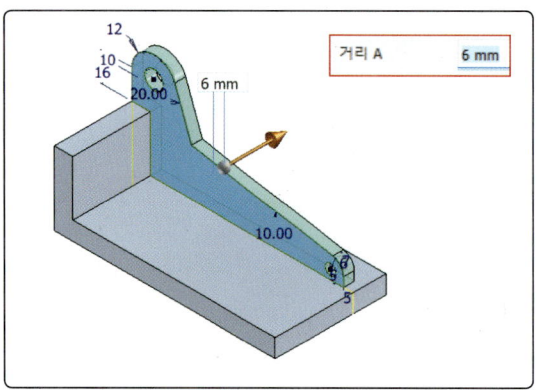

04 [모깎기] 명령을 실행해 다음과 같이 작성합니다.

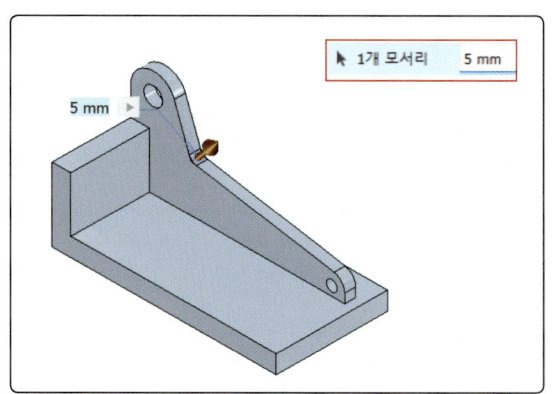

05 [미러] 명령을 실행해 다음과 같이 작성합니다.

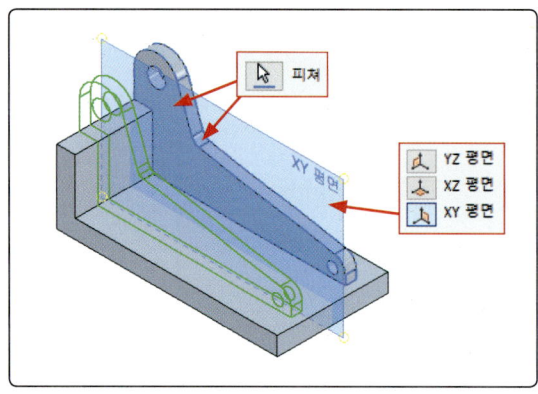

06 모델면에 스케치를 작성하고 [구멍] 명령을 실행해 다음과 같이 작성합니다.

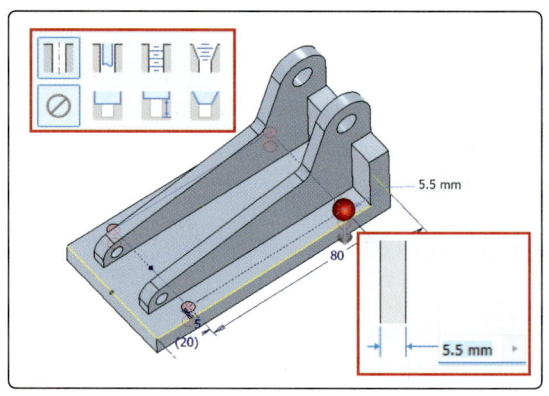

07 [모깎기] 명령을 실행해 다음과 같이 작성합니다.

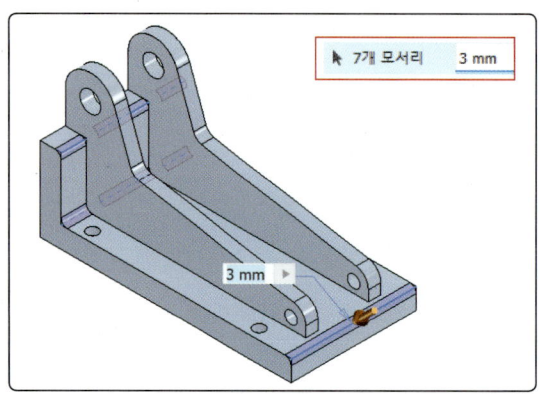

08 다음과 같이 부품 작성이 완료되었습니다.

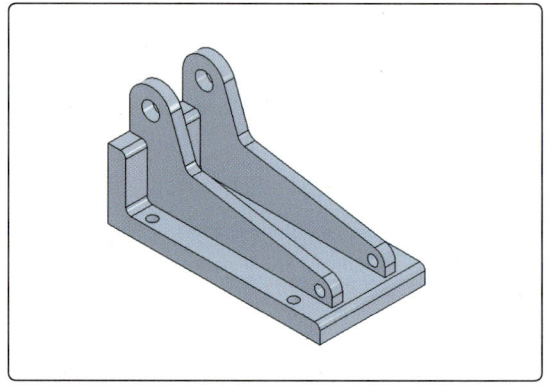

 연습예제

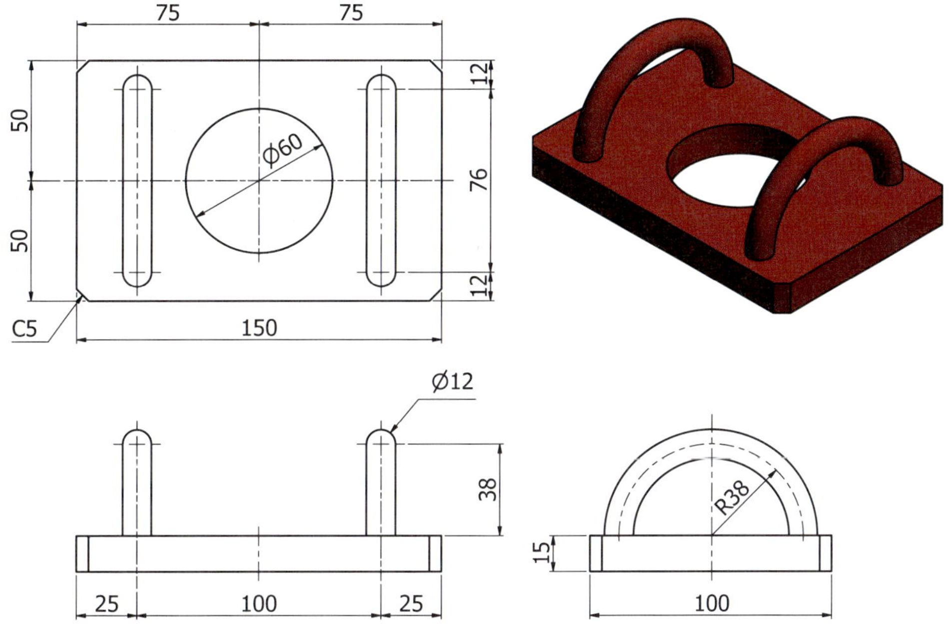

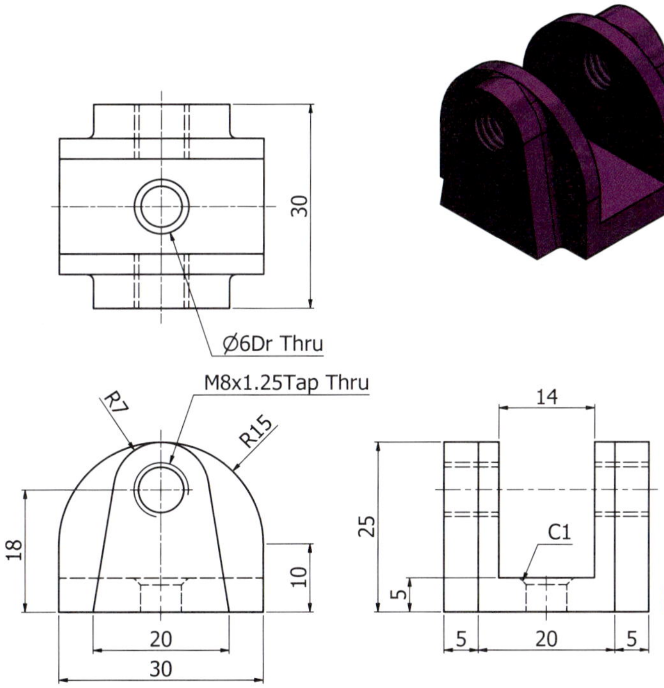

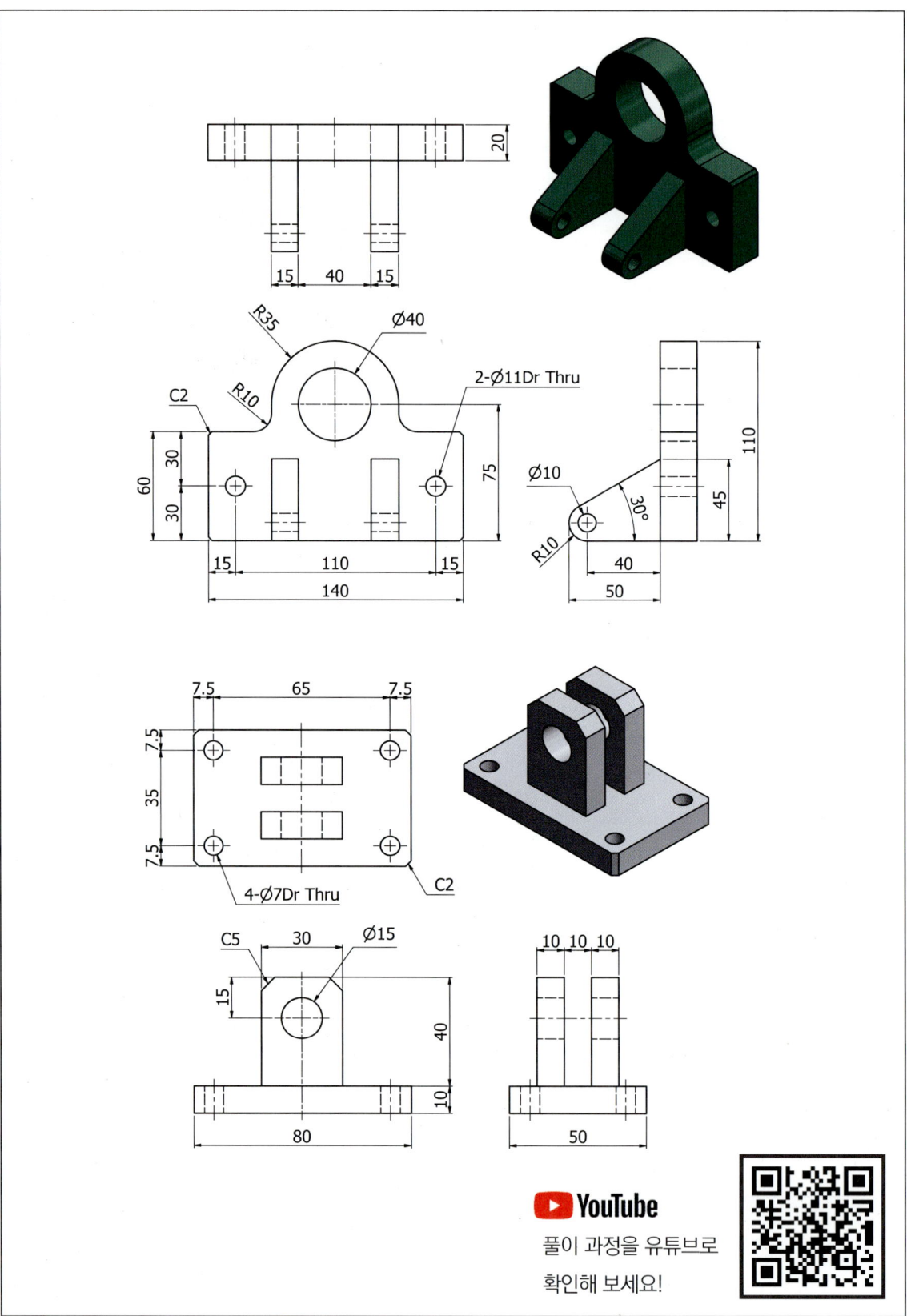

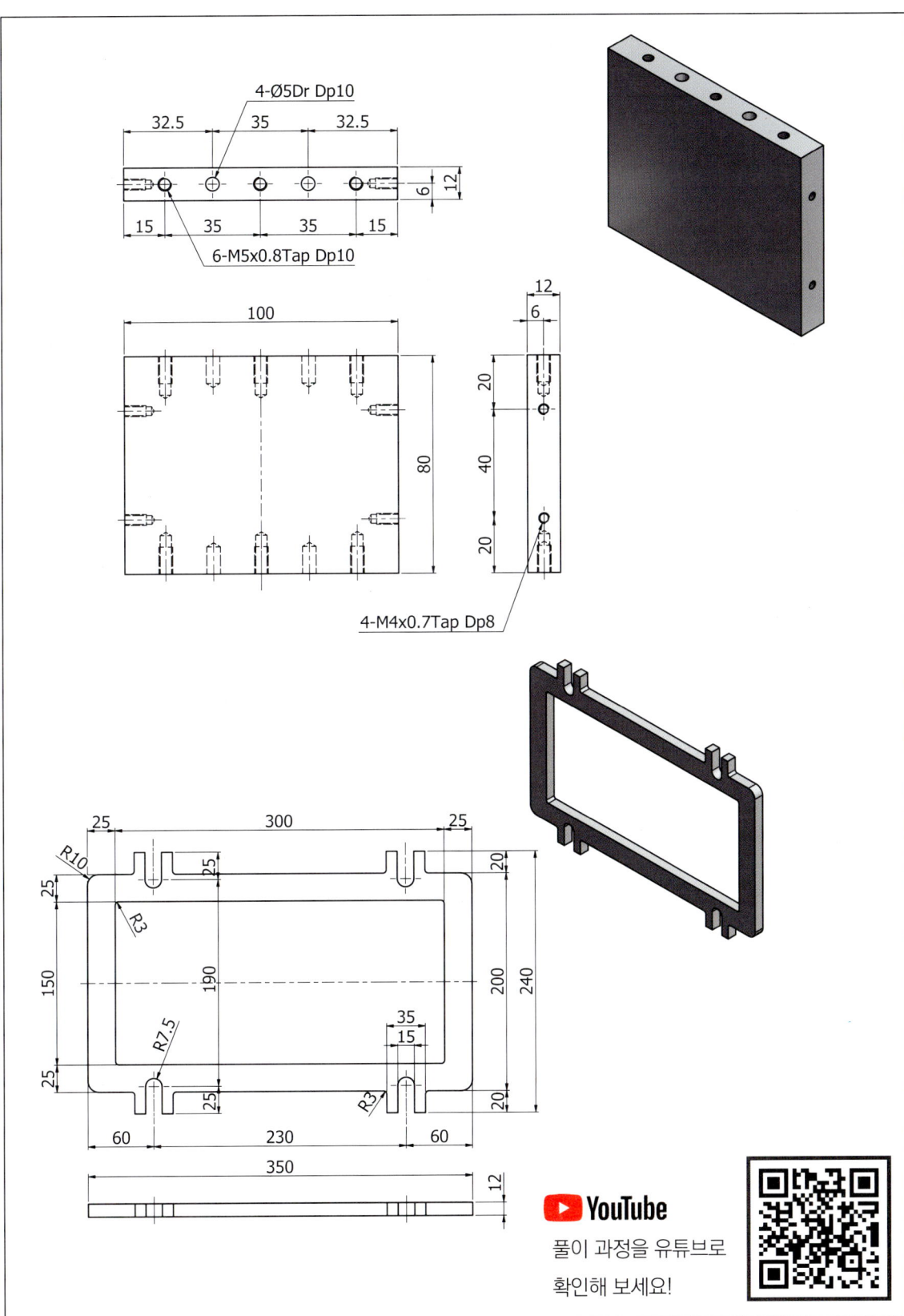

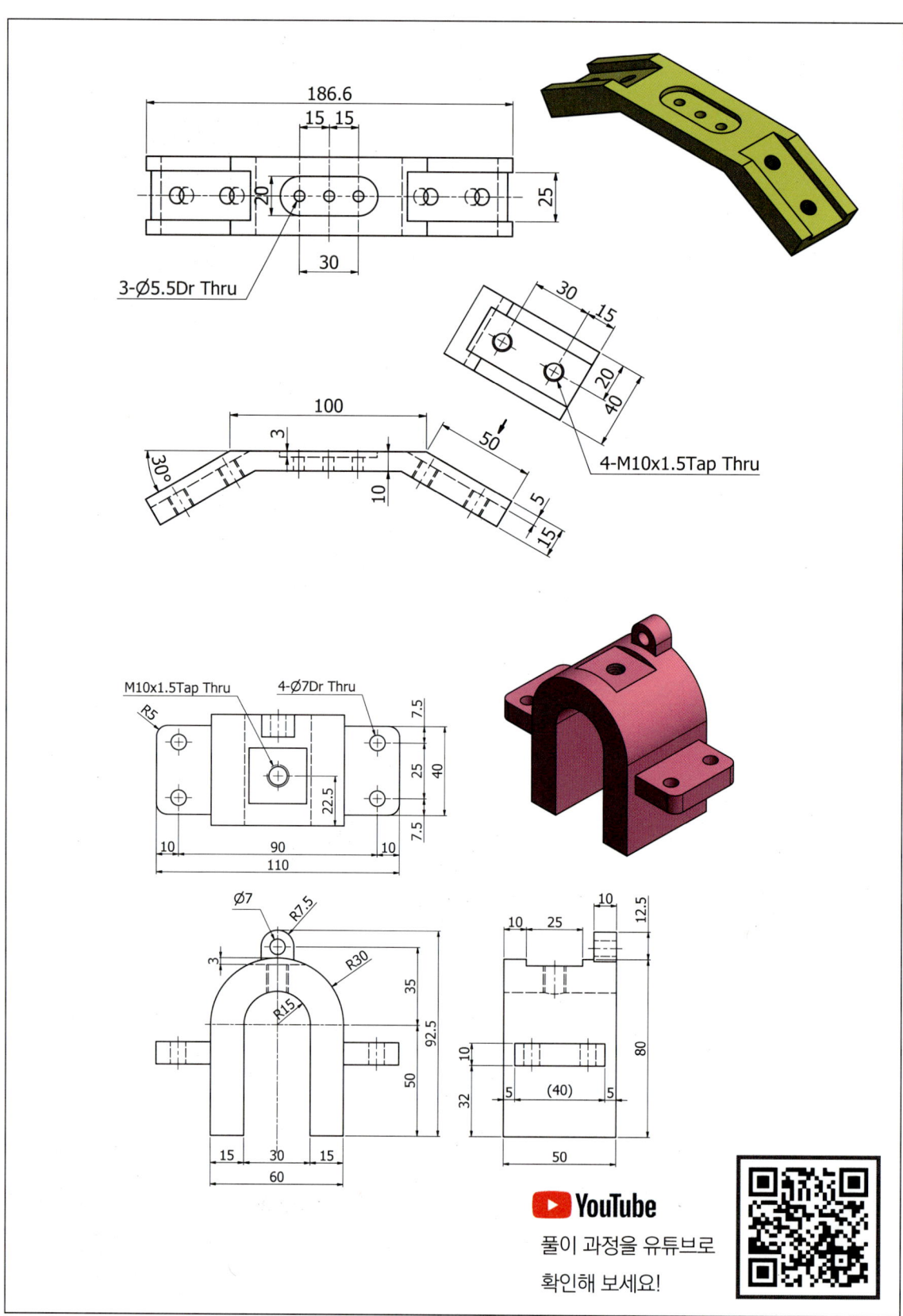

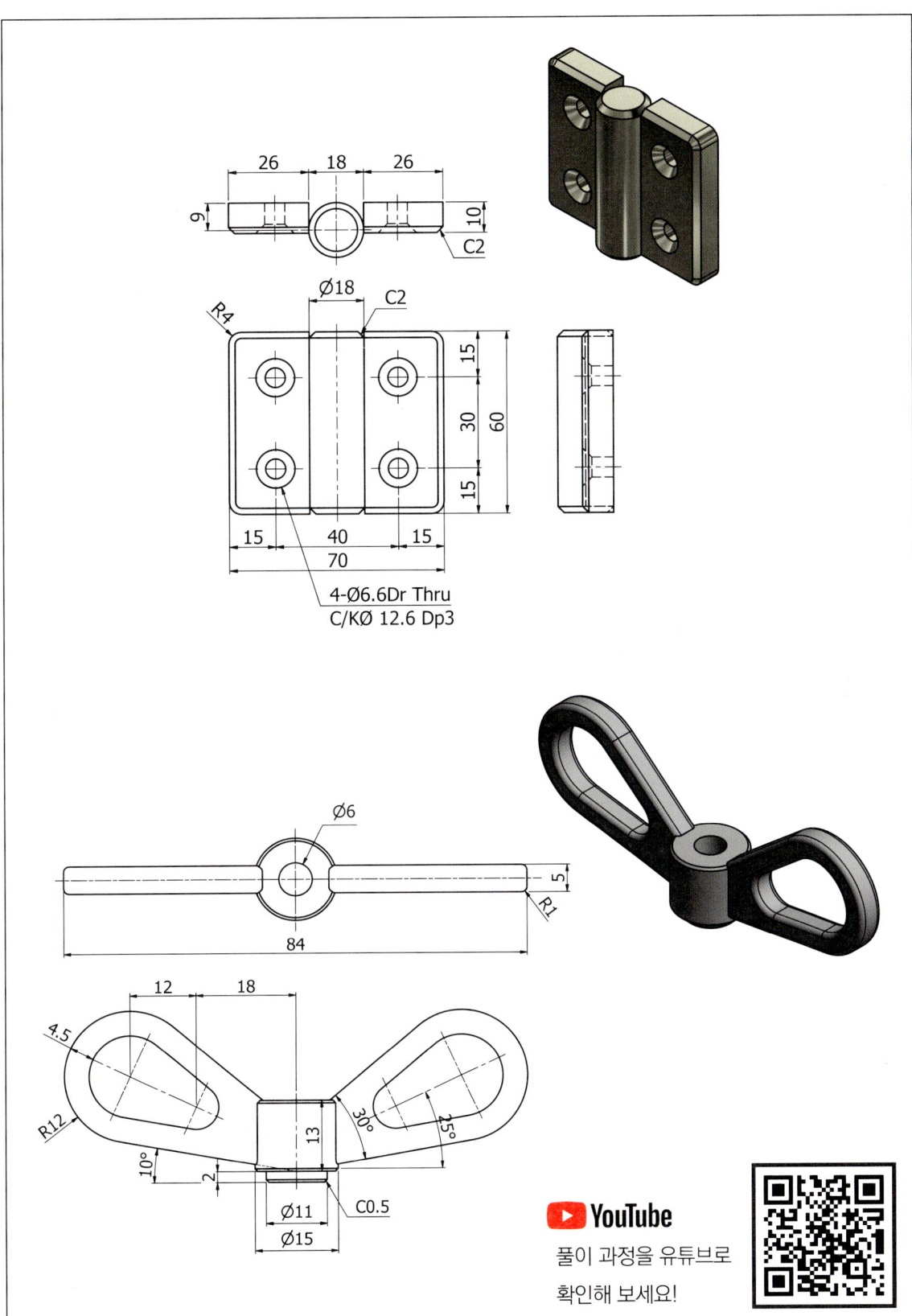

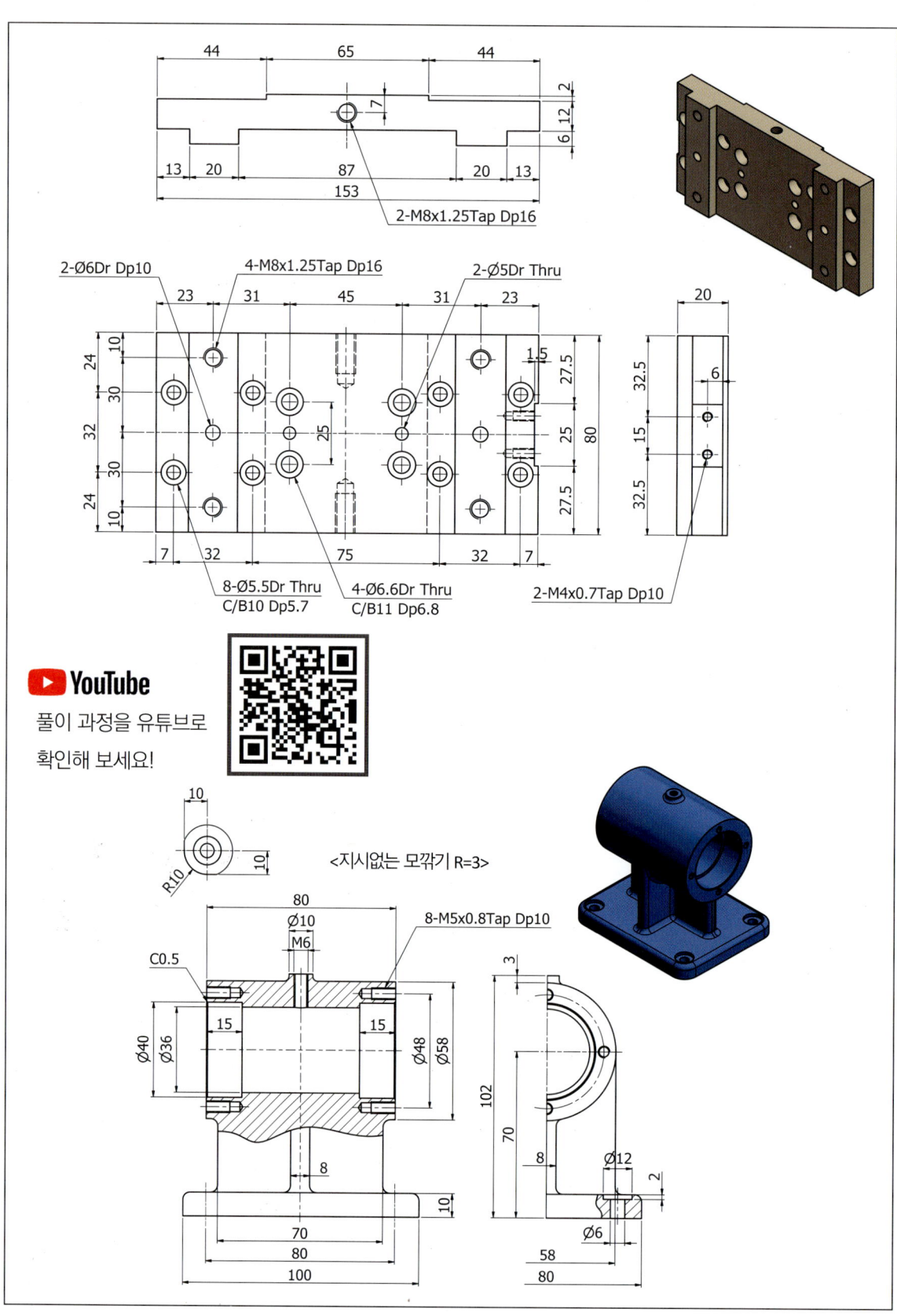

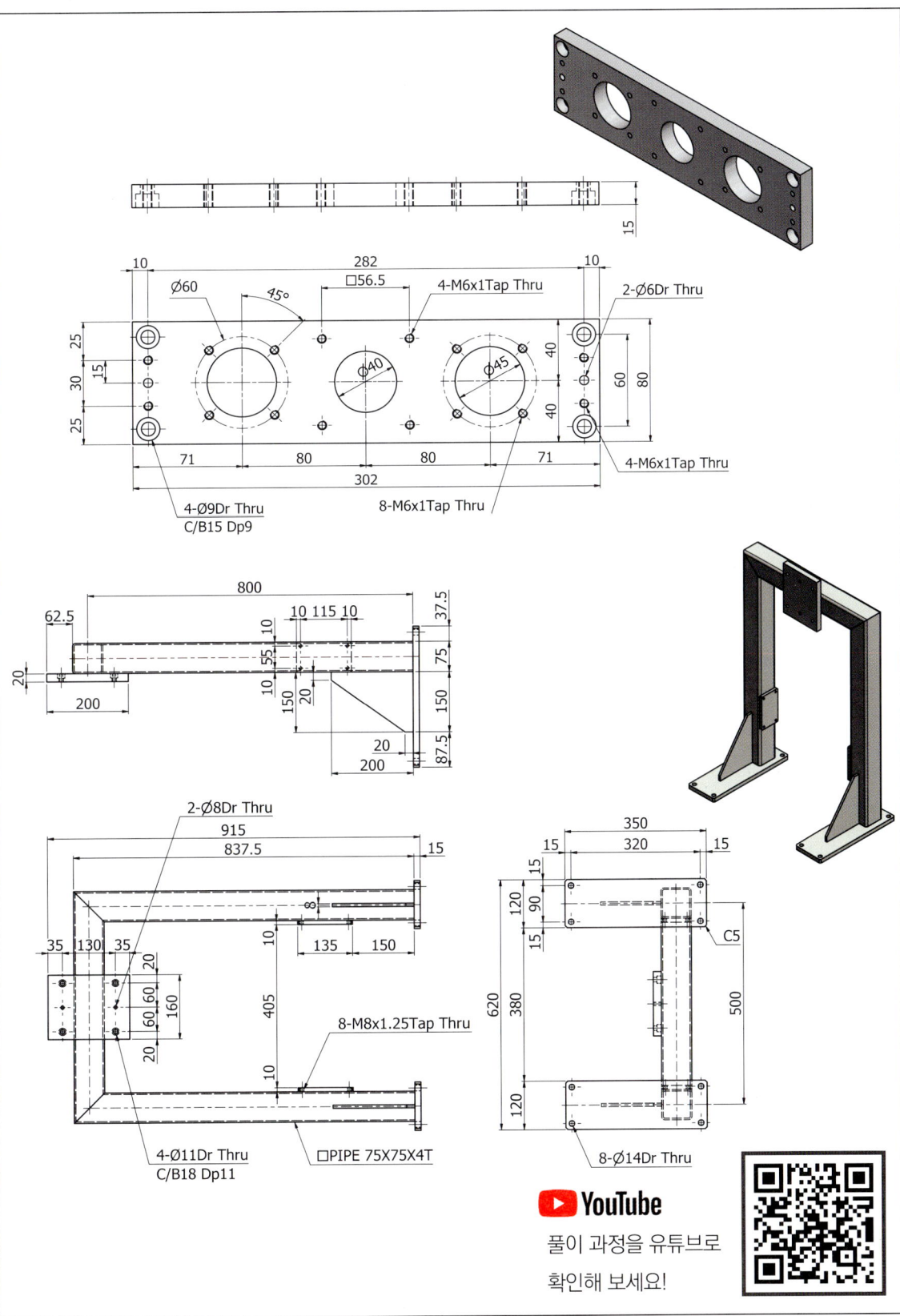

16 스케치 연계 패턴 명령 알아보기

Autodesk Inventor 2022

스케치 연계 패턴 명령은 직사각형이나 원형 패턴같이 일정한 규칙이 있는 것이 아닌 사용자가 임의로 정한 위치에 패턴을 하는 명령입니다.

01 스케치 연계 패턴 옵션 알아보기

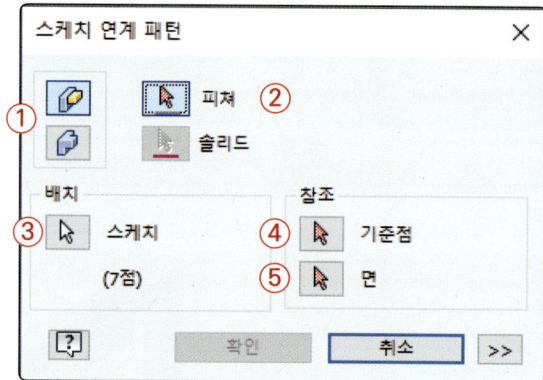

❶ **패턴 타입** : 피처 패턴과 솔리드 패턴으로 나뉩니다.

❷ **패턴 개체** : 패턴할 개체를 선택합니다. 타입에 따라 선택해야 하는 개체의 속성이 변경됩니다.

❸ **배치** : 연계 패턴에 쓸 스케치를 선택합니다.

❹ **기준점** : 스케치 패턴의 기준점을 재정의합니다.

❺ **면** : 스케치 패턴의 기준면을 재정의합니다.

❻ **확장** : 스케치 연계 패턴의 확장 옵션을 표시합니다.

02 스케치 연계 패턴 명령어 익히기 – 피처 패턴

01 [파일] – [열기]를 클릭하여 아래 예제 파일을 엽니다.

■ Part2 – Chapter16 – 스케치 패턴1.ipt

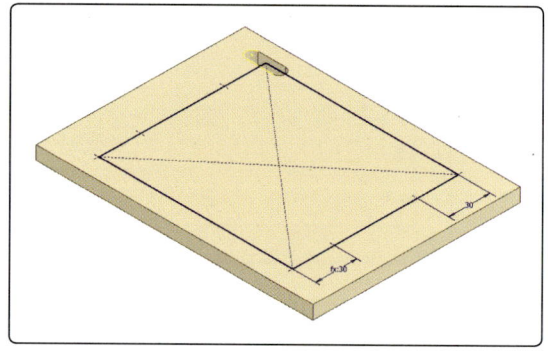

02 [스케치 연계] 명령을 실행해 패턴할 피처를 선택합니다.

03 화면에 표시된 스케치가 있으므로 자동으로 연계 패턴이 표시됩니다.

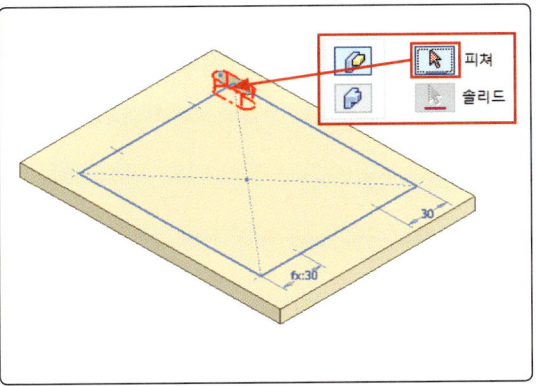
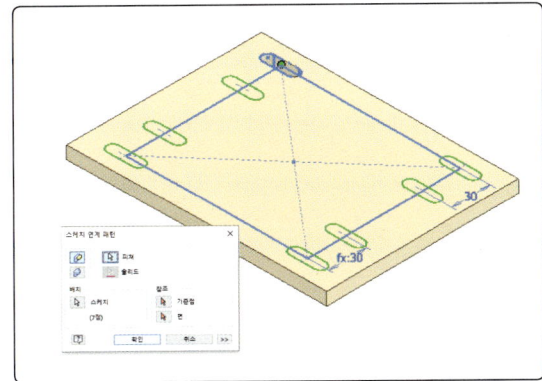

03 확인 버튼을 클릭하면 스케치 연계 패턴 피처 작성이 완료됩니다.

03 스케치 연계 패턴 명령어 익히기 - 솔리드 패턴

01 [파일] - [열기]를 클릭하여 아래 예제 파일을 엽니다.

■ Part2 - Chapter16 - 스케치 패턴2.ipt

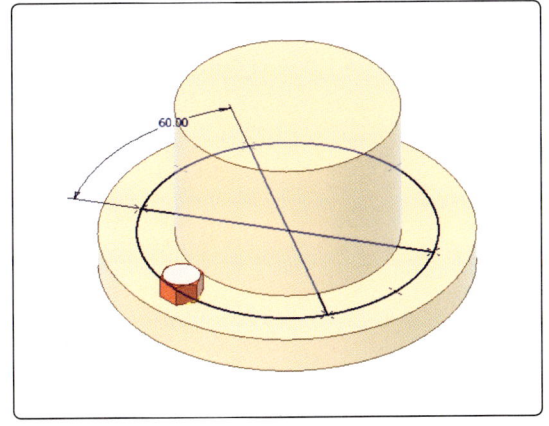

02 [스케치 연계] 명령을 실행해 타입을 [솔리드]로 선택한 후, 다음 솔리드 개체를 선택합니다.

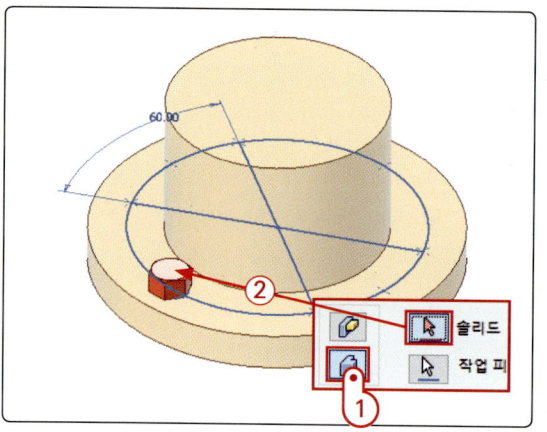

03 화면에 표시된 스케치가 있으므로 자동으로 연계 패턴이 표시됩니다.

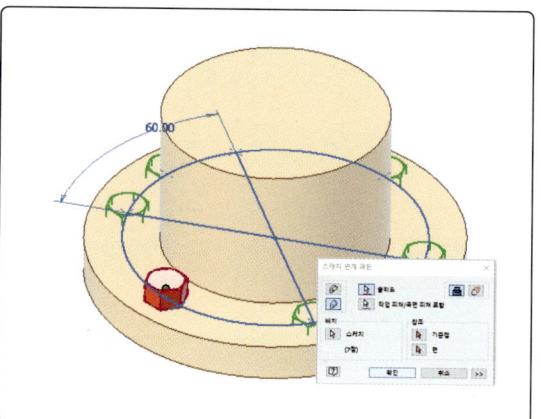

04 확인 버튼을 클릭하면 스케치 연계 패턴 피처 작성이 완료됩니다.

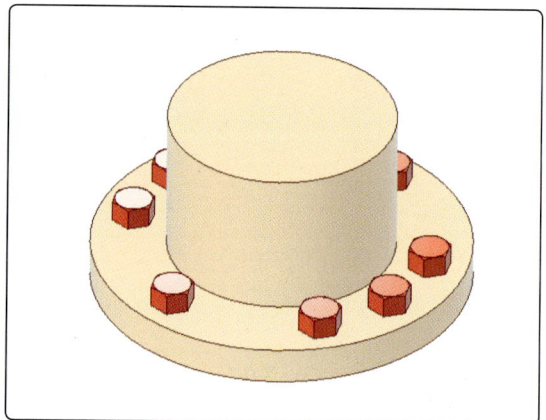

04 스케치 연계 패턴 명령 본문 예제

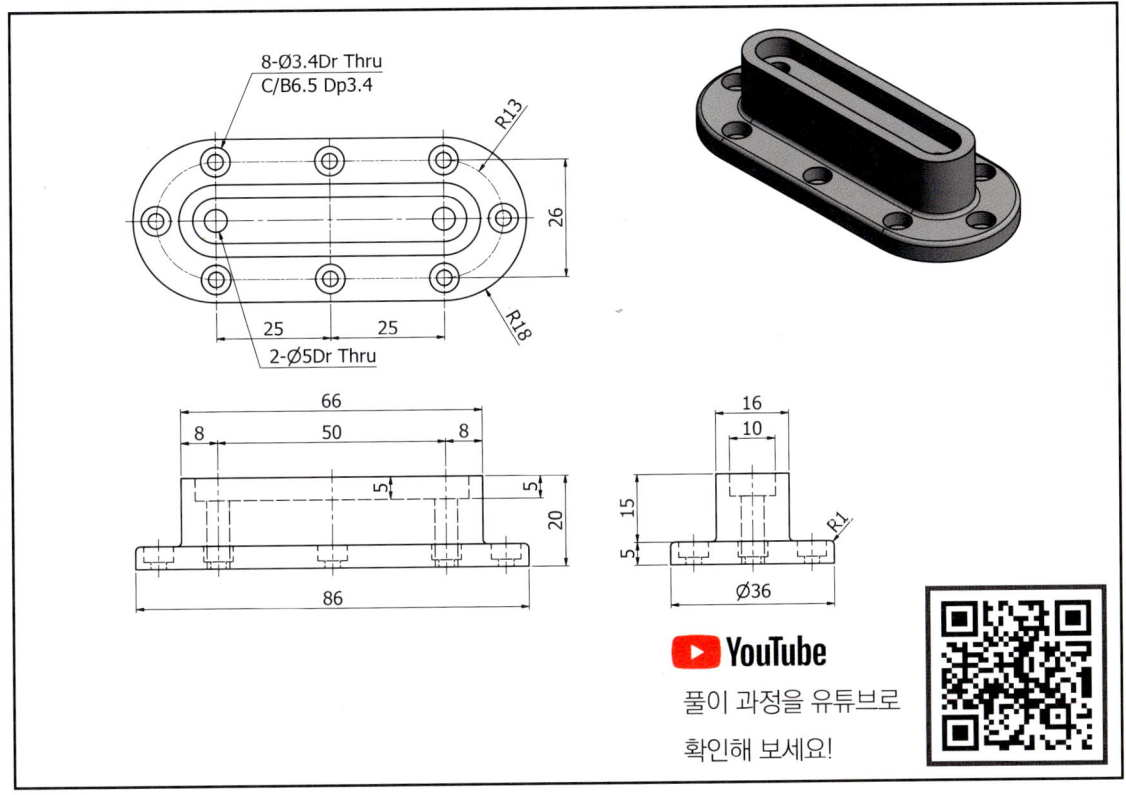

풀이 과정을 유튜브로 확인해 보세요!

01 스케치와 [돌출] 명령을 이용해 다음과 같이 작성합니다.

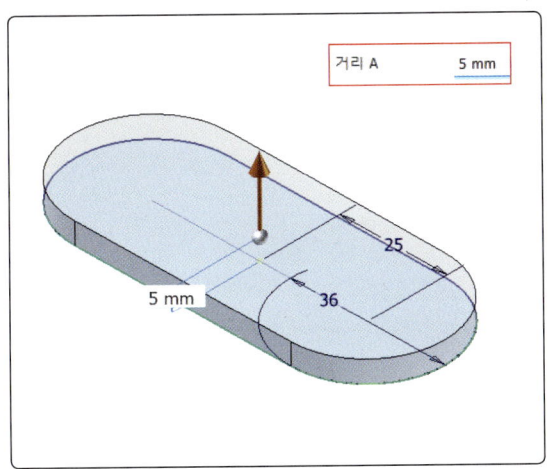

02 모델면에 스케치를 작성해 [돌출] 명령으로 다음과 같이 작성합니다.

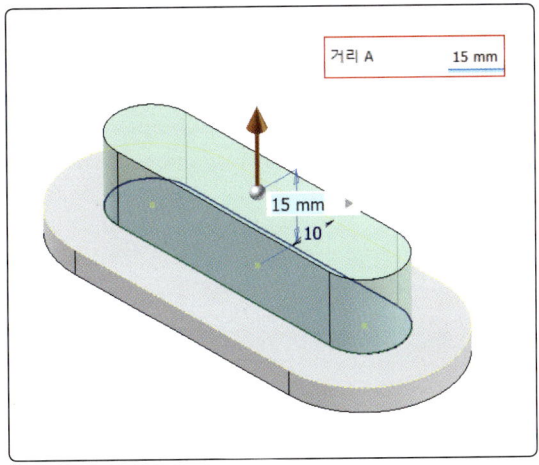

03 모델면에 스케치를 작성해 [돌출] 명령으로 다음과 같이 작성합니다.

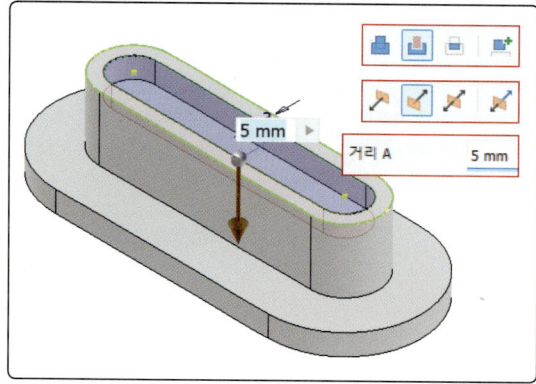

04 모델면에 스케치를 작성하고 [구멍] 명령을 실행해 다음과 같이 작성합니다.

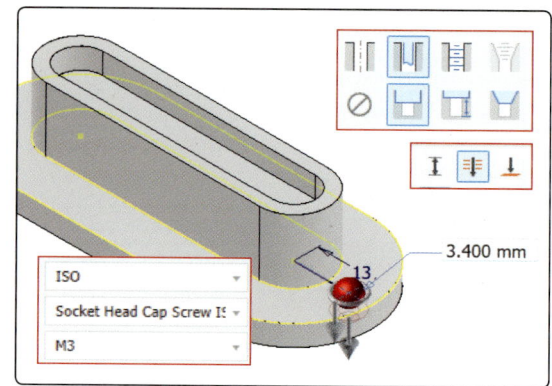

05 모델면에 다음과 같이 스케치를 작성합니다.

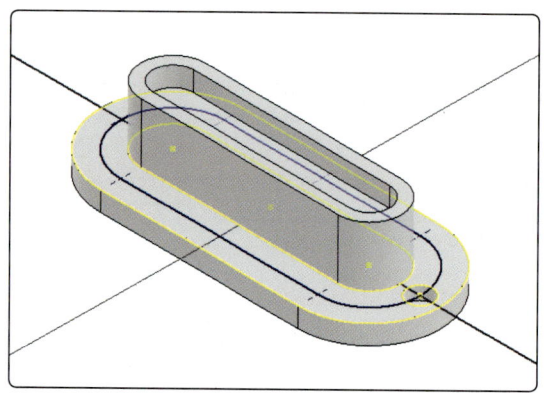

06 [스케치 연계] 명령을 실행해 다음과 같이 작성합니다.

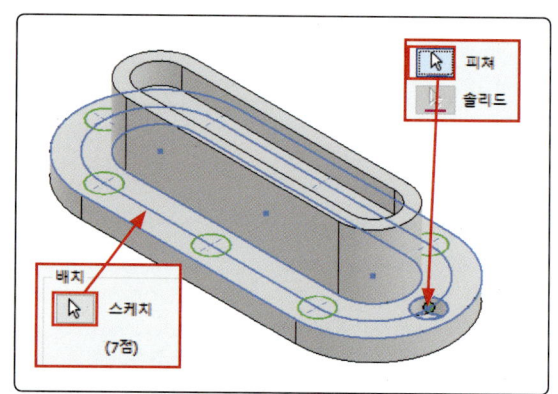

07 모델면에 스케치를 작성하고 [구멍] 명령을 실행해 다음과 같이 작성합니다.

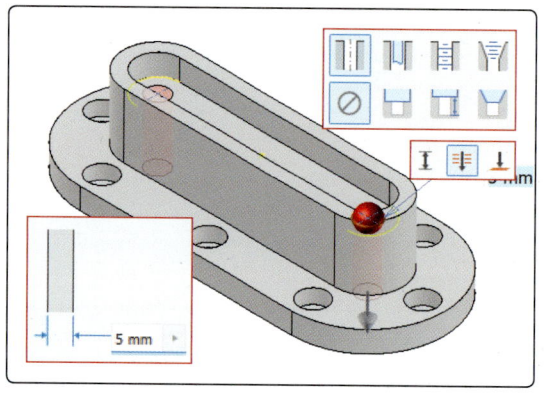

08 [모깎기] 작업을 추가로 한 후 부품 작성을 완료합니다.

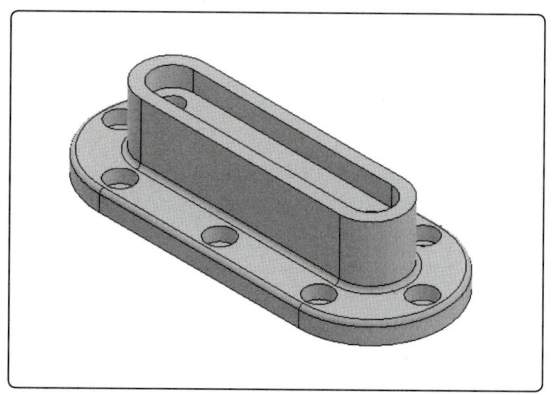

05 재질 스타일 작성하기

01 도구 탭에서 [재질] 명령을 클릭합니다.

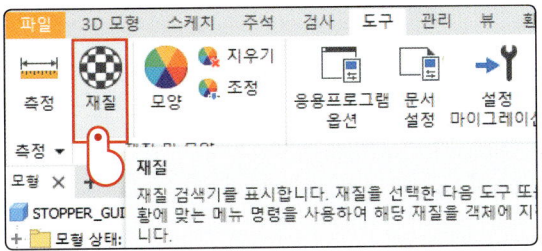

02 다음과 같이 재질 검색기가 실행됩니다.

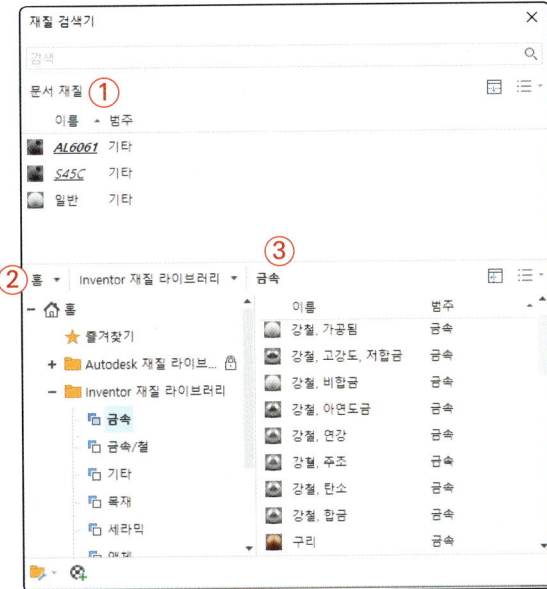

❶ **문서 재질** : 현재 문서에 사용된 재질을 표시합니다.

❷ **카테고리** : 재질 검색기의 카테고리 구조가 표시됩니다.

❸ **재질 리스트** : 선택한 카테고리에 있는 재질 시트를 표시합니다.

03 편집할 재질을 선택해 [편집] 버튼을 클릭합니다.

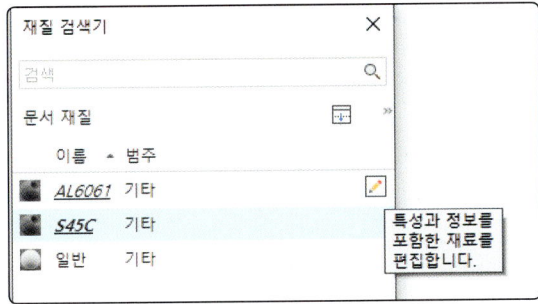

04 다음과 같이 재질 편집기가 표시됩니다.

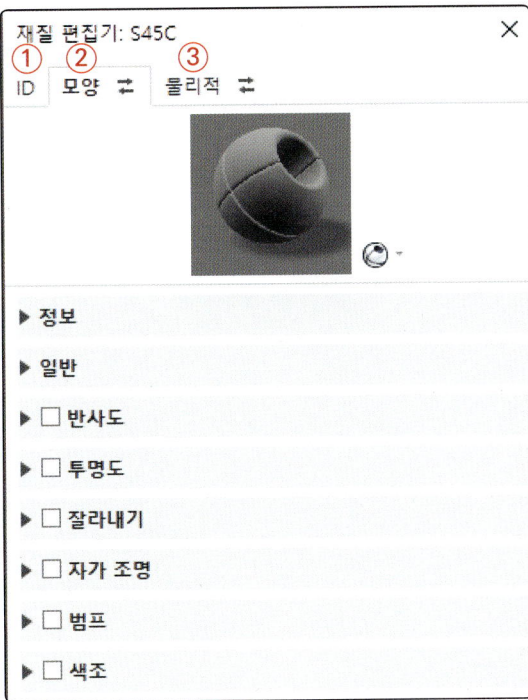

❶ **ID 탭** : 현재 재질의 일반적인 정보를 기입합니다.

❷ **모양 탭** : 현재 재질의 모양 스타일을 설정합니다.

❸ **물리적 탭** : 현재 재질의 물성치(열 성질 및 물리적 강도 등)를 설정합니다.

연습예제

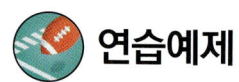

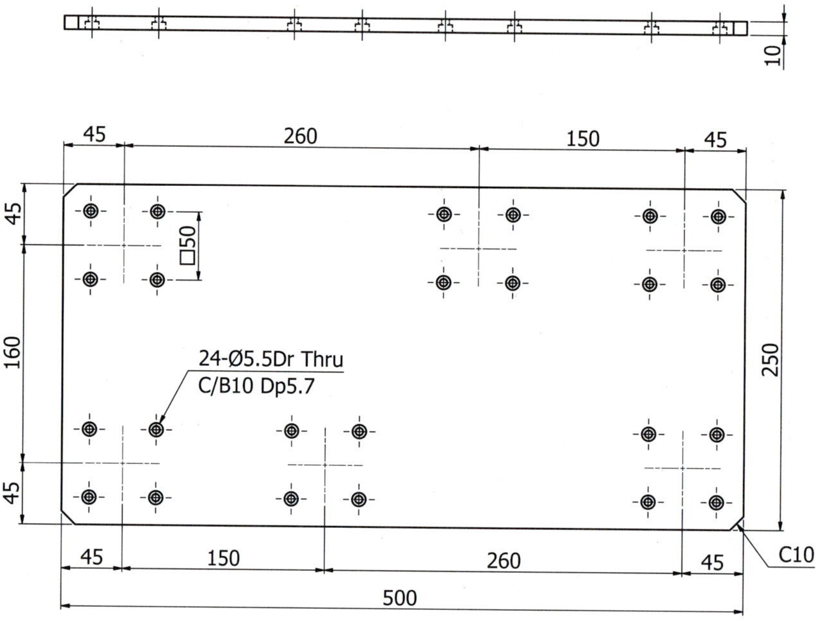

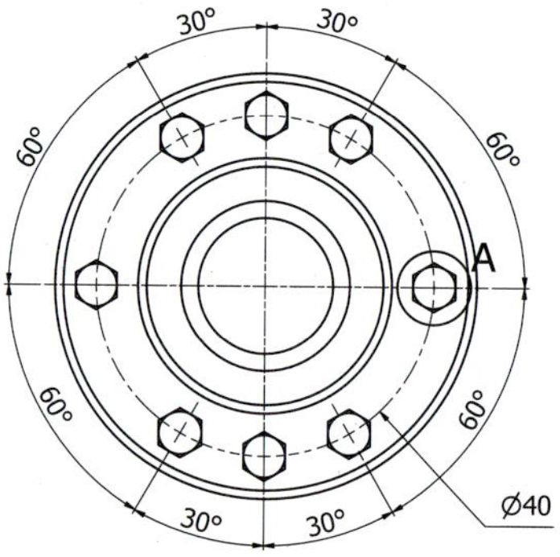

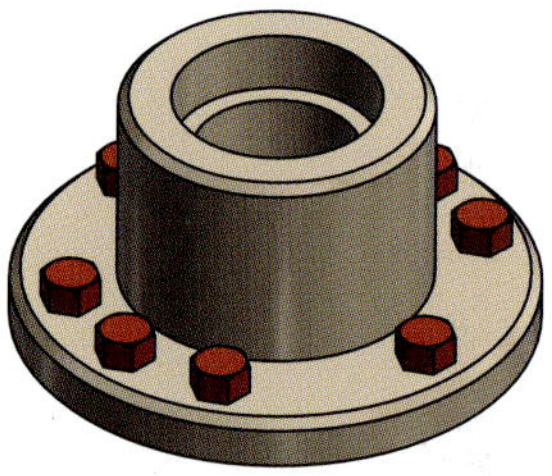

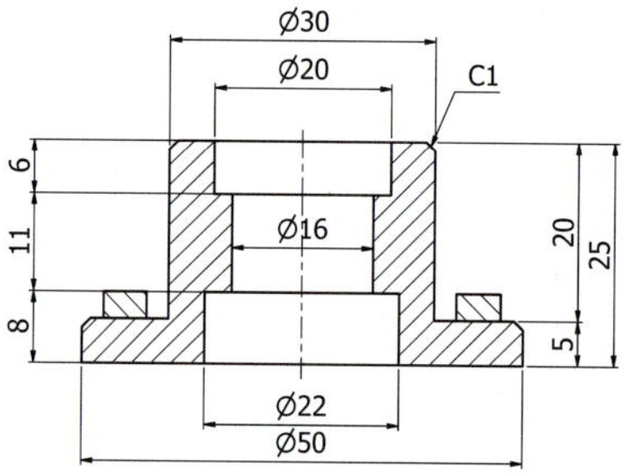

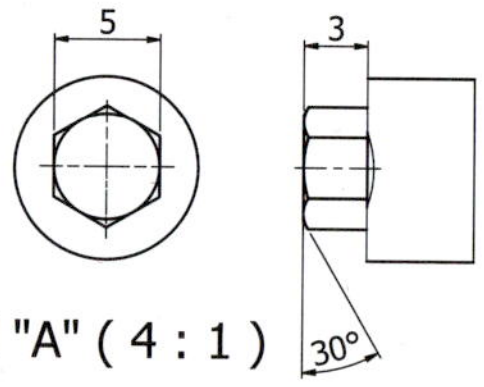

Detail "A" (4 : 1)

YouTube

풀이 과정을 유튜브로

확인해 보세요!

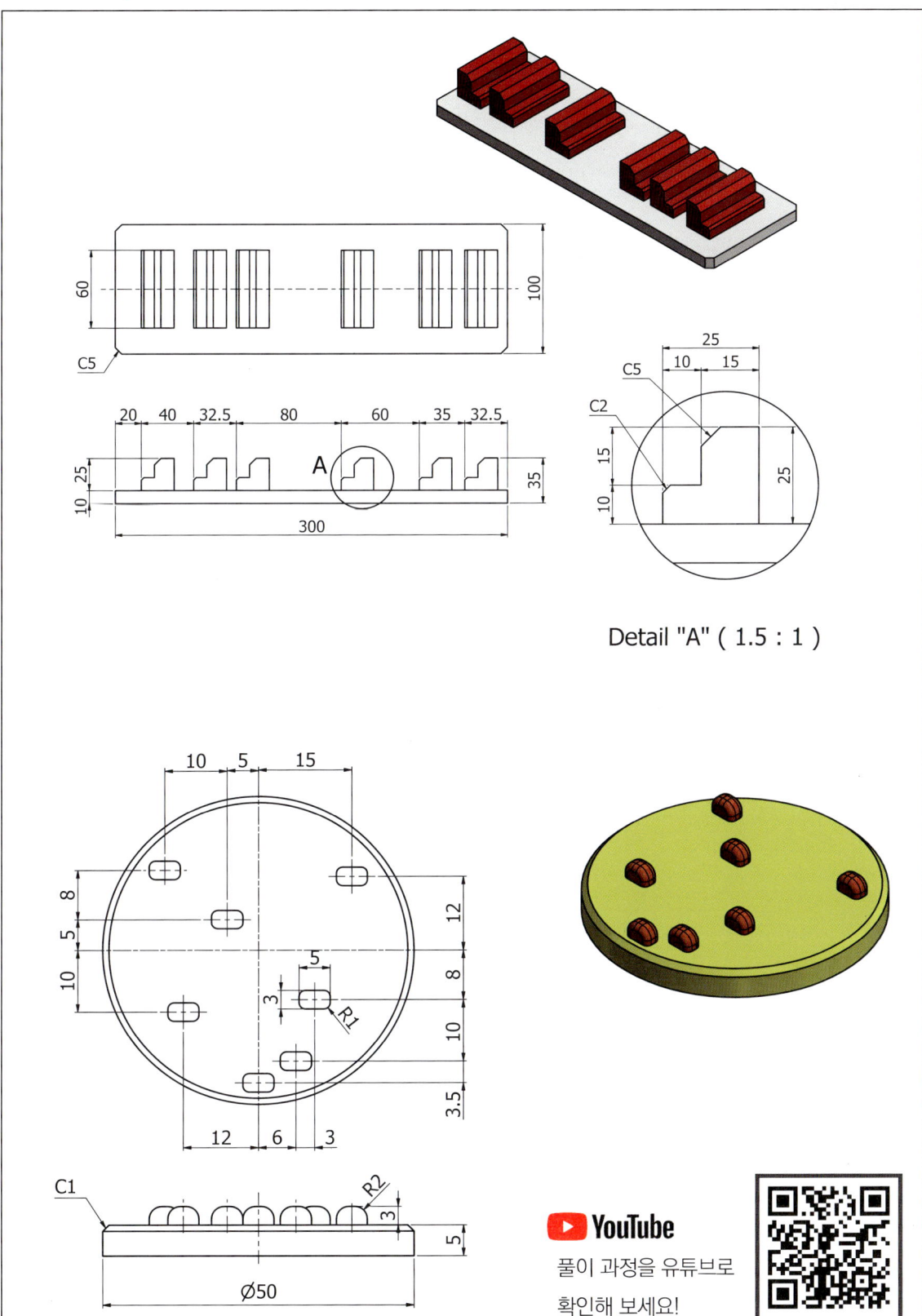

Detail "A" (1.5 : 1)

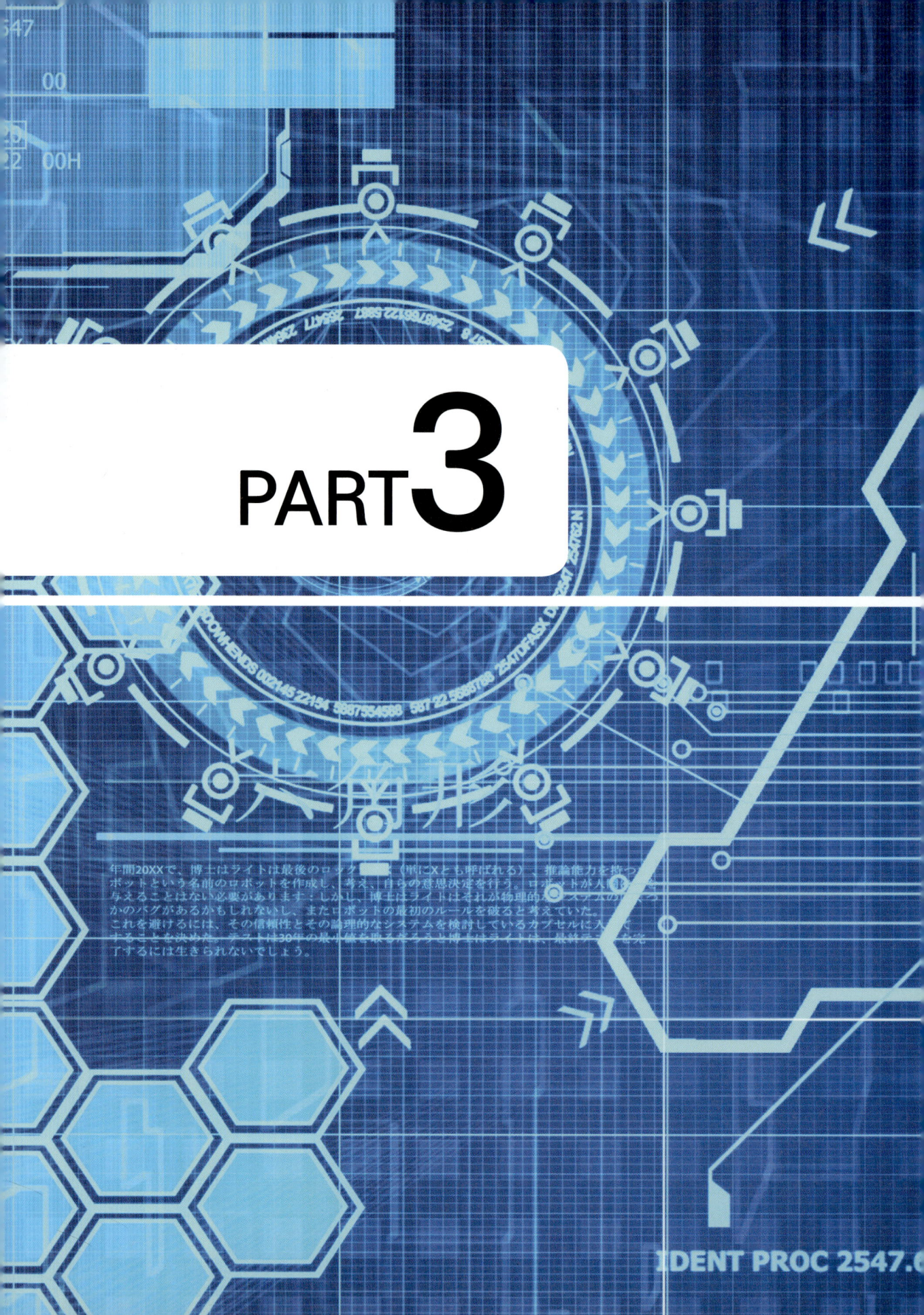

곡면 모델링

Chapter 1 곡면 모델링의 개요
Chapter 2 곡면 돌출 알아보기
Chapter 3 곡면 회전 알아보기
Chapter 4 곡면 로프트 알아보기
Chapter 5 곡면 스윕 알아보기

01 곡면 모델링의 개요

Autodesk Inventor 2022

곡면 모델링의 개요와 명령어에 대해서 알아보도록 하겠습니다.

01 곡면 모델링의 개요

곡면 모델링이란 솔리드 모델링과 달리 두께 및 물성치를 가지지 않고 속이 비어있는 면 정보만 가지고 있는 모델링 요소를 뜻합니다.

❶ 솔리드 모델링

❷ 곡면 모델링

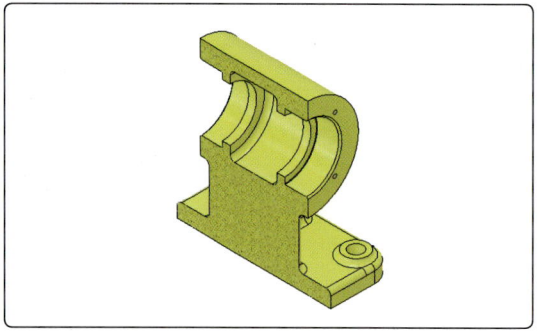
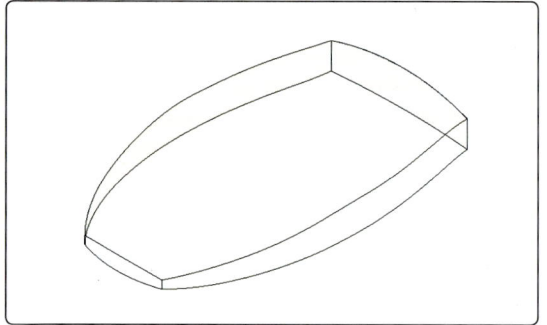

곡면 모델링은 솔리드 모델링과 달리 프로파일 영역이 아닌 프로파일의 곡선을 이용해 피처를 작성합니다.

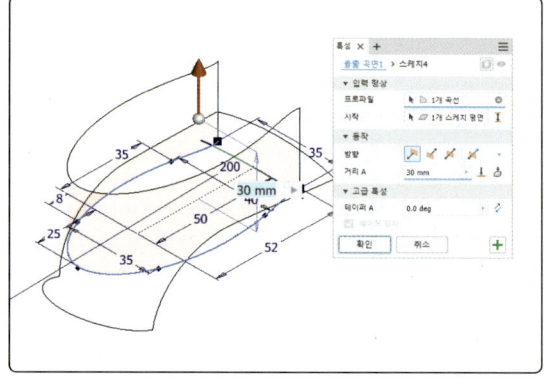

인벤터의 곡면 모델링은 작성 명령이 따로 존재하지는 않습니다. 기존의 솔리드 모델리의 작성 명령에서 곡면 모드 버튼을 클릭하면 해당 모델링 명령은 곡면 명령이 됩니다.

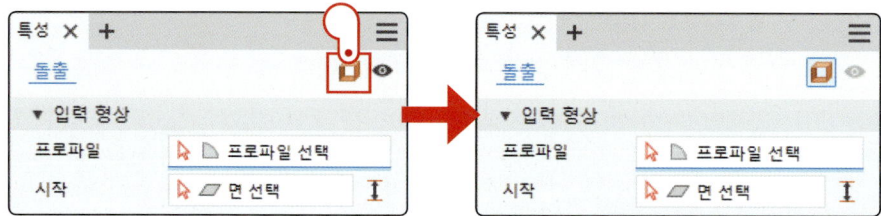

02 곡면 모델링의 작업 종류

❶ **솔리드 모델링의 보조** : 솔리드 모델링으로 구현하기 힘든 형상을 작성하는데 보조하거나, 그외 작업 도구로 보조하는데 쓰입니다.

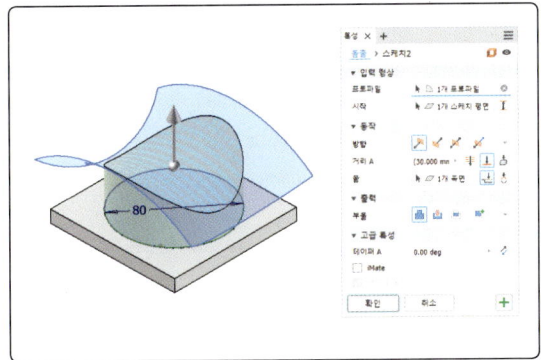

❷ **모델의 외곽 곡면 요소 작성** : 곡면 형상을 가지는 모델의 외곽 형상을 작성하는데 쓰입니다. 하지만 곡면 모델링은 그 자체만으로는 완성된 모델이 되지 않는 경우가 많습니다. 특히 제품 모델링을 하기 위해서는 반드시 물성치가 존재해야 하기 때문에 마지막엔 반드시 솔리드 모델로 마무리를 지어야 합니다.

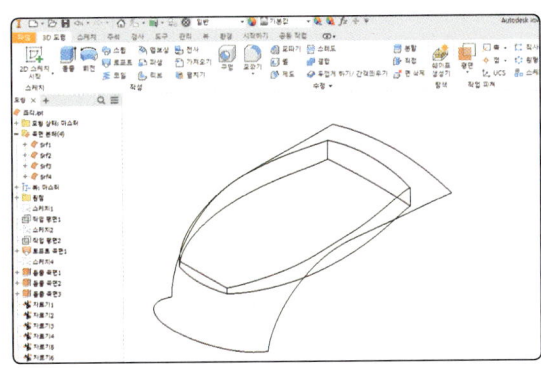

03 곡면 모델링 명령어

곡면 모델링 명령어에는 다음과 같은 것들이 있습니다.

❶ **작성** : 솔리드 모델링과 명령을 같이 쓰되 곡면 모드 버튼을 눌러 곡면 모드로 활용합니다.

❷ **수정** : 한정된 명령어(두껍게 하기, 분할, 직접 등) 만 곡면 명령으로 활용 가능합니다.

❸ **곡면** : 곡면 형태의 부품을 추가 작업하기 위한 도구가 모여 있습니다.

02 곡면 돌출 알아보기

Autodesk Inventor 2022

곡면 돌출 명령은 솔리드 돌출 명령과는 달리 프로파일 영역을 돌출하는 것이 아니라 프로파일 개체 즉 스케치 곡선 자체를 프로파일로 인식해 돌출 피처를 작성하는 명령입니다.

01 곡면 돌출 옵션으로 바꾸기

솔리드 돌출 명령에서 곡면 돌출 명령으로 바꾸기 위해서는 명령어 창 오른쪽 위의 곡면 모드 버튼을 누르면 됩니다.

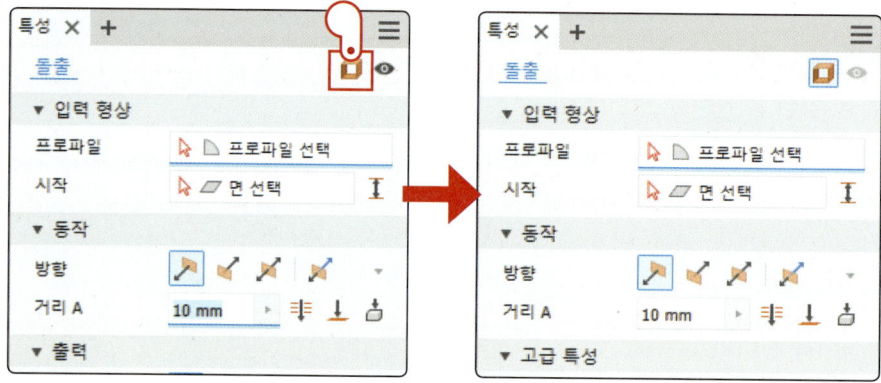

02 곡면 돌출 명령어 익히기

01 [파일] - [열기]를 클릭하여 아래 예제 파일을 엽니다.

■ Part3 - Chapter2 - 곡면돌출1.ipt

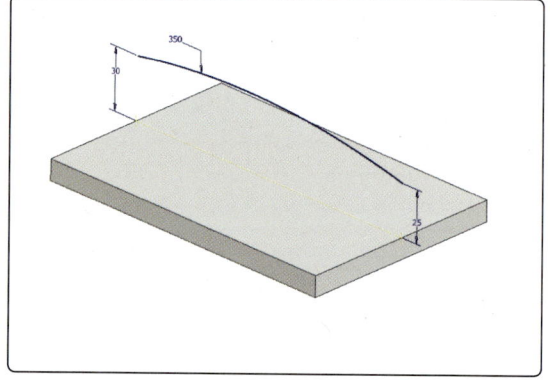

02 [돌출] 명령을 실행해 [곡면 모드]로 전환한 후 프로파일로 스케치 곡선을 선택합니다.

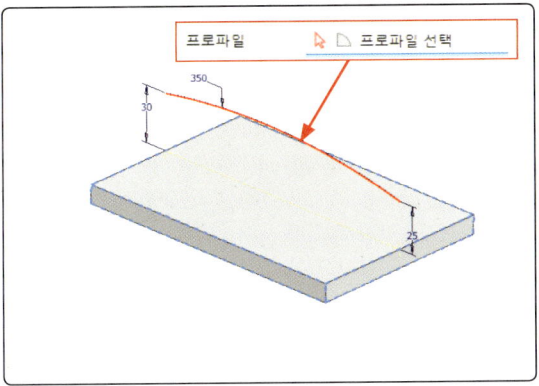

03 돌출 방향을 [대칭]으로 하고 거리를 [100]으로 입력합니다.

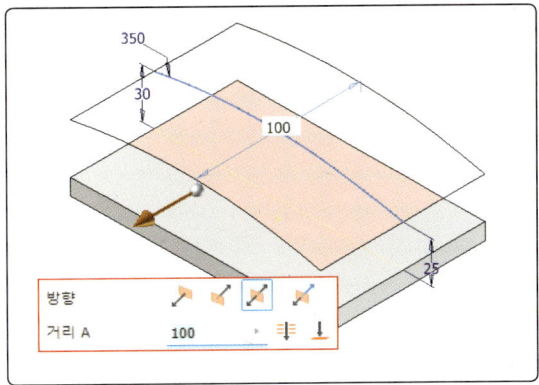

04 확인 버튼을 클릭하면 곡면 돌출 피처가 작성됩니다.

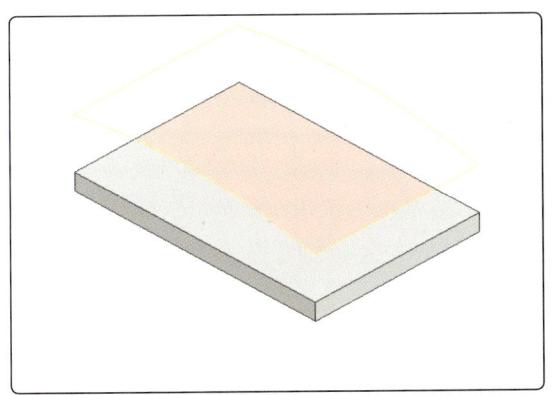

05 검색기에서 [스케치 2] 항목의 가시성을 체크해서 화면에 표시합니다.

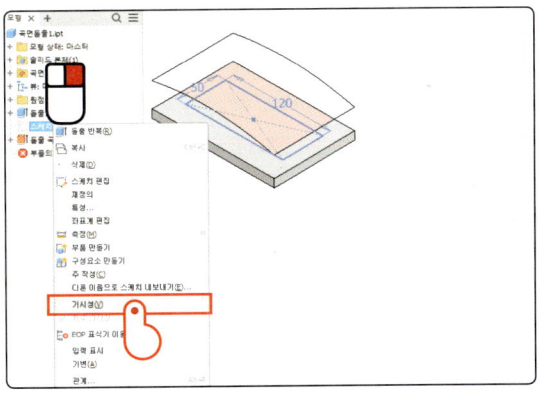

06 [돌출] 명령을 실행해 곡면 모드를 해제한 후 프로파일을 선택합니다.

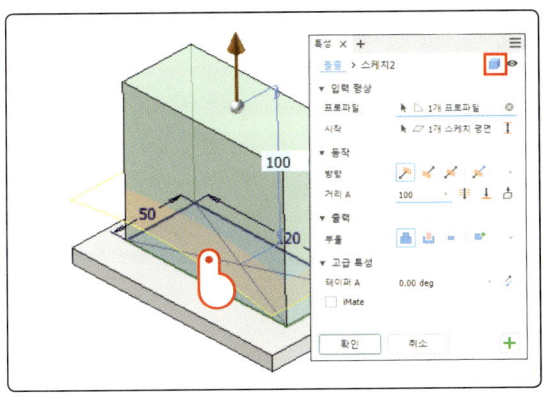

07 거리 옵션을 [끝]으로 한 후 화면에서 다음 면을 선택합니다.

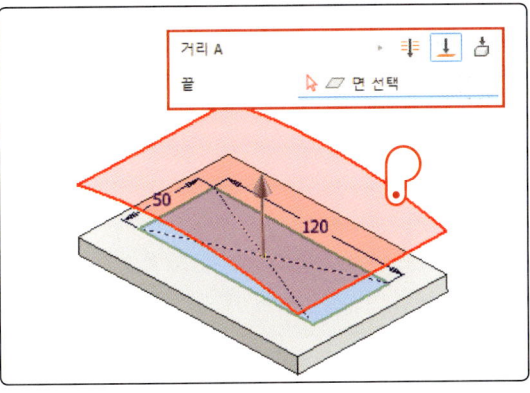

08 다음과 같이 돌출 피처가 미리보기가 됩니다.   **09** 확인 버튼을 클릭하면 돌출 피처가 작성됩니다.

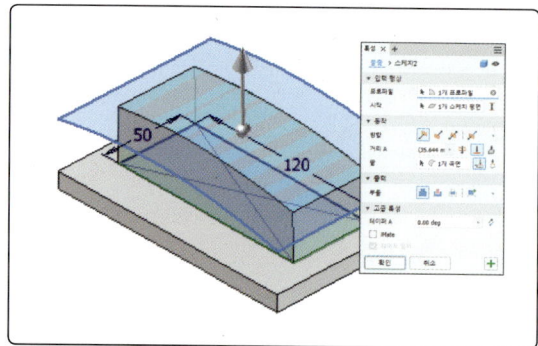   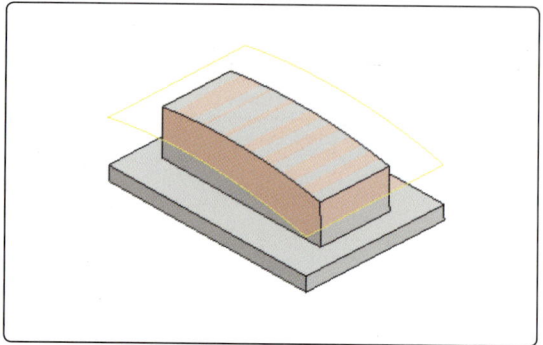

03 분할 명령어 옵션 알아보기

분할 명령은 스케치 개체 혹은 곡면/면 개체를 기준으로 솔리드를 분할하는 명령입니다.

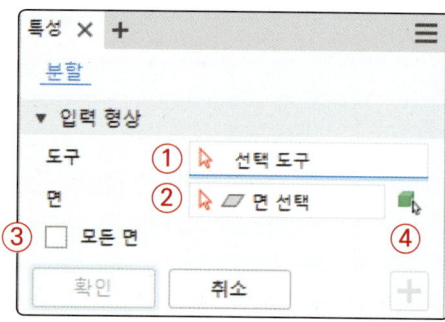

❶ **선택 도구** : 분할할 도구를 선택합니다.

❷ **면 선택** : 선택 도구로 나눌 면을 선택합니다.

❸ **모든 면** : 선택한 솔리드의 모든 면이 한꺼번에 선택됩니다.

❹ **솔리드 선택** : 분할 옵션이 면 분할이 아니라 솔리드 분할로 바뀝니다.

04 분할 명령어 익히기 – 면 분할

01 [파일] – [열기]를 클릭하여 아래 예제 파일을 엽니다.

■ Part3 – Chapter2 – 분할.ipt

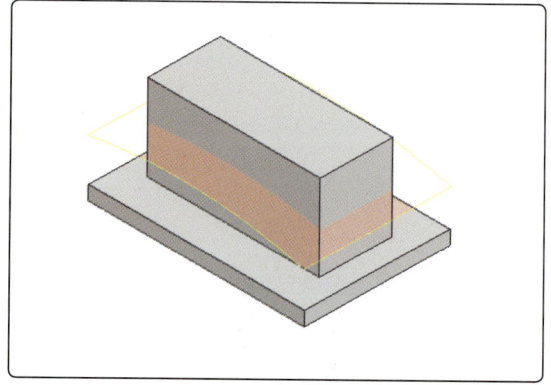

02 [분할] 명령을 실행해 선택 도구로 다음 면을 선택합니다.

03 모든 면 옵션에 체크하면 하나의 면을 선택할 시 모든 면이 한꺼번에 선택됩니다.

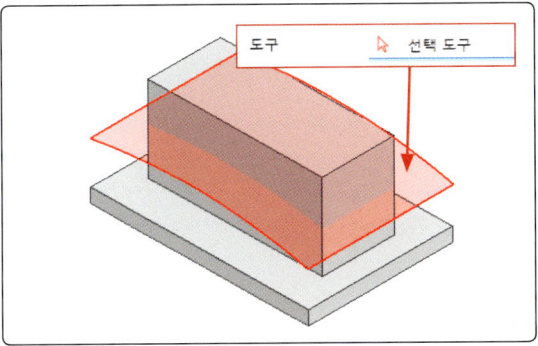
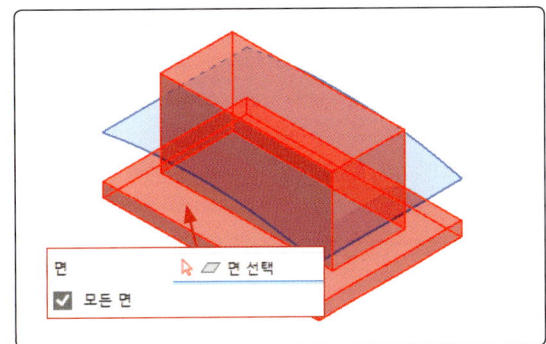

04 미리보기가 표시되면 확인 버튼을 클릭합니다.

05 다음과 같이 면 분할이 작성되었습니다.

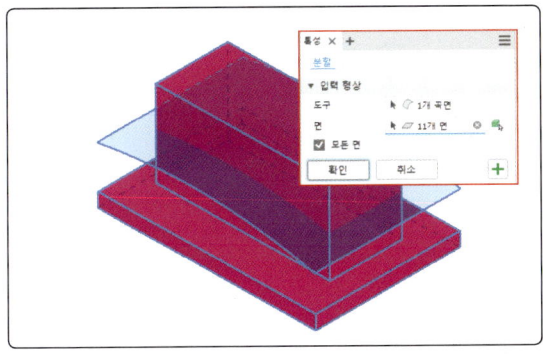
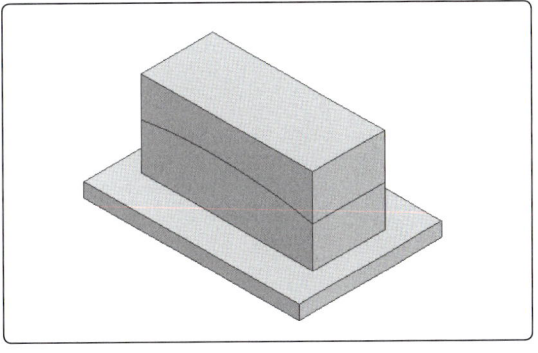

05 분할 명령어 익히기 – 솔리드 분할

01 [분할.ipt] 파일을 다시 연 다음 [분할] 명령을 실행해 선택 도구로 다음 면을 선택합니다.

02 [솔리드 선택] 버튼을 눌러서 다음 솔리드 모드로 변환한 후, 다음 솔리드를 선택합니다.

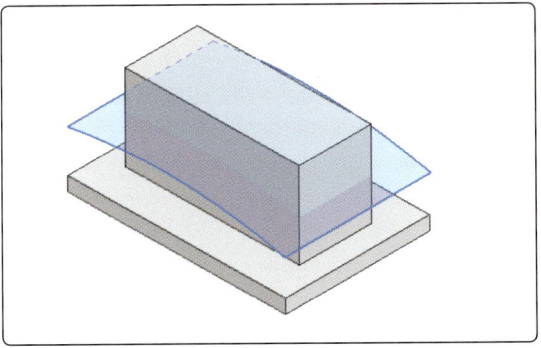
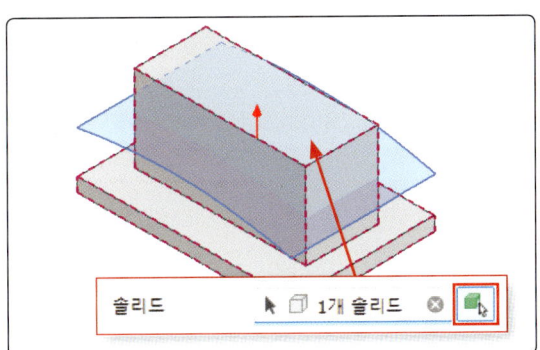

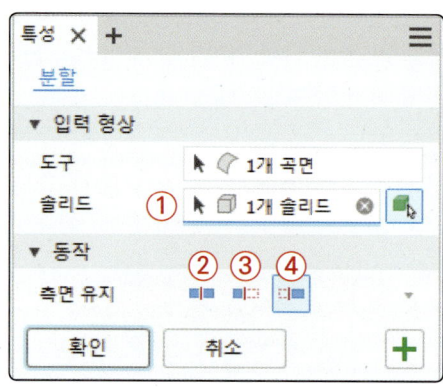

❶ **솔리드 선택** : 선택 도구로 나눌 면을 선택합니다.

❷ **솔리드 분할 및 양쪽 면 유지** : 분할한 솔리드를 양쪽 다 유지합니다.

❸ **솔리드 분할 및 기본 면 유지** : 분할한 솔리드의 기본만 유지합니다.

❹ **솔리드 분할 및 반대쪽 면 유지** : 분할한 솔리드의 기본을 제거합니다.

03 확인 버튼을 클릭하면 솔리드 분할이 완료됩니다.

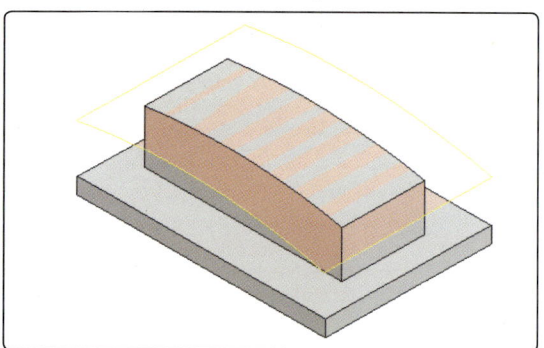

06 제도 명령어 옵션 알아보기

제도 명령은 작성된 솔리드 평면에 기울기를 주는 명령입니다.

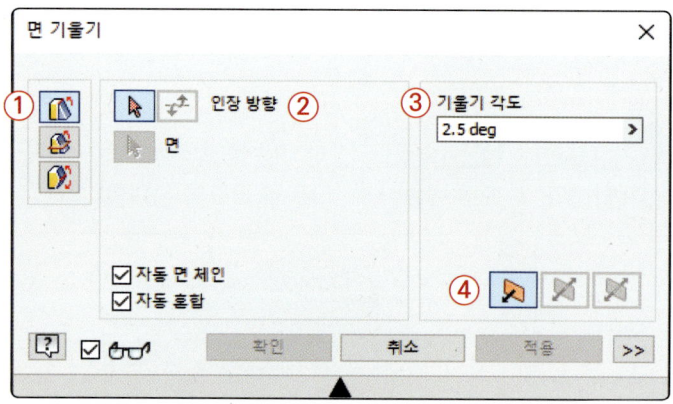

❶ **옵션** : 면 기울기 방법을 선택합니다.

❷ **인장 방향** : 모서리를 선택해 기울기할 방향을 결정합니다.

❸ **기울기 각도** : 기울기할 각도를 설정합니다.

❹ **기울기 방향** : 인장 방향에 대한 기울기 방향을 선택합니다.

07 제도 명령어 익히기

01 [파일] - [열기]를 클릭하여 아래 예제 파일을 엽니다.

■ Part3 - Chapter2 - 제도.ipt

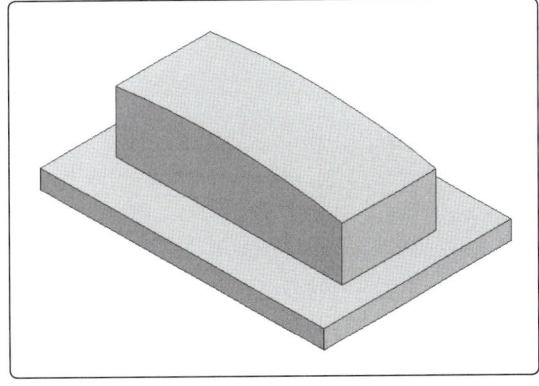

02 [제도] 명령을 실행해 인장 방향에 해당하는 다음 모서리를 선택합니다.

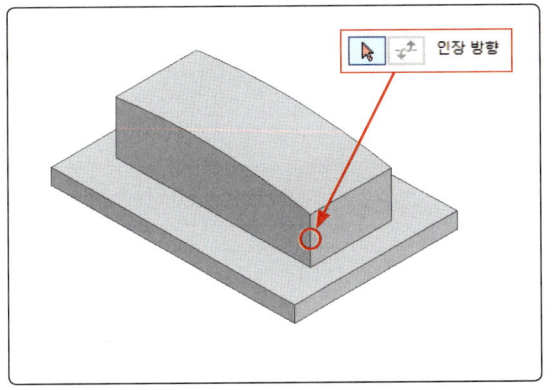

03 기울기를 줄 면을 선택합니다.

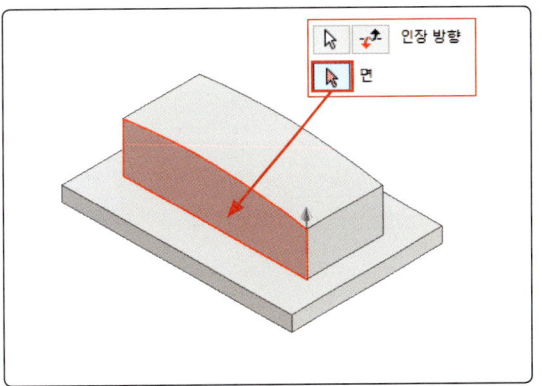

04 기울기 각도 [10]을 입력합니다.

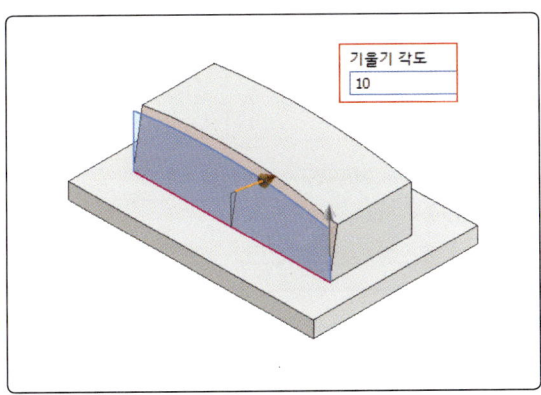

05 확인 버튼을 클릭하면 제도 작업이 완료됩니다.

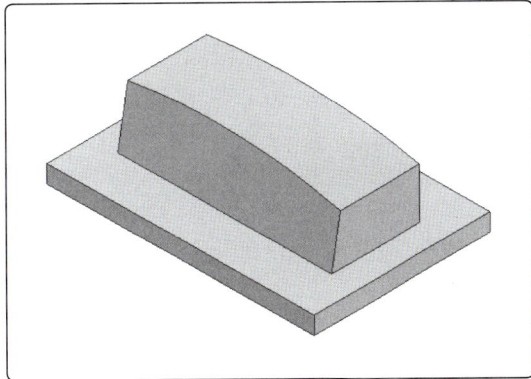

08 곡면 돌출 명령 본문 예제 : 지시없는 R = 1로 작성하시오.

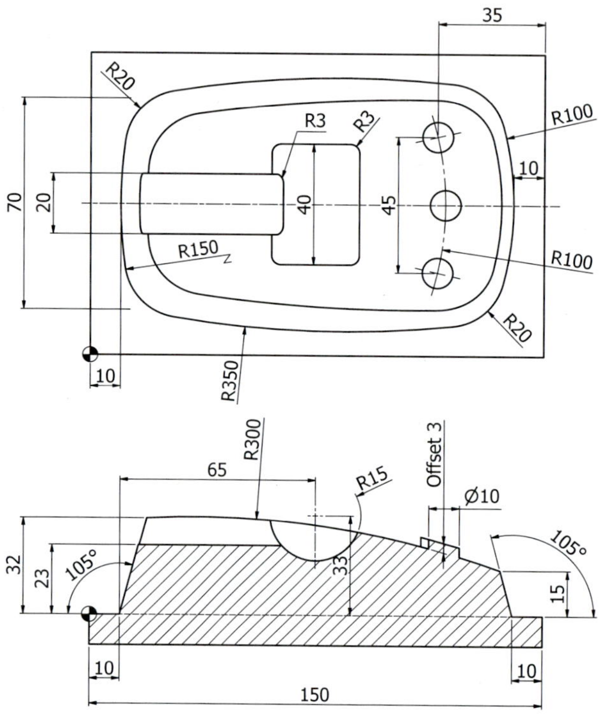

▶ YouTube
풀이 과정을 유튜브로 확인해 보세요!

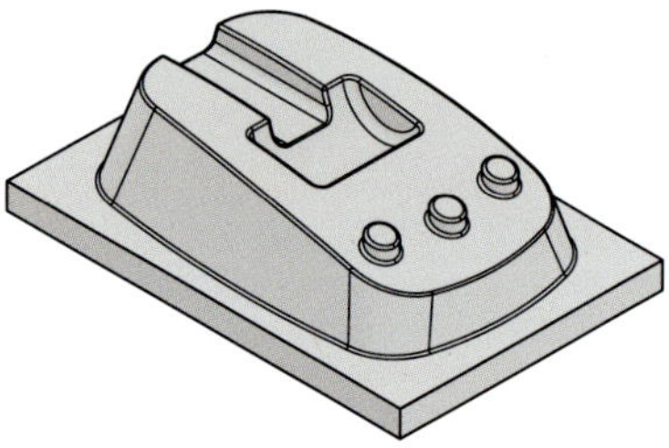

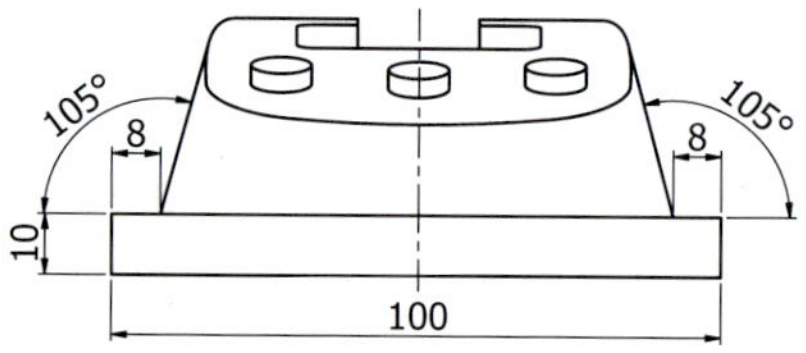

01 베이스 형상을 작성한 후에 [돌출] 명령을 이용해 다음과 같이 작성합니다.

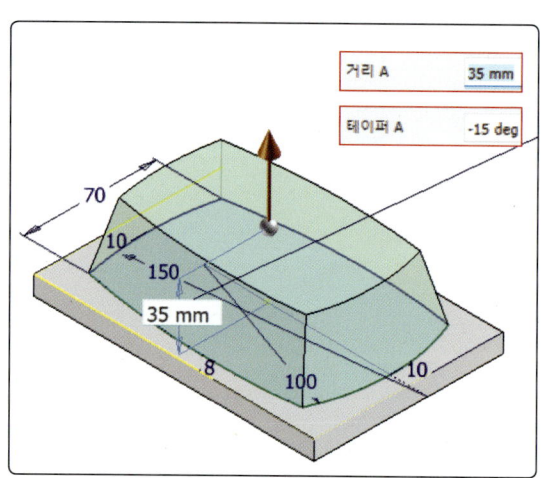

거리 A : 35 mm
테이퍼 A : -15 deg

02 정면도에 다음과 같은 스케치를 작성합니다.

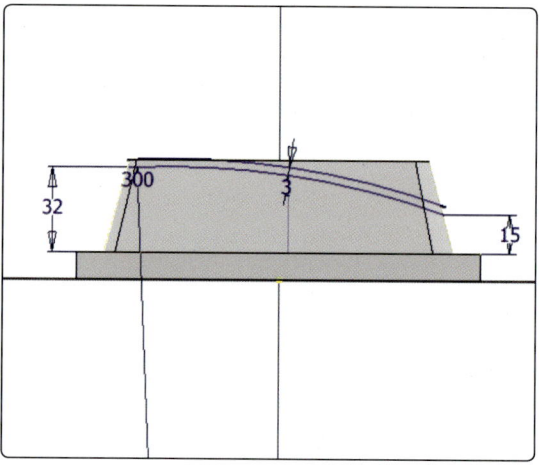

03 [돌출] 명령의 곡면 옵션으로 다음과 같이 작성합니다.

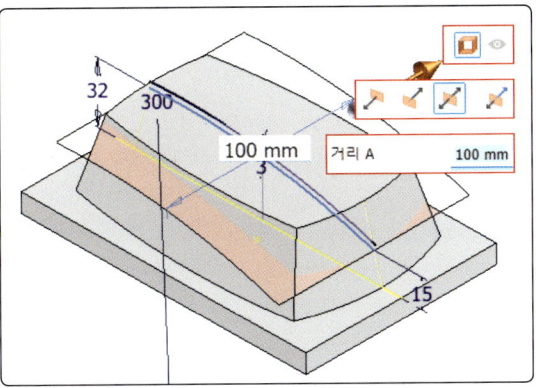

04 [분할] 명령을 실행해 다음과 같이 작성합니다.

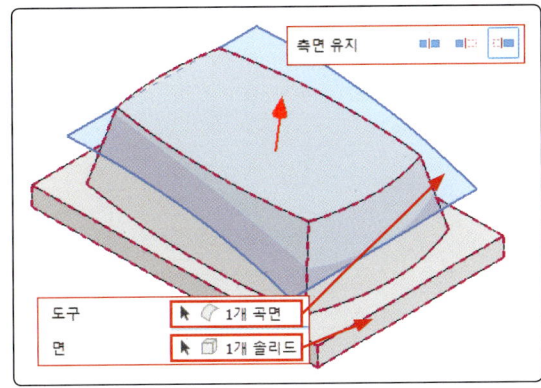

05 정면도에 스케치를 작성해 [돌출] 명령으로 다음과 같이 두 개의 피처를 작성합니다.

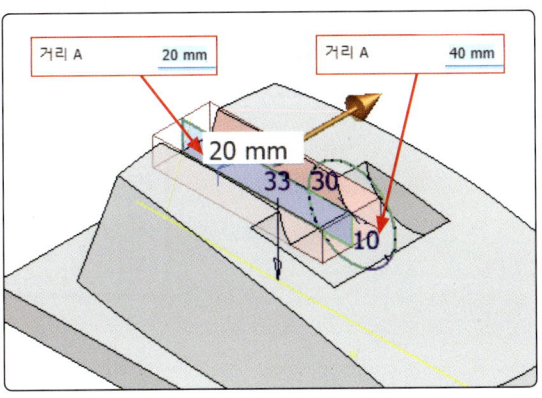

06 이전 스케치를 공유해 [돌출] 명령의 곡면 옵션으로 다음과 같이 작성합니다.

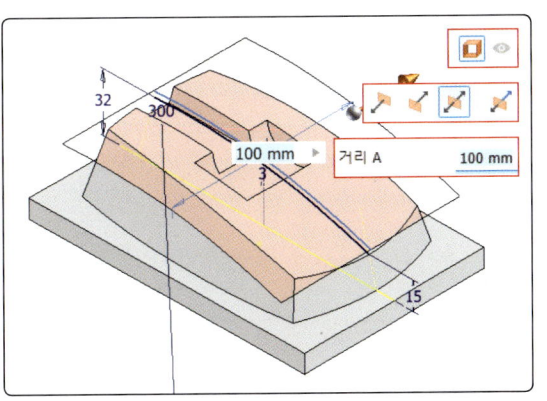

07 모델면에 스케치를 작성해 [돌출] 명령으로 다음과 같이 작성합니다.

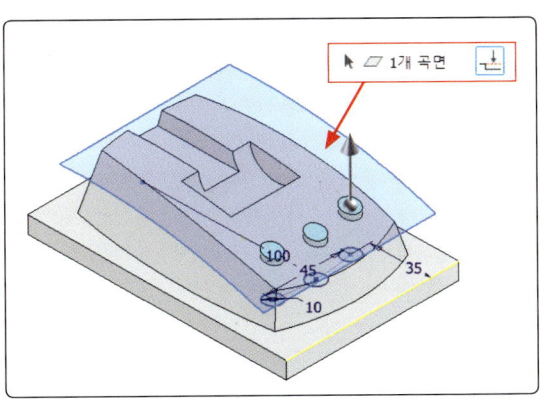

08 [모깎기] 작업을 추가로 한 후 부품 작성을 완료합니다.

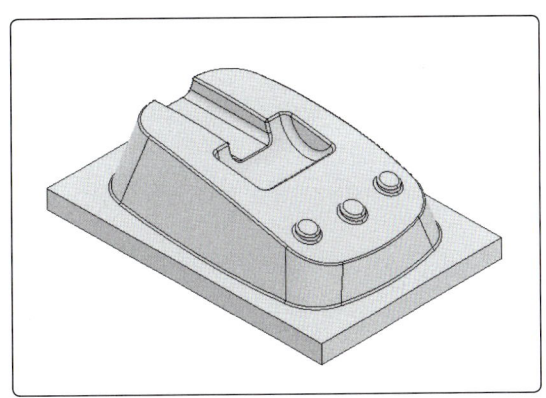

연습예제 : 지시없는 R = 1로 작성하시오.

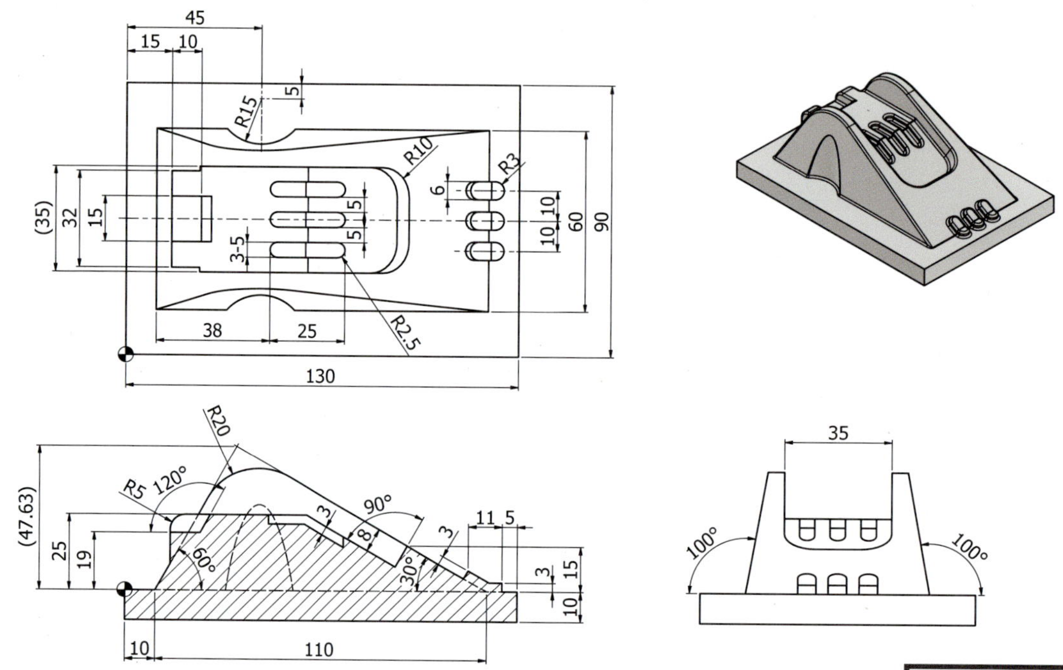

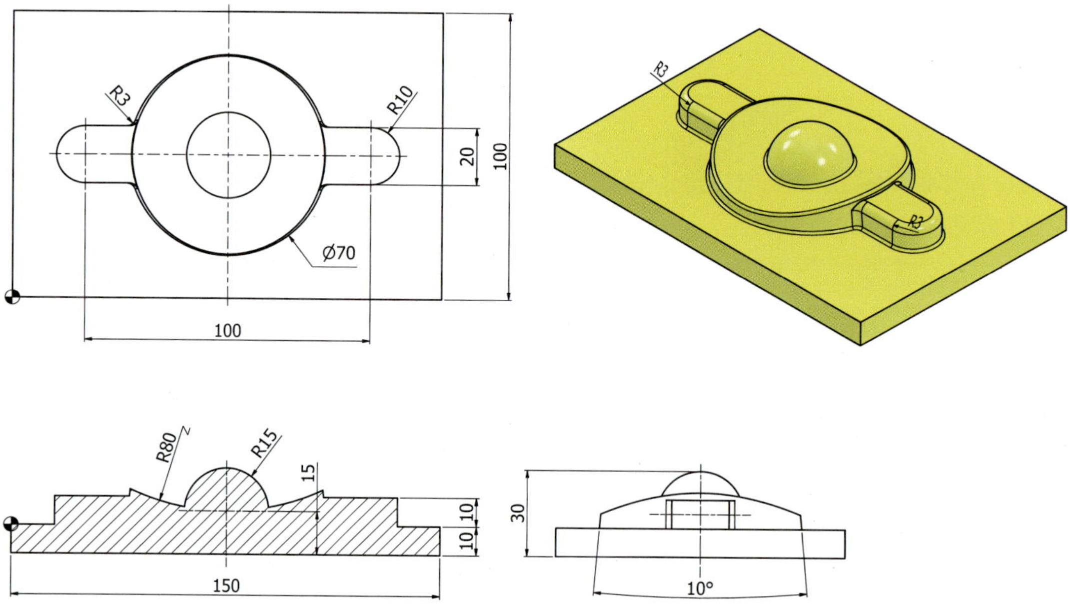

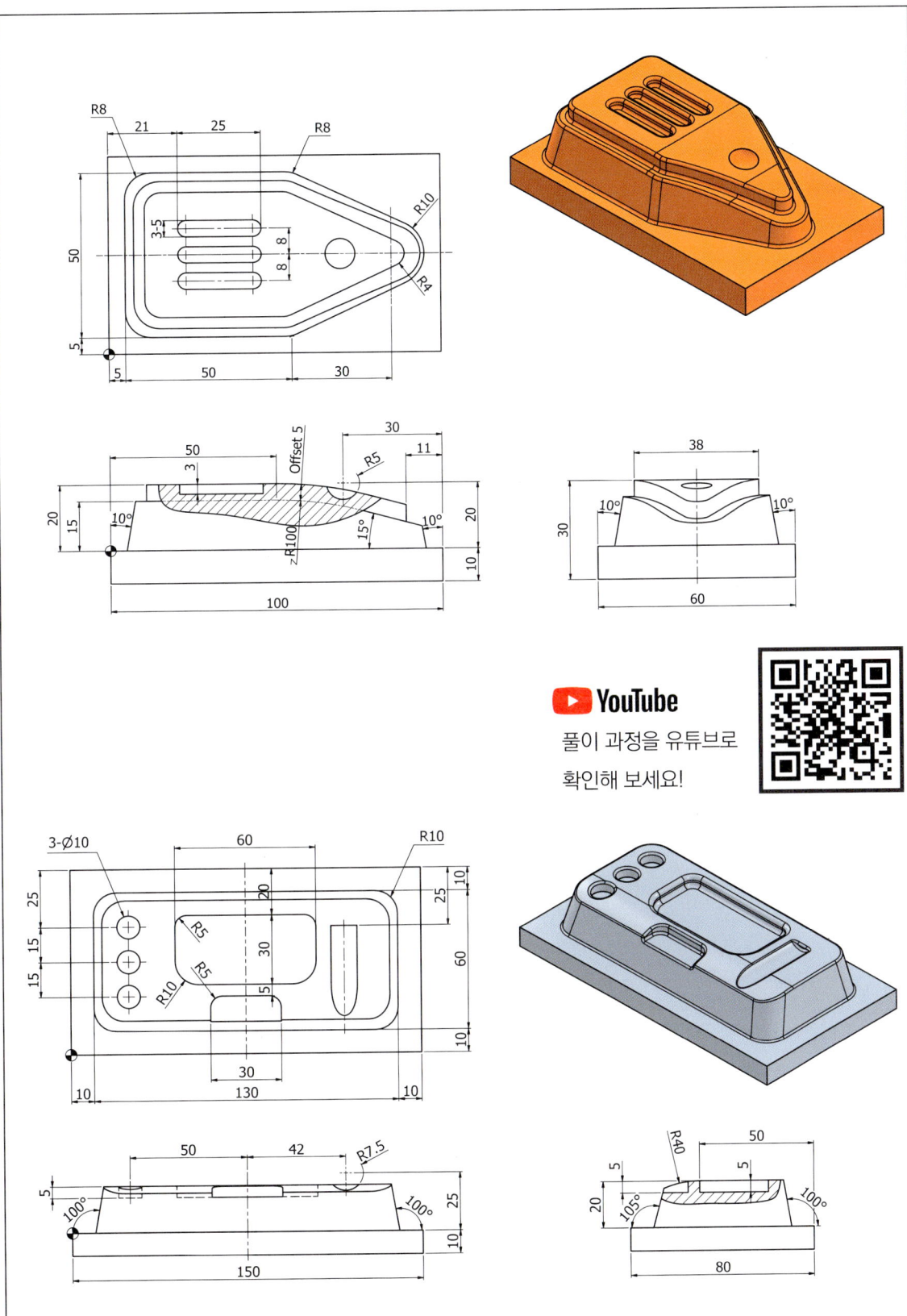

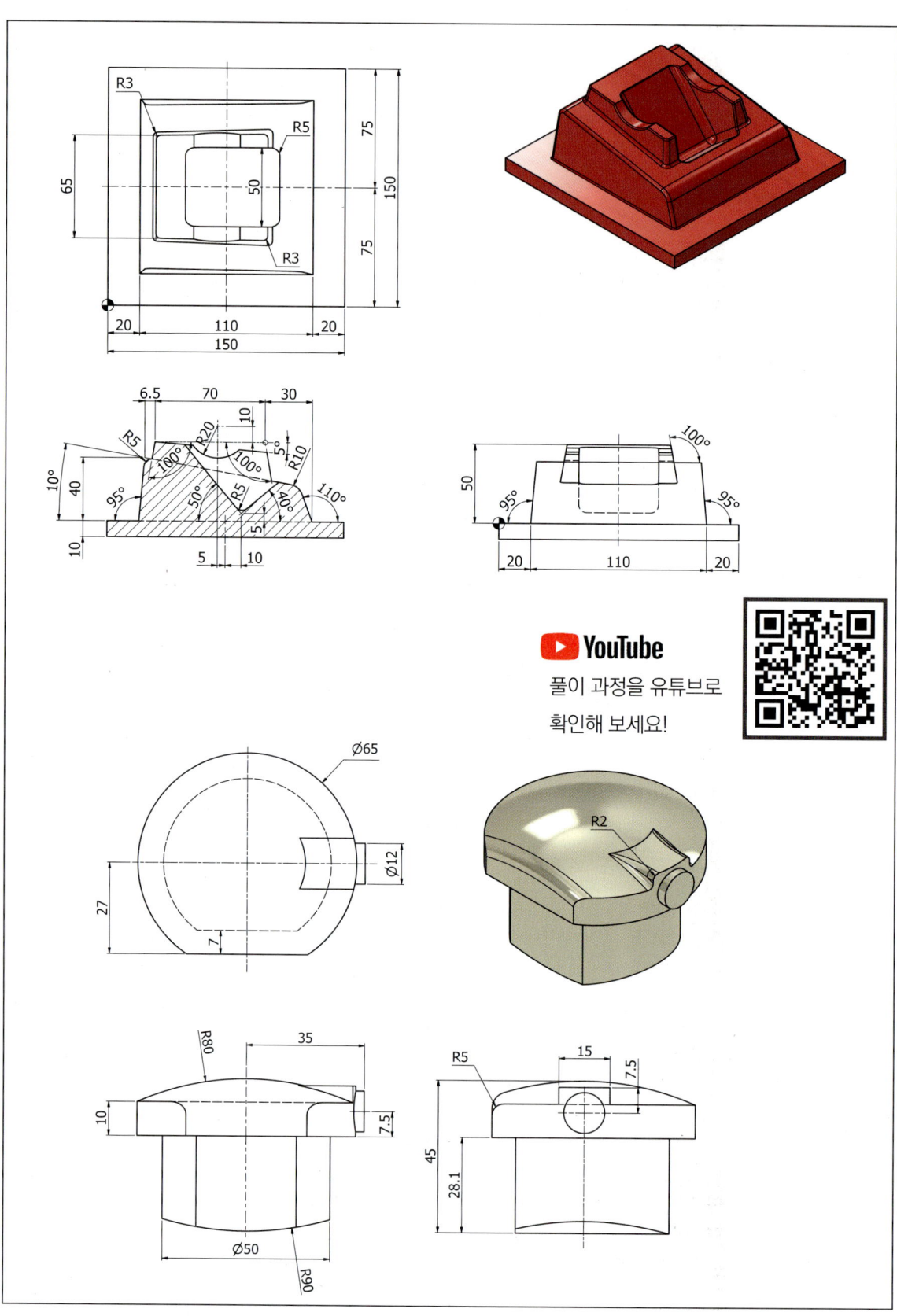

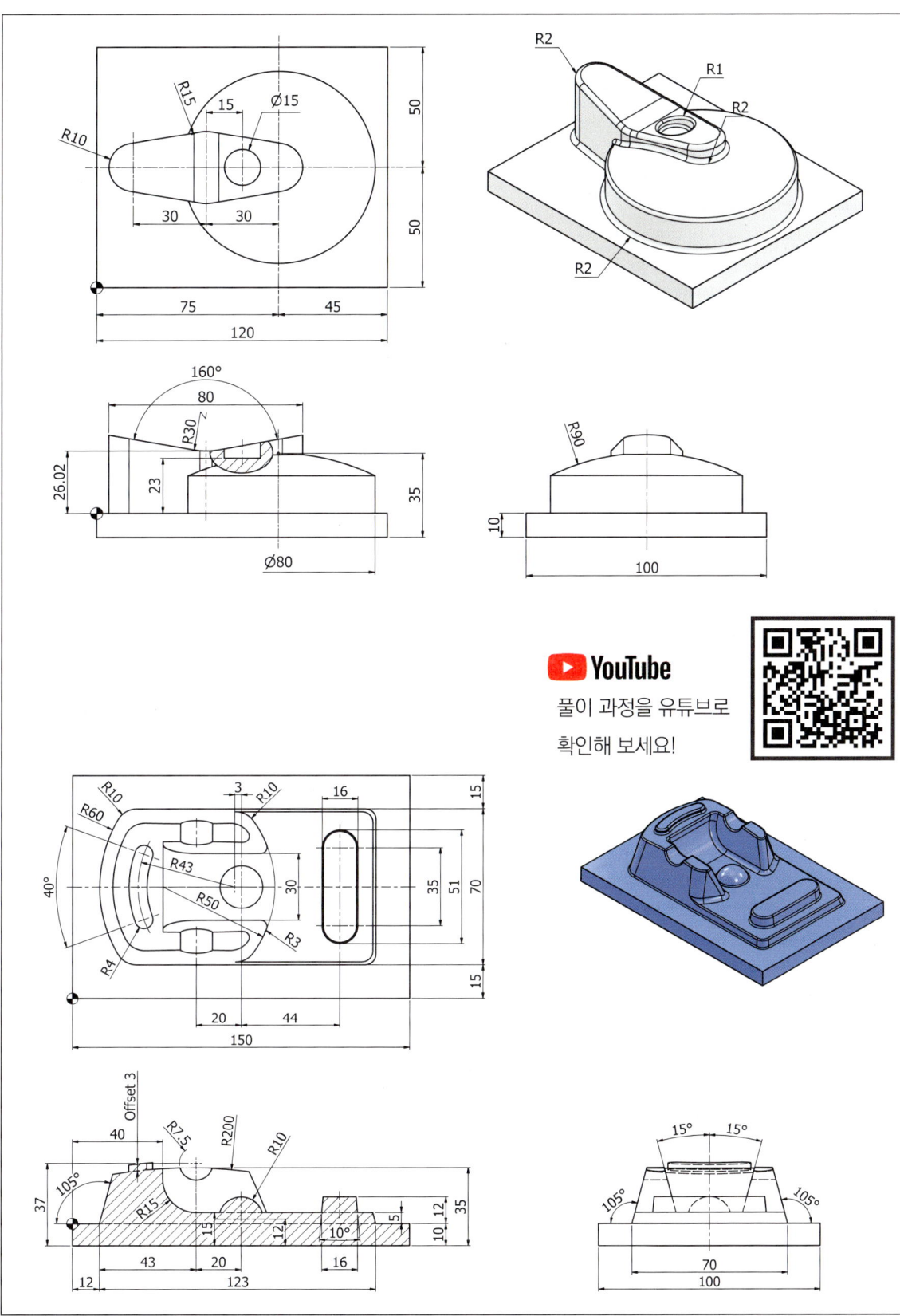

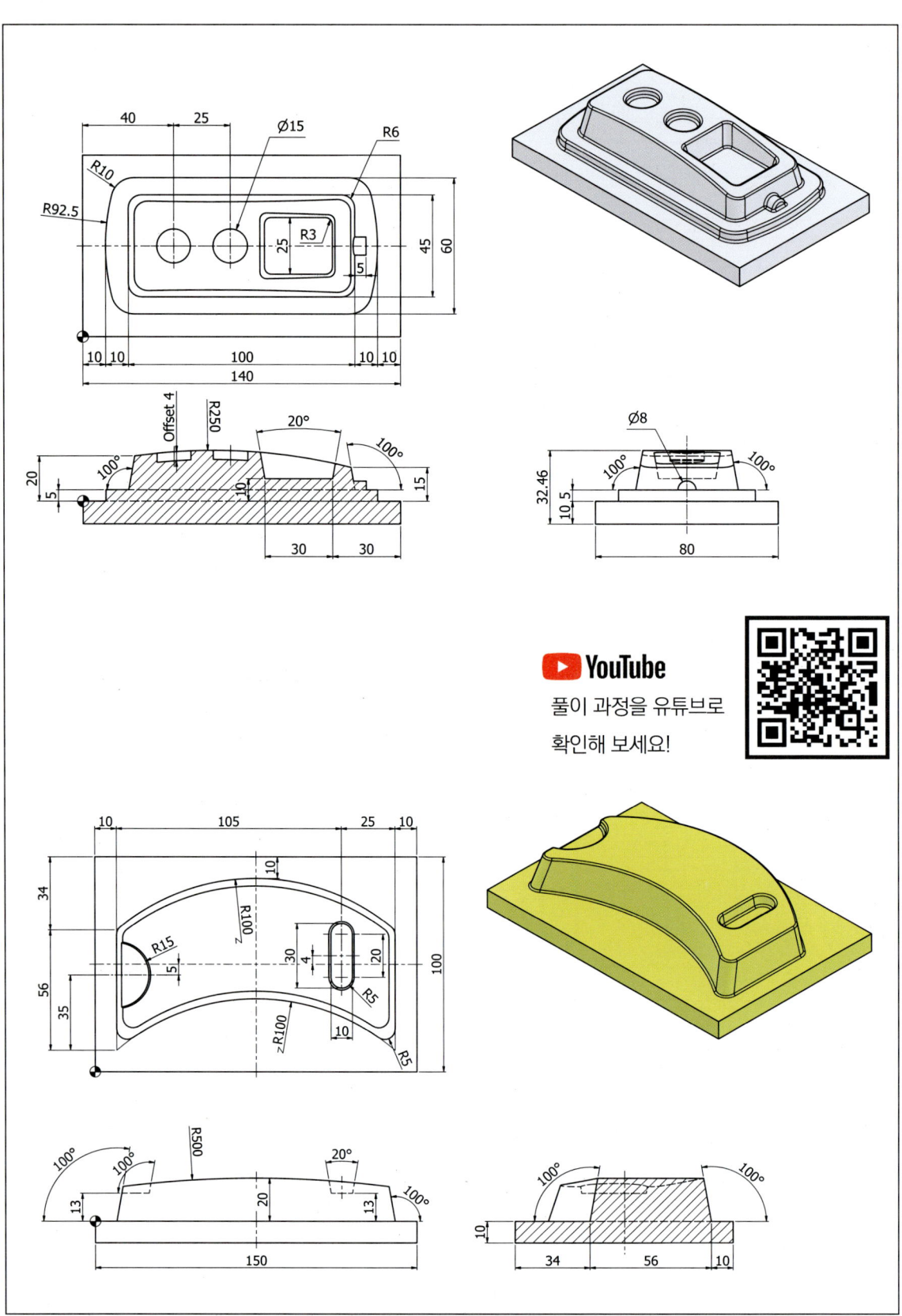

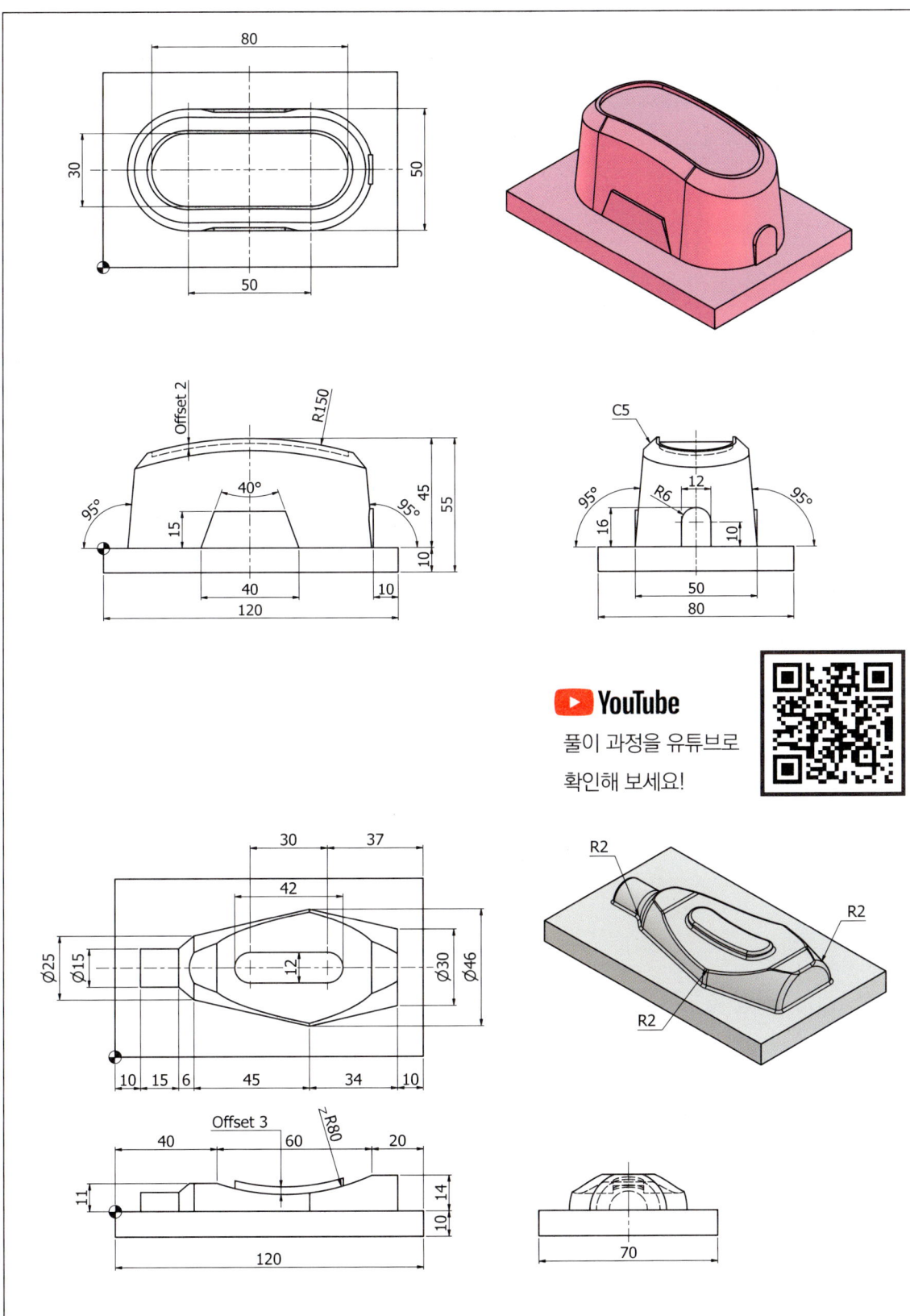

03 곡면 회전 알아보기

곡면 회전 명령도 곡면 돌출 명령과 마찬가지로 프로파일 영역으로 작성하는 것이 아닌 스케치 곡선 자체를 프로파일로 인식해 회전 피처를 작성합니다.

01 곡면 회전 옵션으로 바꾸기

솔리드 회전 명령에서 곡면 회전 명령으로 바꾸기 위해서는 명령어 창 오른쪽 위의 곡면 모드 버튼을 누르면 됩니다.

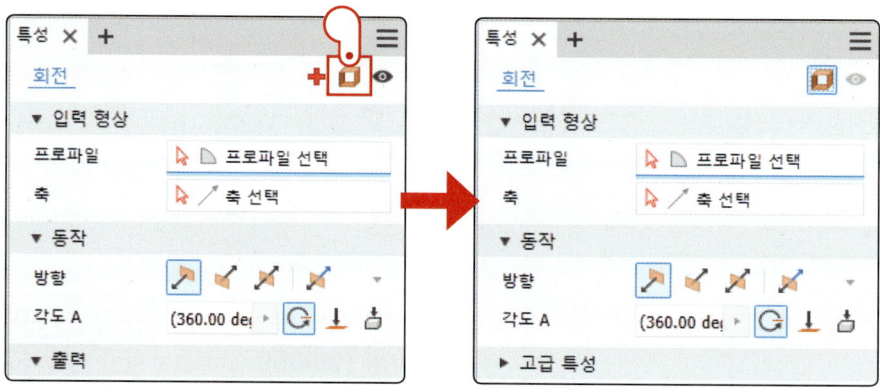

02 곡면 회전 명령어 익히기

01 [파일] - [열기]를 클릭하여 아래 예제 파일을 엽니다.

◼ Part3 - Chapter3 - 곡면 회전.ipt

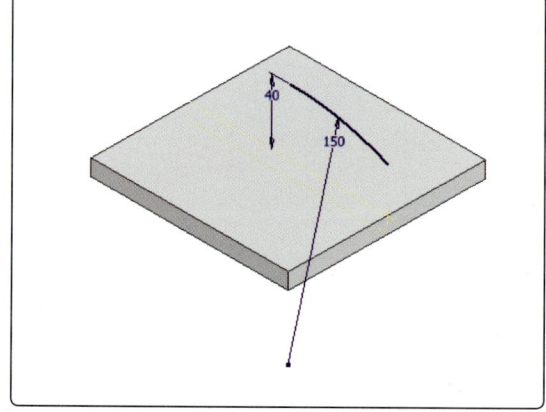

02 [회전] 명령을 실행해 [곡면 모드]로 전환한 후 프로파일로 스케치 곡선을 선택합니다.

03 축 버튼을 눌러서 원점 항목의 [Y축]을 선택합니다.

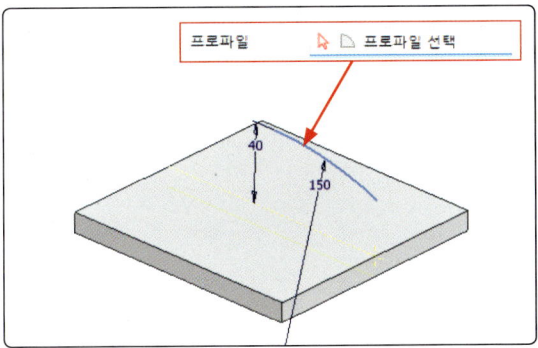
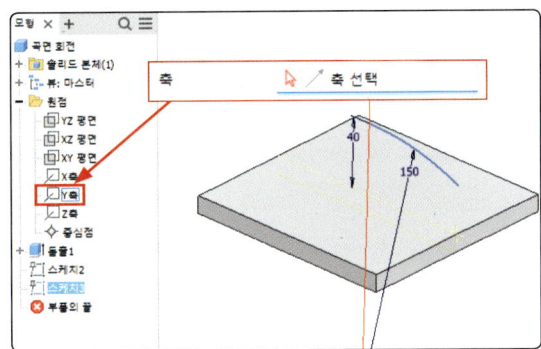

04 곡면 회전 피처가 미리보기가 되면 확인 버튼을 클릭합니다.

05 곡면 회전 피처 작성이 완료되었습니다.

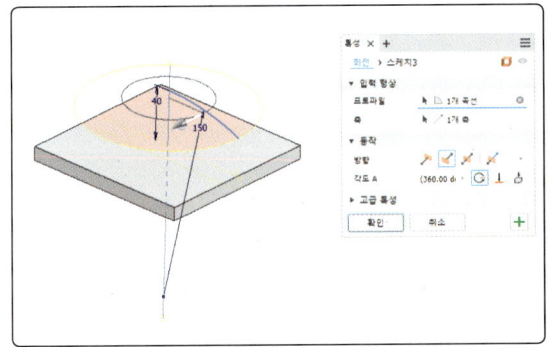

06 검색기에서 [스케치 2] 항목의 가시성을 체크해서 화면에 표시합니다.

07 [돌출] 명령을 실행해 프로파일을 선택한 후, 거리 옵션을 [끝]으로 한 후 화면에서 다음 면을 선택합니다.

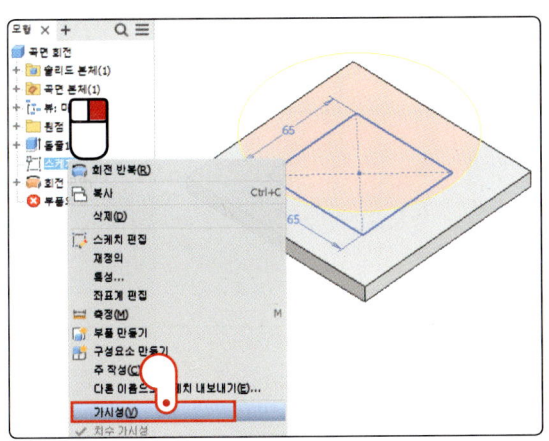
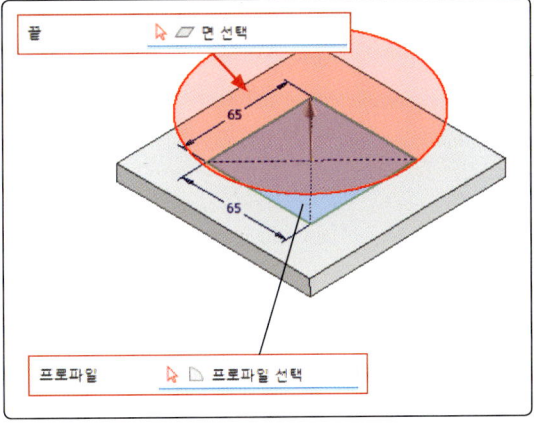

08 다음과 같이 돌출 피처가 미리보기가 됩니다. **09** 확인 버튼을 클릭하면 돌출 피처가 작성됩니다.

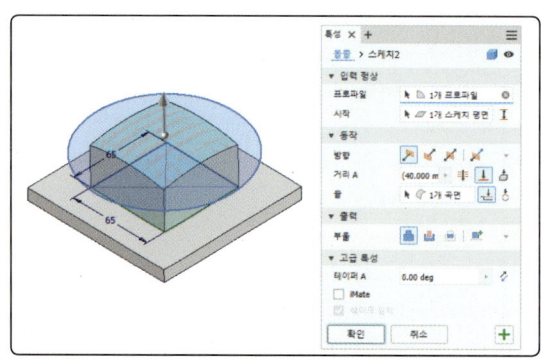 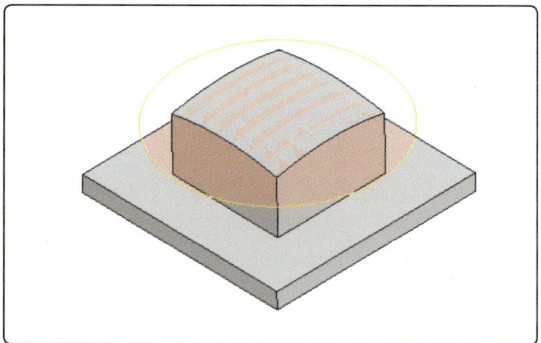

03 면 대체 명령어 옵션 알아보기

면 대체 명령이란 기존의 면을 다른 면으로 바꾸는 명령을 말합니다.

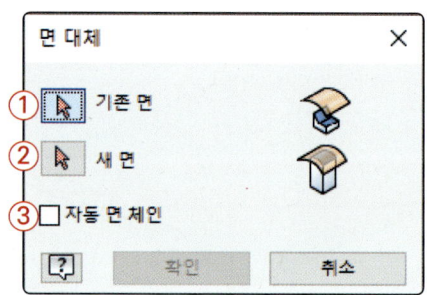

❶ **기존 면** : 기존의 면을 선택합니다.

❷ **새면** : 교체할 면을 선택합니다.

❸ **자동 면 체인** : 기존 면을 선택할 때 체인면을 자동으로 같이 선택합니다.

04 면 대체 명령어 익히기

01 [파일] - [열기]를 클릭하여 아래 예제 파일을 엽니다.

■ Part3 - Chapter3 - 면 대체.ipt

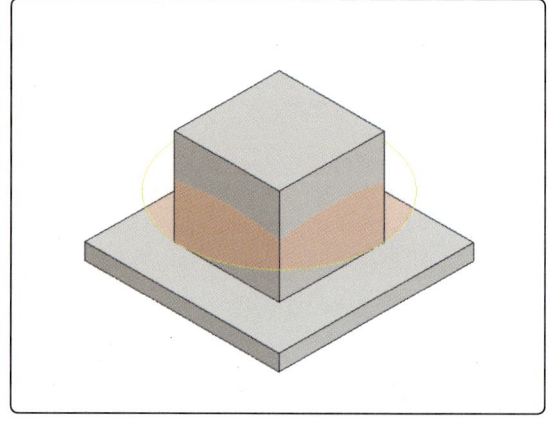

02 [면 대체] 명령을 실행 후 기존 면을 다음 면으로 선택합니다.

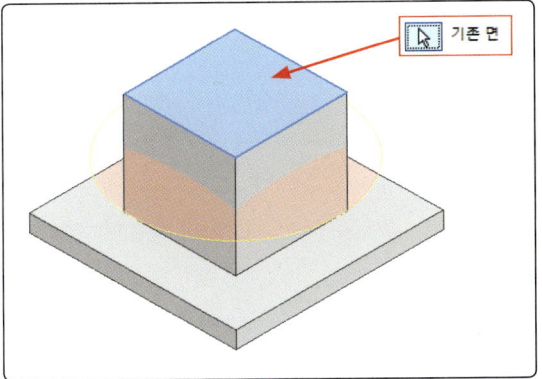

03 새 면을 다음 면으로 선택합니다.

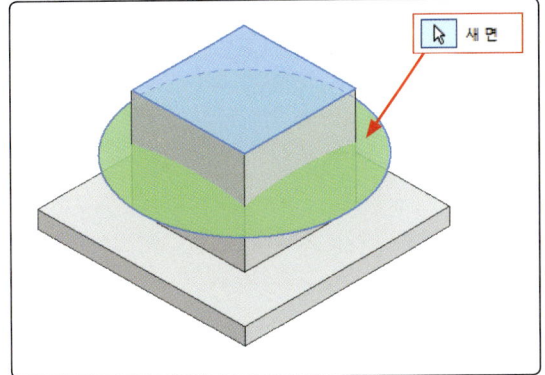

04 확인 버튼을 클릭하면 면 대체가 완료됩니다.

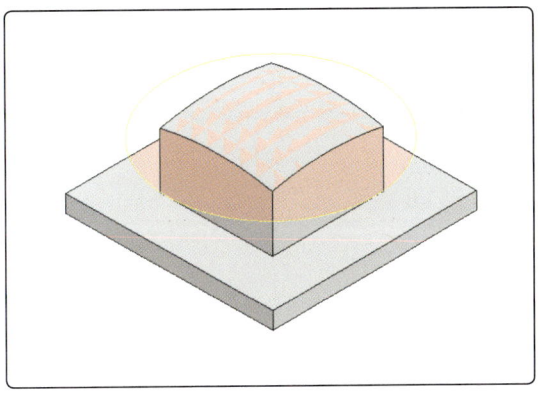

05 면 삭제 명령어 옵션 알아보기

면 삭제 명령은 기존에 작성된 면 요소를 삭제하거나 보정하는 명령을 수행합니다.

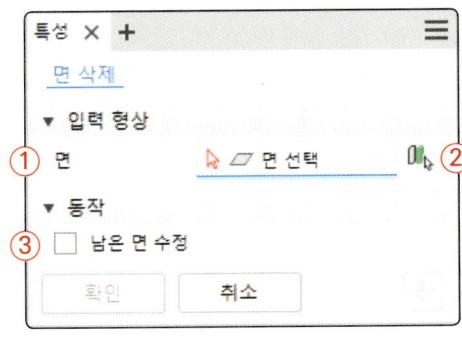

❶ **면** : 삭제할 면을 선택합니다.

❷ **덩어리 선택** : 삭제할 개체를 면이 아닌 덩어리 모드로 바꿉니다.

❸ **남은 면 수정** : 면을 삭제하면서 삭제된 형상을 보정합니다.

06 면 삭제 명령어 익히기

01 [파일] - [열기]를 클릭하여 아래 예제 파일을 엽니다.

■ Part3 - Chapter3 - 면 삭제.ipt

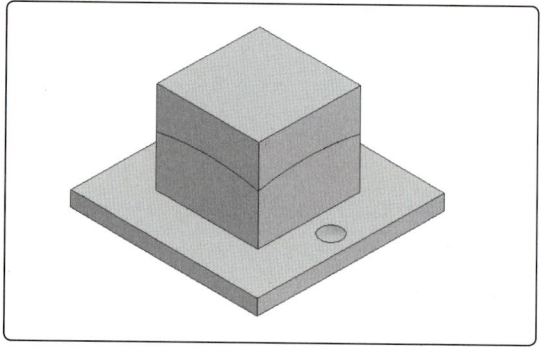

02 [면 삭제] 명령을 실행해 다음 면을 선택하고 [남은 면 수정]에 체크합니다.

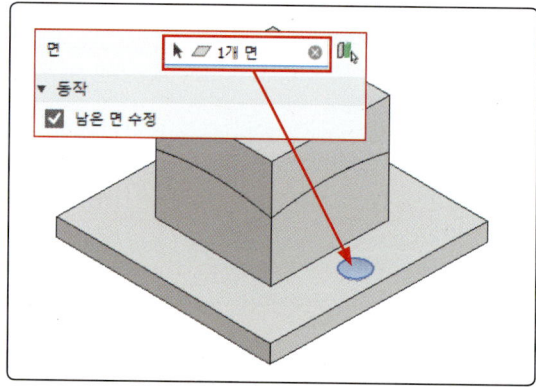

03 확인 버튼을 클릭하면 면 삭제 작업이 완료됩니다.

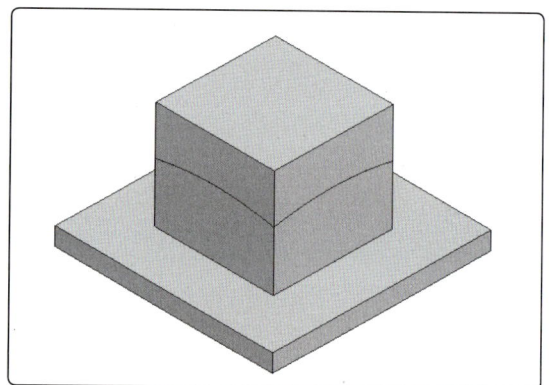

04 다시 [면 삭제] 명령을 실행해 [조각 또는 보이드] 옵션 버튼을 클릭한 후 위쪽의 덩어리를 선택합니다.

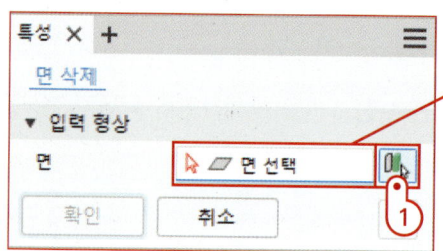

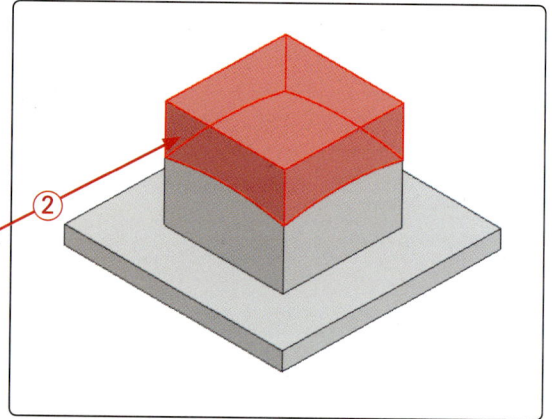

05 확인 버튼을 클릭하면 덩어리 삭제 작업이 완료됩니다.

07 곡면 회전 명령 본문 예제 : 지시없는 R = 1로 작성하시오.

YouTube

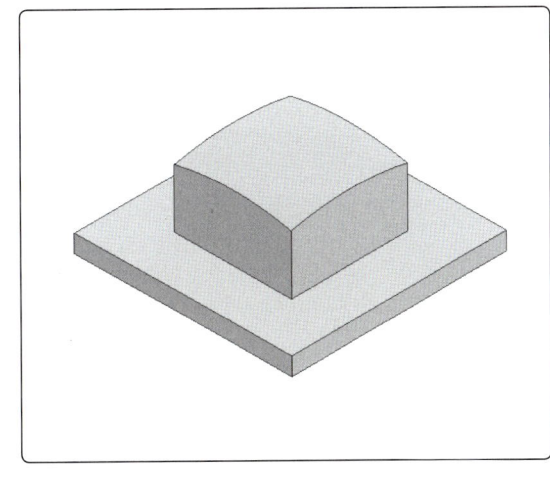

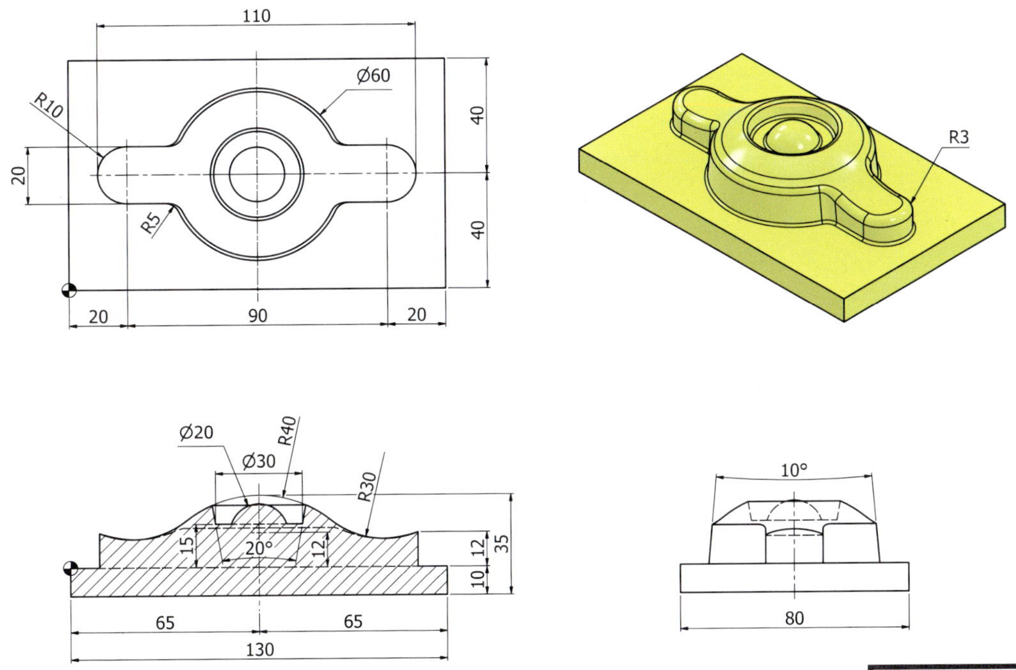

풀이 과정을 유튜브로 확인해 보세요!

01 [돌출] 명령으로 기본 형태를 작성합니다.

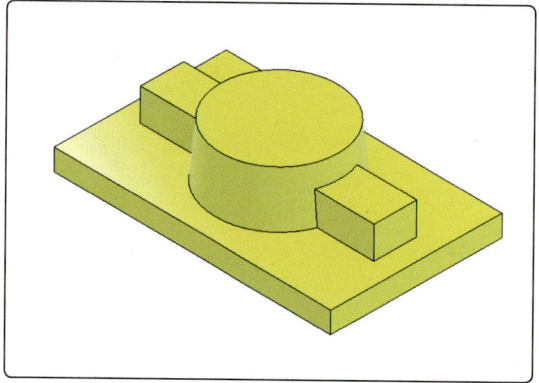

02 [회전] 명령의 곡면 옵션으로 다음과 같이 작성합니다.

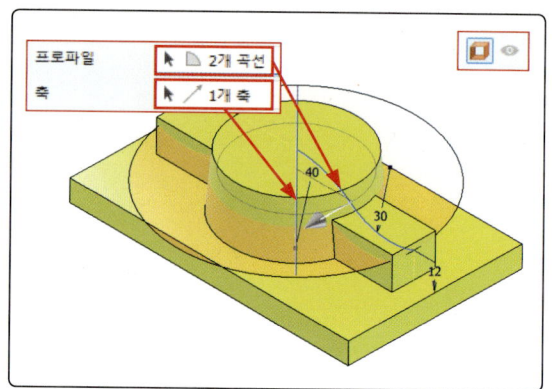

03 [분할] 명령을 실행해 다음과 같이 작성합니다.

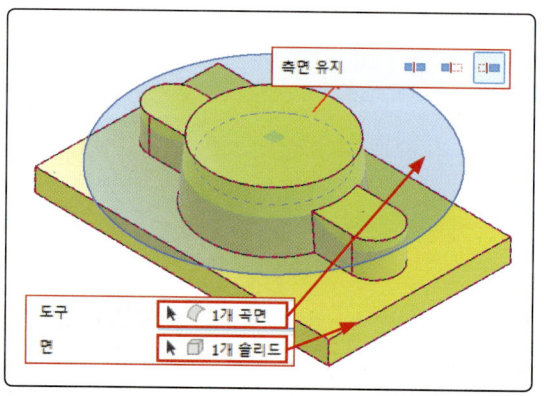

04 [돌출] 명령과 [회전] 명령으로 다음 형상들을 작성합니다.

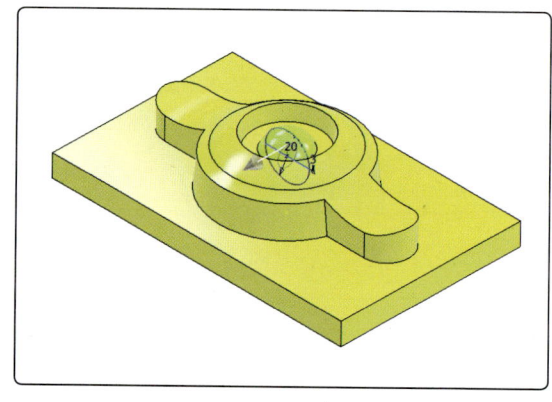

05 [모깎기] 명령을 실행해 다음과 같이 작성합니다.

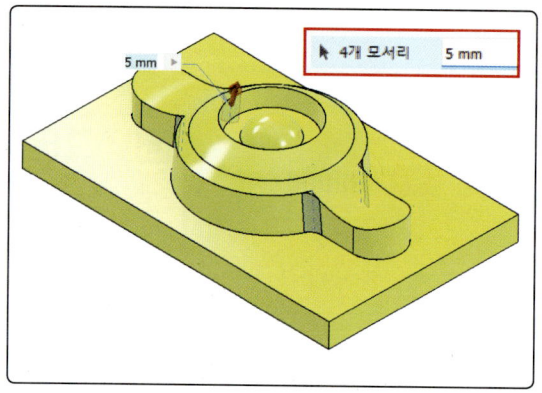

06 추가로 [모깎기] 작업을 한 후 부품 작성을 완료합니다.

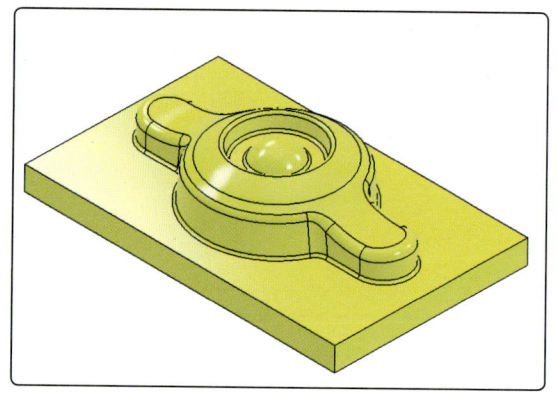

연습예제 : 지시없는 R = 1로 작성하시오.

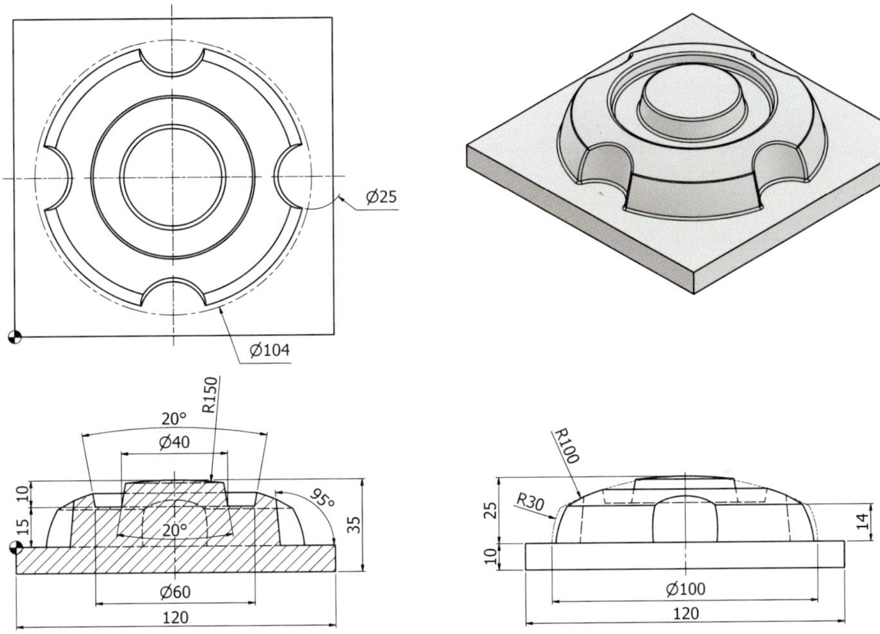

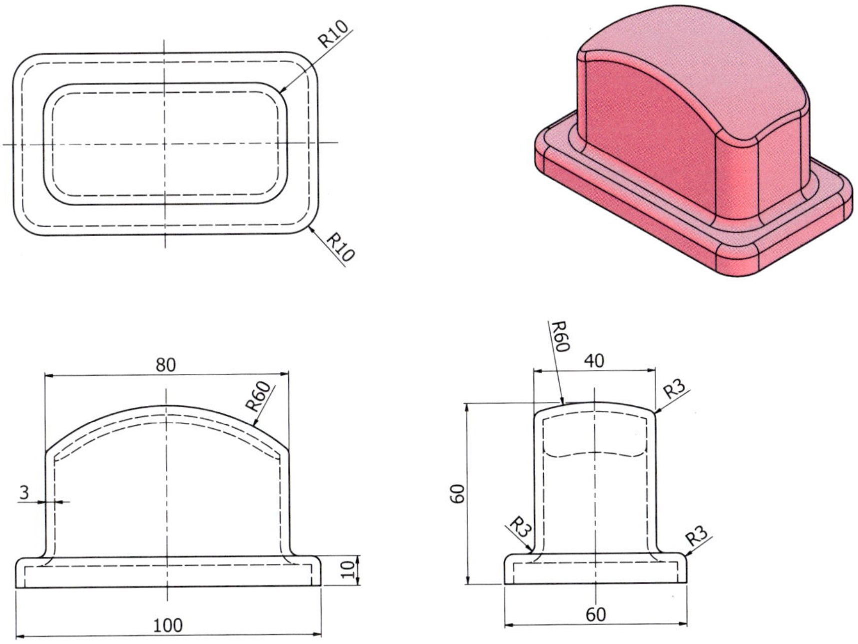

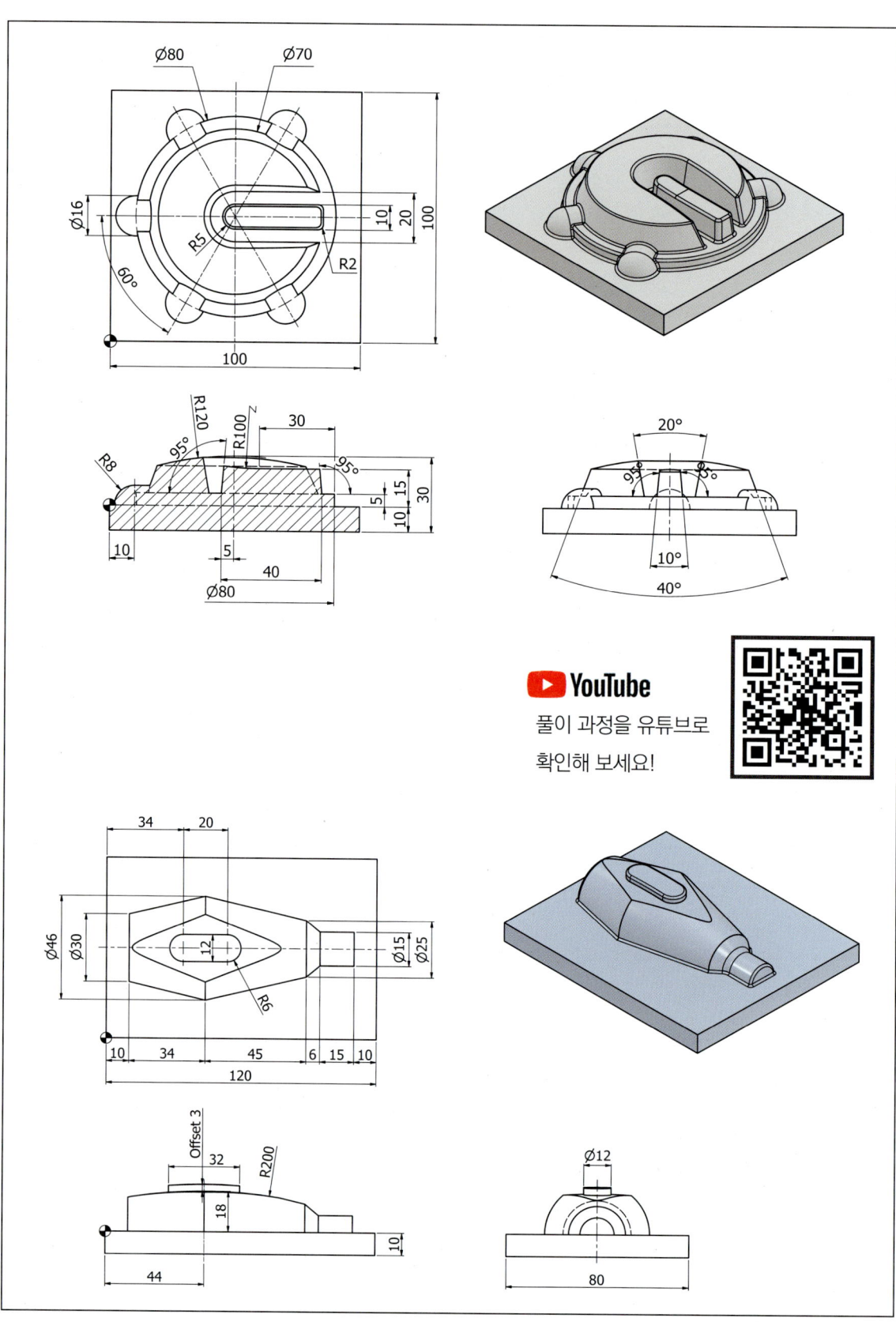

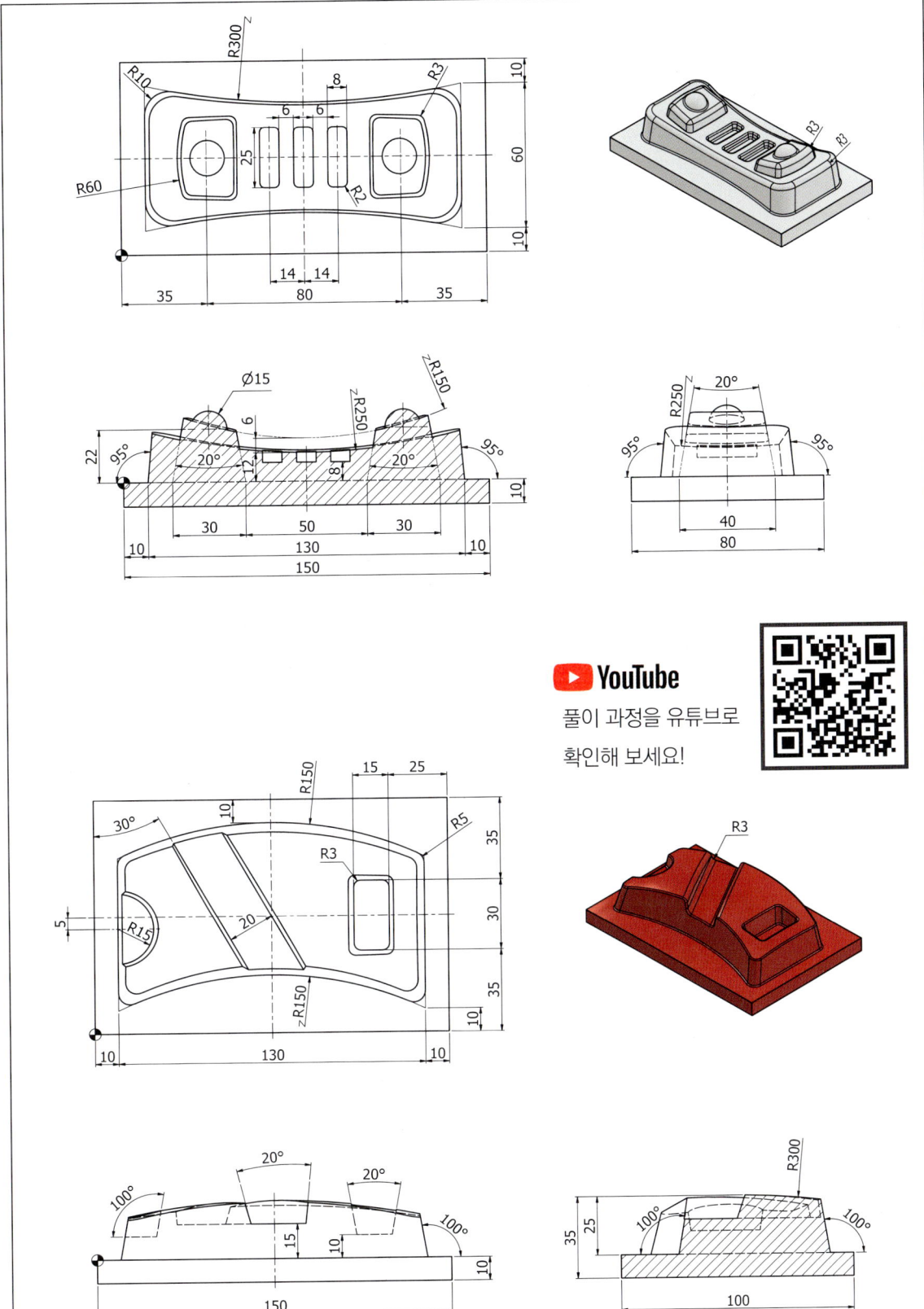

04 곡면 로프트 알아보기

Autodesk Inventor 2022

곡면 로프트 명령도 곡면 돌출 명령과 마찬가지로 프로파일 영역으로 작성하는 것이 아닌 스케치 곡선 자체를 프로파일로 인식해 로프트 피처를 작성합니다.

01 곡면 로프트 옵션으로 바꾸기

솔리드 로프트 명령에서 곡면 로프트 명령으로 바꾸기 위해서는 명령어 중간에 위치한 곡면 모드 버튼을 누르면 됩니다.

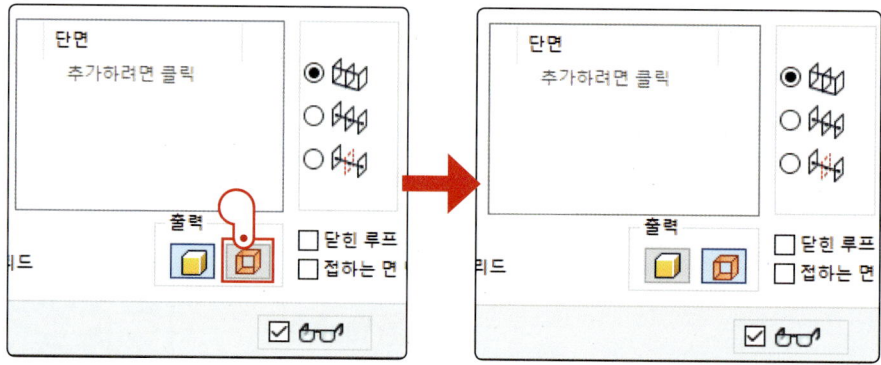

02 곡면 로프트 명령어 익히기

01 [파일] – [열기]를 클릭하여 아래 예제 파일을 엽니다.

■ Part3 – Chapter4 – 곡면 로프트.ipt

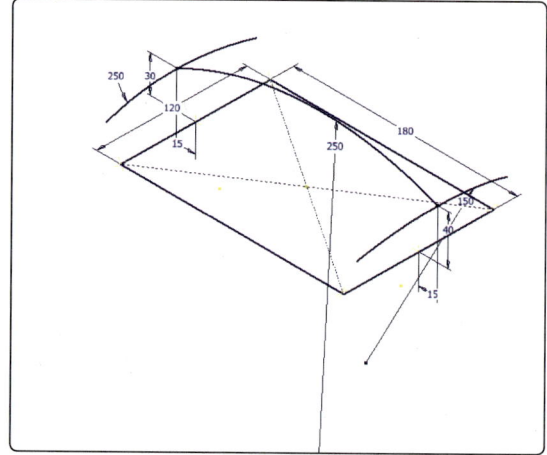

02 [로프트] 명령을 실행해 [곡면 모드]로 전환한 뒤 단면을 다음 두 개를 선택합니다.

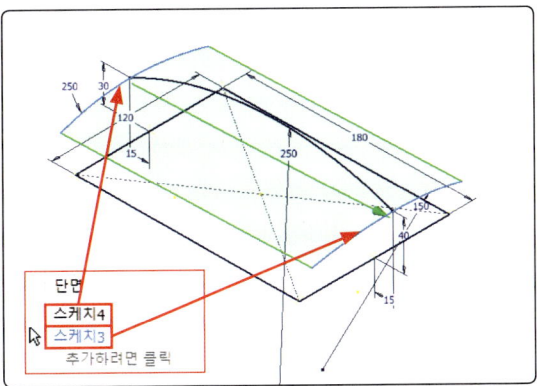

03 레일도 다음과 같이 추가합니다.

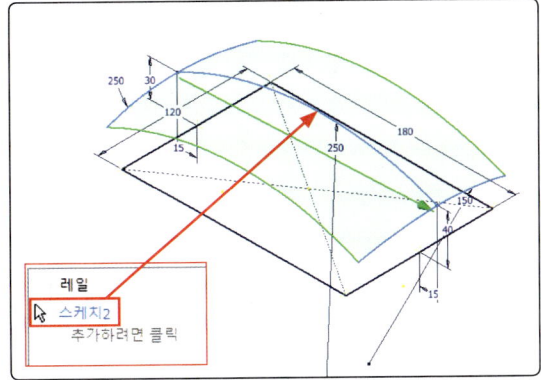

04 확인 버튼을 클릭하면 다음과 같이 곡면 로프트 피처가 작성됩니다.

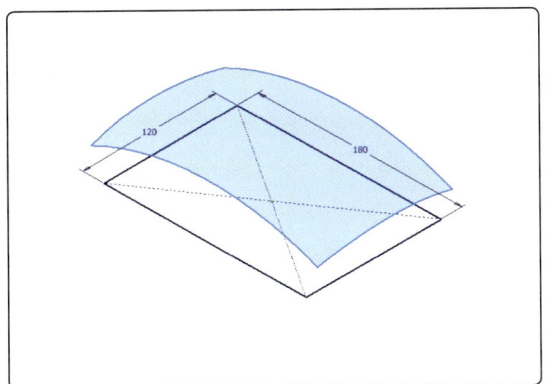

05 [돌출] 명령을 실행해 프로파일을 선택한 후, 거리 옵션을 [끝]으로 한 후 화면에서 다음 면을 선택합니다.

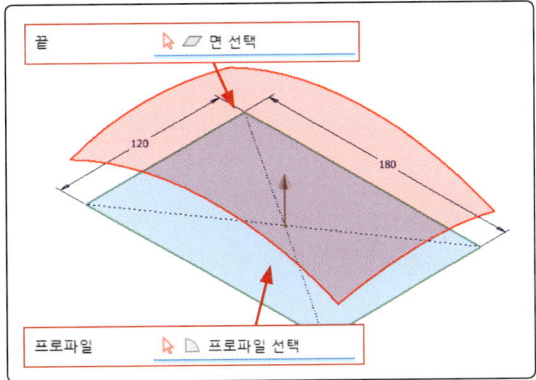

06 다음과 같이 돌출 피처가 미리보기가 됩니다.

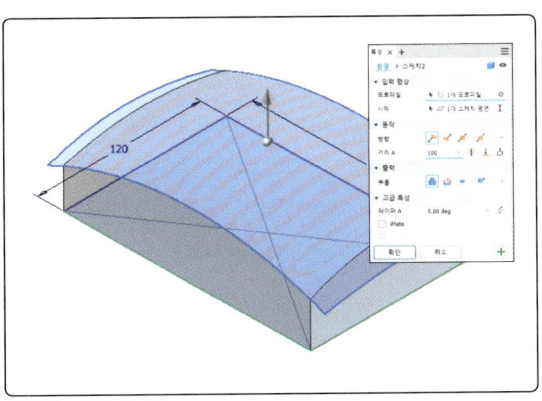

07 확인 버튼을 클릭하면 돌출 피처가 작성됩니다.

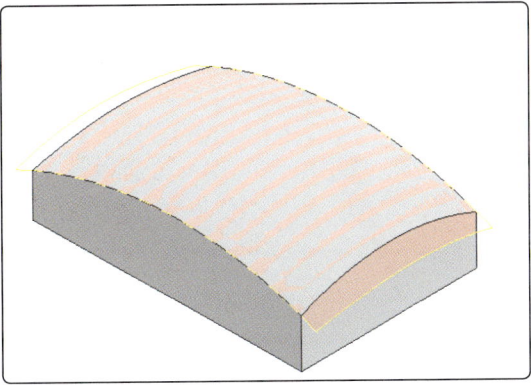

03 곡면 연장 명령어 옵션 알아보기

곡면 연장 명령은 곡면 끝의 모서리를 연장하는 명령입니다.

❶ **모서리** : 연장할 모서리를 선택합니다.

❷ **거리** : 연장할 거리를 선택합니다.

❸ **모서리 체인** : 루프로 연결된 모서리가 있으면 한꺼번에 선택합니다.

04 곡면 연장 명령어 익히기

01 [파일] - [열기]를 클릭하여 아래 예제 파일을 엽니다.

■ Part3 - Chapter4 - 연장.ipt

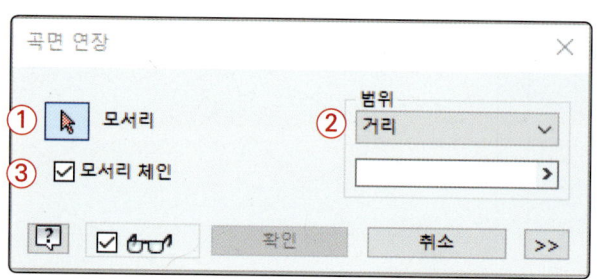

02 [연장] 명령을 클릭해 연장할 모서리를 선택합니다.

03 연장할 거리를 [2]로 입력한 후 확인 버튼을 클릭합니다.

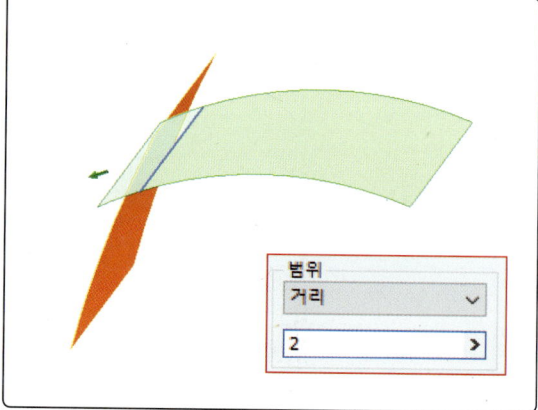

04 다음과 같이 곡면이 연장되었습니다.

05 곡면 자르기 명령어 옵션 알아보기

곡면 자르기 명령은 서로 교차하는 곡면끼리 잘라내는 명령입니다.

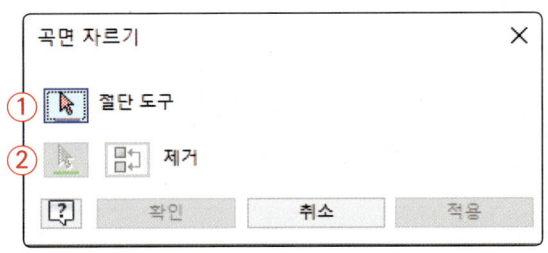

❶ **절단 도구** : 곡면 자르기를 할 절단 도구를 선택합니다.

❷ **제거 요소** : 교차된 요소중 삭제할 요소를 선택합니다.

06 곡면 자르기 명령어 익히기

01 [파일] - [열기]를 클릭하여 아래 예제 파일을 엽니다.

■ Part3 - Chapter4 - 자르기.ipt

02 [자르기] 명령을 실행해 절단 도구를 선택합니다.

03 절단할 부분을 선택한 후 확인 버튼을 클릭합니다.

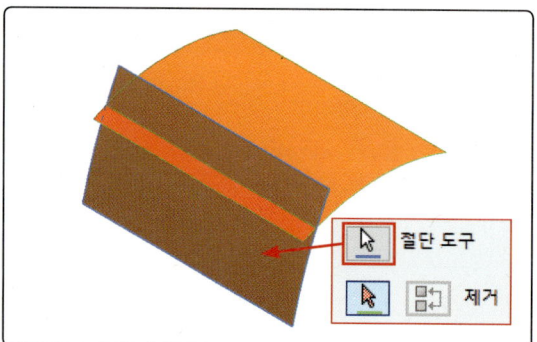

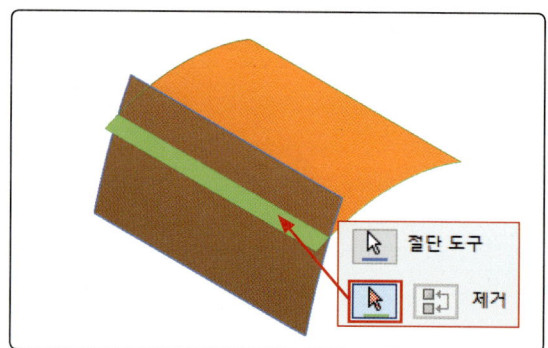

04 다음과 같이 곡면이 절단됩니다.

07 두껍게 하기 명령어 옵션 알아보기

두껍게 하기 명령은 사용자가 선택한 면에 일정한 두께를 주는 명령입니다.

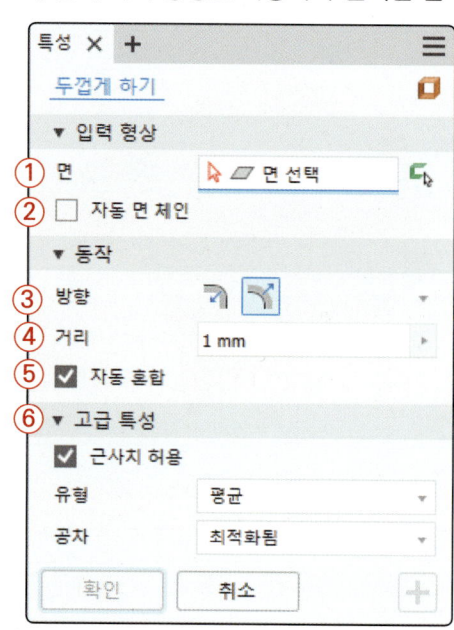

❶ **면** : 두께를 줄 면을 선택합니다.

❷ **자동 면 체인** : 루프로 이어진 면을 한꺼번에 선택합니다.

❸ **방향** : 두께를 줄 방향을 선택합니다.

❹ **거리** : 두께를 설정합니다.

❺ **자동 혼합** : 솔리드 면을 선택해 두께를 줄 때, 두께 덩어리가 원래 솔리드와 자동 혼합됩니다.

❻ **고급 특성** : 복잡한 형상의 곡면에 두께를 줄 때 세부적인 형상의 옵션을 설정합니다.

08 두껍게 하기 명령어 익히기

01 [파일] - [열기]를 클릭하여 아래 예제 파일을 엽니다.

■ Part3 - Chapter4 - 두껍게 하기.ipt

02 [두껍게 하기] 명령을 실행해 두껍게 할 면을 선택합니다.

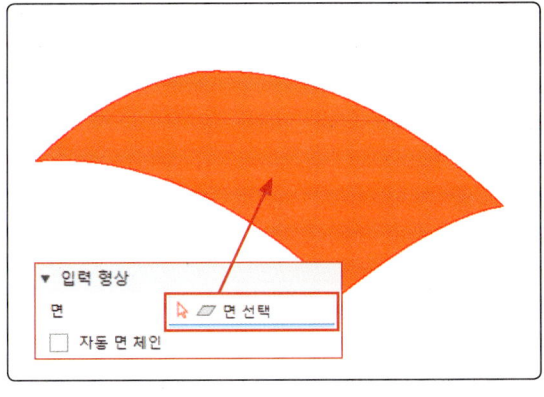

03 방향을 선택한 후 거리 [10]을 입력합니다.

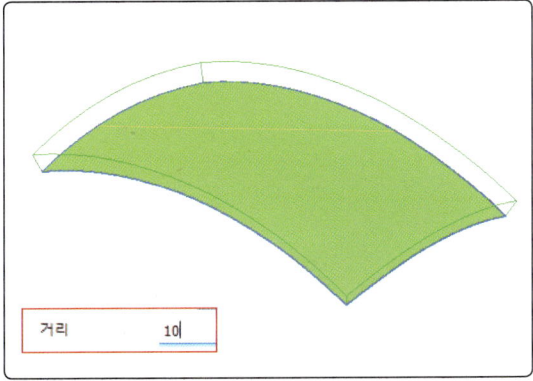

04 확인 버튼을 클릭하면 다음과 같이 두께주기 작업이 완료됩니다.

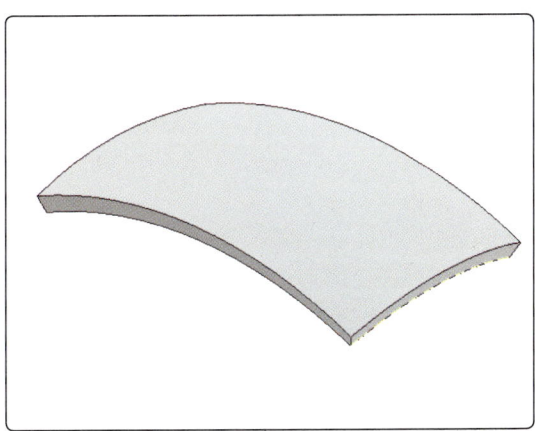

09 곡면 로프트 명령 본문 예제 : 지시없는 R = 1로 작성하시오.

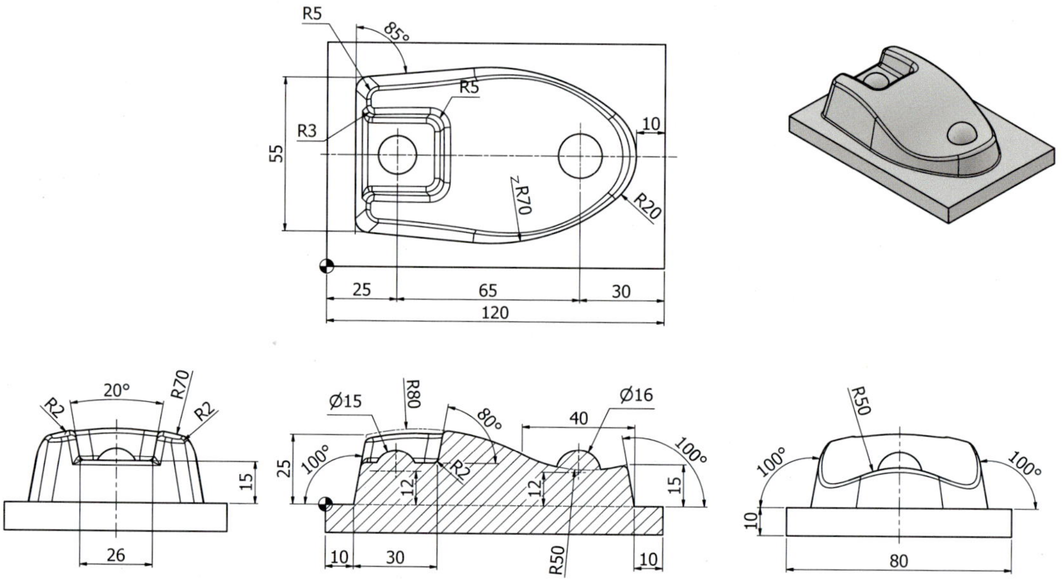

▶ YouTube

풀이 과정을 유튜브로 확인해 보세요!

01 베이스 형상을 작성한 후에 [돌출] 명령을 이용해 다음과 같이 작성합니다.

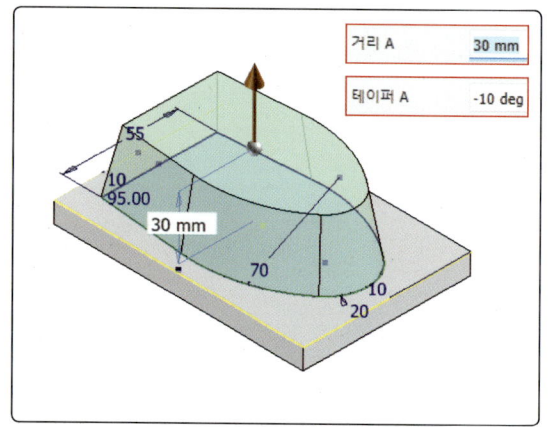

02 정면도에 경로 스케치를 작성하고, 스케치의 끝에 평면을 작성해 단면 스케치를 작성합니다.

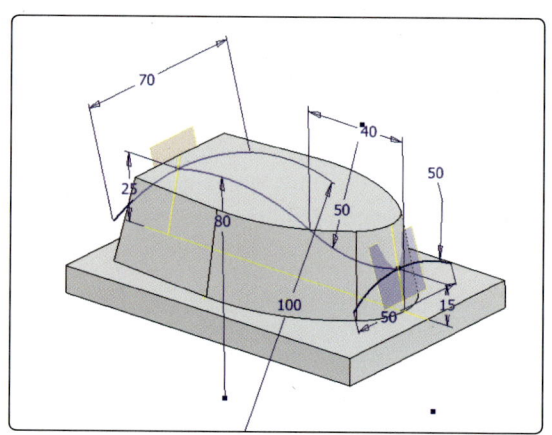

03 [로프트] 명령의 곡면 옵션으로 다음과 같이 작성합니다.

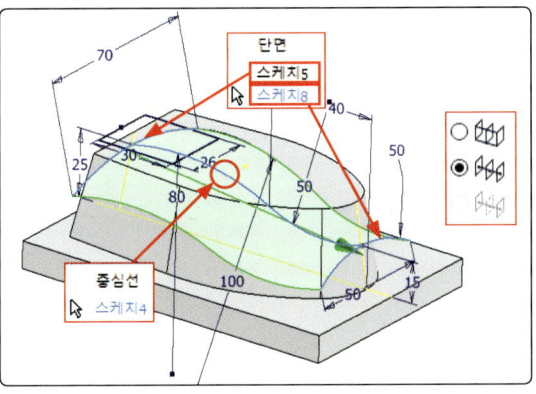

04 [분할] 명령을 실행해 다음과 같이 작성합니다.

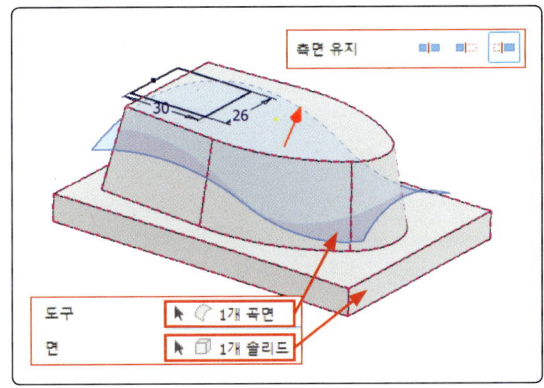

05 기존에 작성한 스케치를 이용해 [돌출] 명령으로 다음과 같이 작성합니다.

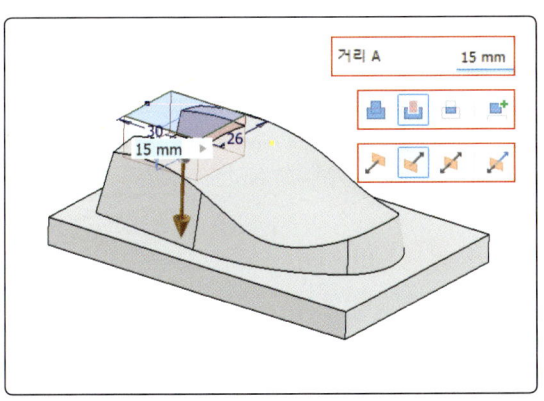

06 [제도] 명령을 실행해 다음과 같이 작성합니다.

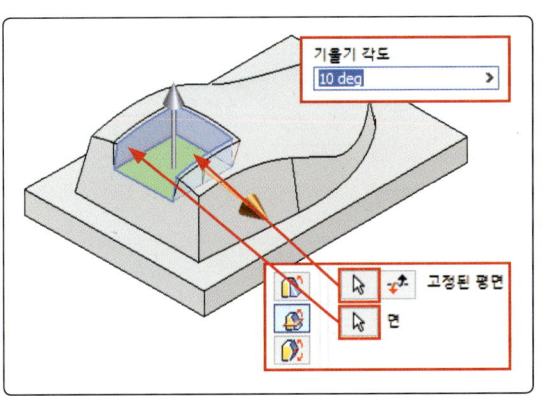

07 [회전] 명령을 실행해 다음과 같이 작성합니다.

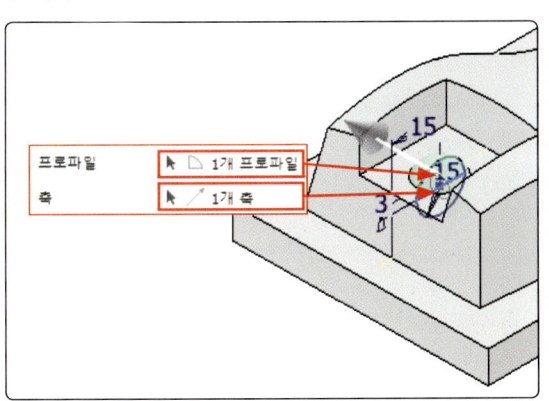

08 추가로 형상 작업을 한 후 부품 작성을 완료합니다.

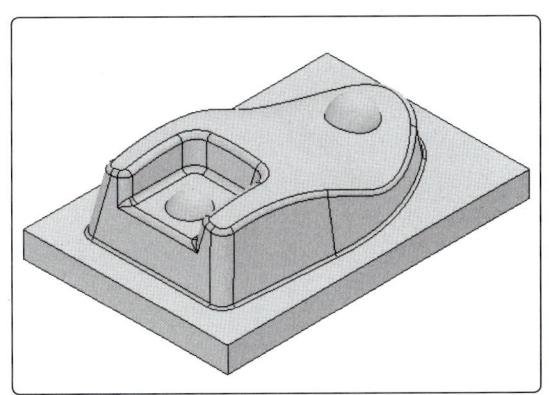

연습예제 : 지시없는 R = 1로 작성하시오.

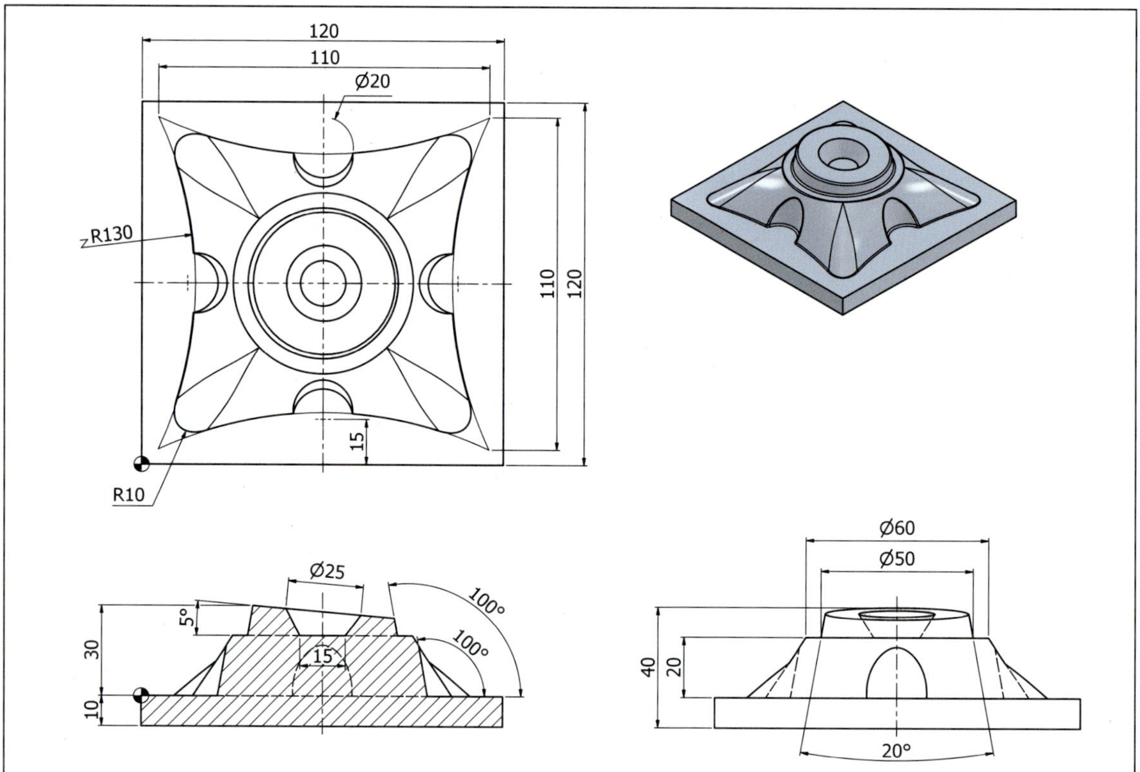

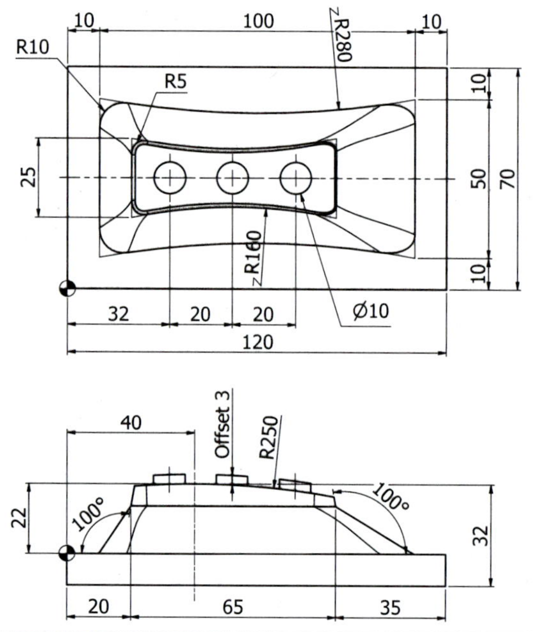

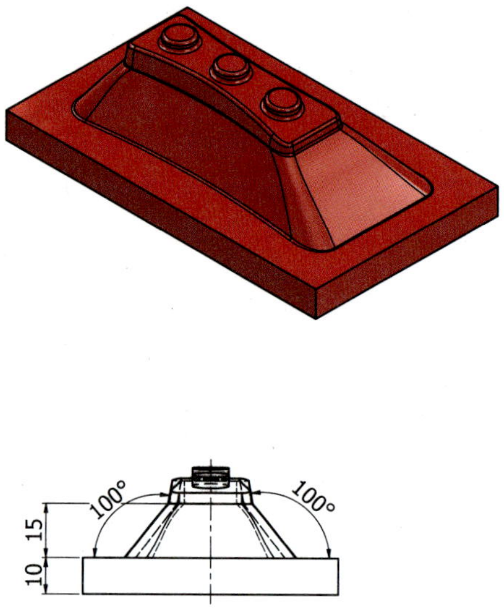

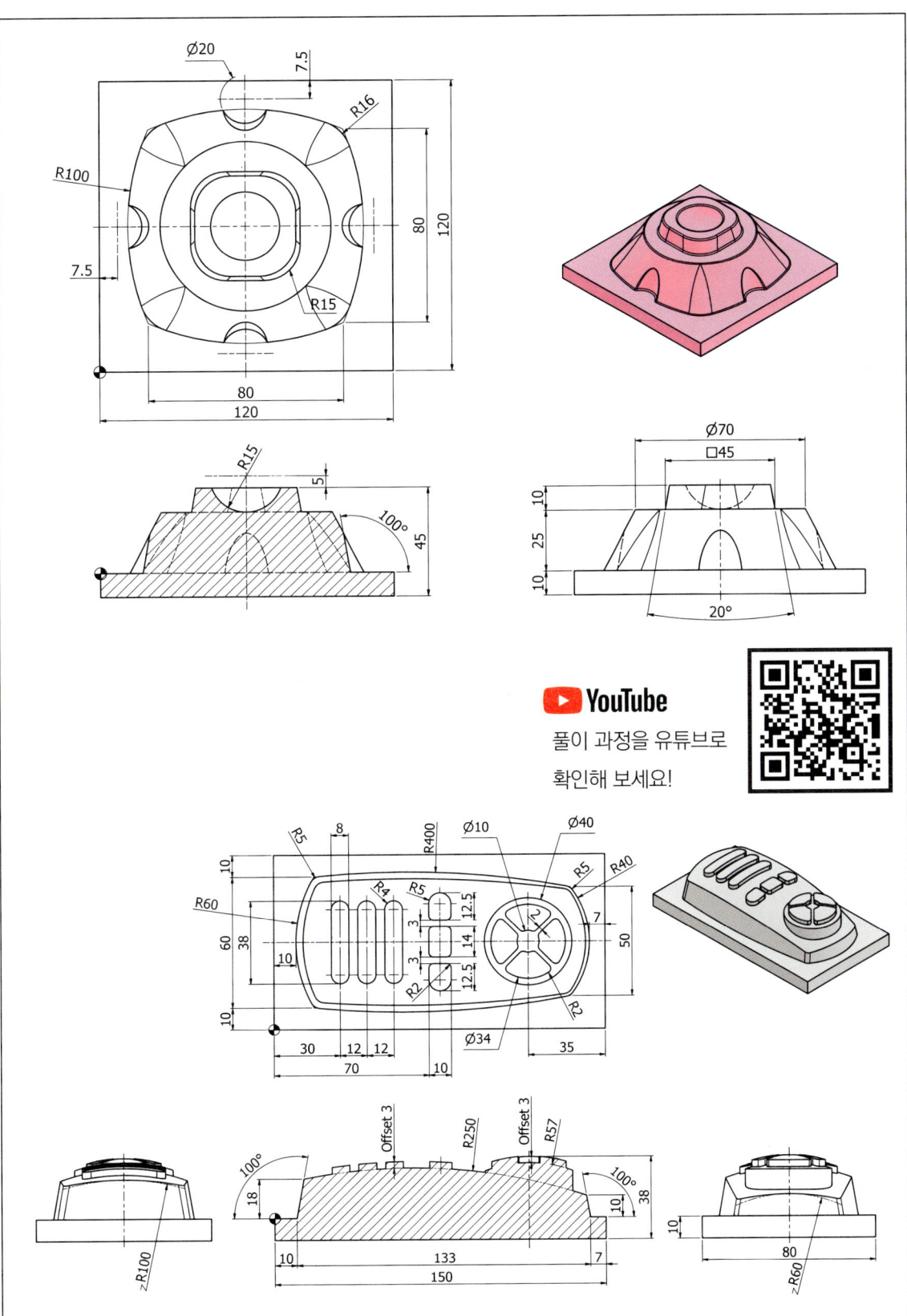

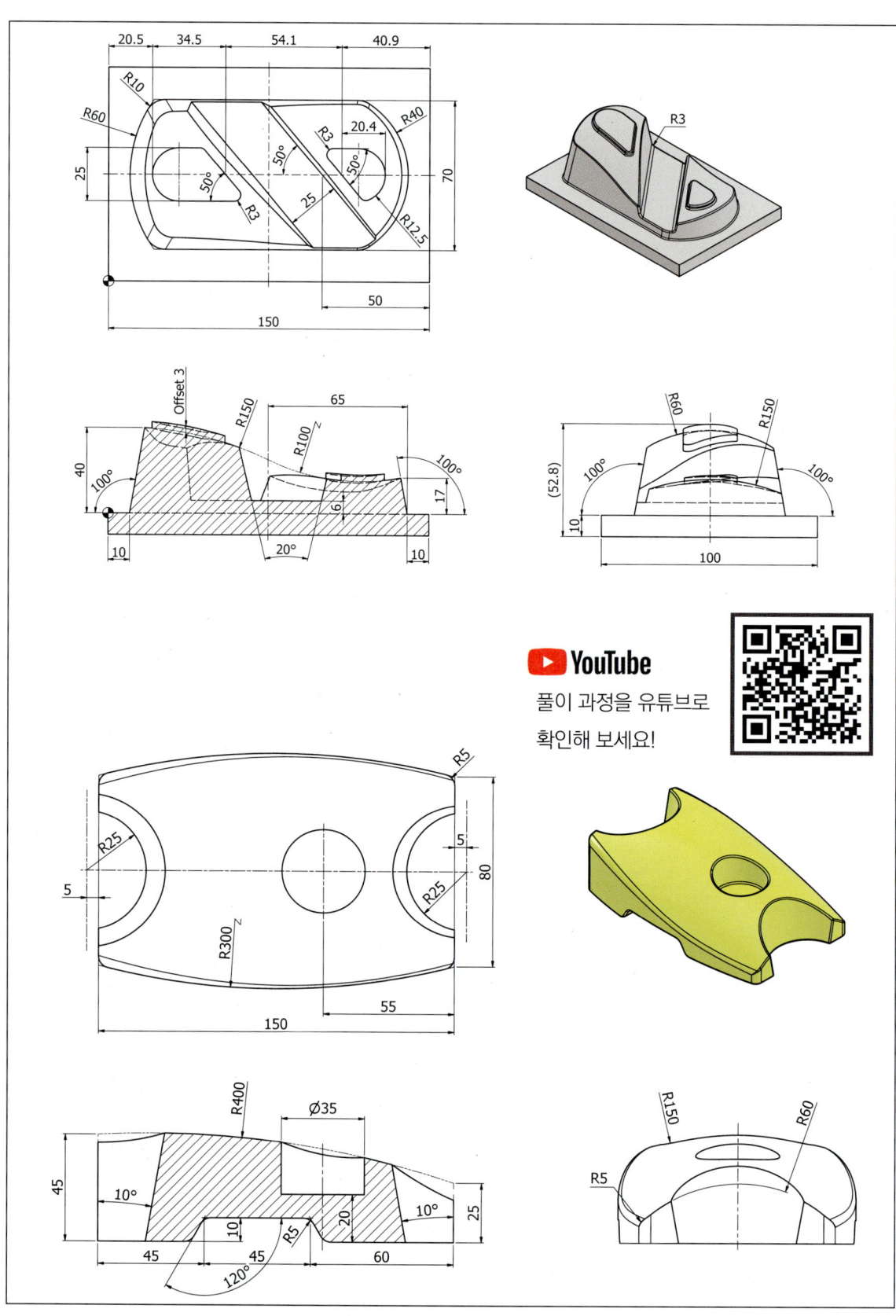

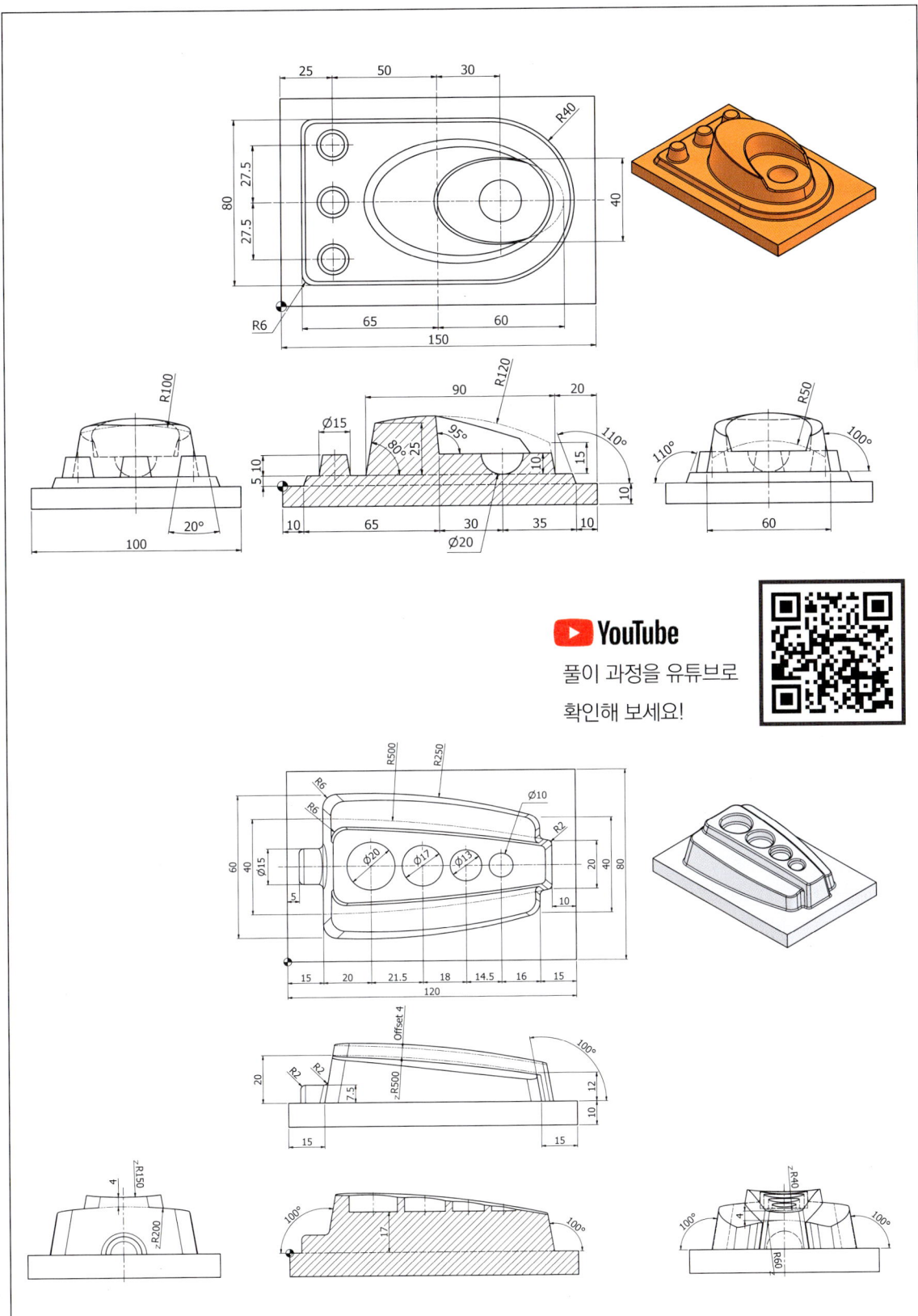

05 곡면 스윕 알아보기

Autodesk Inventor 2022

곡면 스윕 명령도 곡면 돌출 명령과 마찬가지로 프로파일 영역으로 작성하는 것이 아닌 스케치 곡선 자체를 프로파일로 인식해 스윕 피처를 작성합니다.

01 곡면 스윕 옵션으로 바꾸기

솔리드 스윕 명령에서 곡면 스윕 명령으로 바꾸기 위해서는 명령어 중간에 위치한 곡면 모드 버튼을 누르면 됩니다.

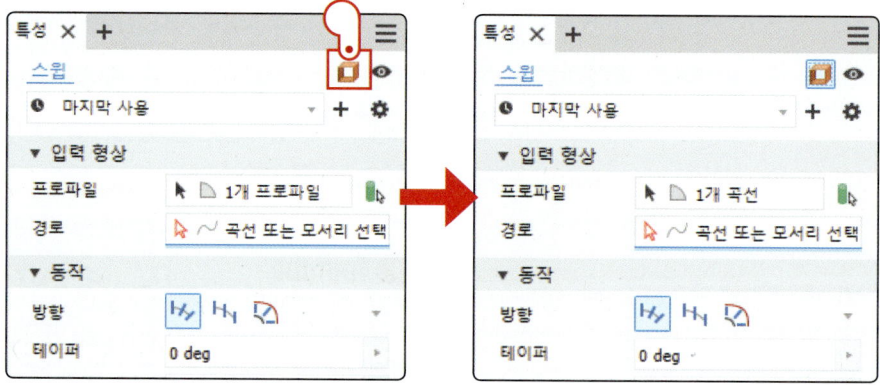

02 곡면 스윕 명령어 익히기

01 [파일] - [열기]를 클릭하여 아래 예제 파일을 엽니다.

■ Part3 - Chapter5 - 곡면 스윕.ipt

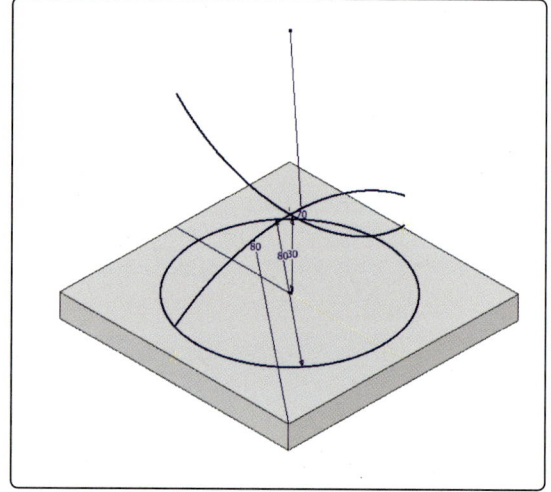

02 [스윕] 명령을 실행해 [곡면 모드]로 전환한 뒤 프로파일을 선택합니다.

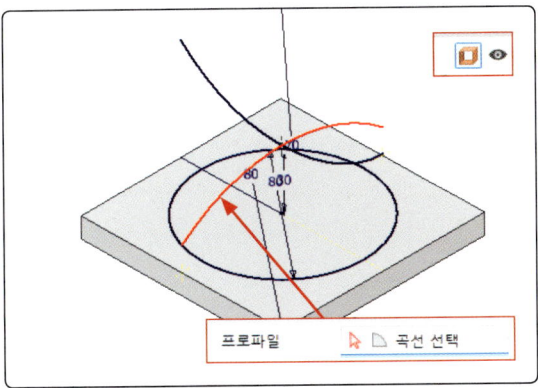

03 경로를 선택합니다.

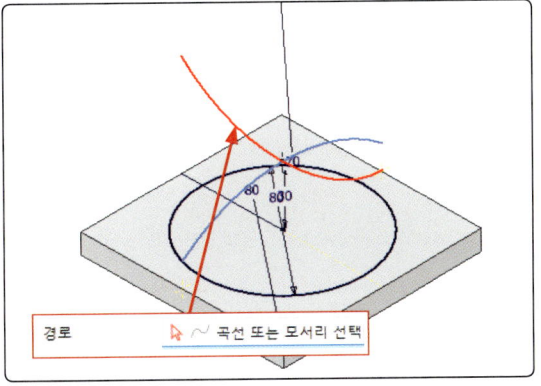

04 스윕 피처가 미리보기가 되면 확인 버튼을 클릭합니다.

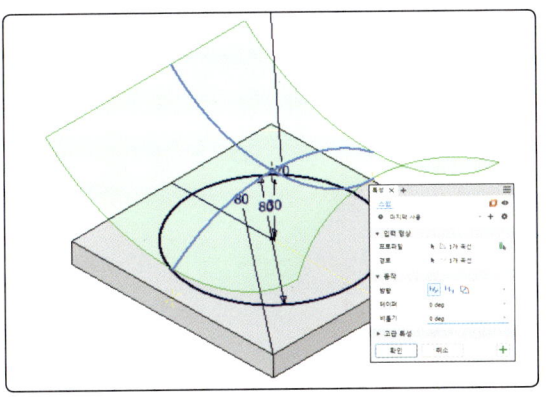

05 다음과 같이 곡면 스윕 피처가 작성되었습니다.

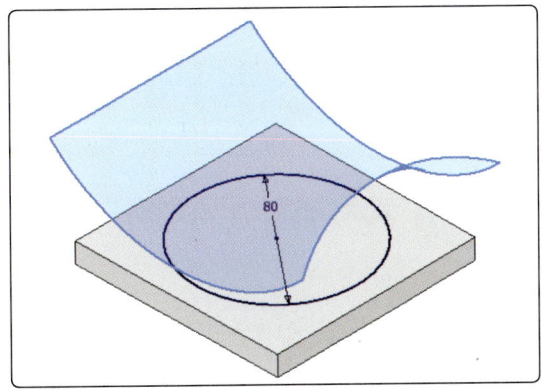

06 [돌출] 명령을 실행해 프로파일을 선택한 후, 거리 옵션을 [끝]으로 한 후 화면에서 다음 면을 선택합니다.

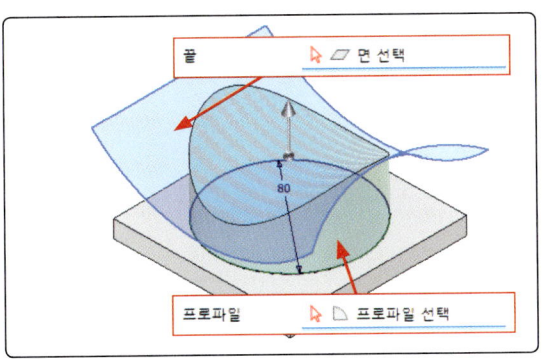

07 확인 버튼을 클릭하면 돌출 피처가 작성됩니다.

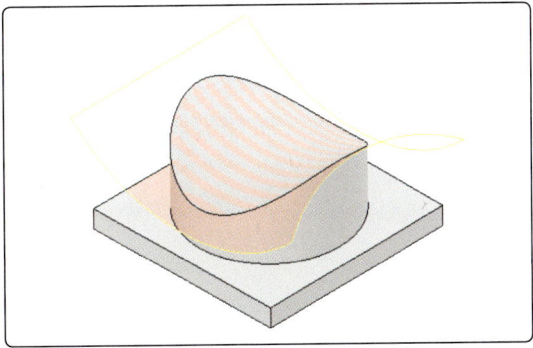

03 패치 명령어 옵션 알아보기

패치 명령은 곡면 형상 중 비어있는 형상의 모서리를 이어서 면을 작성하는 명령입니다.

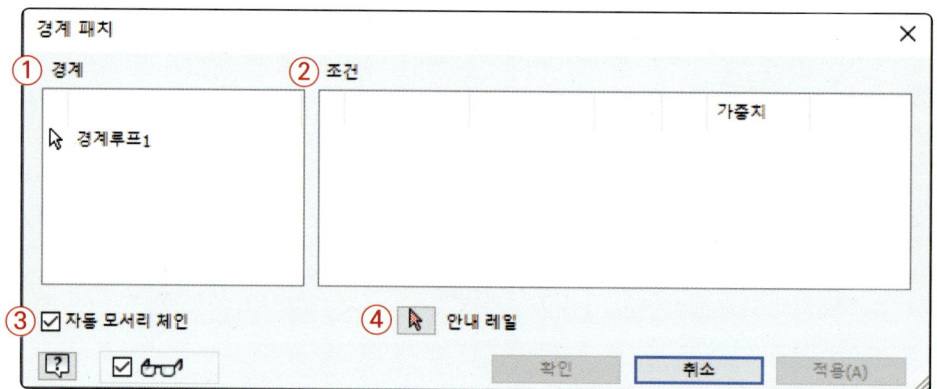

❶ **경계** : 모서리 경계를 선택합니다.

❷ **조건** : 패치된 경계의 접선 조건을 설정합니다.

❸ **자동 모서리 체인** : 루프로 연결된 모서리를 한꺼번에 선택합니다.

❹ **안내 레일** : 안내 레일을 선택합니다.

04 패치 명령어 익히기

01 [파일] – [열기]를 클릭하여 아래 예제 파일을 엽니다.

■ Part3 – Chapter5 – 패치.ipt

02 [패치] 명령을 실행해 다음 모서리를 선택합니다.

03 패치 형상이 미리보기가 되면 확인 버튼을 클릭합니다.

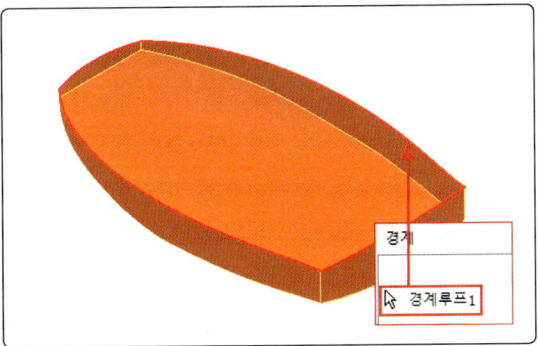
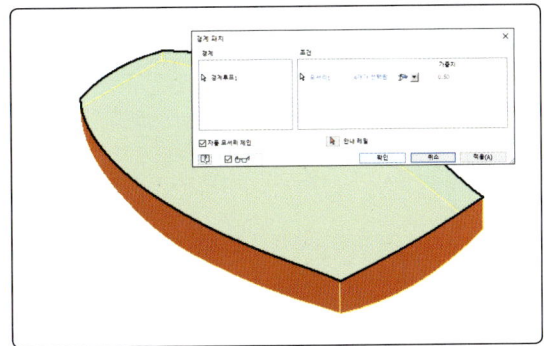

04 다음과 같이 패치 작성이 완료됩니다.

05 스티치 명령어 옵션 알아보기

스티치 명령은 여러 개의 곡면을 붙여 하나의 곡면으로 만드는 명령입니다. 곡면을 붙였을 때 폐쇄된 공간이 존재하면 솔리드화 됩니다.

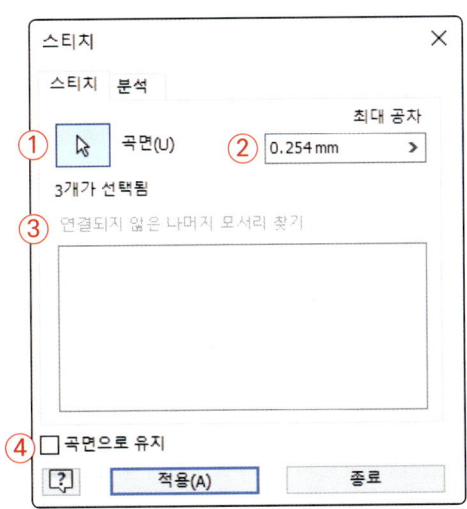

❶ **곡면** : 스티치 명령으로 붙일 곡면들을 선택합니다.

❷ **최대 공차** : 스티치 명령으로 곡면들을 붙일 때, 허용되는 최대 공차를 설정합니다.

❸ **리스트** : 사용자가 곡면 항목에서 선택한 곡면 리스트를 표시합니다.

❹ **곡면으로 유지** : 스티치 명령으로 솔리드화 될 조건이 된 형상을 곡면으로 유지합니다.

06 스티치 명령어 익히기

01 [파일] - [열기]를 클릭하여 아래 예제 파일을 엽니다.

■ Part3 - Chapter5 - 스티치.ipt

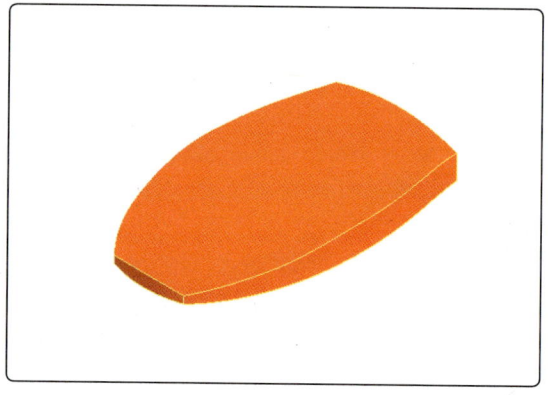

02 [스티치] 명령을 실행후 다음 곡면들을 선택합니다.

03 솔리드화 된 스티치 형상이 미리보기가 되면 확인 버튼을 클릭합니다.

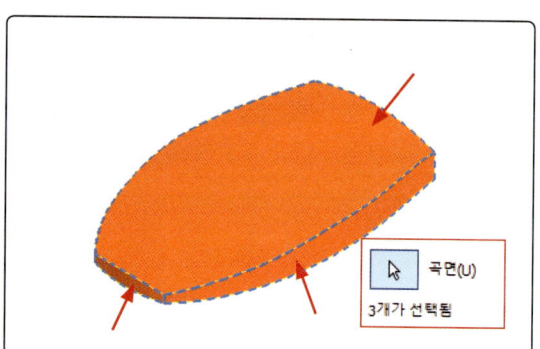
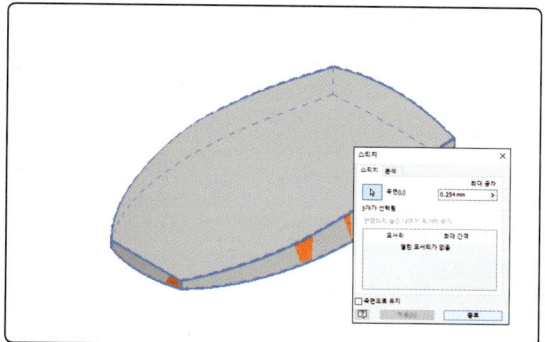

04 다음과 같이 스티치 명령에 의해 솔리드 형상이 작성되었습니다.

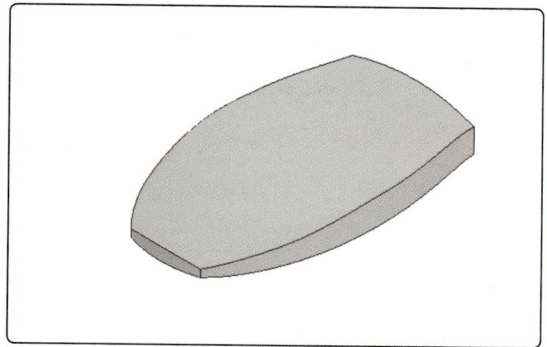

07 조각 명령어 옵션 알아보기

조각 명령은 곡면으로 둘러싸인 공간 중 폐쇄된 공간을 솔리드 형상으로 바꿔주는 명령입니다.

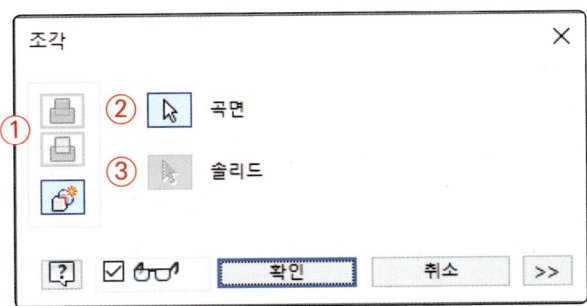

❶ **부울** : 작성된 조각 솔리드의 생성 옵션을 선택합니다.

❷ **곡면** : 조각 명령으로 솔리드화 시킬 곡면들을 선택합니다.

❸ **솔리드** : 조각 명령으로 생긴 공간 중 솔리드화 시킬 공간을 선택합니다.

08 조각 명령어 익히기

01 [파일] – [열기]를 클릭하여 아래 예제 파일을 엽니다.

■ Part3 – Chapter5 – 조각.ipt

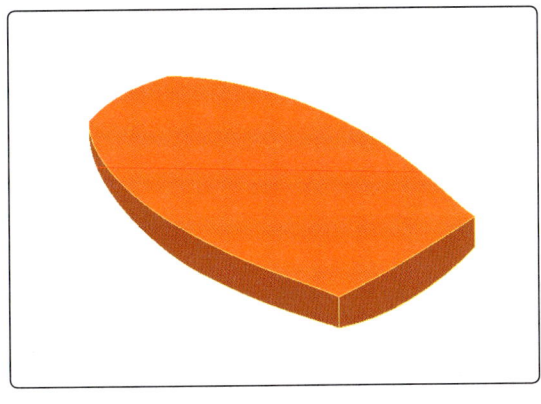

02 [조각] 명령을 실행해 곡면들을 선택합니다. 내부에 솔리드화 할 공간이 하나만 존재하므로 자동으로 등록됩니다.

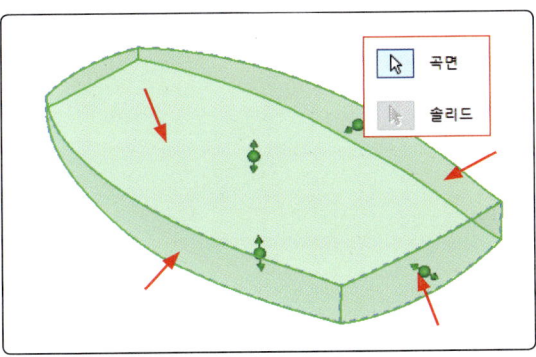

03 확인 버튼을 클릭하면 조각 명령에 의해 솔리드 형상이 작성되었습니다.

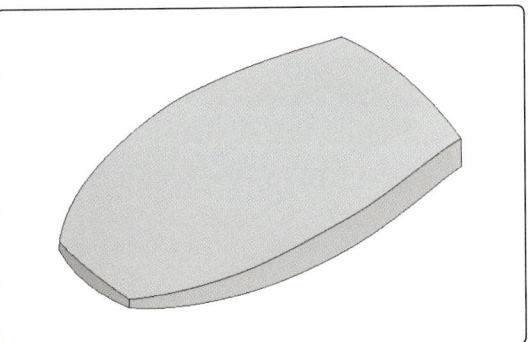

09 곡면 스윕 명령 본문 예제 : 지시없는 R = 1로 작성하시오.

▶ YouTube
풀이 과정을 유튜브로 확인해 보세요!

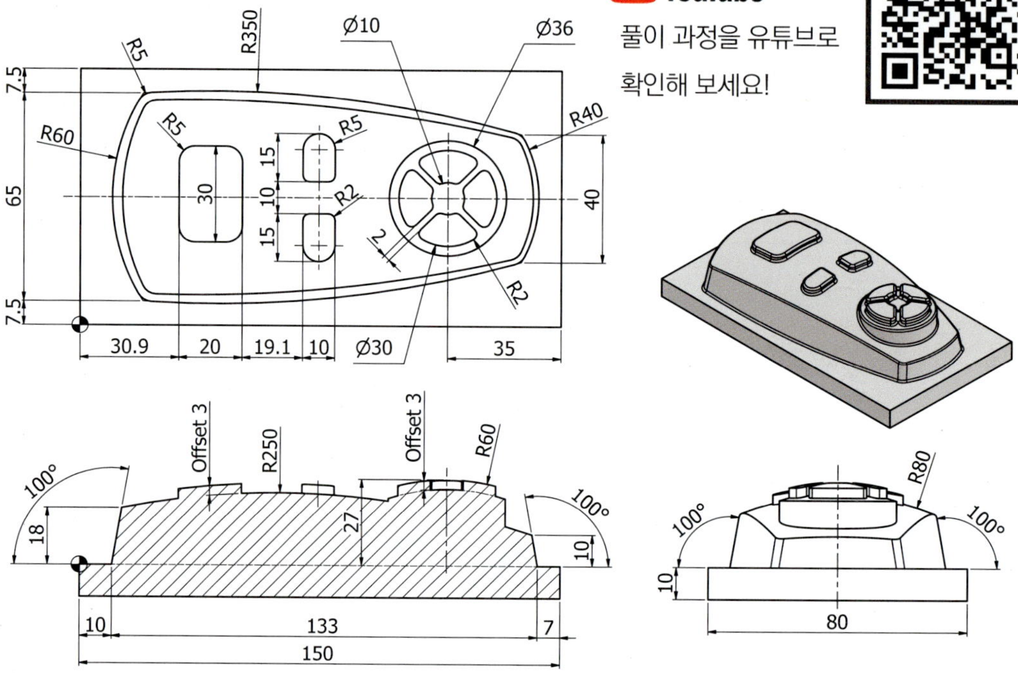

01 베이스 형상을 작성한 후에 [돌출] 명령을 이용해 다음과 같이 작성합니다.

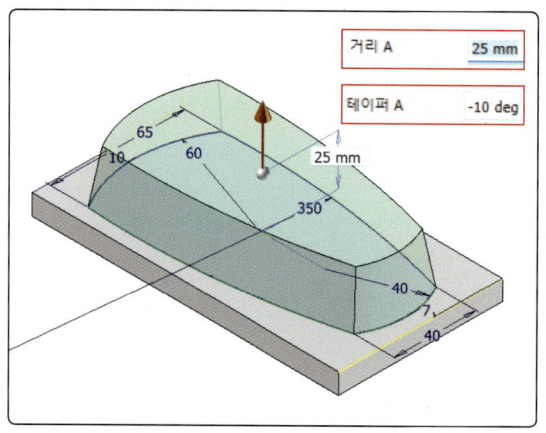

02 [스윕] 명령의 곡면 옵션으로 다음과 같이 작성합니다.

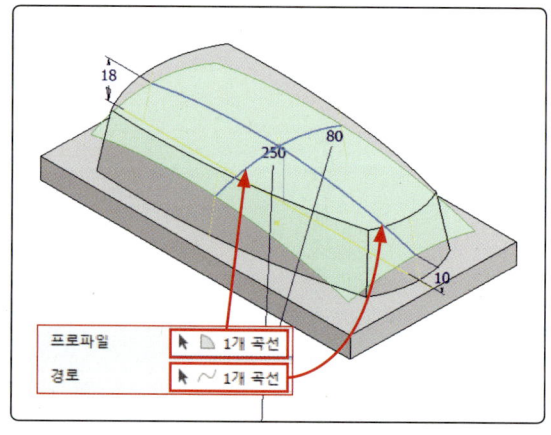

03 [면 대체] 명령을 실행해 다음과 같이 작성합니다.

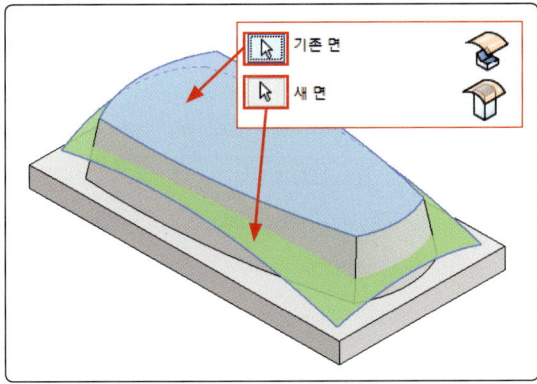

04 모델면에 스케치를 작성해 [돌출] 명령으로 다음과 같이 작성합니다.

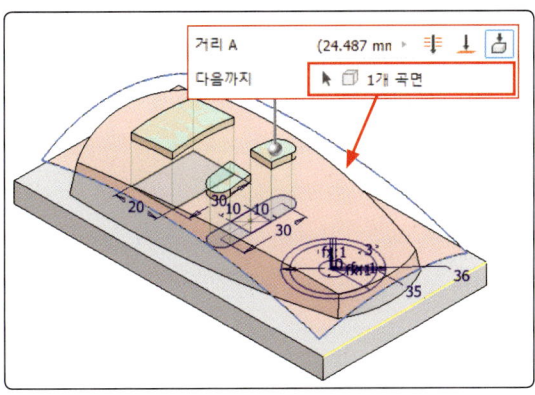

05 [돌출] 명령을 실행해 다음과 같이 작성합니다.

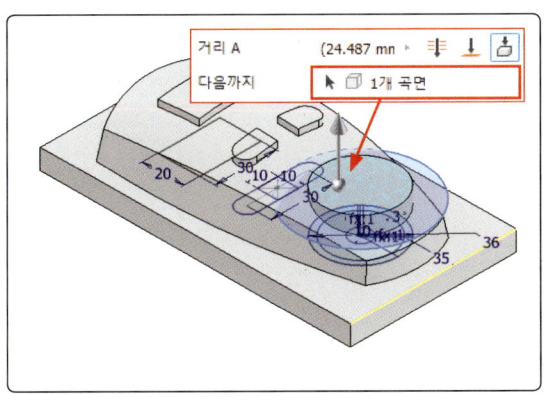

06 [돌출] 명령과 [모깎기] 명령으로 다음 형상을 작성합니다.

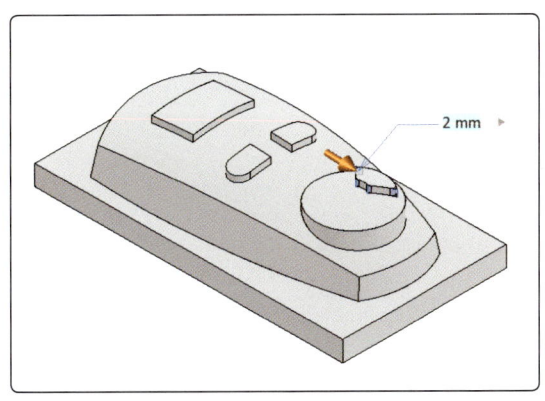

07 [원형 패턴] 명령을 실행해 다음과 같이 작성합니다.

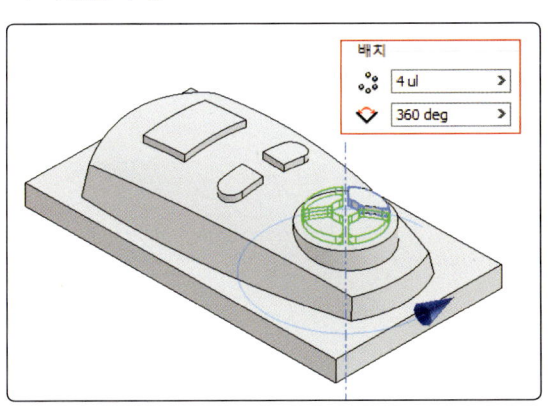

08 추가로 [모깎기] 작업을 한 후 부품 작성을 완료합니다.

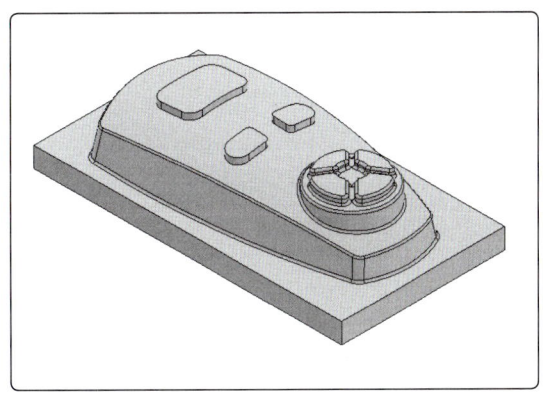

연습예제 : 지시없는 R = 1로 작성하시오.

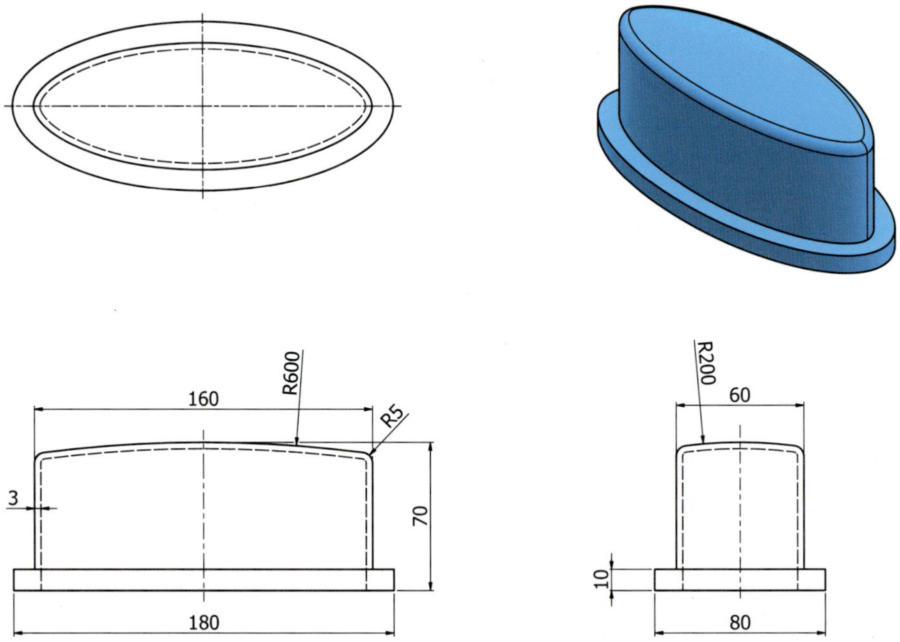

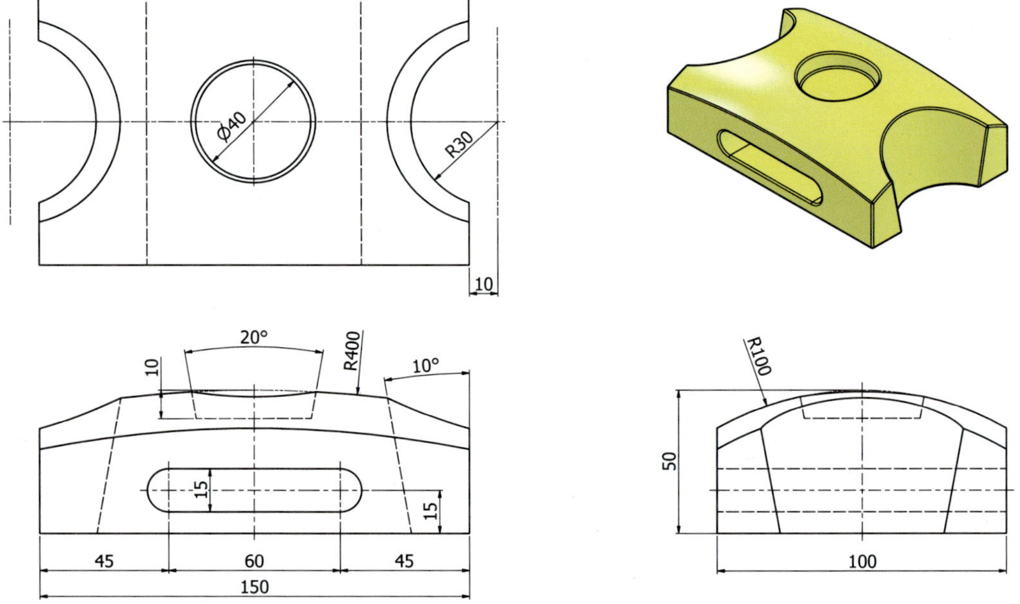

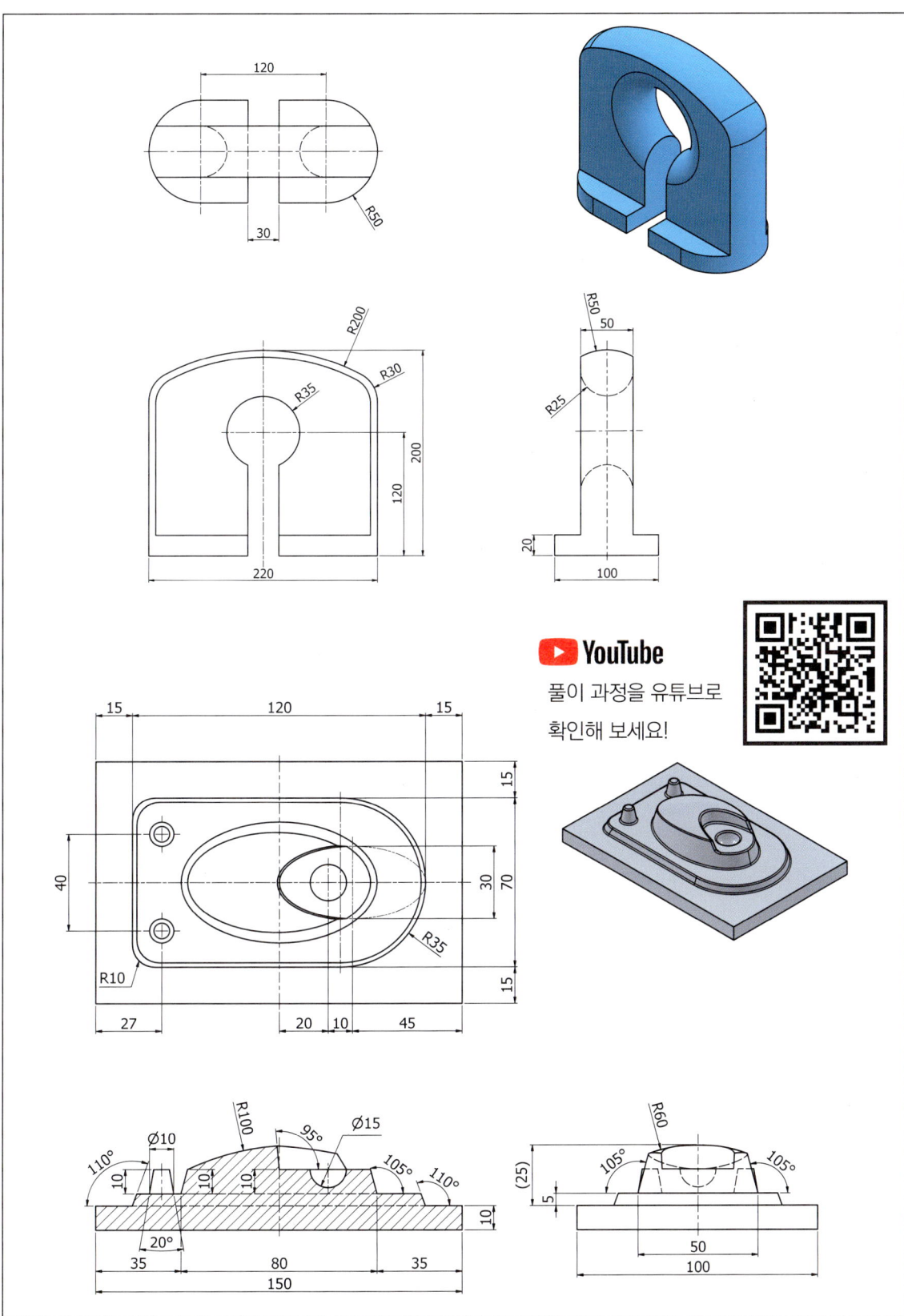

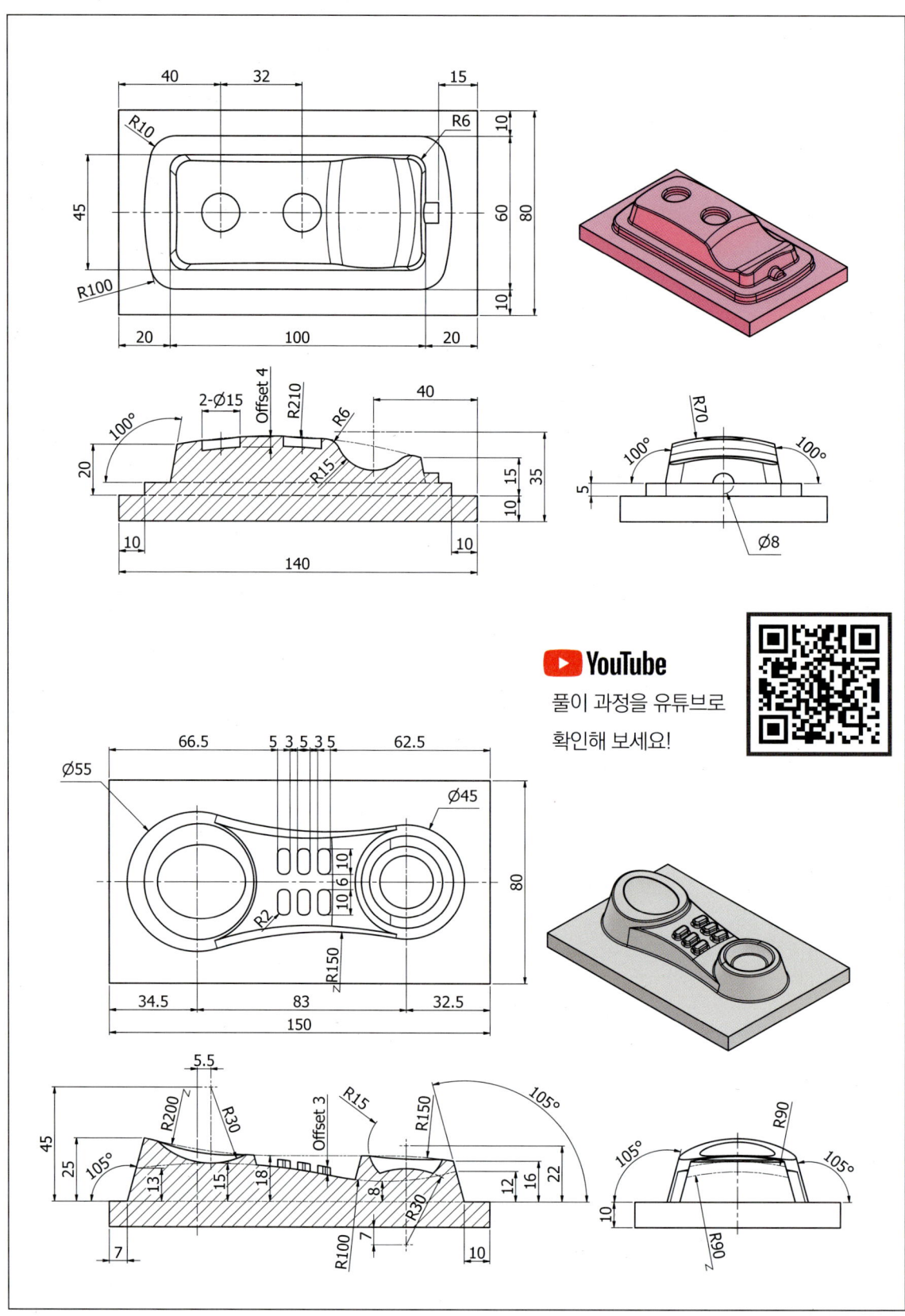

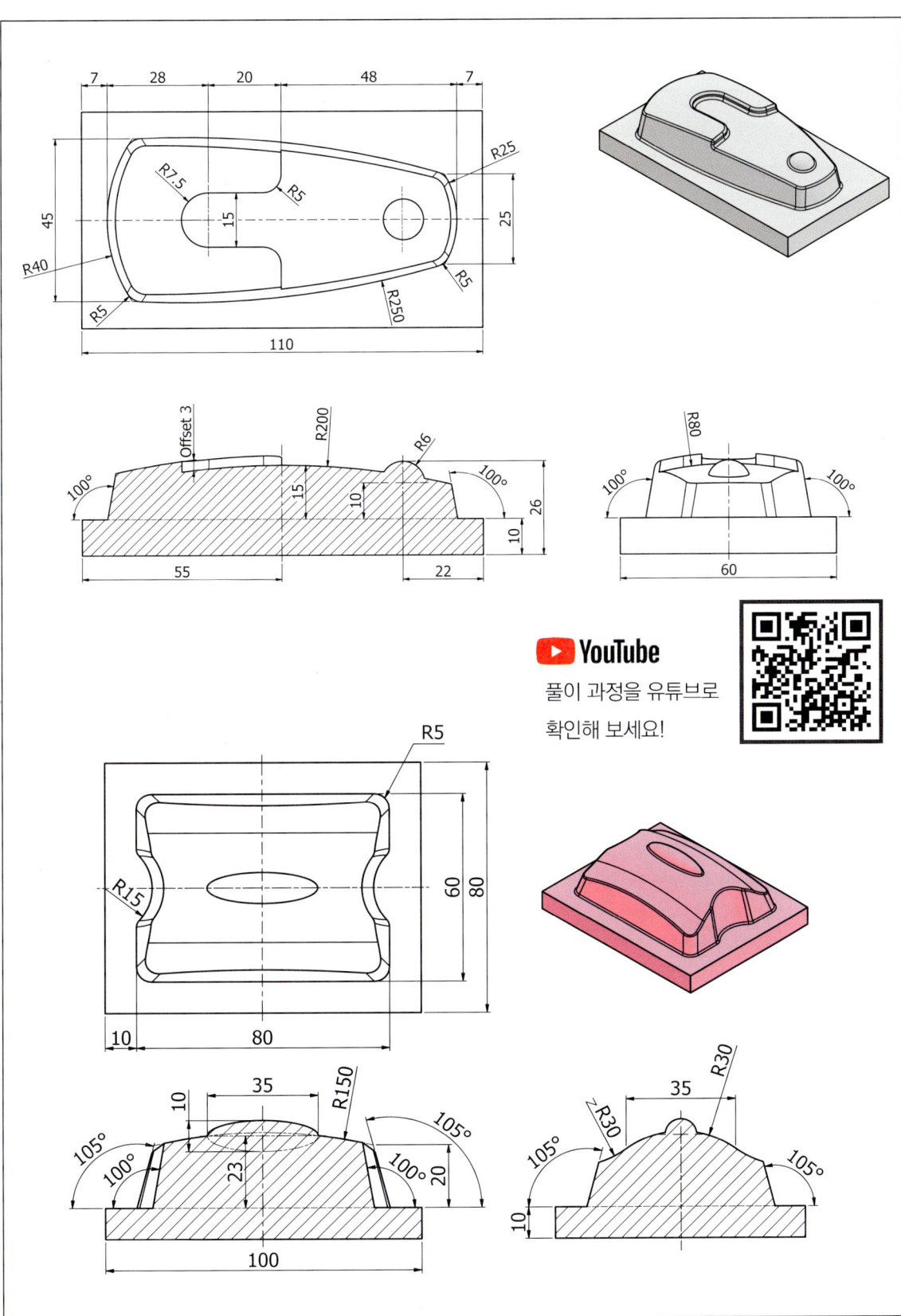

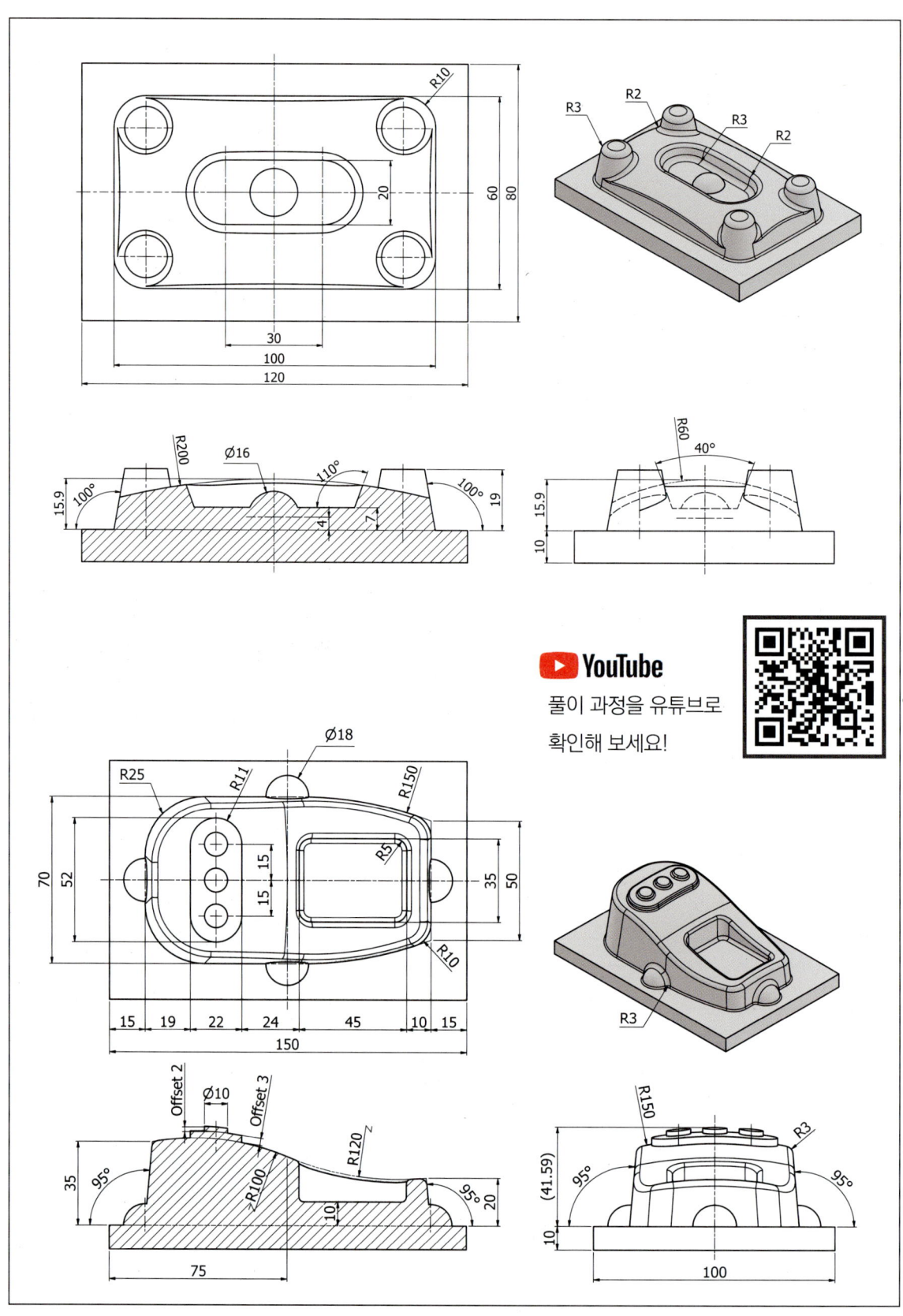

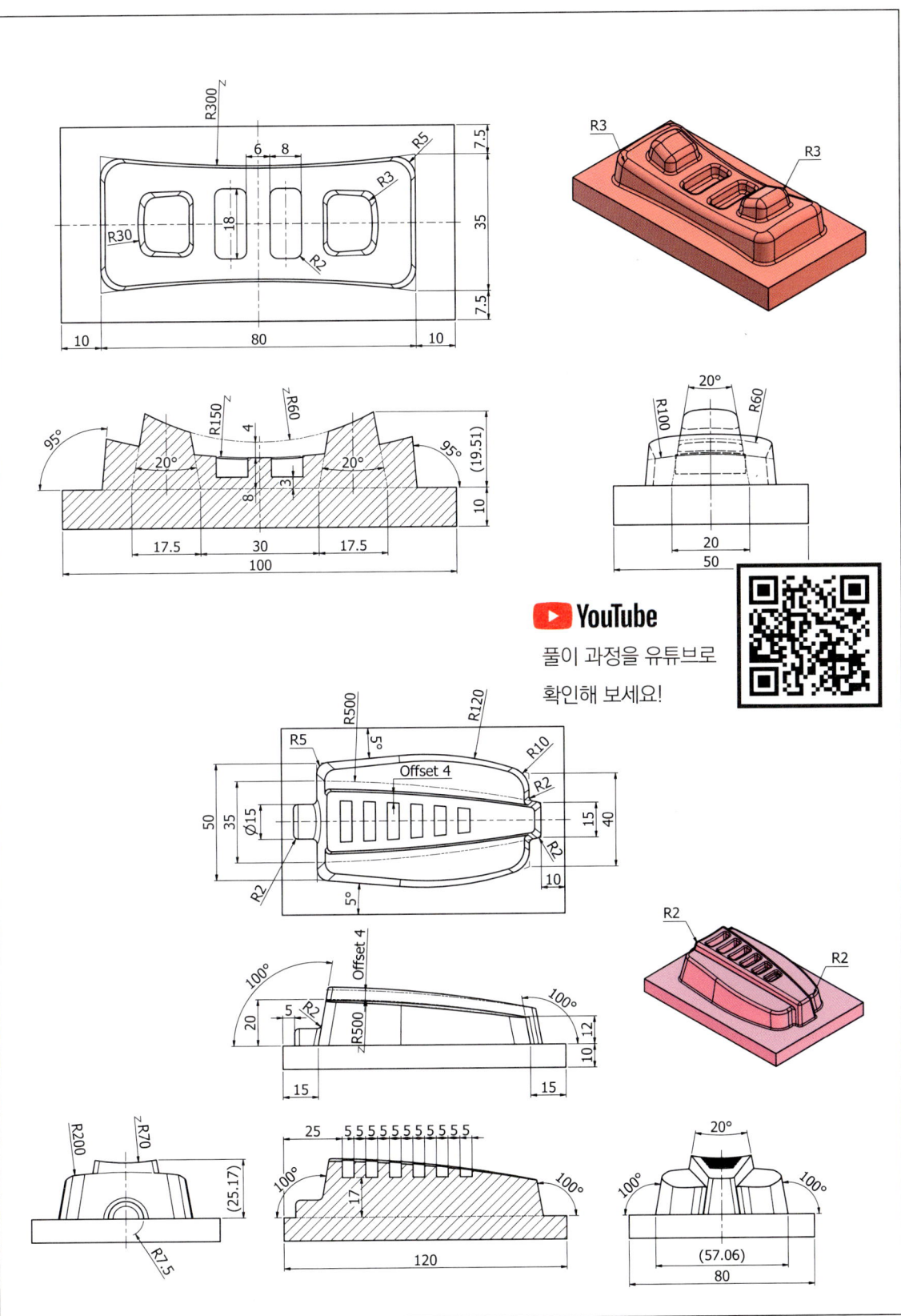

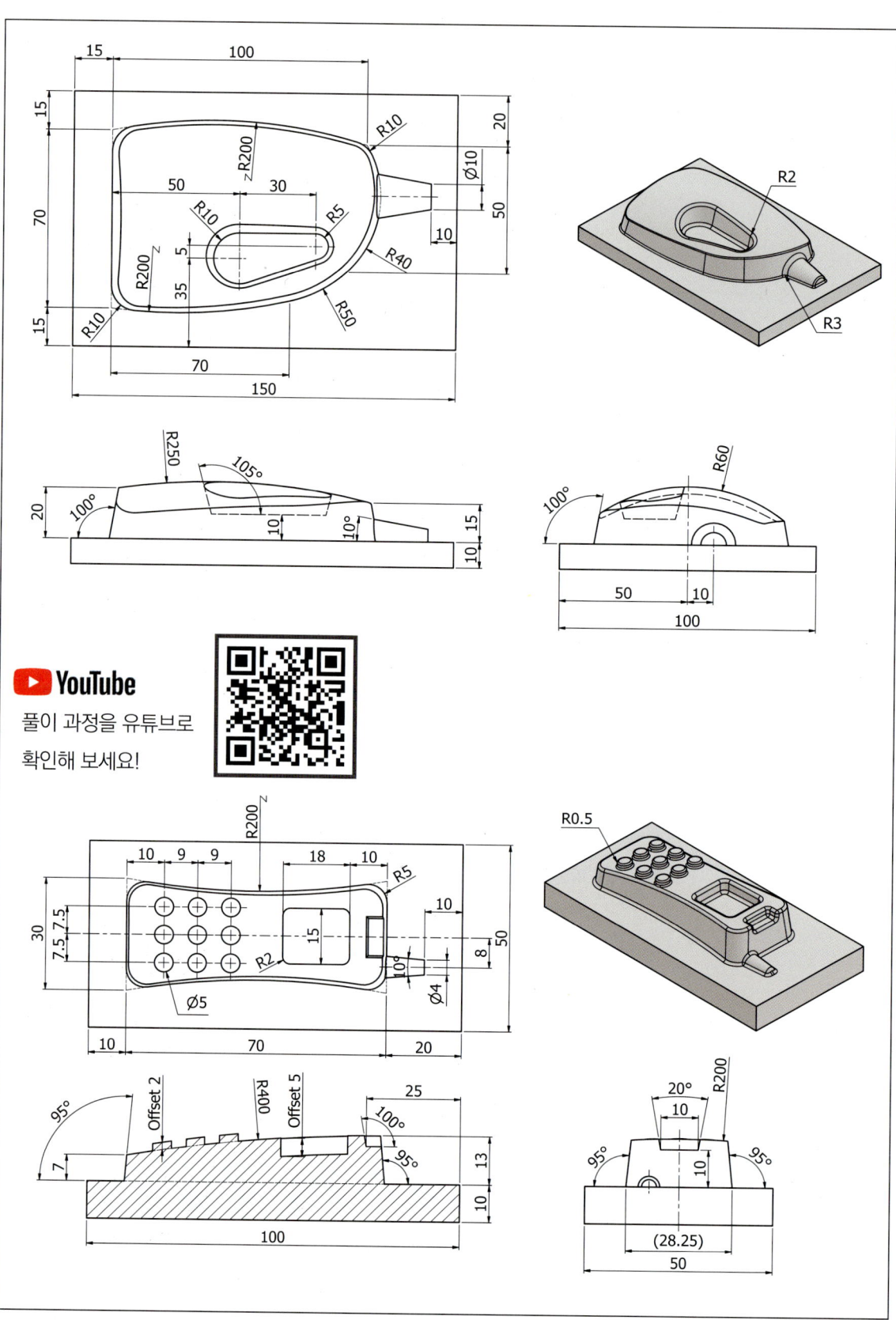

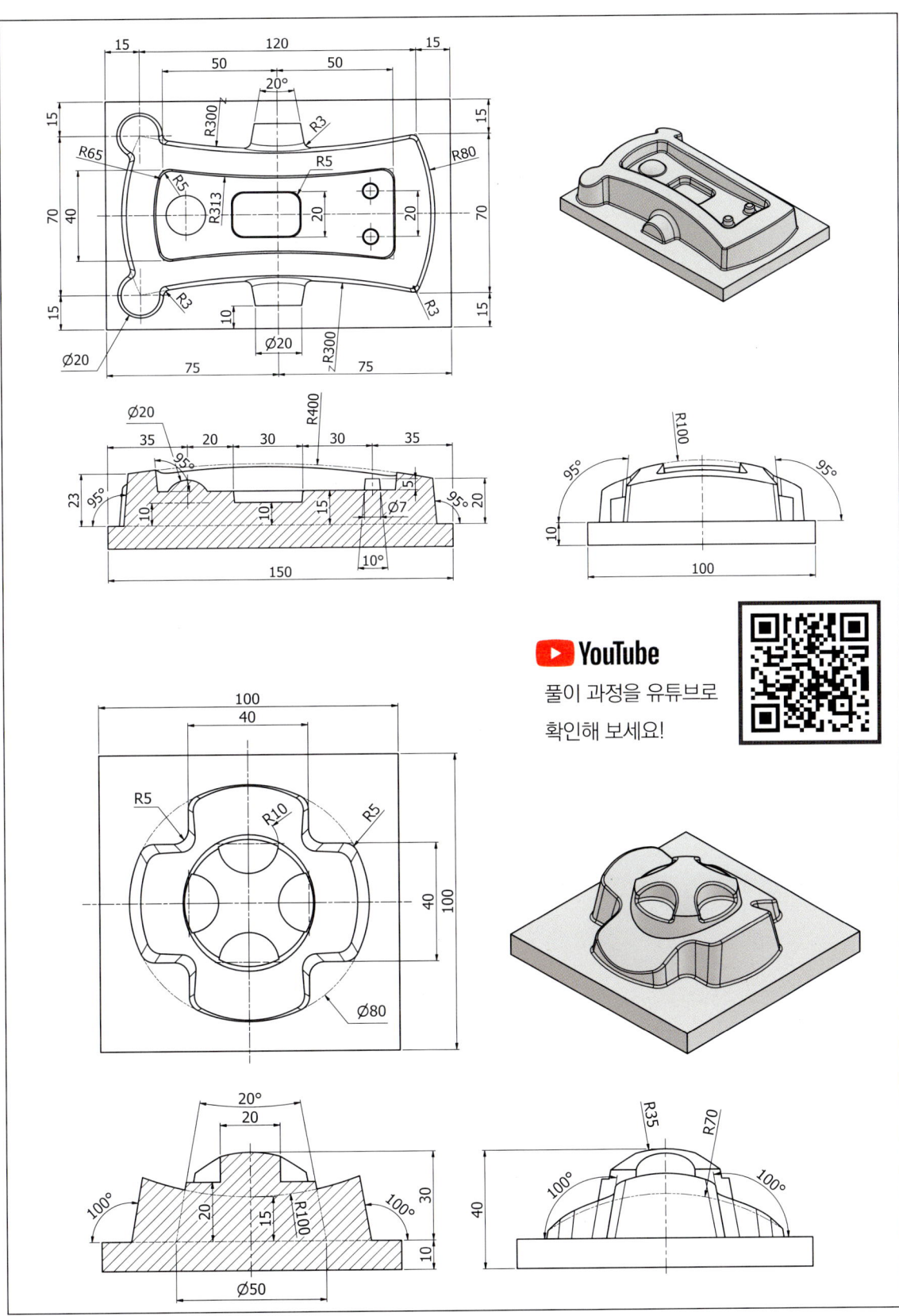

PART 4

판금 모델링

Chapter 1   판금 모델링의 개요

Chapter 2   면 / 접기 / 잘라내기

Chapter 3   플랜지 / 펀칭 도구

Chapter 4   컨투어 플랜지 / 햄

Chapter 5   로프트 플랜지 / 플랫 패턴

Chapter 6   윤곽선 롤 / 전개 / 재접힘

01 판금 모델링의 개요

판금 모델링의 개요와 명령어에 대해서 알아보도록 하겠습니다.

01 판금 모델링의 개요

판금 모델링이란 일정한 두께를 가진 판재를 접어서 만드는 개념의 부품을 모델링하는 것을 뜻합니다. 하나의 솔리드 안에서는 다른 두께를 가질 수 없으며, 새 솔리드로 작성 시 다른 두께를 가질 수 있습니다.

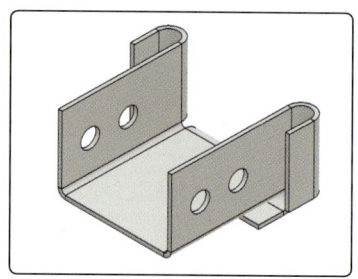

새로 만들기 명령에서 판금 템플릿을 선택해 시작하면 판금 부품을 작성할 수 있습니다.

일반 부품 상태에서 판금으로 변환 버튼을 클릭해도 판금 환경으로 변경됩니다.

02 판금 모델링의 특징

❶ **판금 기본값** : 판금 기본값은 판금 부품을 작성할 때 매우 중요한 요소입니다. 판금 규칙에는 판금 부품의 재질과 두께, 절곡 각도 및 절곡부 굽힘 상수를 포함합니다. 이 규칙은 나중에 모델링을 마치고 플랫 패턴을 할 때 굉장히 중요한 영향을 끼칩니다.

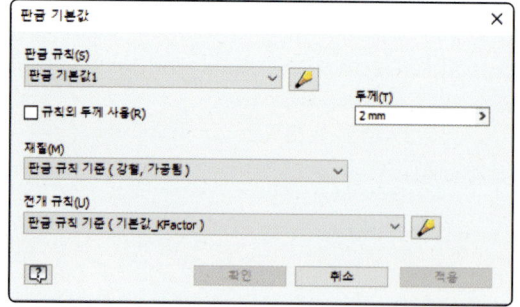

판금 기본값 명령은 아이콘 툴바의 설정 패널에서 [판금 기본값] 명령을 클릭하면 됩니다.

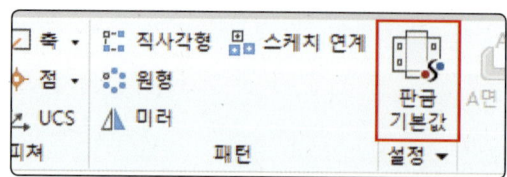

❷ **플랫 패턴** : 실무에서 판금 모델링을 하는 이유는 판금 전개도를 얻기 위해서라고 할 만큼 판금 모델링의 결과로 전개도를 얻는 것은 매우 중요한 일입니다. 이 전개도를 만드는 명령어가 바로 플랫 패턴이며 이 플랫 패턴시에 재질의 연신율(재질이 늘어남)에 따라 절곡부로 인해 플랫 패턴에 영향을 끼치게 되며 이때 연신율에 가장 많은 영향을 끼치는 것이 바로 판금 규칙입니다.

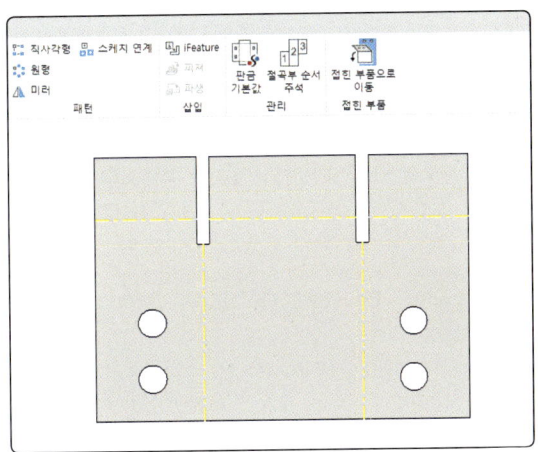

❸ **DWG 및 PDF** : 판금 모델링과 플랫 패턴 형상을 아무리 잘 만들어낸다 하더라도 이를 도면으로 내보내지 못하면 그 용도가 많이 줄어들 수 밖에 없습니다. 인벤터는 플랫 패턴 환경에서 바로 DWG나 PDF 파일로 전개도를 내보낼 수 있고 또한 도면 환경에서 플랫 패턴 형상을 전개도로 불러와 작성할 수 있습니다.

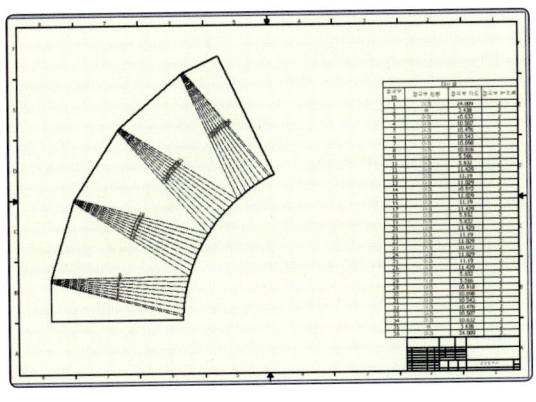

03 판금 모델링 명령어

판금 모델링 명령어에는 다음과 같은 것들이 있습니다.

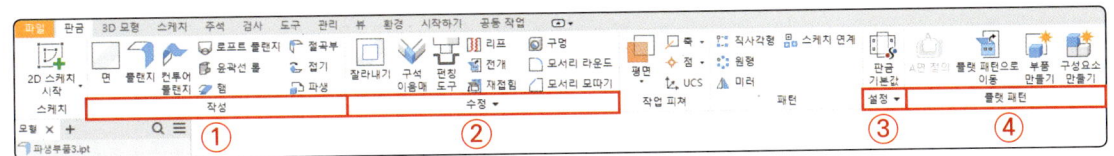

❶ **작성** : 판금 모델링 형상을 작성하는 명령어 그룹입니다.

❷ **수정** : 작성된 판금 모델을 수정하는 명령어 그룹입니다.

❸ **설정** : 판금 기본값 명령을 실행할 수 있습니다.

❹ **플랫 패턴** : 플랫 패턴 관련 명령을 표시합니다.

02 면 / 접기 / 잘라내기

Autodesk Inventor 2022

면 명령과 접기, 잘라내기 명령은 판금 모델링의 가장 기본이 되는 명령어들입니다.

01 면 명령어 옵션 알아보기

면 명령은 스케치 프로파일을 이용해 판금 기본값에 의한 두께를 주어 판금 기본체를 작성하는 명령입니다.

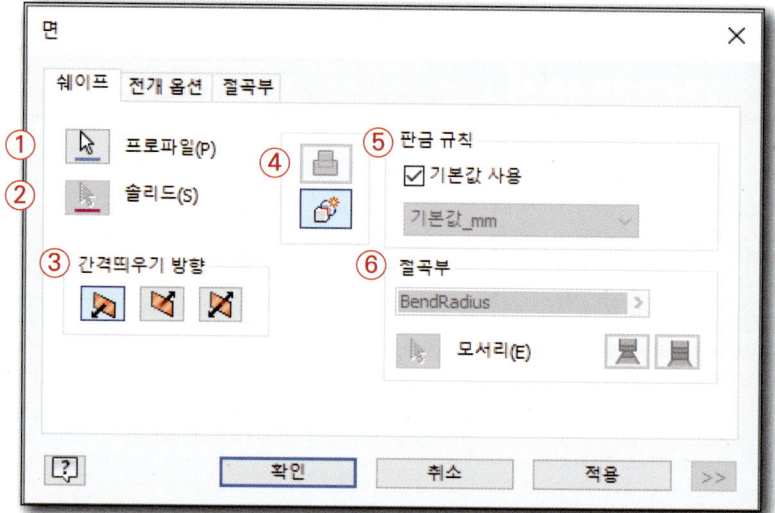

❶ **프로파일** : 면을 작성할 스케치 프로파일을 선택합니다.

❷ **솔리드** : 작성할 판금의 솔리드 종속관계를 선택합니다. 첫 번째 면이면 새 솔리드로 자동 작성됩니다.

❸ **간격띄우기 방향** : 면에 두께를 주는 방향을 선택합니다.

❹ **부울** : 작성할 판금의 생성옵션을 선택합니다. 첫 번째 면이면 새 솔리드로 자동 작성됩니다.

❺ **판금 규칙** : 적용할 판금 규칙의 상세 옵션을 설정합니다.

❻ **절곡부** : 절곡부 옵션을 설정합니다.

02 면 명령어 익히기

01 [파일] – [열기]를 클릭하여 아래 예제 파일을 엽니다.

■ Part4 – Chapter2 – 판금1.ipt

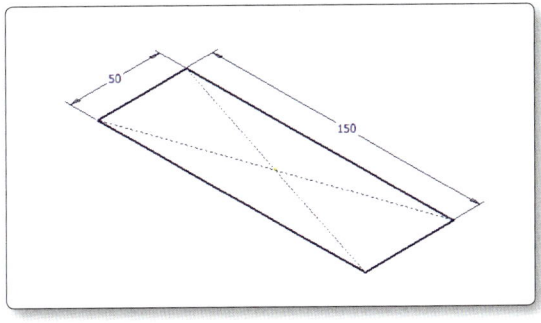

02 [면] 명령을 실행하면 자동으로 프로파일이 선택됩니다.

03 확인 버튼을 클릭하면 다음과 같이 판금 규칙에 의한 두께를 가지는 면이 생성됩니다.

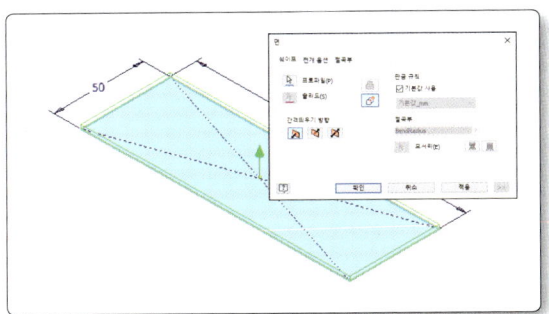
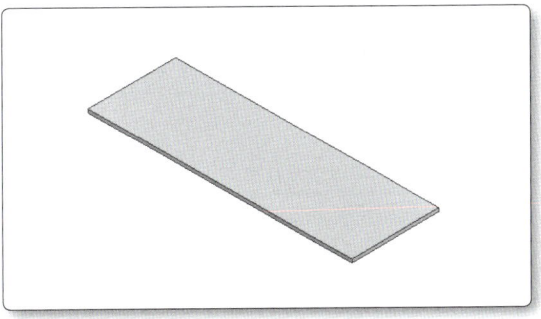

03 접기 명령어 옵션 알아보기

접기 명령은 판금 면에 작성된 스케치 선을 기준으로 판금 형상을 접는 명령입니다.

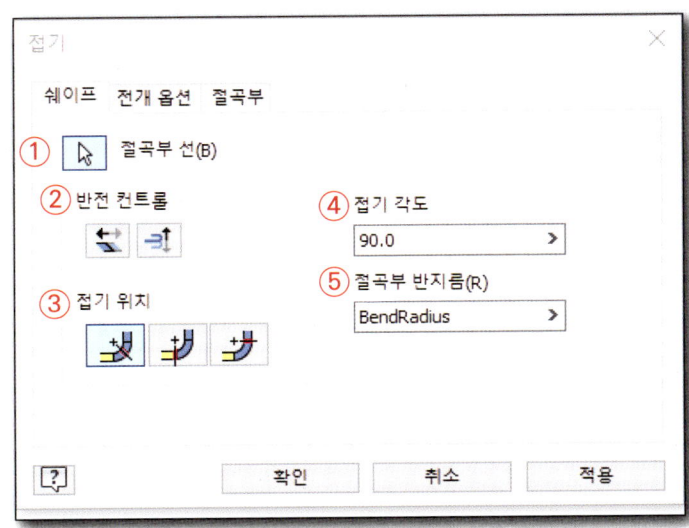

❶ **절곡부 선** : 접기 명령을 적용할 스케치 선을 선택합니다.

❷ **반전 컨트롤** : 접기 방향을 설정합니다.

❸ **접기 위치** : 선택한 절곡부 선을 기준으로 접기 형상을 결정합니다.

❹ **접기 각도** : 접기 각도를 설정합니다.

❺ **절곡부 반지름** : 절곡부 반지름을 설정합니다.

04 접기 명령어 익히기

01 [파일] - [열기]를 클릭하여 아래 예제 파일을 엽니다.

■ Part4 - Chapter2 - 판금1-1.ipt

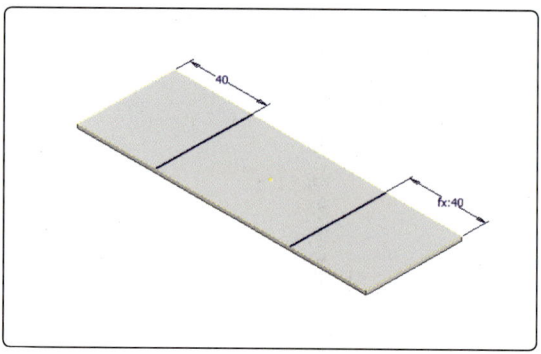

02 [접기] 명령을 실행해 절곡부 선을 다음 스케치 선으로 선택합니다.

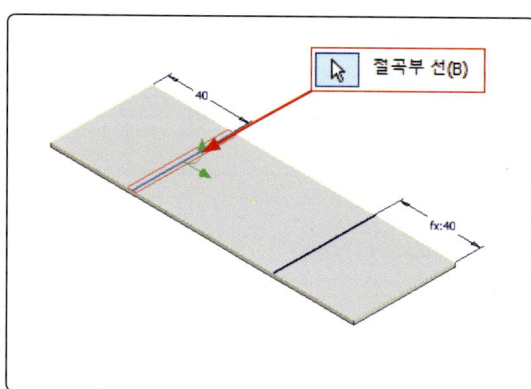

03 반전 컨트롤 버튼을 클릭해 절곡부 화살표가 다음 방향으로 향하도록 한 후 접기 각도 [90]을 입력합니다.

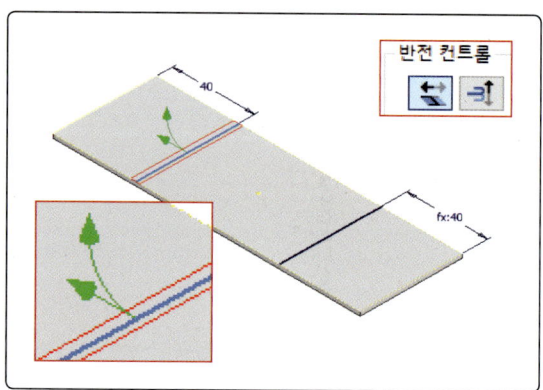

04 확인 버튼을 클릭하면 다음과 같이 접기가 완료됩니다.

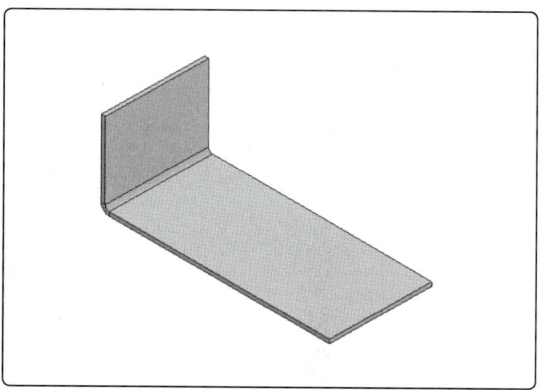

05 접기에 썼었던 스케치를 선택해 스케치 공유 상태로 만듭니다.

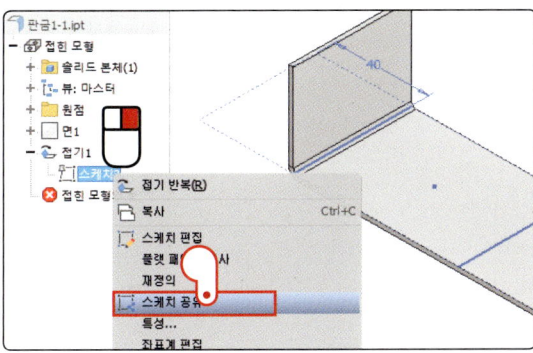

06 [접기] 명령을 실행해 절곡부 선을 다음 스케치 선으로 선택합니다.

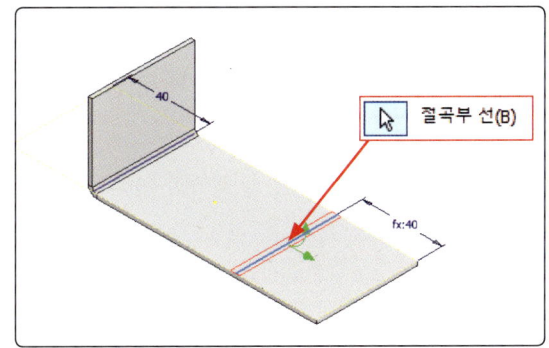

07 반전 컨트롤 버튼을 클릭해 절곡부 화살표가 다음 방향으로 향하도록 한 후 접기 각도 [90]을 입력합니다.

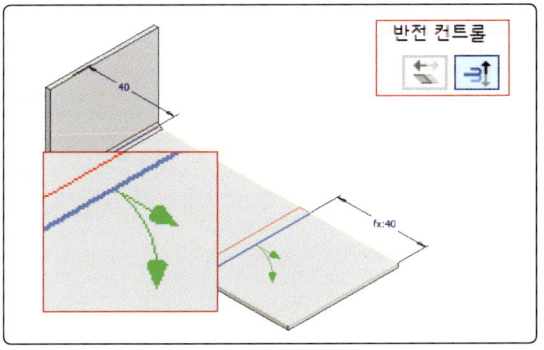

08 확인 버튼을 클릭하면 다음과 같이 접기가 완료됩니다.

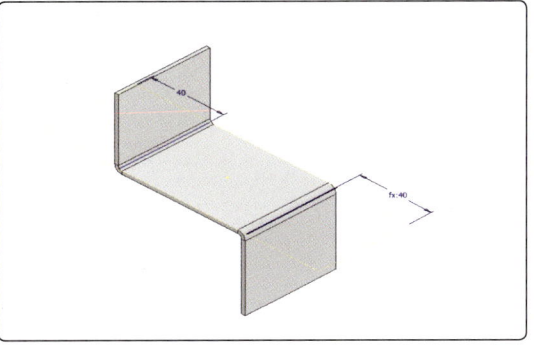

05 잘라내기 명령어 옵션 알아보기

잘라내기 명령은 판금 형상에 작성된 스케치 프로파일을 이용하여 작성된 판금을 잘라내는 명령입니다. 일반적인 돌출 명령으로 잘라내도 되지만 잘라내기 옵션을 이용하면 좀 더 세부적인 옵션을 사용할 수 있습니다.

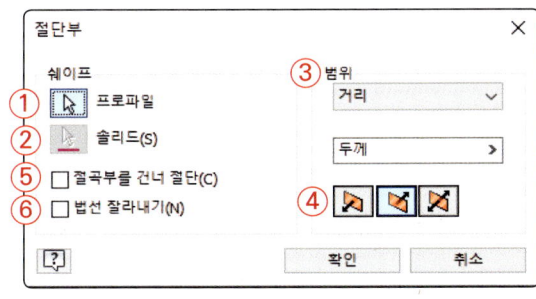

① **프로파일** : 스케치 프로파일을 선택합니다.

② **솔리드** : 잘라내기 명령을 적용할 솔리드를 선택합니다.

③ **범위** : 잘라내기 깊이를 설정합니다.

④ **방향** : 잘라낼 방향을 설정합니다.

❺ **절곡부를 건너 절단** : 절곡부를 넘어서는 범위일 경우 절곡부에 맞춰 절단합니다.

❻ **법선 잘라내기** : 법선에 맞춰 잘라냅니다.

06 잘라내기 명령어 익히기

01 [파일] - [열기]를 클릭하여 아래 예제 파일을 엽니다.

■ Part4 - Chapter2 - 판금1-2.ipt

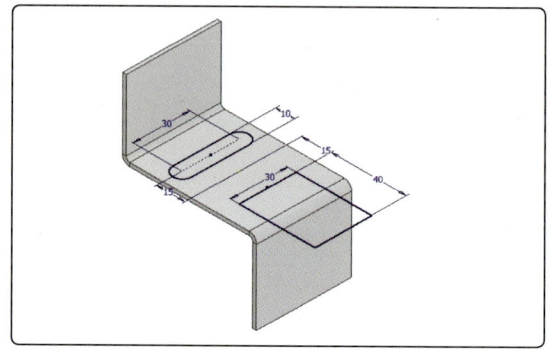

02 [잘라내기] 명령을 실행해 다음 프로파일을 선택합니다.

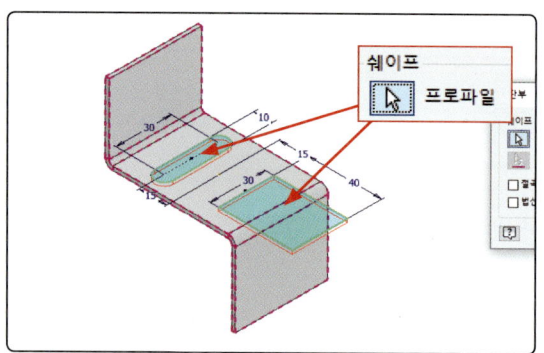

03 [절곡부를 건너 절단]을 체크한 후 확인 버튼을 클릭합니다.

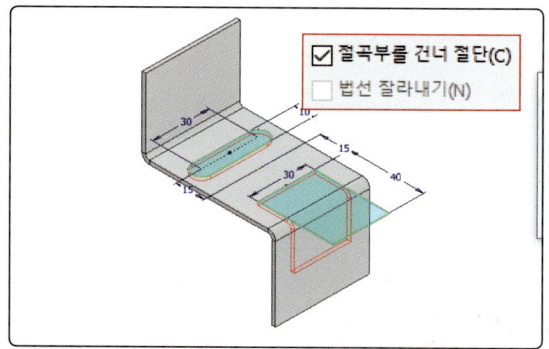

04 잘라내기가 완료되었습니다.

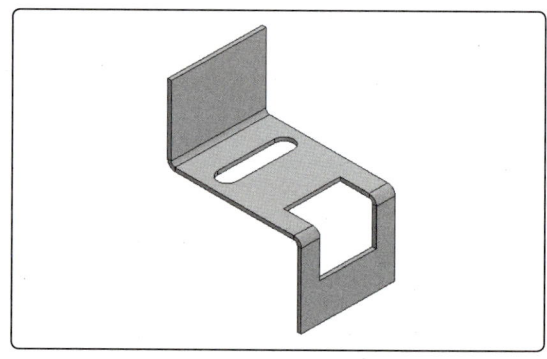

07 면 / 접기 / 잘라내기 명령 본문 예제

▶ YouTube
풀이 과정을 유튜브로
확인해 보세요!

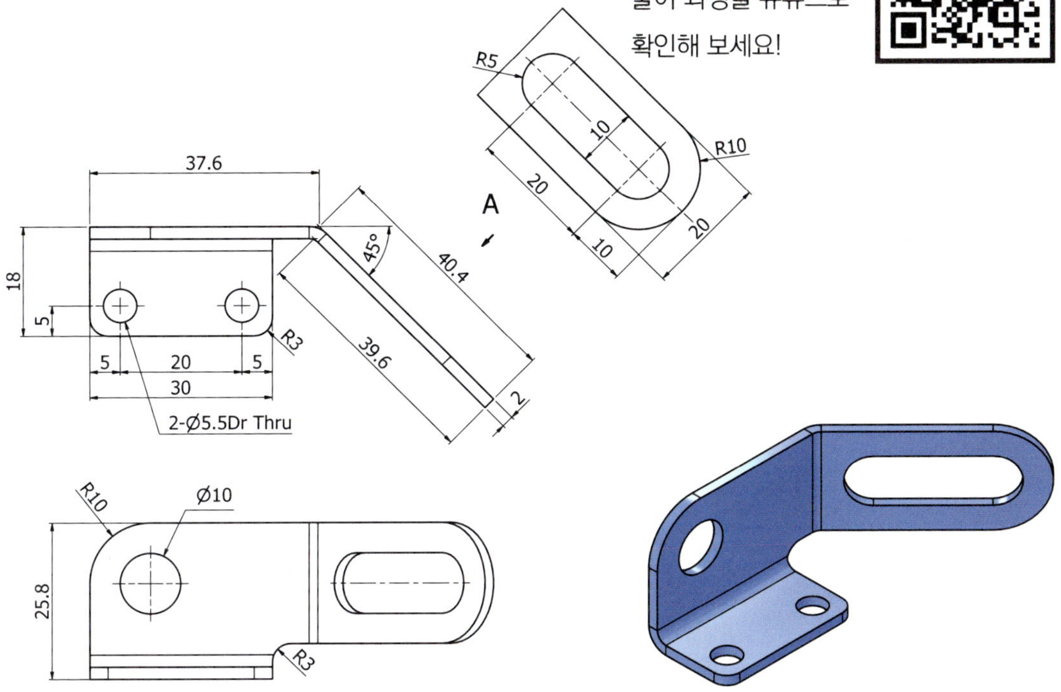

01 정면도에 스케치를 작성한 후, [면] 명령을 실행해 다음과 같이 작성합니다.

02 모델면에 스케치를 작성해 [잘라내기] 명령으로 다음과 같이 작성합니다.

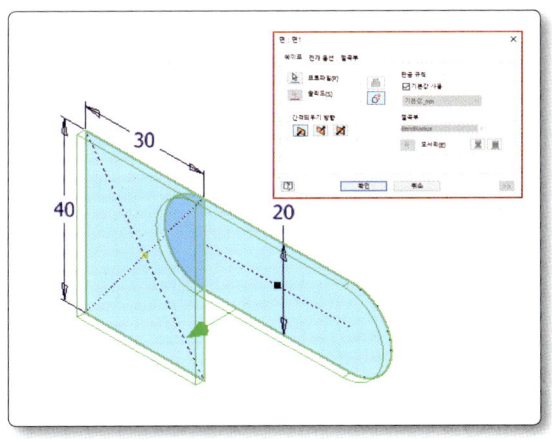
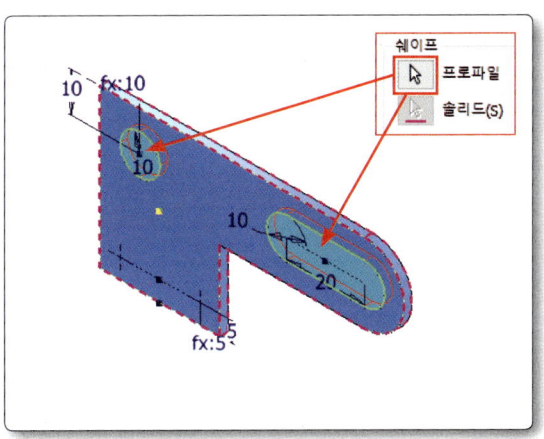

307

03 모델면에 스케치를 작성하고 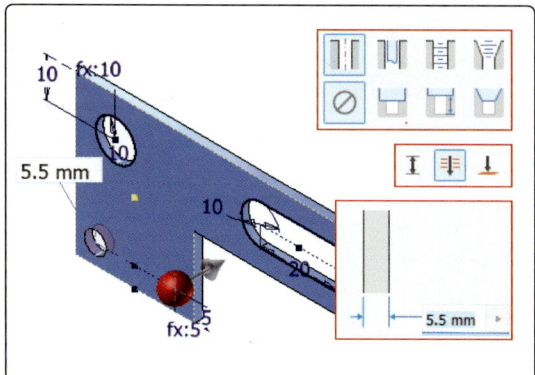 [구멍] 명령을 실행해 다음과 같이 작성합니다.

04 접기 명령에 쓰기 위해 모델면에 다음과 같은 스케치를 작성합니다.

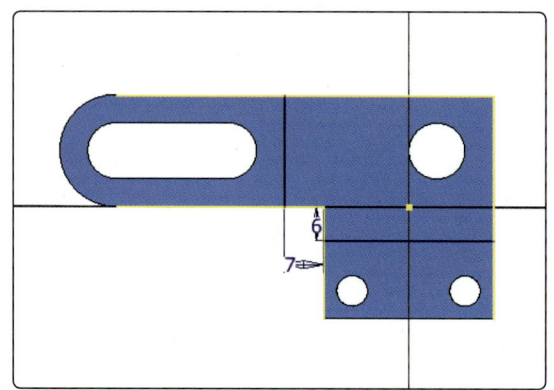

05 [접기] 명령을 실행해 다음과 같이 작성합니다.

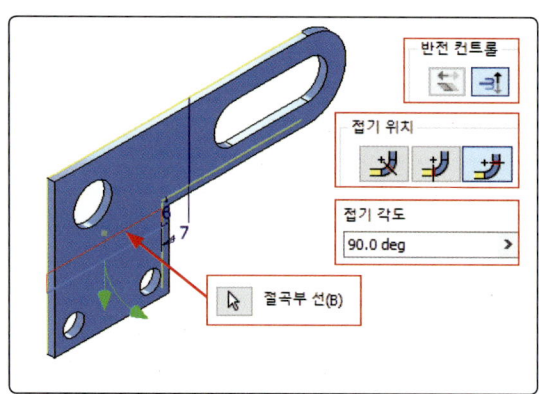

06 이전 스케치를 공유해서 [접기] 명령을 실행해 다음과 같이 작성합니다.

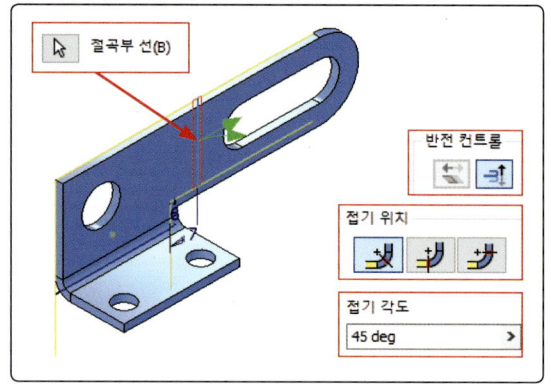

07 [모깎기] 명령을 실행해 다음과 같이 작성합니다.

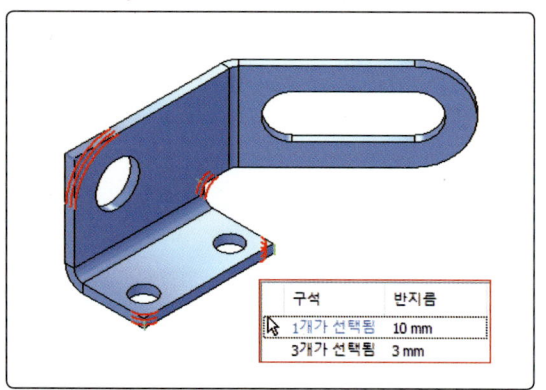

08 다음과 같이 부품 작성이 완료되었습니다.

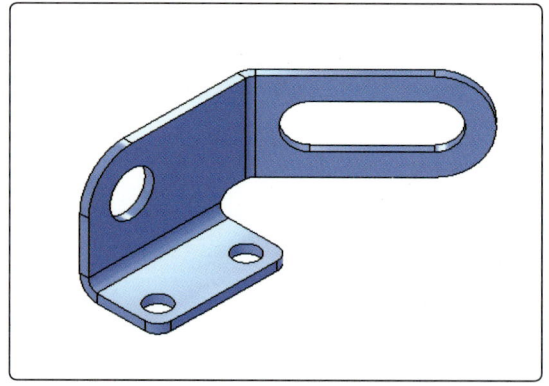

 연습예제

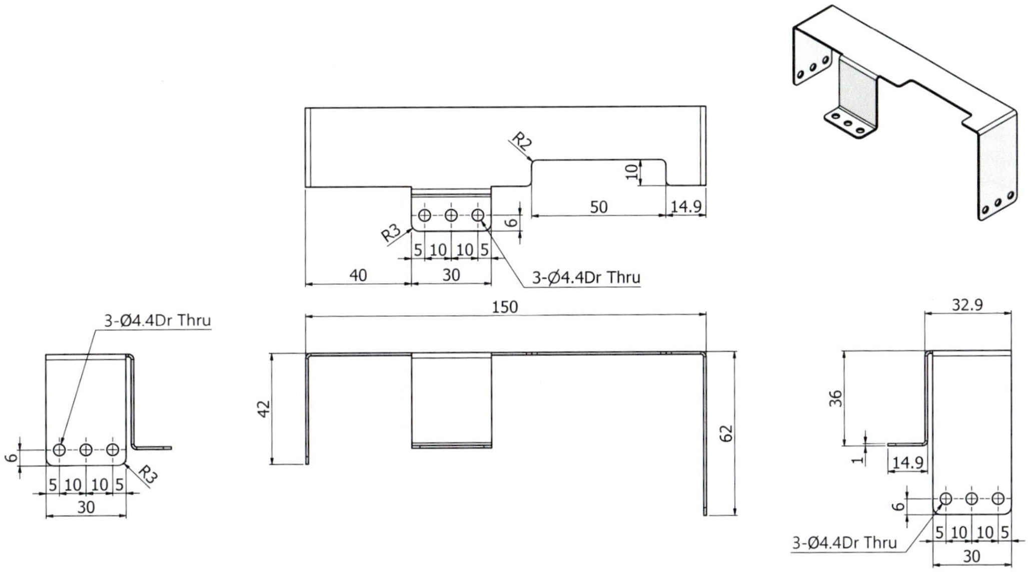

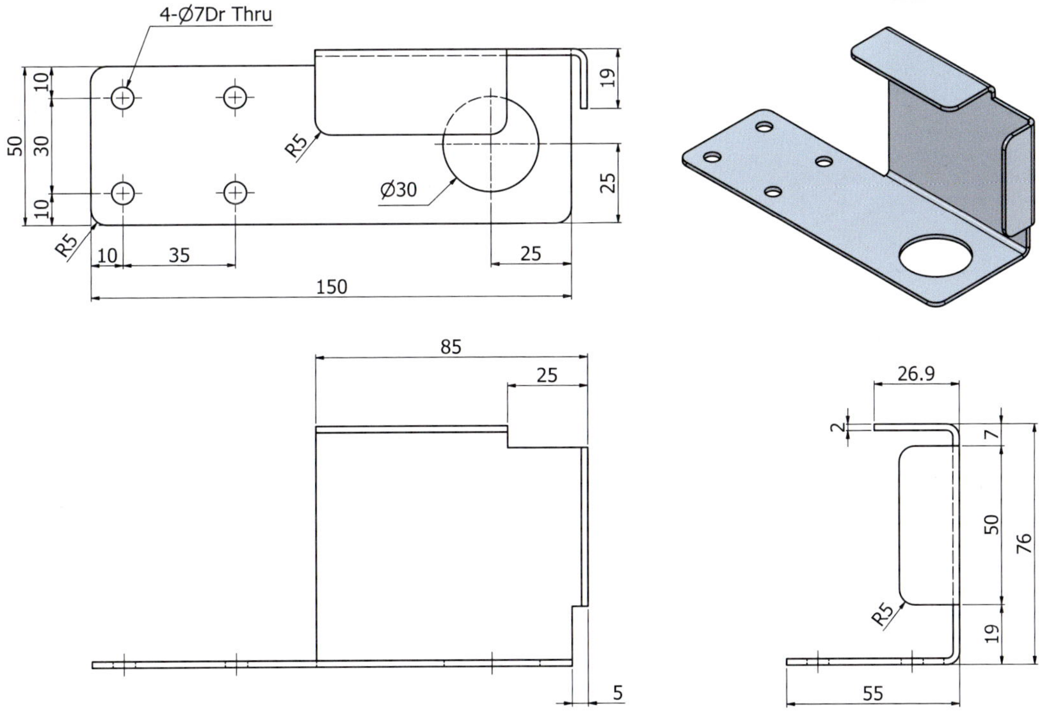

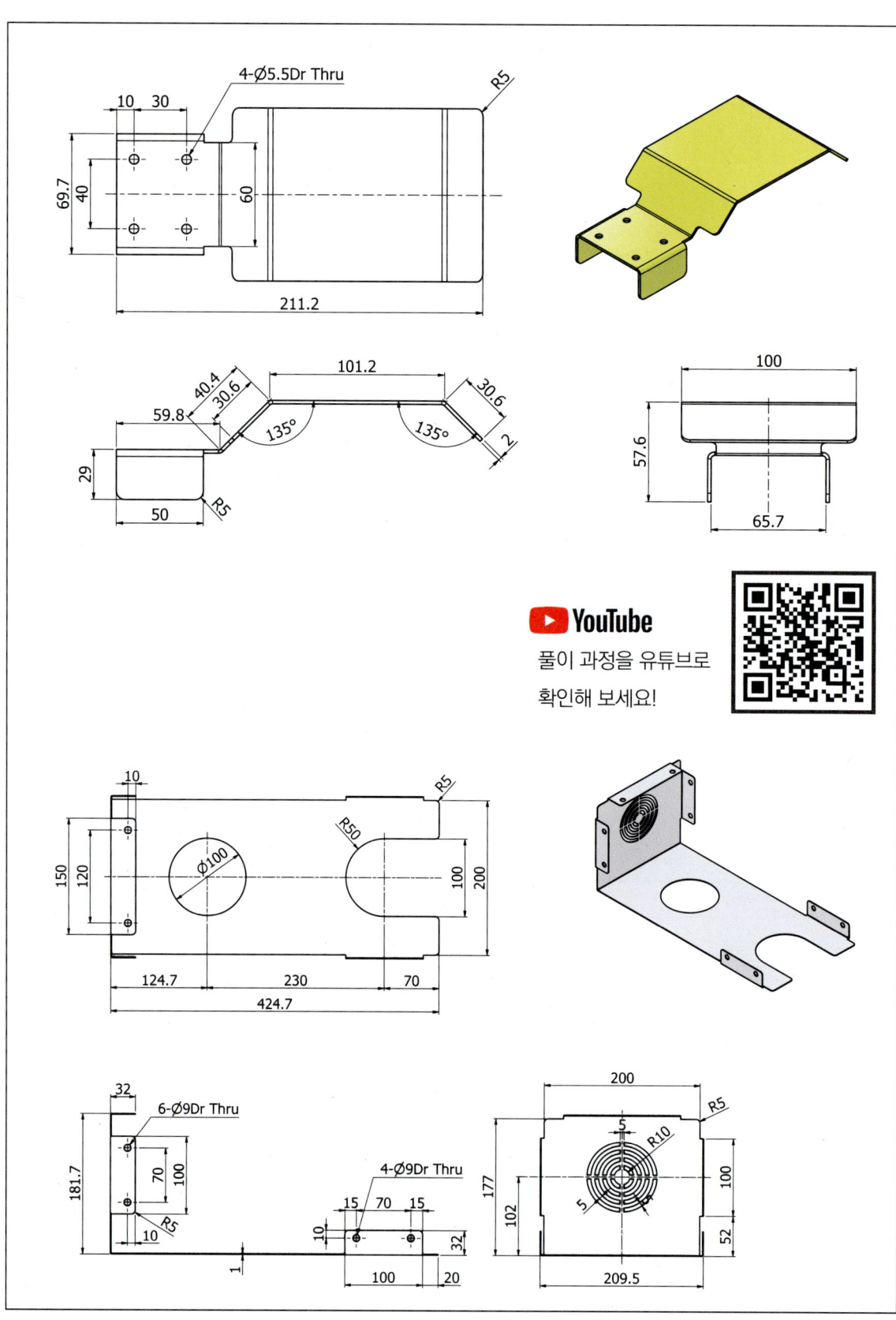

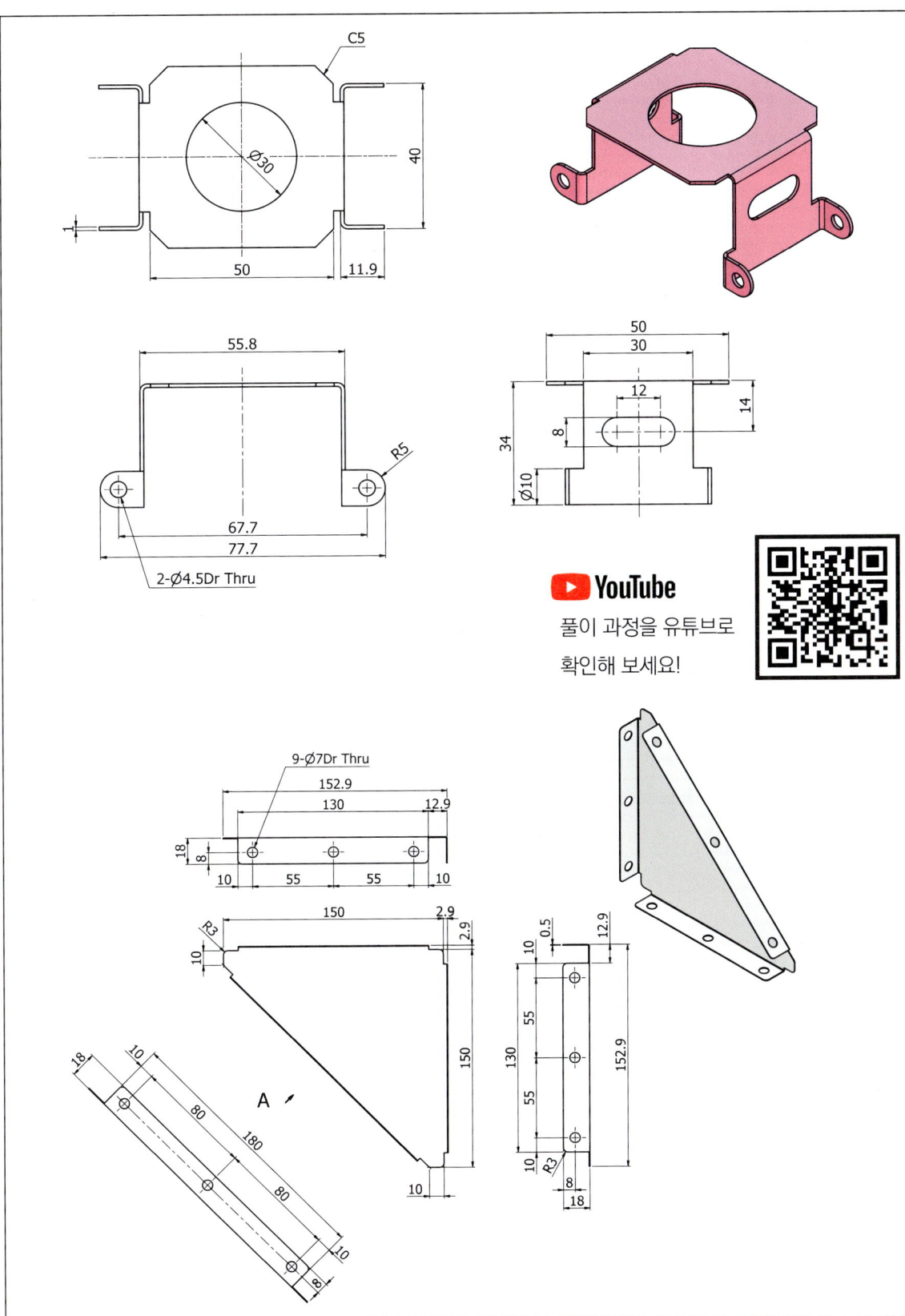

03 플랜지 / 펀칭 도구

Autodesk Inventor 2022

이번 시간에는 플랜지 명령과 펀칭 도구 명령에 대해서 알아보도록 하겠습니다.

01 플랜지 명령어 옵션 알아보기

플랜지 명령은 판금 모서리를 기준으로 각도를 주어 연장하는 명령입니다.

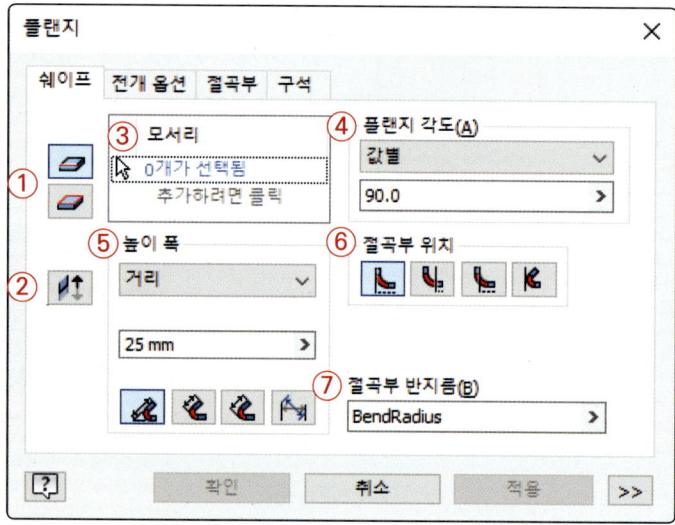

❶ **모서리/루프 선택 모드** : 단일 모서리 선택과 루프 모서리 선택으로 선택할 수 있습니다.

❷ **방향 반전** : 플랜지 연장 방향을 반전합니다.

❸ **모서리** : 선택한 모서리 리스트를 표시합니다.

❹ **플랜지 각도** : 모서리 플랜지의 각도를 설정합니다.

❺ **높이 폭** : 연장할 모서리의 높이를 설정합니다.

❻ **절곡부 위치** : 선택한 모서리에서 절곡부 위치의 모양을 선택합니다.

❼ **절곡부 반지름** : 절곡부 반지름을 설정합니다.

02 플랜지 명령어 익히기

01 [파일] - [열기]를 클릭하여 아래 예제 파일을 엽니다.

■ Part4 - Chapter3 - 판금2-1.ipt

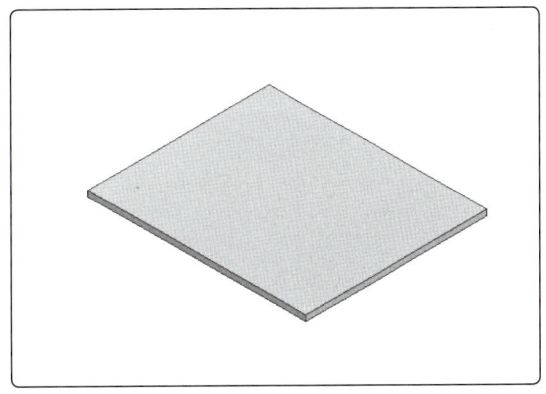

02 [플랜지] 명령을 실행해 다음 모서리를 선택합니다.

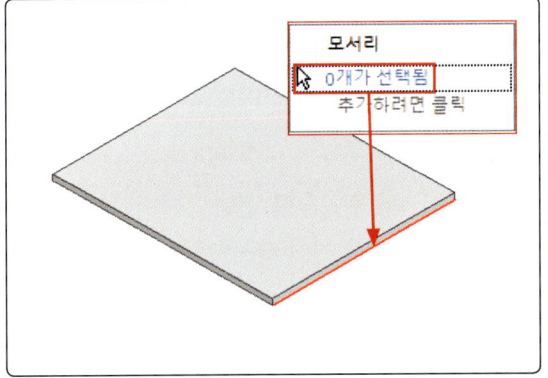

03 플랜지 각도 [90]을 입력하고 높이 폭 [40]을 입력합니다.

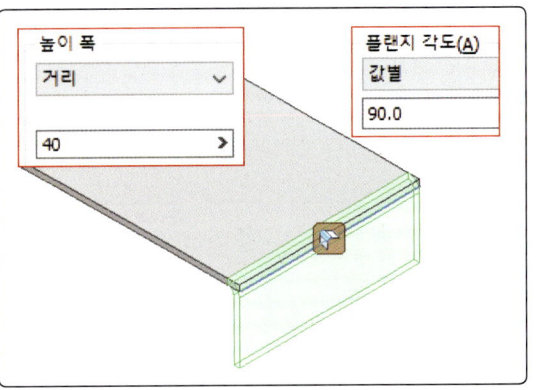

04 반대쪽 다음 모서리를 선택합니다.

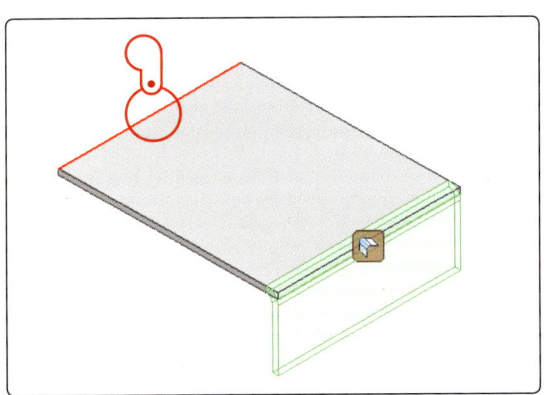

05 플랜지 형상이 미리보기가 되면 확인 버튼을 클릭합니다.

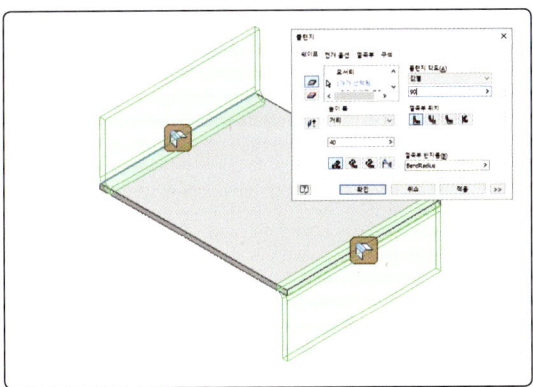

06 다음과 같이 플랜지가 작성되었습니다.

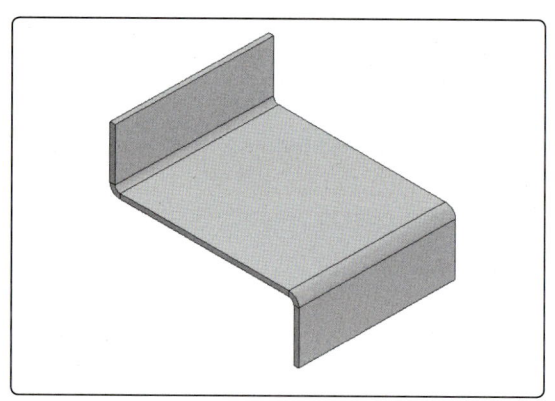

03 펀칭 도구 명령어 옵션 알아보기

펀칭 도구란 프레스 작업으로 만들어지는 형상을 펀칭 도구 라이브러리에서 불러와 판금 형상에 삽입하는 명령입니다.

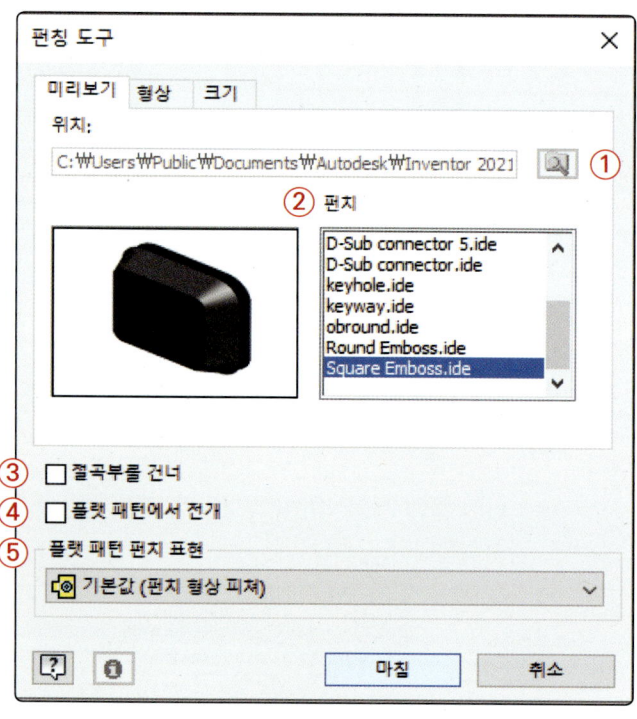

❶ **위치** : 펀칭 도구의 라이브러리 파일 위치를 찾습니다.

❷ **펀치** : 라이브러리에 들어있는 펀치 형상을 선택합니다.

❸ **절곡부를 건너** : 펀치 형상이 절곡부를 건너 작성됩니다.

❹ **플랫 패턴에서 전개** : 플랫 패턴 작성 시 펀치 형상도 전개됩니다.

❺ **플랫 패턴 펀치 표현** : 플랫 패턴 작업 시 펀치 표현을 선택합니다.

04 펀칭 도구 명령어 익히기

01 [파일] - [열기]를 클릭하여 아래 예제 파일을 엽니다.

■ Part4 - Chapter3 - 판금2-2.ipt

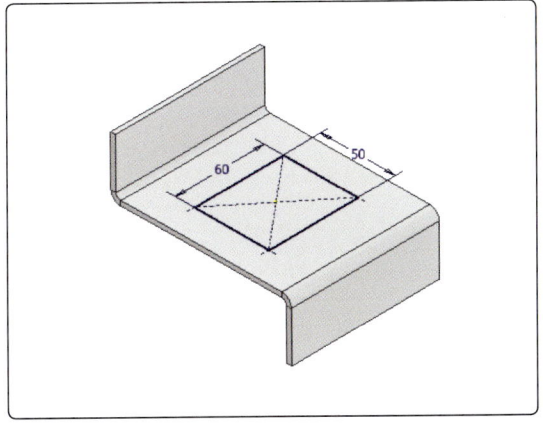

02 [펀칭 도구] 명령을 실행해 다음 라이브러리 파일 [Square Emboss.ide]을 선택합니다.

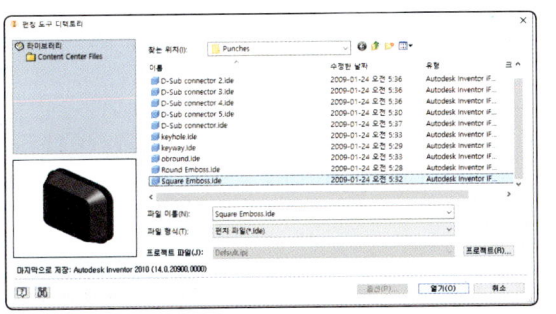

03 스케치 점에 펀치 형상이 미리보기가 되면 확인 버튼을 클릭합니다.

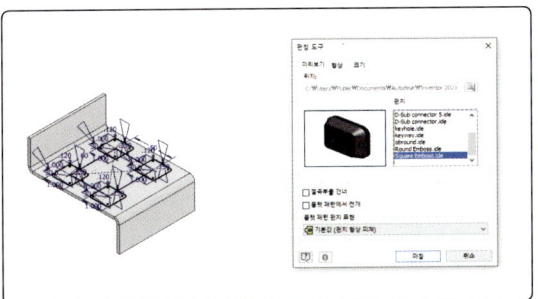

04 다음과 같이 펀치 형상이 작성되었습니다.

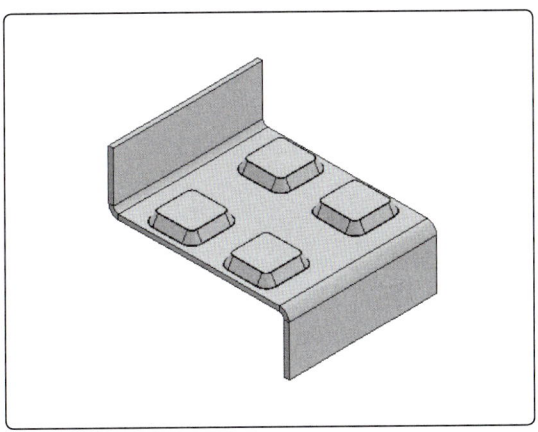

05 플랜지 / 펀칭 도구 명령 본문 예제

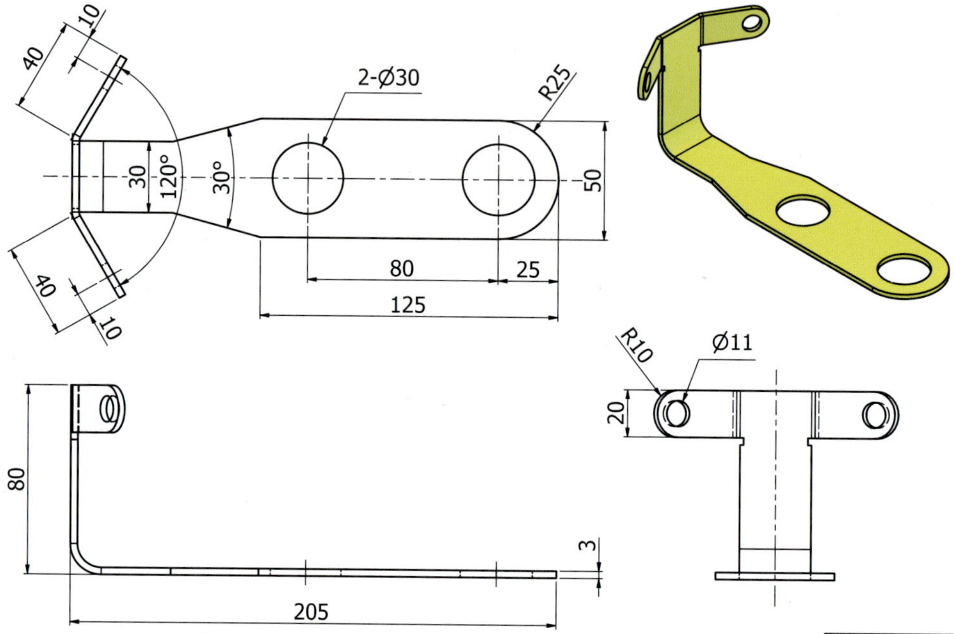

YouTube
풀이 과정을 유튜브로
확인해 보세요!

01 평면도에 스케치를 작성한 후, [면] 명령을 실행해 다음과 같이 작성합니다.

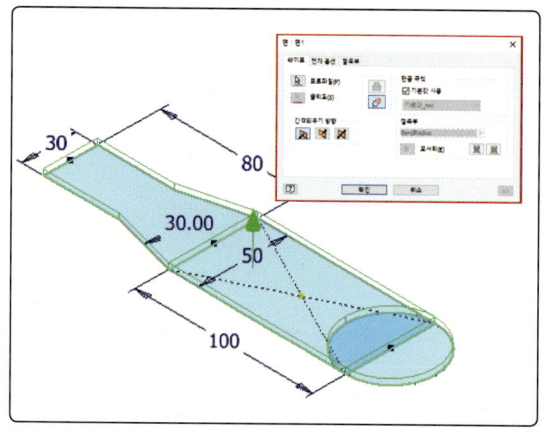

02 모델면에 스케치를 작성해 [잘라내기] 명령으로 다음과 같이 작성합니다.

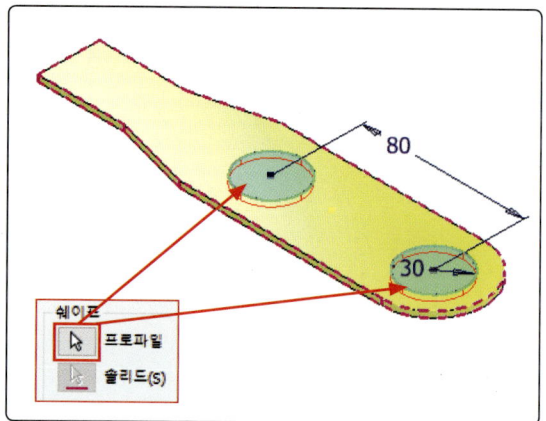

03 [플랜지] 명령을 실행해 다음과 같이 작성합니다.

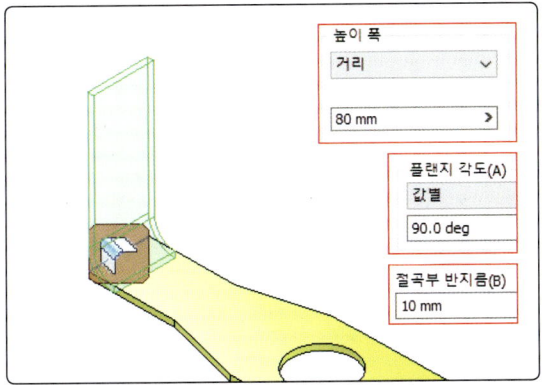

04 [플랜지] 명령을 실행해 다음과 같이 작성합니다.

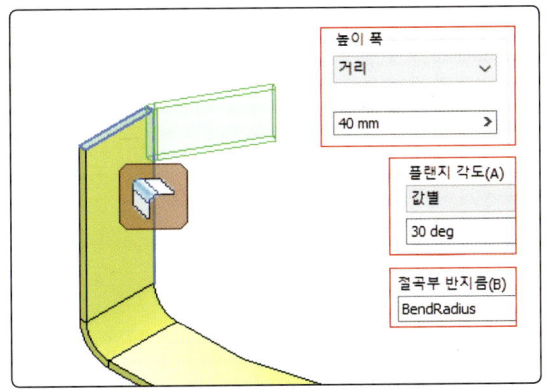

05 [모깎기] 명령을 실행해 다음과 같이 작성합니다.

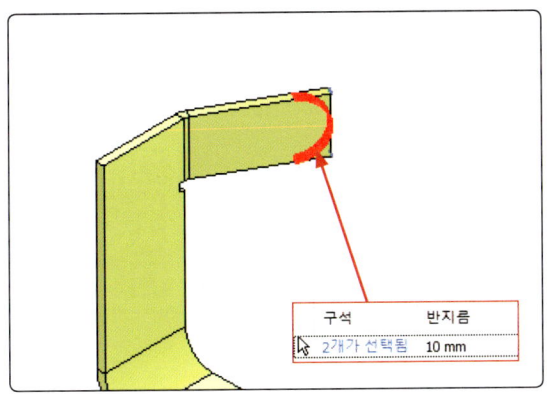

06 모델면에 스케치를 작성하고 [구멍] 명령을 실행해 다음과 같이 작성합니다.

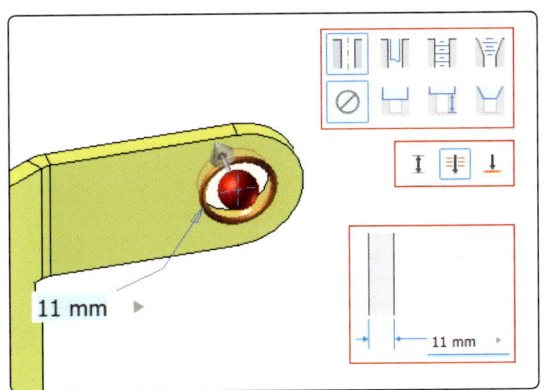

07 [미러] 명령을 실행해 다음과 같이 작성합니다.

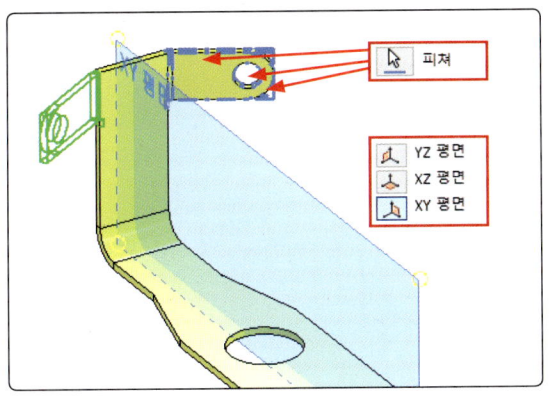

08 다음과 같이 부품 작성이 완료되었습니다.

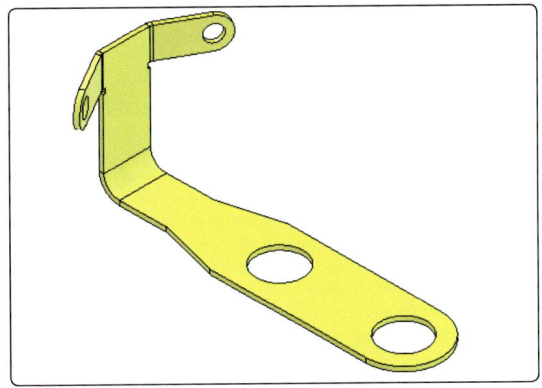

 연습예제

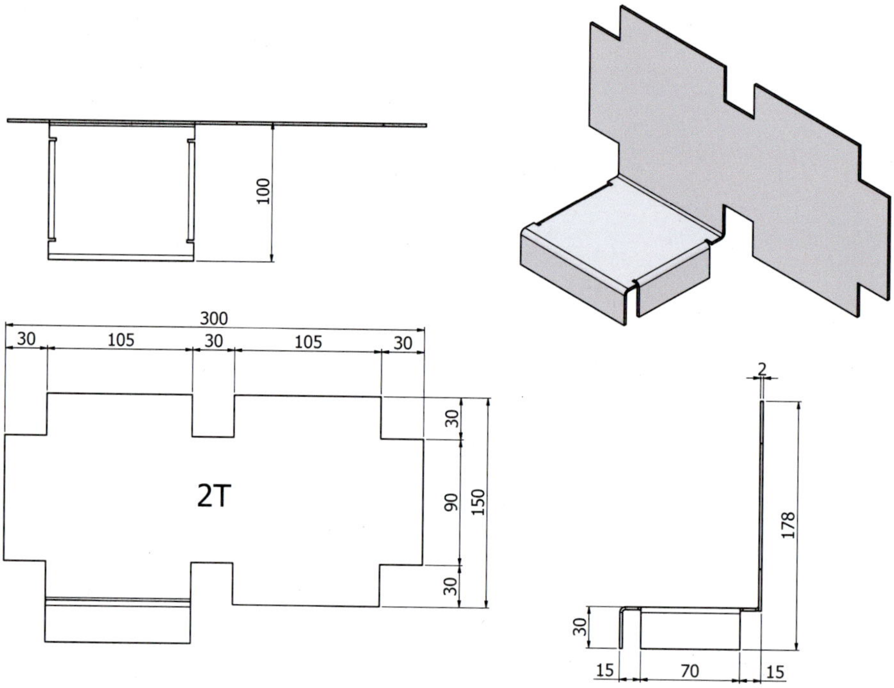

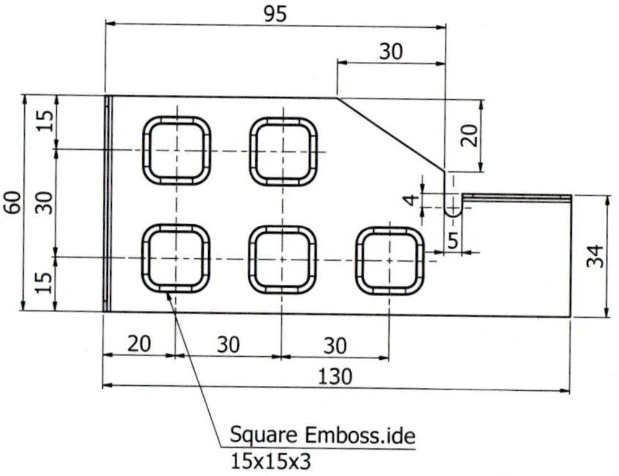

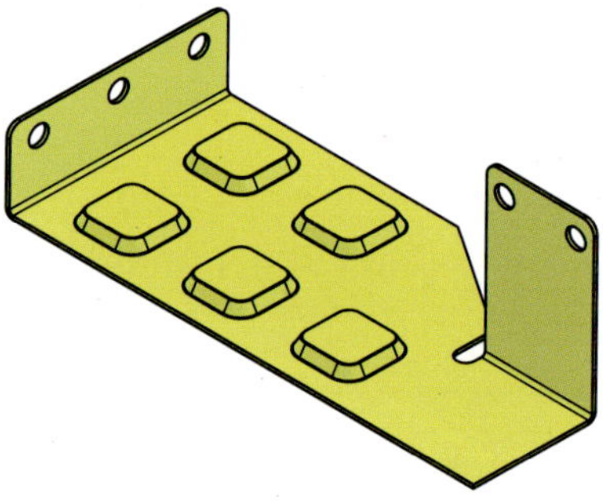

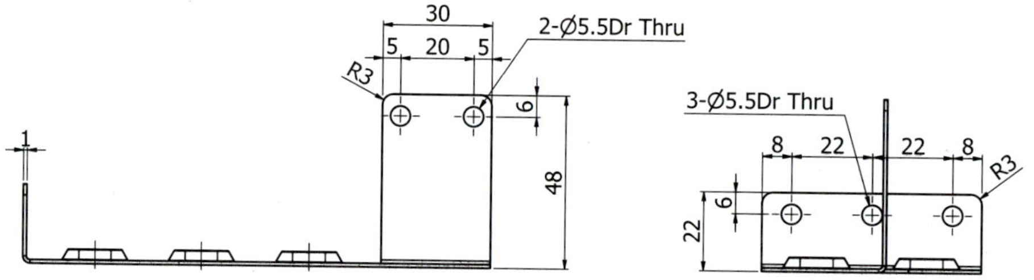

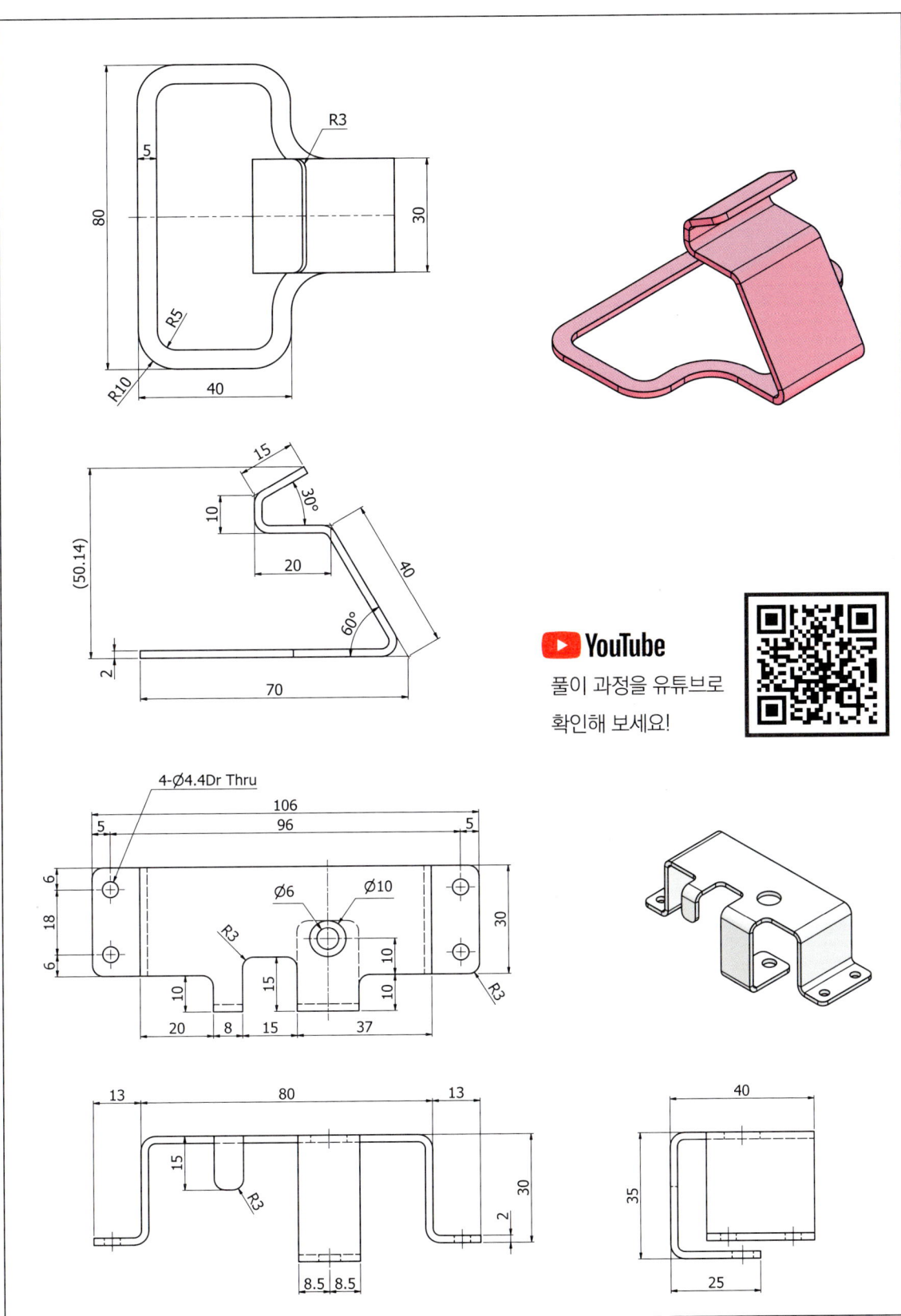

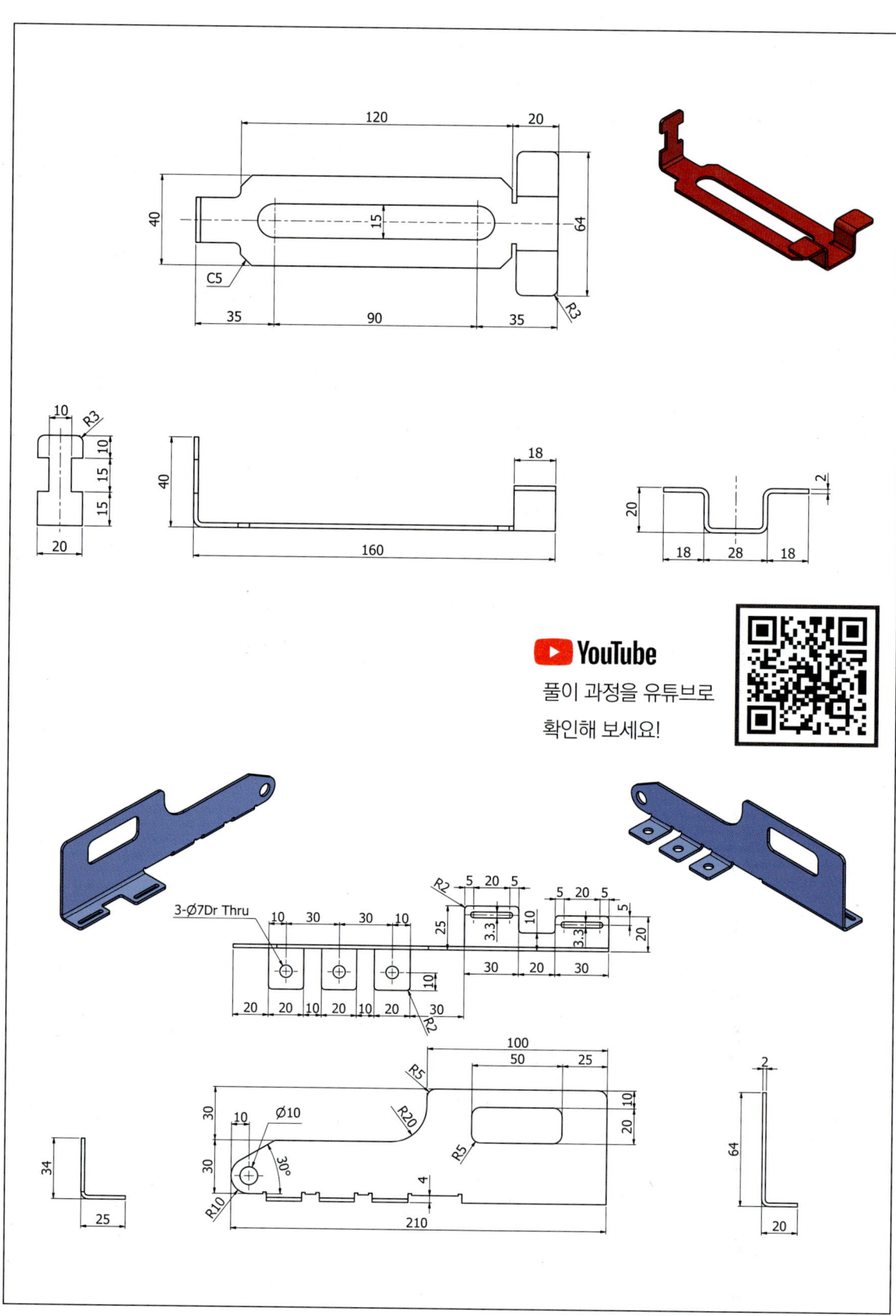

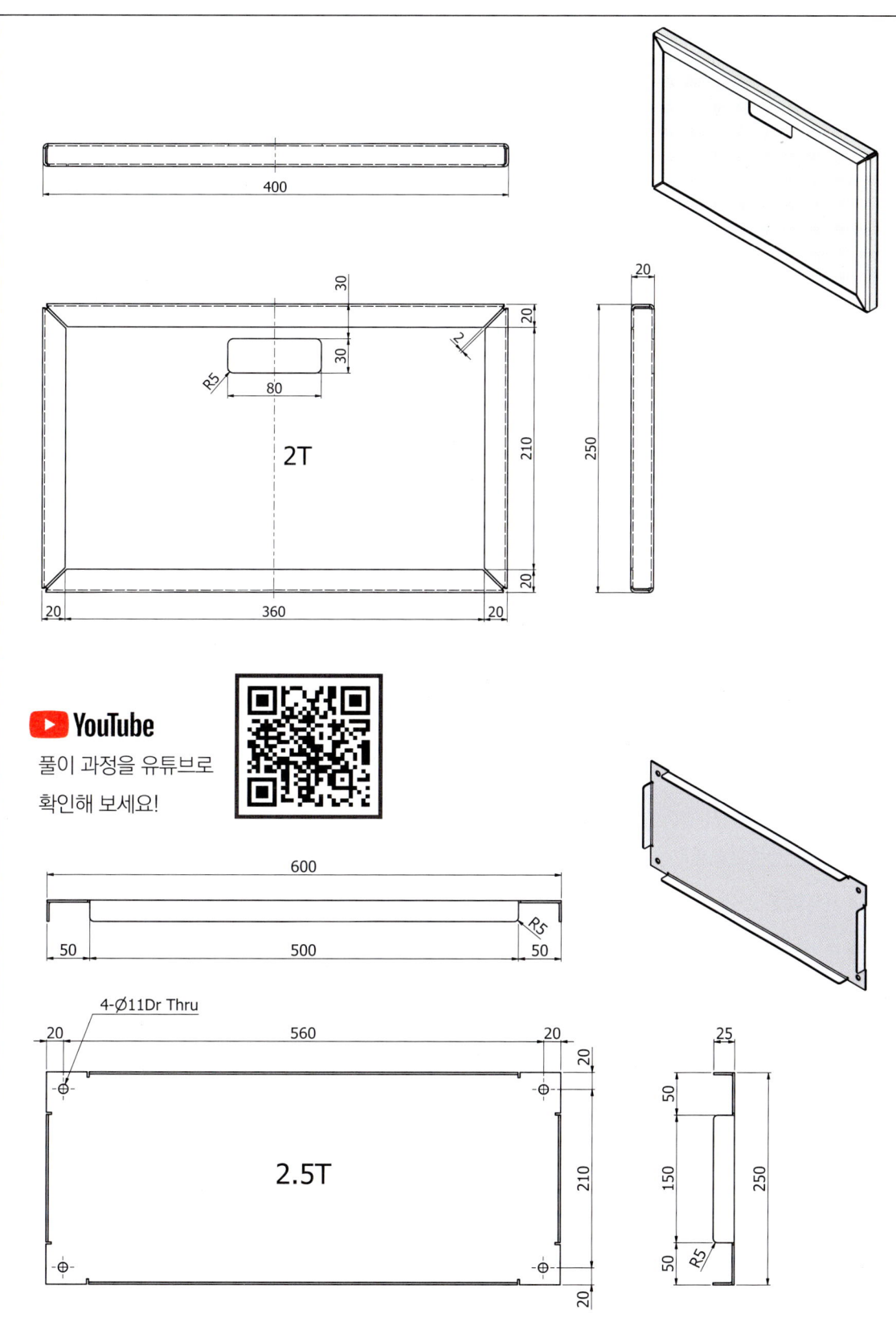

04 컨투어 플랜지 / 햄

Autodesk Inventor 2022

이번 시간에는 컨투어 플랜지 명령과 햄 명령에 대해서 알아보도록 하겠습니다.

01 컨투어 플랜지 옵션 알아보기

컨투어 플랜지 명령은 스케치 프로파일 곡선에 두께를 주어 수직으로 판금 형상을 뽑아내는 명령입니다.

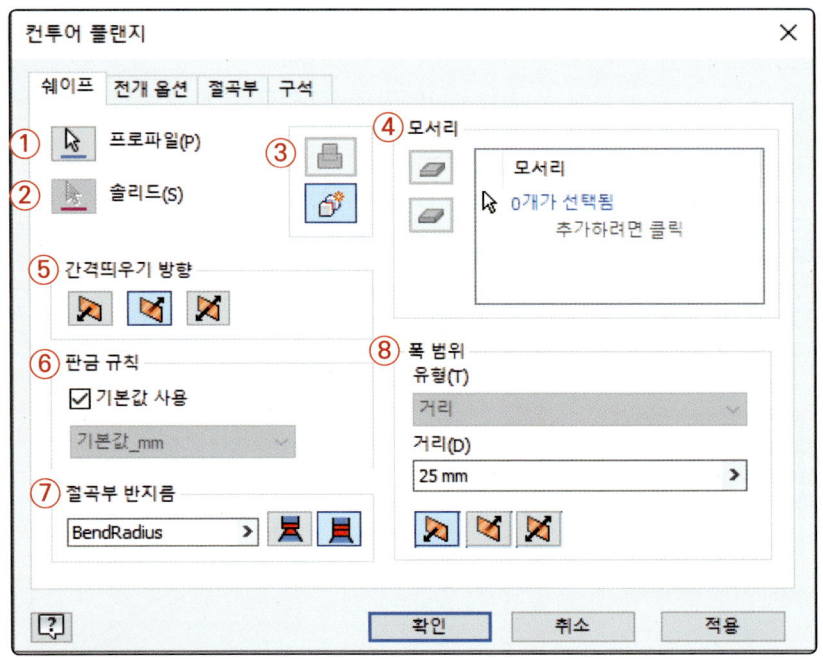

❶ **프로파일** : 스케치 프로파일을 선택합니다.

❷ **솔리드** : 작성할 판금의 솔리드 종속관계를 선택합니다. 첫 번째 면이면 새 솔리드로 자동 작성됩니다.

❸ **부울** : 작성할 판금의 생성옵션을 선택합니다. 첫 번째 면이면 새 솔리드로 자동 작성됩니다.

❹ **모서리** : 컨투어 플랜지 명령으로 생성된 모서리 리스트를 표시합니다.

❺ **간격띄우기 방향** : 면에 두께를 주는 방향을 선택합니다.

❻ **판금 규칙** : 컨투어 플랜지 생성에 적용할 판금 규칙을 설정합니다.

❼ **절곡부 반지름** : 절곡부 반지름을 설정합니다.

❽ **폭 범위** : 컨투어 플랜지 명령으로 생성되는 폭의 유형과 거리 및 방향을 설정합니다.

02 컨투어 플랜지 명령어 익히기

01 [파일] - [열기]를 클릭하여 아래 예제 파일을 엽니다.

■ Part4 - Chapter4 - 판금3-1.ipt

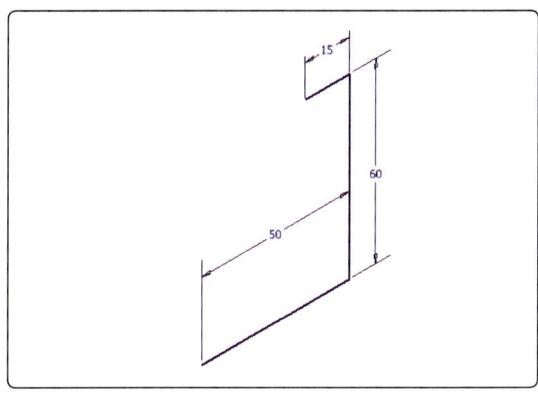

02 [컨투어 플랜지] 명령을 실행하면 자동으로 프로파일이 선택됩니다.

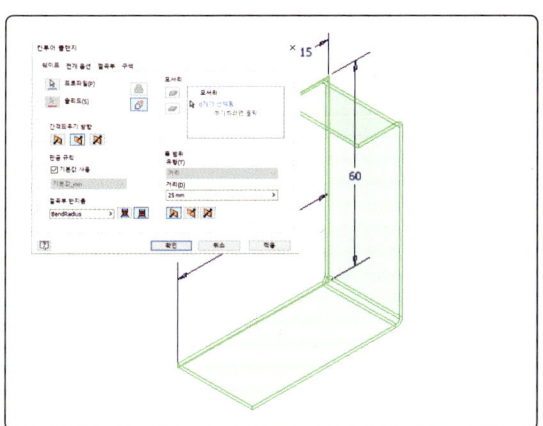

03 폭 범위에서 방향을 [중간 평면], 거리를 [60]으로 입력합니다.

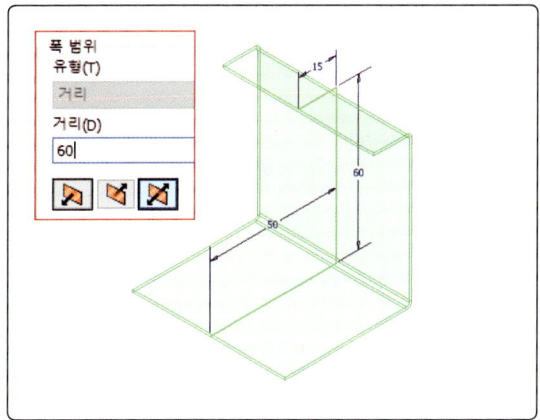

04 확인 버튼을 클릭하면 컨투어 플랜지가 작성됩니다.

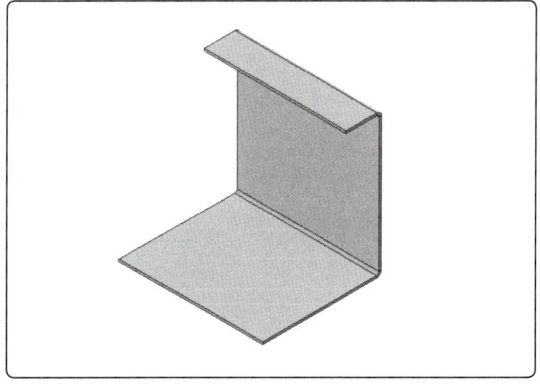

03 햄 명령어 옵션 알아보기

햄 명령은 판금 형상의 끝자락 모서리를 말아서 형상을 만드는 명령입니다.

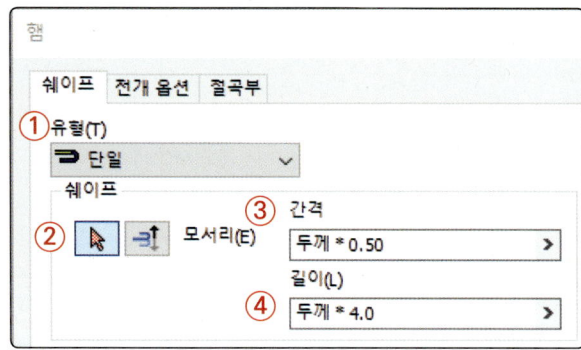

❶ **유형** : 작성할 햄 형상을 결정합니다.

❷ **모서리** : 햄 형상을 작성할 모서리를 선택합니다.

❸ **간격** : 햄 형상끼리의 간격을 설정합니다.

❹ **두께** : 햄 형상의 길이를 설정합니다.

04 햄 명령어 익히기

01 [파일] – [열기]를 클릭하여 아래 예제 파일을 엽니다.

■ Part4 – Chapter4 – 판금3-2.ipt

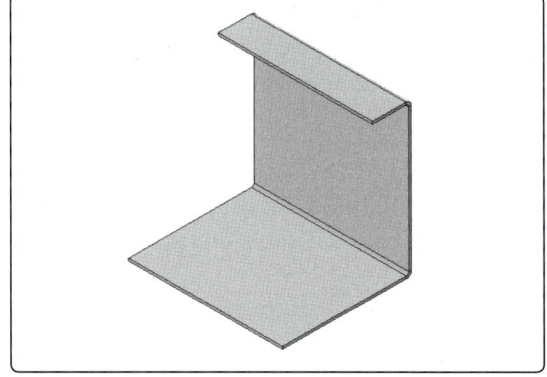

02 [햄] 명령을 실행해 다음 모서리를 선택합니다.

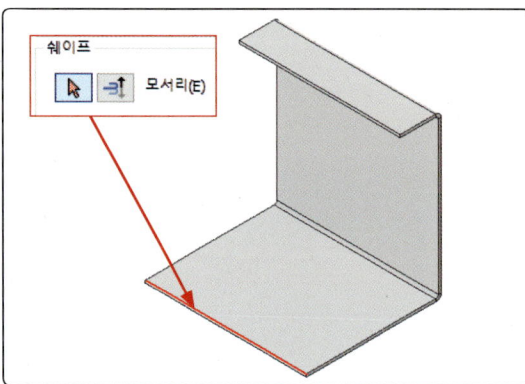

03 유형과 쉐이프를 다음과 같이 설정합니다.

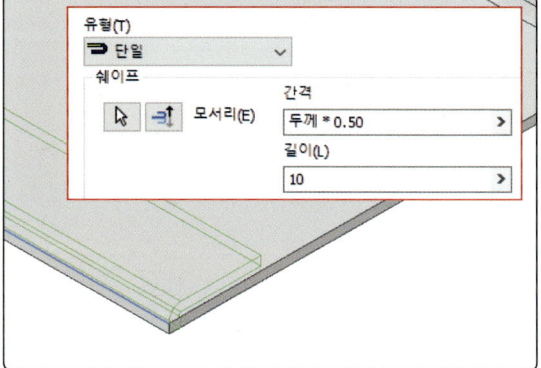

04 확인 버튼을 클릭하면 햄 형상이 작성됩니다.

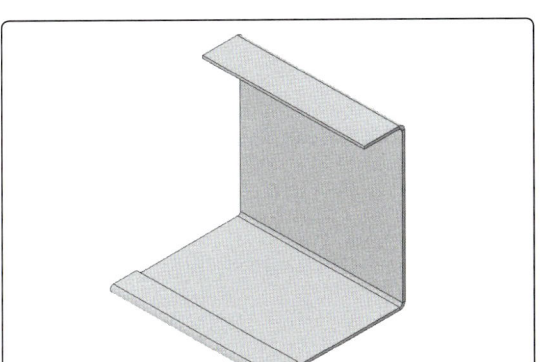

05 [햄] 명령을 실행해 다음 모서리를 선택한 후 유형을 [이중]으로 변경합니다.

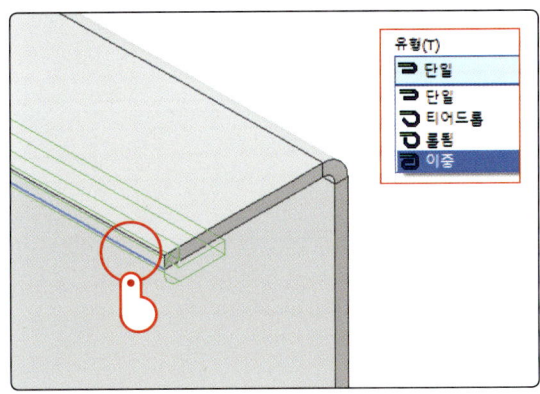

06 쉐이프 옵션에서 길이를 [5]로 입력합니다.

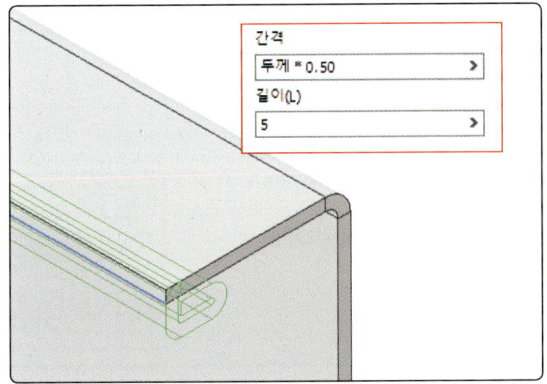

07 확인 버튼을 클릭하면 햄 형상이 작성됩니다.

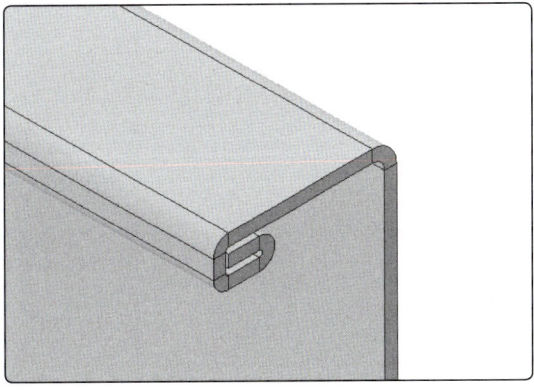

05 컨투어 플랜지 / 햄 명령 본문 예제

YouTube

풀이 과정을 유튜브로 확인해 보세요!

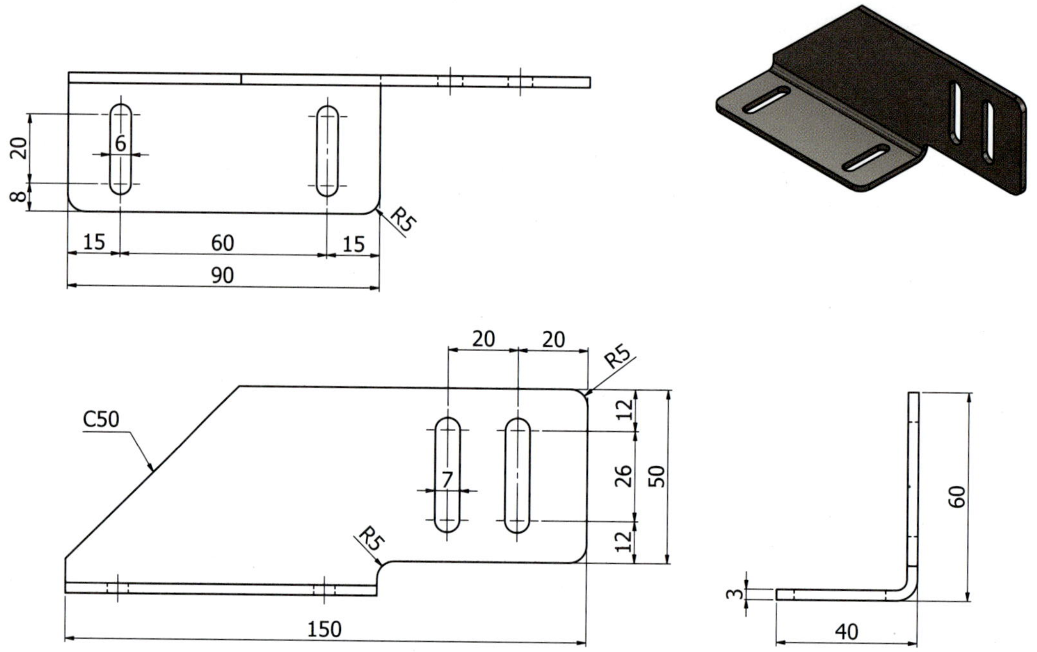

01 우측면도에 스케치를 작성한 후 [컨투어 플랜지] 명령을 실행해 다음과 같이 작성합니다.

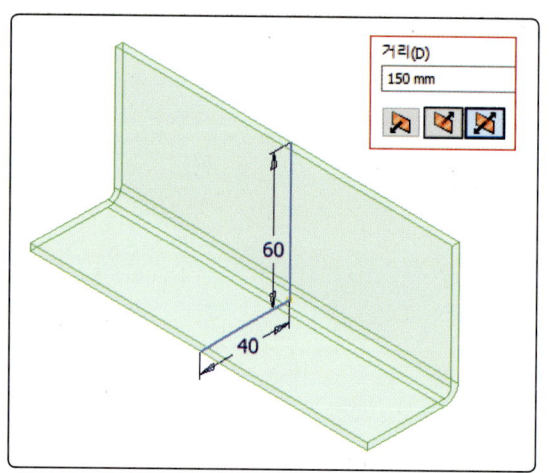

02 모델면에 스케치를 작성해 [잘라내기] 명령으로 다음과 같이 작성합니다.

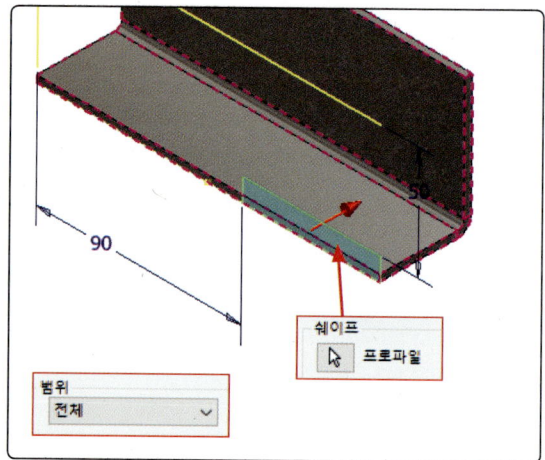

03 모델면에 스케치를 작성해 [잘라내기] 명령으로 다음과 같이 작성합니다.

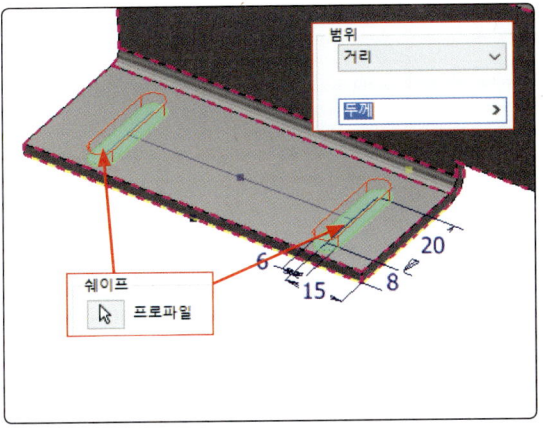

04 모델면에 스케치를 작성해 [잘라내기] 명령으로 다음과 같이 작성합니다.

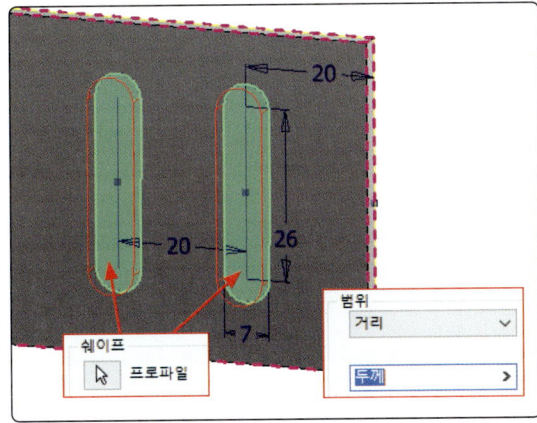

05 [모따기] 명령을 실행해 다음과 같이 작성합니다.

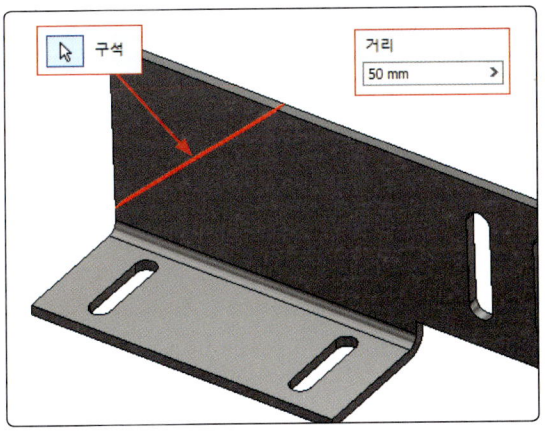

06 [모깎기] 명령을 실행해 다음과 같이 작성합니다.

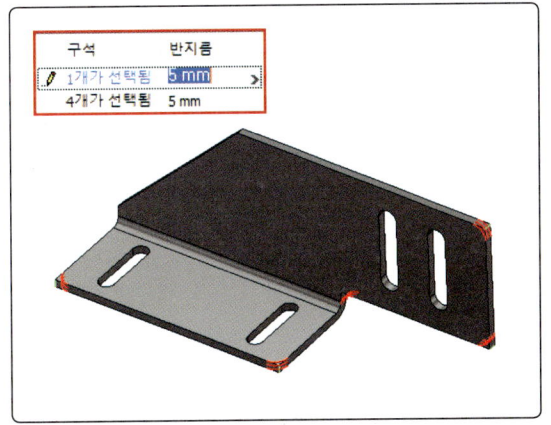

07 다음과 같이 부품 작성이 완료되었습니다.

 **연습예제**

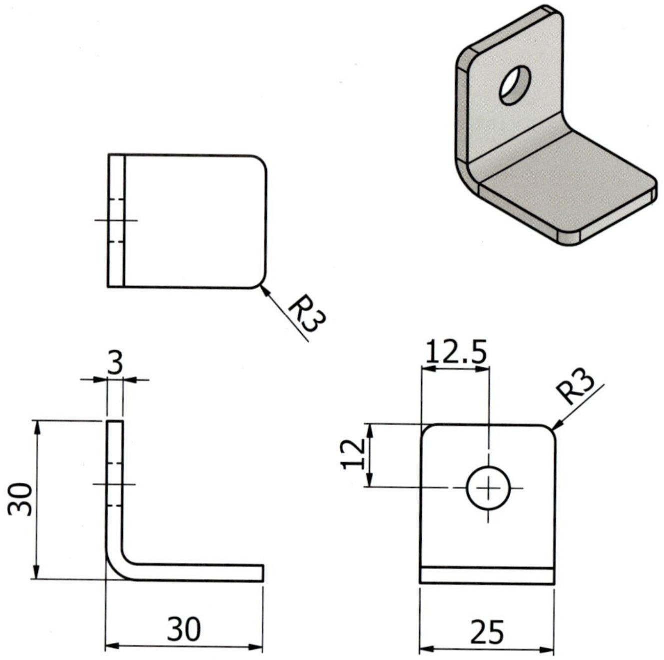

풀이 과정을 유튜브로 확인해 보세요!

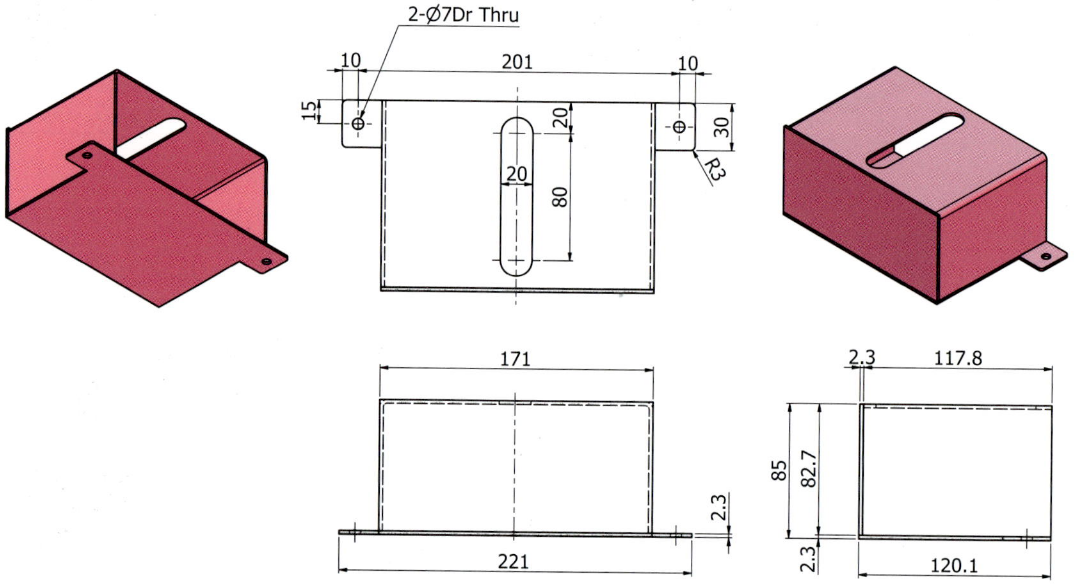

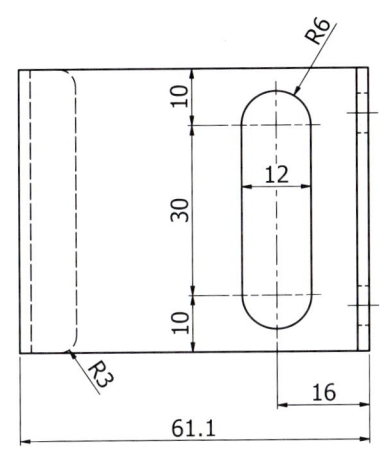
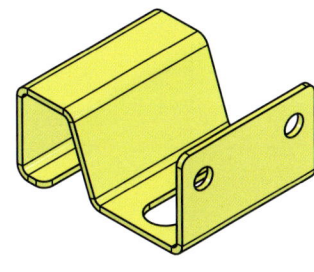
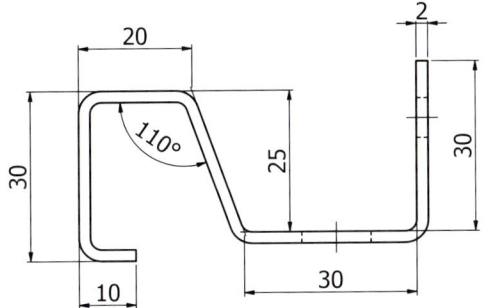
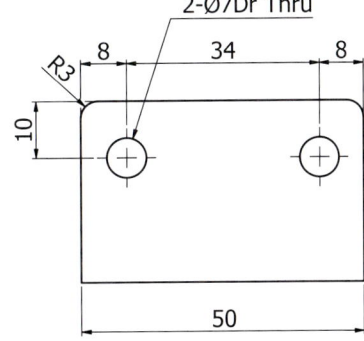

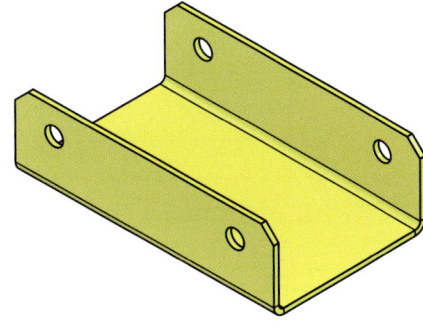
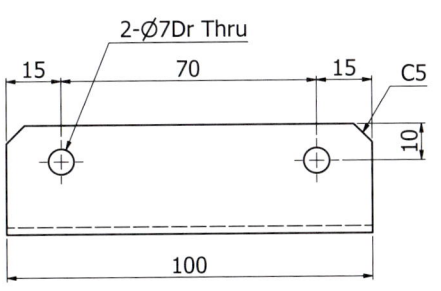
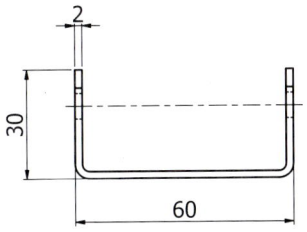

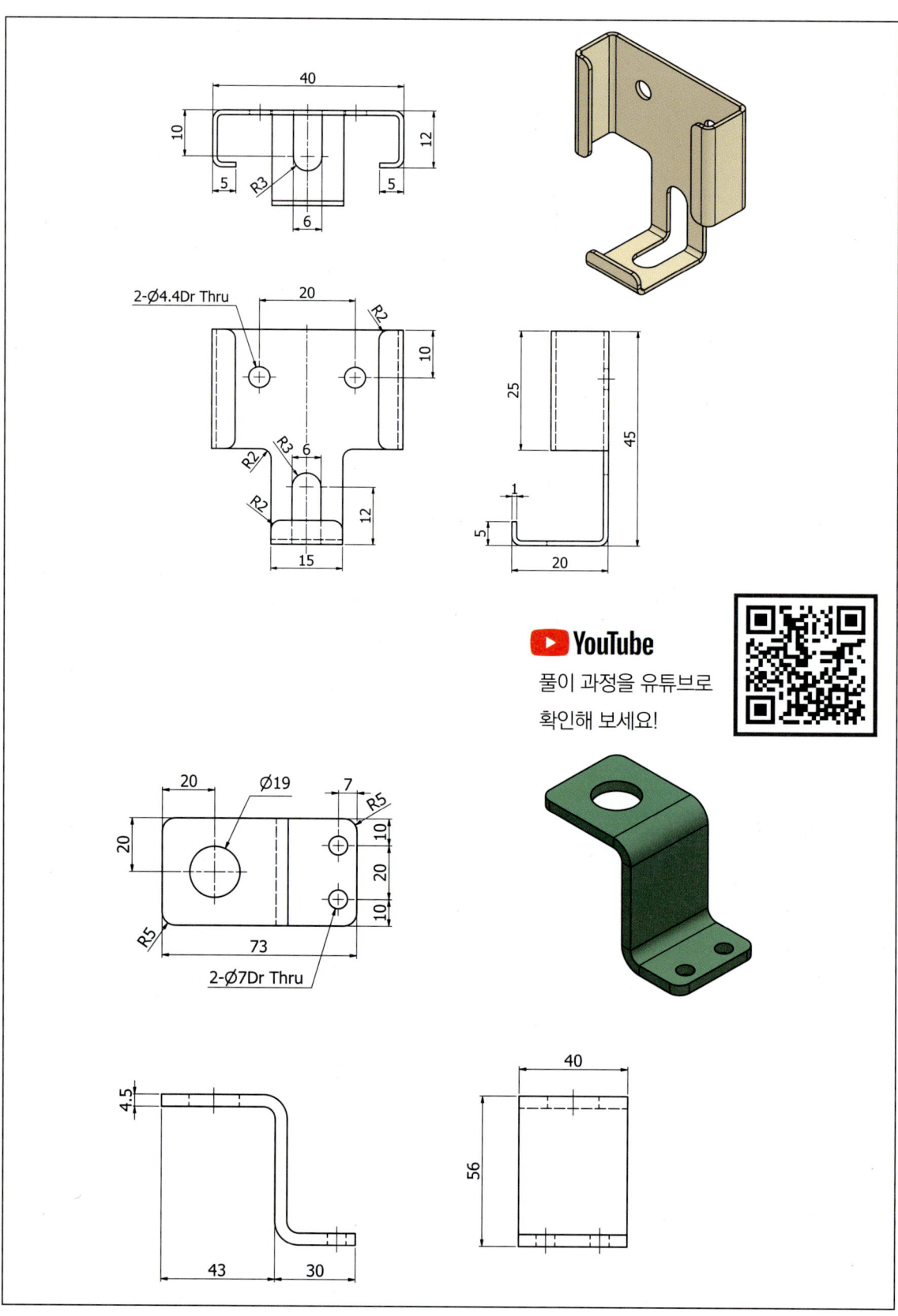

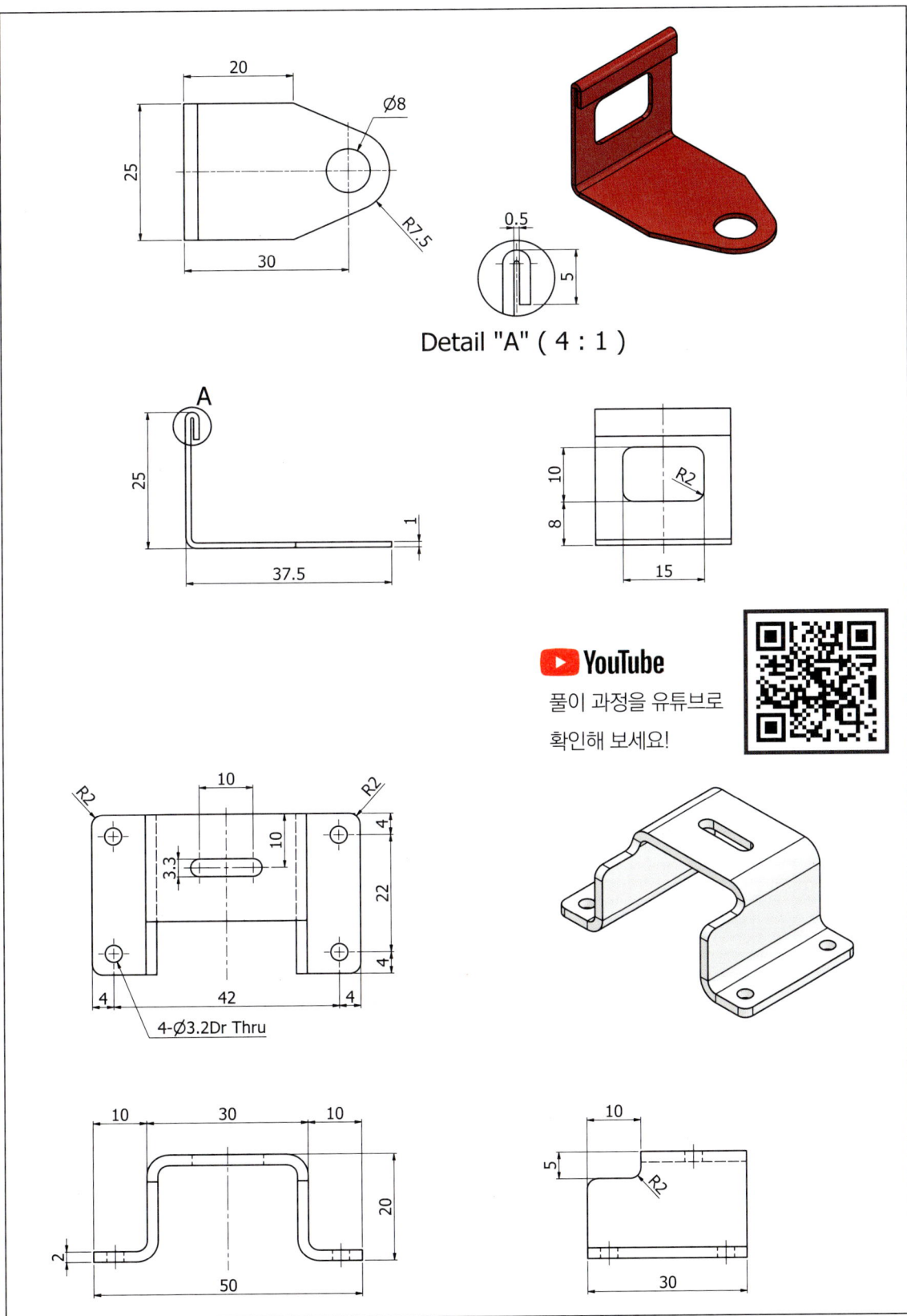

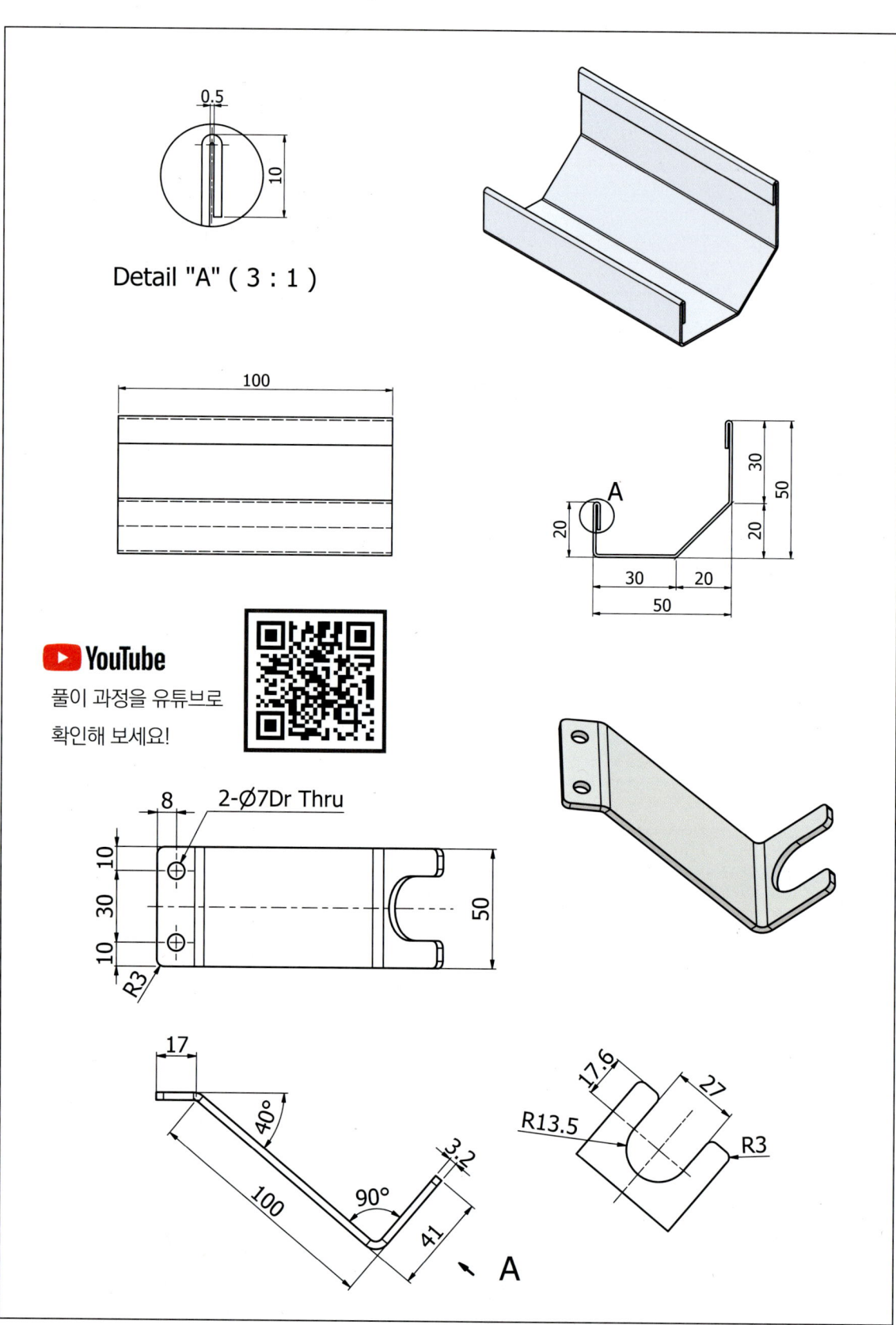

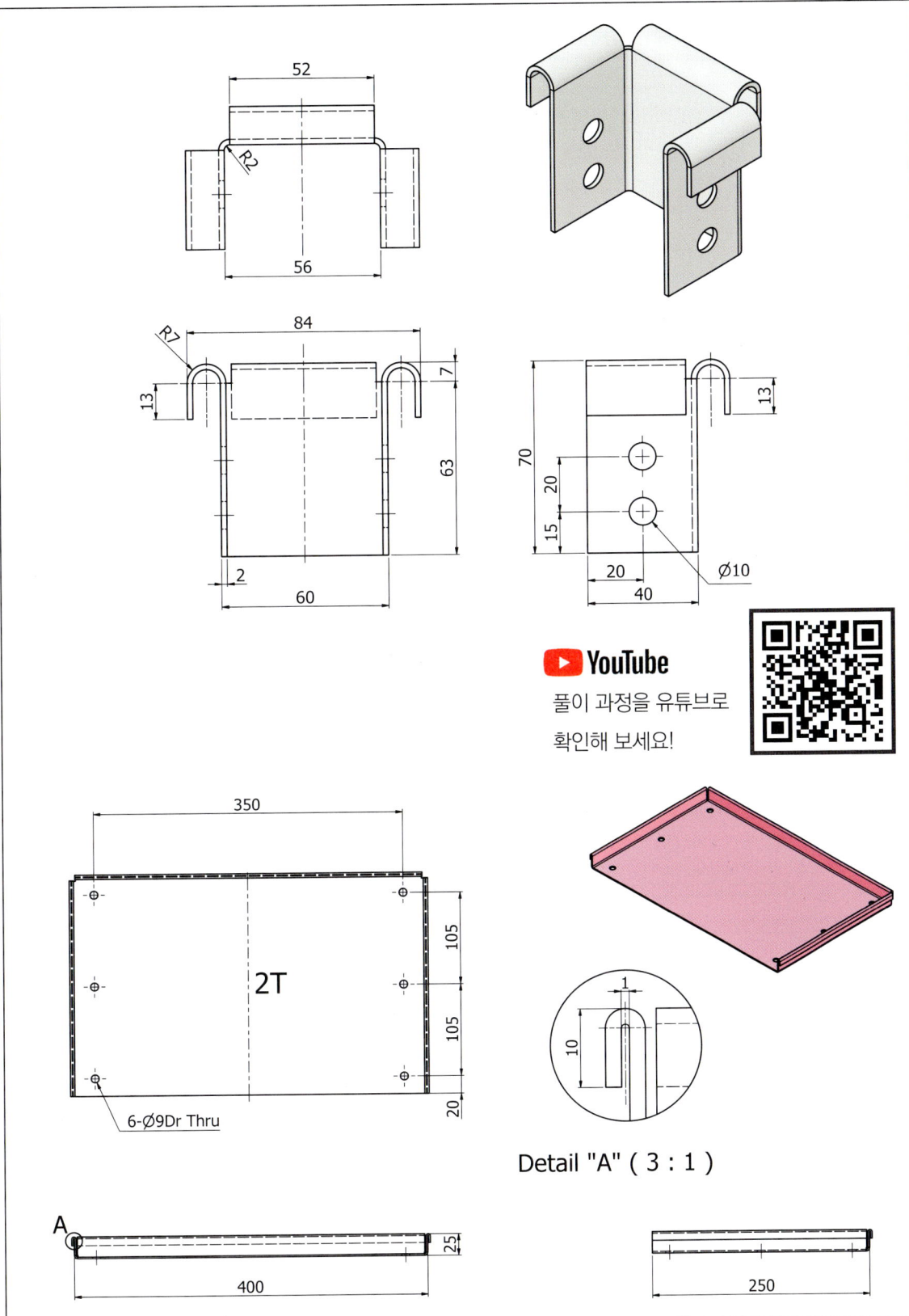

Detail "A" (3 : 1)

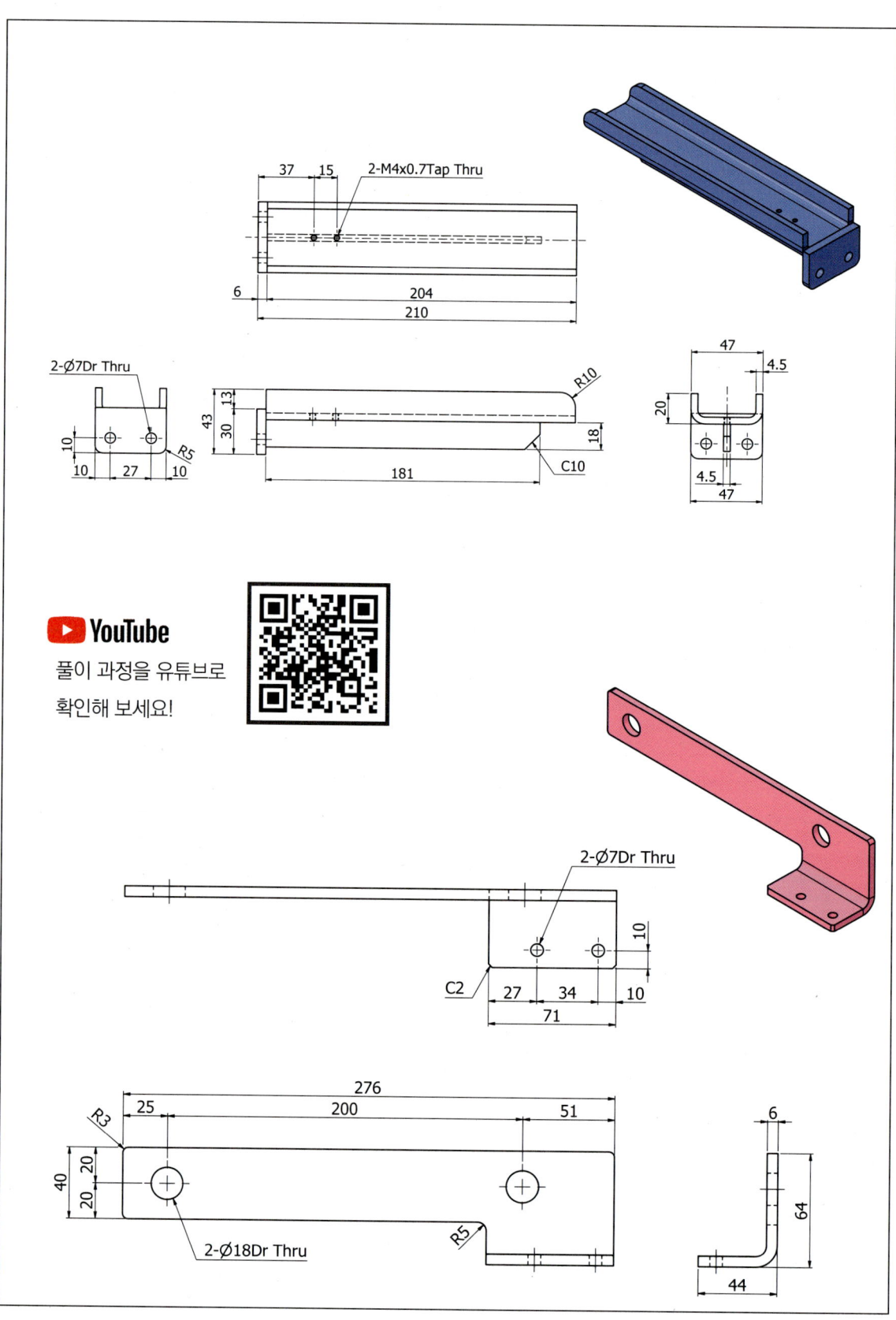

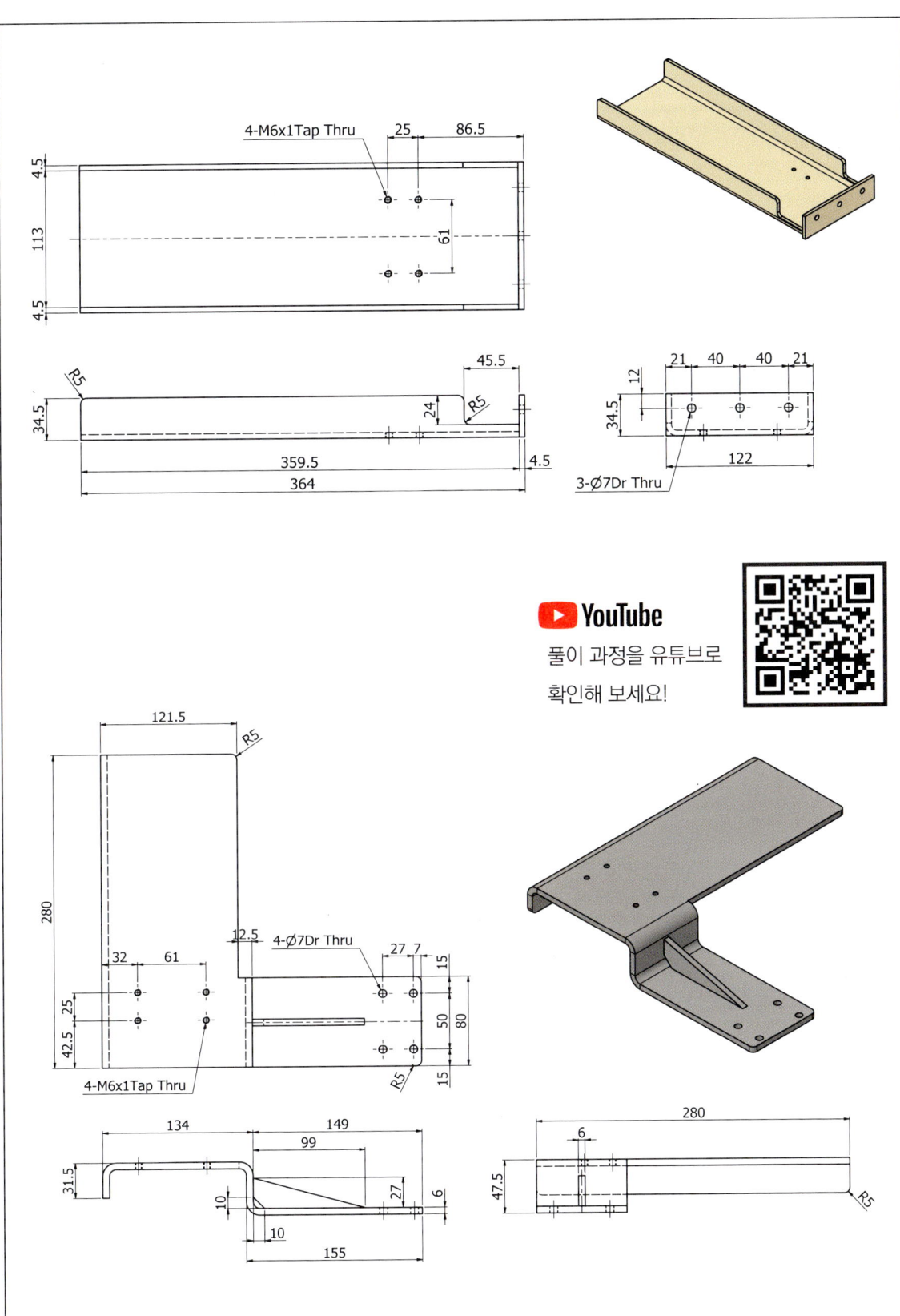

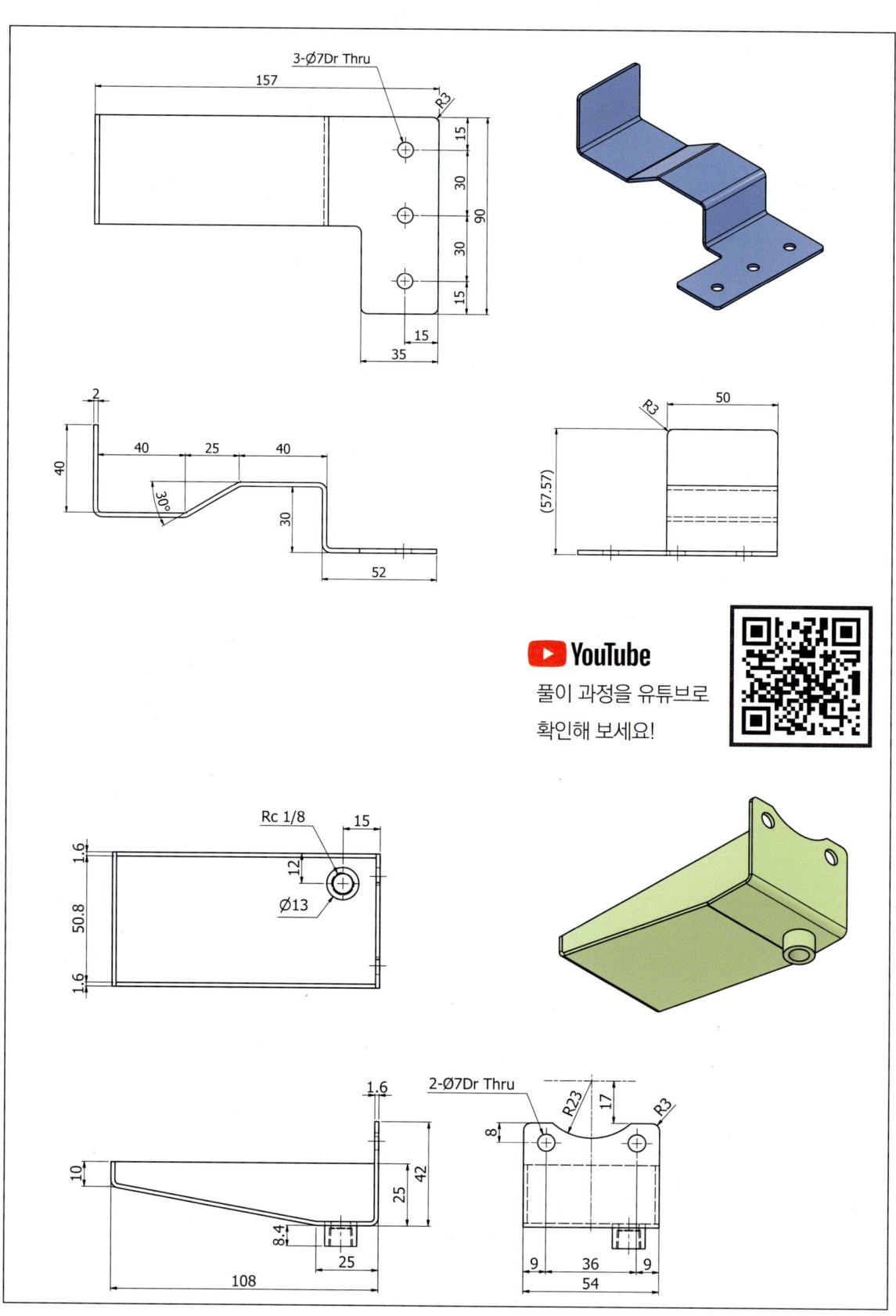

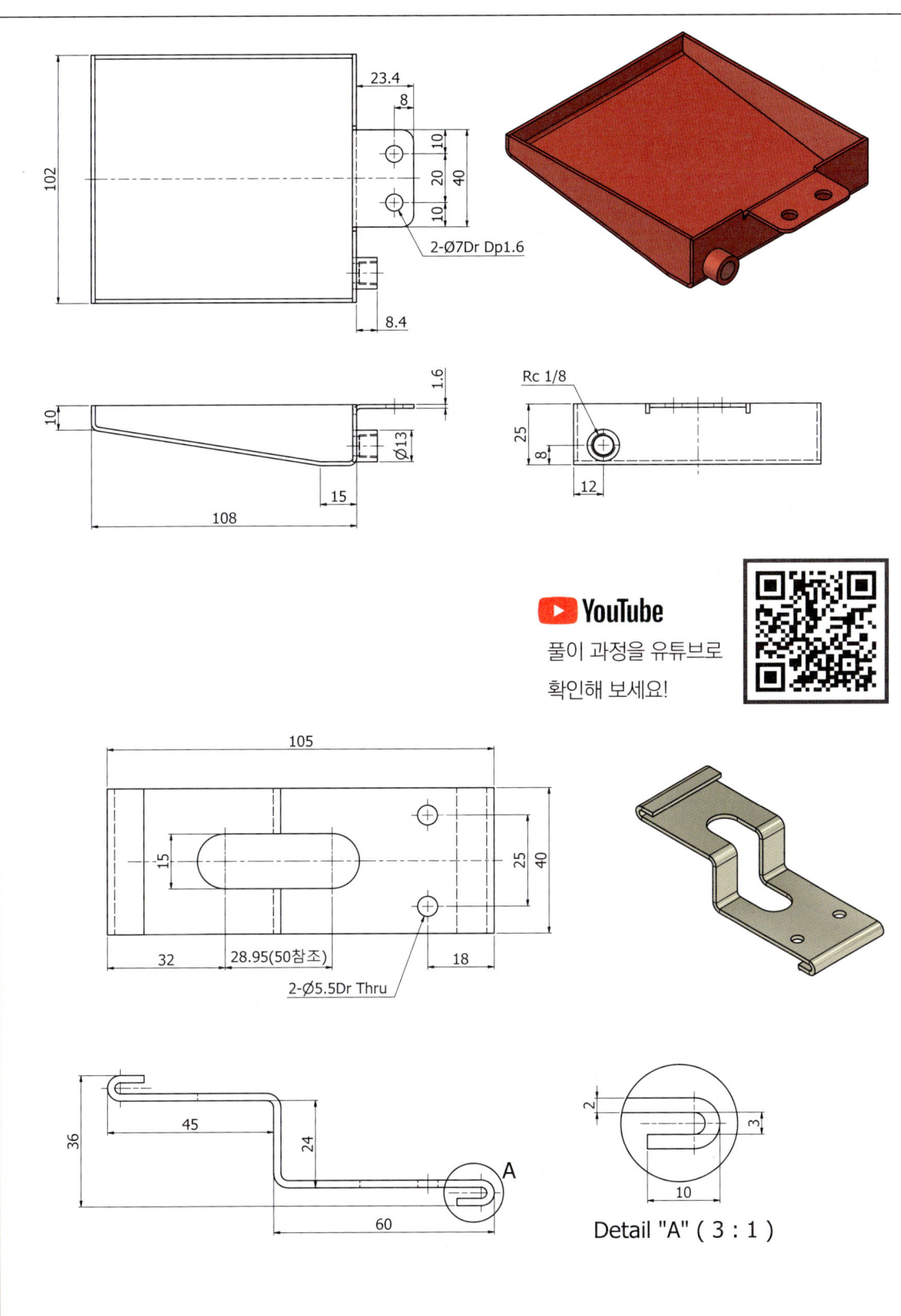

05 로프트 플랜지 / 플랫 패턴

Autodesk Inventor 2022

이번시간에는 로프트 플랜지 명령과 전개도를 작성하는 데 있어 반드시 알아야 할 명령어인 플랫 패턴에 대해서 알아보도록 하겠습니다.

01 로프트 플랜지 옵션 알아보기

로프트 플랜지 명령은 두 개의 프로파일을 이어서 로프트 형상의 판금 형상을 작성하는 명령입니다. 다만 판금 특성상 프로파일은 한군데가 반드시 열려있는 형태여야 합니다.

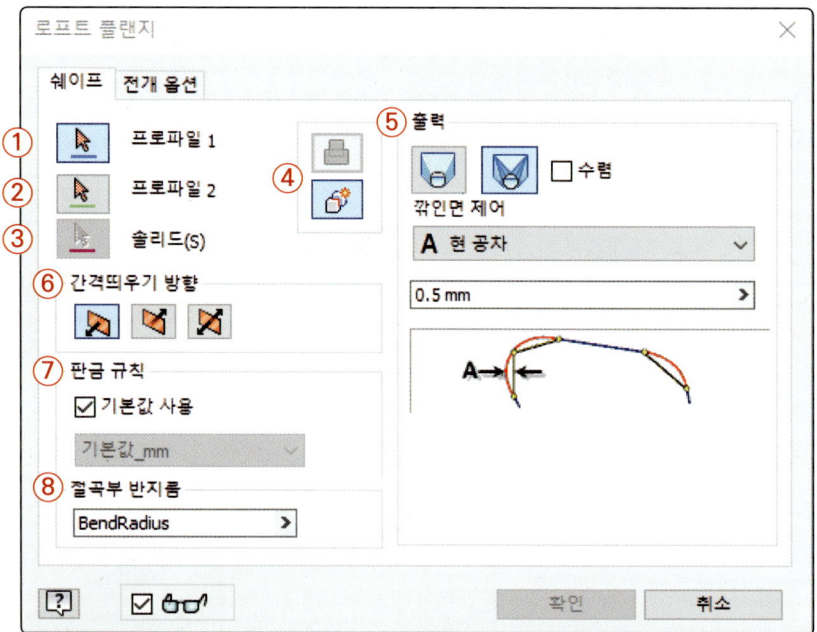

❶ **프로파일 1** : 로프트 플랜지의 첫 번째 프로파일을 선택합니다.

❷ **프로파일 2** : 로프트 플랜지의 두 번째 프로파일을 선택합니다.

❸ **솔리드** : 작성한 로프트 플랜지 형상이 어느 솔리드에 종속될지를 선택합니다.

❹ **부울** : 작성할 판금의 생성옵션을 선택합니다. 첫 번째 면이면 새 솔리드로 자동 작성됩니다.

❺ **출력** : 로프트 플랜지의 출력 형상을 설정합니다.

❻ **간격띄우기 방향** : 면에 두께를 주는 방향을 선택합니다.

❼ **판금 규칙** : 로프트 플랜지 생성에 적용할 판금 규칙을 설정합니다.

❽ **절곡부 반지름** : 절곡부 반지름을 설정합니다.

02 로프트 플랜지 명령어 익히기

01 [파일] – [열기]를 클릭하여 아래 예제 파일을 엽니다.

■ Part4 – Chapter5 – 판금4-1.ipt

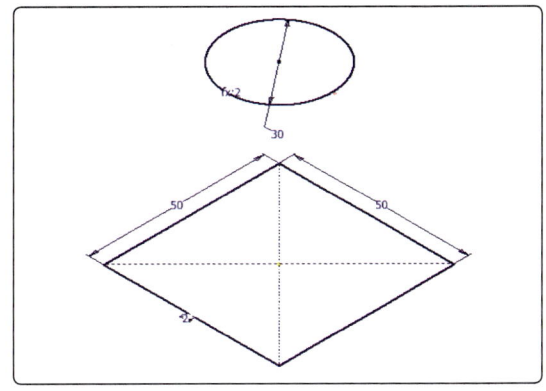

02 [로프트 플랜지] 명령을 실행해 첫 번째 프로파일과 두 번째 프로파일을 선택합니다.

03 두 번째 프로파일을 선택하면 다음과 같이 로프트 플랜지 형상이 미리보기가 됩니다.

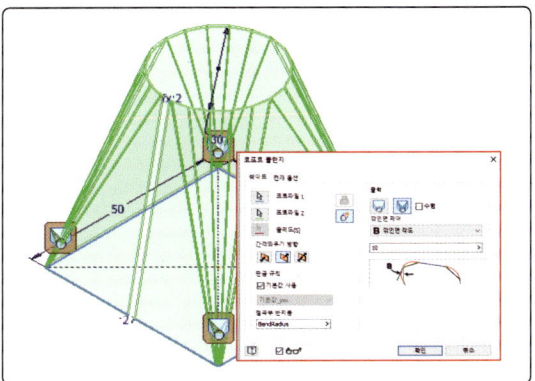

04 확인 버튼을 클릭하면 다음과 같이 로프트 플랜지가 작성됩니다.

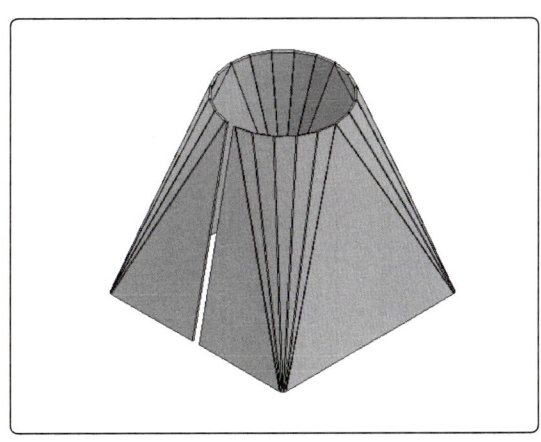

03 플랫 패턴 익히기

01 [파일] - [열기]를 클릭하여 아래 예제 파일을 엽니다.

■ Part4 - Chapter5 - 판금4-2.ipt

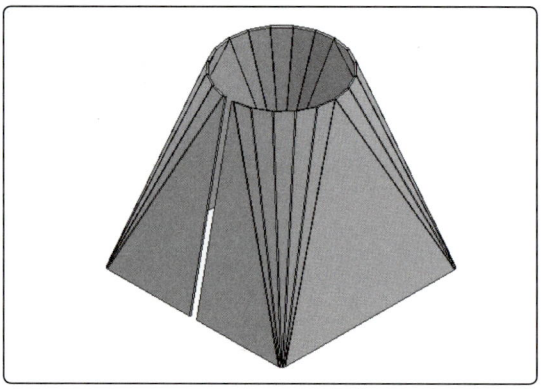

02 [플랫 패턴 작성] 명령을 클릭합니다.

03 다음과 같이 전개도가 작성됩니다.

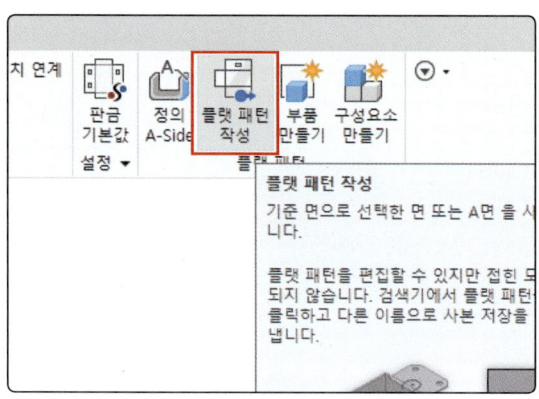

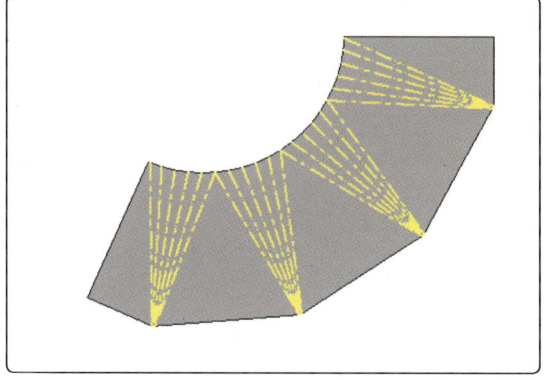

04 [절곡부 순서 주석] 명령을 클릭하면 다음과 같이 절곡부 주석이 표시됩니다.

05 마우스 우측 버튼을 눌러 팝업 메뉴를 표시하면 다음과 같이 지정 재정리와 순차 재정리 명령을 이용해 주석의 순서를 설정할 수 있습니다.

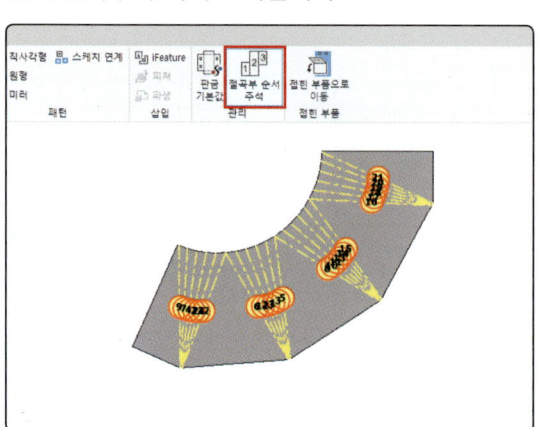

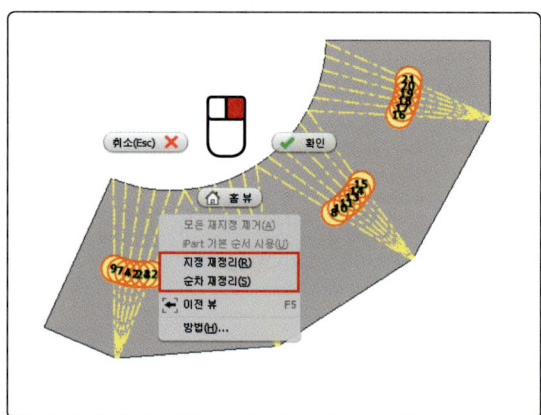

06 [접힌 부품으로 이동] 명령을 클릭합니다.

07 전개도가 종료되고 원래 모델링 상태로 돌아갑니다.

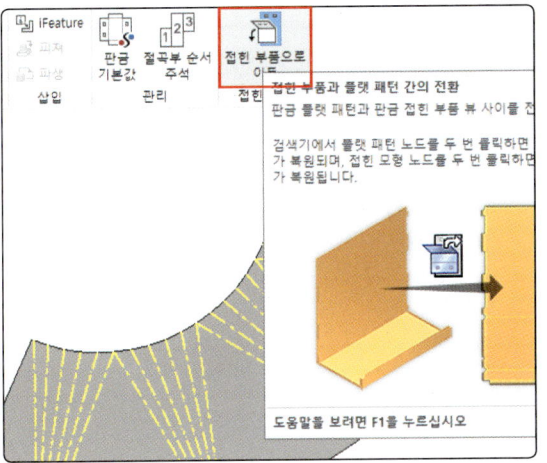
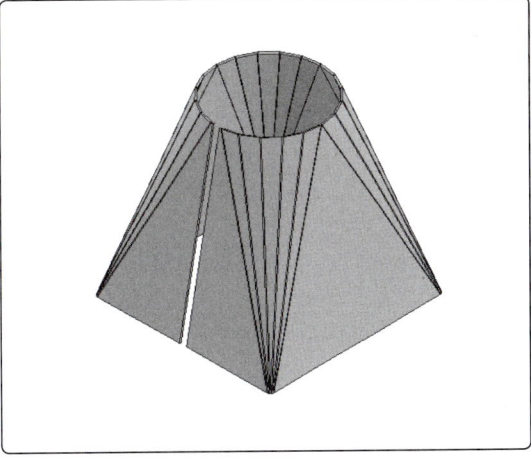

04 로프트 플랜지 / 플랫 패턴 명령 본문 예제

YouTube

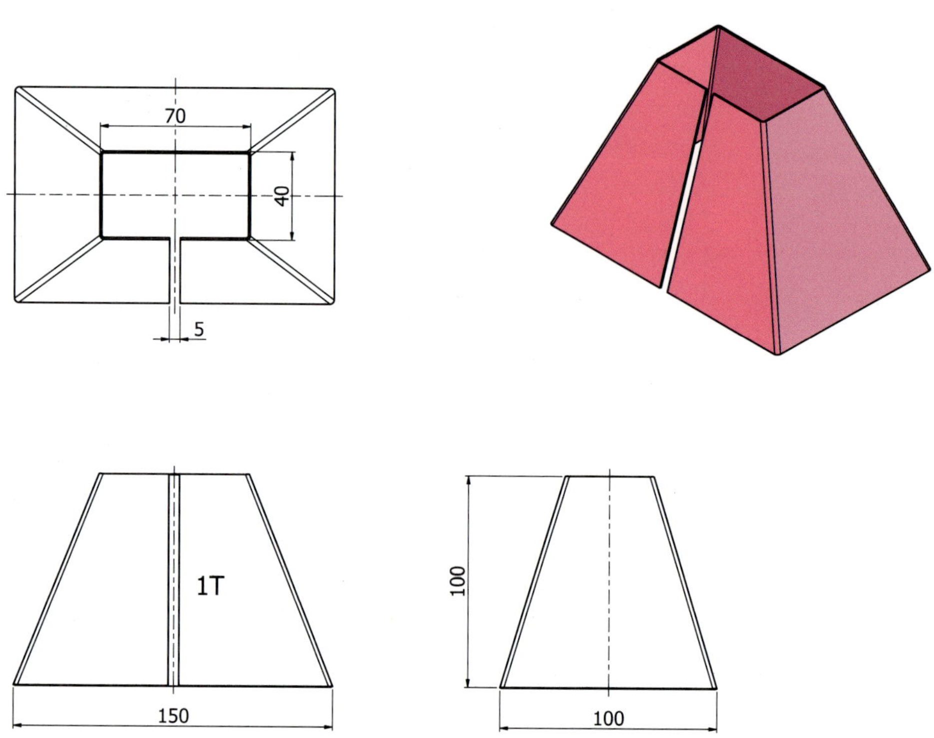

풀이 과정을 유튜브로 확인해 보세요!

01 평면도에 스케치를 작성합니다.

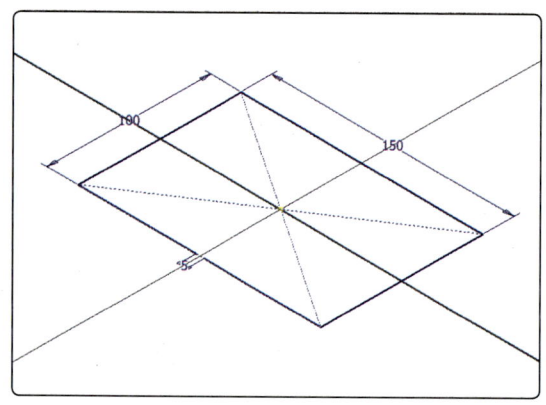

02 [평면] 명령을 실행해 다음과 같이 평면에서 간격띄우기 형식의 평면을 작성합니다.

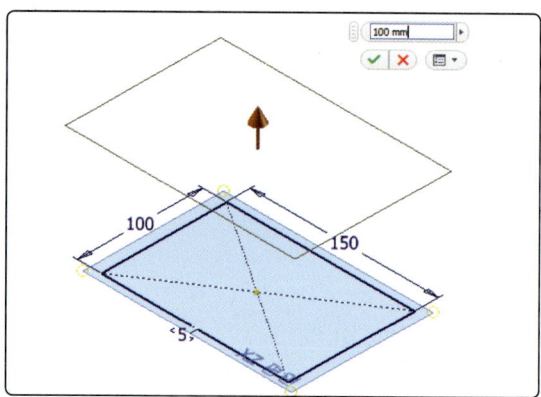

03 작성된 평면에 두 번째 스케치를 작성합니다.

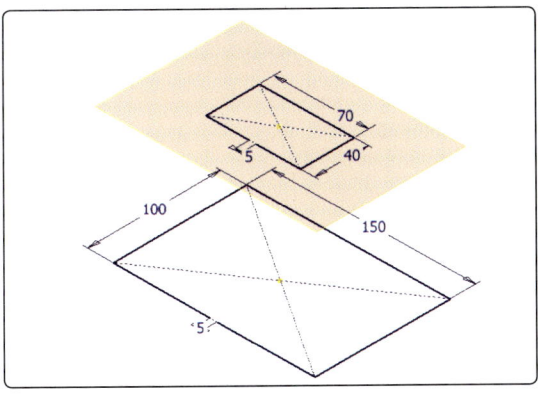

04 [로프트 플랜지] 명령을 실행해 다음과 같이 작성합니다.

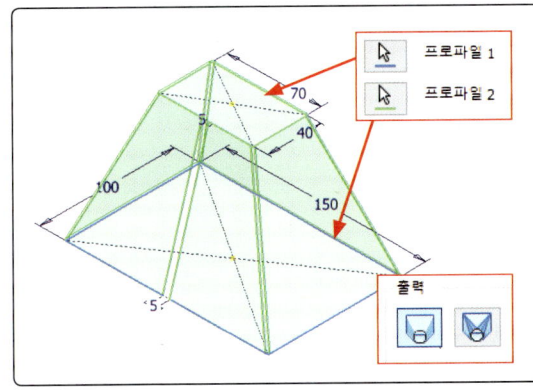

05 로프트 플랜지가 작성됩니다.

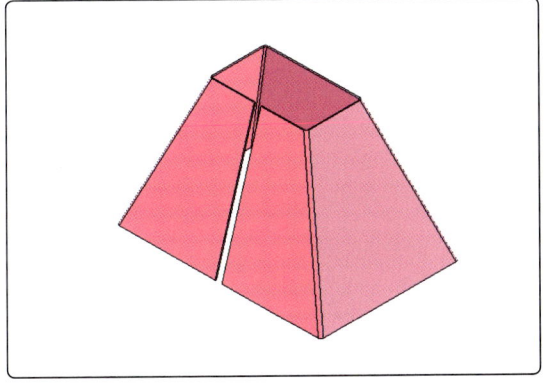

06 [플랫 패턴 작성] 명령을 실행합니다.

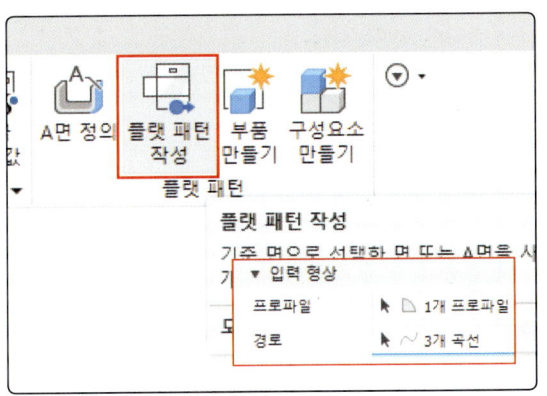

07 다음과 같이 플랫 패턴 형상이 작성됩니다.

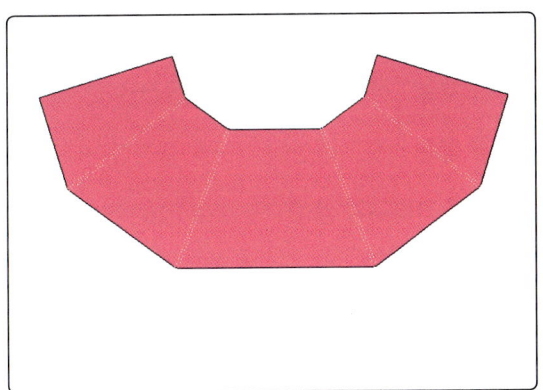

06 윤곽선 롤 / 전개 / 재접힘

Autodesk Inventor 2022

이번 시간에는 윤곽선 롤 명령과 전재, 재접힘 명령에 대해서 알아보도록 하겠습니다.

01 윤곽선 롤 옵션 알아보기

윤곽선 롤 명령은 프로파일이 축을 기준으로 회전하면서 형상을 만들어 내는 판금 명령입니다.

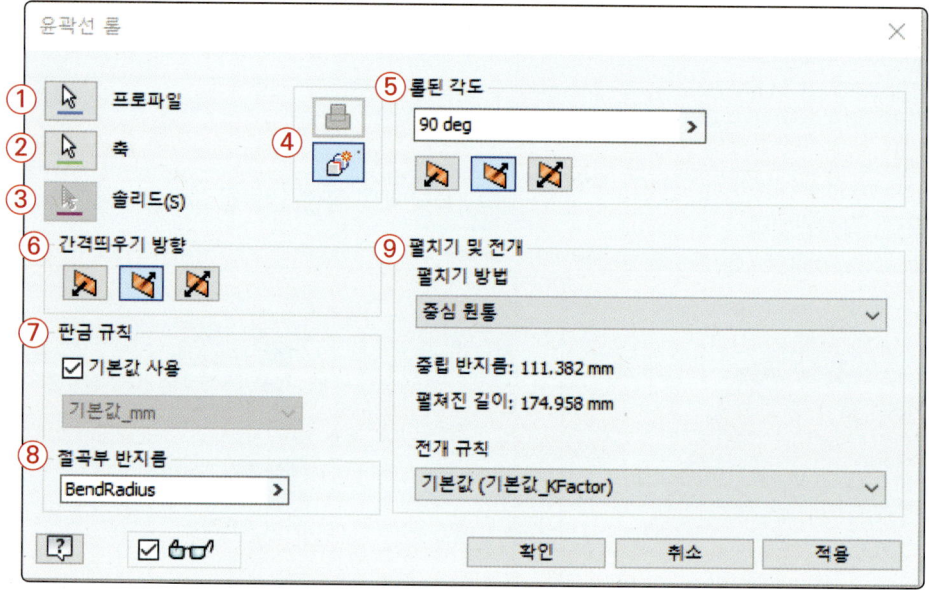

❶ **프로파일** : 스케치 프로파일을 선택합니다.

❷ **축** : 회전의 기준이 되는 중심선을 선택합니다.

❸ **솔리드** : 작성한 윤곽선 롤 형상이 어느 솔리드에 종속될지를 선택합니다.

❹ **부울** : 작성할 판금의 생성옵션을 선택합니다. 첫 번째 면이면 새 솔리드로 자동 작성됩니다.

❺ **롤된 각도** : 회전할 각도를 설정합니다. 360도 이상은 지원하지 않습니다.

❻ **간격띄우기 방향** : 면에 두께를 주는 방향을 선택합니다.

❼ **판금 규칙** : 로프트 플랜지 생성에 적용할 판금 규칙을 설정합니다.

❽ **절곡부 반지름** : 절곡부 반지름을 설정합니다.

❾ **펼치기 및 전개** : 윤곽선 롤을 전개할 때의 전개 방법과 전개 규칙을 설정합니다.

02 윤곽선 롤 명령어 익히기

01 [파일] - [열기]를 클릭하여 아래 예제 파일을 엽니다.

■ Part4 - Chapter6 - 판금5-1.ipt

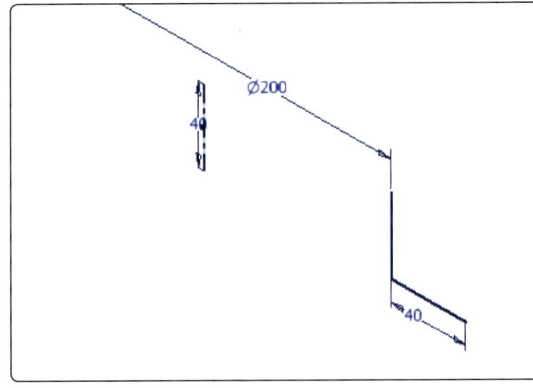

02 [윤곽선 롤] 명령을 실행하면 미리보기가 됩니다. 롤된 각도를 [90]으로 입력합니다.

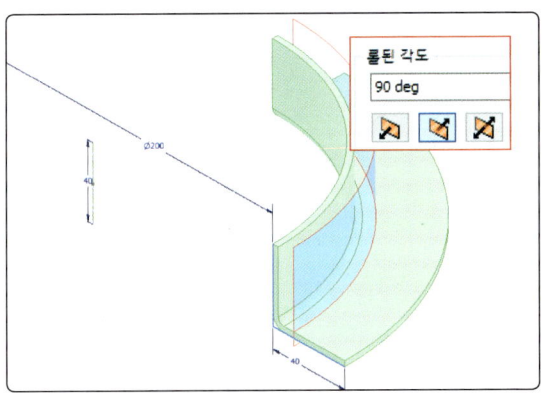

03 확인 버튼을 클릭하면 윤곽선 롤 형상이 작성됩니다.

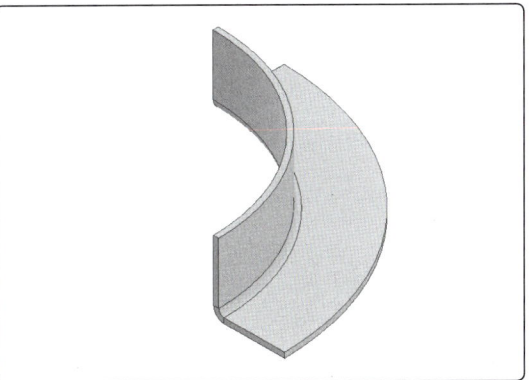

03 컨투어 플랜지 응용 명령 익히기

01 윤곽선 롤 생성 면에 스케치를 작성합니다.

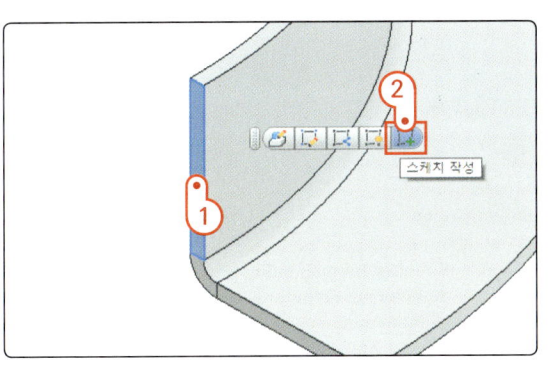

02 바깥쪽 모서리를 형상투영 합니다.

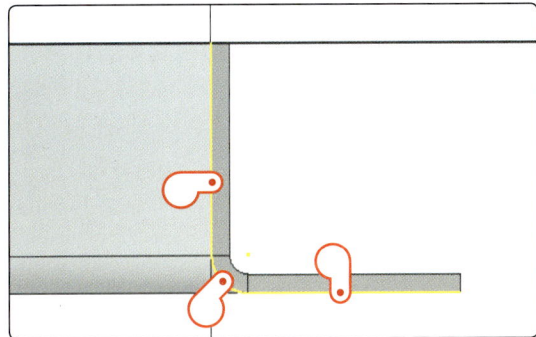

03 [컨투어 플랜지] 명령을 실행 후, 폭 범위의 유형을 거리로 변경합니다.

04 간격띄우기 방향을 다음과 같이 하고 거리를 [100]으로 입력합니다.

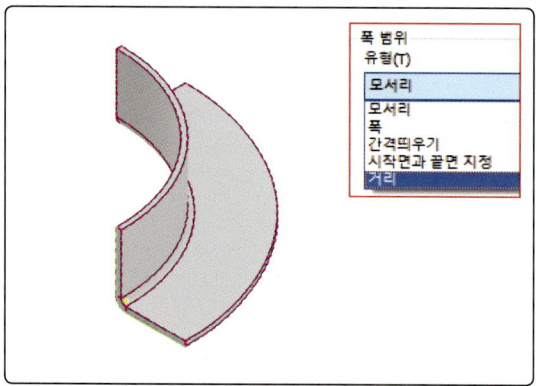
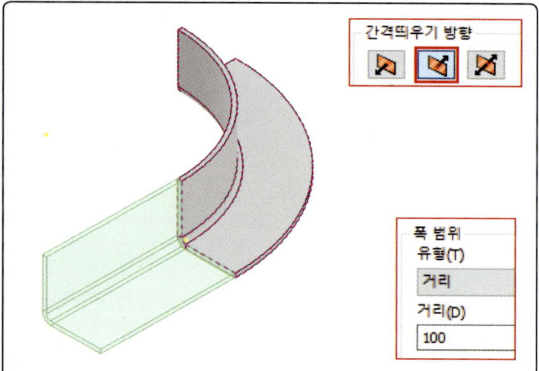

05 확인 버튼을 클릭하면 컨투어 플랜지가 작성됩니다.

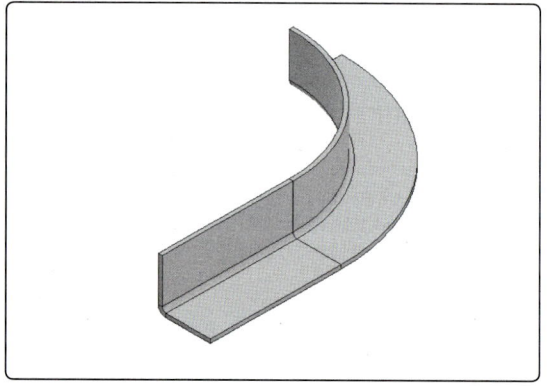

04 전개 옵션 알아보기

전개 명령은 플랫 패턴과는 달리 판금의 절곡부를 임의로 펼쳐주는 명령입니다.

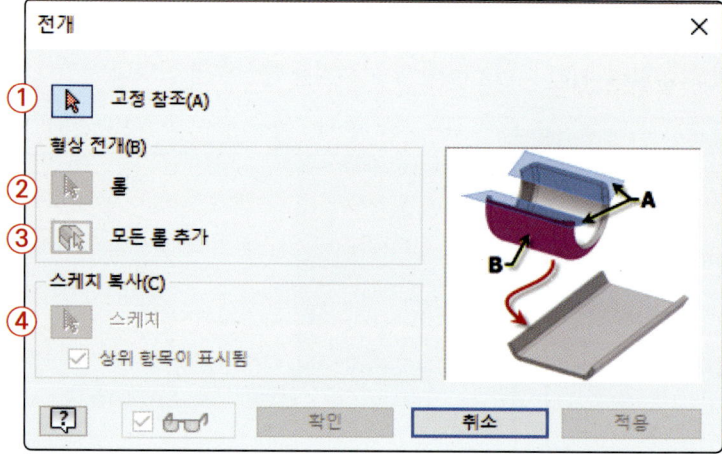

❶ **고정 참조** : 전개 시 고정할 면을 선택합니다.

❷ **롤** : 전개할 절곡부를 선택합니다.

❸ **모든 롤 추가** : 화면에 표시되는 모든 절곡부를 선택합니다.

❹ **스케치** : 작성된 스케치가 전개부를 넘어서면 복사하여 전개부에 같이 펼쳐줍니다.

05 전개 / 재접힘 명령어 익히기

01 [파일] - [열기]를 클릭하여 아래 예제 파일을 엡니다.

■ Part4 - Chapter6 - 판금5-2.ipt

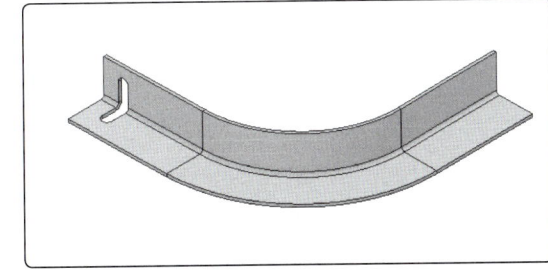

02 [전개] 명령을 실행해 고정 참조로 다음 면을 선택합니다.

03 모든 롤 추가를 클릭하면 다음과 같이 전개가 미리보기가 됩니다.

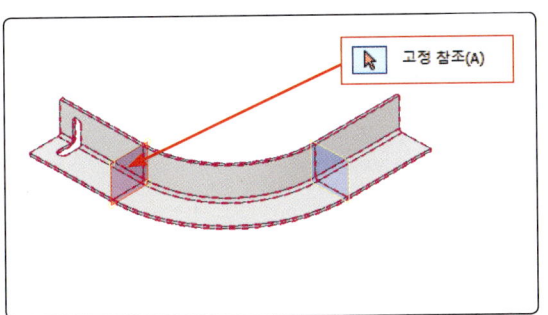

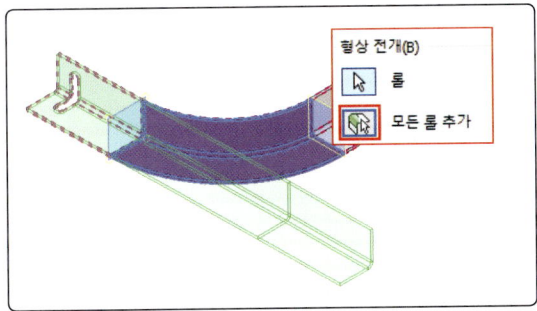

04 [직사각형 패턴] 명령을 실행해 패턴할 피처를 선택하고 방향 모서리를 선택합니다.

05 패턴 갯수를 [12] 거리를 [30]으로 입력합니다.

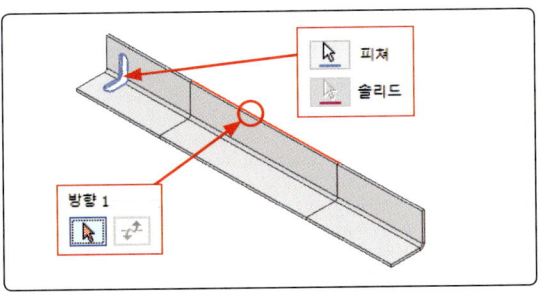

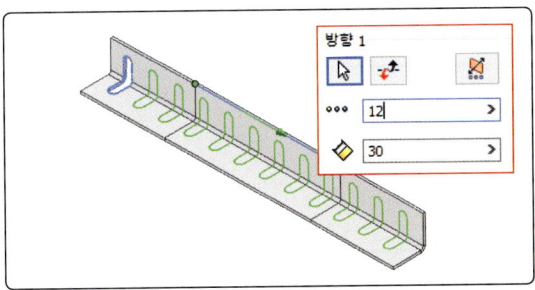

06 직사각형 패턴이 작성되었습니다.

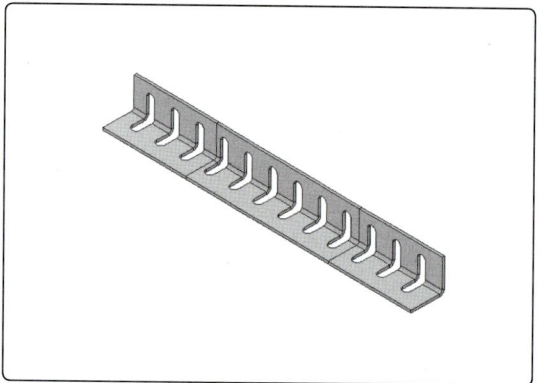

07 검색기에서 전개 피처를 선택해 팝업 메뉴에서 재접힘 피처를 클릭합니다.

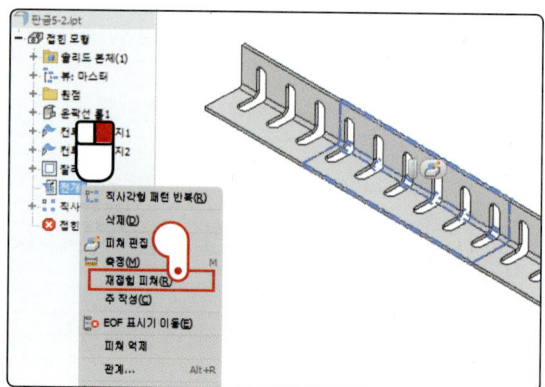

08 다음과 같이 전개된 판금 형상이 다시 접힘 상태로 변경됩니다.

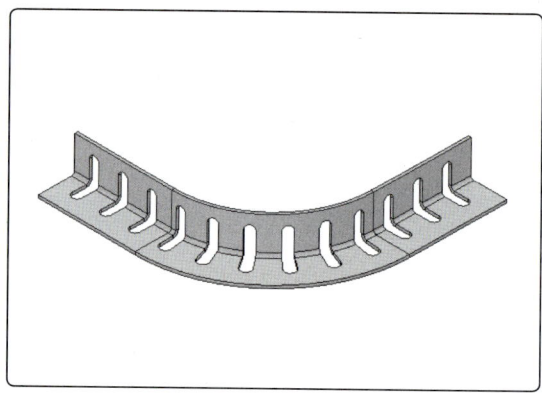

06 윤곽선 롤 / 전개 / 재접힘 명령 본문 예제

YouTube
풀이 과정을 유튜브로
확인해 보세요!

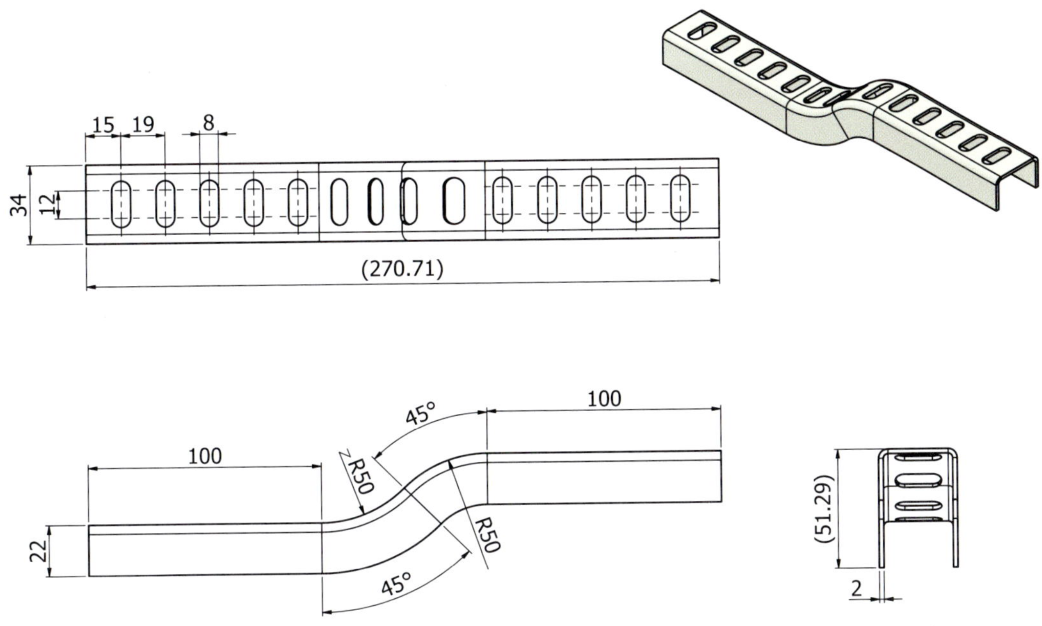

01 우측면도에 스케치를 작성한 후 [컨투어 플랜지] 명령을 실행해 다음과 같이 작성합니다.

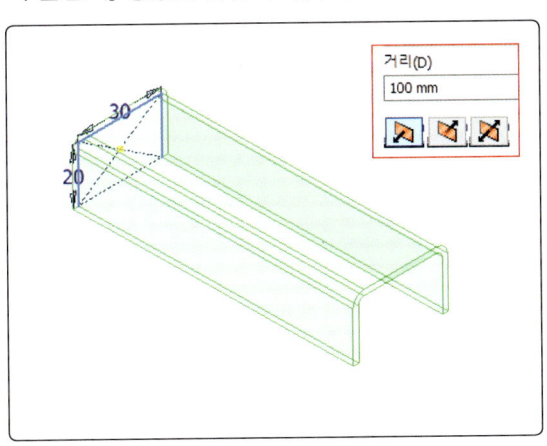

02 모델면에 스케치를 작성한 후 [윤곽선 롤] 명령을 실행해 다음과 같이 작성합니다.

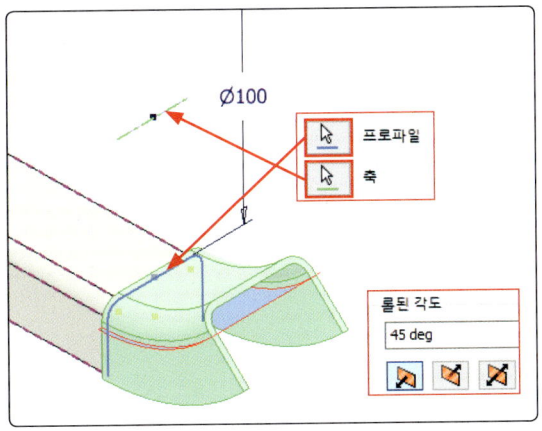

03 모델면에 스케치를 작성한 후 [윤곽선 롤] 명령을 실행해 다음과 같이 작성합니다.

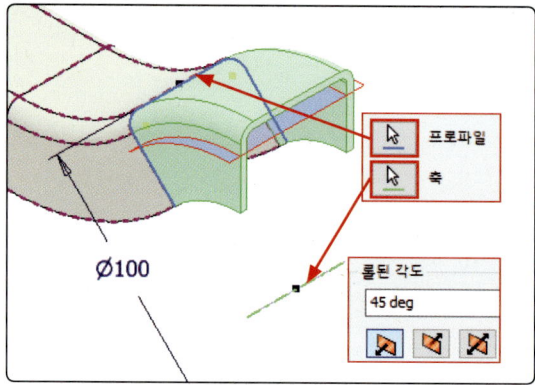

04 모델면에 스케치를 작성한 후 [컨투어 플랜지] 명령을 실행해 다음과 같이 작성합니다.

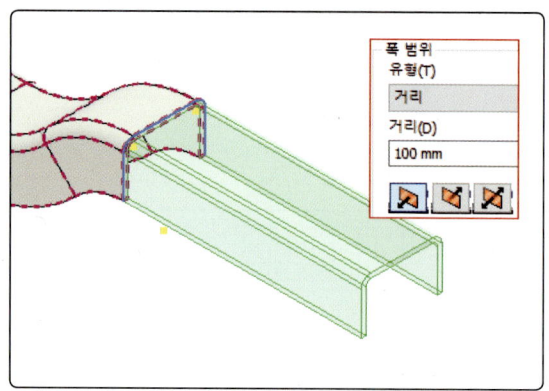

05 [전개] 명령을 실행해 다음과 같이 작성합니다.

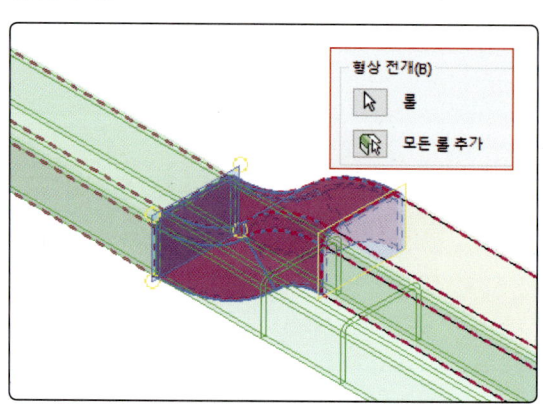

06 모델면에 스케치를 작성해 [잘라내기] 명령으로 다음과 같이 작성합니다.

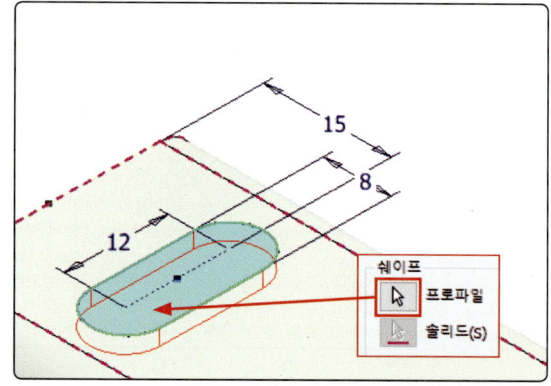

07 [직사각형 패턴] 명령을 실행해 다음과 같이 작성합니다.

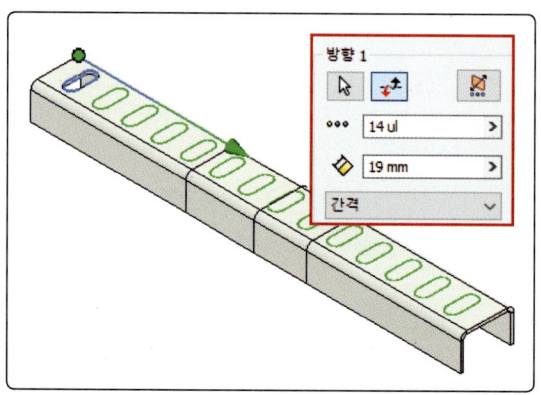

08 검색기에서 접기 피처를 선택해 팝업 메뉴에서 재접힘 피처를 클릭하면 부품 작성을 완료합니다.

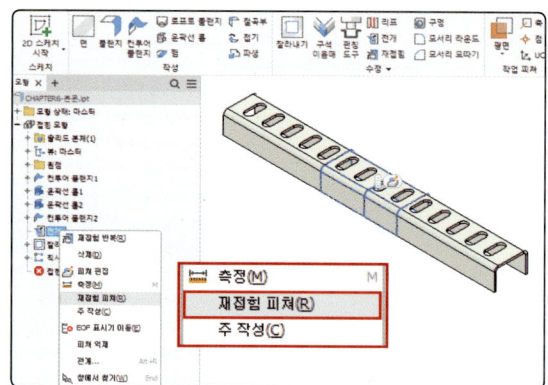

연습예제

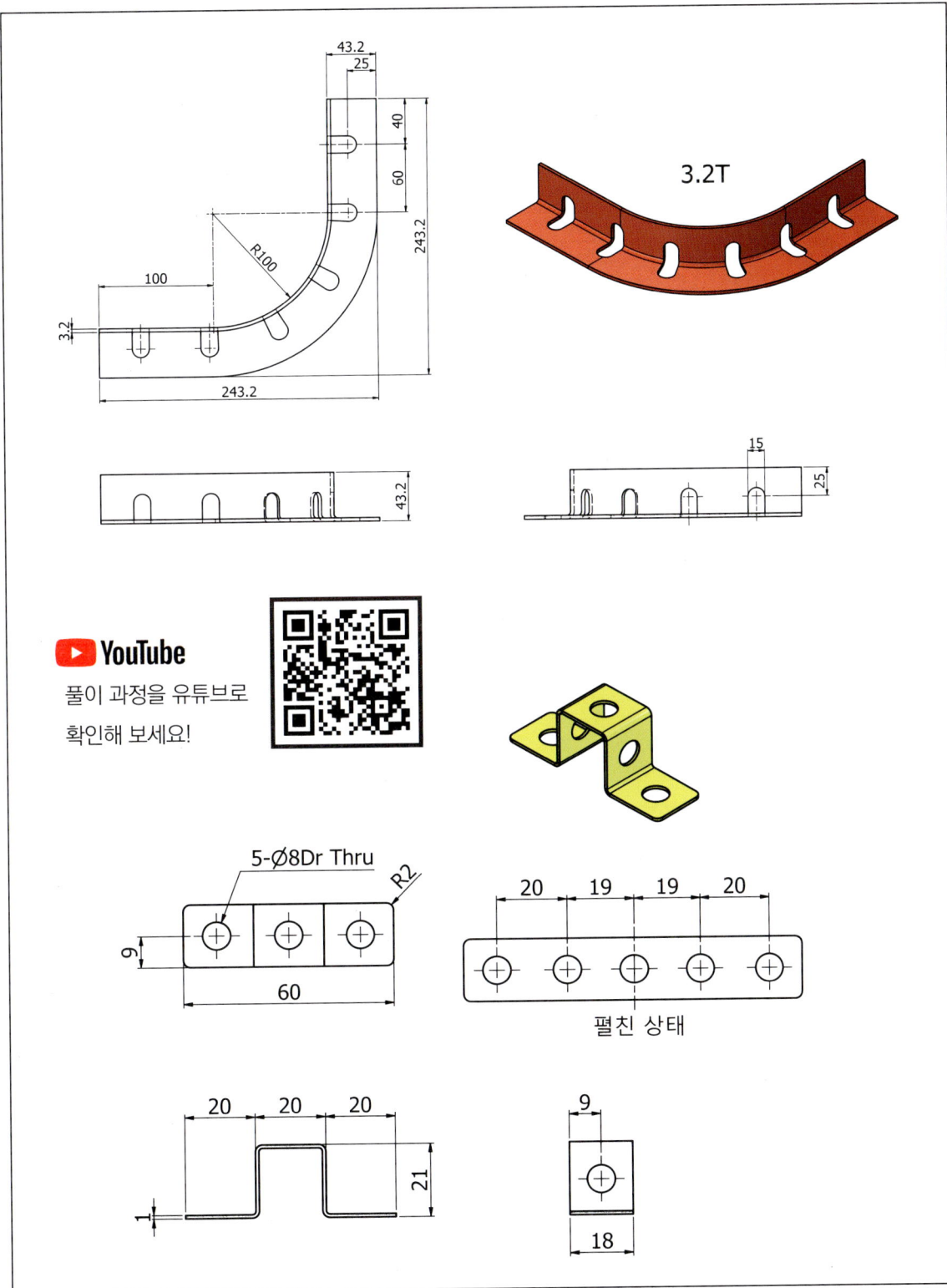

조립품 모델링

Chapter 1　조립품 모델링의 개요
Chapter 2　조립품 명령어 학습하기
Chapter 3　조립품 명령 활용하기
Chapter 4　프리젠테이션

01 조립품 모델링의 개요

Autodesk Inventor 2022

01 조립품 모델링의 개요

조립품 모델링이란 간단하게는 사용자가 작성한 부품을 조립해서 만드는 환경을 뜻하며 넓게는 아래와 같이 각각의 부품들이 모여서 부분조립품이 되고, 부분조립품이 모여서 전체 조립품이 되는 거대한 구조를 가지게 됩니다. 이러한 방식은 단계에 따라 차이는 있지만 대략 이러한 형태라고 생각하시면 됩니다.

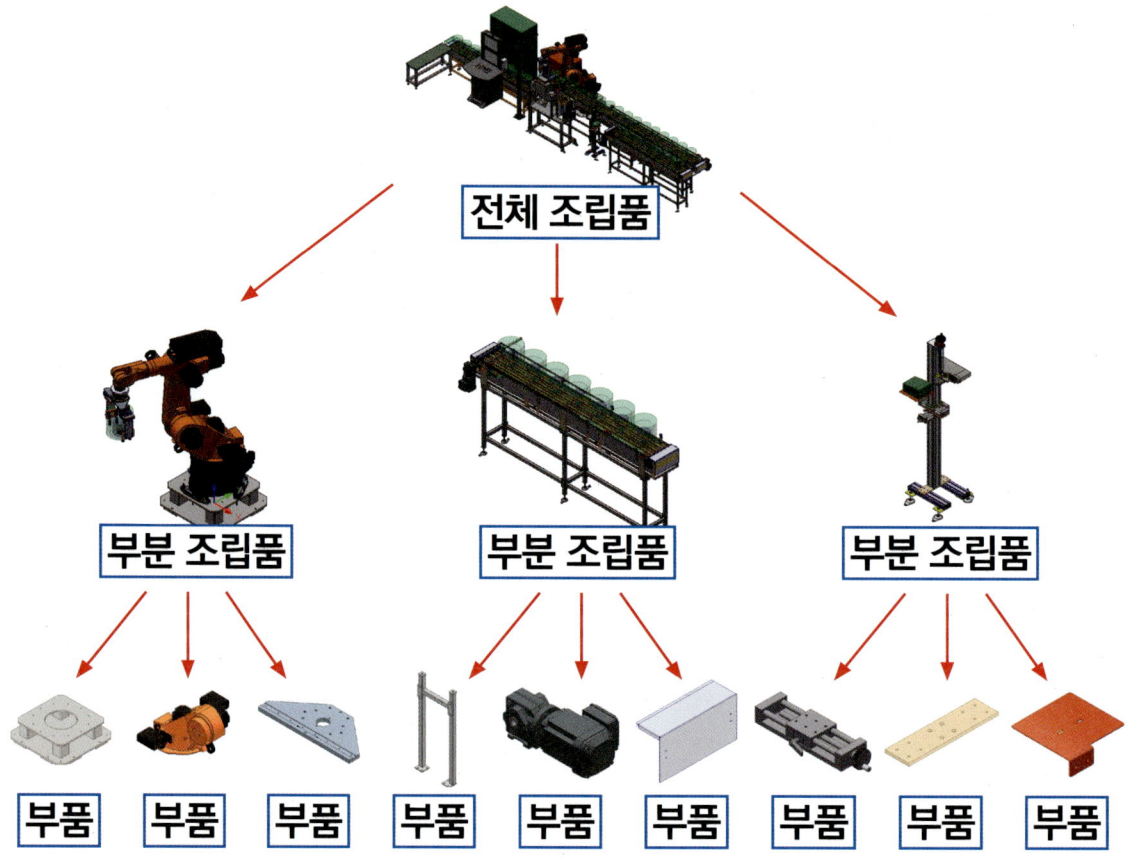

❶ **상향식 조립품(Bottom-Up)** : 각각의 부품들을 개별로 작성해서 조립해서 조립품을 만드는 방식입니다. 초보자들이 접근하기 쉬운 방식입니다.

❷ **하향식 조립품(Top-Down)** : 전체적인 큰 그림, 즉 레이아웃이나 전체 조립도부터 시작해서 점점 설계를 세분화해서 내려오는 식으로 작성하는 방식입니다. 중급 이상의 사용자들이나 개념부터 설계를 시작하는 사용자가 접근하기 쉬운 방식입니다.

02 조립품 시작하기

새로 만들기 명령에서 조립품 템플릿을 선택해 시작하면 조립품 환경을 시작할 수 있습니다.

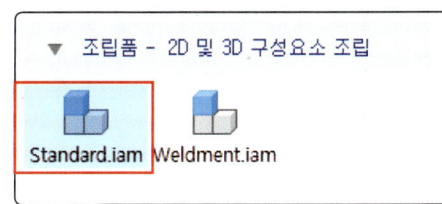

03 조립품 환경의 인터페이스

조립품 환경의 인터페이스에 대해서 알아보도록 하겠습니다.

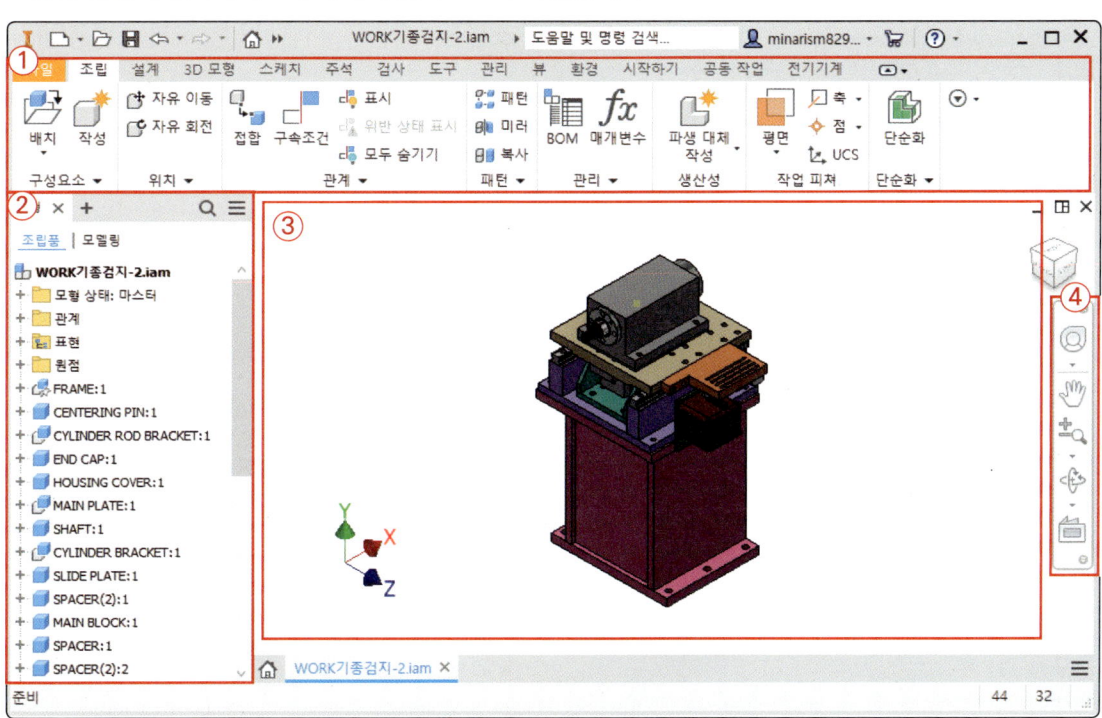

① **아이콘 툴바** : 조립품 작업을 수행할 수 있는 조립 탭과 설계 탭이 있습니다.

② **검색기** : 조립품에 삽입된 부품 및 하위 조립품의 검색기입니다.

③ **작업 창** : 조립품 작업을 수행하는 그래픽 창입니다.

④ **탐색 막대** : 화면 제어 도구들이 모여 있습니다.

04 검색기 인터페이스

조립품 환경의 인터페이스에 대해서 알아보도록 하겠습니다.

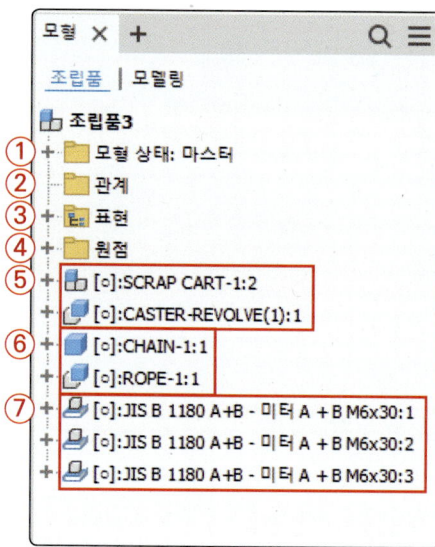

① **모형 상태** : 사용자가 지정해 등록한 조립품의 모형 상태를 표시합니다.

② **관계** : 조립품에서 부품끼리 부여된 구속조건 및 접합 관계를 표시합니다.

③ **표현** : 조립품의 표현 상태에 대한 리스트입니다.

④ **원점** : 조립품의 원점 및 기준축과 기준 평면을 표시합니다.

⑤ **하위 조립품** : 조립품 안에 삽입된 하위 조립품입니다.

⑥ **부품** : 조립품 안에 삽입된 일반 부품입니다.

⑦ **컨텐츠 센터 부품** : 컨텐츠 센터 라이브러리에서 삽입한 부품 마크입니다.

05 조립 탭 명령어 알아보기

조립 탭을 클릭하면 다음과 같은 명령어를 확인할 수 있습니다.

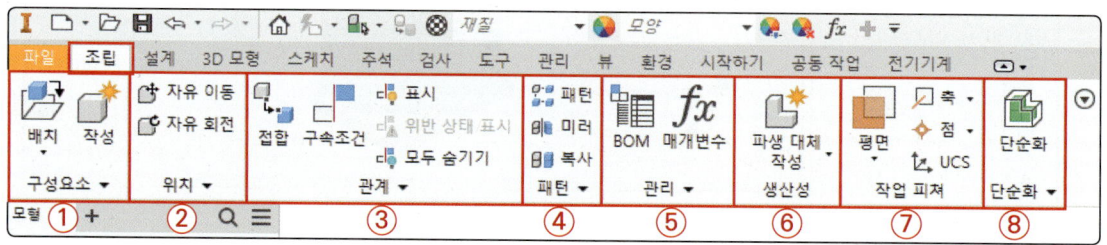

① **구성요소** : 부품 / 컨텐츠 센터 라이브러리 부품을 배치하거나 새로 작성합니다.

② **위치** : 부품을 이동하거나 회전합니다.

③ **관계** : 부품을 조립하는 구속조건 및 접합하는 명령어 그룹입니다.

④ **패턴** : 부품을 패턴하는 명령어 그룹입니다.

⑤ **관리** : 조립품의 BOM을 관리하거나 매개변수를 관리합니다.

⑥ **생산성** : 조립품 작업에 편의를 주는 추가 명령어 그룹입니다.

❼ **작업 피처** : 부품 환경과 마찬가지로 조립품 내에 작업 피처를 작성합니다.

❽ **단순화** : 조립품을 단순화한 모델로 사본저장하는 명령어입니다.

06 설계 탭 명령어 알아보기

설계 탭을 클릭하면 다음과 같은 명령어를 확인할 수 있습니다.

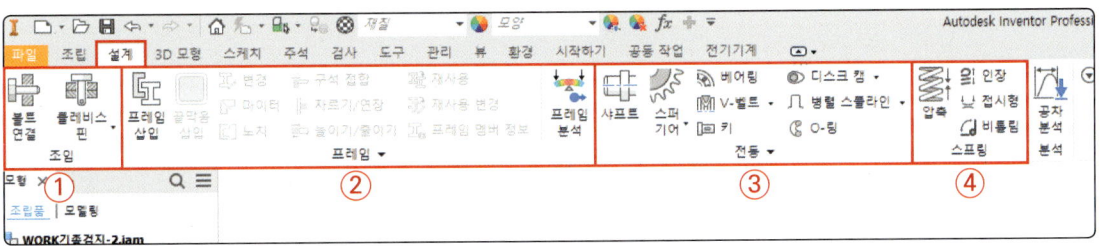

❶ **조임** : 부품끼리 조립하는 조임쇠에 해당하는 설계 요소를 삽입합니다.

❷ **프레임** : 컨텐츠 센터 라이브러리의 프레임 라이브러리를 응용해 프레임 구조를 작성합니다.

❸ **전동** : 동력 전달용 설계 요소를 삽입합니다.

❹ **스프링** : 스프링 설계 요소를 삽입합니다.

07 검사 탭 명령어 알아보기

검사 탭을 클릭하면 다음과 같은 명령어를 확인할 수 있습니다.

❶ **간섭** : 조립품 구성요소끼리의 간섭 분석을 하거나 접촉 분석을 합니다.

❷ **측정** : 모델링 요소의 길이 각도 면적 등 여러가지 측정을 합니다.

02 조립품 명령어 학습하기

Autodesk Inventor 2022

이번 시간에는 조립품 명령어를 직접 실습해 보도록 하겠습니다.

01 조립품 시작 및 부품 배치하기

01 조립품 템플릿을 클릭해 조립품을 시작합니다.

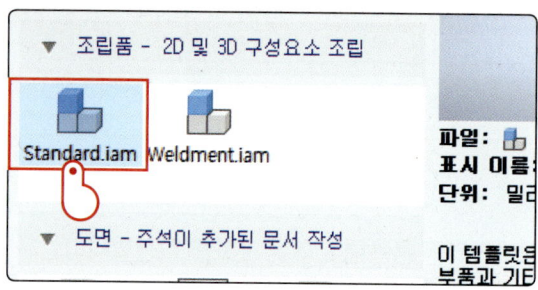

02 [배치] 명령어를 실행합니다.

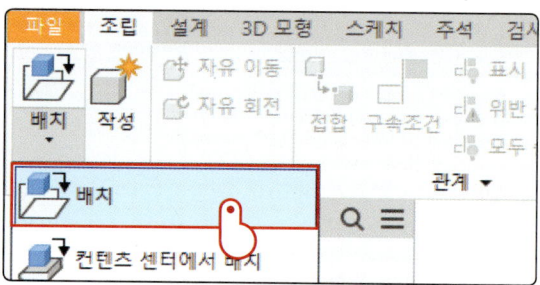

03 다음 예제 파일을 선택해 열기 버튼을 클릭합니다.

■ Part5 – Chapter2 – 01.구속조건 – 바디.ipt

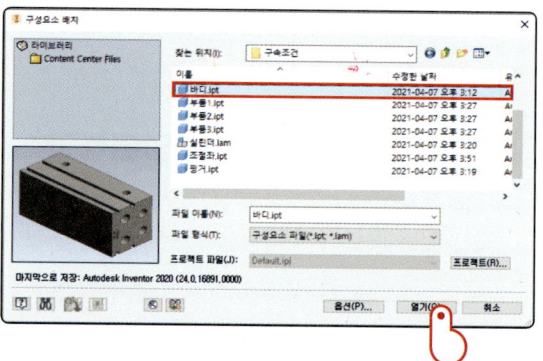

04 조립품 화면에 부품이 미리보기가 되면 마우스 우측 버튼을 클릭해 팝업 메뉴를 표시합니다.

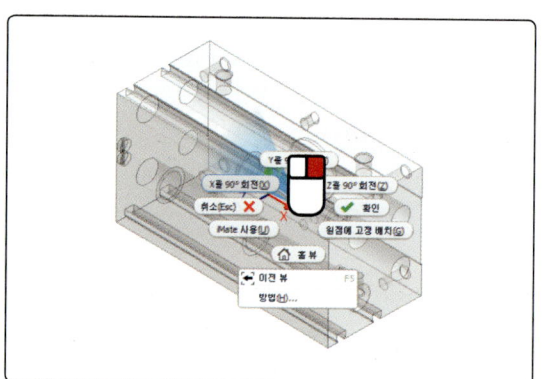

05 원점에 고정 배치를 클릭합니다.

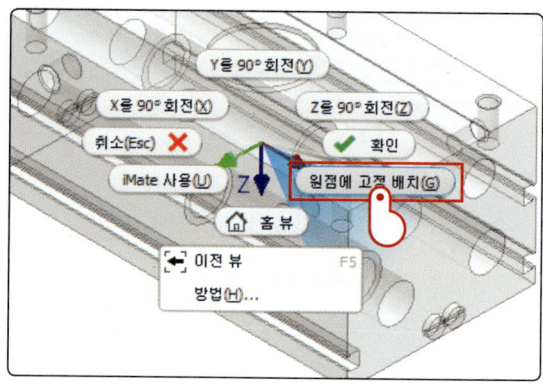

06 첫 번째 부품이 배치되었습니다. 검색기를 확인해 보면 [고정] 배치가 되었음을 확인할 수 있습니다.

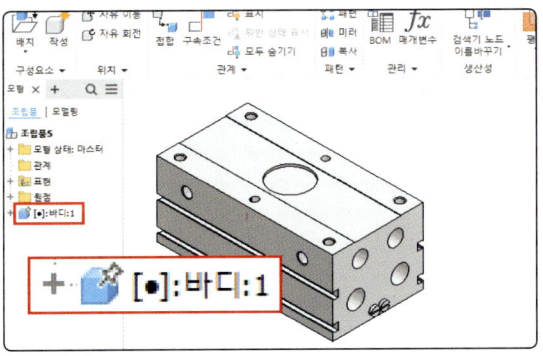

07 두 번째 부품을 배치하기 위해 다시 [배치] 명령을 클릭합니다.

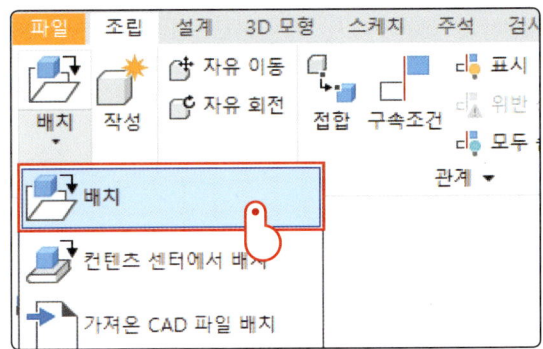

08 다음 예제 파일을 선택해 열기 버튼을 클릭합니다.

■ Part5 – Chapter2 – 01.구속조건 – 핑거.ipt

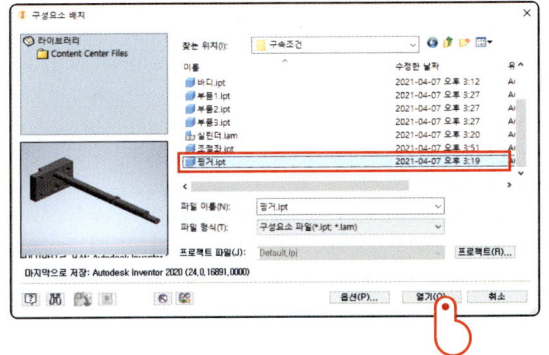

09 하나의 부품을 여러번 배치하고 싶으면 다음과 같이 배치될 위치에 연속으로 클릭합니다.

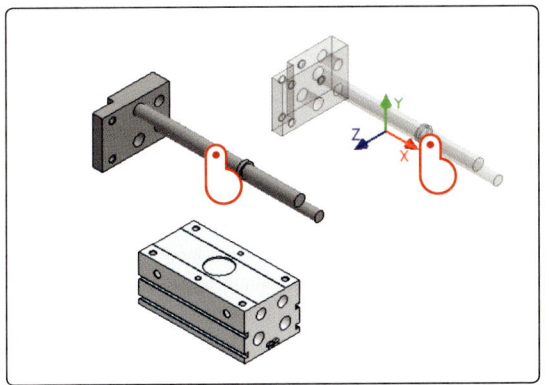

10 배치가 끝나면 팝업 메뉴를 표시한 뒤 확인 버튼을 클릭합니다.

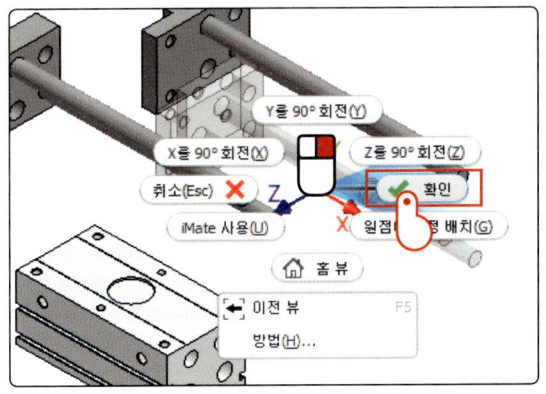

> **Tip**
>
> [Esc] 키를 눌러서 종료해도 됩니다.

11 다음과 같이 첫 번째 부품과 두 번째 부품들이 배치되었습니다.

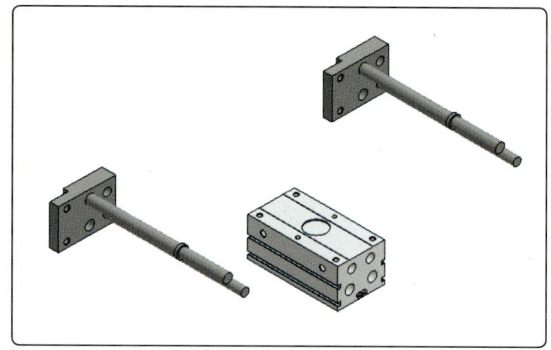

02 부품 이동 및 회전하기

01 [자유 이동] 명령을 클릭합니다.

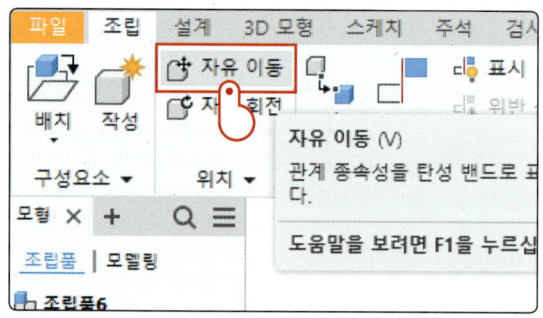

02 이동할 부품을 선택합니다.

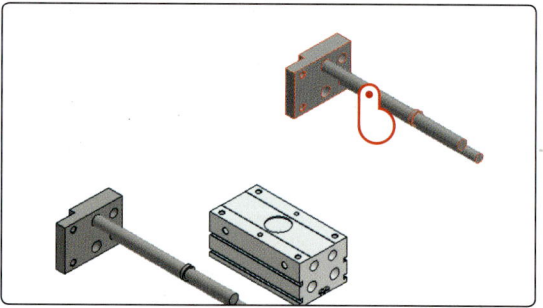

03 마우스를 드래그하면 선택한 부품이 이동합니다.

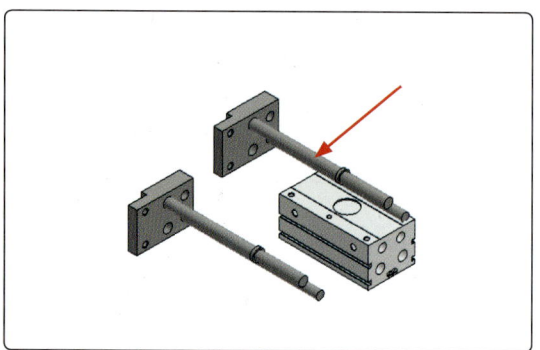

04 [자유 회전] 명령을 클릭합니다.

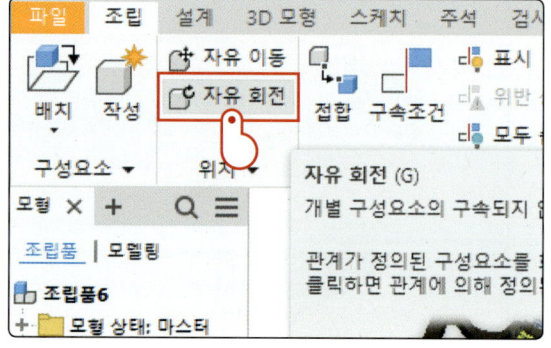

Tip
구속조건이 걸려 있지 않은 상태라면 부품을 선택해서 드래그해도 이동할 수 있습니다.

05 회전할 부품을 선택합니다.

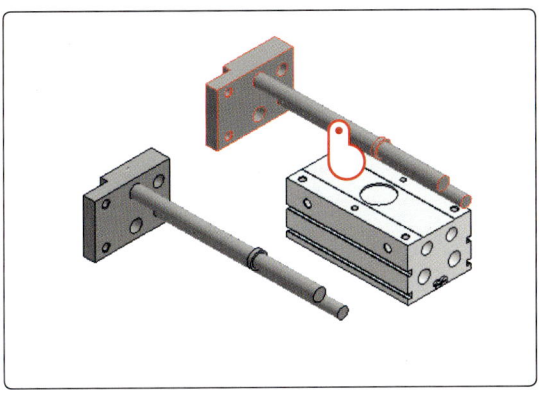

06 회전 핸들이 표시되면 마우스를 드래그해서 부품을 회전합니다.

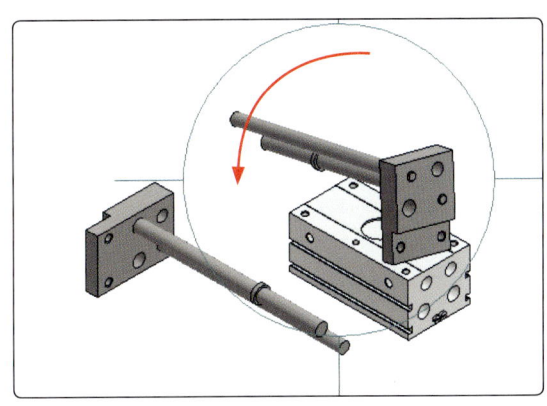

07 [Esc]키를 누르면 회전 명령이 종료됩니다.

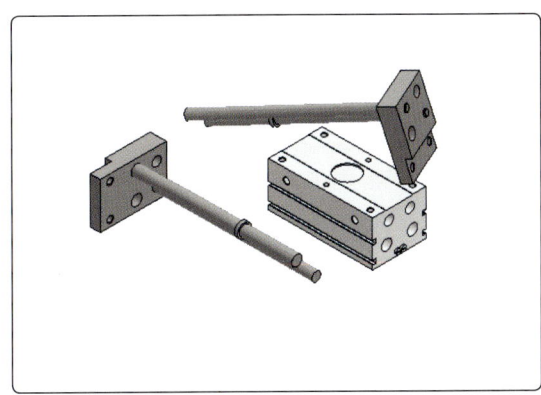

03 부품 복사하기

01 [파일] - [열기]를 클릭하여 다음 예제 파일을 엽니다.

■ Part5 - Chapter2 - 01.구속조건 - 구속조건.iam

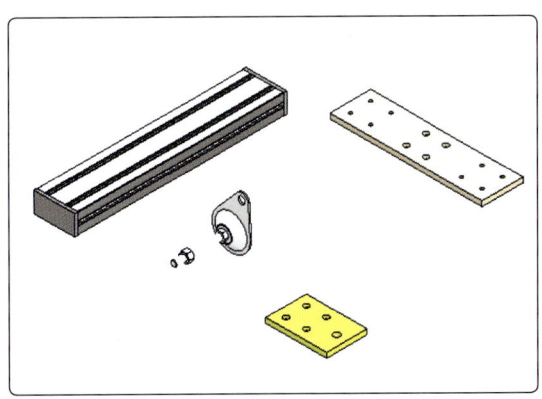

02 다음 부품을 선택해 팝업 메뉴를 표시한 후 [복사] 메뉴를 클릭합니다.

03 화면 빈곳에 다시 팝업 메뉴를 표시한 후 [붙여넣기] 메뉴를 클릭합니다.

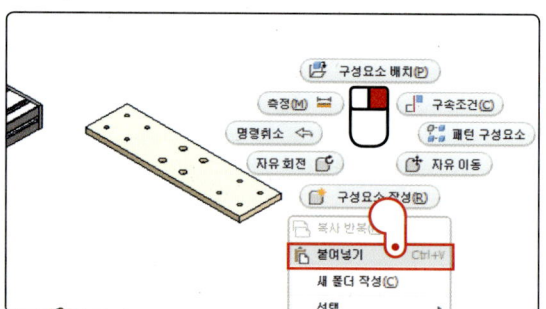

04 다음과 같이 부품이 복사되었습니다.

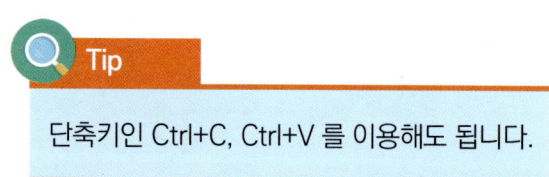

> **Tip**
> 단축키인 Ctrl+C, Ctrl+V 를 이용해도 됩니다.

04 구속조건 명령 알아보기

01 [구속조건] 명령을 클릭합니다.

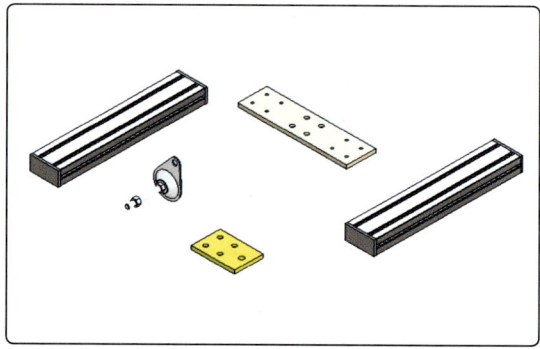

02 다음과 같이 구속조건 명령어 창이 표시됩니다.

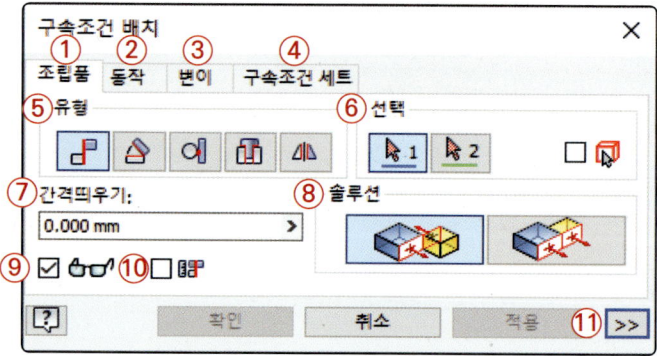

362

❶ **조립품 탭** : 일반적인 구속조건 명령을 사용할 수 있는 탭입니다.

❷ **동작 탭** : 회전 및 회전 변환 구속조건을 사용할 수 있는 탭입니다.

❸ **변이 탭** : 슬롯 타입의 구속조건을 사용할 수 있는 탭입니다.

❹ **구속조건 세트 탭** : 두 부품의 UCS를 일치시키는 구속조건을 작성합니다.

❺ **유형** : 일반적인 구속조건의 유형을 선택합니다.

❻ **선택** : 구속조건 요소로 선택한 상태를 표시합니다.

❼ **간격띄우기** : 구속조건으로 선택한 요소끼리의 거리를 설정합니다.

❽ **솔루션** : 구속조건 유형의 추가 옵션을 선택합니다.

❾ **미리보기** : 적용한 구속조건을 화면에서 미리보기로 표시합니다.

❿ **간격띄우기 및 방향예측** : 구속조건을 부여하기 전의 부품들간의 거리를 자동측정하여 적용합니다.

⓫ **확장** : 구속조건의 한계 조건을 부여하기 위한 확장 옵션을 표시합니다.

- 정지 위치로 간격띄우기 사용 : 강제 이동을 제외하고는 항상 정지 위치를 유지합니다.
- 최대 : 구속조건의 최대 한계를 입력합니다.
- 최소 : 구속조건의 최소 한계를 입력합니다.

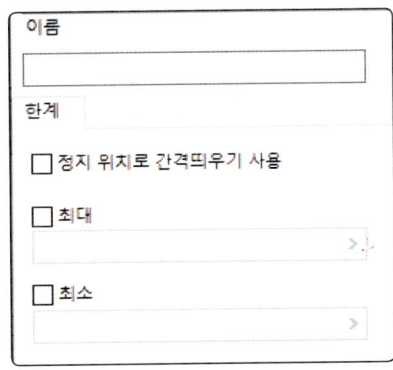

05 메이트 구속조건 학습하기

01 [구속조건] 명령을 실행해 유형을 [메이트], 솔루션을 [메이트]로 하고 첫 번째 면을 클릭합니다.

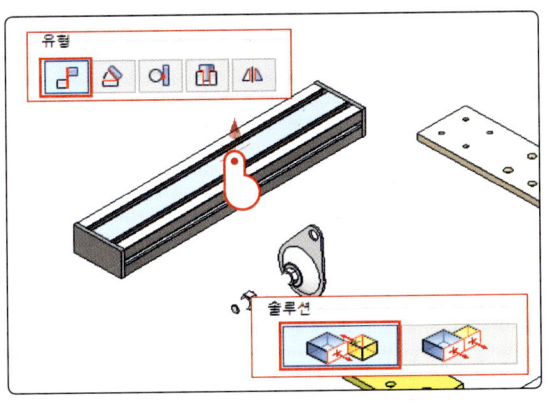

02 두 번째 면을 선택합니다.

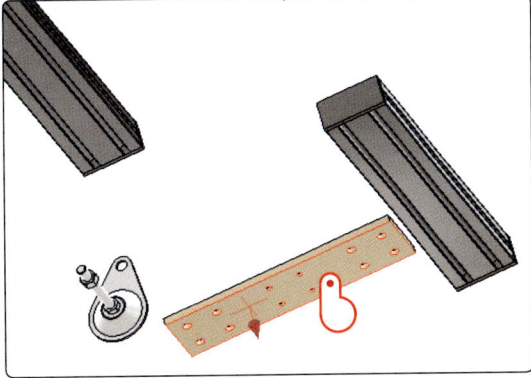

03 조립 상태가 미리보기가 되면 확인 버튼을 클릭합니다.

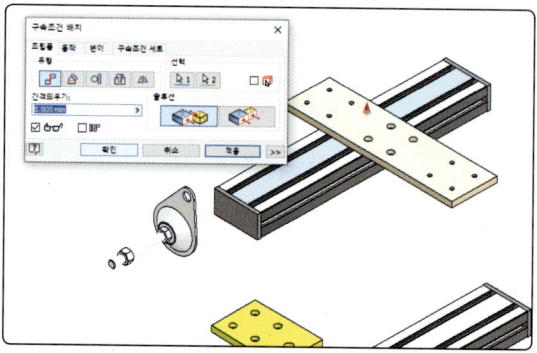

04 다음과 같이 구속조건이 작성됩니다. 검색기의 관계 항목에서 적용된 구속조건을 확인합니다.

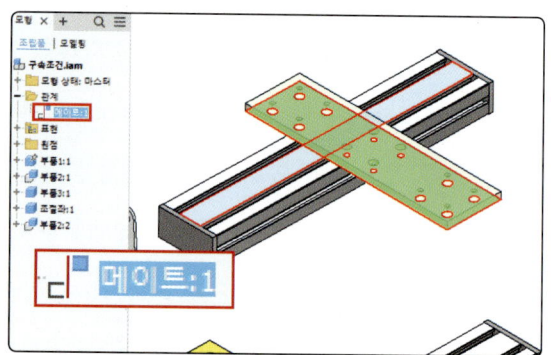

06 플러쉬 구속조건 학습하기

01 [구속조건] 명령을 실행해 유형을 [메이트], 솔루션을 [플러쉬]로 하고 첫 번째 면을 클릭합니다.

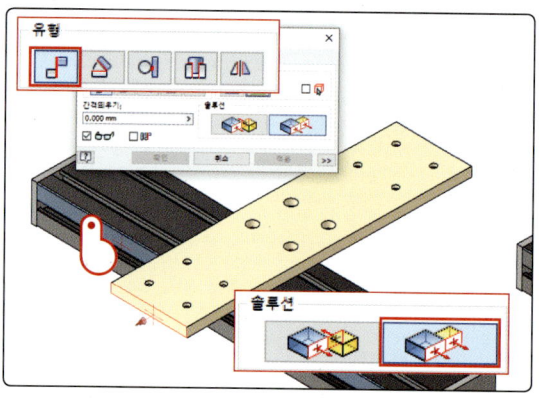

02 두 번째 면을 선택한 후, 조립 상태가 미리보기가 되면 확인 버튼을 클릭합니다.

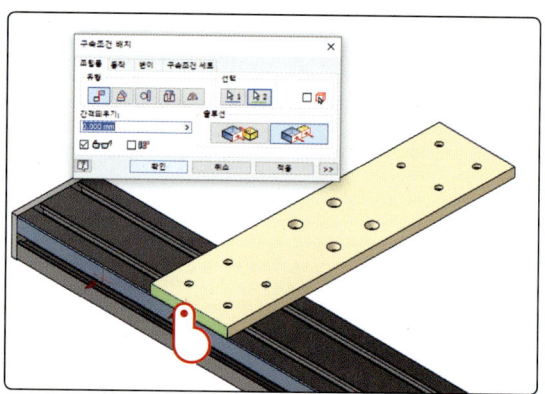

03 다음과 같이 구속조건이 작성됩니다. 검색기의 관계 항목에서 적용된 구속조건을 확인합니다.

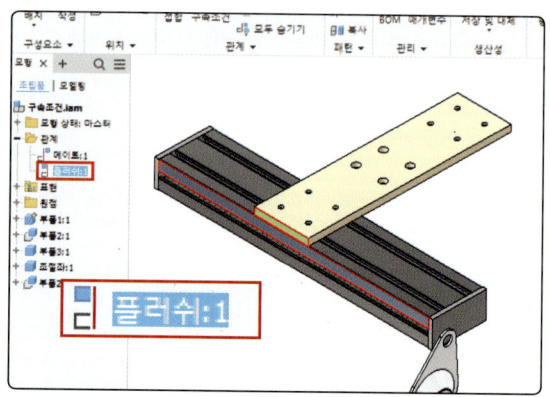

07 플러쉬 – 거리주기 구속조건 학습하기

01 [구속조건] 명령을 실행해 유형을 [메이트], 솔루션을 [플러쉬]로 하고 첫 번째 면을 클릭합니다.

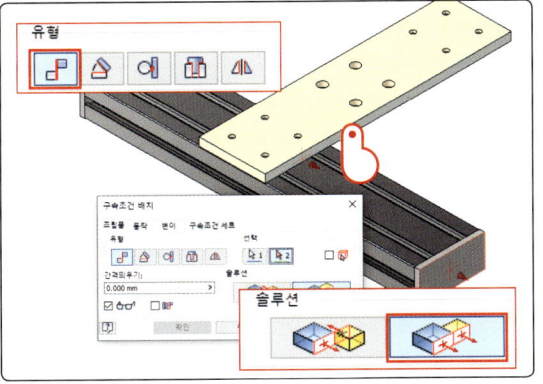

02 두 번째 면을 선택한 후, 간격 띄우기 항목에 [180]을 입력합니다.

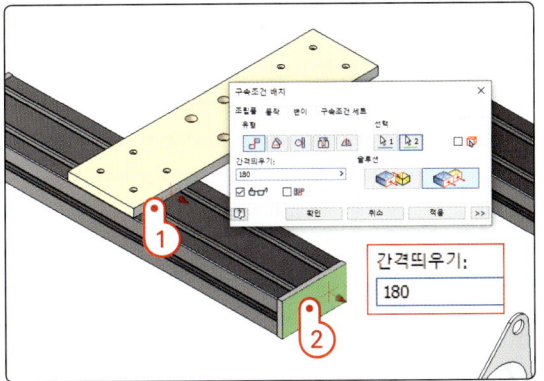

03 확인 버튼을 클릭해 구속조건을 작성합니다. 검색기의 관계 항목에서 적용된 구속조건을 확인합니다.

08 메이트 – 동심 구속조건 학습하기

01 [파일] – [열기]를 클릭하여 다음 예제 파일을 엽니다.

■ Part5 – Chapter2 – 01.구속조건 – 구속조건2.iam

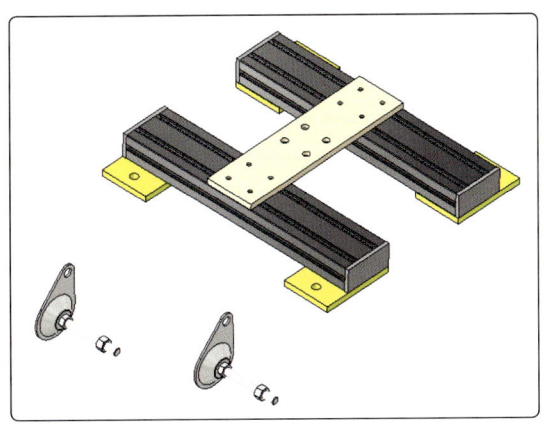

02 [구속조건] 명령을 실행해 첫 번째 원통면을 선택합니다.

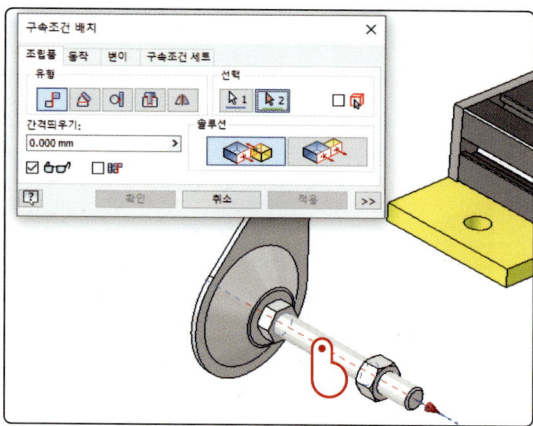

03 두 번째 원통면을 선택합니다.

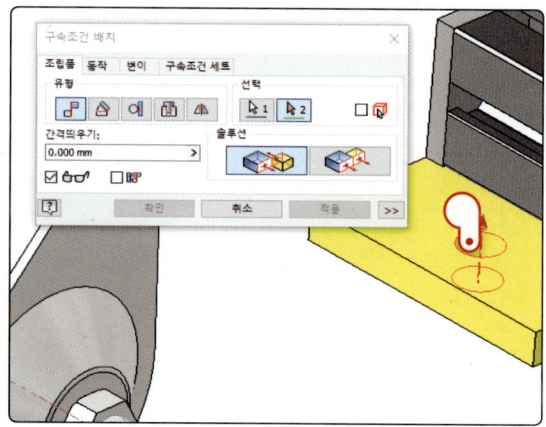

04 원통면끼리 정렬되면서 솔루션이 동심 타입으로 변경됩니다.

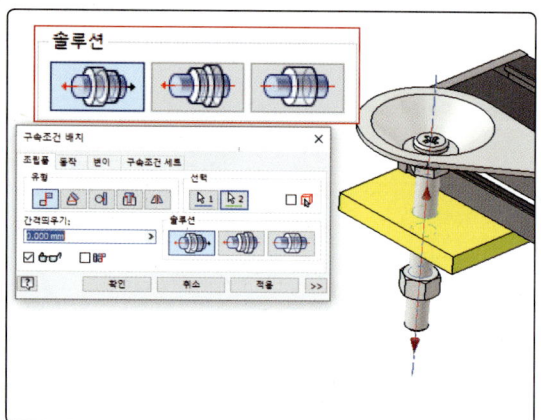

05 솔루션을 [정렬]로 선택하면 그림과 같이 방향이 바뀝니다.

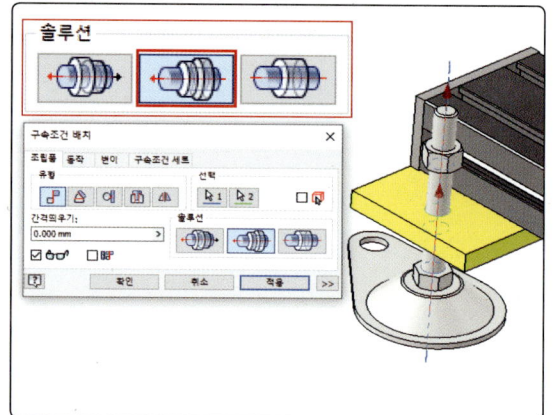

06 확인 버튼을 클릭해 구속조건을 작성합니다. 검색기의 관계 항목에서 적용된 구속조건을 확인합니다.

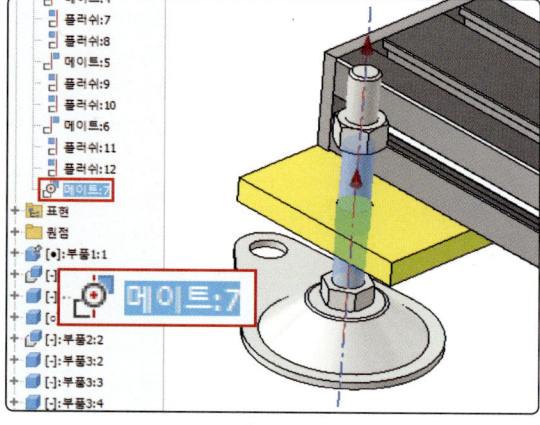

09 삽입 구속조건 학습하기

01 삽입 구속조건은 다음과 같은 추가 옵션이 있습니다.

❶ **반대** : 원통 모서리의 축끼리 반대 방향으로 조립합니다.

❷ **정렬** : 원통 모서리의 축끼리 같은 방향으로 조립합니다.

❸ **회전 잠금** : 현재 조립된 상태에서 회전을 잠급니다.

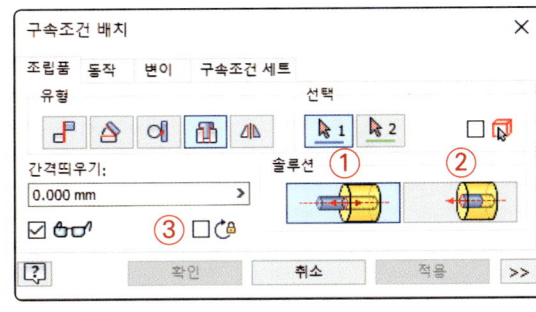

02 [구속조건] 명령을 실행해 유형을 [삽입]으로 하고 첫 번째 원형 모서리를 선택합니다.

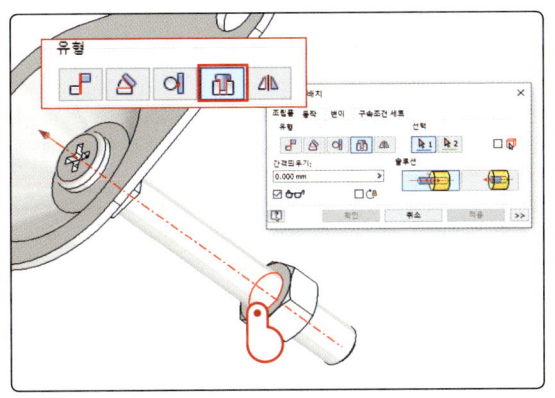

03 두 번째 원형 모서리를 선택합니다.

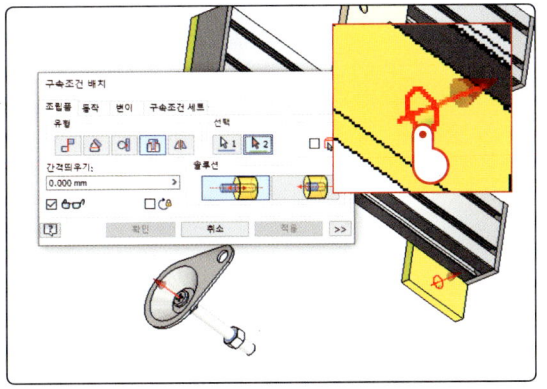

04 조립 상태가 미리보기가 되면 확인 버튼을 클릭합니다.

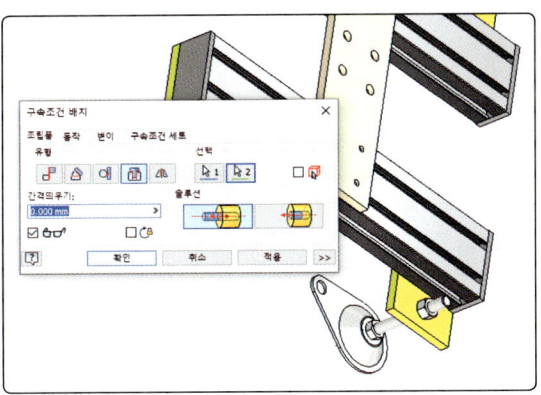

05 구속조건이 작성됩니다. 검색기의 관계 항목에서 적용된 구속조건을 확인합니다.

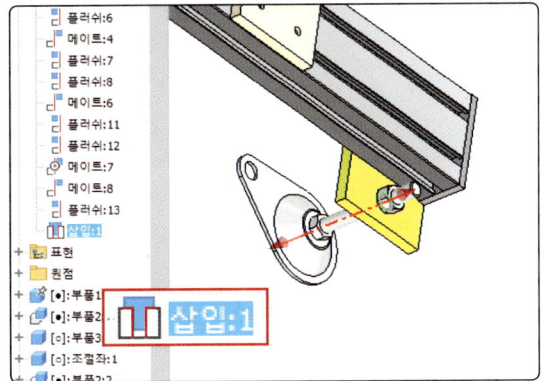

10 각도 구속조건 학습하기

01 각도 구속조건은 다음과 같은 추가 옵션이 있습니다.

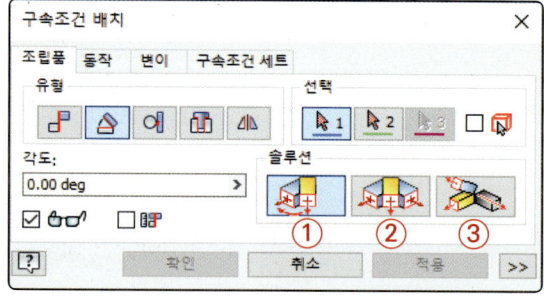

❶ **지정 각도** : 두 개의 면 사이의 각도를 설정합니다.

❷ **미지정 각도** : 하나의 기준 면을 중심으로 양쪽 각도를 설정합니다.

❸ **명시적 참조 벡터** : 각도의 회전 기준축을 추가해 설정합니다.

02 [구속조건] 명령을 실행해 유형을 [각도], 솔루션을 [지정 각도]로 하고 첫 번째 면을 선택합니다.

03 두 번째 면을 선택해 조립 상태가 미리보기가 되면 확인 버튼을 클릭합니다.

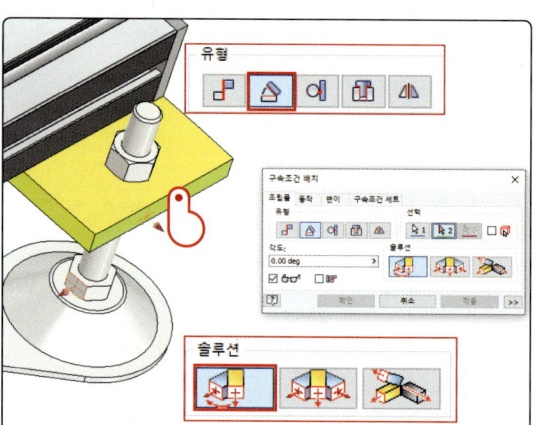
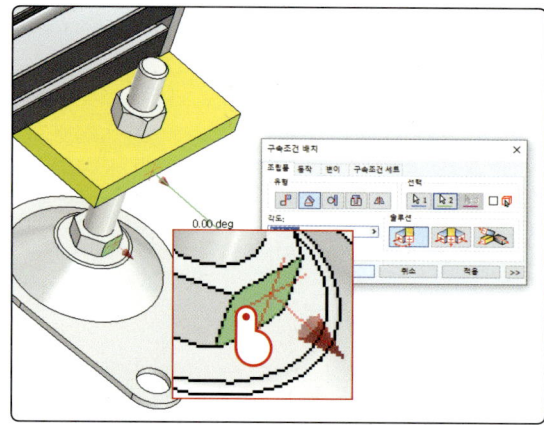

04 구속조건이 작성됩니다. 검색기의 관계 항목에서 적용된 구속조건을 확인합니다.

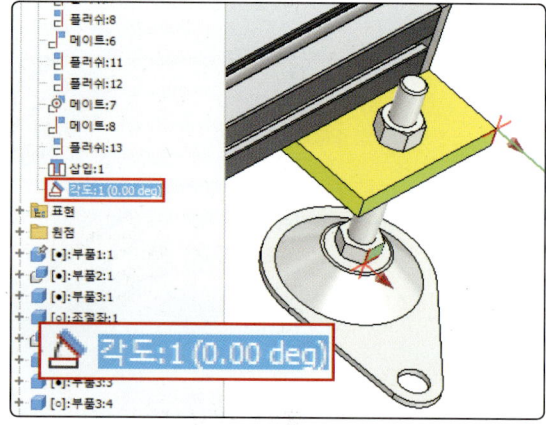

11 대칭 구속조건 학습하기

01 대칭 구속조건은 다음과 같은 추가 옵션이 있습니다.

❶ **반대** : 대칭으로 선택한 면이 서로 마주보게 합니다.

❷ **정렬** : 대칭으로 선택한 면이 서로 같은 곳을 바라보게 합니다.

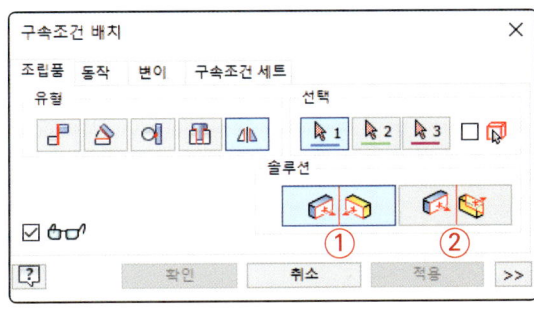

02 [구속조건] 명령을 실행해 유형을 [대칭], 솔루션을 [반대]로 하고 첫 번째 면을 선택합니다.

03 반대쪽의 두 번째 면을 선택합니다.

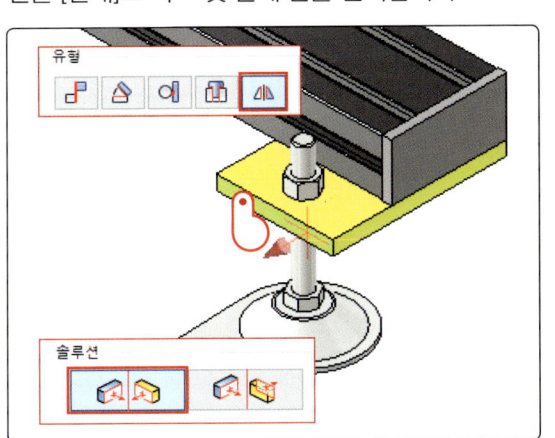

04 검색기의 다음 부품에서 YZ 평면을 중간 평면으로 선택합니다.

05 조립 상태가 미리보기가 되면 확인 버튼을 클릭합니다.

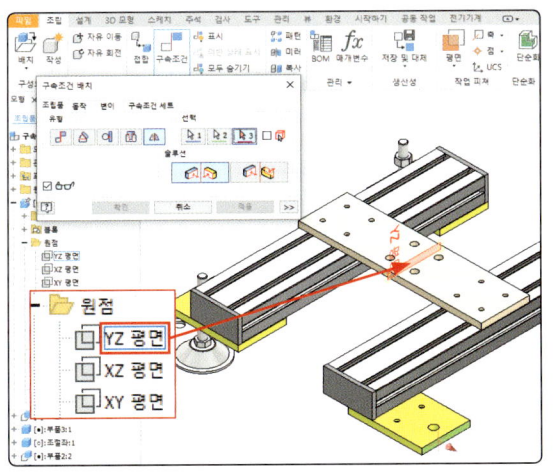
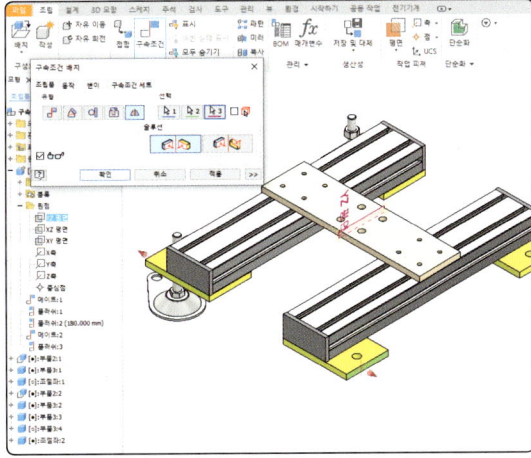

06 구속조건이 작성됩니다. 검색기의 관계 항목에서 적용된 구속조건을 확인합니다.

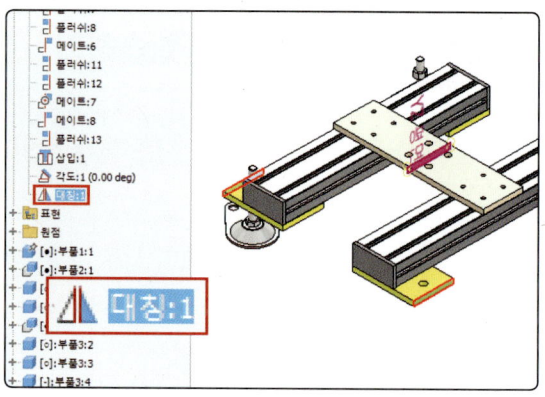

12 접합 명령 알아보기

01 [접합] 명령을 클릭합니다.

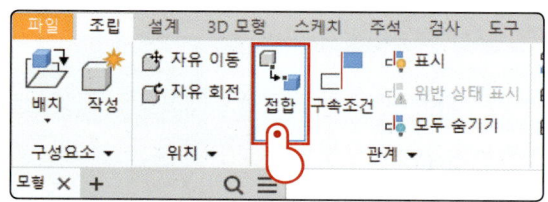

02 다음과 같이 접합 명령어 창이 표시됩니다.

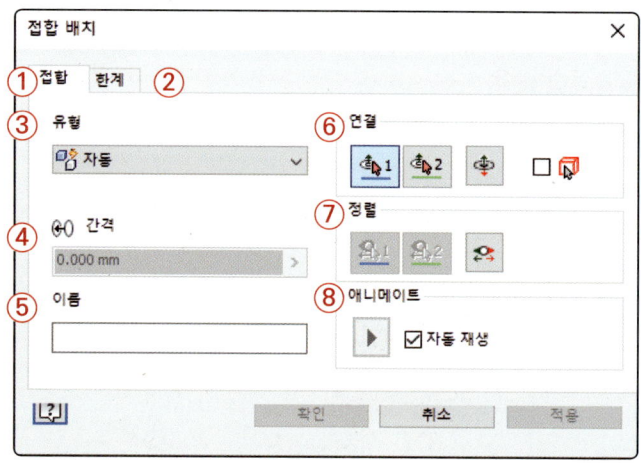

❶ **접합** : 접합 작업을 하는 탭입니다.

❷ **한계** : 작성한 접합의 한계값을 설정해 주는 탭입니다.

❸ **유형** : 접합 작업의 유형을 선택합니다.

❹ **간격** : 접합한 부품끼리의 간격을 설정합니다.

❺ **이름** : 작성한 접합의 이름을 설정합니다.

❻ **연결** : 접합으로 연결할 부품의 요소를 선택합니다(면, 모서리).

❼ **정렬** : 연결한 부품끼리 추가 요소를 선택해 위치를 정렬합니다(면, 모서리).

❽ **애니메이트** : 접합이 완료되면 애니메이션으로 접합 관계를 미리보기합니다.

13 접합 – 강체 학습하기

01 [파일] - [열기]를 클릭하여 다음 예제 파일을 엽니다.

■ Part5 - Chapter2 - 02.접합 - 블록.iam

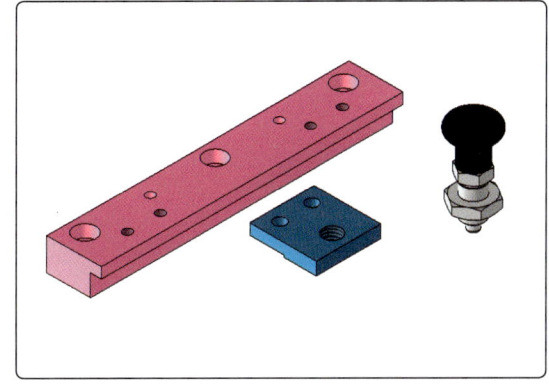

02 [접합] 명령을 실행해 유형을 [강체]로 변경합니다.

❶ **자동** : 선택한 요소의 형태에 따라 자동으로 유형을 결정합니다.

❷ **강체** : 두 부품을 접합시켜 단순 고정합니다.

❸ **회전** : 두 부품을 원형 모서리를 기준으로 회전시킵니다.

❹ **슬라이더** : 두 부품을 한 방향으로 슬라이드 시킵니다.

❺ **원통형** : 두 부품을 원통 슬라이드 시킵니다.

❻ **평면형** : 두 부품을 면을 기준으로 평면이동합니다.

❼ **볼** : 두 부품을 구형 관절 타입으로 회전시킵니다.

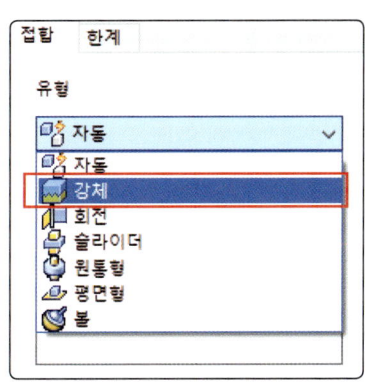

03 첫 번째 원통 모서리를 선택합니다.

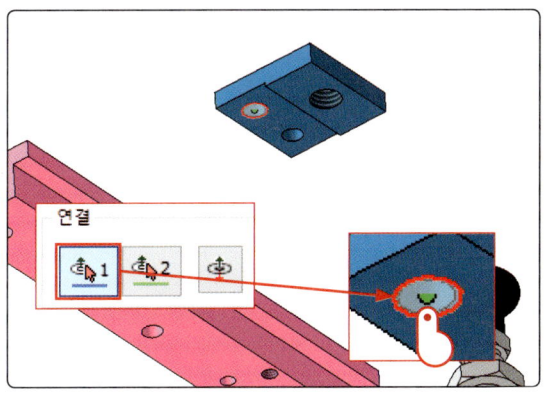

04 두 번째 원통 모서리를 선택합니다.

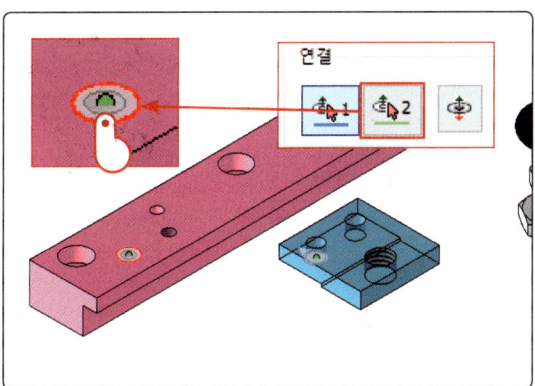

05 접합이 미리보기가 되면 확인 버튼을 클릭합니다.

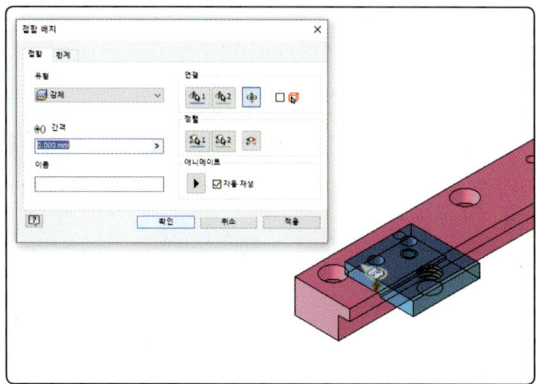

06 접합이 작성됩니다. 검색기의 관계 항목에서 적용된 관계를 확인합니다.

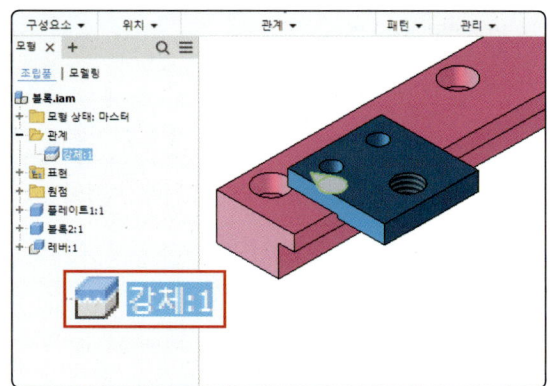

14 접합 - 회전 학습하기

01 [접합] 명령을 실행해 유형을 [회전]으로 변경합니다.

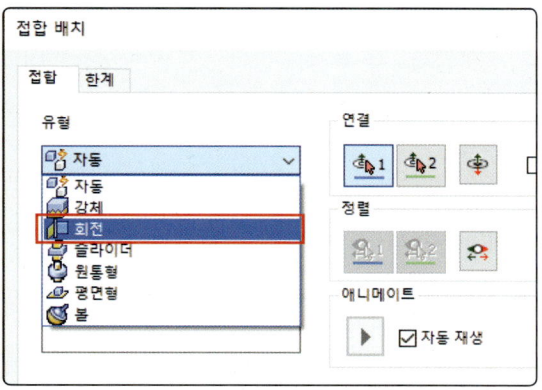

02 첫 번째 원형 모서리를 선택합니다.

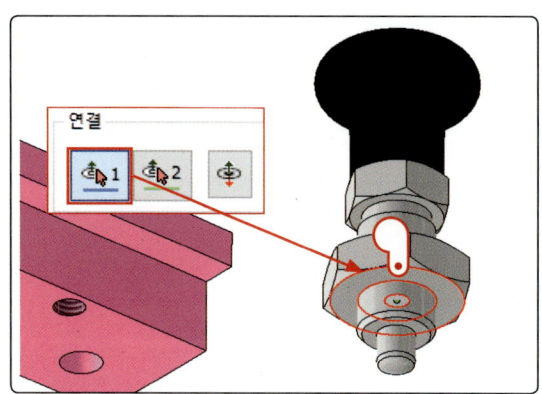

03 두 번째 원형 모서리를 선택합니다.

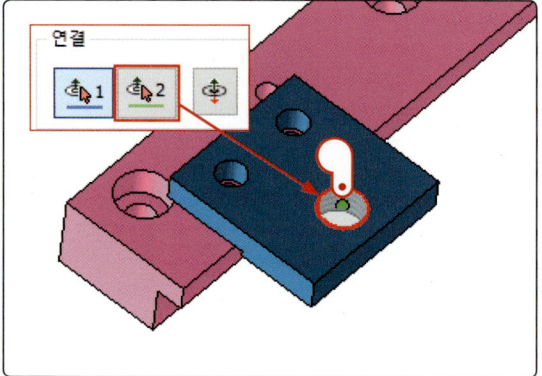

04 접합이 미리보기가 되면 확인 버튼을 클릭하면 접합이 작성됩니다.

05 검색기의 관계 항목에서 적용된 관계를 확인합니다. 부품을 드래그하면 회전하는 것을 확인할 수 있습니다.

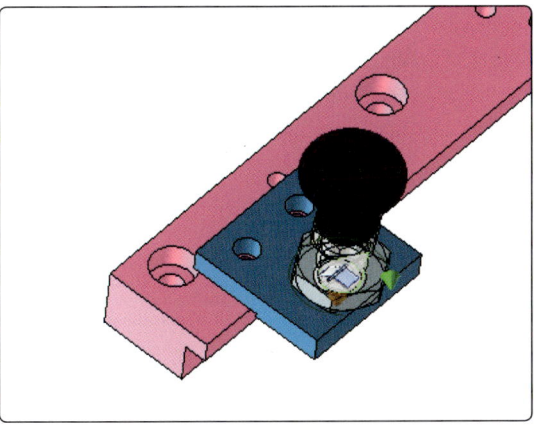

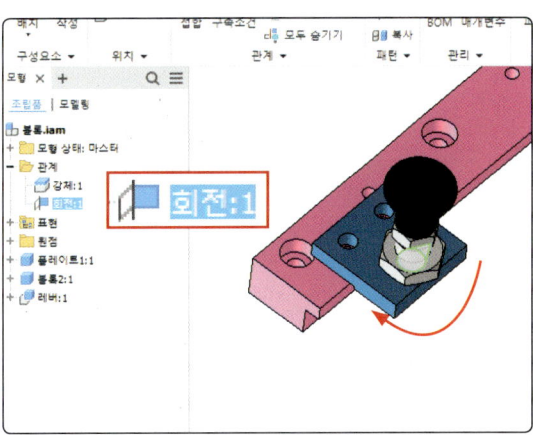

15 접합 – 슬라이더 학습하기

01 [파일] – [열기]를 클릭하여 아래 예제 파일을 엽니다.

■ Part5 – Chapter2 – 02.접합 – 슬라이더.iam

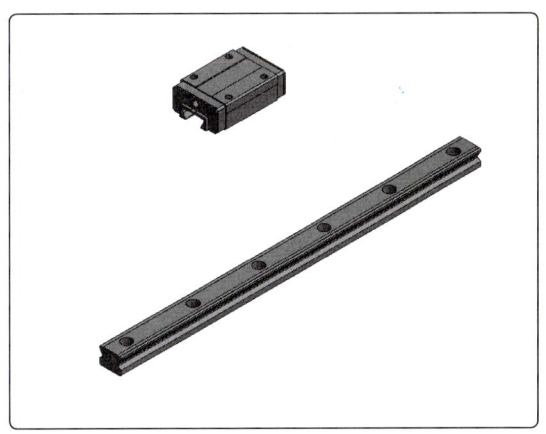

02 [접합] 명령을 실행해 유형을 [슬라이더]로 변경합니다.

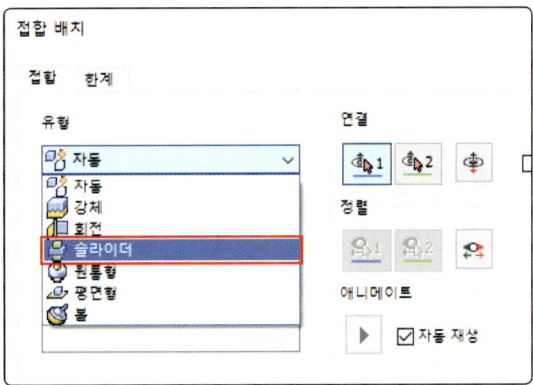

03 첫 번째 면을 선택합니다.

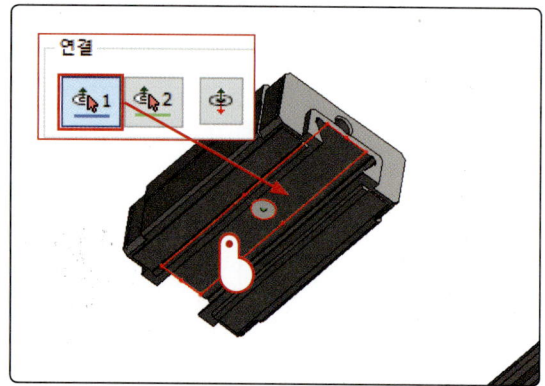

04 두 번째 면을 선택합니다.

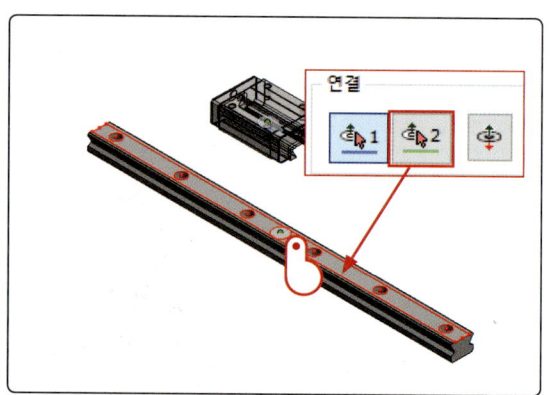

05 접합이 미리보기가 되면 확인 버튼을 클릭하면 접합이 작성됩니다.

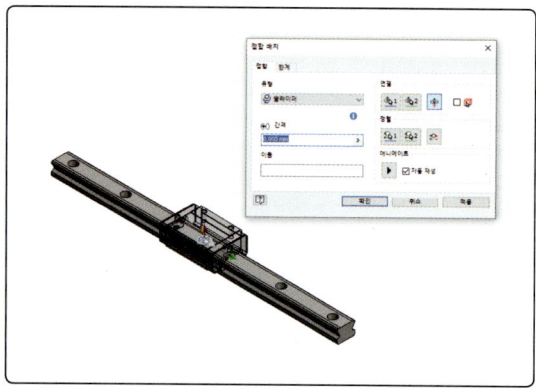

06 검색기의 관계 항목에서 적용된 관계를 확인합니다. 부품을 드래그하면 슬라이드 하는 것을 확인할 수 있습니다.

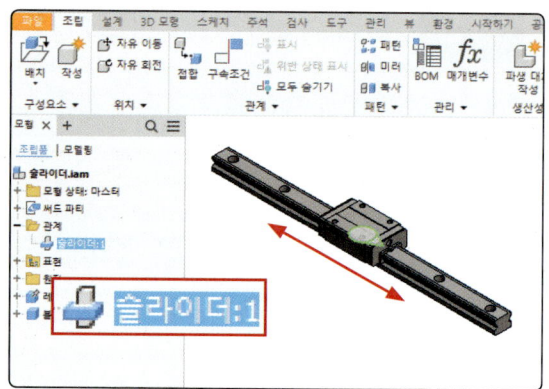

16 접합 – 원통형 학습하기

01 [파일] – [열기]를 클릭하여 아래 예제 파일을 엽니다.

■ Part5 – Chapter2 – 02.접합 – 원통형.iam

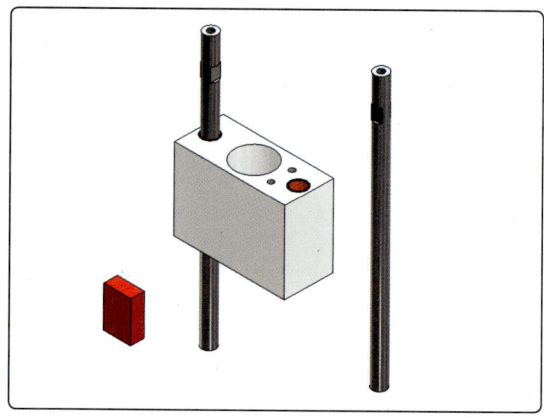

02 [접합] 명령을 실행해 유형을 [원통형]으로 변경합니다.

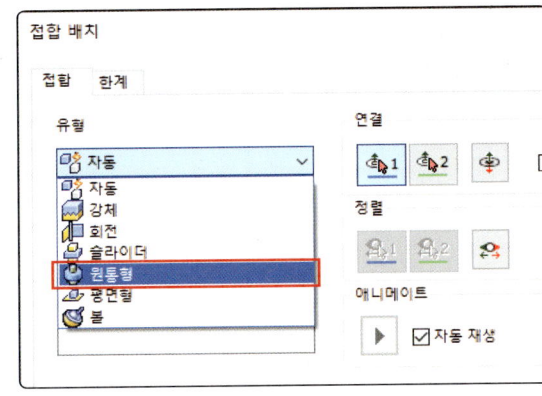

03 첫 번째 원통면을 선택합니다.

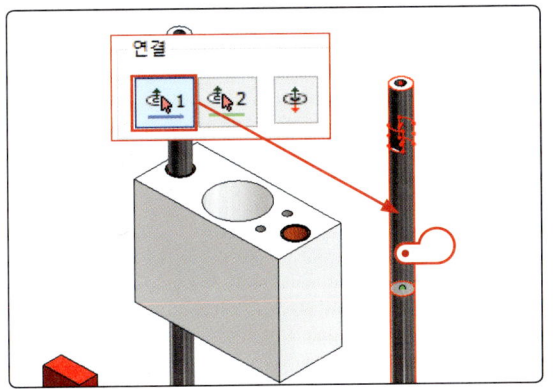

04 두 번째 원통면을 선택합니다.

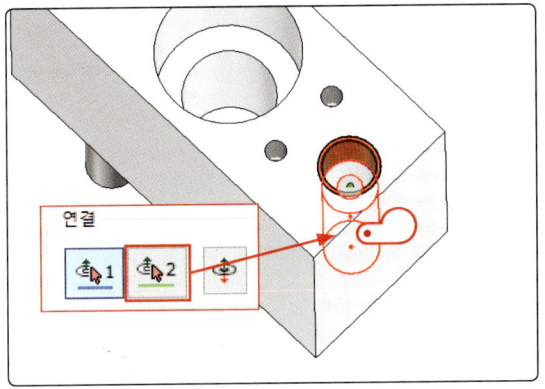

05 접합이 미리보기가 되면 확인 버튼을 클릭하면 접합이 작성됩니다.

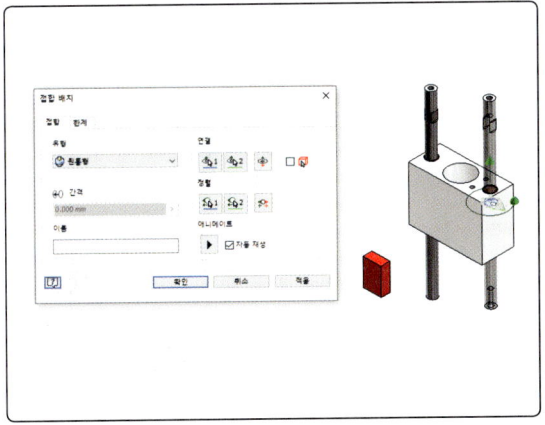

06 검색기의 관계 항목에서 적용된 관계를 확인합니다. 부품을 드래그하면 회전 슬라이드 하는 것을 확인할 수 있습니다.

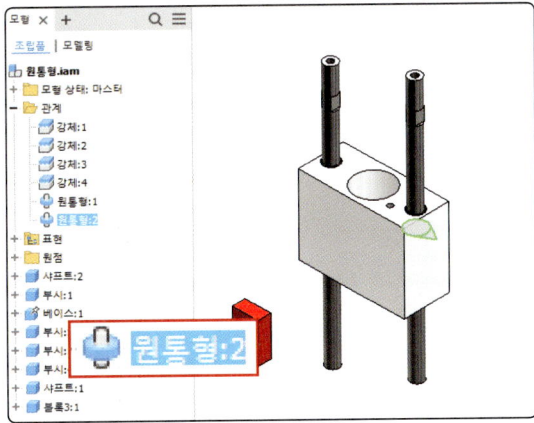

375

17 접합 – 평면형 학습하기

01 [접합] 명령을 실행해 유형을 [평면형]으로 변경합니다.

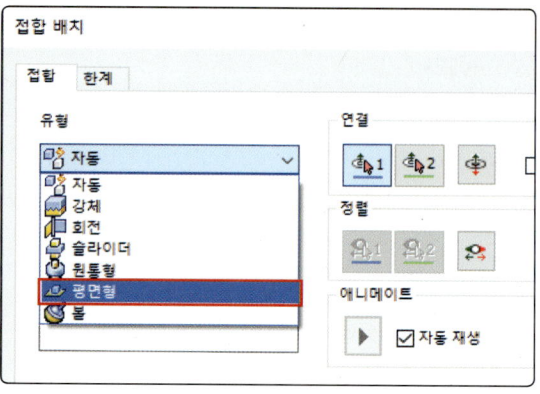

02 첫 번째 면을 선택합니다.

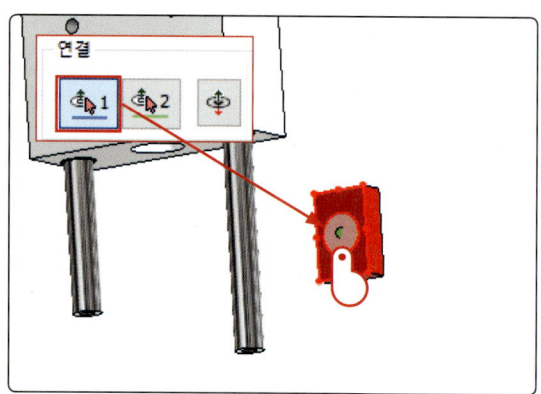

03 두 번째 면을 선택합니다.

04 접합이 미리보기가 되면 확인 버튼을 클릭하면 접합이 작성됩니다.

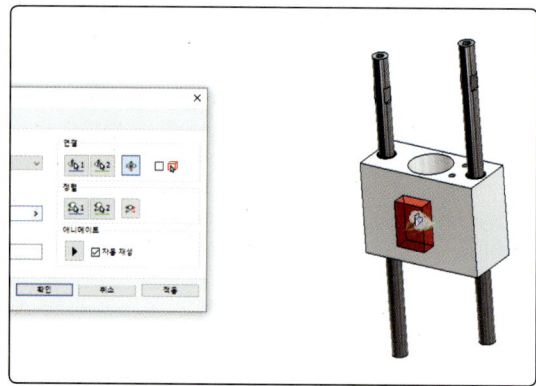

05 검색기의 관계 항목에서 적용된 관계를 확인합니다. 부품을 드래그하면 평면이동 하는 것을 확인할 수 있습니다.

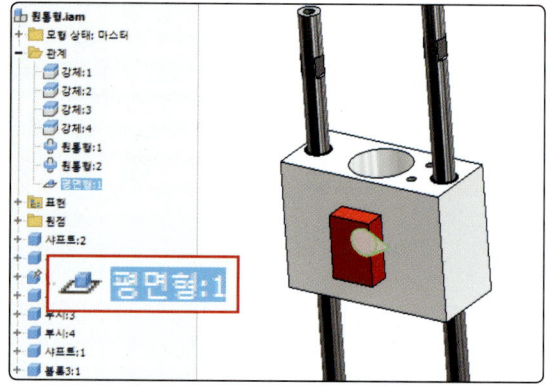

18 컨텐츠 센터 라이브러리 부품 배치 학습하기

01 [파일] - [열기]를 클릭하여 아래 예제 파일을 엽니다.

■ Part5 - Chapter2 - 01.구속조건 - 컨텐츠 센터 라이브러리.iam

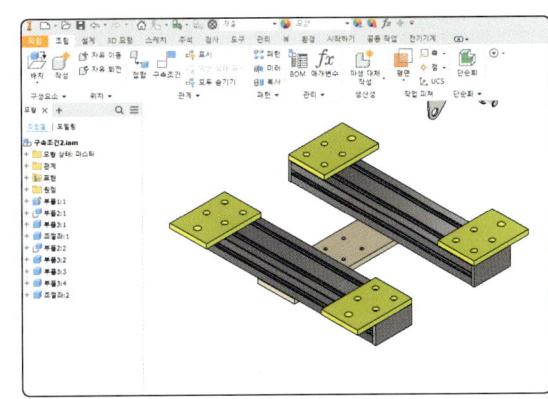

02 [컨텐츠 센터에서 배치] 명령을 클릭합니다.

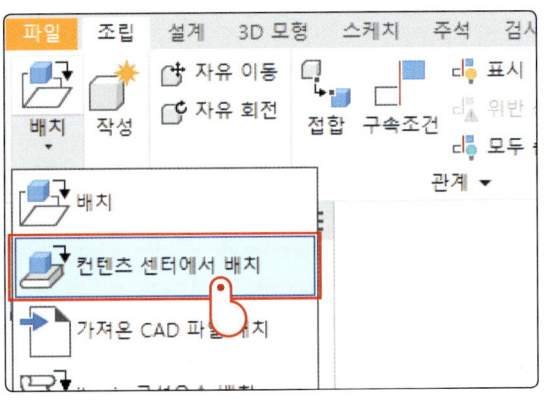

03 필터를 [ISO]로 변경합니다.

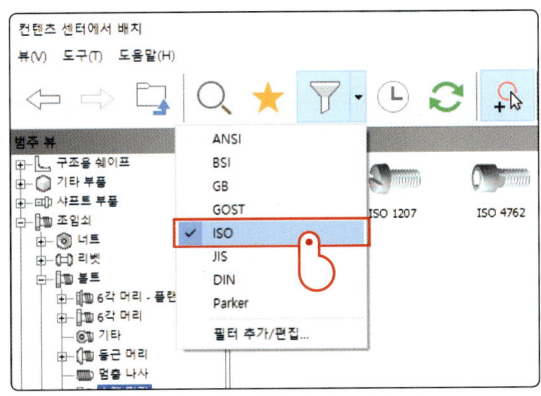

04 조임쇠 - 볼트 - 소켓머리에서 [ISO 4762] 를 선택해 확인 버튼을 클릭합니다.

❶ **풀다운 메뉴** : 컨텐츠 센터 배치 창의 모든 명령어를 표시합니다.

❷ **아이콘 바** : 컨텐츠 센터 배치 창의 명령어를 아이콘으로 표시합니다.

❸ **범주 뷰** : 컨텐츠 센터 라이브러리의 범주 표시를 합니다.

❹ **선택 창** : 범주 뷰에서 선택한 항목의 하위 항목을 표시합니다.

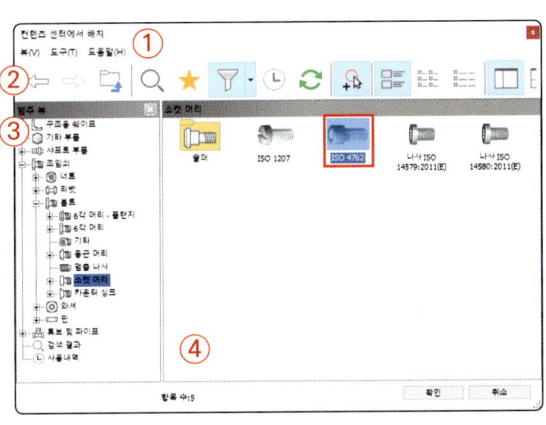

05 다음과 같이 볼트가 미리보기가 됩니다.

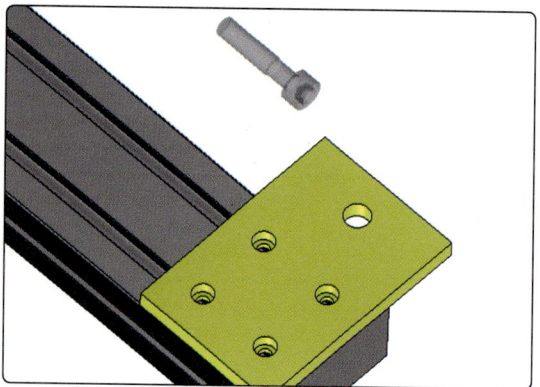

06 마우스 커서를 배치할 원통 모서리에 갖다 대면 모서리의 지름에 맞춰 볼트의 호칭 크기가 변경됩니다.

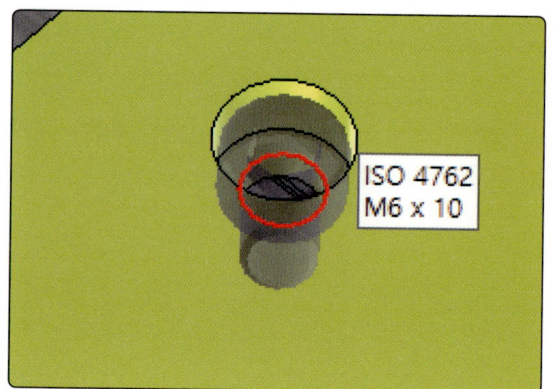

07 아래 화살표를 드래그해 볼트의 길이를 변경합니다.

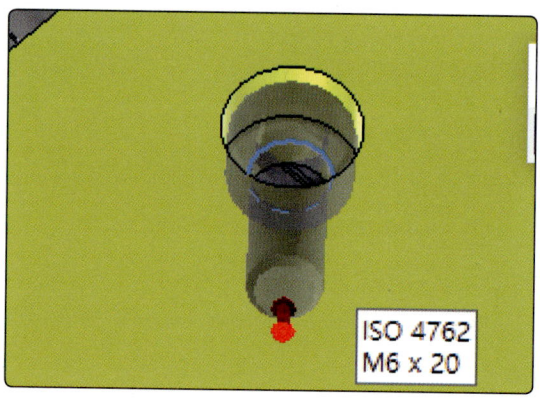

08 자동드롭이 표시된 상태에서 확인 버튼을 클릭합니다.

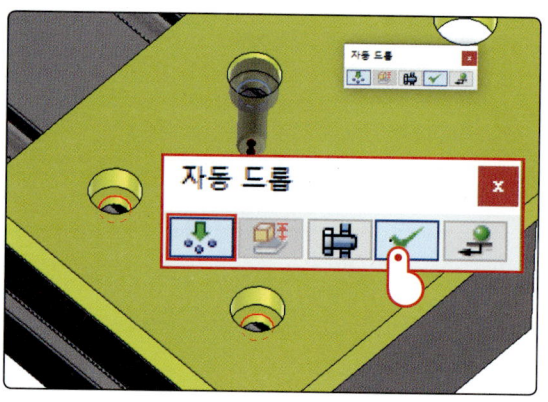

09 다음과 같이 볼트들이 삽입됩니다. 검색기에서 배치된 볼트 리스트를 확인합니다.

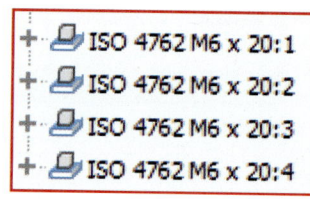
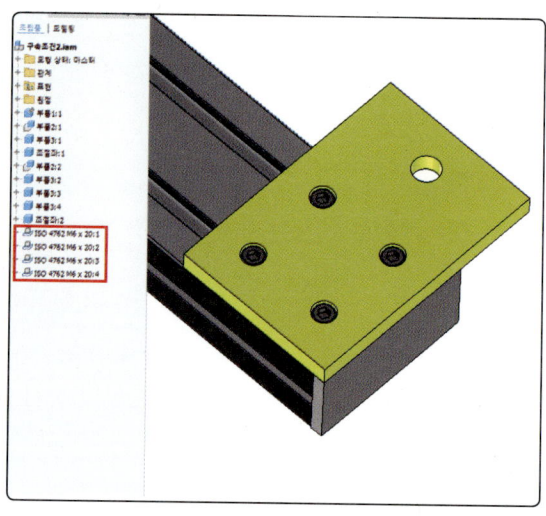

19 컨텐츠 센터 라이브러리 부품 배치 - 리스트에서 고르기

01 [파일] - [열기]를 클릭하여 아래 예제 파일을 엽니다.

■ Part5 - Chapter2 - 01.구속조건 - 컨텐츠 센터 라이브러리.iam

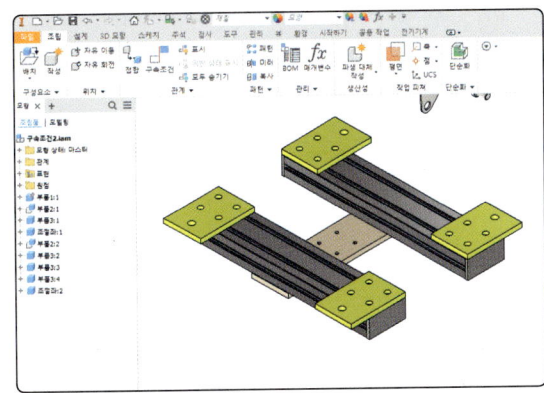

02 [컨텐츠 센터에서 배치] 명령을 클릭합니다.

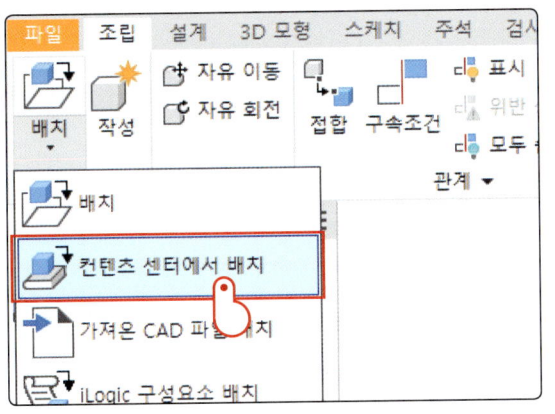

03 필터를 [ISO]로 변경하고 자동드롭 버튼을 클릭해 누름 해제 상태로 바꿉니다.

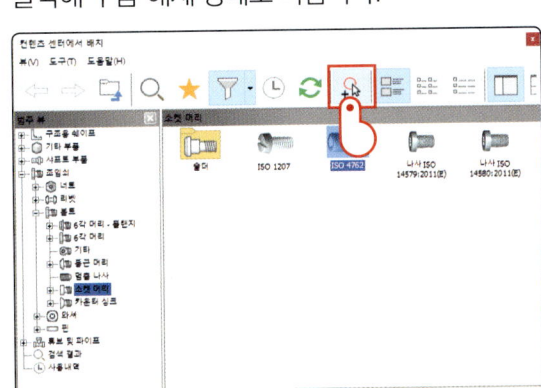

04 조임쇠 - 볼트 - 소켓머리에서 [ISO 4762]를 선택해 확인 버튼을 클릭합니다.

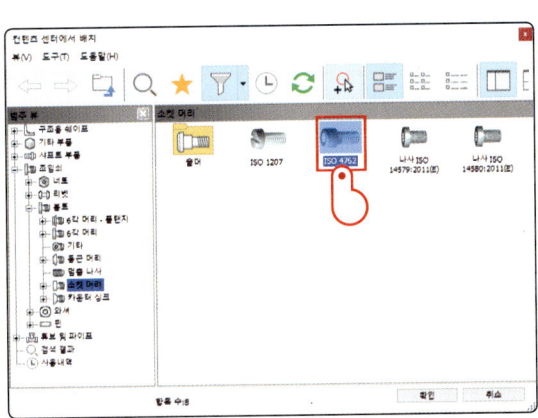

05 선택 리스트에서 다음과 같이 선택한 후 확인 버튼을 클릭합니다.

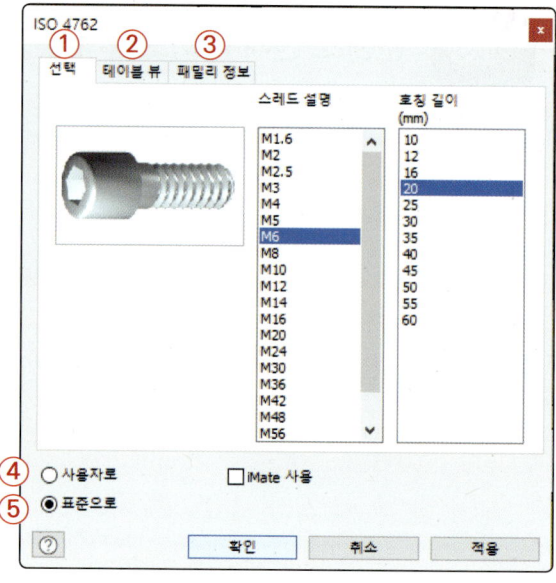

❶ **선택 탭** : 컨텐츠 센터 리스트에서 사용자가 직접 선택합니다.

❷ **테이블 뷰** : 컨텐츠 센터 부품의 iPart 테이블을 표시합니다. 사용자는 테이블에서 선택할 수 있습니다.

❸ **패밀리 정보** : 컨텐츠 센터 부품의 패밀리 정보를 표시합니다.

❹ **사용자로** : 컨텐츠 센터 부품을 추출할때 사용자가 원하는 위치에 저장합니다. 추출된 부품은 일반 부품으로 인식됩니다.

❺ **표준으로** : 컨텐츠 센터 부품을 추출할때 지정된 폴더로 자동 추출됩니다. 추출된 부품은 컨텐츠 센터 부품으로 인식됩니다.

06 다음과 같이 볼트가 미리보기가 됩니다.

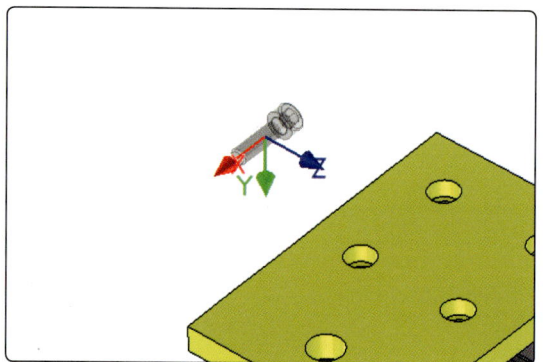

07 적당한 위치에 클릭하면 볼트가 배치됩니다.

08 구속조건 및 접합 명령을 이용해 조립합니다.

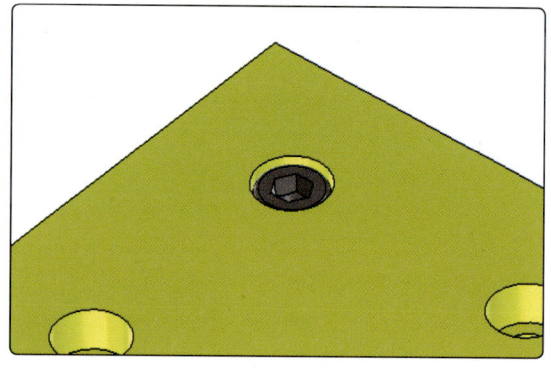

20 구속조건과 접합 명령으로 조립품 작성하기

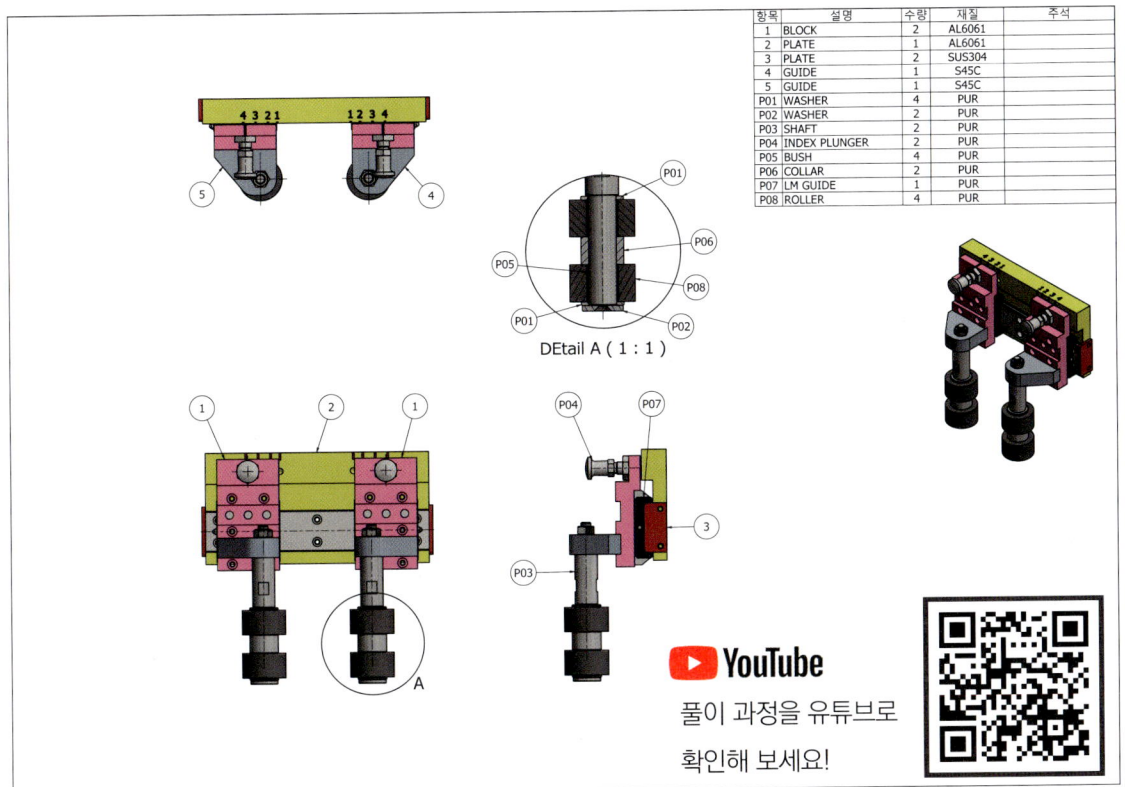

풀이 과정을 유튜브로 확인해 보세요!

01 [Standard.iam] 템플릿을 열어서 새로운 조립품 파일을 생성합니다.

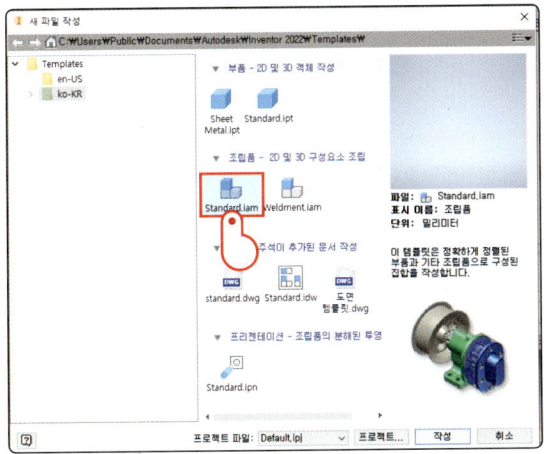

02 조립 탭의 [배치] 명령을 클릭합니다.

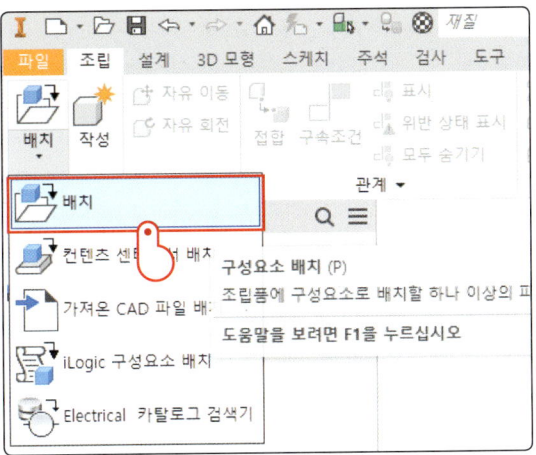

03 다음 예제 파일을 선택해서 엽니다.

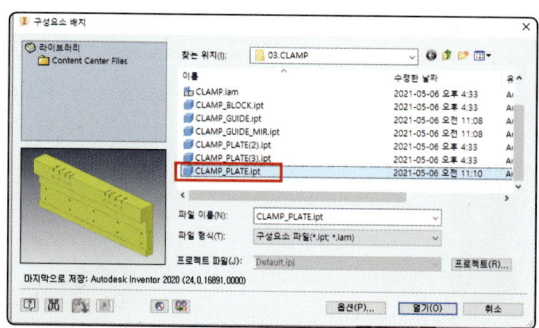

■ Part5 - Chapter2 - 03.CLAMP - CLAMP_PLATE.ipt

04 화면에 부품의 모습이 표시되면 팝업 메뉴를 표시해서 원점에 고정 배치를 클릭합니다.

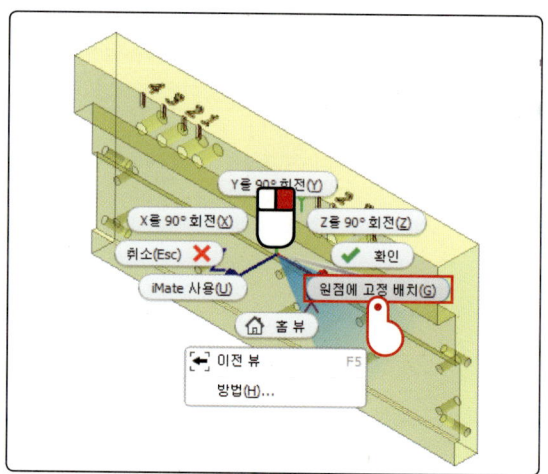

05 다음과 같이 첫 번째 부품이 고정되어 배치됩니다.

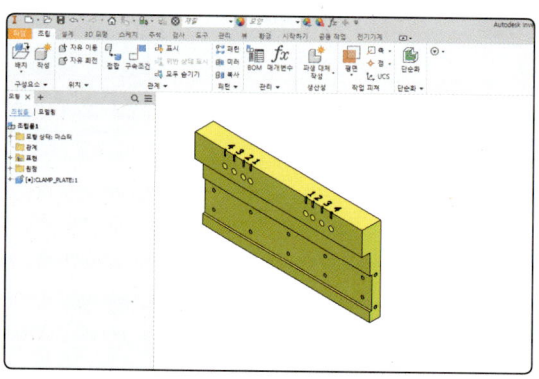

06 다음 부품을 배치 명령으로 불러옵니다.

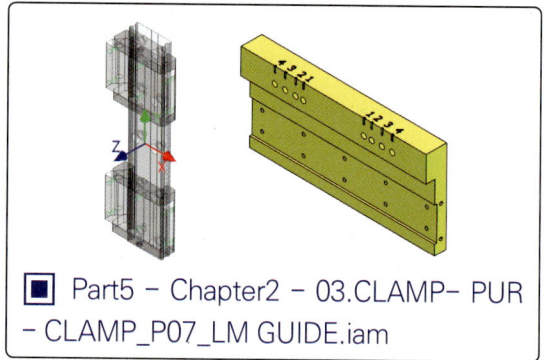

■ Part5 - Chapter2 - 03.CLAMP- PUR - CLAMP_P07_LM GUIDE.iam

07 구속조건의 메이트 옵션으로 다음 두 면을 붙입니다.

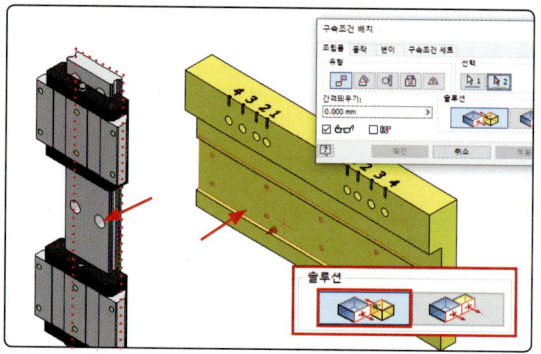

08 구속조건의 메이트 옵션으로 다음 두 면을 붙입니다.

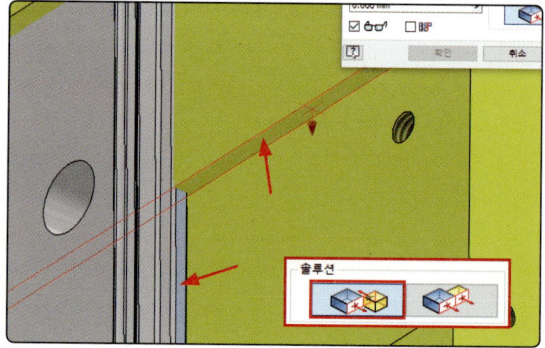

09 구속조건의 플러쉬 옵션으로 다음 두 면을 붙여서 조립을 마무리합니다.

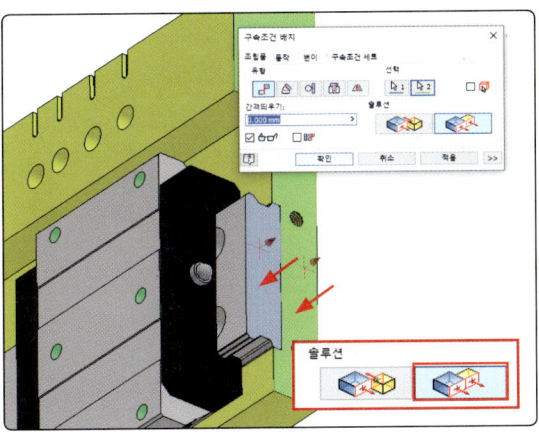

10 다음 부품을 배치 명령으로 불러옵니다.

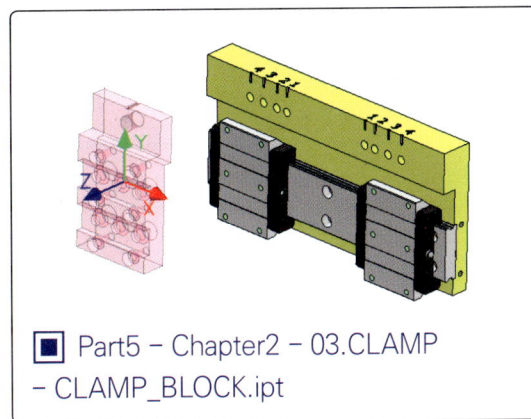

■ Part5 – Chapter2 – 03.CLAMP
 – CLAMP_BLOCK.ipt

11 다음 부품을 배치 명령으로 불러옵니다.

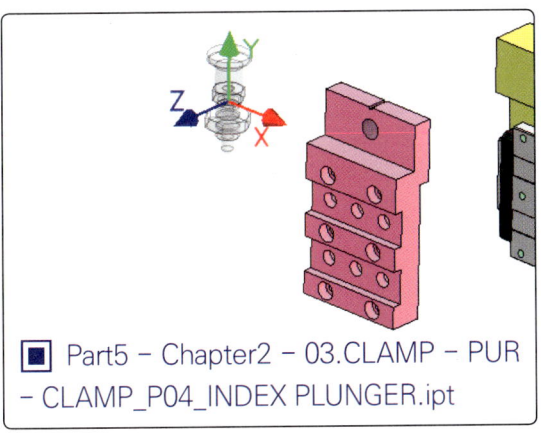

■ Part5 – Chapter2 – 03.CLAMP – PUR
 – CLAMP_P04_INDEX PLUNGER.ipt

12 [접합] 명령을 실행해 두 개의 원형 모서리를 선택합니다.

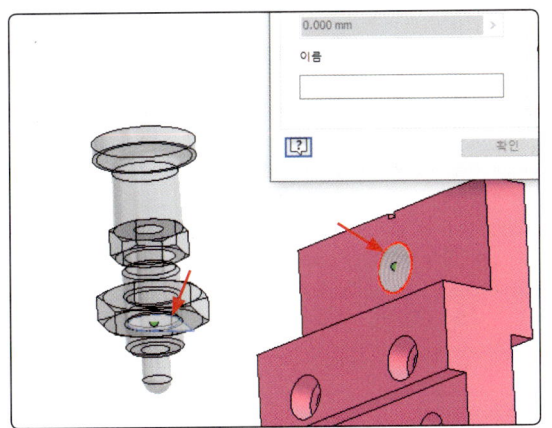

13 유형을 [강체]로 선택하고 추가 옵션을 설정해 다음과 같이 조립합니다.

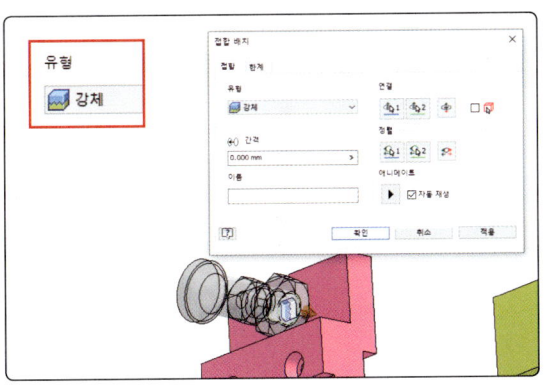

14 조립한 두 개의 부품을 선택해 팝업 메뉴로 [복사]를 클릭합니다.

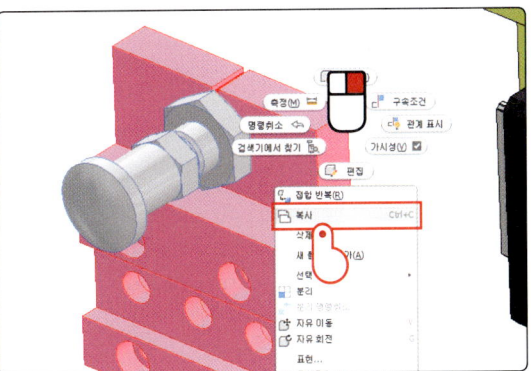

15 화면 빈곳에 팝업 메뉴를 표시해서 [붙여넣기]를 클릭합니다.

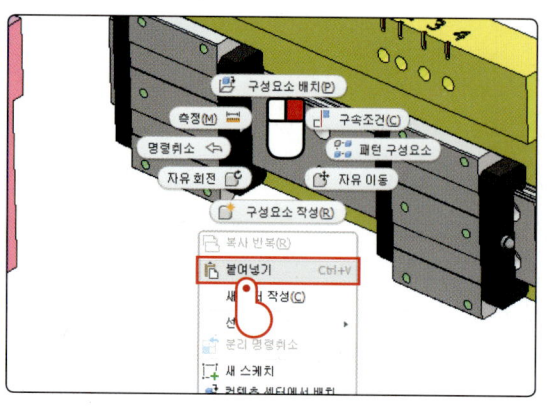

16 다음과 같이 조립된 상태의 부품이 복제됩니다.

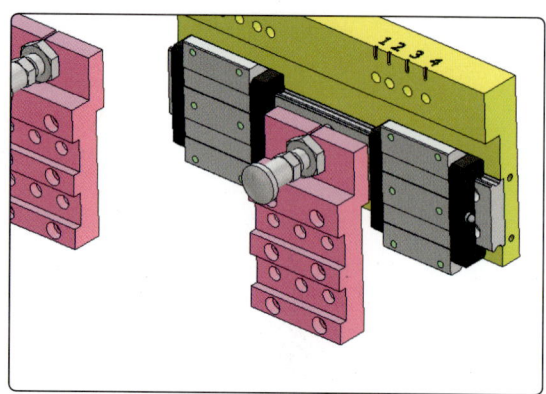

17 다음 부품을 배치 명령으로 불러옵니다.

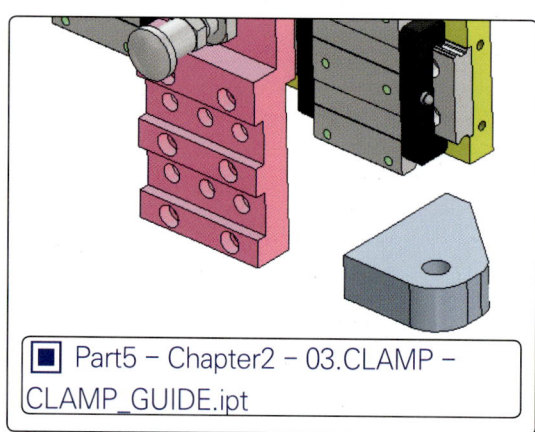

■ Part5 - Chapter2 - 03.CLAMP - CLAMP_GUIDE.ipt

18 [접합] 명령을 실행해 두 개의 원형 모서리를 선택합니다.

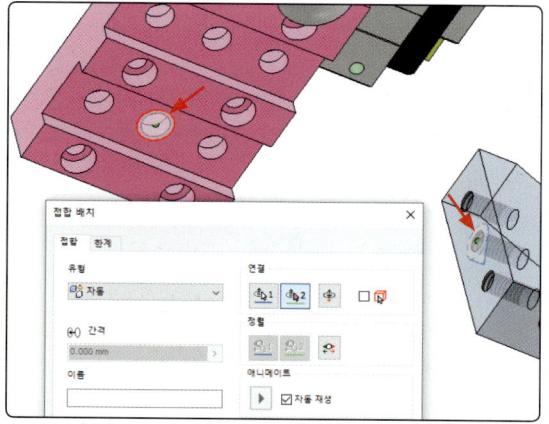

19 추가 옵션을 설정해 다음과 같이 조립합니다.

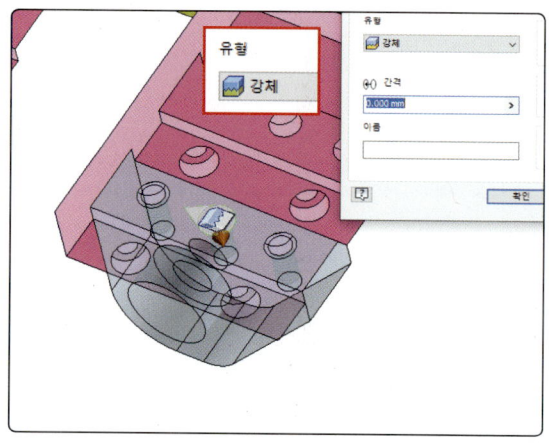

20 다음 부품들을 배치 명령으로 불러옵니다.

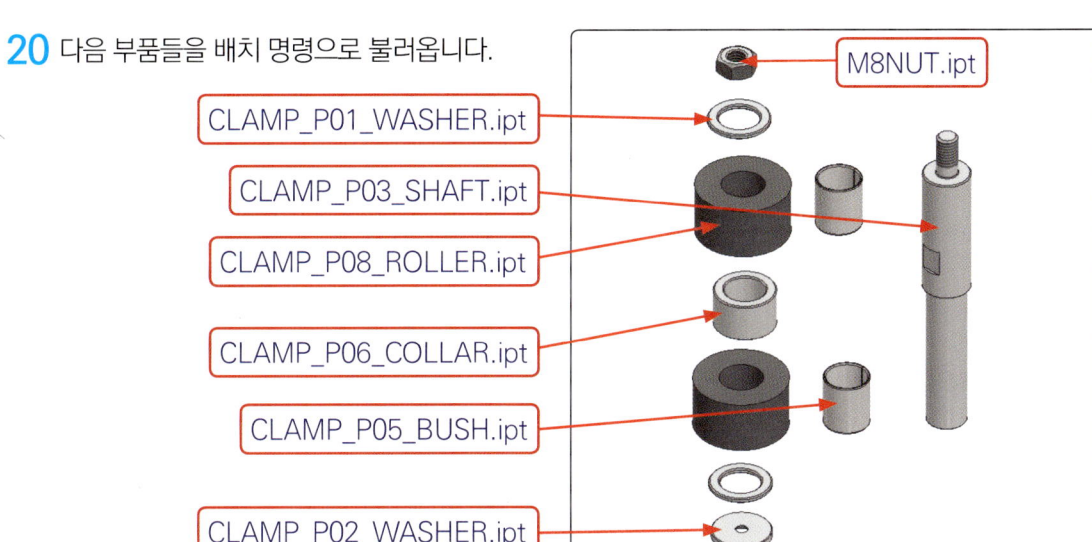

21 [접합] 명령을 실행해 두 개의 원형 모서리를 선택한 후 추가 옵션을 설정해 다음과 같이 조립합니다.

22 마찬가지로 다른 부품들도 그림과 같은 형상으로 부품들을 조립합니다.

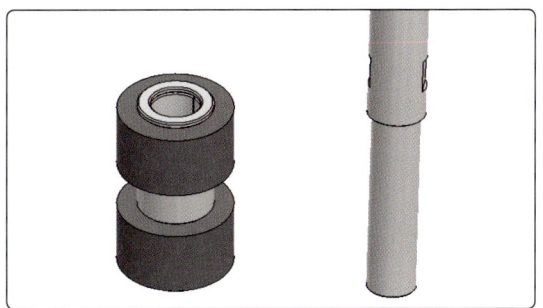

23 [접합] 명령을 실행해 두 개의 원형 모서리를 선택합니다.

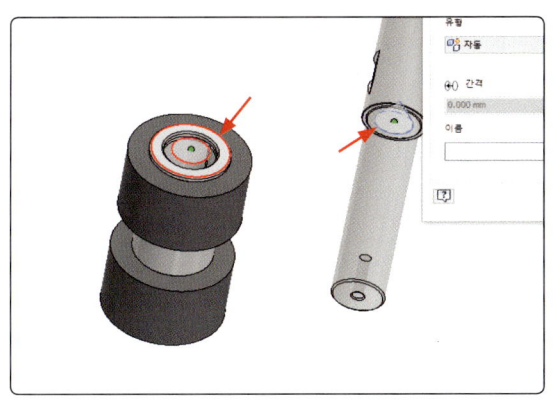

24 추가 옵션을 설정해 다음과 같이 조립합니다.

25 다음 부품을 배치 명령으로 불러와 반대쪽 부품과 대칭되는 위치로 조립합니다.

■ Part5 - Chapter2 - 03.CLAMP - CLAMP_GUIDE_MIR.ipt

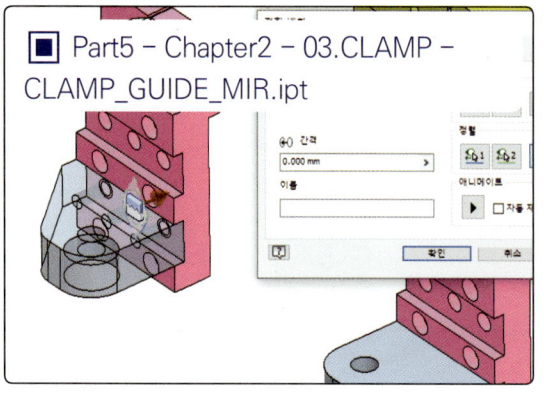

26 [접합] 명령을 실행해 두 개의 원형 모서리를 선택합니다.

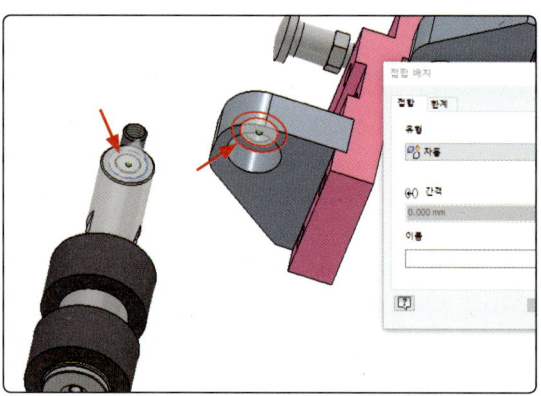

27 추가 옵션을 설정해 다음과 같이 조립합니다.

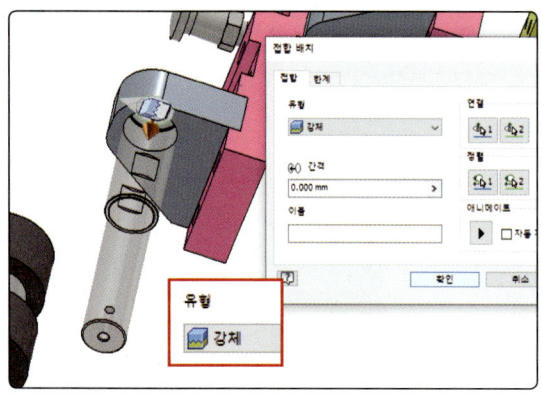

28 다음 부품을 배치 명령으로 불러와 [접합] 명령을 실행해 두 개의 원형 모서리를 선택합니다.

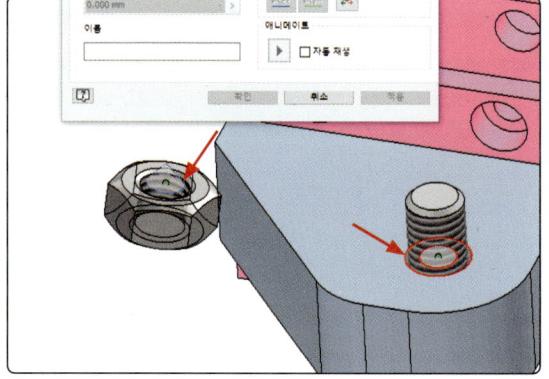

29 추가 옵션을 설정해 다음과 같이 조립합니다.

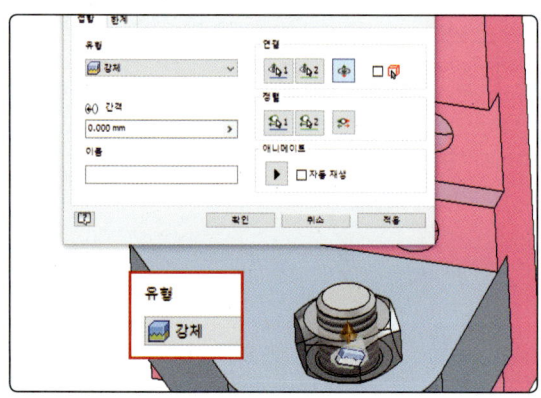

30 [접합] 명령을 실행해 다음 원형 모서리를 선택합니다.

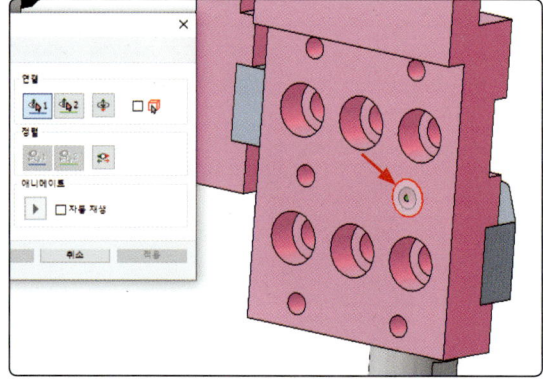

31 두 번째 원형 모서리를 선택합니다.

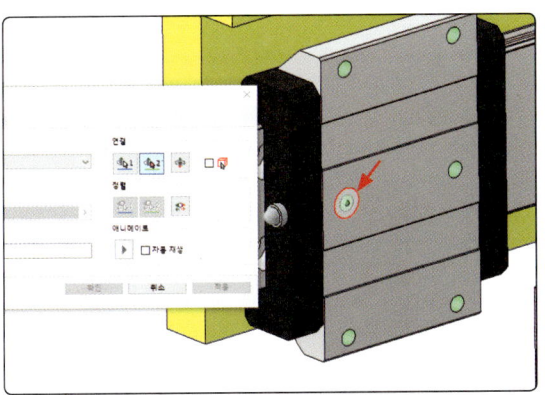

32 추가 옵션을 설정해 다음과 같이 조립합니다.

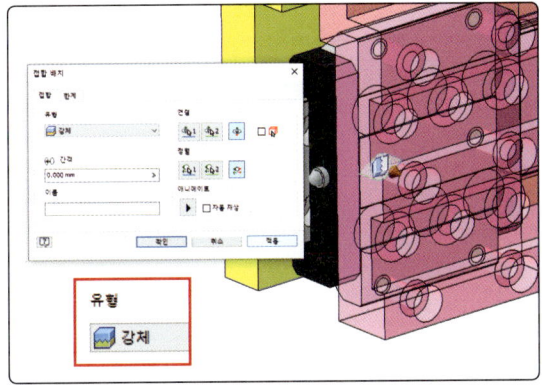

33 다음과 같이 한쪽 클램프 덩어리의 조립이 완료되었습니다.

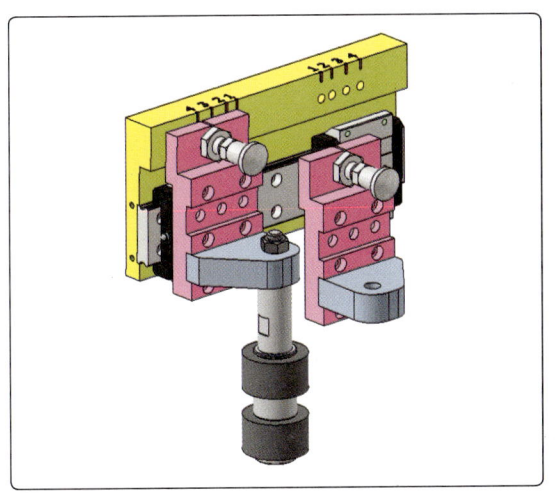

34 다음 부품들을 통째로 선택해 팝업 메뉴로 [복사]를 클릭합니다.

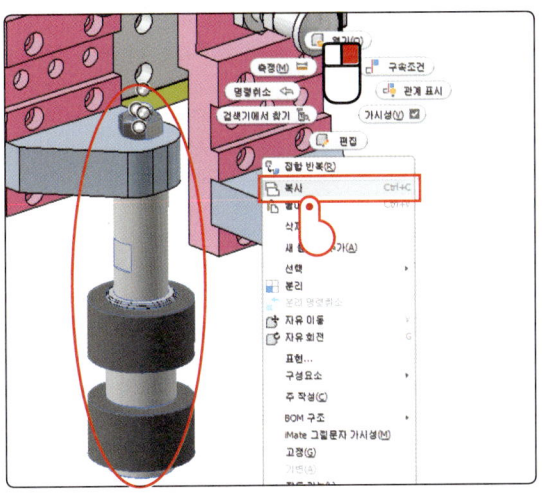

35 화면 빈곳에 팝업 메뉴를 표시해서 [붙여넣기]를 클릭합니다.

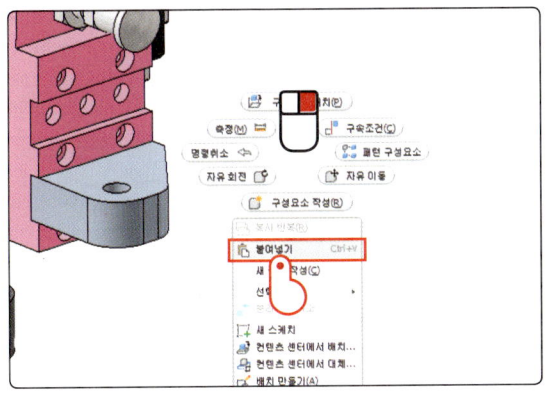

36 다음과 같이 조립된 상태의 부품이 복제됩니다.

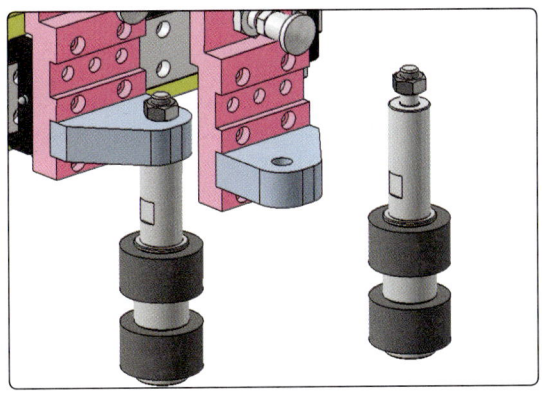

37 반대쪽과 마찬가지로 [접합] 명령으로 그림과 같이 조립합니다.

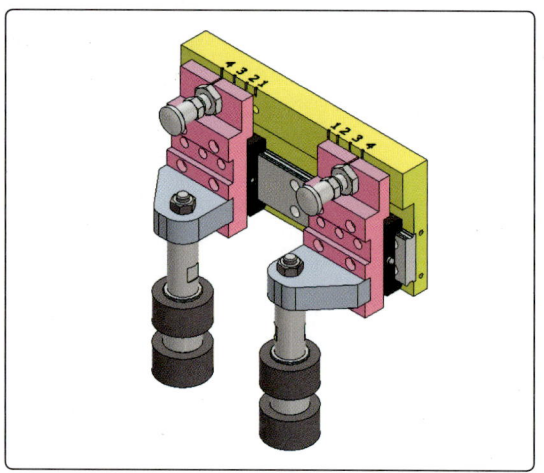

38 다음 부품을 배치 명령으로 불러옵니다.

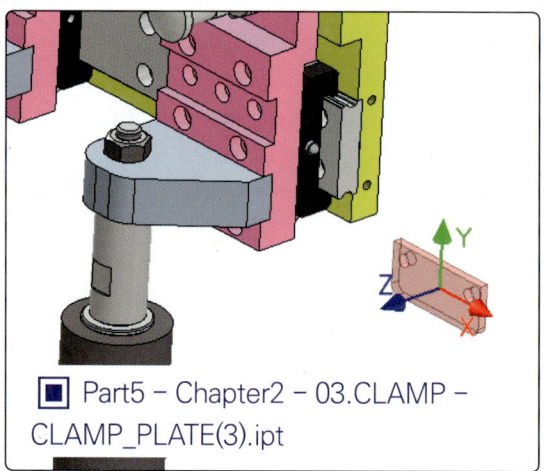

■ Part5 – Chapter2 – 03.CLAMP – CLAMP_PLATE(3).ipt

39 [접합] 명령을 실행해 다음 그림과 같이 조립합니다.

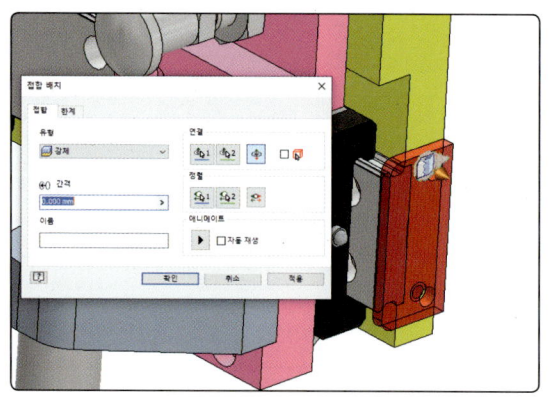

40 부품을 복제해서 반대쪽도 마찬가지로 조립합니다.

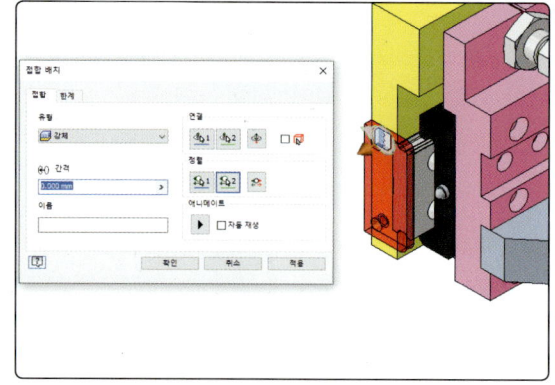

41 조립품 작성이 완료되었습니다.

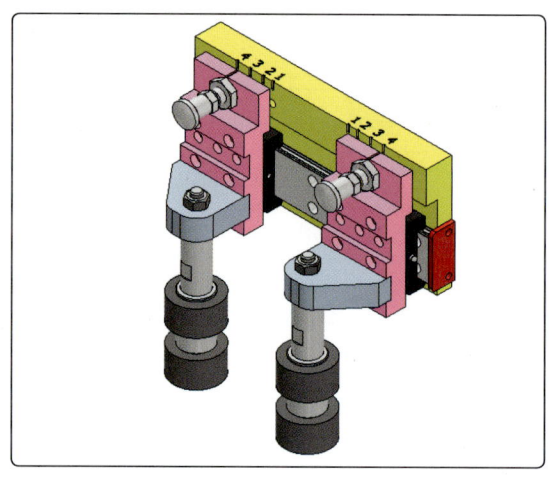

연습예제 : 제시된 폴더의 파일들을 조립해 아래와 같은 조립품을 완성해보자.

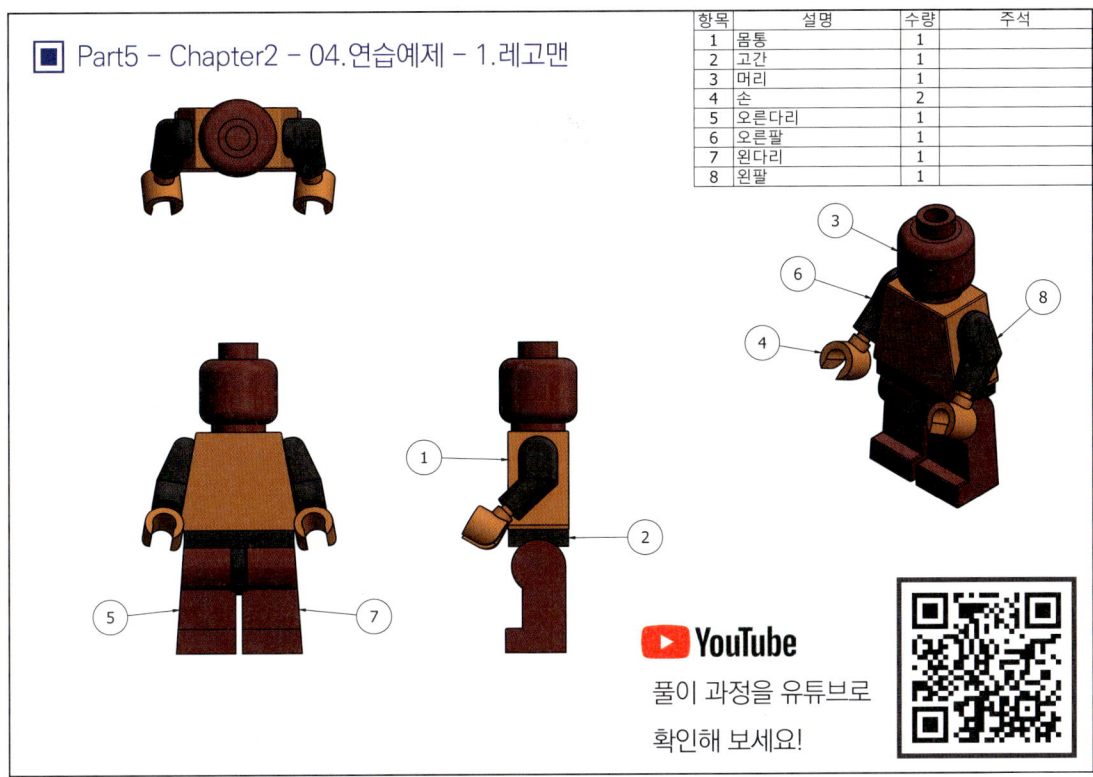

■ Part5 – Chapter2 – 04.연습예제 – 1.레고맨

항목	설명	수량	주석
1	몸통	1	
2	고간	1	
3	머리	1	
4	손	2	
5	오른다리	1	
6	오른팔	1	
7	왼다리	1	
8	왼팔	1	

풀이 과정을 유튜브로 확인해 보세요!

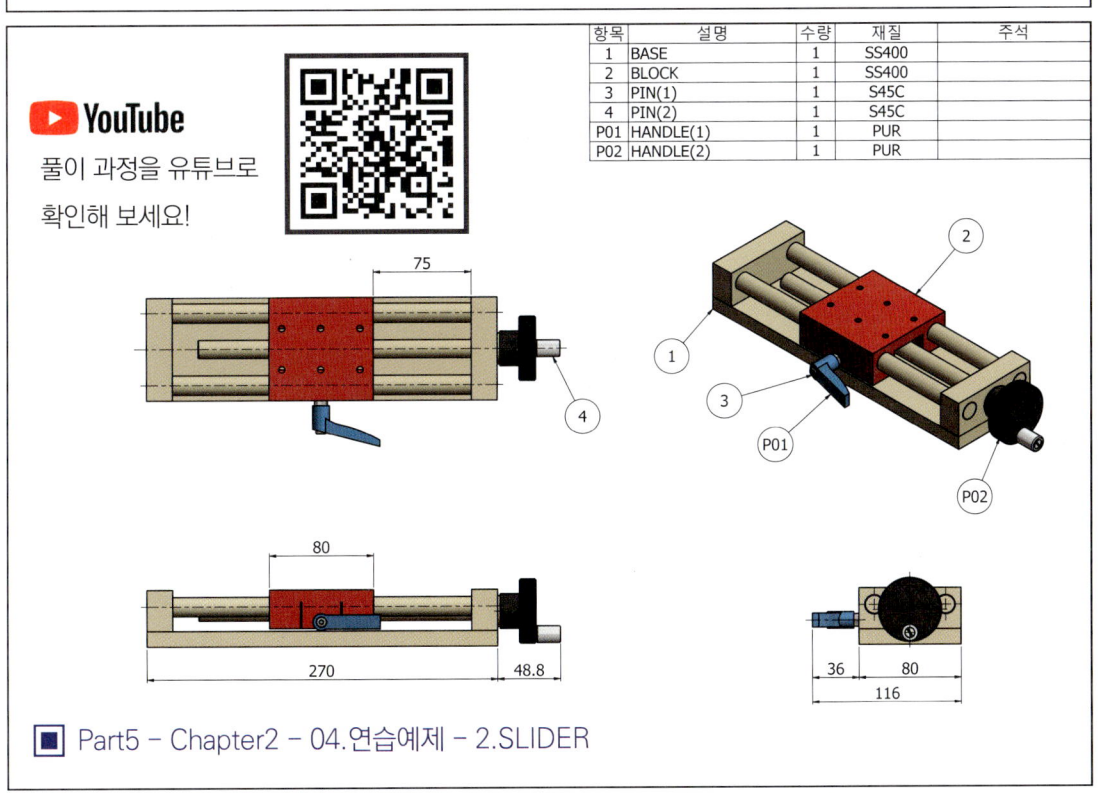

항목	설명	수량	재질	주석
1	BASE	1	SS400	
2	BLOCK	1	SS400	
3	PIN(1)	1	S45C	
4	PIN(2)	1	S45C	
P01	HANDLE(1)	1	PUR	
P02	HANDLE(2)	1	PUR	

풀이 과정을 유튜브로 확인해 보세요!

■ Part5 – Chapter2 – 04.연습예제 – 2.SLIDER

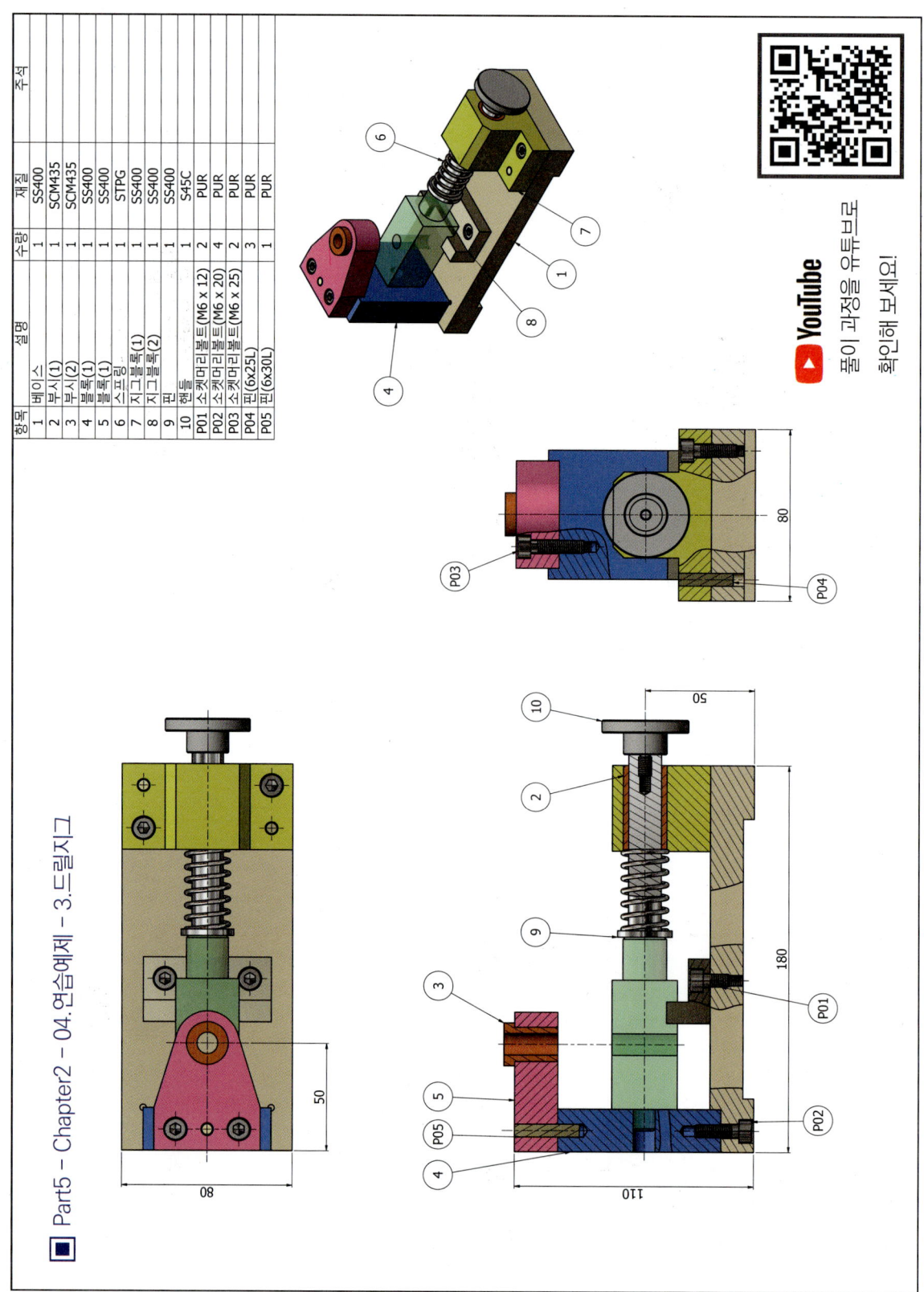

PART 5 조립품 모델링

Chapter 2 조립품 명령어 학습하기

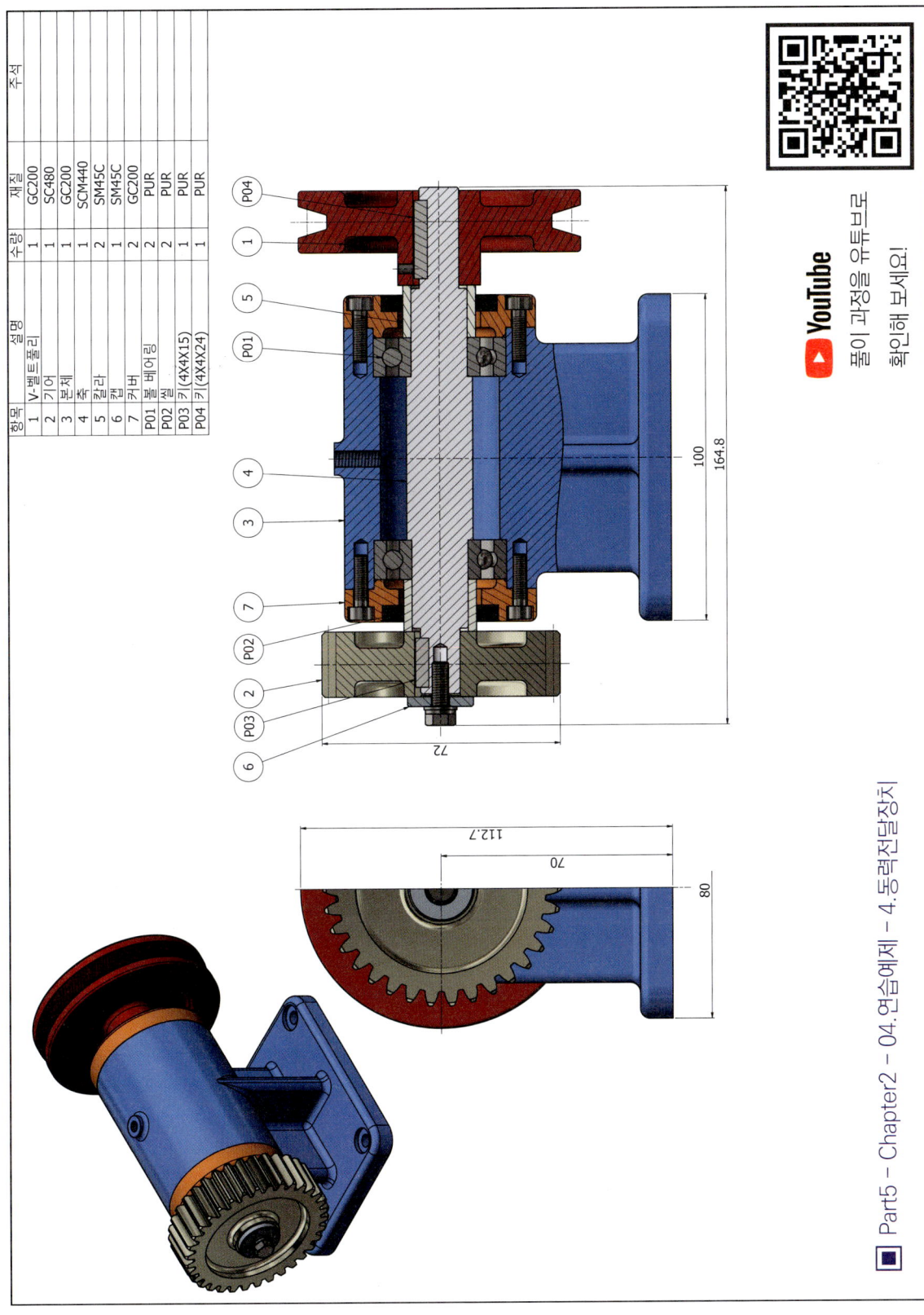

Part5 – Chapter2 – 04.연습예제 – 4.동력전달장치

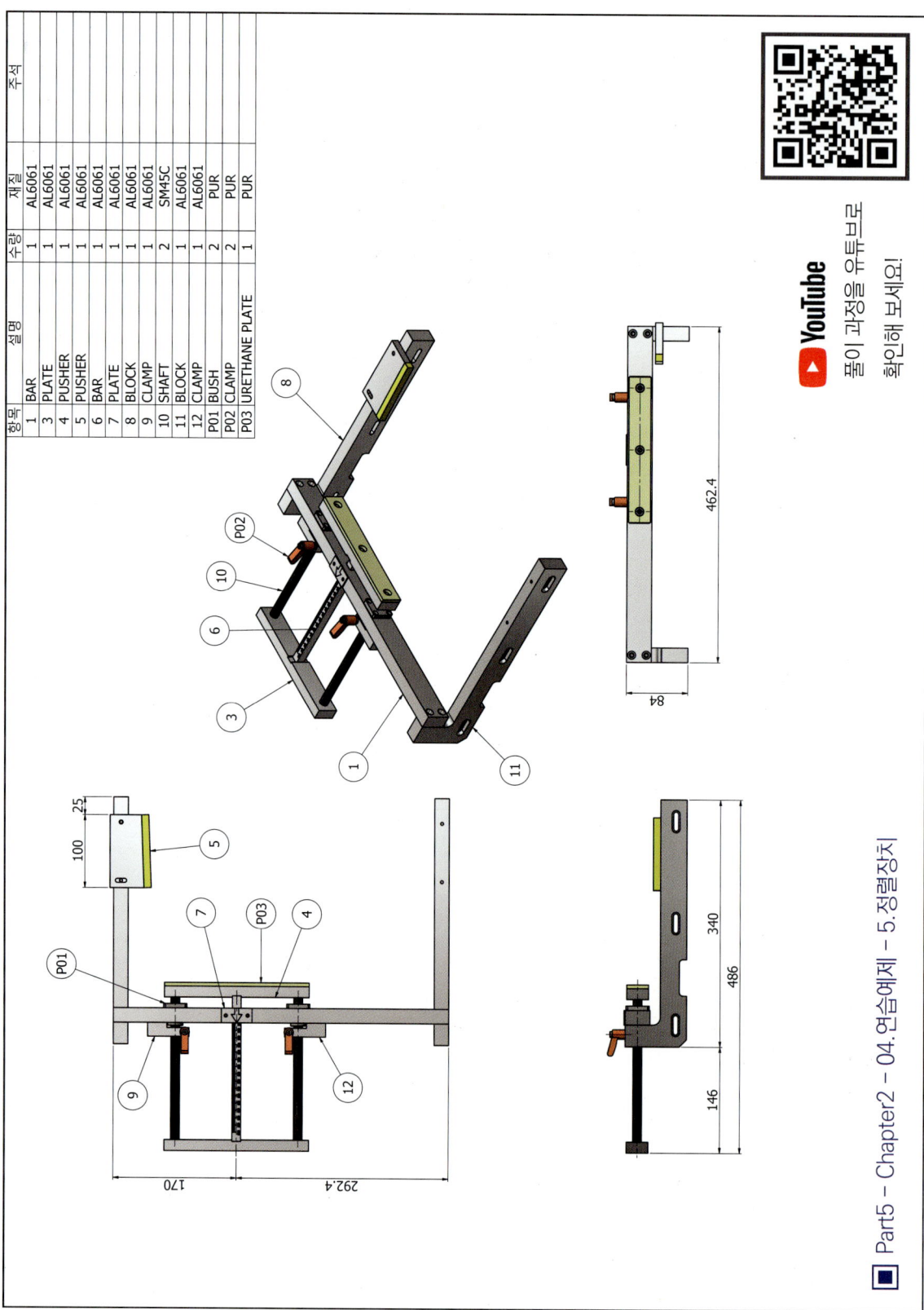

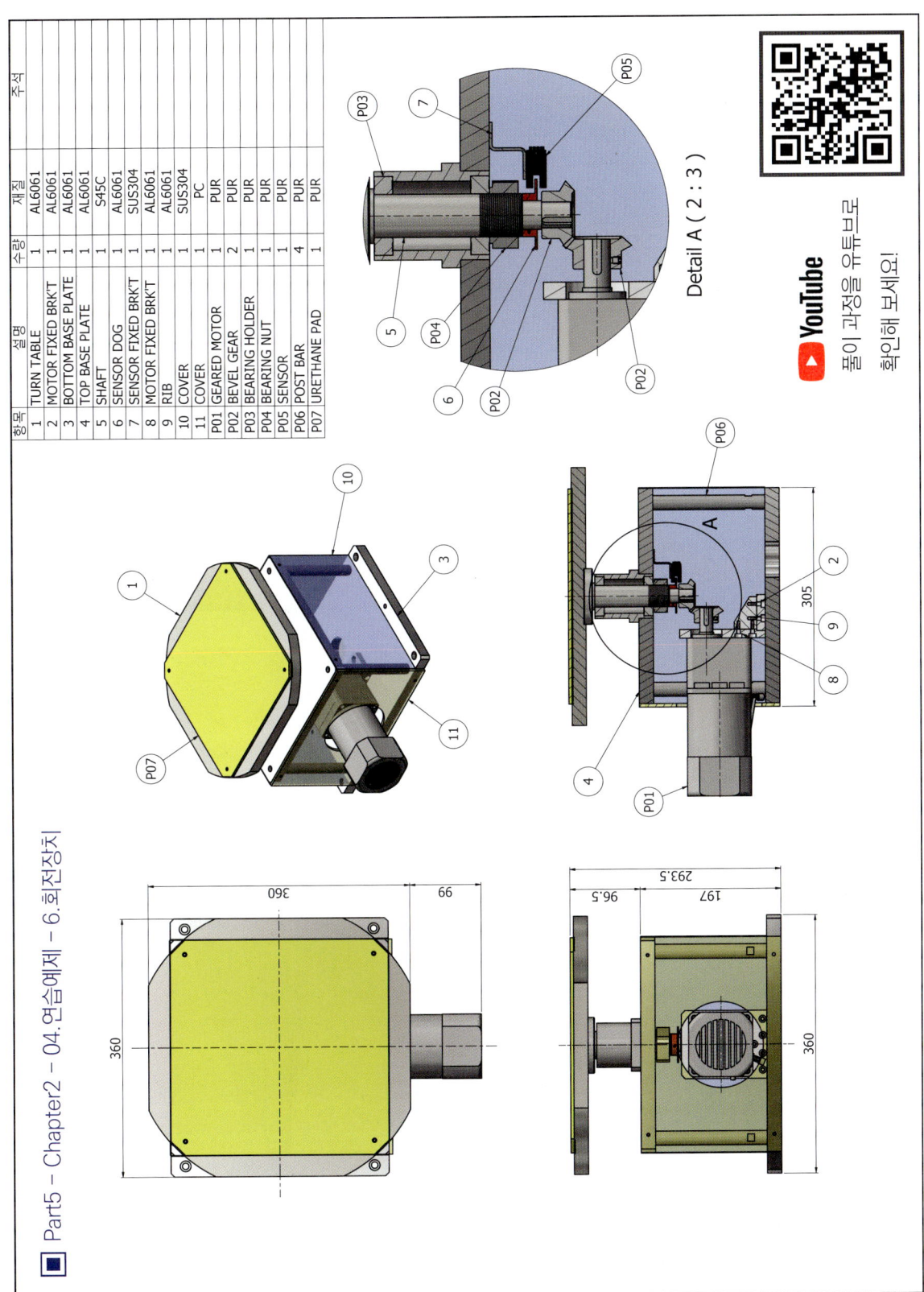

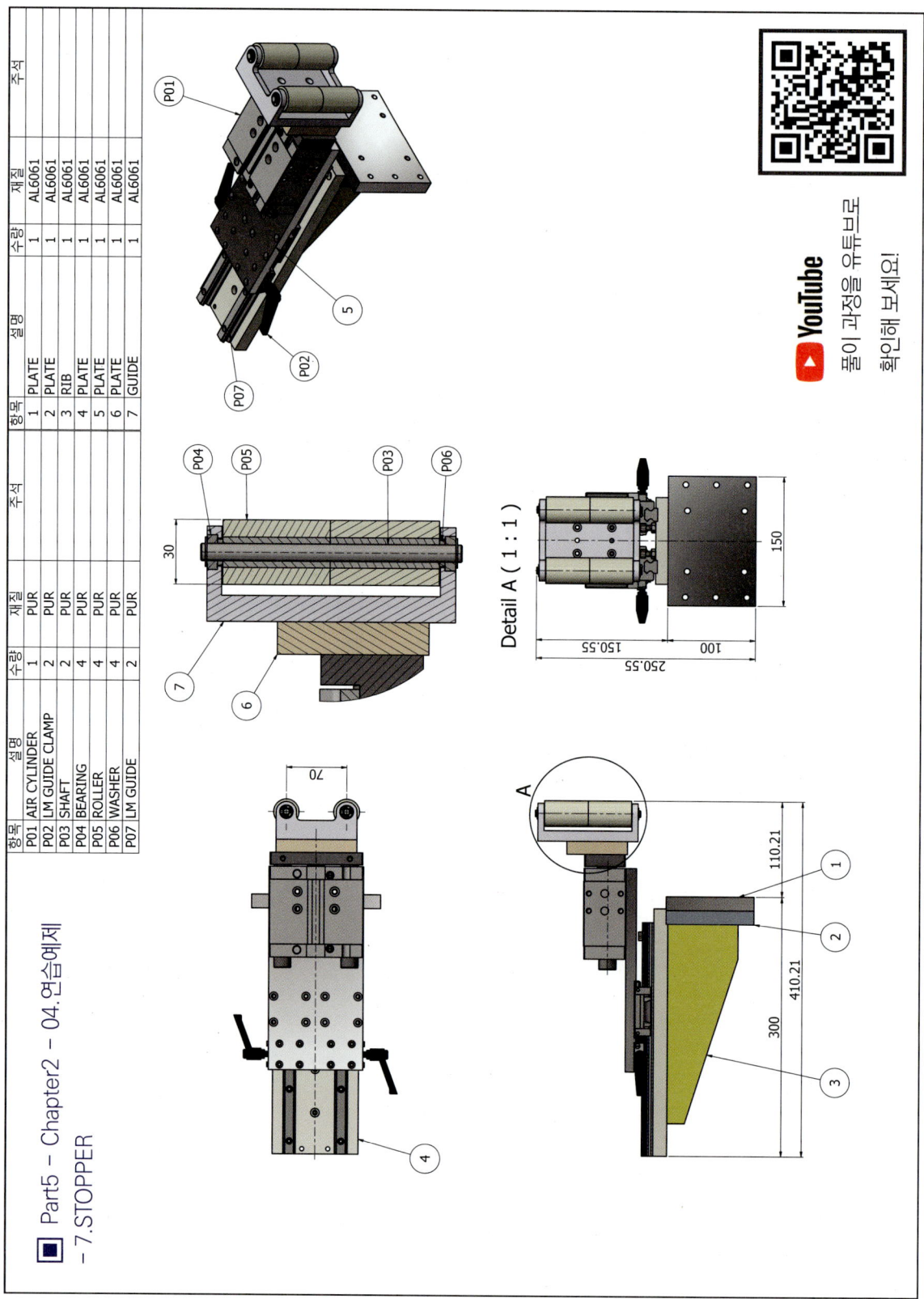

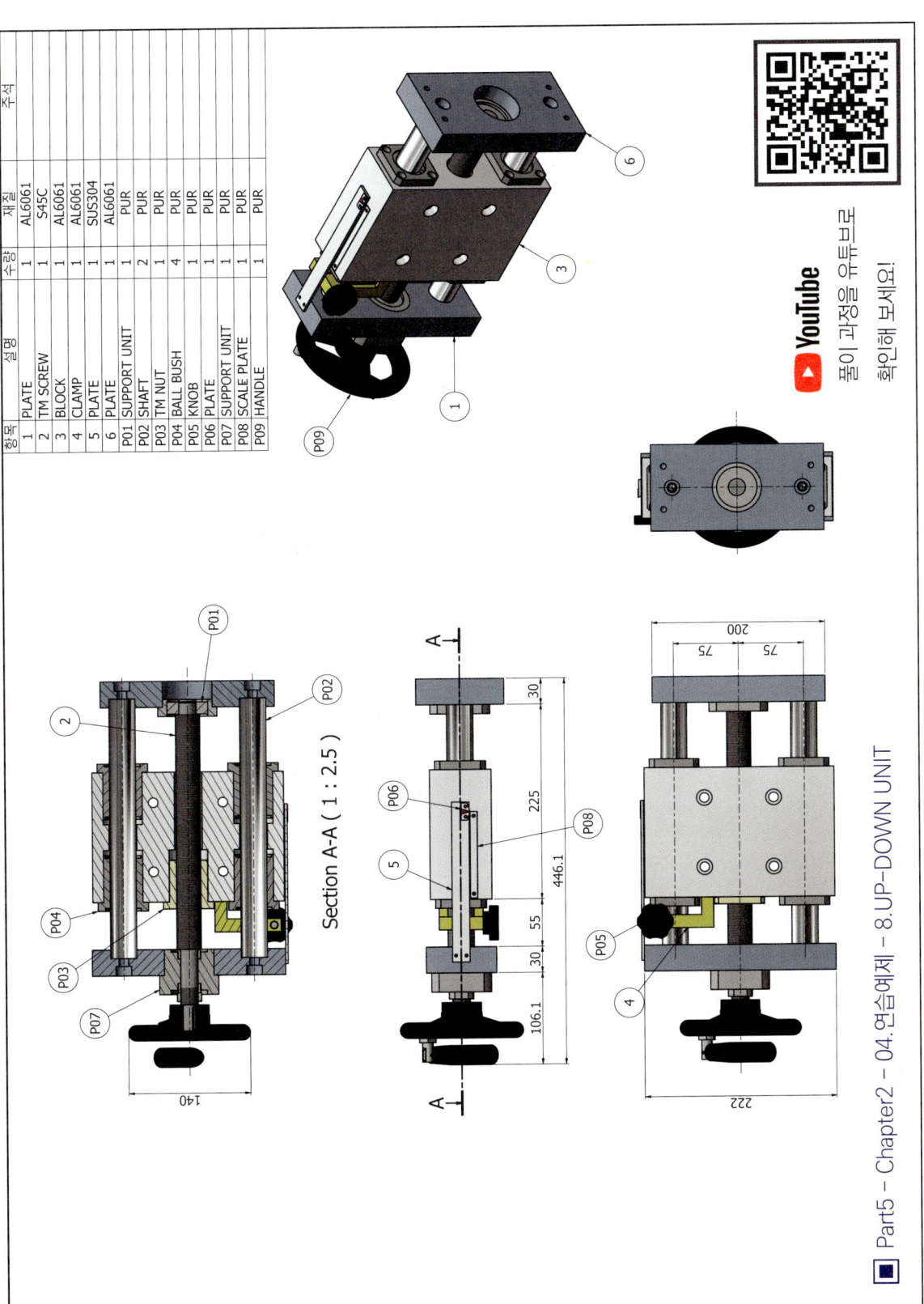

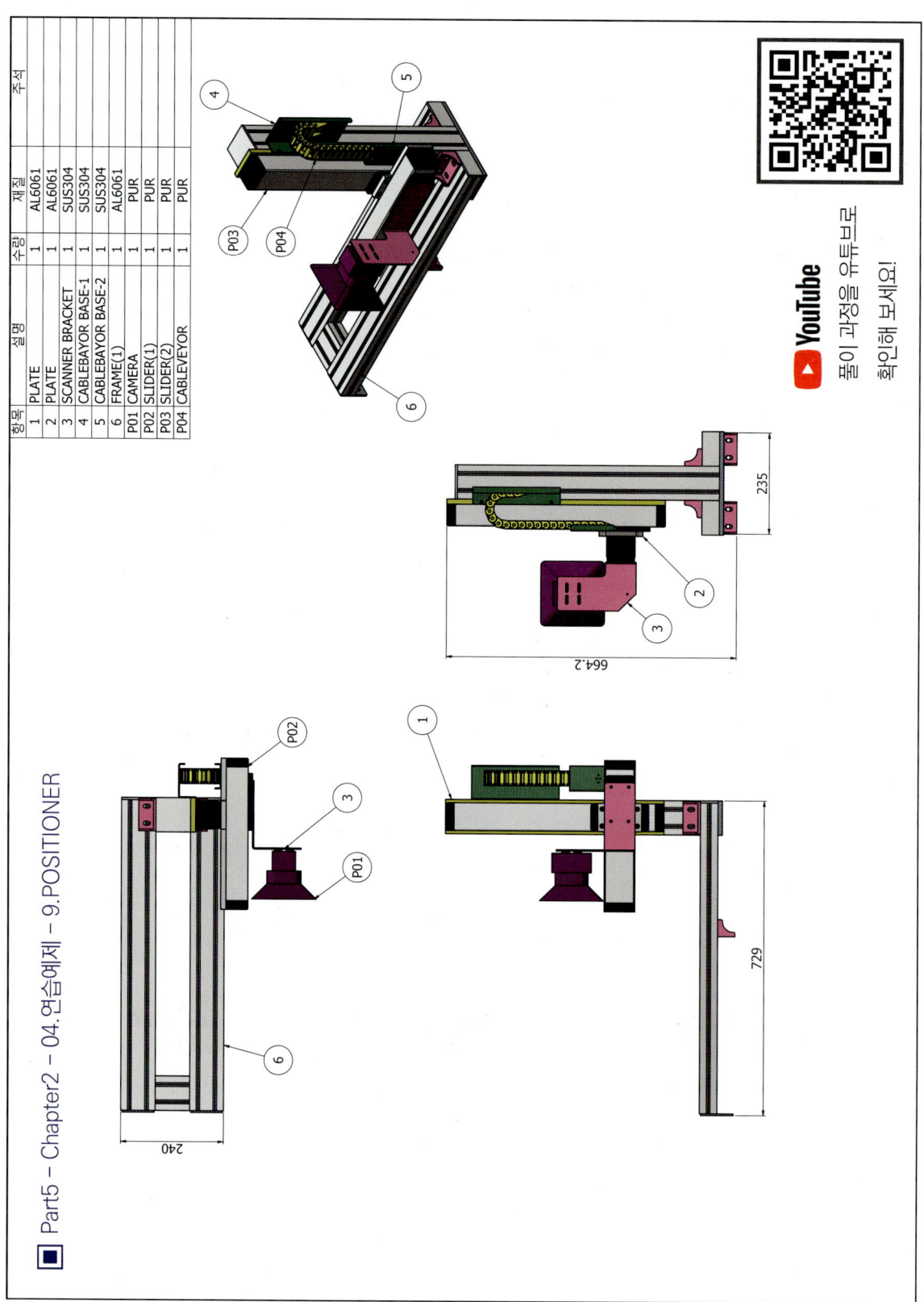

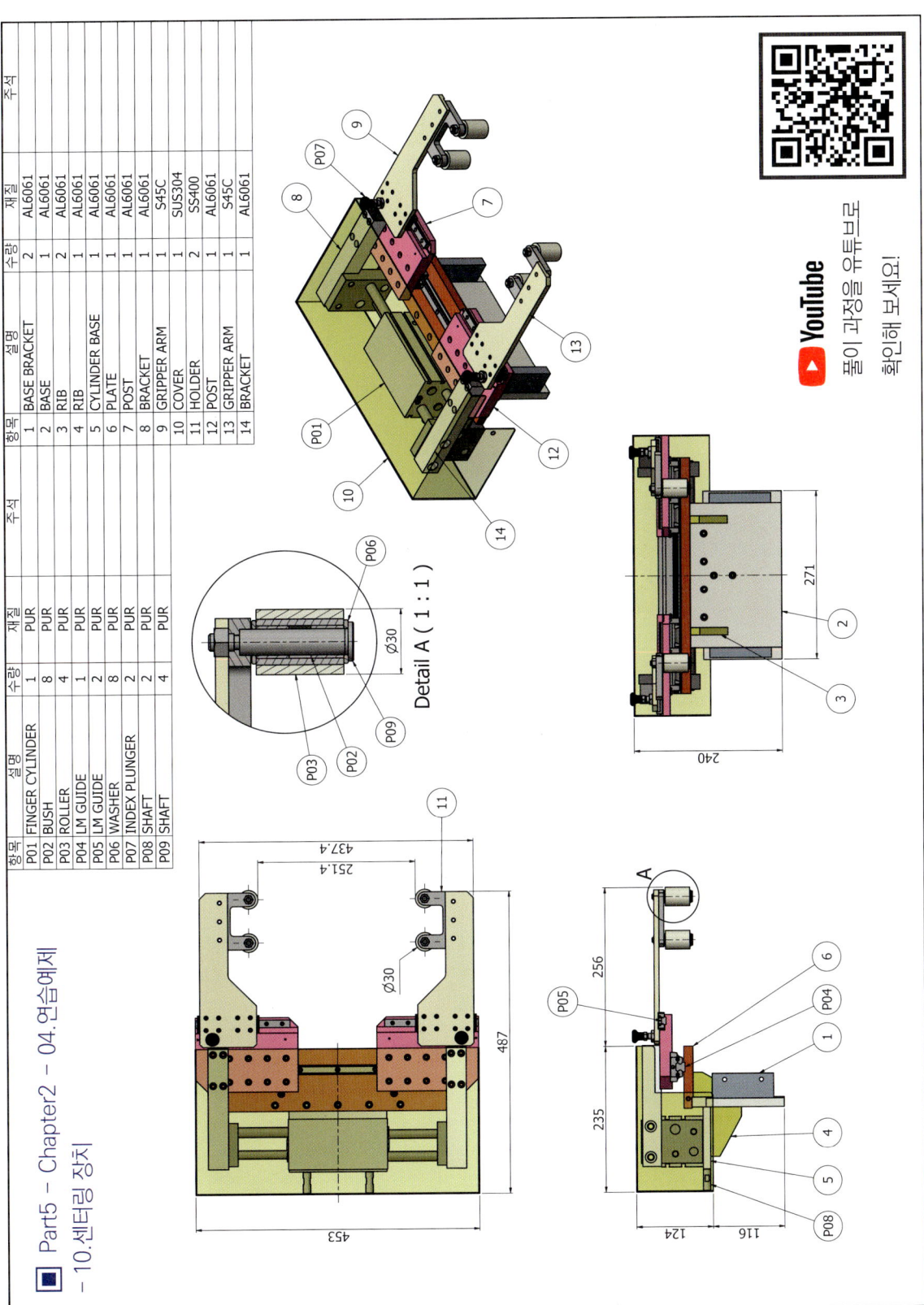

03 조립품 명령 활용하기

Autodesk Inventor 2022

이번 시간에는 조립품 명령어를 좀 더 알아보도록 하겠습니다.

01 간섭 분석하기와 작동가능

부품끼리의 간섭 분석과 작동가능 명령에 대해서 알아보도록 하겠습니다.

01 [파일] – [열기]를 클릭하여 다음 예제 파일을 엽니다.

■ Part5 – Chapter3 – 정렬장치 – 정렬장치.iam

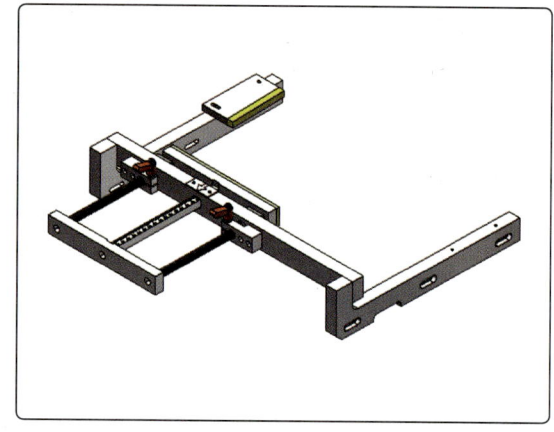

02 [검사] 탭의 [간섭 분석] 명령을 클릭합니다.

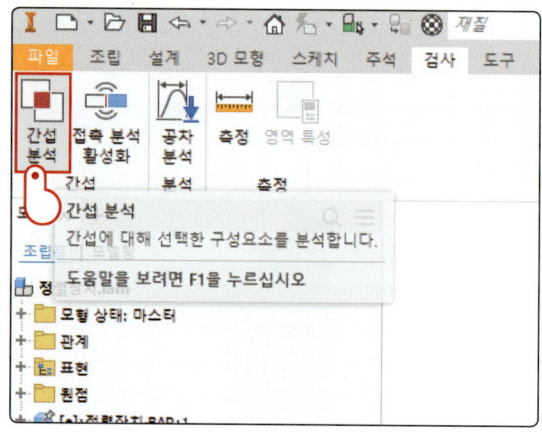

03 [세트 #1 정의] 항목을 다음 부품으로 선택합니다.

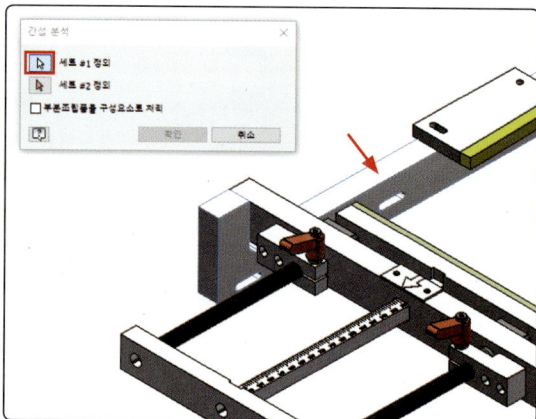

04 [세트 #2 정의] 항목 버튼을 클릭하고 다음 부품을 선택합니다.

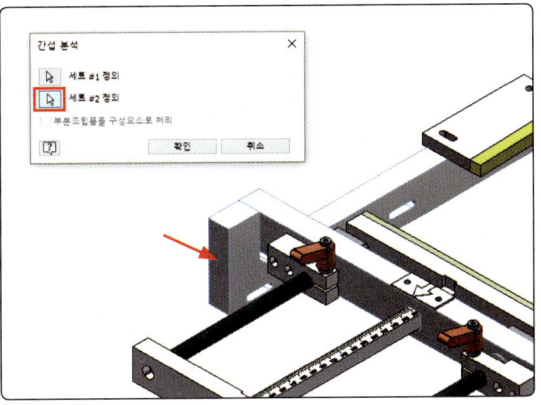

05 [확인] 버튼을 클릭하면 다음과 같이 [간섭이 탐지되지 않음]이 표시됩니다.

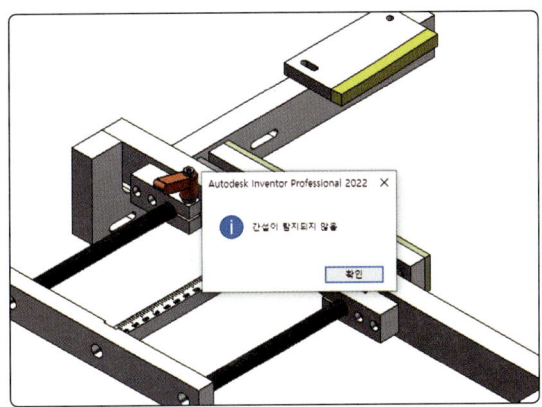

06 다시 [간섭 분석] 명령을 실행한 후 드래그로 전체 부품을 선택합니다.

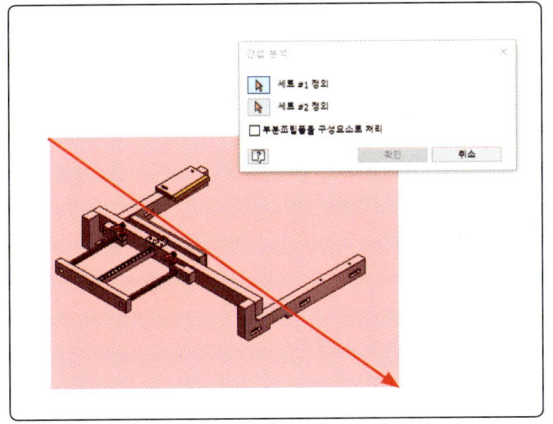

07 전체 부품이 선택되면 [확인] 버튼을 클릭합니다.

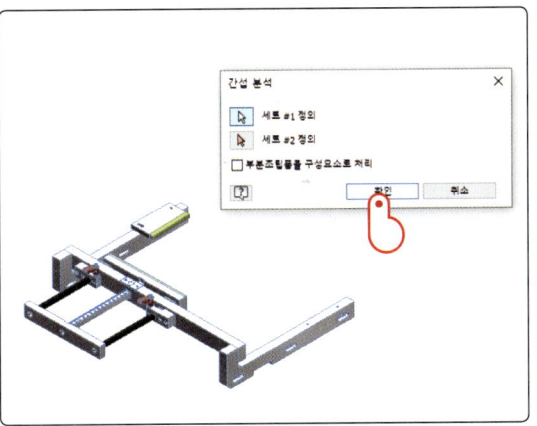

08 간섭 탐지 창이 표시됩니다. 간섭 유형 항목의 [스레드] 항목을 체크합니다.

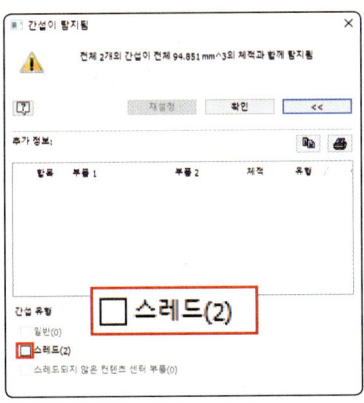

09 다음과 같이 스레드에 의해 간섭된 부분이 표시됩니다.

10 스레드 간섭을 제외시키기 위해 간섭 부품을 선택해 팝업 메뉴에서 작동 가능을 클릭합니다.

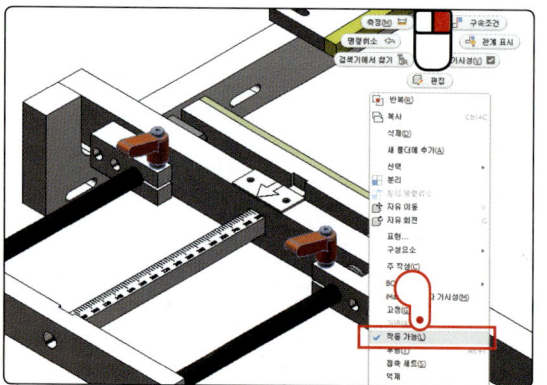

11 다음과 같이 작동 가능을 해제한 부품은 다음과 같이 반투명해집니다.

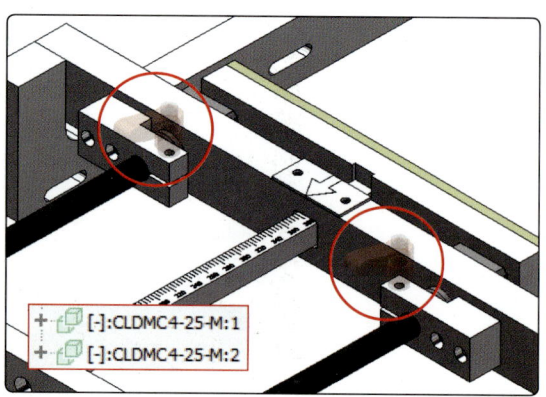

12 다시 [간섭 분석] 명령을 실행한 후 드래그로 전체 부품을 선택합니다.

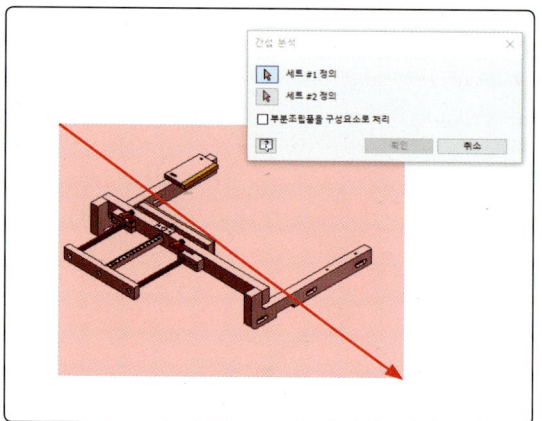

13 [확인] 버튼을 클릭하면 다음과 같이 [간섭이 탐지되지 않음]이 표시됩니다.

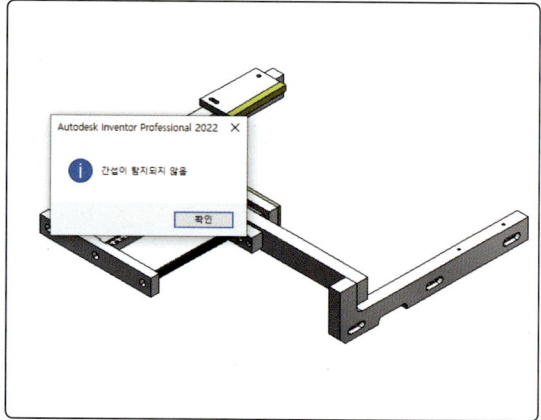

 Tip

드래그로 전체 부품을 선택한 후에 [간섭 분석] 명령을 실행하면 바로 분석을 시작합니다.

02 유연성

조립품 내의 하위 조립품이 가지고 있는 자유도를 이용해 구동할 수 있는 유연성에 대해서 알아보도록 하겠습니다.

01 [파일] – [열기]를 클릭하여 다음 예제 파일을 엽니다.

■ Part5 – Chapter3 – STOPPER – STOPPER.iam

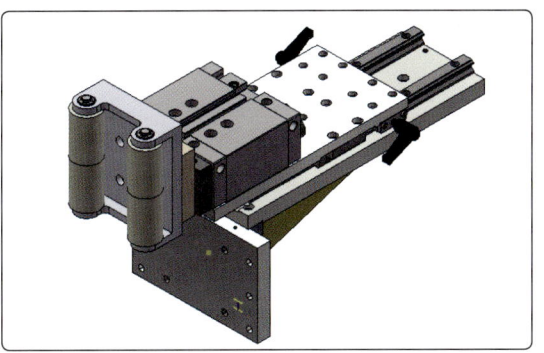

02 다음 부품을 선택해 팝업 메뉴를 표시한 후 [열기] 메뉴를 클릭합니다.

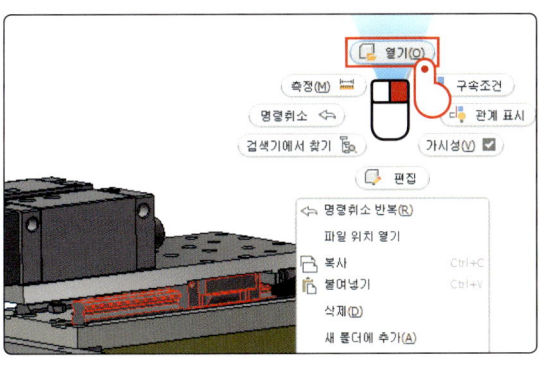

03 다음 부품을 드래그하면 자유롭게 슬라이드 하는 것을 알 수 있습니다.

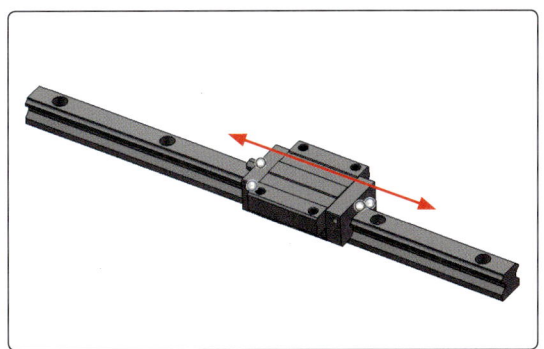

04 메인 조립품 환경에서 두 개의 부품을 선택해 팝업 메뉴를 표시해 [유연성] 메뉴를 클릭합니다.

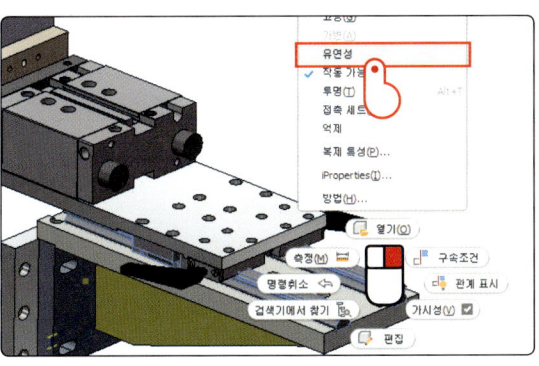

05 다음과 같이 검색기 항목의 부품에 유연성 마크가 표시됩니다.

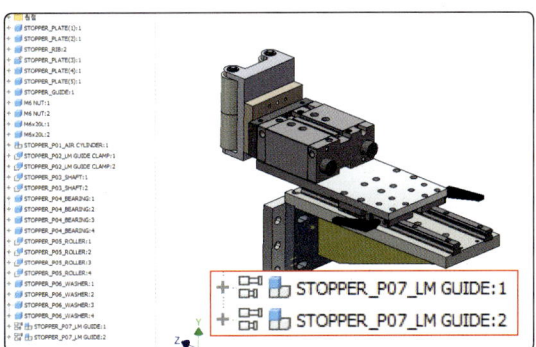

06 다음 부품을 드래그해서 움직이면 앞뒤로 슬라이드로 움직이는 것을 알 수 있습니다.

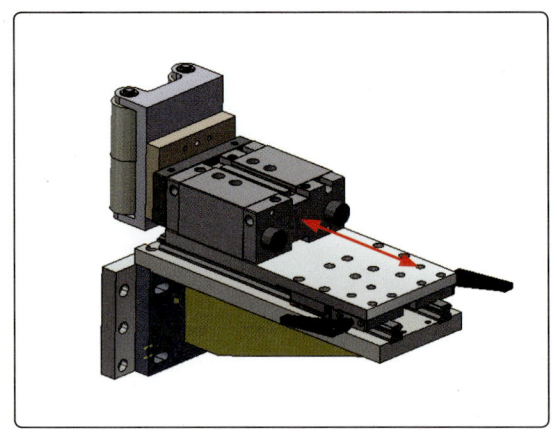

 Tip

서브 조립품에 자유도가 없다면 유연성을 이용해도 움직이지 않습니다.

03 구속조건 구동하기

작성한 구속조건 값을 이용해 구속조건 구동을 해 보도록 하겠습니다.

01 [파일] - [열기]를 클릭하여 다음 예제 파일을 엽니다.

■ Part5 - Chapter3 - SLIDER - SLIDER.iam

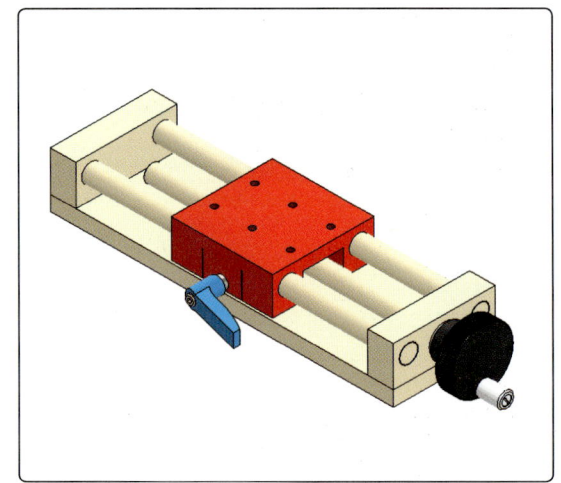

02 [관계] 항목의 [메이트:3] 항목을 선택해 팝업 메뉴에서 [드라이브] 명령을 클릭합니다.

03 다음과 같이 드라이브 메뉴가 표시됩니다.

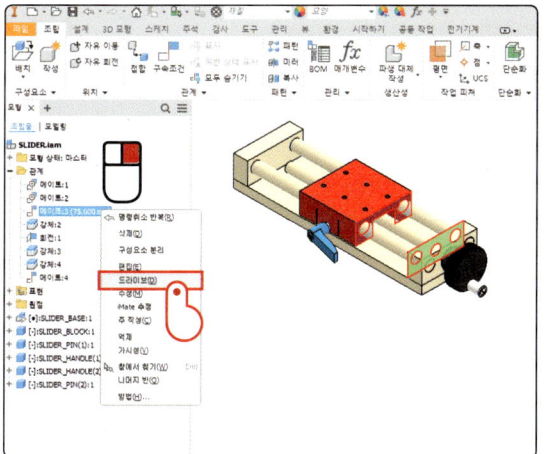
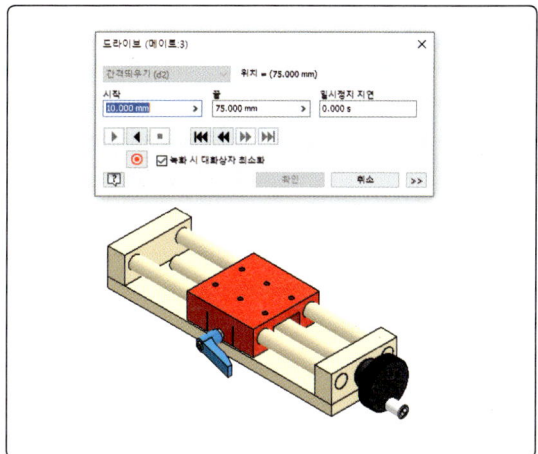

04 [시작] 항목을 [10], 끝 항목을 [140]으로 입력해 [앞으로] 버튼을 클릭하면 구동합니다.

05 [뒤로] 버튼을 클릭하면 다음과 같이 구동합니다.

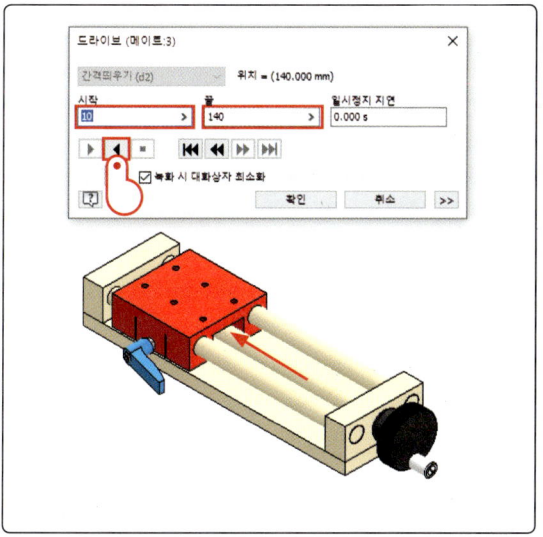
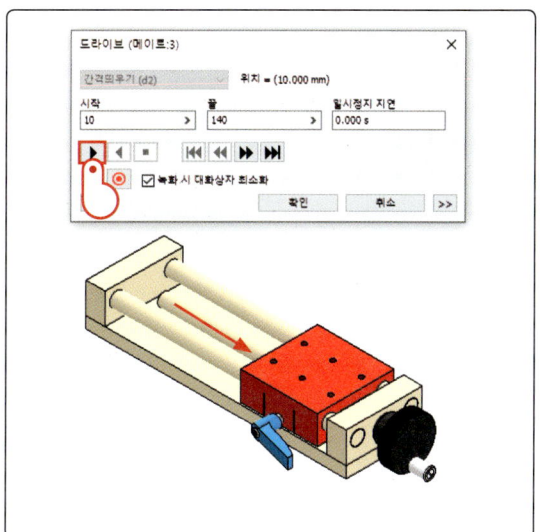

 **Tip**

사용자가 작성한 시작값과 끝 값에 대한 현재 위치에 따라 [앞으로] 버튼과 [뒤로] 버튼의 활성화가 달라집니다.

04 충돌 탐지

구속조건 구동시 부품이 충돌되는 것을 탐지하는 기능에 대해 알아보도록 하겠습니다.

01 [파일] - [열기]를 클릭하여 다음 예제 파일을 엽니다.

■ Part5 - Chapter3 - SLIDER - SLIDER-PUSHER.iam

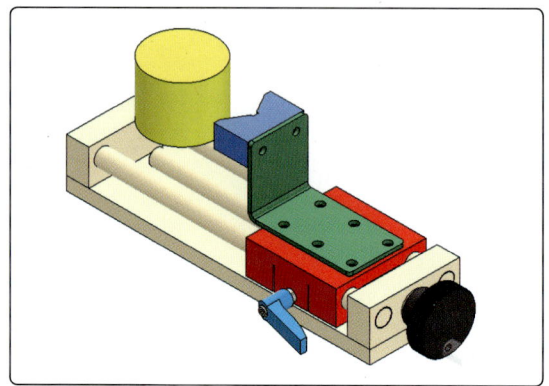

02 [관계] 항목의 [메이트:3] 항목을 선택해 팝업 메뉴에서 [드라이브] 명령을 클릭합니다.

03 확장 버튼을 클릭해 [충돌 탐지] 항목에 체크 합니다.

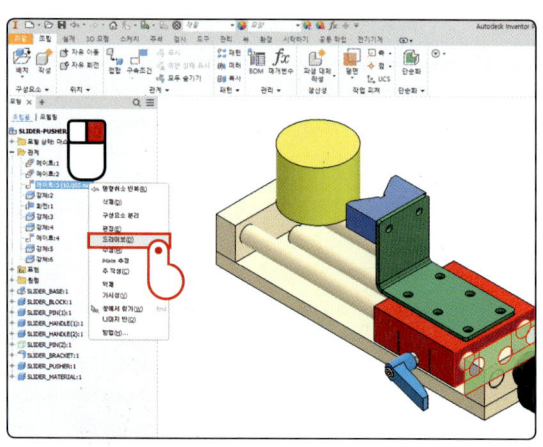
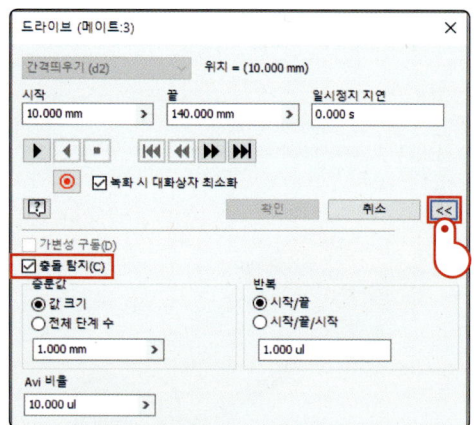

04 [앞으로] 버튼을 클릭해 구동하면 부품끼리 서로 부딪혔을때 충돌이 탐지됨이란 메시지가 출력됩니다.

 **Tip**

충돌이 탐지되었을 때 드라이브 창을 보면 위치 항목에 어느값 도달했을 때 충돌이 일어났는지 표시됩니다.

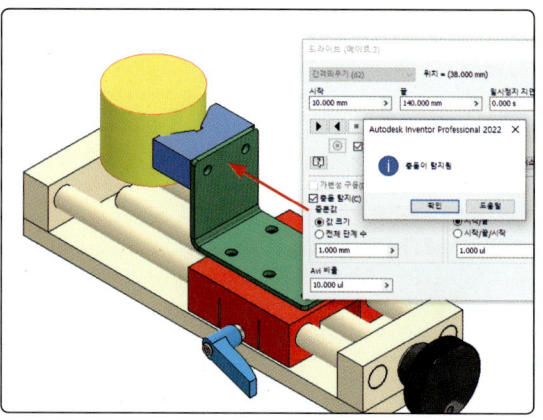

05 접촉세트

부품을 자유 이동시 부품끼리 서로 접촉하는 것을 인지할 수 있는 접촉 세트에 대해서 알아보도록 하겠습니다.

01 다음 두 개의 부품을 선택해 팝업 메뉴에서 [접촉 세트] 항목을 클릭합니다.

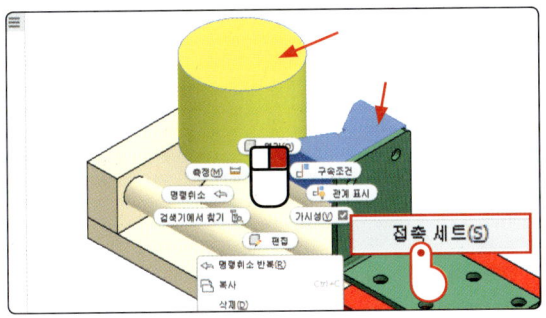

02 다음과 같이 부품 마크에 접촉 세트 마크가 표시됩니다.

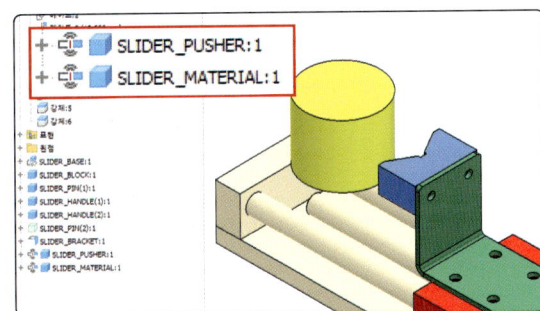

03 [검사] 탭에서 [접촉 분석 활성화] 버튼을 누름 상태로 만듭니다.

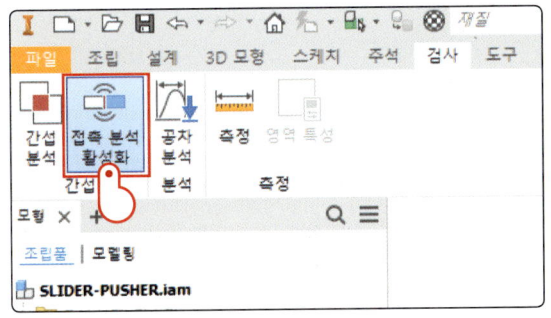

04 [관계] 항목의 [메이트:3] 항목을 선택해 팝업 메뉴에서 [드라이브] 명령을 클릭합니다.

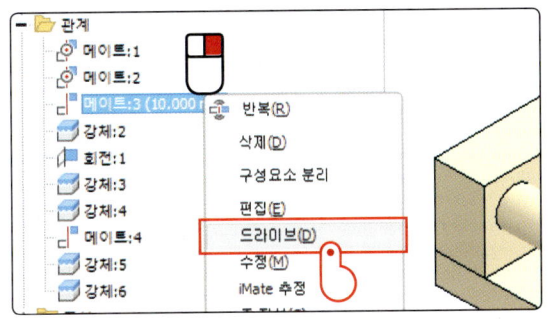

05 [앞으로] 버튼을 클릭해 구동합니다.

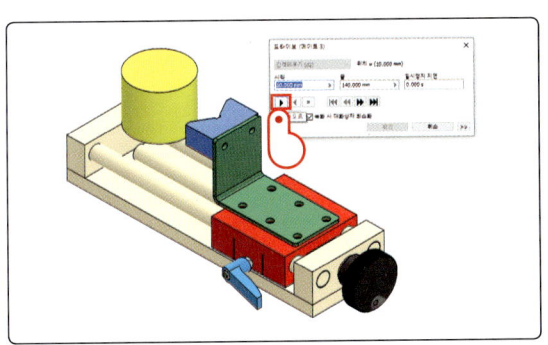

06 다음과 같이 푸셔가 노란색 부품을 밀고 이동하게 됩니다.

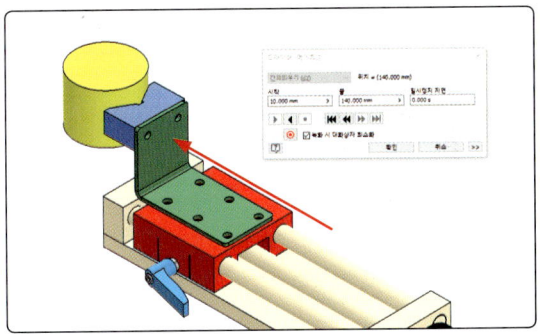

06 표현-뷰

조립품 내에서 뷰 표현을 이용해 다양한 형태를 등록해 보도록 하겠습니다.

01 [파일] - [열기]를 클릭하여 다음 예제 파일을 엽니다.

■ Part5 - Chapter3 - 회전장치 - 회전장치.iam

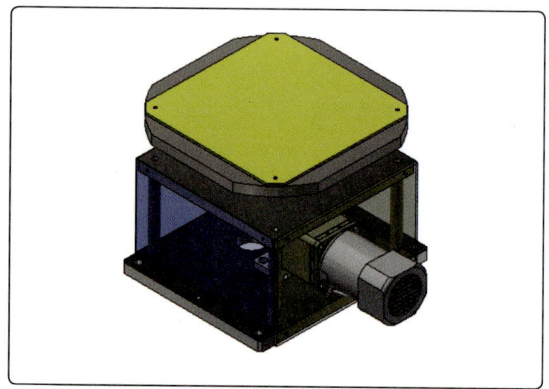

02 검색기의 [표현] 항목의 [뷰] 항목을 선택해 팝업 메뉴에서 [새로 만들기]를 클릭합니다.

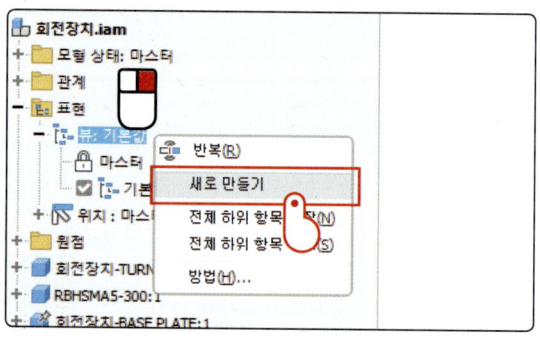

03 다음과 같이 [뷰] 항목에 [뷰1]항목이 새로 추가됩니다.

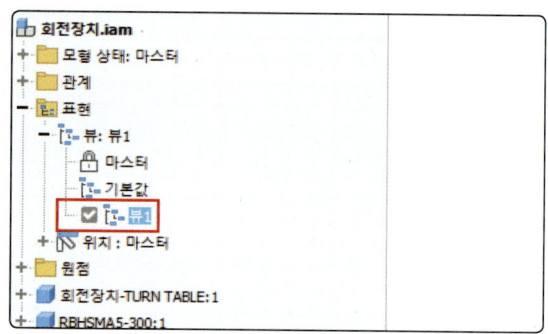

04 위쪽 뚜껑 부품과 커버 부품을 선택한 후, 팝업 메뉴를 표시해 [가시성]을 클릭합니다.

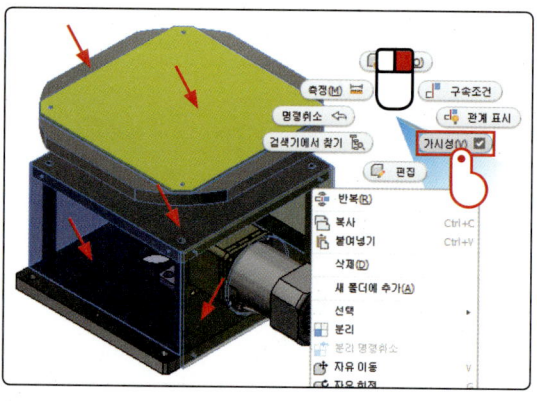

05 다음과 같이 선택한 부품이 사라집니다.

06 [뷰] 항목에서 [기본값] 항목을 더블클릭하면 이전 상태로 되돌아갑니다.

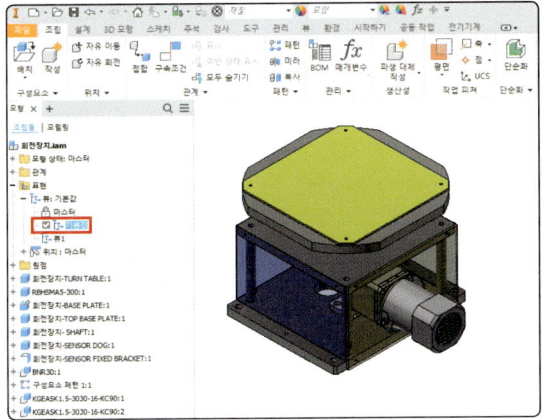

07 다시 한번 [뷰1] 항목을 더블클릭해서 활성화 시키면 다음과 같이 아까의 상태로 되돌아갑니다.

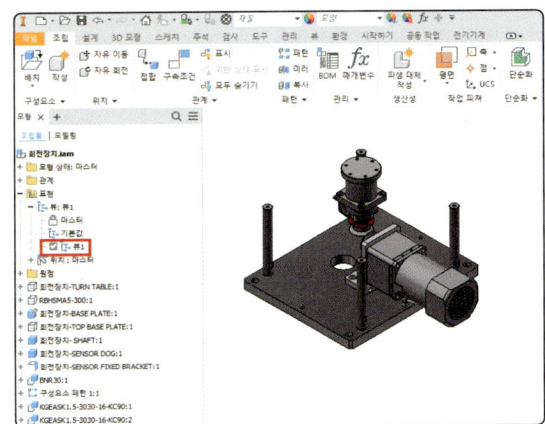

08 섹션 상태의 뷰를 추가하기 위해 [뷰] 항목을 선택해 팝업 메뉴에서 [새로 만들기]를 클릭합니다.

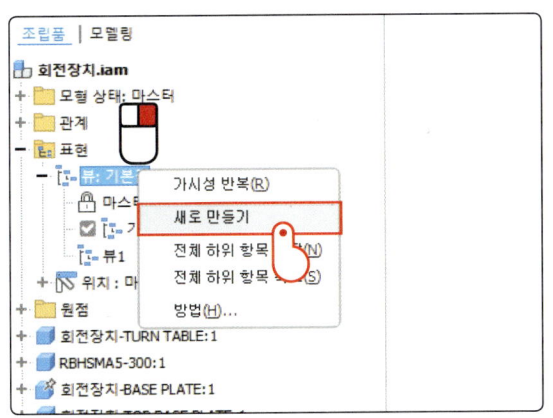

09 [뷰] 탭에서 [반 단면도] 명령을 클릭합니다.

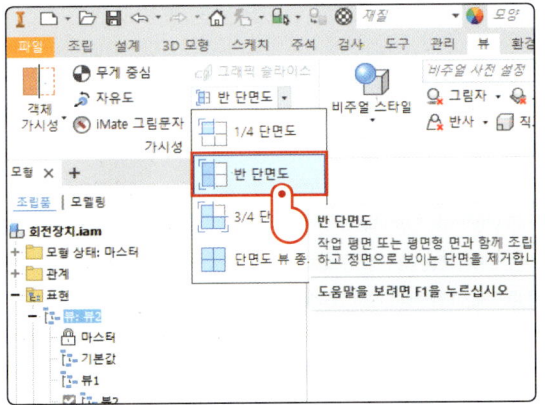

10 원점 항목에서 YZ 평면을 클릭합니다.

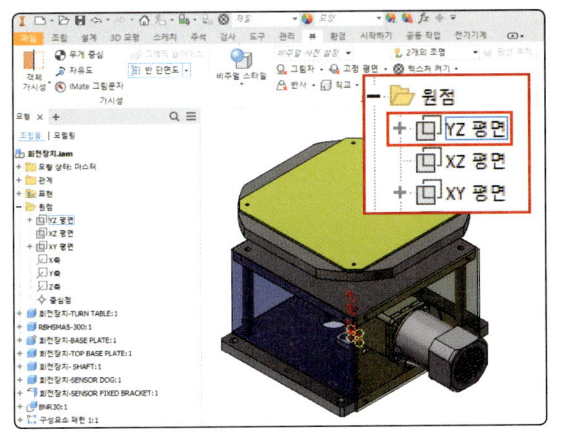

11 반단면도가 표시되면 [확인] 버튼을 클릭합니다.

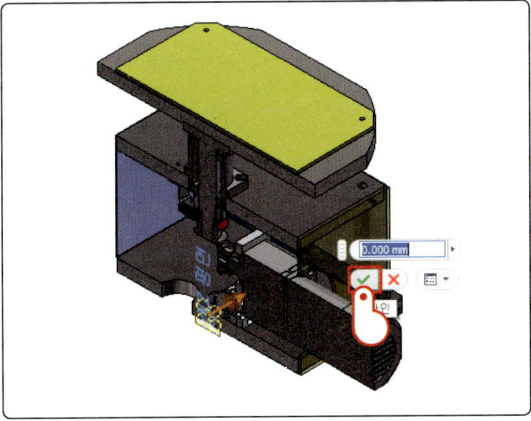

12 [뷰2] 항목의 뷰 작성이 완료되었습니다.

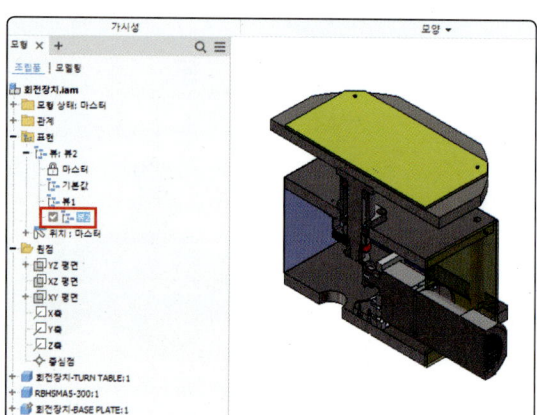

13 [뷰] 항목에서 [기본값] 항목을 더블클릭하면 이전 상태로 되돌아갑니다.

14 이러한 식으로 작성된 뷰를 활성하면 다음과 같이 빠르게 뷰의 상태를 전환할 수 있습니다.

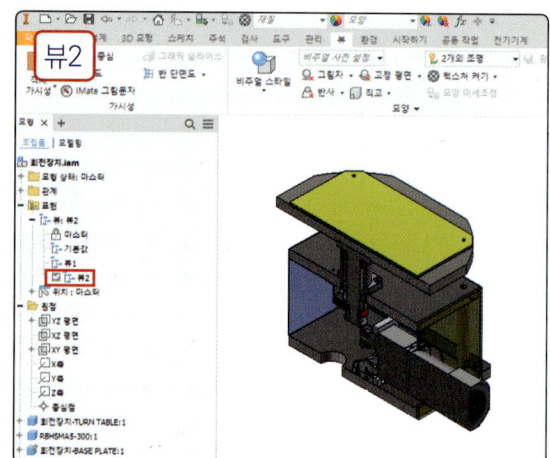

 **Tip**

뷰 표현은 부품의 가시성 상태나 이동 위치 및 회전 각도도 등록할 수 있습니다.

07 표현-위치

조립품 내의 구속조건 값을 변경해 다양한 위치의 조립품 형태를 작성해 보도록 하겠습니다.

01 [파일] - [열기]를 클릭하여 다음 예제 파일을 엽니다.

■ Part5 - Chapter3 - 레고맨 - 레고맨.iam

02 검색기의 [표현] 항목의 [위치] 항목을 선택해 팝업 메뉴에서 [새로 만들기]를 클릭합니다.

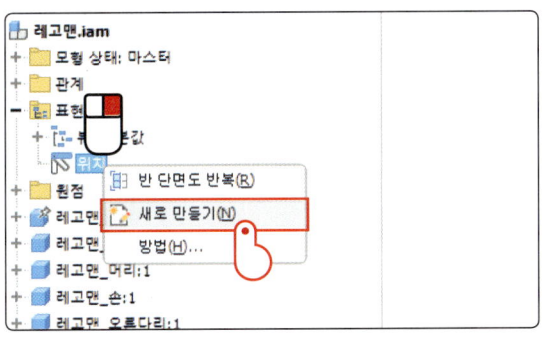

03 다음과 같이 [위치] 항목에 [위치1]항목이 새로 추가됩니다.

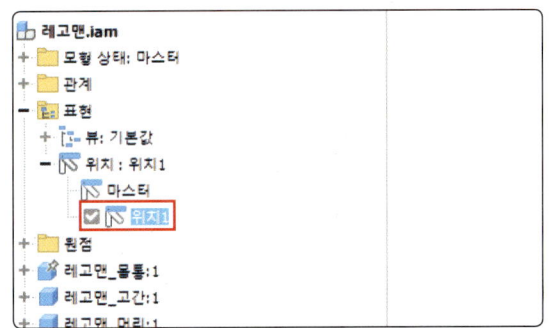

04 [관계] 항목의 [각도:1] 항목을 선택해 팝업 메뉴에서 [재지정] 명령을 클릭합니다.

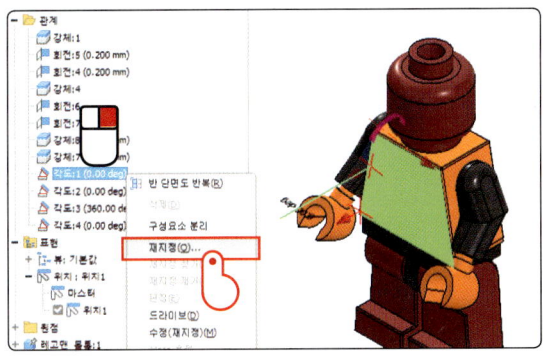

05 [값] 항목을 체크해 활성화한 후 [45]를 입력합니다.

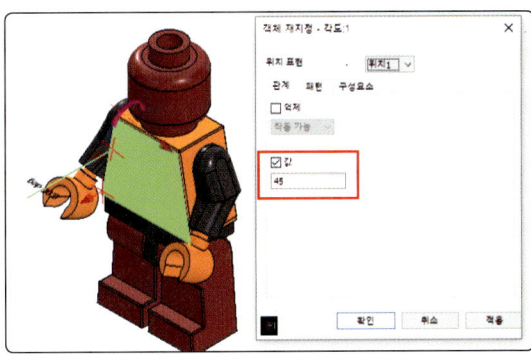

06 마찬가지로 [각도:2] 항목도 재지정을 통해 [-45]란 값을 입력합니다.

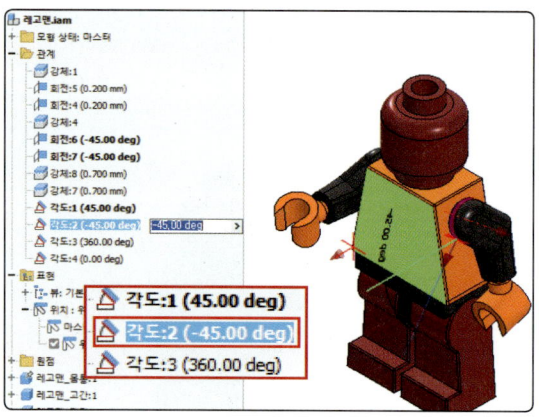

07 [관계] 항목의 [각도:3] 항목을 선택해 팝업 메뉴에서 [재지정] 명령을 클릭합니다.

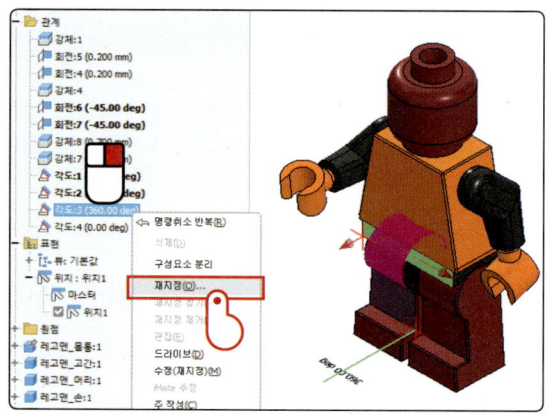

08 [값] 항목을 체크해 활성화한 후 [-45]를 입력합니다.

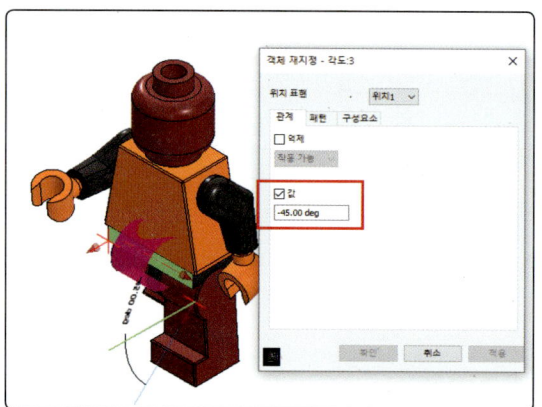

09 마찬가지로 [각도:4] 항목도 재지정을 통해 [-45]란 값을 입력합니다.

10 [위치] 항목의 [마스터] 항목을 더블클릭해 활성화하면 원래 위치로 돌아갑니다.

11 [위치1] 항목을 더블클릭해 활성화하면 각도를 재지정한 위치로 표시됩니다.

08 표현-위치 응용편

조립품 내의 서브 조립품에 작성된 [위치] 항목을 이용해 위치 항목을 작성해 보도록 하겠습니다.

01 [파일] - [열기]를 클릭하여 다음 예제 파일을 엽니다.

■ Part5 - Chapter3 - POSITIONER - POSITIONER.iam

02 검색기의 [표현] 항목의 [위치] 항목을 선택해 팝업 메뉴에서 [새로 만들기]를 클릭합니다.

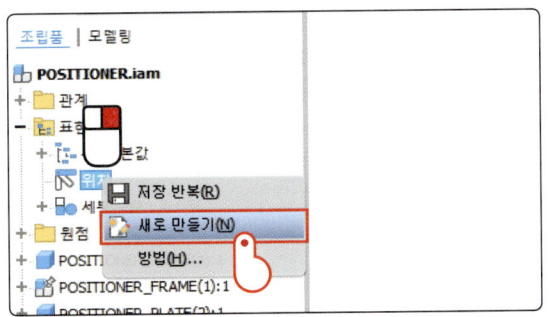

03 다음과 같이 [위치] 항목에 [위치1]항목이 새로 추가됩니다.

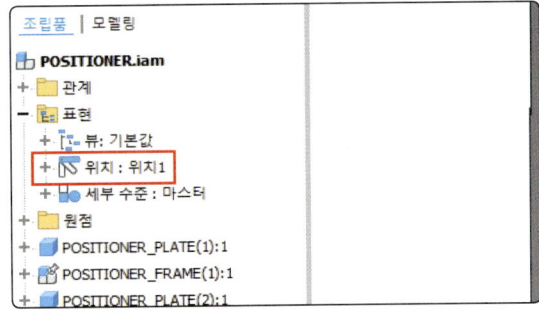

04 [POSITIONER_SLIDER(1)] 항목을 확장해 [위치1] 항목을 더블클릭해 활성화합니다.

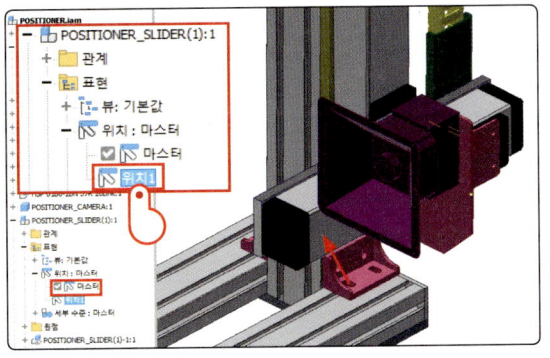

05 [POSITIONER_SLIDER(1)] 부품이 [위치1] 항목으로 변경됩니다.

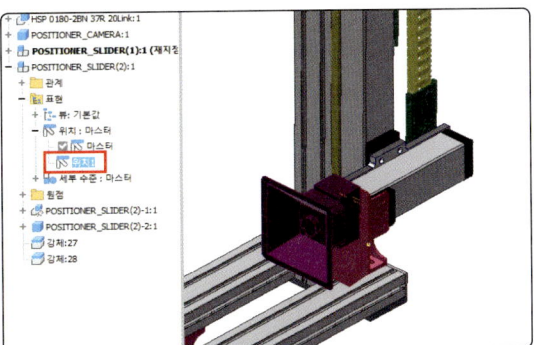

06 [POSITIONER_SLIDER(2)] 항목을 확장해 [위치1] 항목을 더블클릭해 활성화합니다.

07 [위치] 항목의 [마스터] 항목을 더블클릭해 활성화하면 원래 위치로 돌아갑니다.

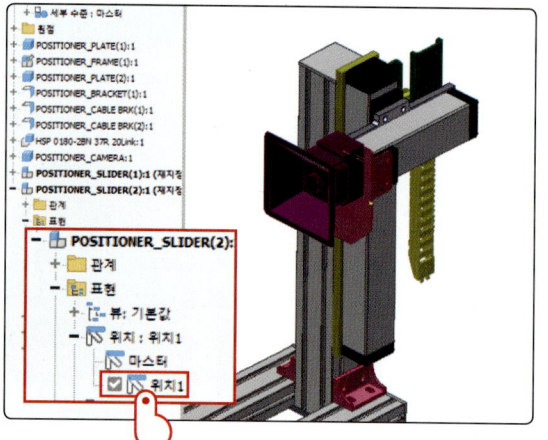
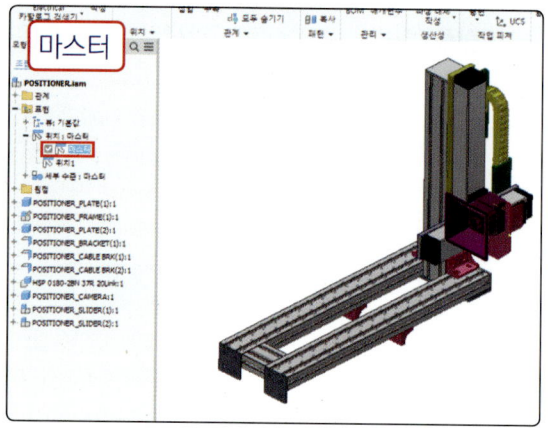

08 [위치1] 항목을 더블클릭해 활성화하면 서브 조립품의 위치를 바꾼 형태로 바뀝니다.

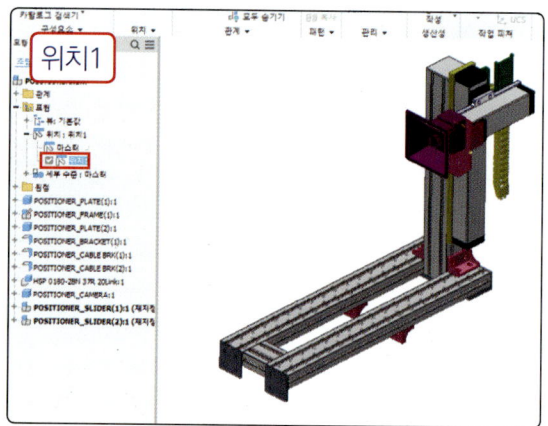

풀이 과정을 유튜브로
확인해 보세요!

09 생산성 명령어

생산성 패널의 명령어들은 조립품 작성시에 좀 더 다양한 설정 및 기능을 사용할 수 있게 해줍니다.

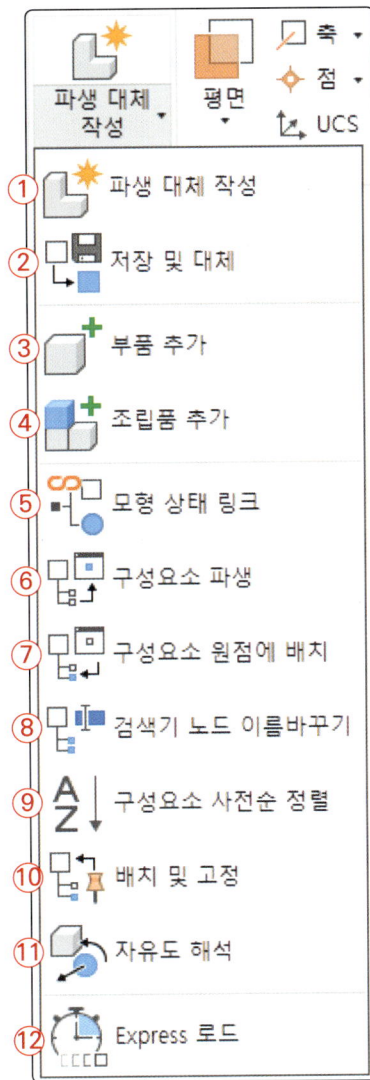

① **파생 대체 작성** : 조립품 내에 삽입되어 있는 하위 조립품을 부품 상태의 대체 부품으로 작성합니다.

② **저장 및 대체** : 선택한 부품을 다른 이름으로 사본저장한 후에 사본저장한 부품으로 교체합니다.

③ **부품 추가** : 현재 조립품 환경에 새 부품을 추가합니다.

④ **조립품 추가** : 현재 조립품 환경에 새 조립품을 추가합니다.

⑤ **모형 상태 링크** : 검색기의 모형 상태 리스트의 항목을 골라서 활성화합니다.

⑥ **구성요소 파생** : 선택한 부품을 파생해서 부품을 작성합니다.

⑦ **구성요소 원점에 배치** : 새로 불러올 부품의 원점을 조립품 내에서 선택한 부품의 원점과 일치시키게 불러옵니다.

⑧ **검색기 노드 이름바꾸기** : 검색기의 표시된 이름을 설정에 따라 변경합니다.

⑨ **구성요소 사전순 정렬** : 검색기의 부품들을 사전순(123/ABC/가나다)으로 정렬합니다.

⑩ **배치 및 고정** : 선택한 부품의 원점을 조립품 내의 원점과 일치시키게 배치하고 고정합니다.

⑪ **자유도 해석** : 조립품 내의 각 부품들의 자유도 리스트를 표시합니다.

⑫ **Express 로드** : 현재 조립품을 Express 조립품 상태로 변경합니다.

04 프리젠테이션

Autodesk Inventor 2022

이번 시간에는 조립품의 분해 조립 작업을 할 수 있는 프리젠테이션 환경에 대해서 알아보도록 하겠습니다.

01 프리젠테이션 시작하기

01 [Standard.ipn] 템플릿을 열어서 새로운 프리젠테이션 파일을 생성합니다.

02 삽입 창이 표시되면 다음 예제파일을 선택해서 엽니다.

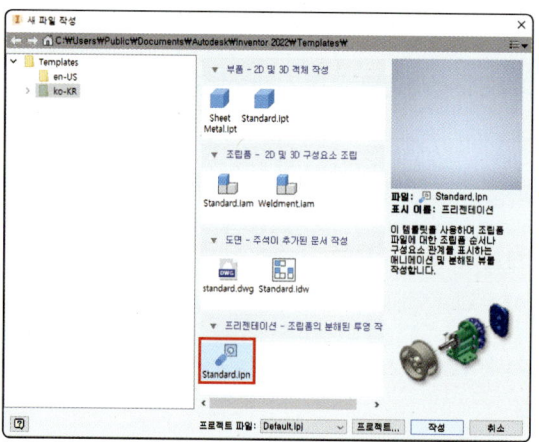

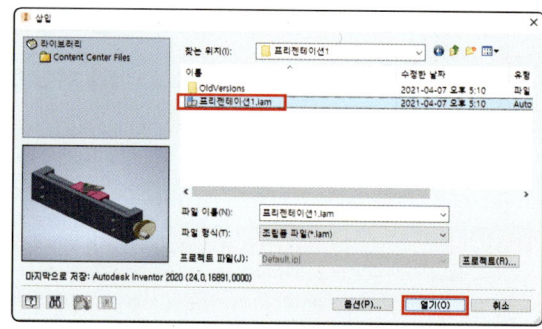

■ Part5 – Chapter4 – 프리젠테이션1 – 프리젠테이션1.iam

03 조립품이 삽입되면서 프리젠테이션 환경이 시작됩니다.

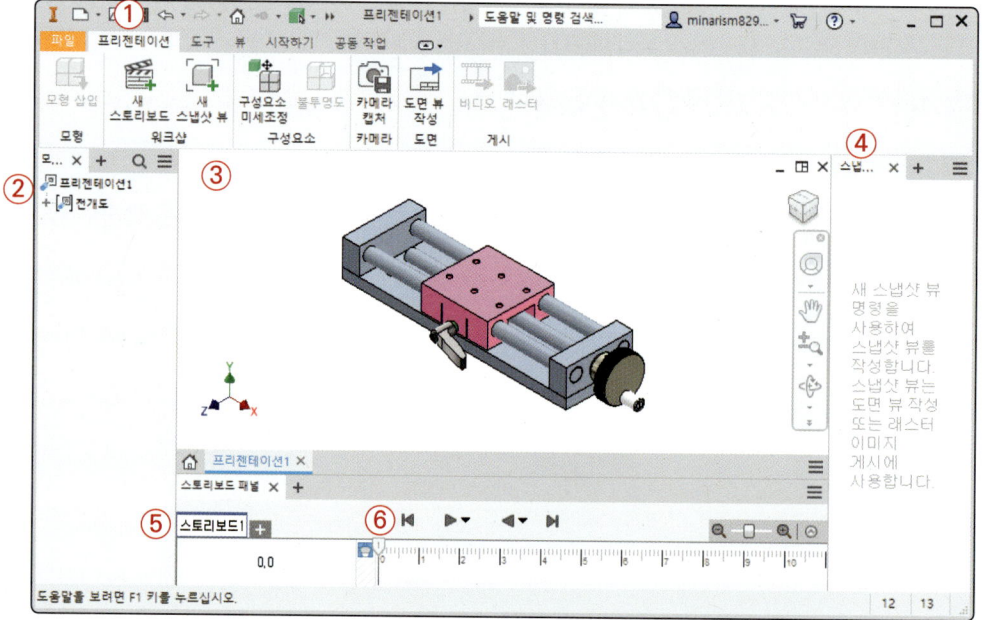

❶ **아이콘 툴바** : 프리젠테이션 작업을 수행할 수 있는 조립 탭과 설계 탭이 있습니다.

❷ **검색기** : 프리젠테이션 작업의 트레일 리스트가 표시됩니다.

❸ **작업 창** : 프리젠테이션 작업을 수행하는 그래픽 창입니다.

❹ **스냅샷 뷰** : 스냅샷 뷰로 캡처한 항목이 표시됩니다.

❺ **스토리보드** : 프리젠테이션의 분해 조립 항목에 대한 제어를 할 수 있습니다.

❻ **재생 바** : 프리젠테이션의 분해, 조립 애니메이션을 재생하는 재생 바 입니다.

02 프리젠테이션 명령어 알아보기

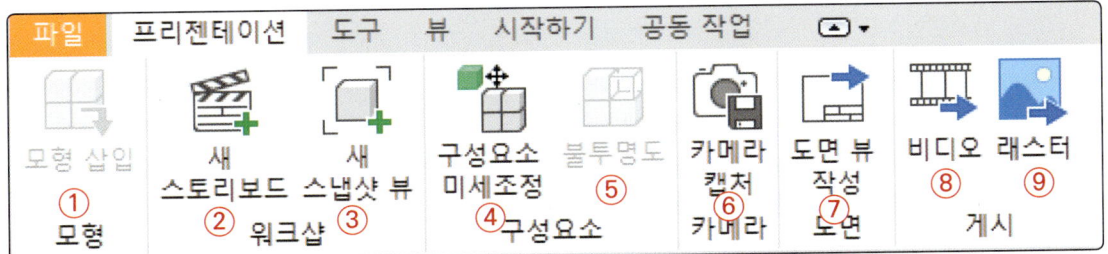

❶ **모형 삽입** : 프리젠테이션에 삽입할 조립품 모형을 불러옵니다.

❷ **새 스토리보드** : 새로운 스토리보드 탭을 생성합니다.

❸ **새 스냅샷 뷰** : 래스터 이미지로 내보낼 수 있는 스냅샷 뷰를 캡처합니다.

❹ **구성요소 미세조정** : 부품을 이동 및 회전합니다.

❺ **불투명도** : 부품의 투명도를 조정합니다.

❻ **카메라 캡처** : 타임에 맞춰 카메라의 위치를 조정해 카메라 애니메이션이 가능하게 합니다.

❼ **도면 뷰 작성** : 현재 프리젠테이션 상태를 도면 뷰로 작성합니다.

❽ **비디오** : 작성한 프리젠테이션 애니메이션을 동영상 파일로 내보냅니다.

❾ **래스터** : 스냅샷 뷰로 캡처한 상태를 래스터 이미지로 내보냅니다.

03 구성요소 미세조정 명령어 실습하기

01 [구성요소 미세조정] 명령을 클릭합니다.

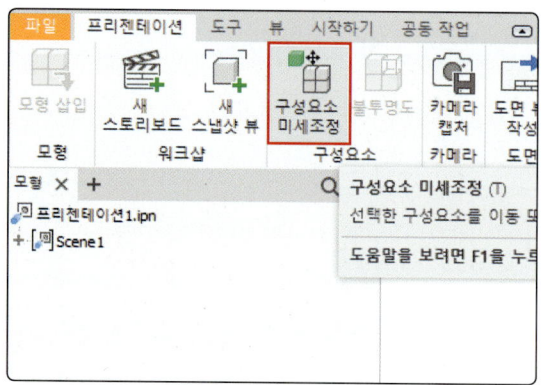

02 부품을 선택합니다.

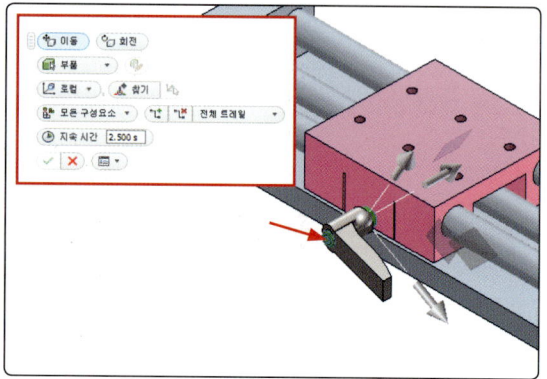

03 이동 핸들 화살표를 선택해서 드래그합니다.

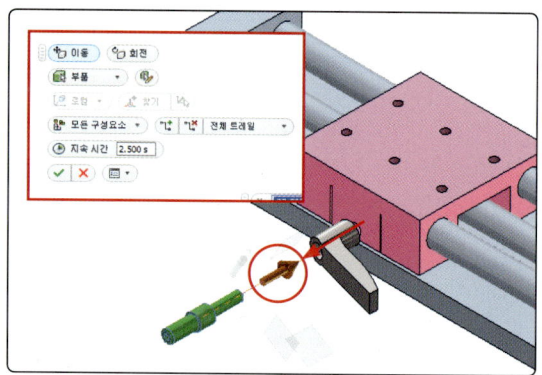

04 확인 버튼을 클릭하면 부품 이동이 마무리됩니다. 검색기에 미세조정 피처가 추가됩니다.

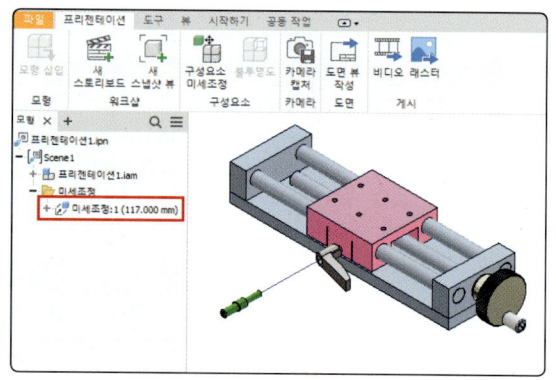

05 다시 [구성요소 미세조정] 명령을 실행해 핸들 부품을 선택한 후 [회전] 버튼을 클릭합니다.

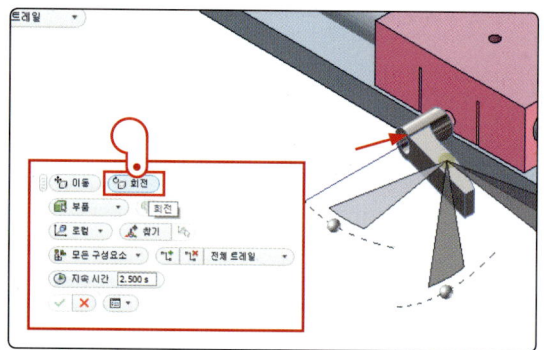

06 [찾기] 버튼을 클릭해 핸들의 원형 모서리를 선택해 회전 핸들 기준축 위치를 변경합니다.

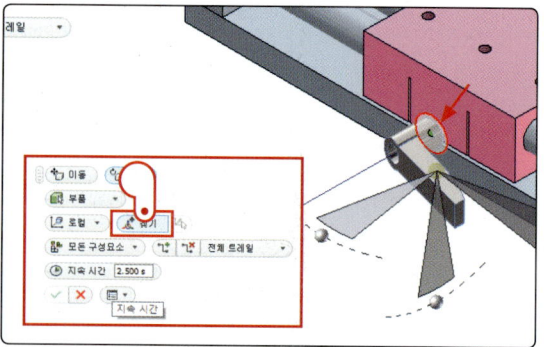

07 회전 핸들을 드래그해서 다음과 같이 회전합니다.

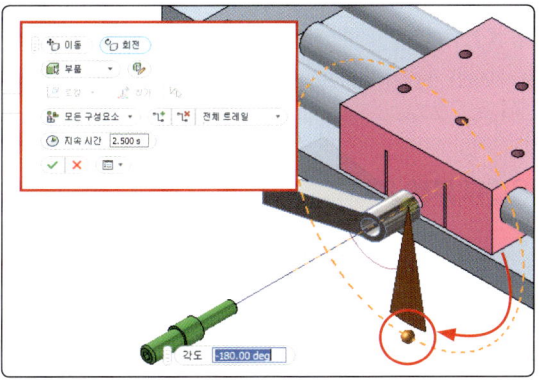

08 확인 버튼을 클릭하면 부품 회전이 마무리됩니다. 검색기에 미세조정 피처가 추가됩니다.

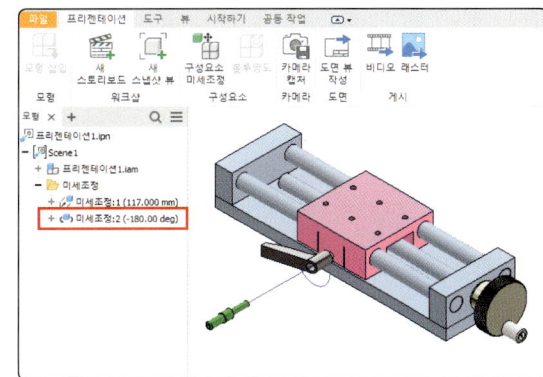

04 불투명도 명령어 실습하기

01 다음 부품을 선택한 후 불투명도 버튼을 클릭합니다.

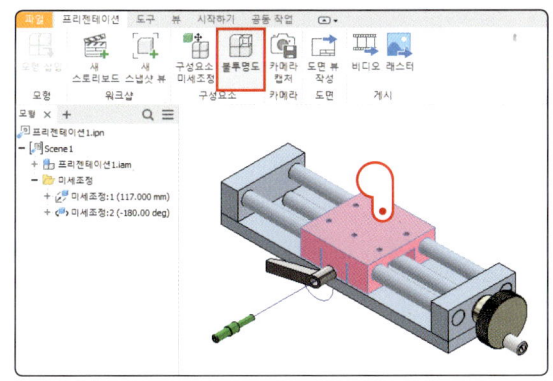

02 끊기 버튼을 클릭해 진행합니다.

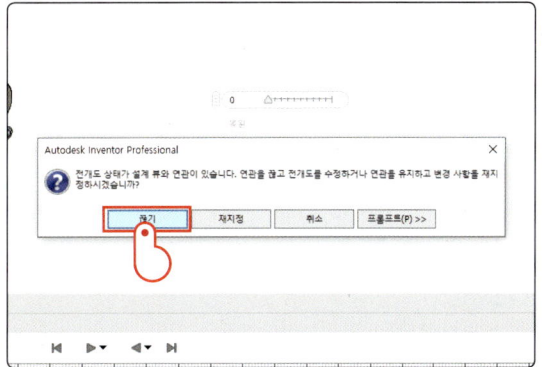

03 다음 버튼을 드래그해서 투명도를 [30]까지 낮춥니다.

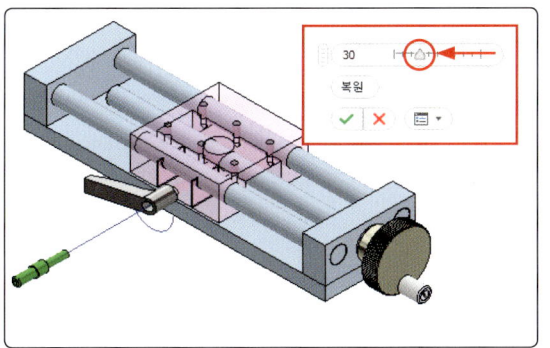

04 다음과 같이 스토리보드에 불투명도 마크가 추가됩니다.

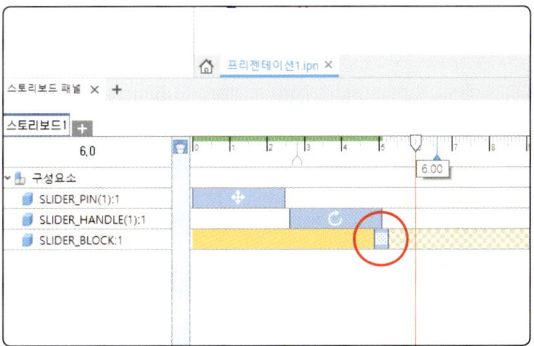

05 카메라 캡처 명령어 실습하기

01 타임 마커를 6초대로 이동합니다.

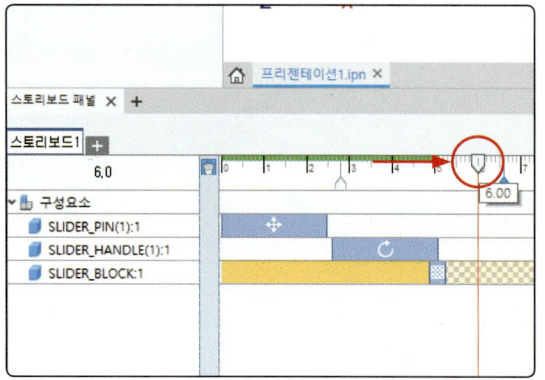

02 화면을 회전해서 다음 상태로 만든 후에 [카메라 캡처] 명령을 실행합니다.

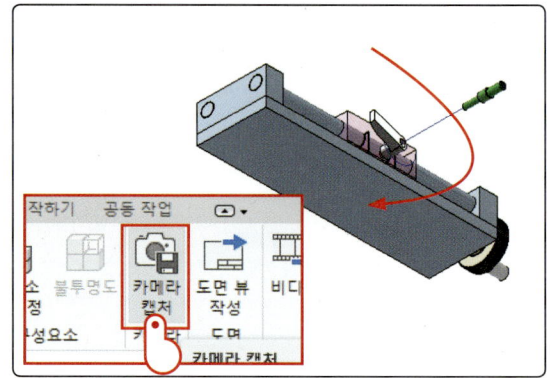

03 다음과 같이 스토리보드에 카메라 캡처 마크가 추가됩니다.

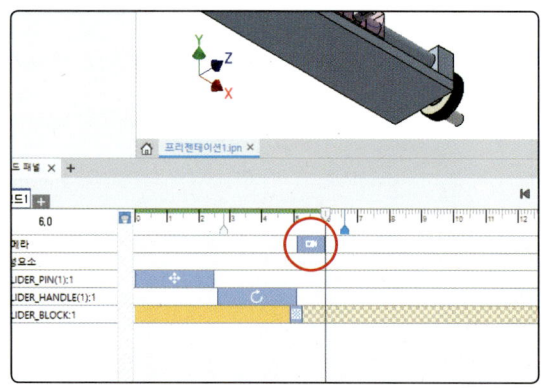

04 타임 마커를 맨 앞으로 옮긴 후에 재생 버튼을 클릭합니다.

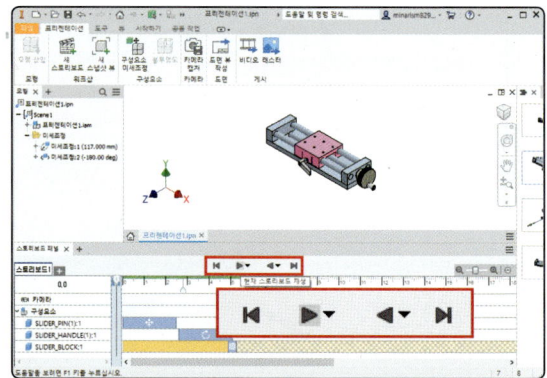

05 타임 마커가 재생되면서 카메라 캡처 마크가 어떻게 재생하는지 확인합니다.

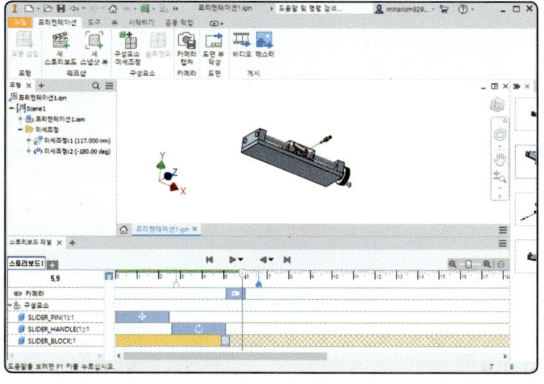

06 스냅샷 뷰와 래스터 이미지로 내보내기

01 타임 마커를 다음 위치로 이동합니다.

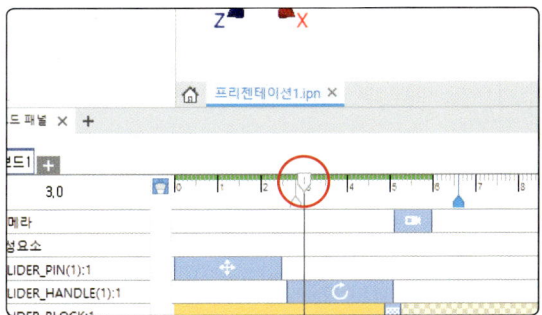

02 [새 스냅샷 뷰] 명령을 실행합니다.

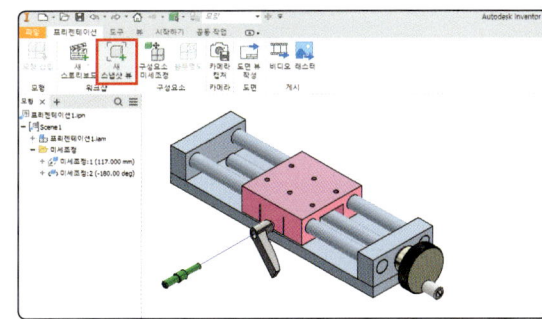

03 화면 우측의 스냅샷 뷰 리스트에 새로운 스냅샷 항목이 추가됩니다.

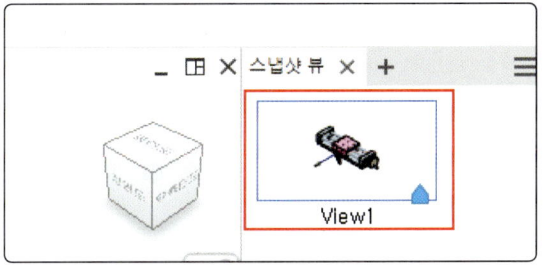

04 [래스터] 명령을 실행합니다.

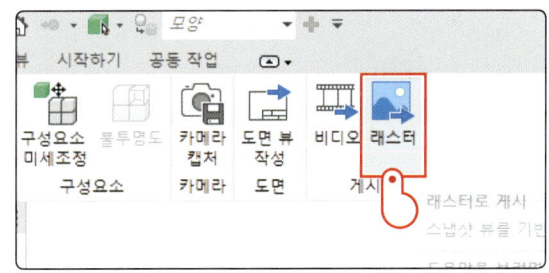

05 래스터 이미지 옵션을 설정한 후 확인 버튼을 클릭합니다.

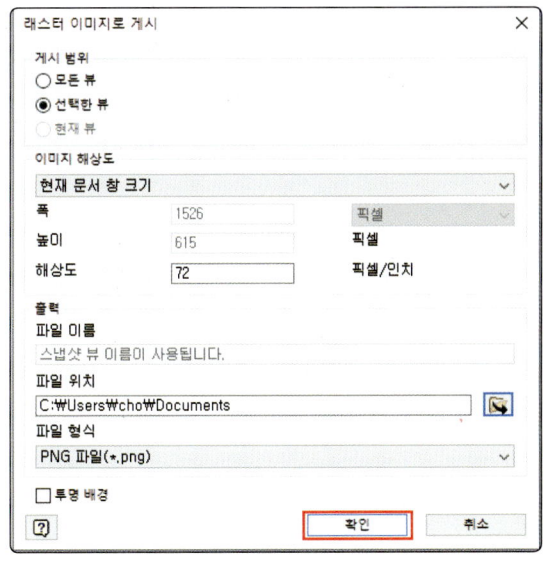

06 다음과 같이 래스터 이미지가 생성됩니다.

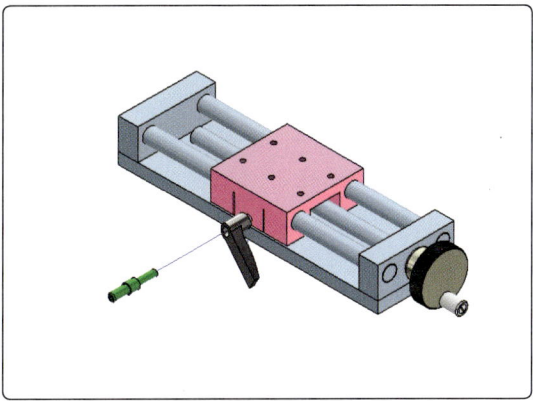

07 스토리보드 제어하기

01 이동하기 위해 마커의 중앙을 선택합니다.

02 오른쪽으로 드래그하면 다음과 같이 마커가 이동합니다.

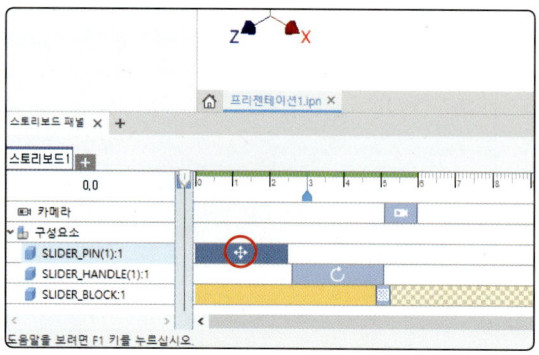
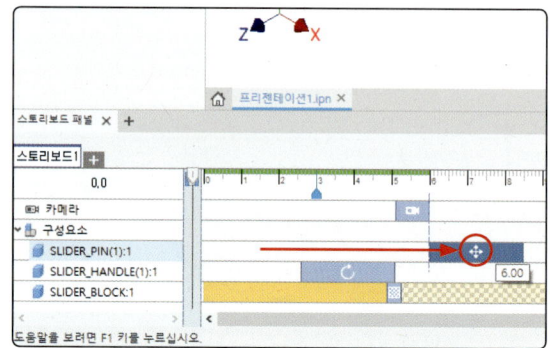

03 구간을 늘리기 위해 마커의 구석 모서리를 선택합니다.

04 오른쪽으로 드래그하면 다음과 같이 마커 구간이 늘어납니다.

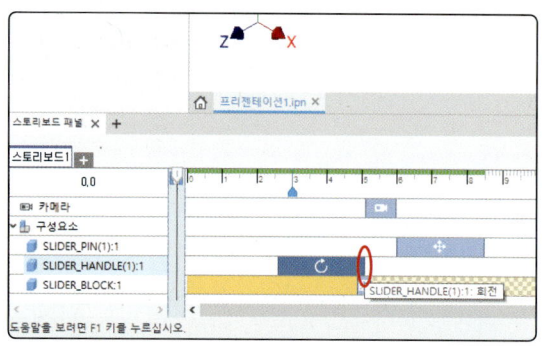
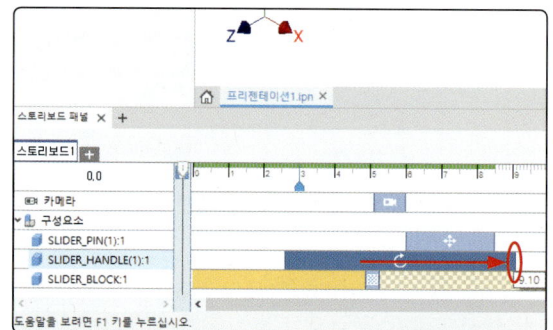

05 상세 편집을 위해 마커를 선택해 팝업 메뉴에서 시간 편집을 클릭합니다.

06 시작, 지속시간, 종료 시간을 설정해 확인 버튼을 클릭합니다.

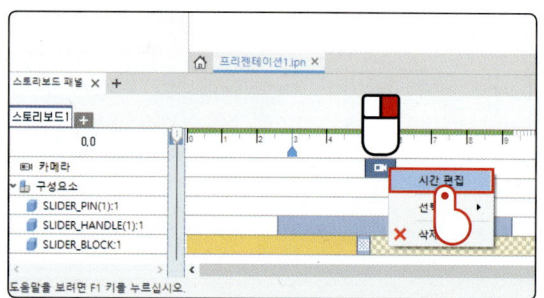
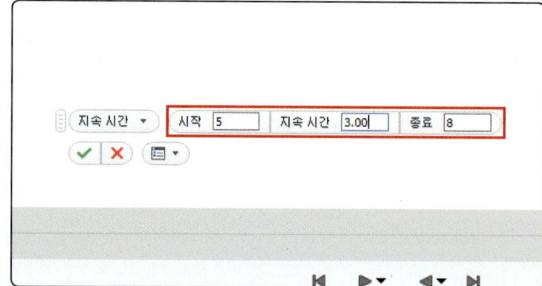

07 다음과 같이 마커가 상세 조정됩니다.

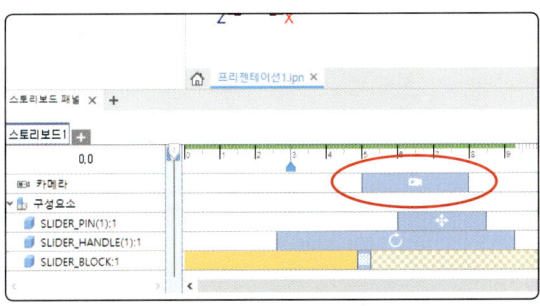

08 새로운 스토리 보드를 작성하기 위해 새 스토리보드 버튼을 클릭합니다.

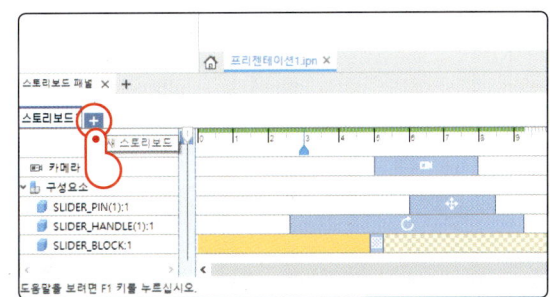

09 새로운 스토리 보드의 유형을 선택한 후 확인 버튼을 클릭합니다.

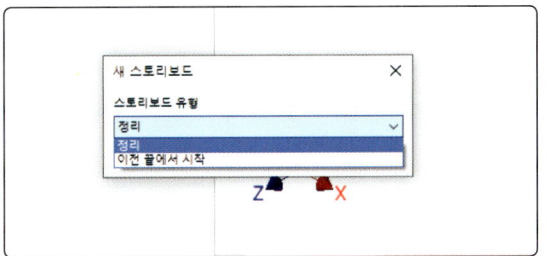

10 다음과 같이 새로운 스토리보드가 생성됩니다.

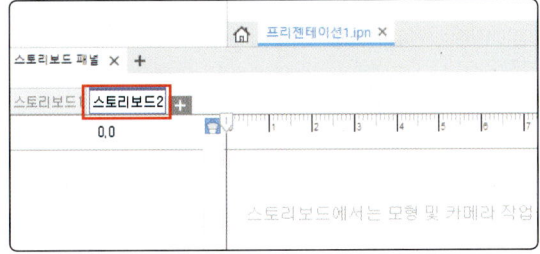

08 게시 명령어 실습하기

01 [비디오] 명령을 클릭합니다.

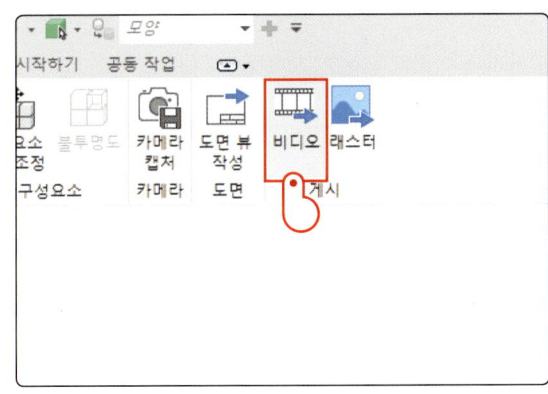

02 비디오 게시 옵션을 설정한 후 확인 버튼을 클릭합니다.

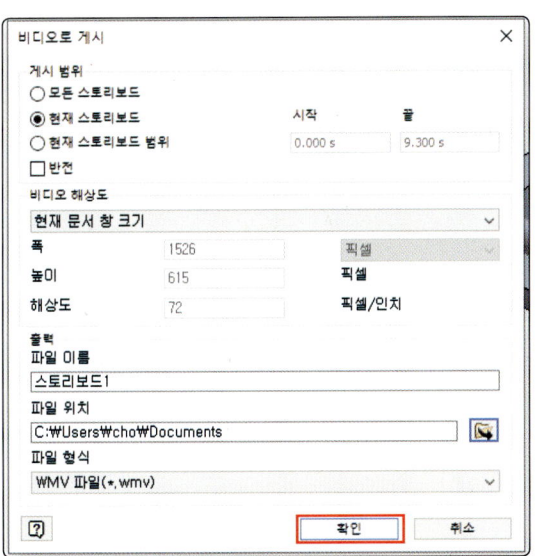

03 비디오 게시가 진행됩니다.

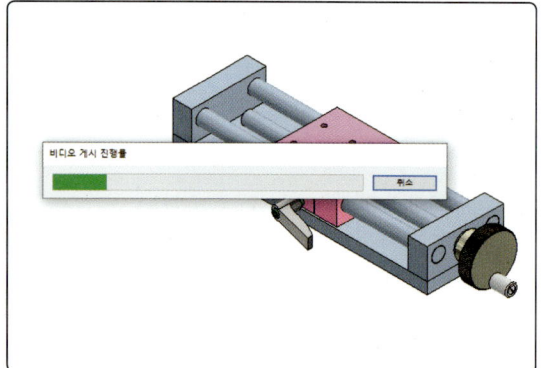

04 비디오 게시가 완료되면 다음과 같이 완료 메시지가 표시됩니다.

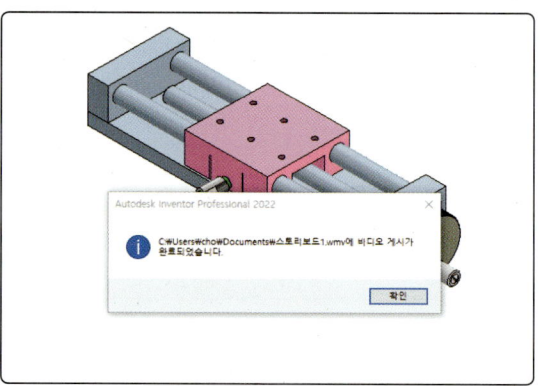

09 프리젠테이션 본문 예제

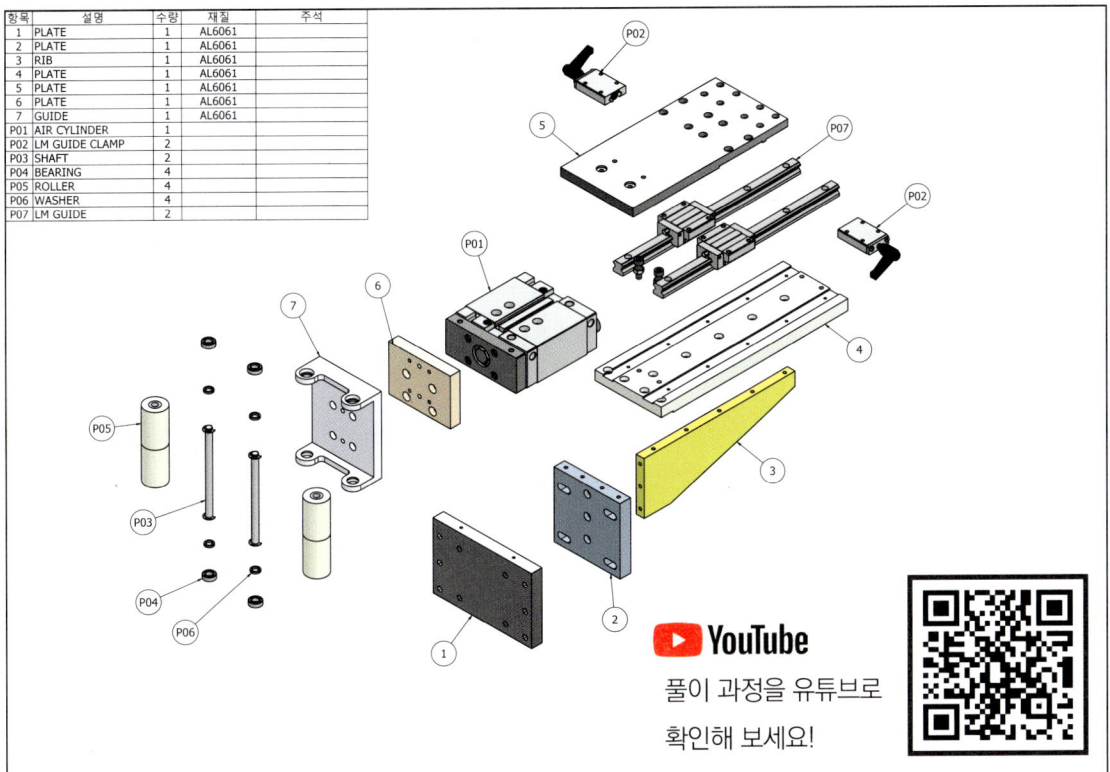

01 [Standard.ipn] 템플릿을 열어서 새로운 프리젠테이션 파일을 생성합니다.

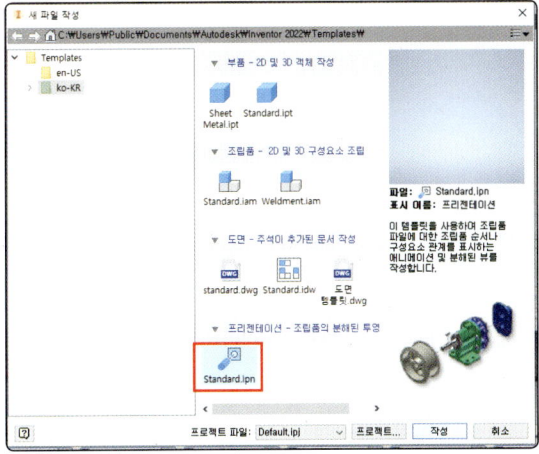

02 삽입 창이 표시되면 다음 예제파일을 선택해서 엽니다.

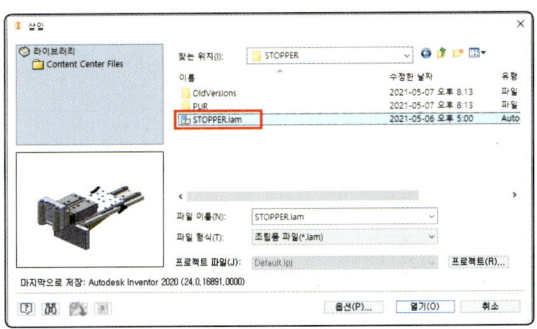

■ Part5 – Chapter4 – STOPPER – STOPPER1.iam

03 다음과 같이 프리젠테이션 환경에 조립품이 삽입됩니다.

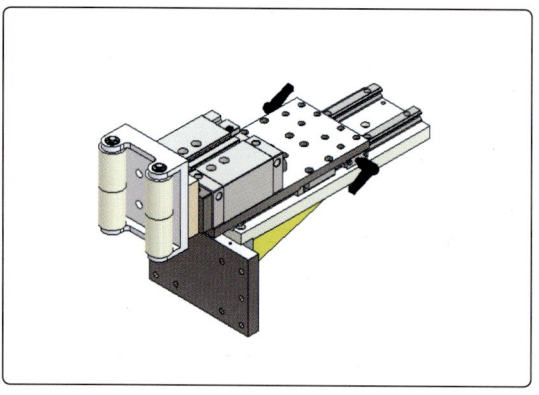

04 [구성요소 미세조정] 명령으로 아래쪽 부품을 다음과 같이 분해합니다.

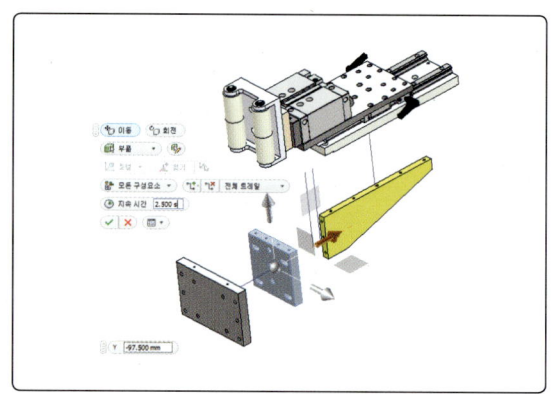

05 위쪽 부품도 다음과 같이 분할합니다.

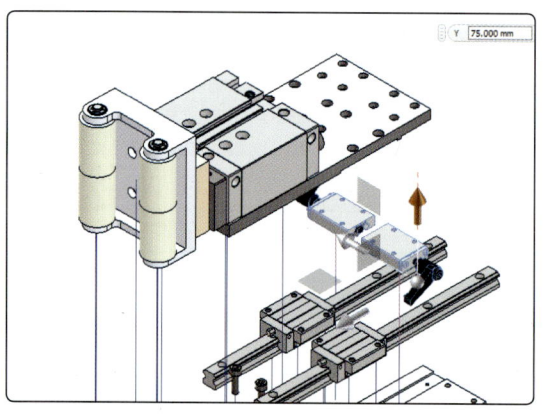

06 클램프 부품들을 다음과 같이 분리하고 롤러 유니트 부품들을 다음과 같이 분리합니다.

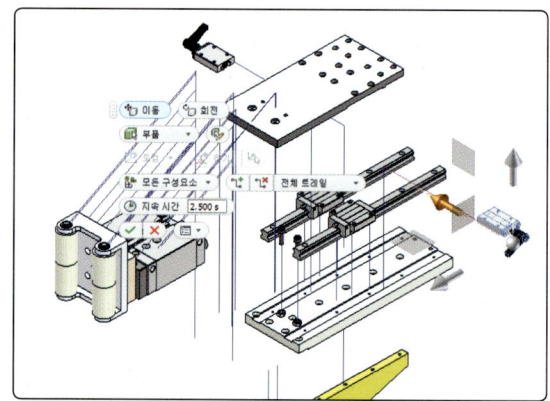

07 롤러 축 덩어리를 다음과 같이 빼냅니다.

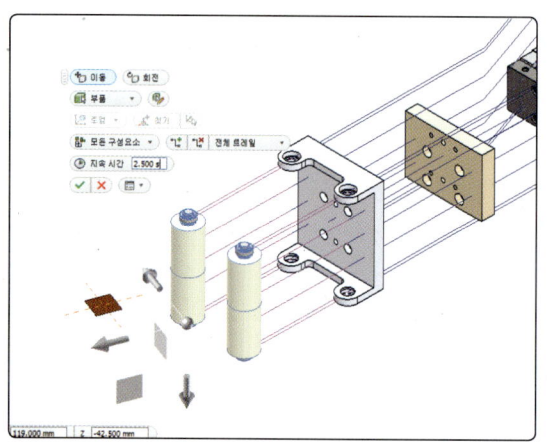

08 롤러 축 덩어리 부품들을 다음과 같이 분리합니다.

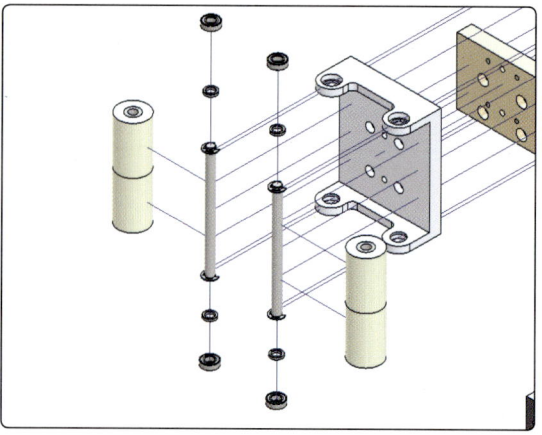

09 분할이 마무리가 되었으면 등각투상 방향으로 위치시킨 다음트레일을 끌어서 부품들이 서로 겹쳐지지 않도록 위치를 맞춥니다.

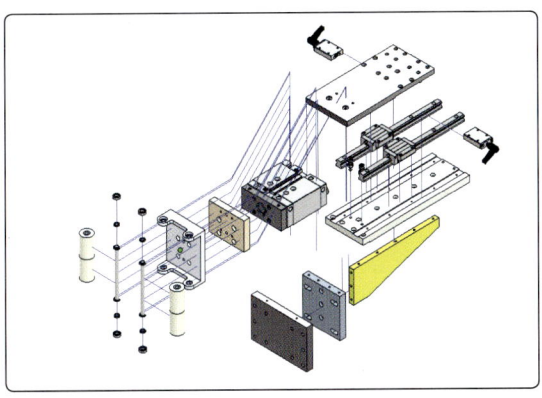

10 스토리 보드의 타임라인을 맨 앞으로 옮긴 후 뷰를 확대 축소 및 회전해서 다음 위치로 맞춘 후 [카메라 캡처] 명령을 실행합니다.

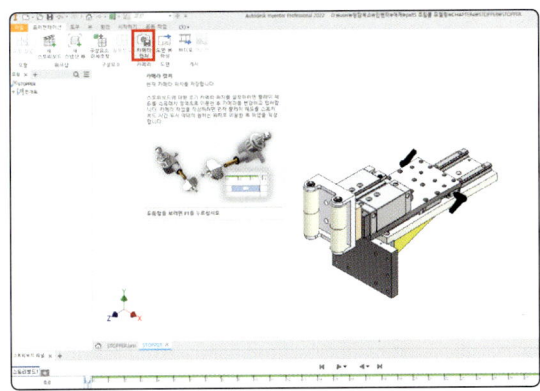

11 타임라인을 이동하면서 뷰의 범위에 맞춰서 화면을 확대 축소 및 이동한 후에 [카메라 캡처]를 실행합니다.

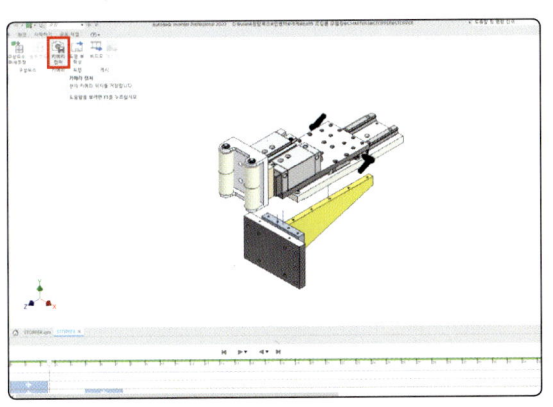

12 계속 타임라인을 이동하면서 [카메라 캡처]를 실행합니다.

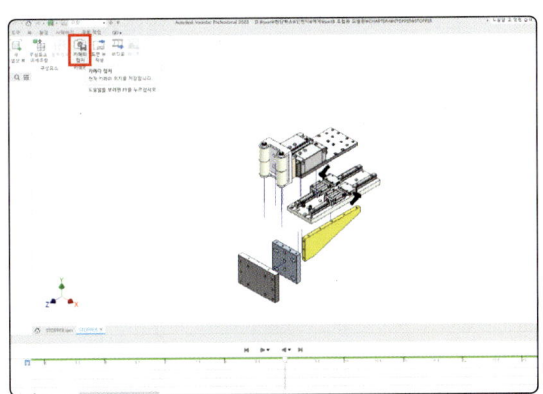

13 롤러 유니트 부분은 자세히 보아야 하므로 확대해서 [카메라 캡처]를 실행합니다.

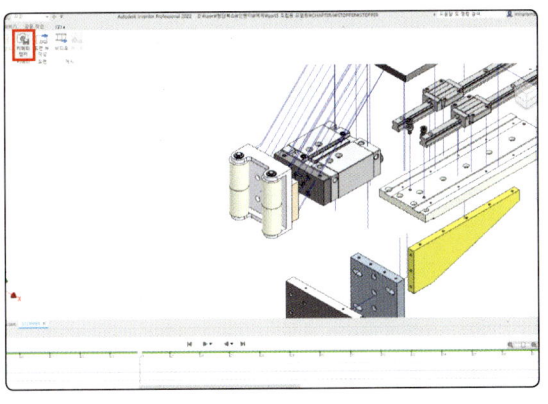

14 롤러 부분이 분해되는 구간을 확대해서 [카메라 캡처]를 실행합니다.

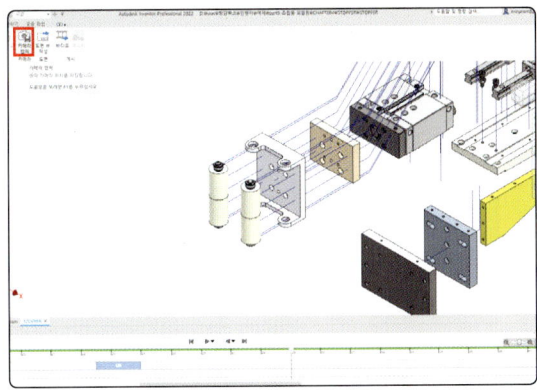

15 마지막 타임라인에 맞춰서 [카메라 캡처]를 실행합니다.

16 타임라인을 맨 앞으로 옮긴 후 재생 버튼을 클릭해 정상적으로 분해가 되는지 확인합니다.

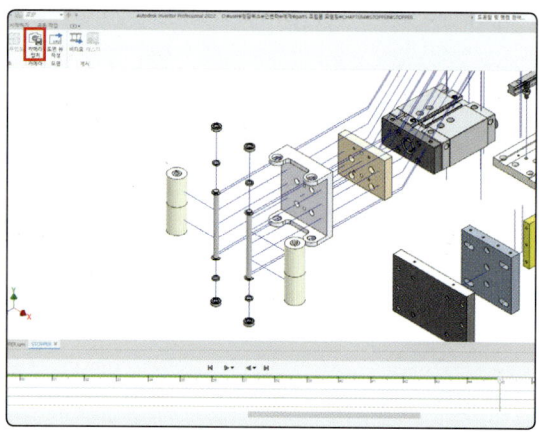
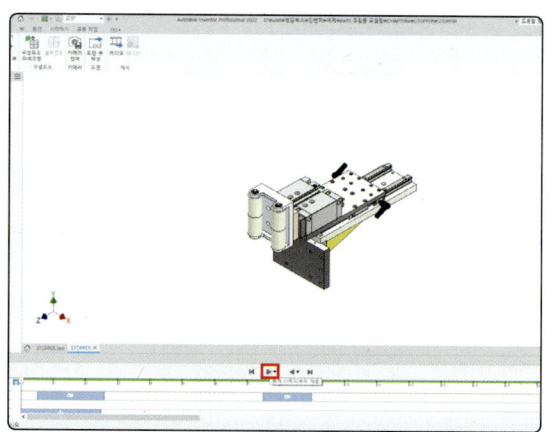

17 [도면 뷰 작성] 명령을 실행합니다.

18 도면 템플릿을 선택한 후에 확인 버튼을 클릭합니다.

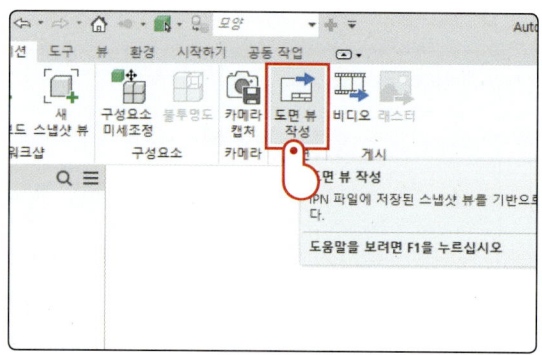
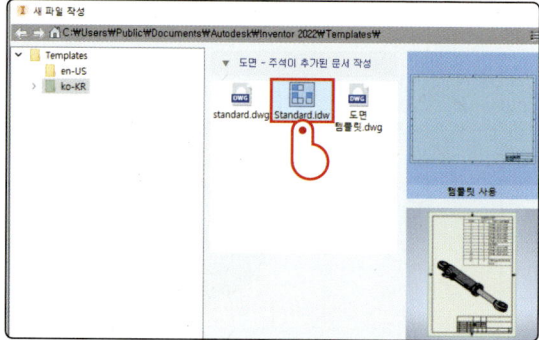

19 [도면 뷰] 옵션을 다음과 같이 설정한 후 확인 버튼을 클릭합니다.

20 다음과 같이 프리젠테이션 뷰를 도면 뷰로 작성하였습니다.

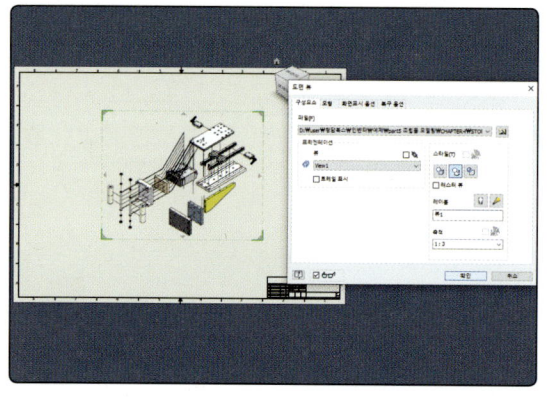
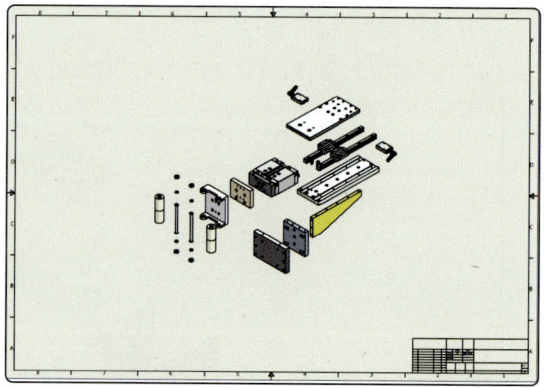

연습예제 : 제시된 예제파일로 다음과 같은 분해도를 작성해 보자.

Part5 - Chapter4 - 04.연습예제 - 1.레고맨 - 레고맨.iam

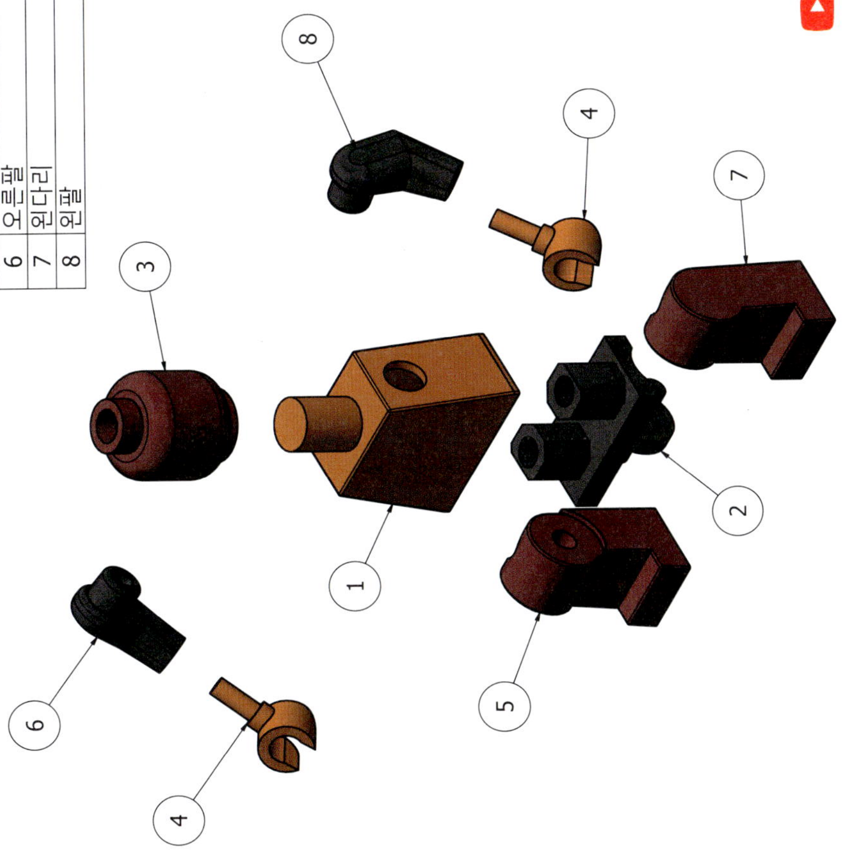

항목	설명	수량	재질	주석
1	몸통	1	일반	
2	고간	1	일반	
3	머리	1	일반	
4	손	2	일반	
5	오른다리	1	일반	
6	오른팔	1	일반	
7	왼다리	1	일반	
8	왼팔	1	일반	

YouTube 풀이 과정을 유튜브로 확인해 보세요!

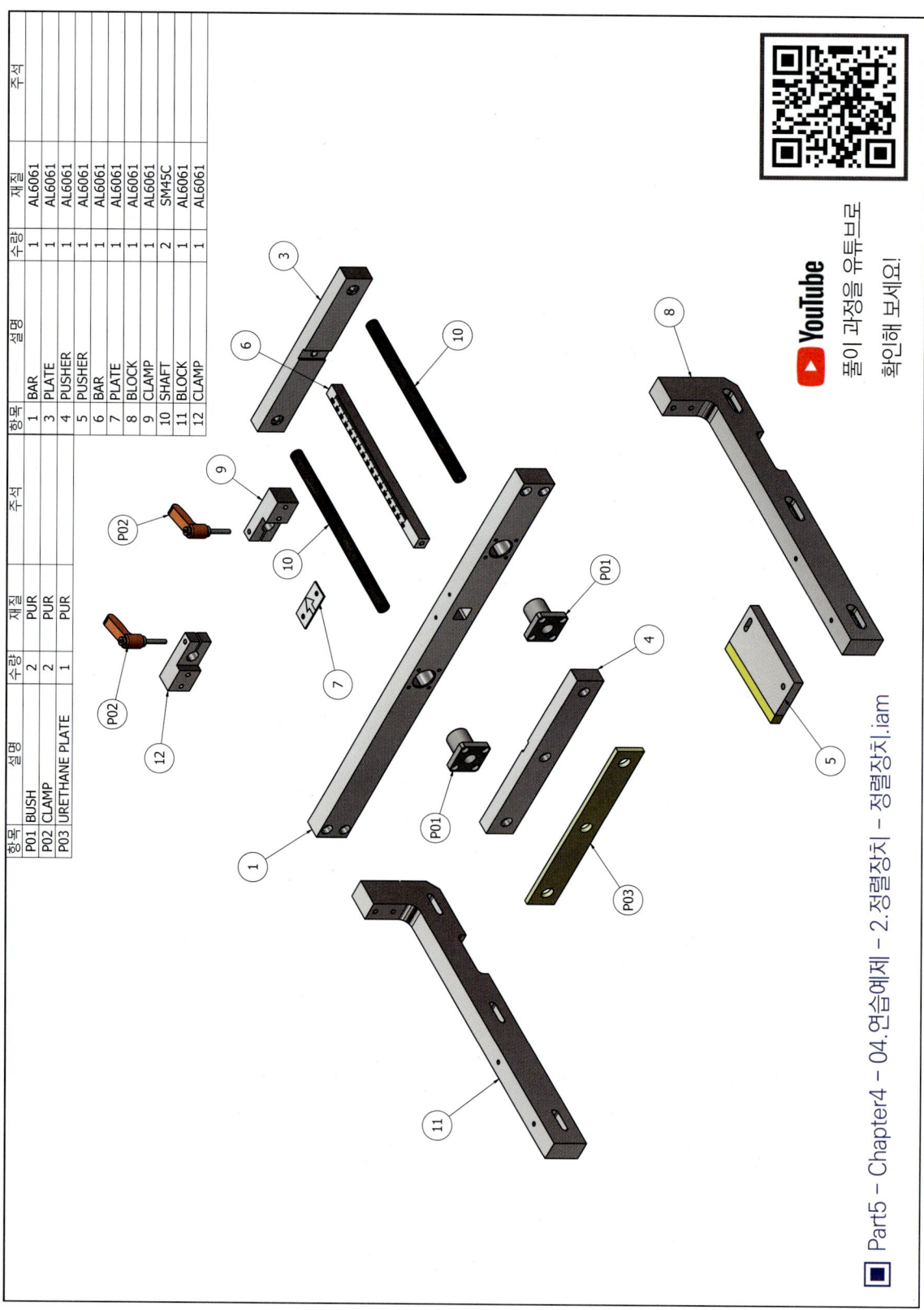

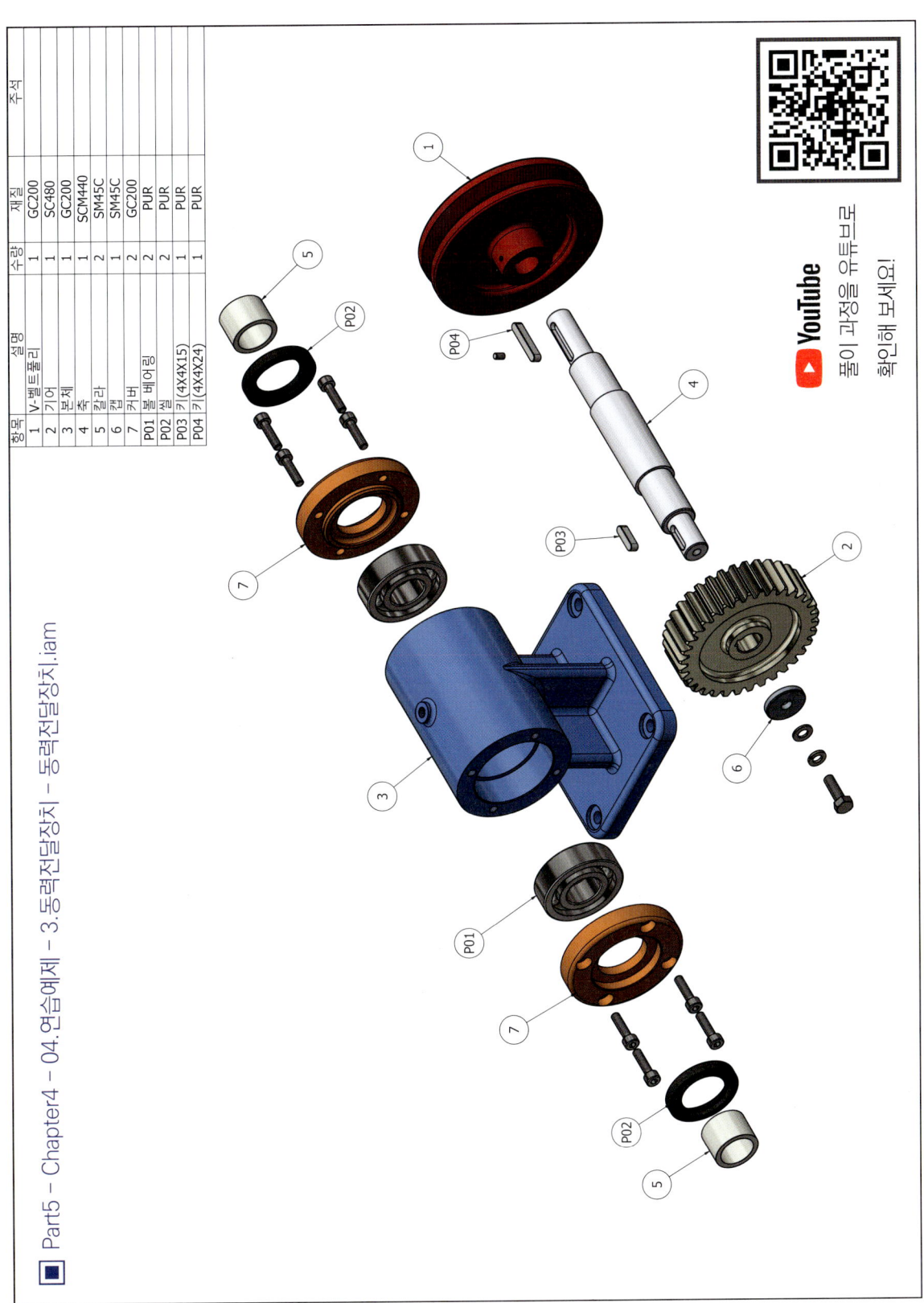

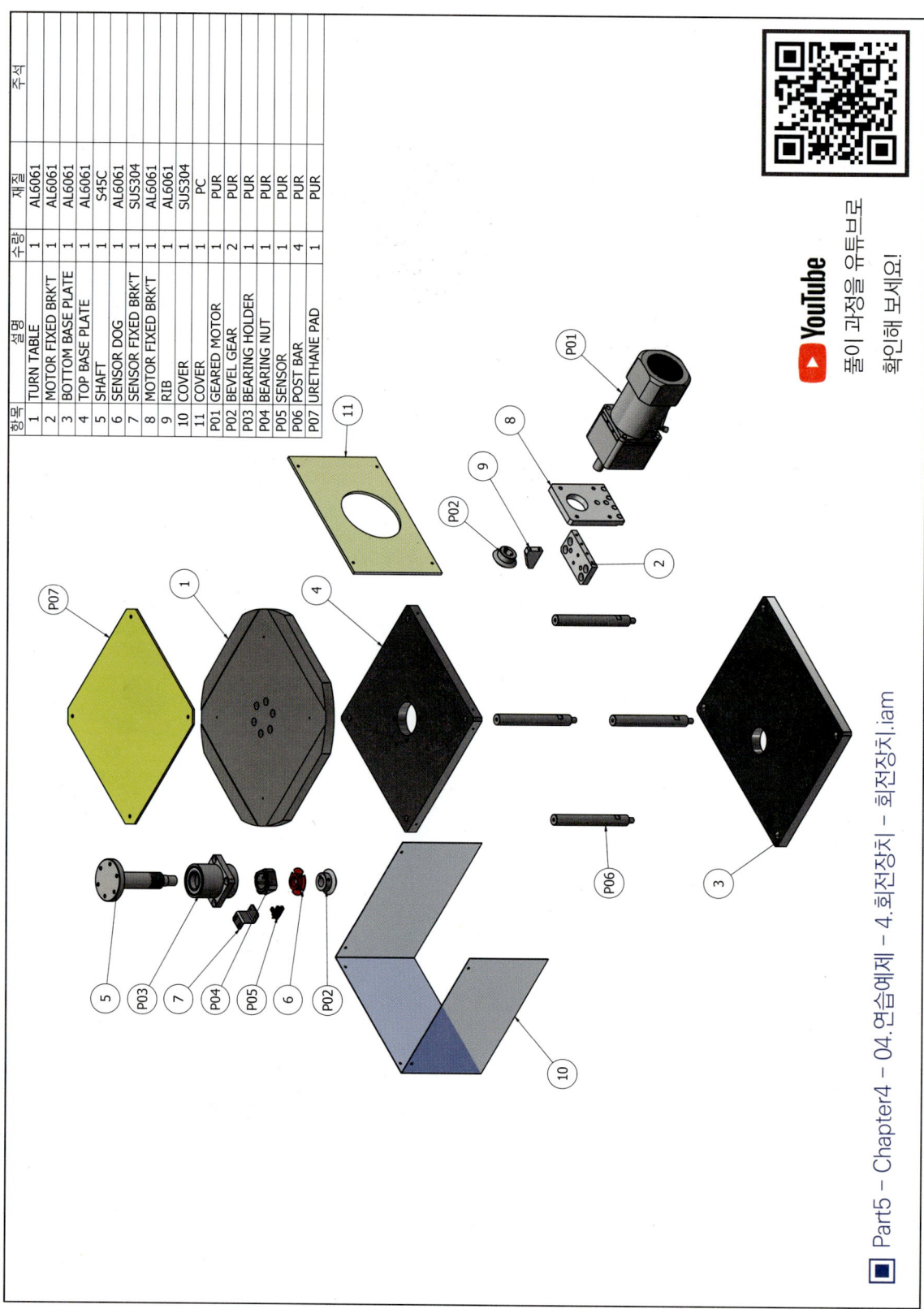

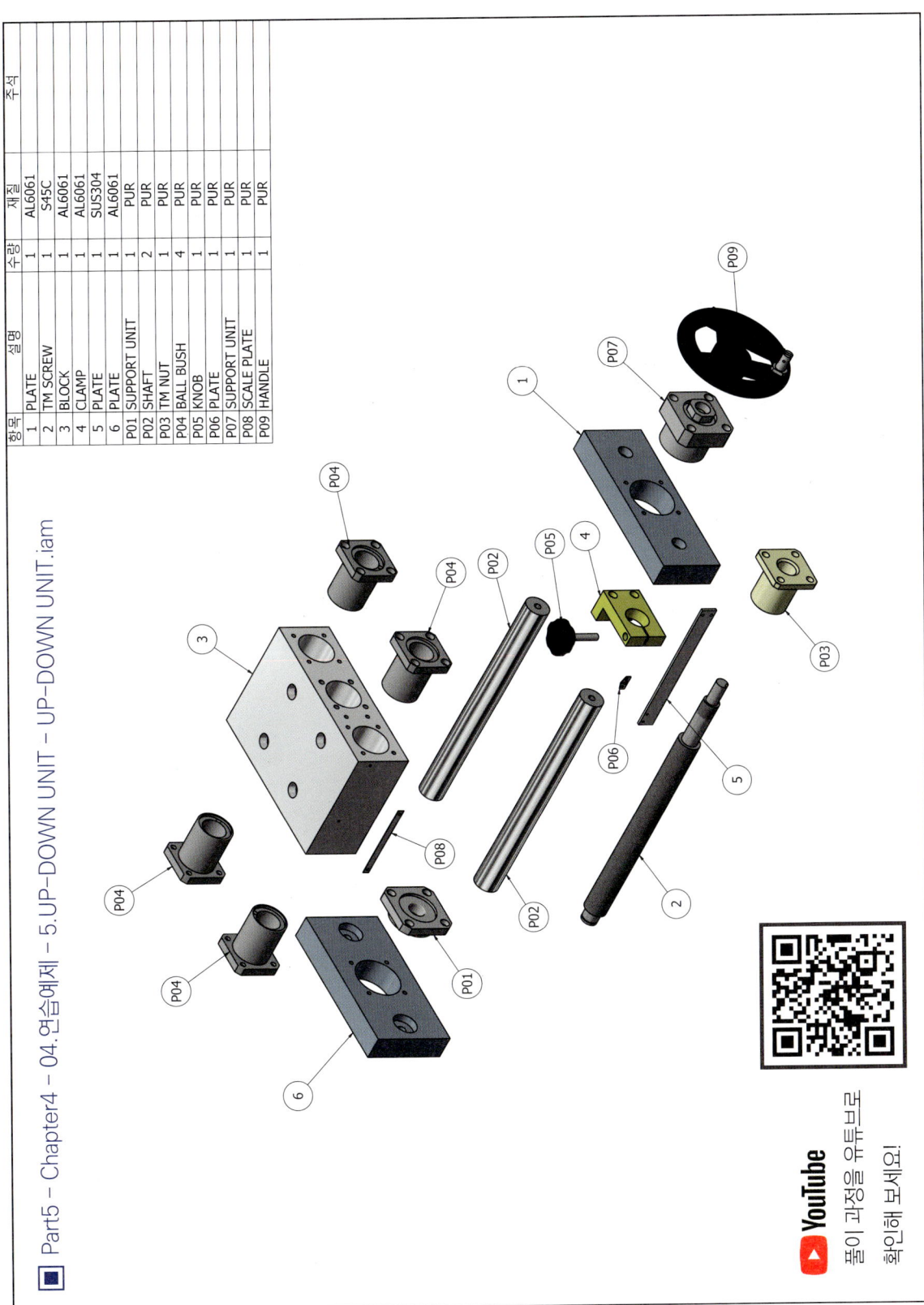

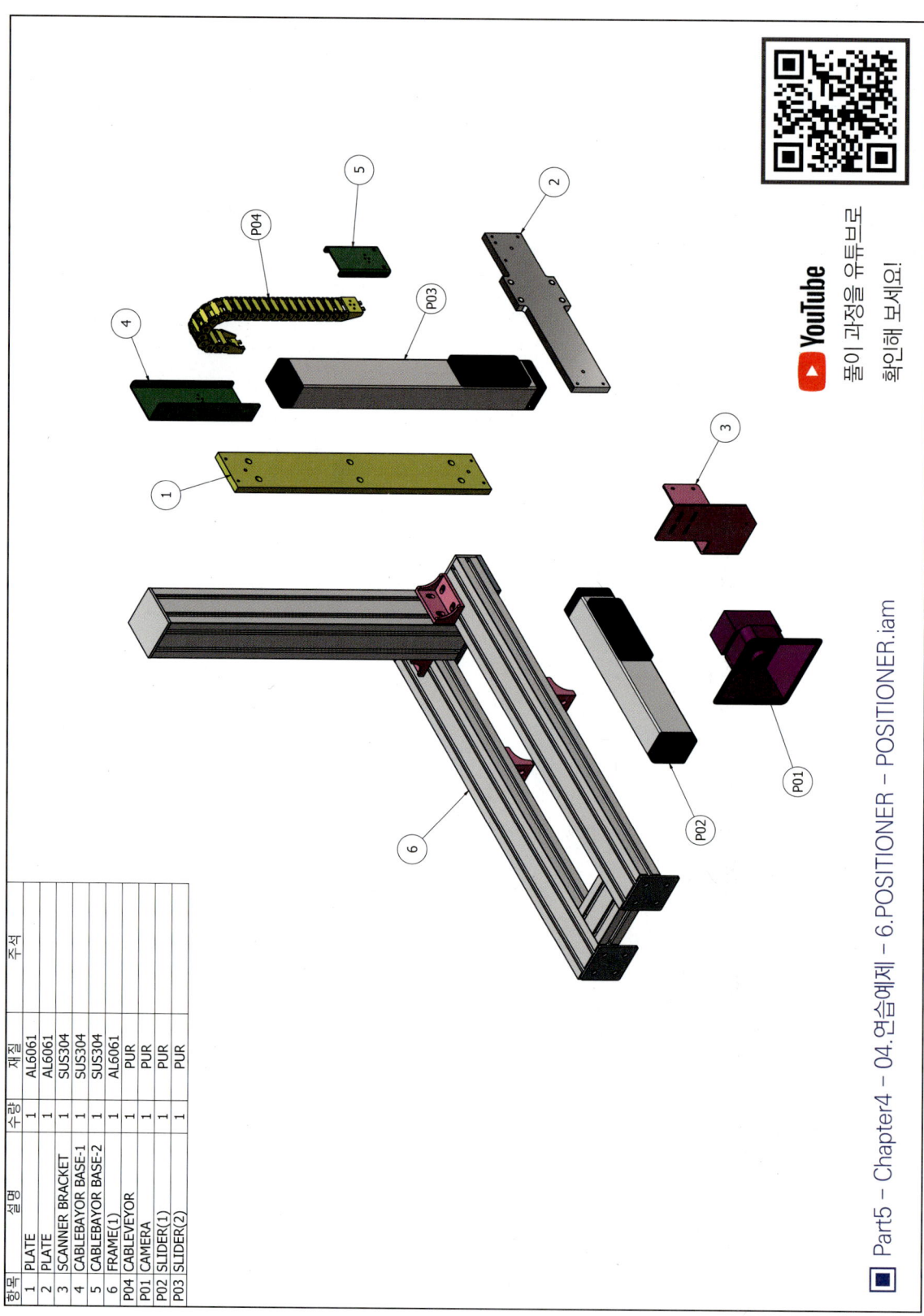

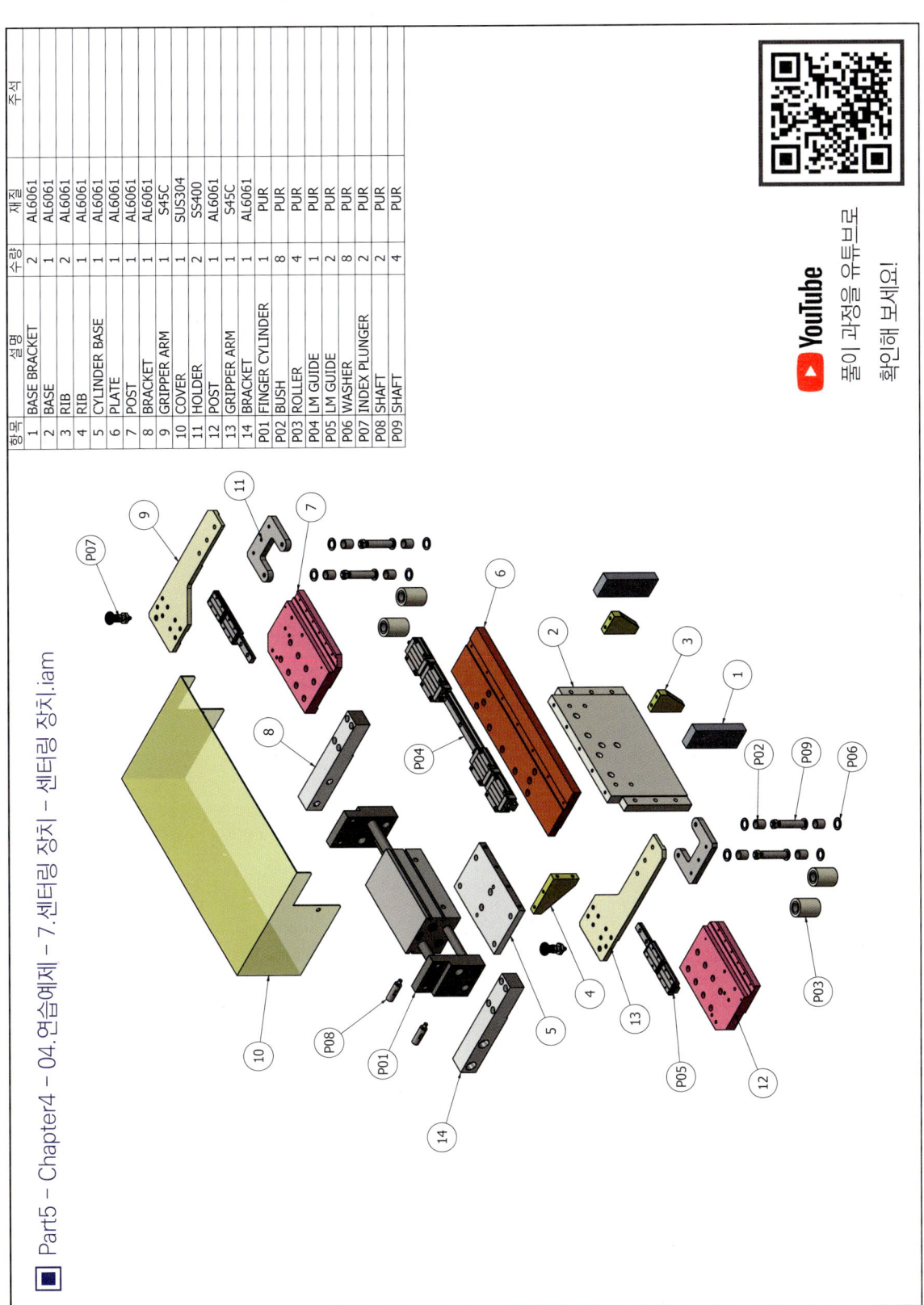

Chapter 4 프리젠테이션

도면 작성하기

Chapter 1 도면의 개요
Chapter 2 도면 템플릿 작성하기
Chapter 3 뷰 배치 명령어 알아보기
Chapter 4 주석 명령어 알아보기

01 도면의 개요

Autodesk Inventor 2022

이번 시간에는 도면의 기본 사항과 인터페이스 및 환경 설정에 대해서 알아보도록 하겠습니다.

01 인터페이스 알아보기

도면 환경의 인터페이스는 다음과 같습니다.

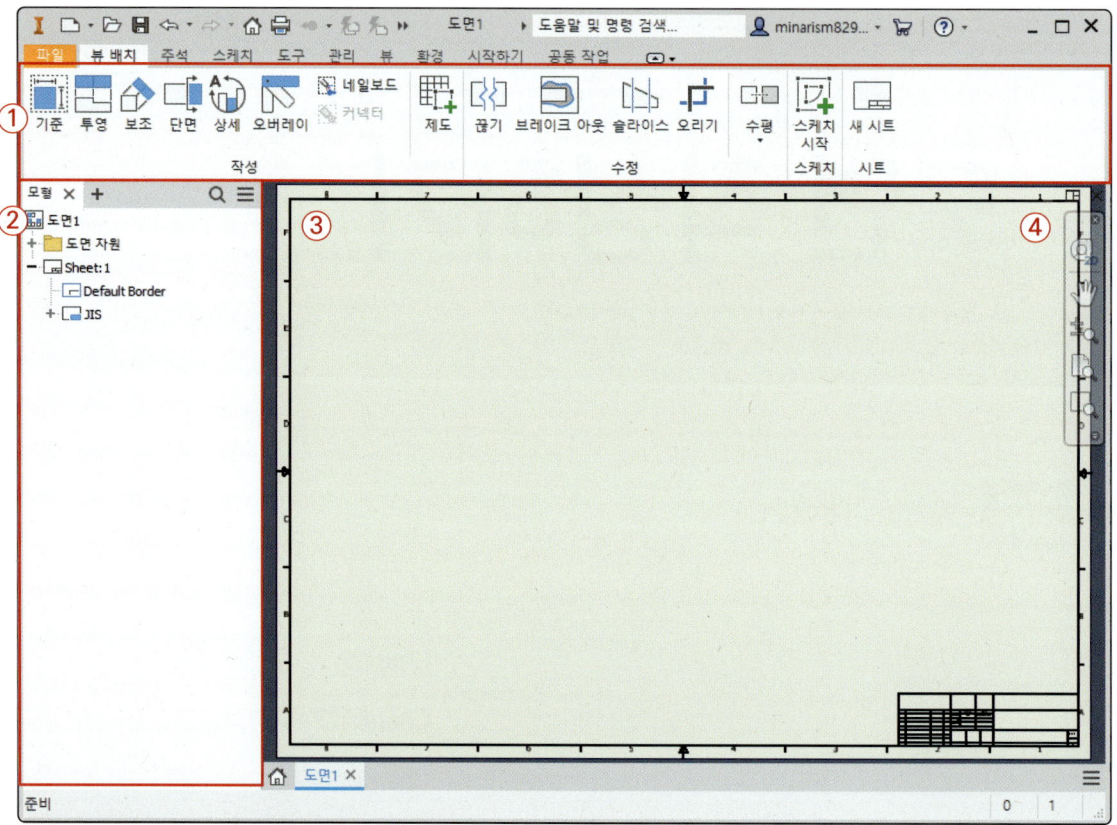

❶ **아이콘 툴바** : 도면 환경의 명령어들이 표시되어 있습니다.

❷ **검색기** : 도면 환경에서는 도면의 하위 목록이 시트로 표시됩니다. 따라서 여기서는 시트 리스트가 표시되게 됩니다.

❸ **작업 화면** : 도면 작업 결과가 시각적으로 표시되는 창입니다.

❹ **탐색 막대** : 화면 제어 도구들이 모여 있습니다.

02 시트에 대해서

인벤터의 도면 환경은 새로 생성된 도면파일 안에 여러장의 종이가 실제의 파일철에 겹쳐져 있는 형태입니다. 여기서 파일철에 겹쳐져 있는 각각의 종이를 시트라고 부르게 됩니다.

따라서 기존의 AutoCAD 사용자는 하나의 화면에 여러장의 도면이 한꺼번에 표시되는 형태로 작업을 하는 경우가 많지만 인벤터의 도면 환경은 여러장의 시트가 겹쳐져 있으므로 시트를 전환해 가면서 도면을 작성하게 됩니다.

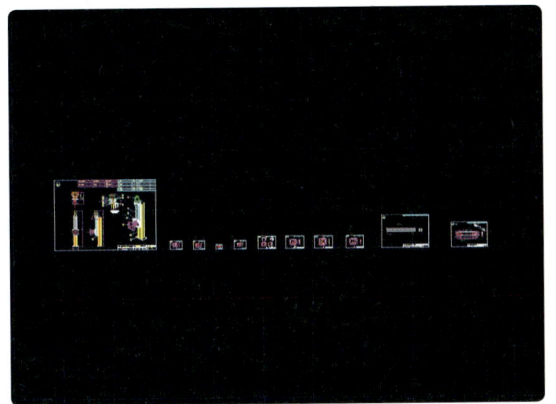
▲ AutoCAD의 작업화면의 경우

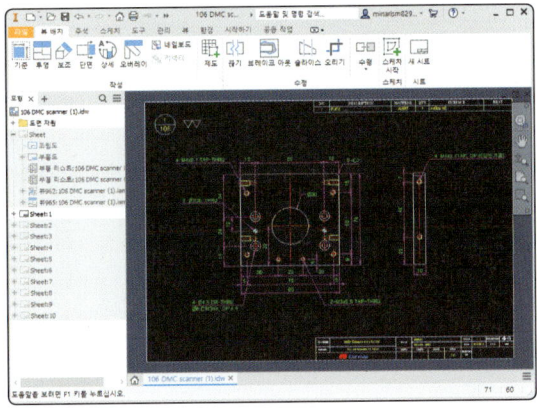
▲ 인벤터의 작업화면의 경우

03 축척에 대해서

인벤터의 축척은 시트의 크기에 따라 맞추어지게 됩니다. AutoCAD의 축척 개념은 도면 뷰의 크기는 기본적으로 1:1이고 이에 맞추어 시트의 배율을 키워서 맞추는 형식이지만 인벤터에서의 도면은 시트의 크기(A3, A4용지 등)에 맞춰서 도면 뷰의 크기를 축척을 주어 늘이고 줄이는 형식입니다.

❶ **AutoCAD의 경우** : 도면 뷰의 크기에 맞추어 시트의 배율을 키웁니다.

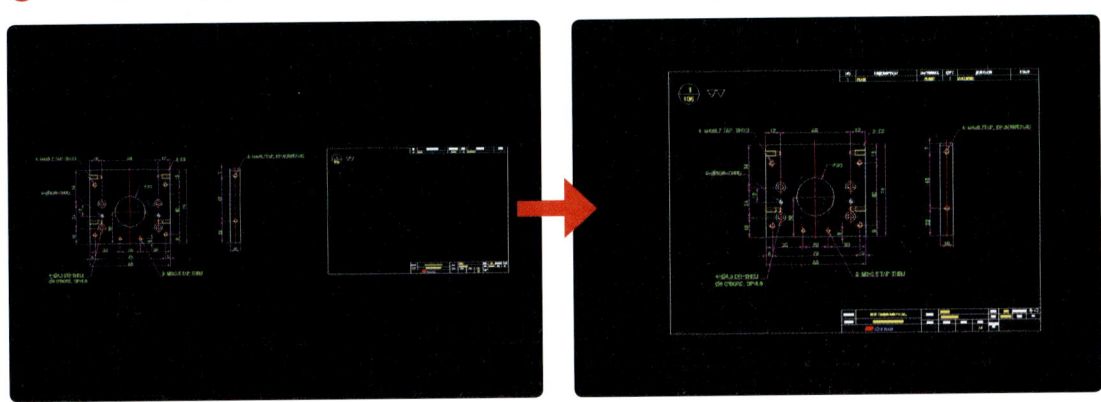

❷ **인벤터의 경우** : 시트의 크기에 맞춰 도면 뷰의 크기를 늘이거나 줄입니다.

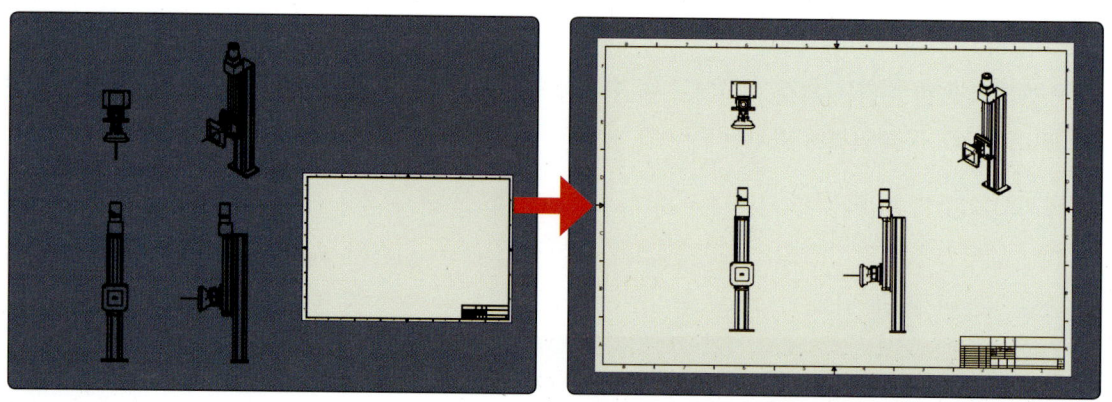

04 도면 환경의 검색기 알아보기

도면 환경의 검색기는 다음과 같은 구조로 되어 있습니다.

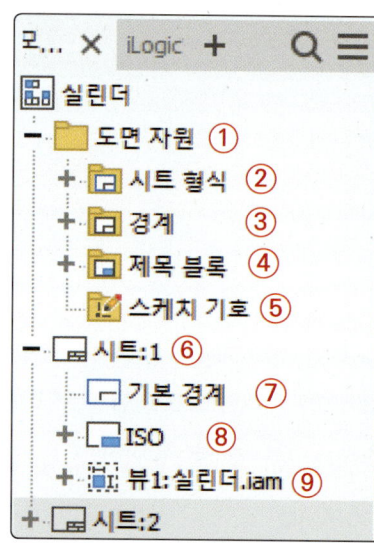

❶ **도면 자원** : 도면 자원 목록들을 묶어놓은 그룹 폴더입니다.

❷ **시트 형식** : 시트 크기 및 뷰의 갯수를 설정해 놓아 자동 도면을 작성합니다.

❸ **경계** : 도면의 테두리 형식을 작성해 삽입합니다.

❹ **제목 블록** : 도면의 표제란 항목을 작성해 삽입합니다.

❺ **스케치 기호** : 사용자가 지정한 기호를 작성해 삽입합니다.

❻ **시트** : 도면의 하위 항목으로써 한 장의 종이라고 생각하시면 됩니다.

❼ **기본 경계** : 경계 항목에 등록되어 있는 경계 항목 중 현재 시트에 삽입된 경계입니다.

❽ **ISO** : 제목 블록 항목에 등록되어 있는 제목 블록 항목 중 현재 시트에 삽입된 제목 블록입니다.

❾ **뷰1** : 현재 시트에 삽입되어 있는 뷰 리스트입니다.

 **Tip**

시트에 삽입되어 있는 경계와 제목 블록은 어떤 항목을 삽입하느냐에 따라 이름이 달라집니다.

05 시트 설정하기

시트를 선택해 마우스 우측 버튼으로 팝업 메뉴를 표시해 시트 편집을 클릭합니다.

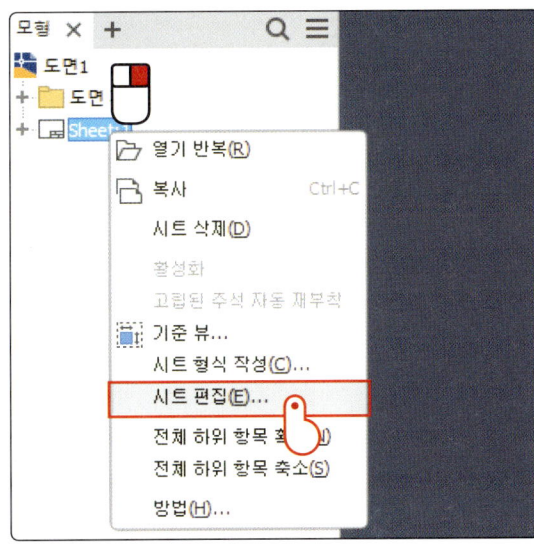

시트 편집 메뉴는 다음과 같습니다.

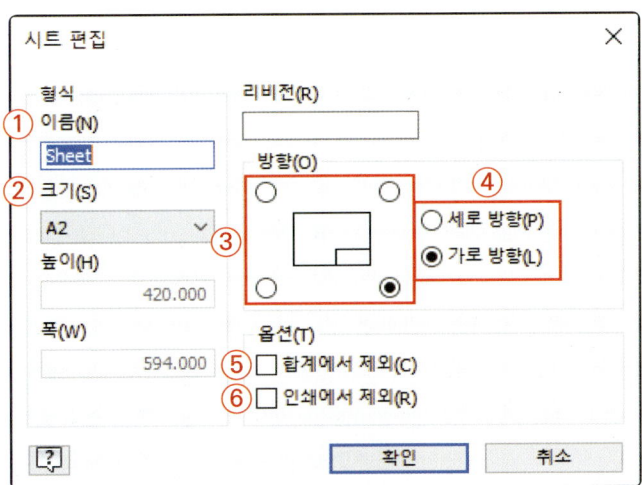

❶ **이름** : 시트의 이름을 설정합니다.

❷ **크기** : 시트의 크기를 선택합니다. 선택한 크기에 따라서 높이와 폭이 결정됩니다.

❸ **방향** : 도면 내의 제목 블록의 위치를 결정합니다.

❹ **도면 회전** : 도면을 가로로 눕힐지 세로로 세울지 결정합니다.

❺ **합계에서 제외** : 체크하면 해당 시트는 뒤에 번호가 부여되지 않습니다.

❻ **인쇄에서 제외** : 체크하면 해당 시트는 인쇄에서 제외됩니다.

02 도면 템플릿 작성하기

01 도면 시작하기

01 새 파일 작성에서 [Standard.idw]를 선택한 다음 작성 명령을 클릭합니다.

02 도구 탭의 문서 설정을 클릭합니다.

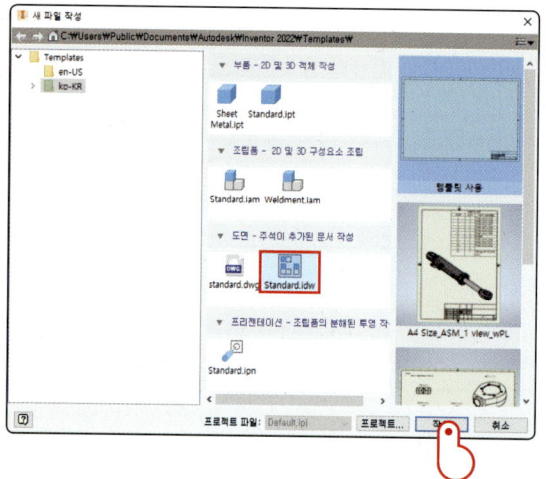

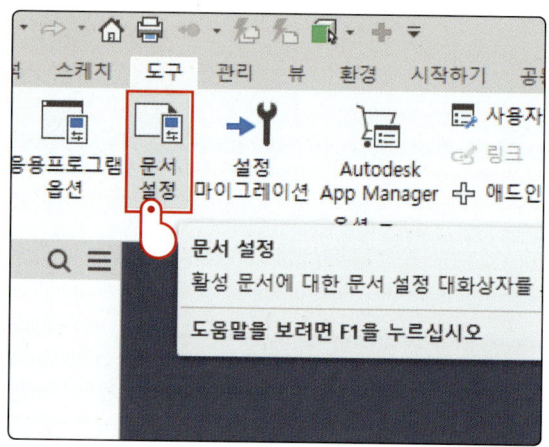

03 활성 표준을 [기본 표준 (JIS)]로 바꿉니다.

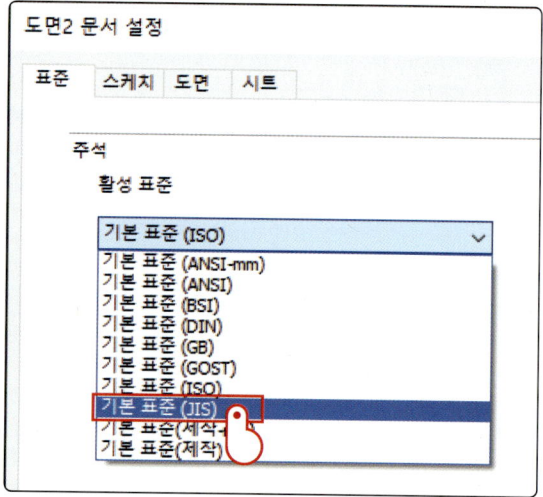

 **Tip**

[기본 표준 (JIS)]로 선택하면 기본 설정이 3각법이 되고 치수 스타일도 국내 도면 체계에 가장 비슷하게 설정됩니다.

02 경계 작성하기

01 현재 시트에 삽입되어 있는 기존의 경계와 제목블록을 삭제합니다.

02 도면 자원 항목의 경계 항목을 선택해 팝업 메뉴를 표시해 [새 경계 정의]를 클릭합니다.

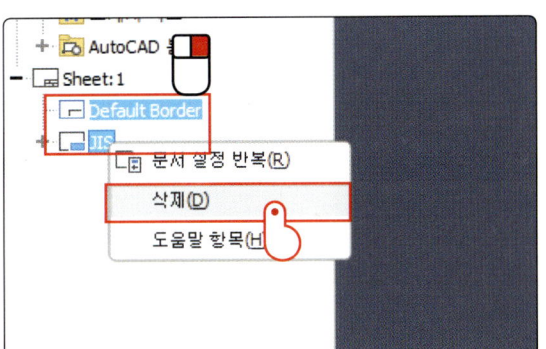
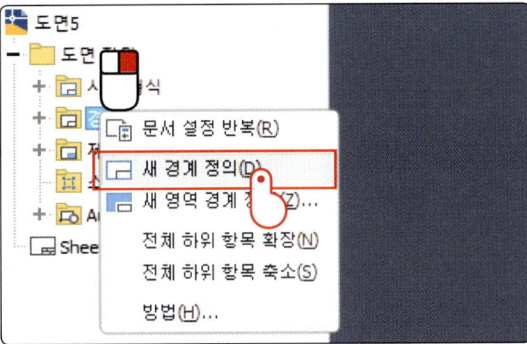

03 경계 정의 작성 화면에서 스케치 도구로 다음과 같이 작성합니다.

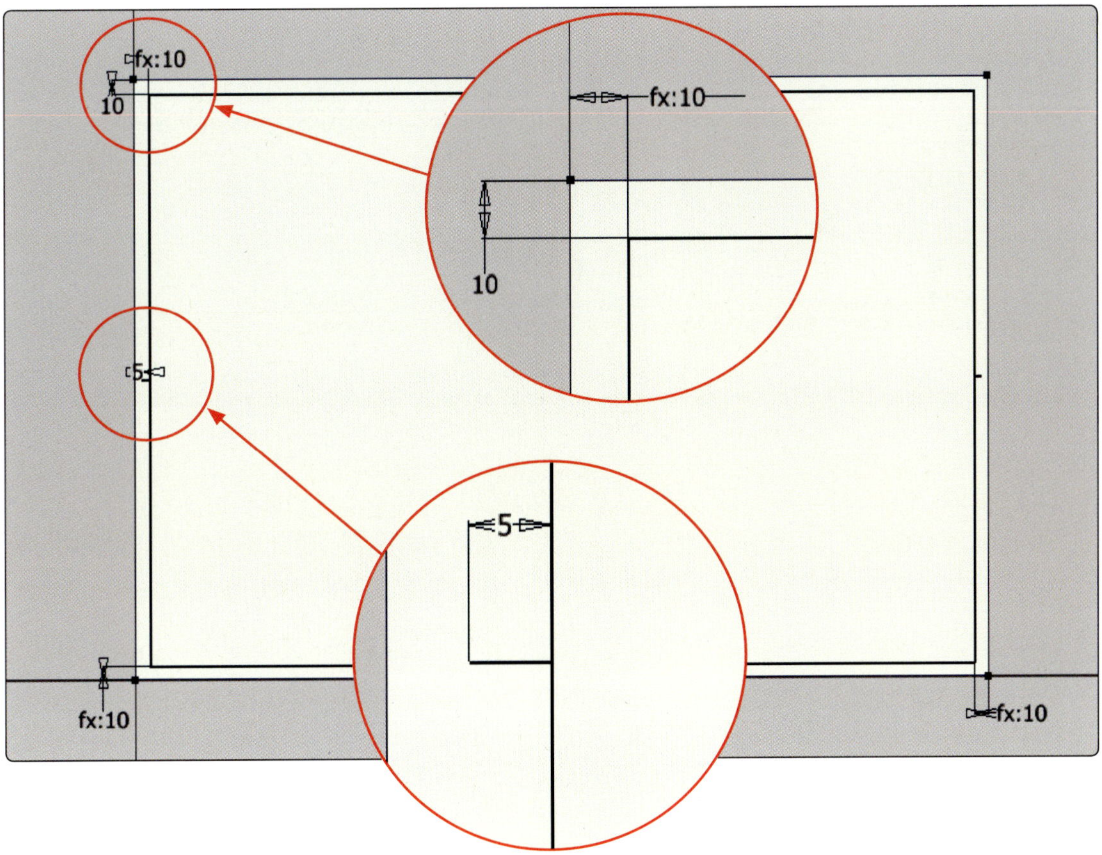

04 작성이 끝나면 스케치 마무리 버튼을 클릭하고 경계의 이름을 다음과 같이 설정한 후 저장 버튼을 클릭해 마무리합니다.

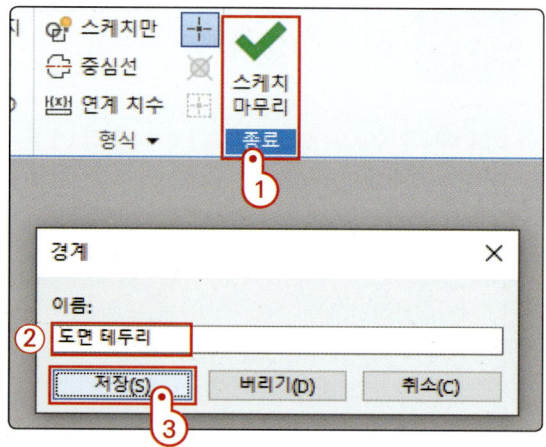

03 제목 블록 작성하기

01 도면 자원 항목의 제목 블록 항목을 선택한 후, 팝업 메뉴를 표시해 [새 제목 블록 정의]를 클릭합니다.

02 제목 블록 정의 작성 화면에서 스케치 도구로 다음과 같이 작성합니다.

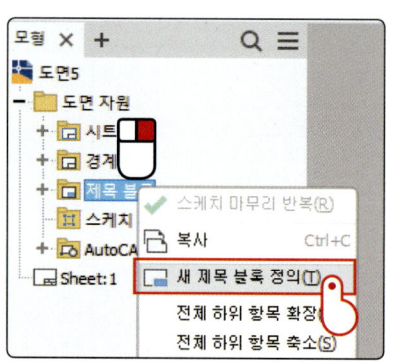

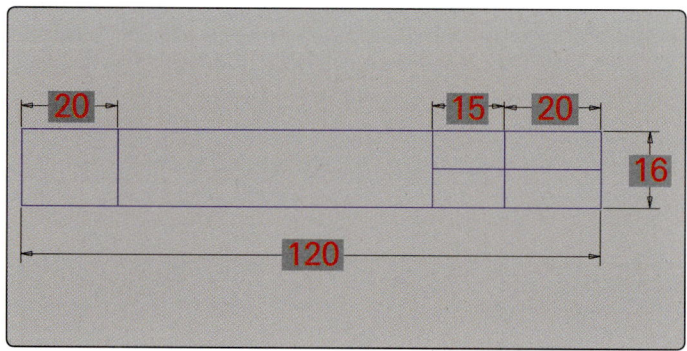

03 텍스트 명령으로 다음 글꼴로 텍스트를 삽입합니다.

04 다시 텍스트 명령을 실행해 유형과 특성을 선택해 텍스트 매개변수 추가 버튼을 클릭합니다.

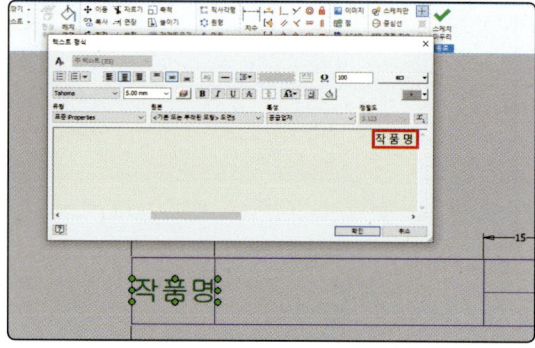

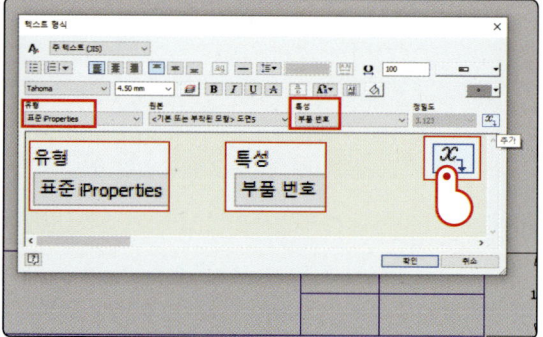

05 추가된 텍스트 매개변수를 다음 위치에 삽입합니다.

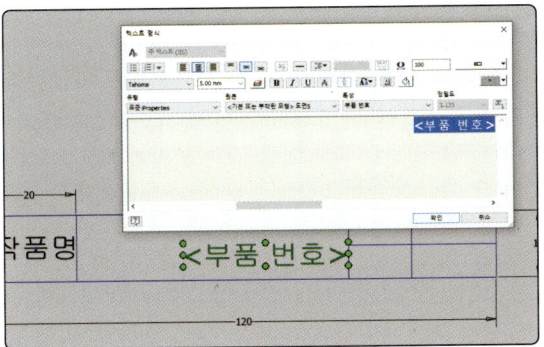

06 그외 다른 텍스트도 그림과 같이 삽입합니다.

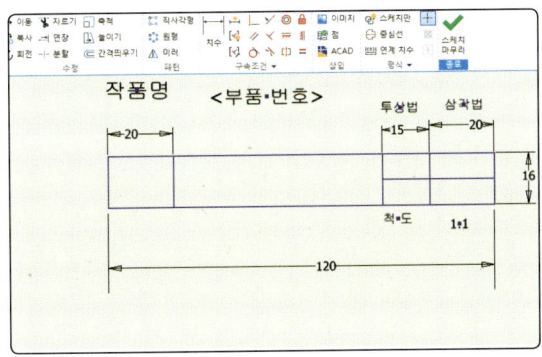

07 사각형에 다음과 같이 대각선을 작성한 후 작성한 대각선을 선택해 [스케치만] 버튼을 클릭합니다.

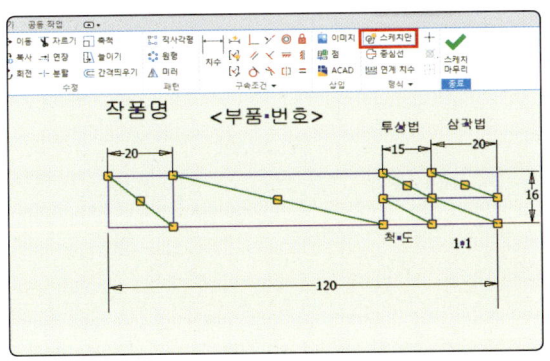

08 텍스트의 중앙점을 대각선의 중간점에 끌어서 위치시킵니다.

09 작성이 끝나면 스케치 마무리 버튼을 클릭하고 제목 블록의 이름을 다음과 같이 설정한 후 저장 버튼을 클릭해 마무리합니다.

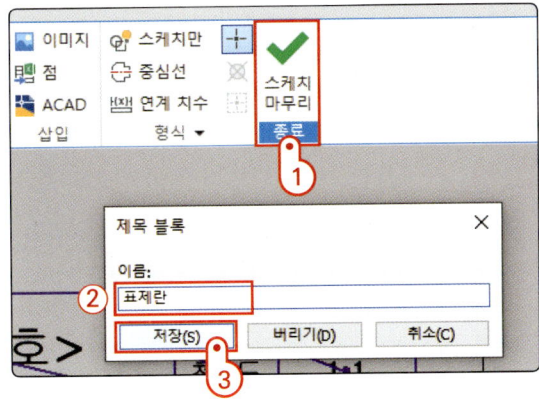

> **Tip**
>
> 각 회사에서 쓰는 도면 표준에 따라 경계와 표제란의 형식이 다 다릅니다.

04 스타일 편집기 알아보기

01 관리 탭의 스타일 편집기 버튼을 클릭합니다.

02 다음과 같이 스타일 편집기가 표시됩니다. 스타일 편집기란 도면 자원 외의 모든 도면 항목의 형식과 스타일을 지정하는 명령입니다. 사용자는 여기서 치수 및 텍스트 도면층에 대한 세부 설정을 할 수 있습니다.

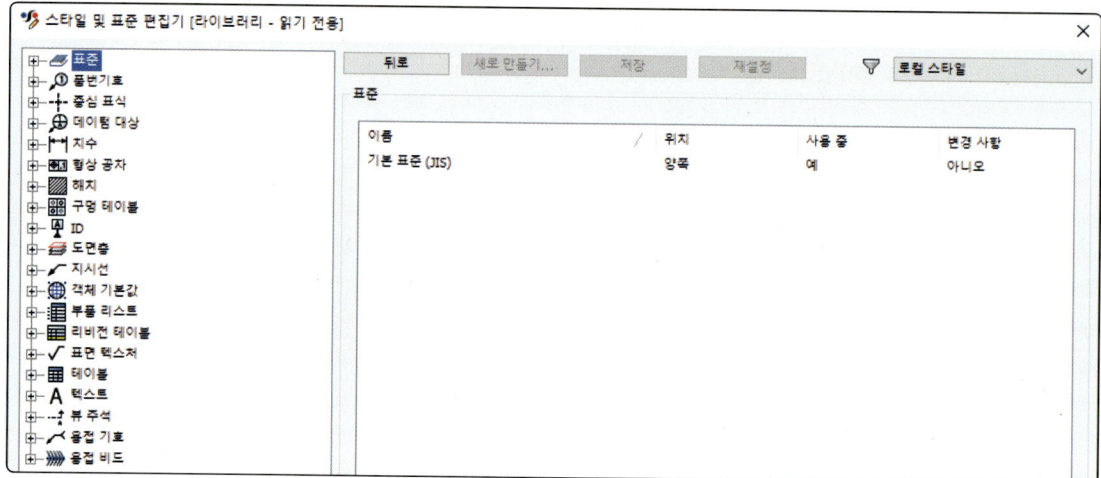

❶ **표준** : 가장 기본적인 도면 설정을 하게 됩니다. 여기서 1각법과 3각법을 고를수 있습니다. 또한 객체 기본값을 선택해서 사실상 전체 스타일 편집기의 묶음 표준을 만들 수 있습니다.

❷ **품번 기호** : 도면의 품번 기호의 스타일을 설정합니다. 품번 기호의 모양과 텍스트를 지정하며 정렬시에 간격띄우기 설정도 할 수 있습니다.

❸ **중심 표식** : 도면층과 별개로 중심 표식의 스타일을 설정합니다.

❹ **데이텀 대상** : 데이텀 대상 기호의 스타일을 설정합니다.

❺ **치수** : 치수 스타일을 지정합니다. 치수의 화면 표시 및 공차, 구멍 주석 표현 형식과 모따기 주석 표현 형식 등 굉장히 많은 종류의 스타일을 지정하게 됩니다.

❻ **형상 공차** : 형상 공차 스타일을 지정합니다. 형상공차의 텍스트 및 지시선 스타일과 기타 옵션들을 지정할 수 있습니다.

⑦ 해치 : 단면도 작성 및 브레이크 아웃 뷰, 스케치 환경에서의 해치 명령시에 기본으로 적용할 해치 스타일을 설정합니다.

⑧ 구멍 테이블 : 구멍 테이블과 펀치 테이블의 스타일을 설정합니다.

⑨ ID : 데이텀의 스타일을 설정합니다. 텍스트 스타일과 지시선 스타일 및 기호 특성과 기호 크기를 정의할 수 있습니다.

⑩ 도면층 : 도면층 스타일을 설정합니다. 각 도면 요소에 대한 색상과 두께 및 선의 종류를 설정할 수 있습니다.

⑪ 지시선 : 각 스타일에 사용되는 지시선의 기본 소스 스타일을 설정합니다.

⑫ 객체 기본값 : 각 도면 요소의 기본적인 스타일 값을 지정합니다. 스타일 편집기의 가장 중요한 항목 중의 하나입니다. 여기서 정리된 객체 기본값 리스트를 표준 항목에 적용합니다.

⑬ 부품 리스트 : 부품 리스트의 스타일을 설정합니다. 이 부품 리스트는 조립품의 BOM 스타일과 연동이 되므로 어떠한 설정을 하느냐에 따라서 사용자의 입맛에 맞는 부품 리스트를 자유롭게 작성할 수 있습니다.

⑭ 리비전 테이블 : 리비전 테이블의 스타일을 설정합니다.

⑮ 표면 텍스처 : 표면 텍스처의 스타일을 설정합니다.

⑯ 테이블 : 일반 테이블의 스타일을 설정합니다.

⑰ 텍스트 : 각 스타일에 사용되는 스타일의 기본 소스 스타일을 설정합니다.

⑱ 뷰 주석 : 뷰 작성시 생성되는 기호나 화살표의 스타일을 설정합니다.

⑲ 용접 기호 : 용접 기호의 스타일을 설정합니다.

⑳ 용접 비드 : 용접 비드의 스타일을 설정합니다.

05 템플릿으로 저장하기

01 경계 항목을 확장해 새로 작성한 [도면 테두리] 항목을 선택한 후, 팝업 메뉴를 표시해 삽입 명령을 클릭합니다.

02 다음과 같이 시트에 도면 테두리가 삽입됩니다.

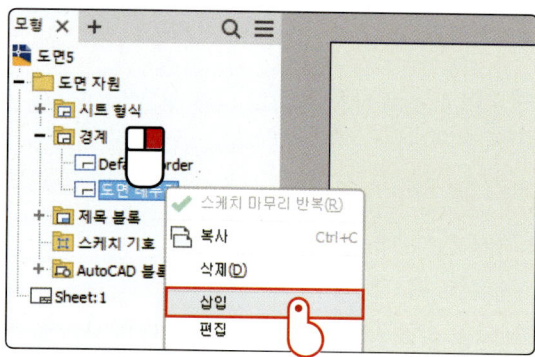

03 제목 블록 항목을 확장해 새로 작성한 [표제란] 항목을 선택한 후, 팝업 메뉴를 표시해 삽입 명령을 클릭합니다.

04 다음과 같이 시트에 표제란이 삽입됩니다.

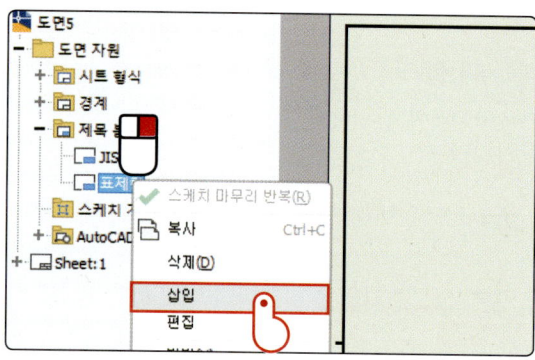
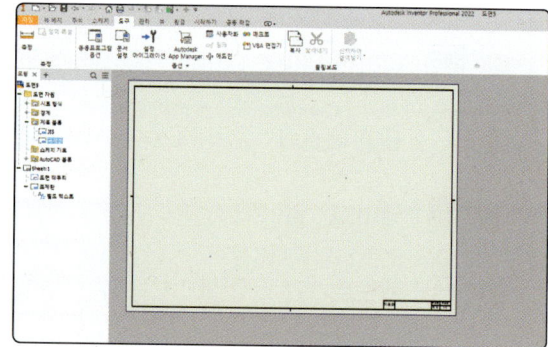

05 다른 이름으로 저장 – 템플릿으로 사본 저장합니다.

06 다음 위치에 템플릿 파일의 이름을 지정해 저장합니다.

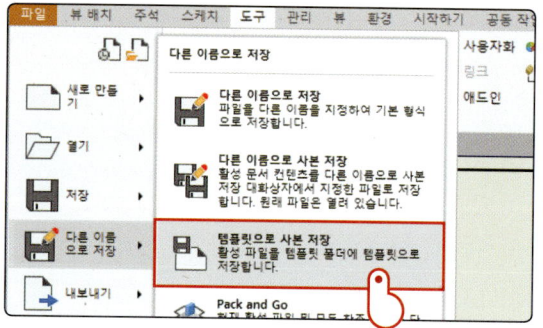
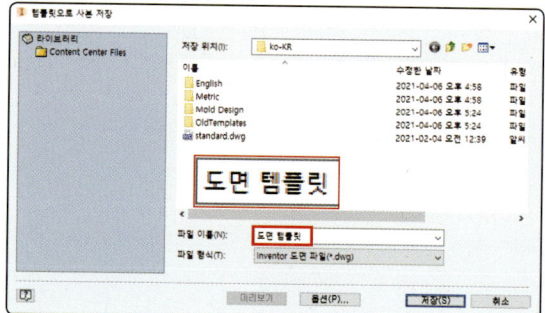

07 새 파일 작성 버튼을 클릭하면 다음과 같이 사용자가 작성한 템플릿이 추가된 것을 확인할 수 있습니다.

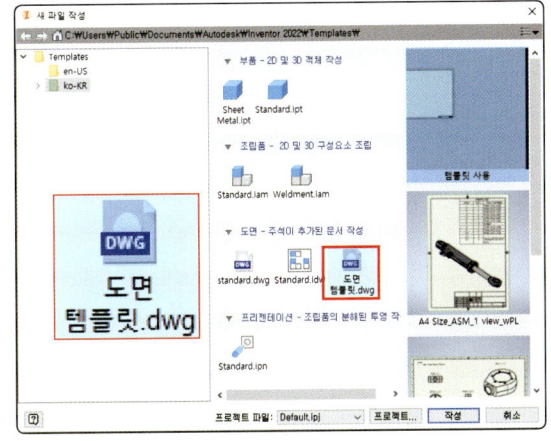

풀이 과정을 유튜브로
확인해 보세요!

03 뷰 배치 명령어 알아보기

Autodesk Inventor 2022

이번 시간에는 뷰 배치 명령을 알아보도록 하겠습니다.

01 뷰 배치 명령어 알아보기

뷰 배치 명령어에는 다음과 같은 명령어들이 있습니다.

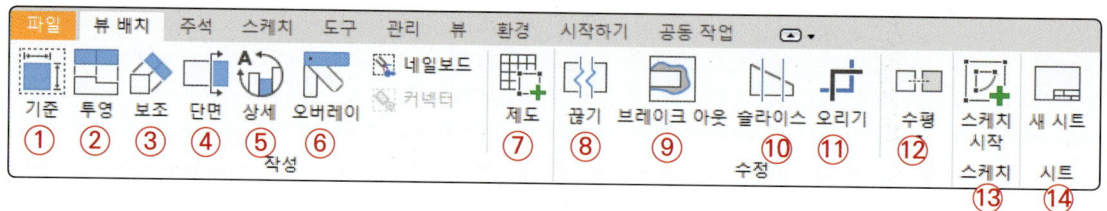

① **기준** : 기준이 되는 첫 번째 뷰를 작성합니다.

② **투영** : 기존에 작성되어 있는 뷰를 투영하는 뷰를 작성합니다.

③ **보조** : 기준 뷰의 참조 모서리 혹은 스케치 선에 수직으로 배치되는 투상도를 작성합니다.

④ **단면** : 작성된 뷰를 잘라내 단면을 보는 뷰를 작성합니다.

⑤ **상세** : 작성된 뷰의 일부분을 잘라내 사용자가 임의의 축척으로 새로운 뷰를 작성합니다.

⑥ **오버레이** : 조립품의 위치 항목과 연동되는 뷰 명령으로써, 조립품의 여러 가지 위치에 대한 뷰를 작성합니다.

⑦ **제도** : 도면에 스케치 도구를 이용해 가상의 도면 뷰를 작성합니다.

⑧ **끊기** : 연속된 모양의 기준뷰를 수직, 혹은 수평 방향으로 연속된 구간을 잘라내 간략뷰로 표시합니다.

⑨ **브레이크 아웃** : 뷰의 일부분에 영역을 지정하여, 그 부분만 일정 깊이의 단면으로 표시하는 뷰로 변경합니다.

⑩ **슬라이스** : 두 개의 뷰를 준비해서 첫 번째 뷰에 연속 단면하는 선을 작성한 후 그 잘라낸 모양을 두 번째 뷰에 표시합니다.

⑪ **오리기** : 작성한 뷰의 일부분만 오려내는 뷰를 작성합니다.

⑫ **뷰 정렬** : 서로 정렬되지 않은 뷰끼리 수평 / 수직 / 위치내 정렬하거나 정렬된 뷰끼리 정렬을 끊습니다.

⑬ **스케치** : 뷰 작성을 보조해주는 스케치를 작성합니다.

⑭ **새 시트** : 도면 환경에 새로운 시트를 추가합니다.

02 기준 뷰 명령 실습하기

01 [파일] - [열기]를 클릭하여 아래 예제 파일을 엽니다.

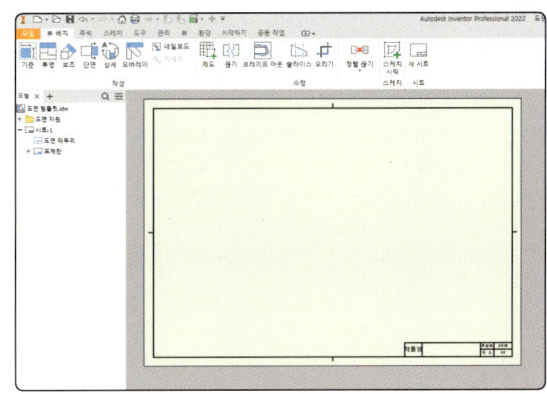

■ Part6 - Chapter3 - 도면 템플릿.idw

02 [기준] 명령을 실행합니다.

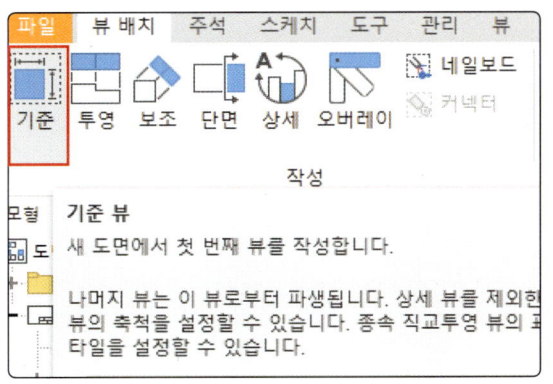

03 [기존 파일 열기] 버튼을 클릭합니다.

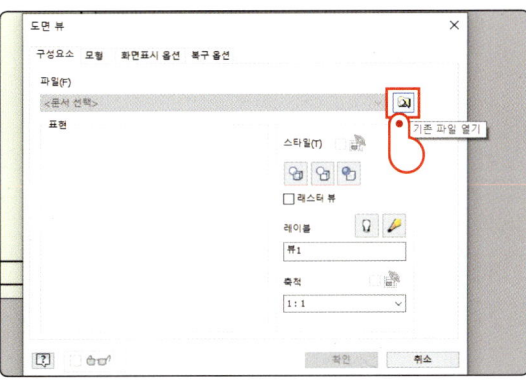

04 다음 예제 파일을 선택하여 [열기] 버튼을 클릭합니다.

■ Part6 - Chapter3 - 1.블록.ipt

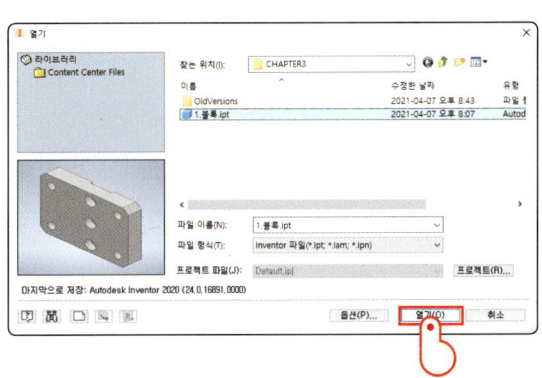

 **Tip**

기준 뷰를 작성하지 않으면 나머지 다른 뷰 명령을 사용할 수 없습니다.

05 다음과 같이 뷰가 미리보기가 됩니다. 뷰 큐브의 다음 화살표를 클릭합니다.

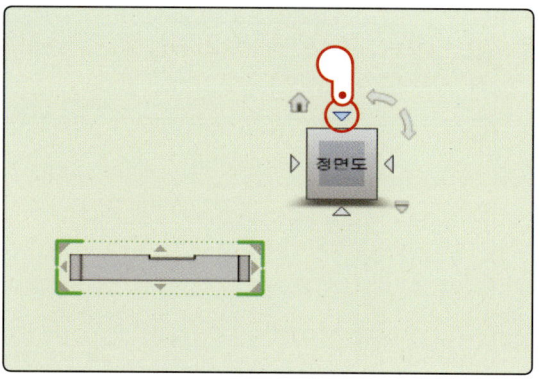

06 다음과 같이 뷰가 회전합니다.

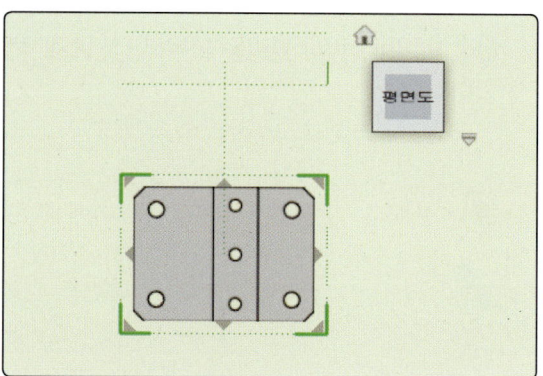

07 마우스를 오른쪽으로 이동해 클릭, 위로 이동해 클릭하면 우측면도와 평면도가 작성됩니다.

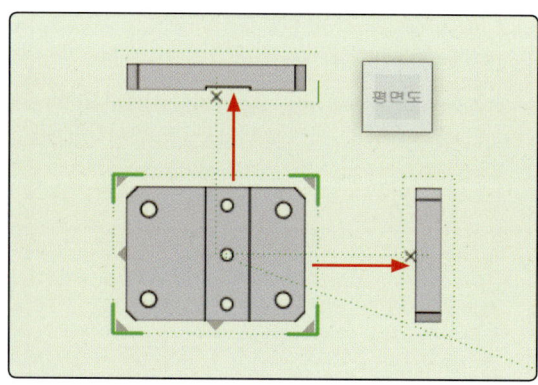

08 마우스 우측 버튼을 클릭해 팝업 메뉴를 표시해 [확인] 버튼을 클릭합니다.

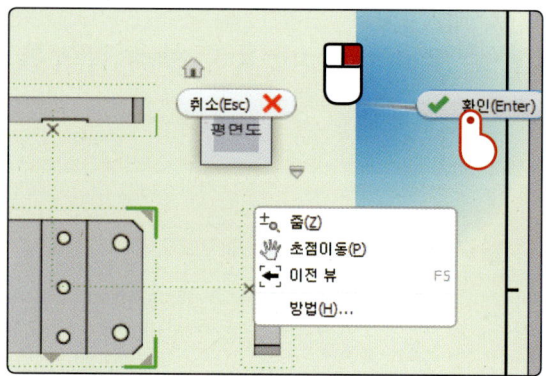

09 다음과 같이 정면도, 우측면도, 평면도가 작성됩니다.

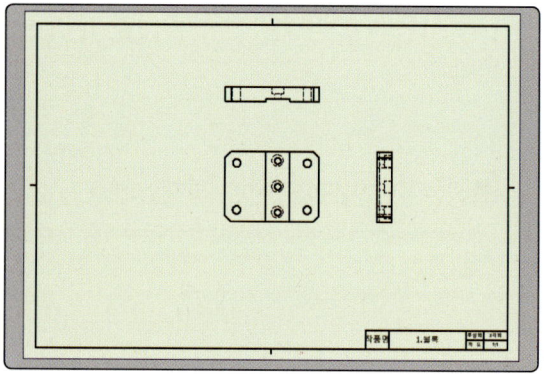

 **Tip**

방향에 따라 좌측면도, 밑면도도 작성할 수 있습니다.

03 투영 뷰 명령 실습하기

01 [투영] 명령을 실행해 정면도를 선택합니다.

02 마우스를 오른쪽 위로 이동하면 다음과 같이 등각투상도가 표시됩니다.

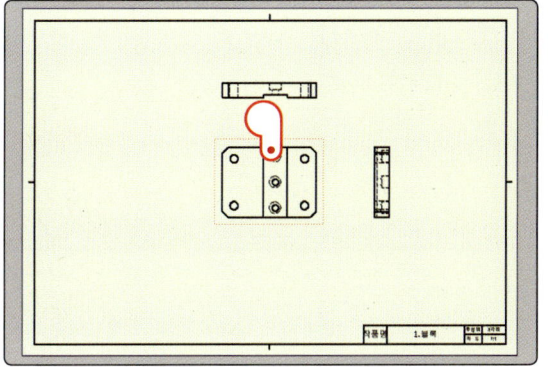
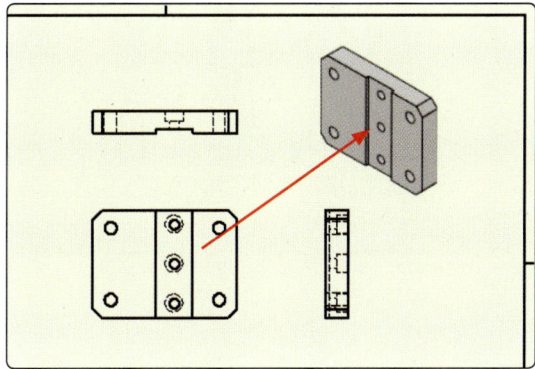

03 마우스 우측 버튼을 클릭해 팝업 메뉴를 표시해 [확인] 버튼을 클릭합니다.

04 다음과 같이 등각투상도 뷰가 작성됩니다.

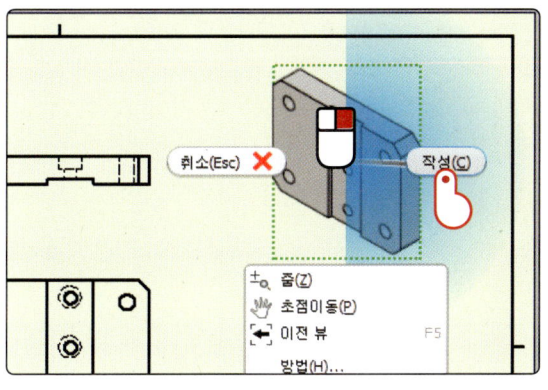
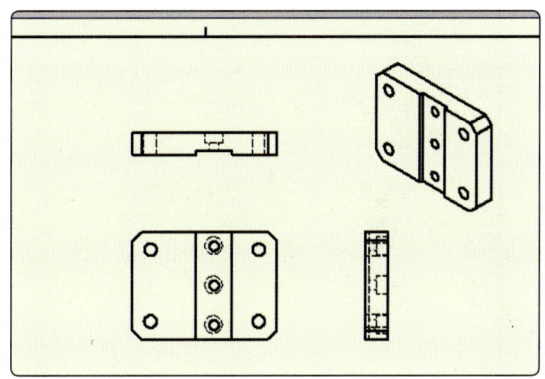

05 정면도 뷰를 선택해 드래그하면 정투상으로 작성된 우측면도와 평면도가 정렬 이동됩니다.

06 우측면도와 평면도를 드래그하면 정면도에 정렬된 상태로 이동합니다.

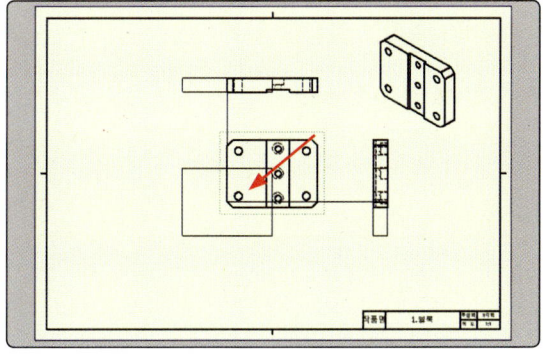
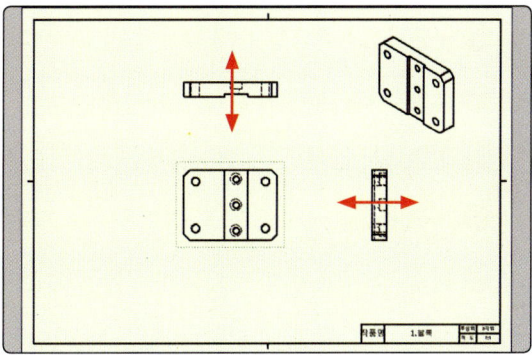

07 뷰 편집을 위해 등각투상 뷰를 선택한 후, 팝업 메뉴를 표시해 [뷰 편집]을 클릭합니다.

08 다음과 같이 도면 뷰 편집 창이 표시됩니다.

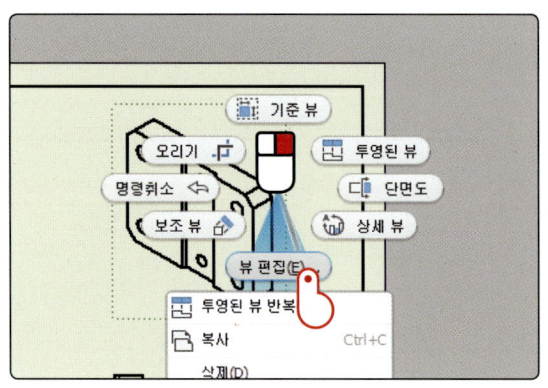
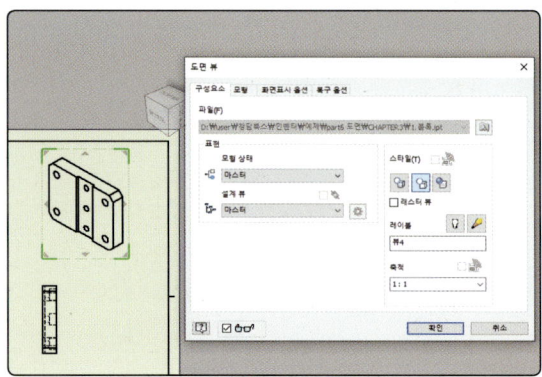

09 도면 뷰 편집 창은 다음과 같습니다.

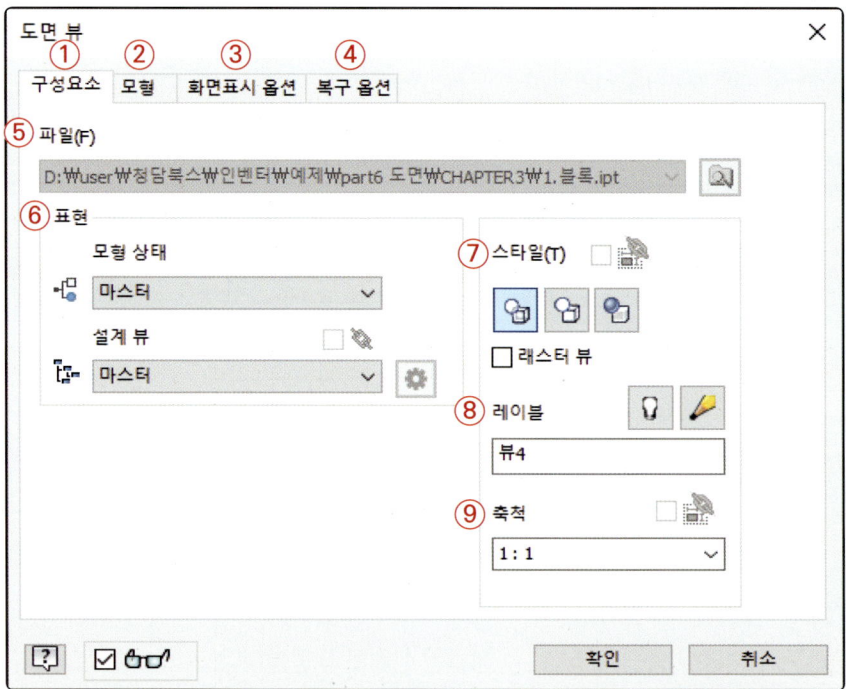

❶ **구성요소** : 작성할 뷰의 링크할 파일 및 스타일, 레이블, 축척을 설정합니다.

❷ **모형** : 모형의 세부 옵션에 따라 뷰에 표시할 세부 디테일을 설정합니다.

❸ **화면표시 옵션** : 뷰 작성시 세부적인 표현을 설정합니다.

❹ **복구 옵션** : 곡면 본체 및 메쉬 본체를 화면에 표시합니다.

❺ **파일** : 모델링 파일을 선택해 뷰를 작성합니다.

❻ **표현** : 작성할 뷰의 모델링 파일의 모형 상태 및 설계 뷰 상태를 선택합니다.

❼ **스타일** : 뷰의 은선 및 음영 처리를 설정합니다.

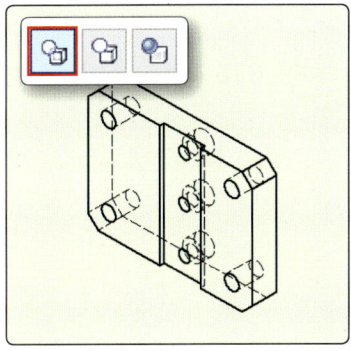 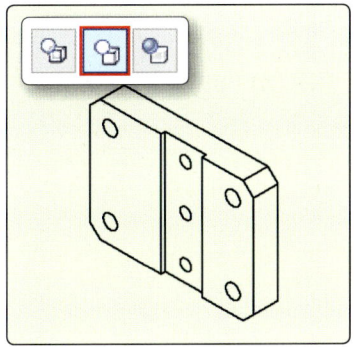 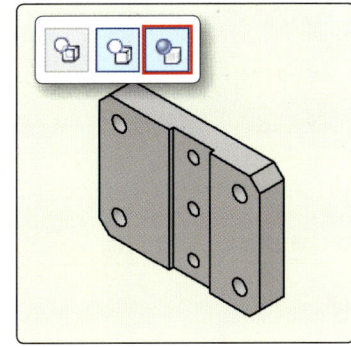

❽ **레이블** : 뷰의 이름을 설정합니다.

❾ **축척** : 뷰의 크기를 설정합니다.

10 화면표시 옵션 탭에는 다음과 같은 옵션들이 있습니다.

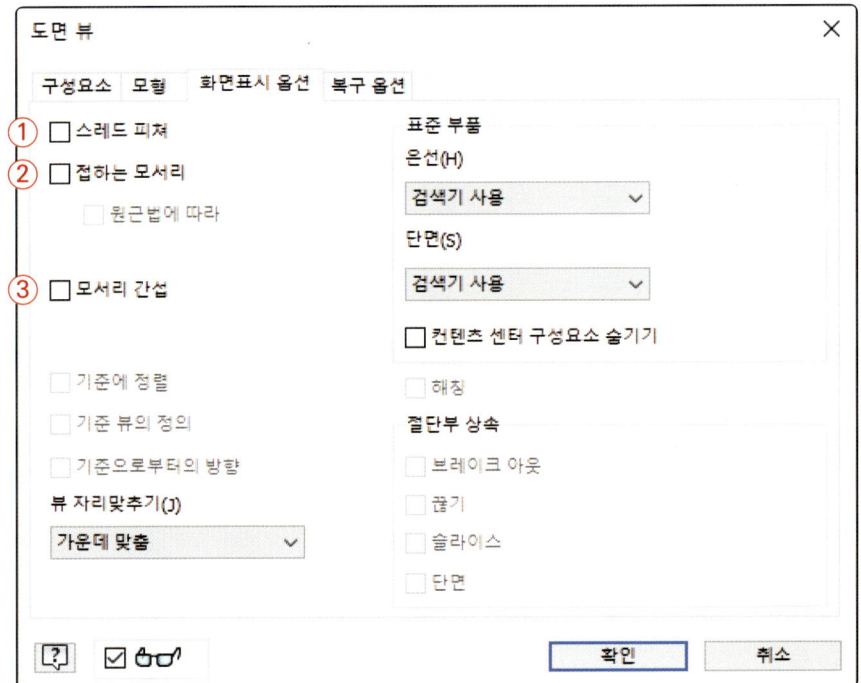

❶ **스레드 피쳐** : 구멍의 탭 및 스레드로 작성한 피쳐 부분을 도면에 표시합니다.

❷ **접하는 모서리** : 모깎기 및 라운드 부분의 가는실선 부분을 표시합니다.

❸ **모서리 간섭** : 조립품에서 부품끼리 서로 간섭되는 부분의 모서리를 표시합니다.

04 보조 뷰 명령 실습하기

01 [파일] - [열기]를 클릭하여 아래 예제 파일을 엽니다.

■ Part6 - Chapter3 - 보조 뷰.idw

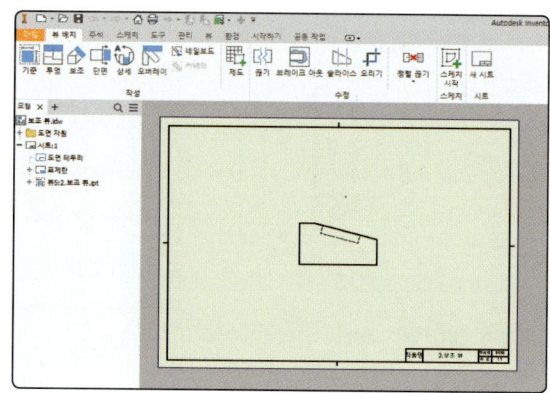

02 [보조] 명령을 실행해 기준 뷰를 선택합니다.

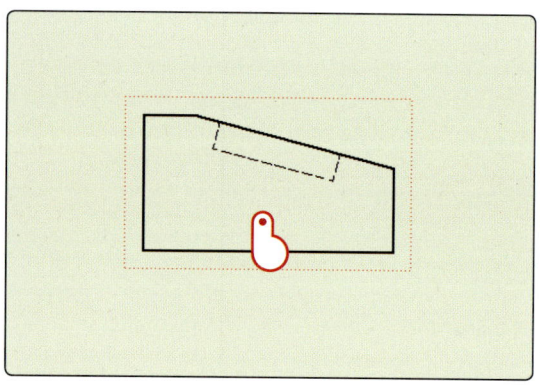

03 뷰의 모서리를 선택합니다.

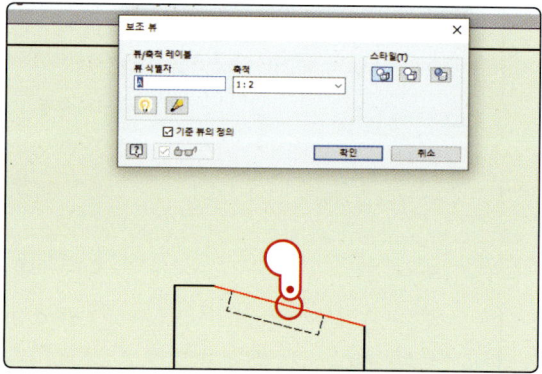

04 마우스를 위로 이동하면 다음과 같이 보조뷰가 표시됩니다.

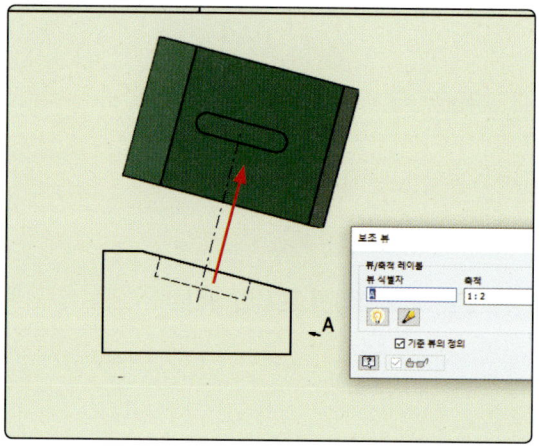

05 적당한 위치에 클릭하고 확인 버튼을 클릭하면 보조 뷰가 작성됩니다.

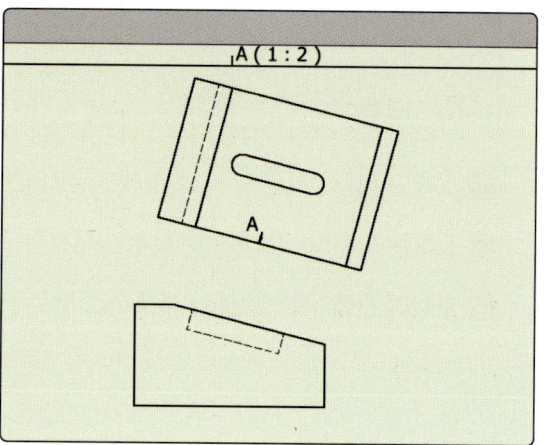

06 기준 뷰 및 보조 뷰를 드래그해서 이동해 다음과 같은 위치로 맞춥니다.

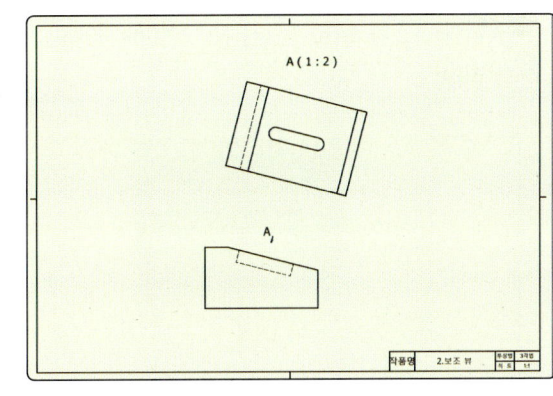

05 단면 뷰 명령 실습하기 – 전단면

01 [파일] – [열기]를 클릭하여 아래 예제 파일을 엽니다.

■ Part6 – Chapter3 – 3.섹션뷰 – 섹션뷰.idw

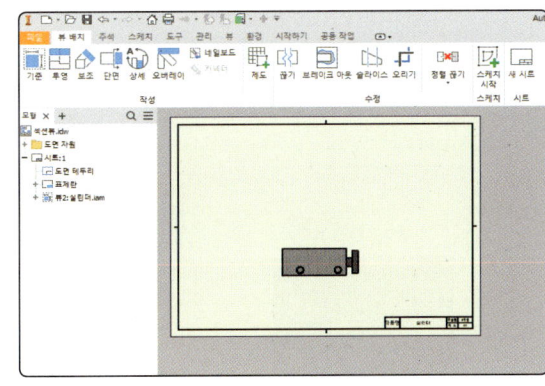

02 [단면] 명령을 실행해 기준 뷰를 선택해 단면선을 작성합니다.

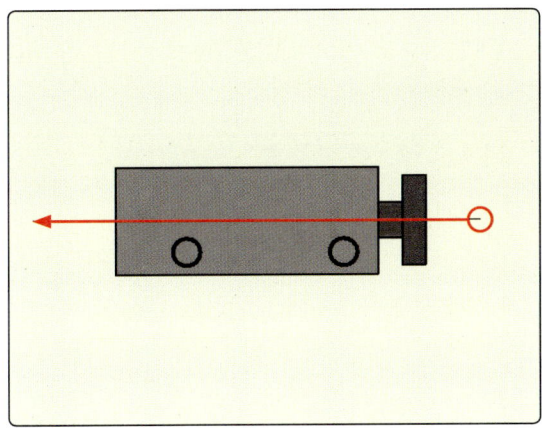

03 팝업 메뉴를 표시해 [계속] 버튼을 클릭합니다.

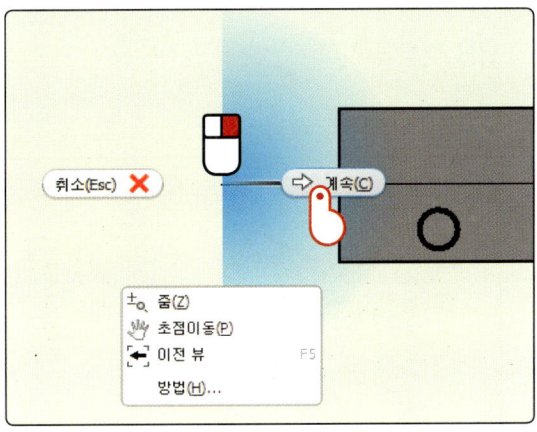

04 마우스를 위로 움직이면 단면뷰가 미리보기가 됩니다.

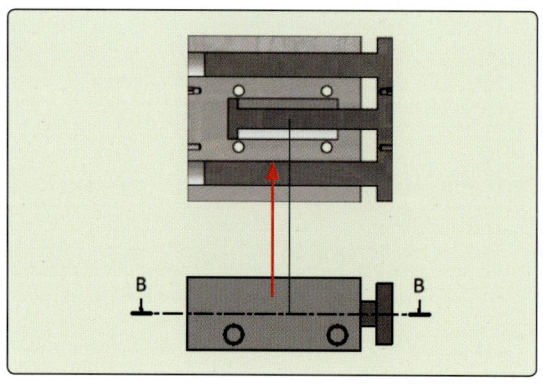

05 적당한 위치에 클릭하면 단면뷰가 작성됩니다.

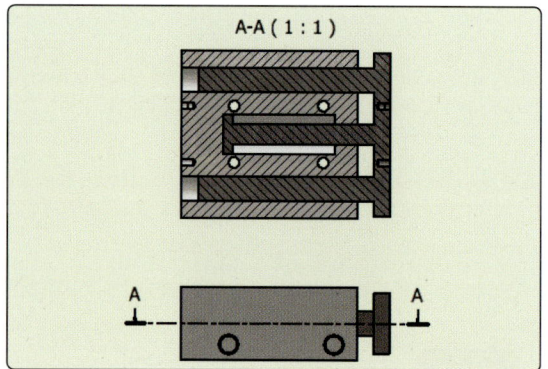

06 [투영] 명령을 실행해 작성한 단면뷰를 선택한 후 마우스를 오른쪽 위로 이동하면 다음과 같이 등각투상도가 표시됩니다.

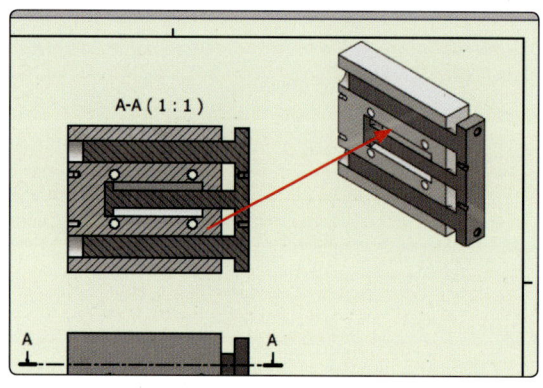

07 마우스 우측 버튼을 클릭해 팝업 메뉴를 표시해 [작성] 버튼을 클릭합니다.

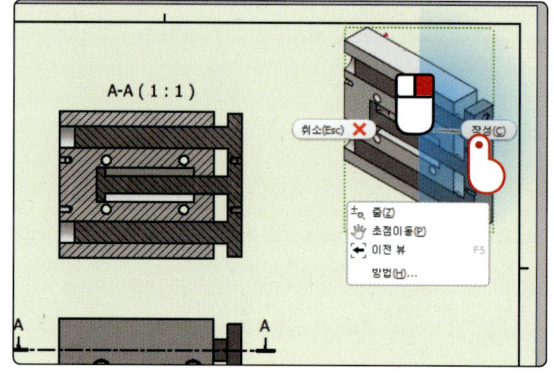

08 다음과 같이 단면뷰의 등각투상 뷰가 작성됩니다.

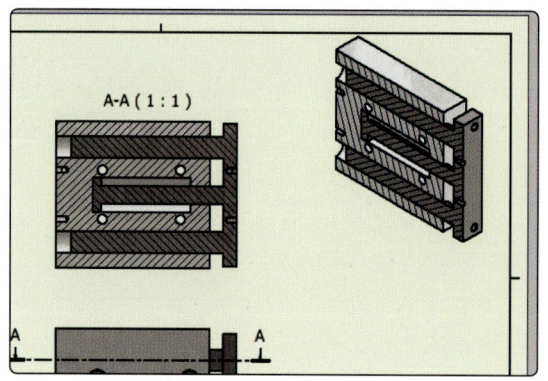

09 다음과 같이 필터를 [부품 우선순위 선택]으로 선택합니다.

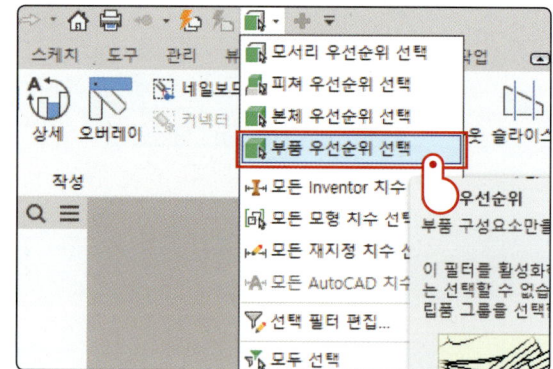

10 단면뷰의 다음 부품을 선택해 팝업 메뉴를 표시한 뒤 [단면 포함 – 없음]을 선택합니다.

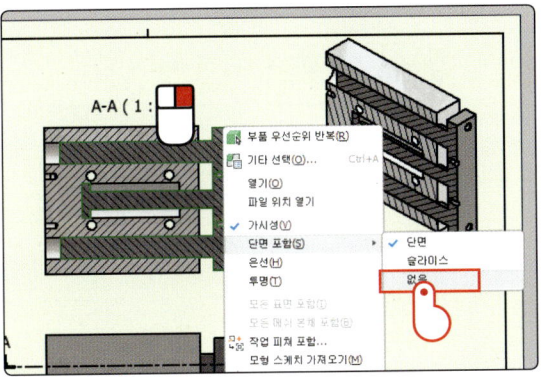

11 다음과 같이 단면포함을 제외한 부품이 다음과 같이 단면에서 제외됩니다.

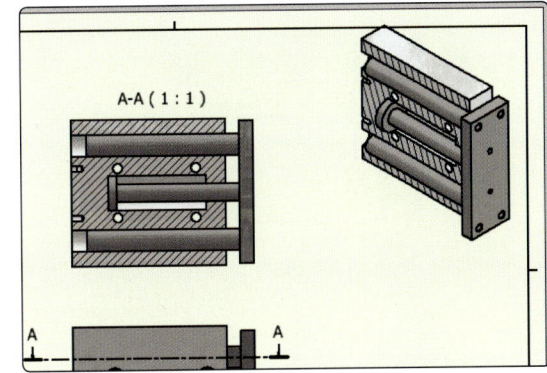

06 단면 뷰 명령 실습하기 – 계단 단면

01 [시트:2]를 더블클릭해 변환한 뒤 [단면] 명령을 실행해 뷰를 선택합니다.

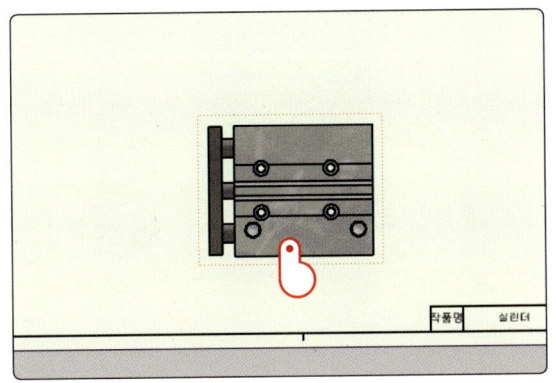

02 다음과 같이 단면선을 작성합니다.

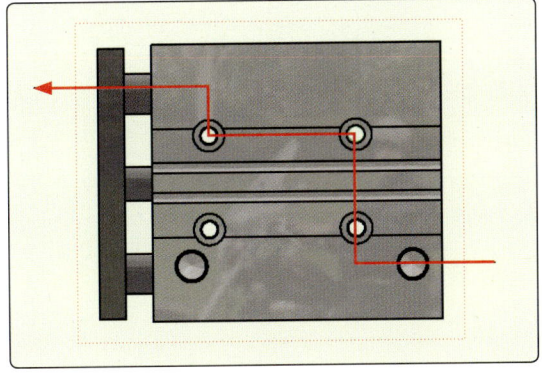

03 팝업 메뉴를 표시해 [계속] 버튼을 클릭하고 마우스를 위로 움직이면 단면뷰가 표시됩니다.

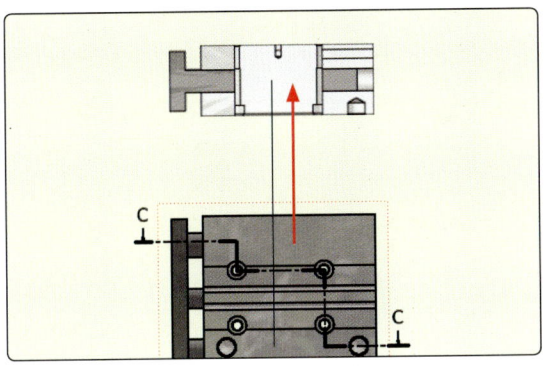

04 적당한 위치에 클릭하면 단면뷰가 작성됩니다.

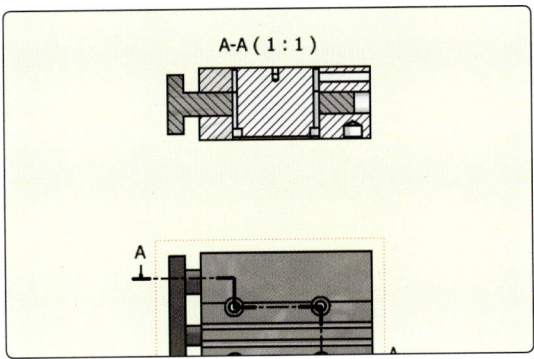

05 단면선을 선택해 팝업 메뉴를 표시한 다음 [단면 특성 편집]을 클릭합니다.

06 방법을 [정렬]에 체크합니다.

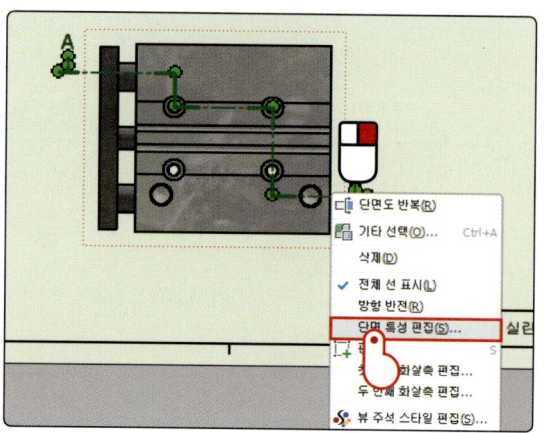
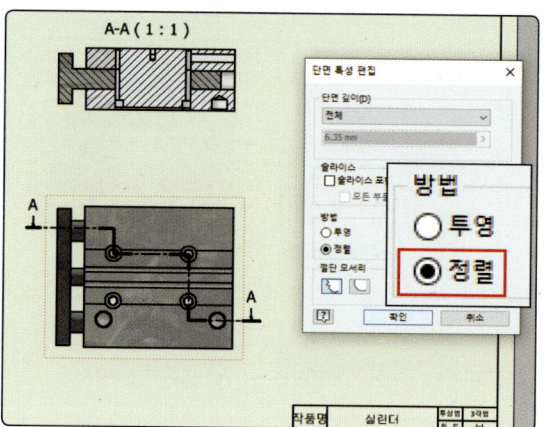

07 확인 버튼을 클릭하면 계단 단면이 단면선을 따라 정렬되는 뷰가 작성됩니다.

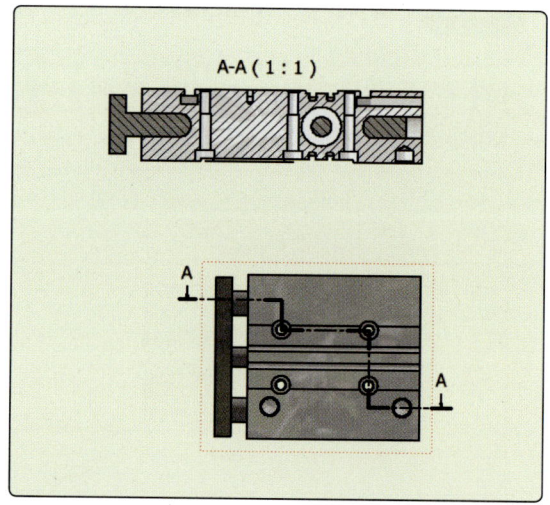

07 상세 뷰 명령 실습하기

01 [파일] - [열기]를 클릭하여 아래 예제 파일을 엽니다.

■ Part6 - Chapter3 - 상세 뷰.idw

02 [상세] 명령을 실행해 뷰를 선택합니다.

03 원을 작성하는 요령으로 상세 뷰 영역을 작성합니다.

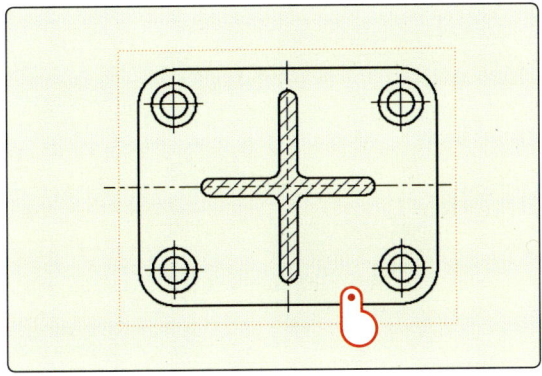
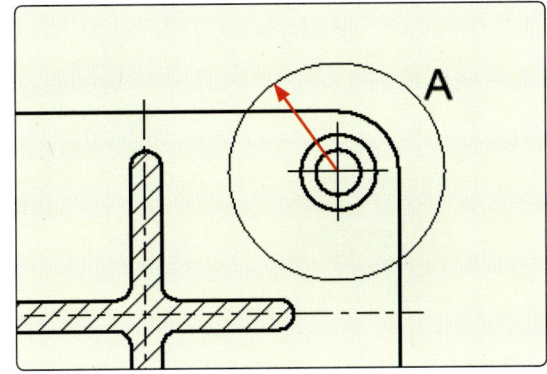

04 상세 뷰 영역을 작성한 후 마우스를 이동하면 다음과 같이 상세 뷰가 미리보기가 됩니다.

05 적당한 위치에 클릭하면 다음과 같이 상세 뷰가 작성됩니다.

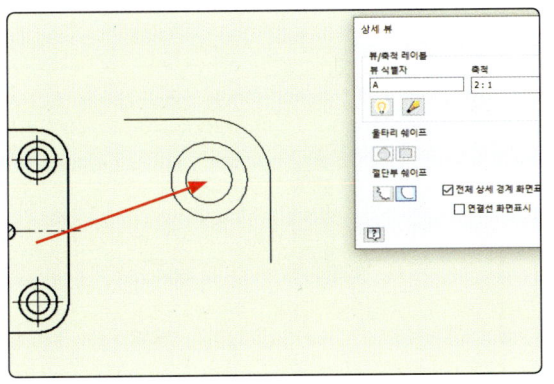
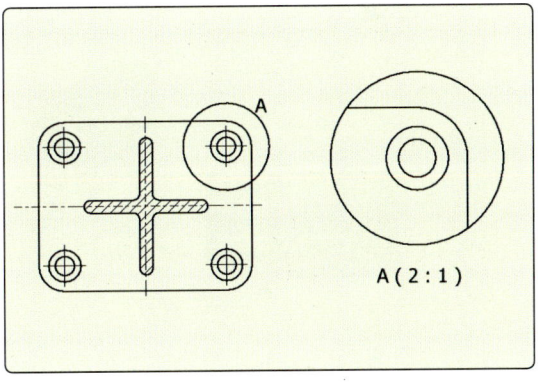

08 오버레이 뷰 명령 실습하기

01 [파일] - [열기]를 클릭하여 아래 예제 파일을 엽니다.

■ Part6 - Chapter3 - 3.섹션뷰 - 오버레이.idw

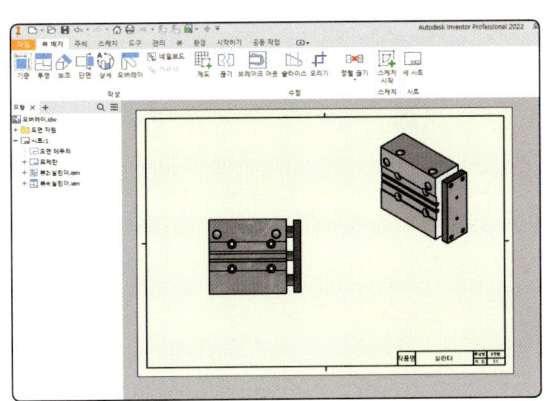

02 [오버레이] 명령을 클릭해 뷰를 선택합니다.

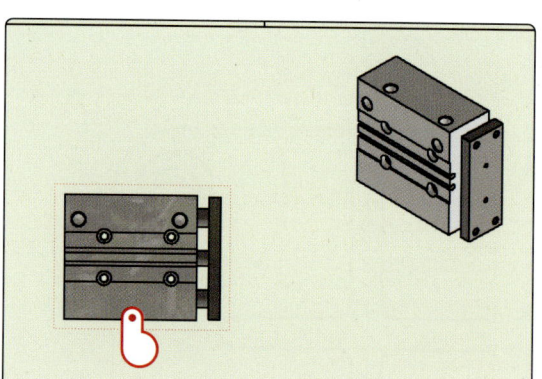

03 위치 표현 항목을 [전진]으로 선택한 후 확인 버튼을 클릭합니다.

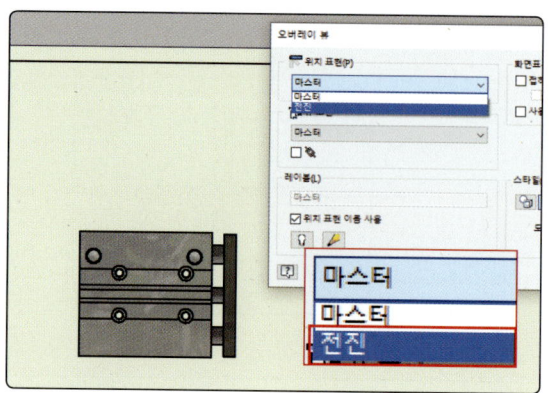

04 다음과 같이 조립품에서 작성한 위치표현이 오버레이 뷰로 함께 표시됩니다.

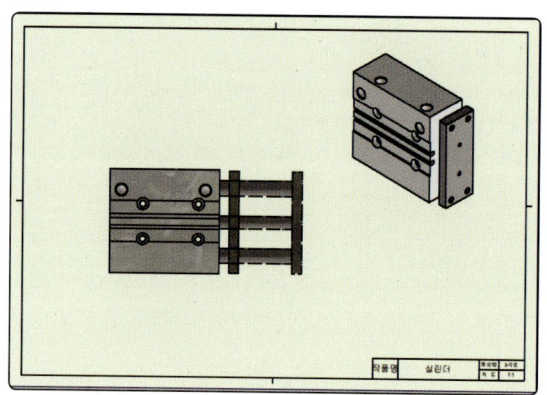

05 [오버레이] 명령을 실행해 등각투상 뷰를 선택한 후 위치 표현을 전진으로 선택합니다.

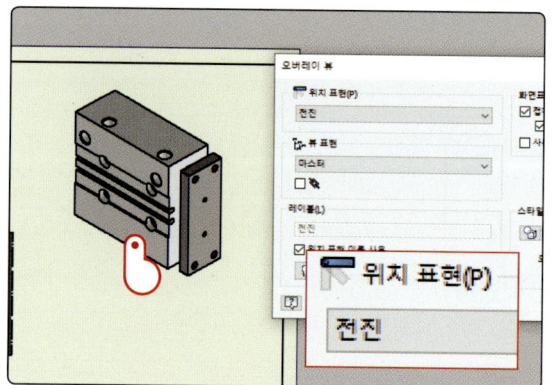

06 확인 버튼을 클릭하면 등각투상 뷰에도 오버레이 뷰가 작성됩니다.

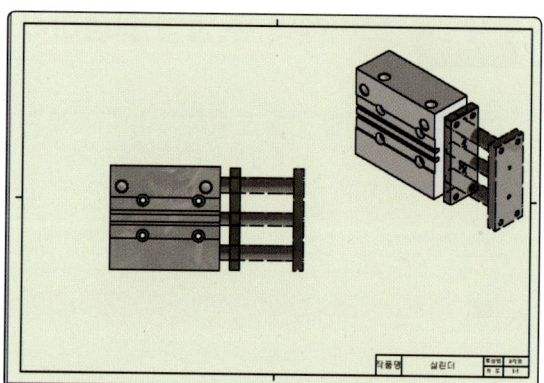

Tip

오버레이 명령은 조립품에서 위치 표현을 미리 작성해야 사용 가능합니다.

09 끊기 뷰 명령 실습하기

01 [파일] - [열기]를 클릭하여 아래 예제 파일을 엽니다.

■ Part6 - Chapter3 - 끊기.idw

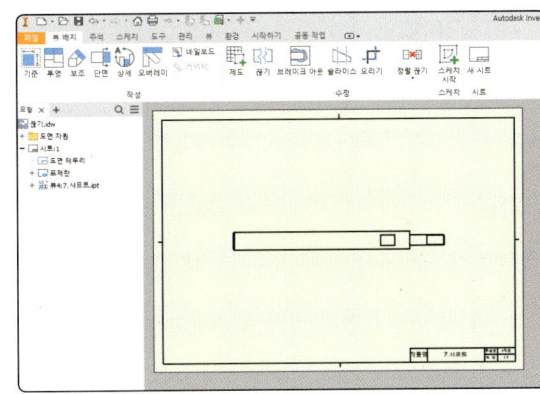

02 [끊기] 명령을 클릭해 뷰를 선택합니다.

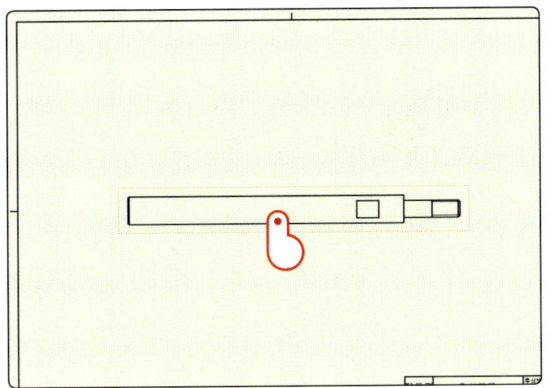

03 끊기 뷰 명령어 창이 표시됩니다.

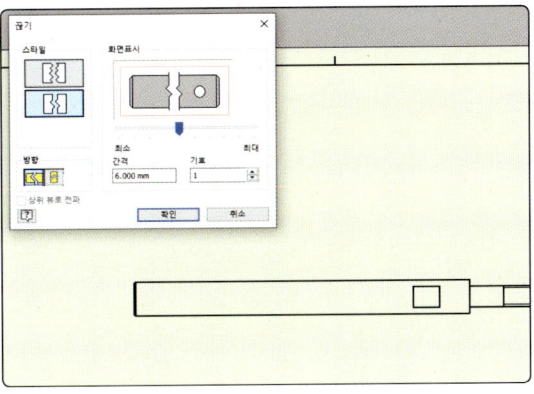

04 끊기 영역에 해당하는 두 개의 지점을 클릭합니다.

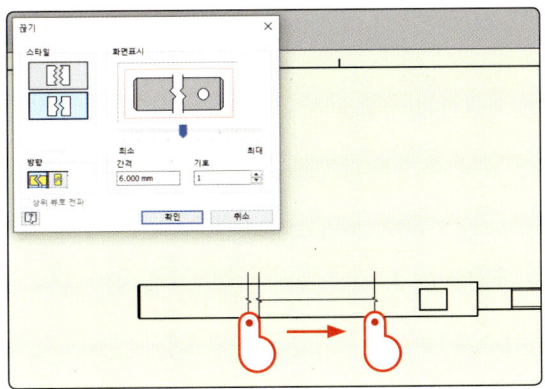

05 다음과 같이 끊기 뷰가 작성됩니다.

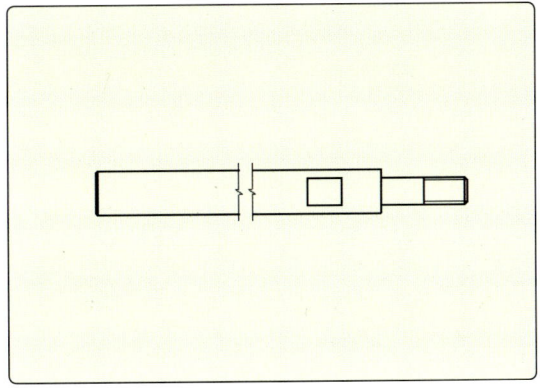

10 브레이크 아웃 뷰 명령 실습하기

01 [파일] - [열기]를 클릭하여 아래 예제 파일을 엽니다.

■ Part6 - Chapter3 - 브레이크 아웃.idw

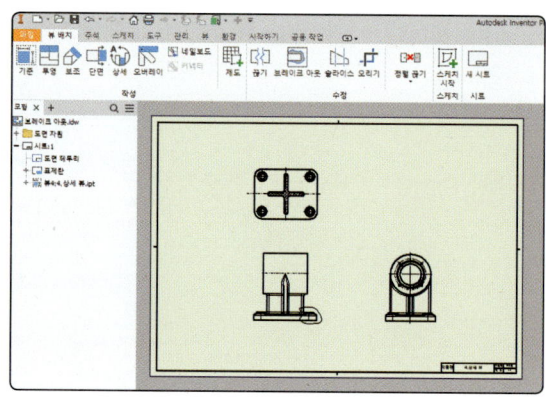

02 [브레이크 아웃] 명령을 클릭해 뷰를 선택합니다.

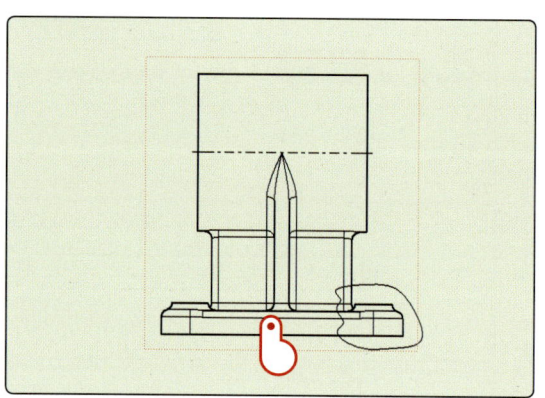

03 평면도의 다음 점을 선택해 브레이크 아웃 깊이를 선택합니다.

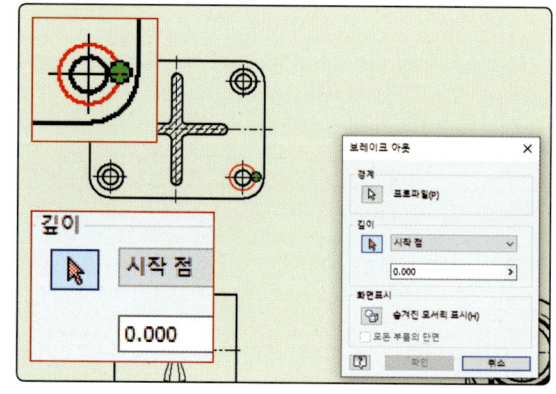

04 확인 버튼을 클릭합니다.

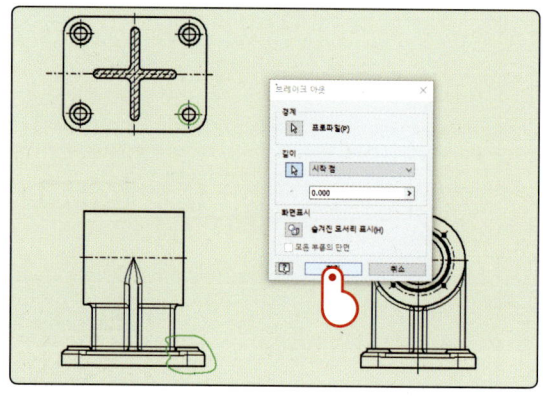

05 정면도에 브레이크 아웃 뷰가 작성됩니다.

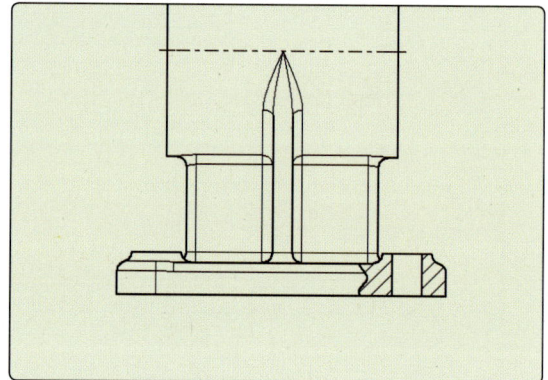

11 오리기 명령 실습하기

01 [파일] - [열기]를 클릭하여 아래 예제 파일을 엽니다.

02 [오리기] 명령을 클릭해 뷰를 선택합니다.

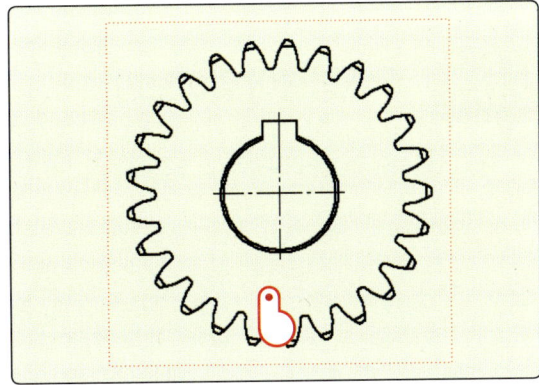

03 사각형을 작성하는 요령으로 오리기 뷰 영역을 작성합니다.

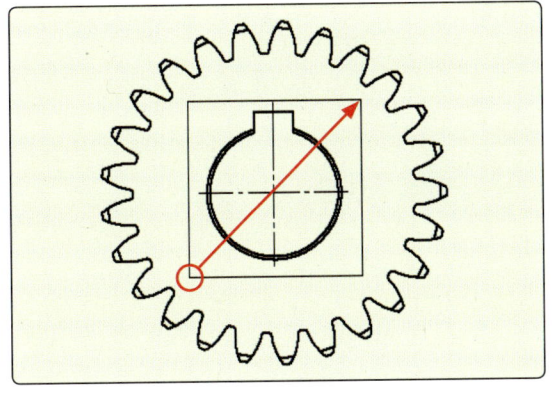

04 오리기 뷰 작성이 완료됩니다. 검색기에서 오리기 뷰 항목을 선택해 팝업 메뉴로 [오리기 절단선 화면표시] 항목을 클릭해 체크 해제합니다.

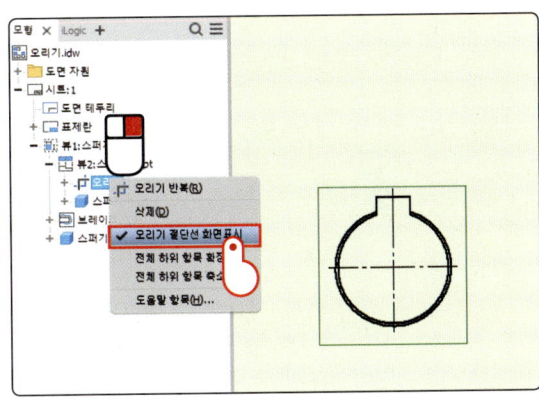

05 오리기 뷰 작성이 완료되었습니다.

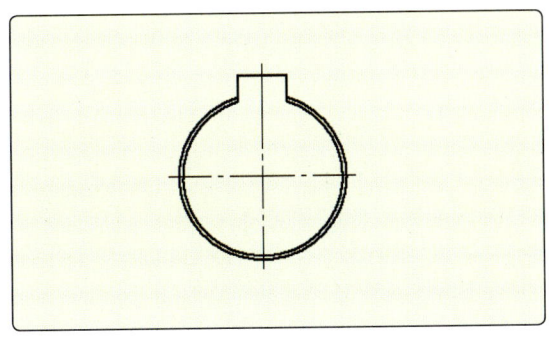

▶ YouTube
풀이 과정을 유튜브로
확인해 보세요!

04 주석 명령어 알아보기

이번 시간에는 주석 명령을 알아보도록 하겠습니다.

01 주석 명령어 알아보기

주석 명령어에는 다음과 같은 명령어들이 있습니다.

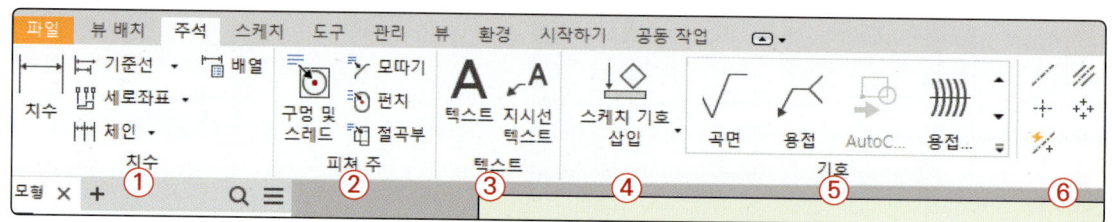

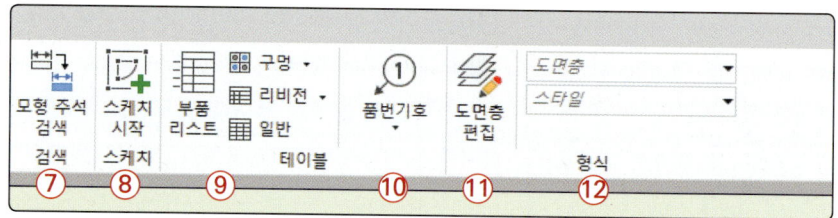

❶ **치수** : 도면 뷰에 치수를 작성합니다.

❷ **피처 주** : 특정한 피처 명령으로 작성한 도면에 피처 주석을 표시합니다.

❸ **텍스트** : 도면에 다양한 형태의 텍스트를 표시합니다.

❹ **스케치 삽입 기호** : 사용자가 작성한 스케치 기호를 삽입합니다.

❺ **기호** : 용접, 곡면 등 다양한 기호를 삽입합니다.

❻ **중심선** : 도면 뷰에 다양한 형태의 중심선을 작성합니다.

❼ **검색** : 모델링 항목에서 작성한 치수를 선택해 도면에 표시합니다.

❽ **스케치** : 뷰 작성을 보조해주는 스케치를 작성합니다.

❾ **테이블** : 도면에 각종 스타일의 테이블을 작성합니다.

❿ **품번 기호** : 조립품의 구성요소 부품의 품번 기호를 작성합니다.

⓫ **도면층 편집** : 도면 환경에서 선의 종류에 따른 다양한 도면층 편집을 할 수 있습니다.

⓬ **형식** : 선택한 도면 개체에 따라 알맞은 도면층과 스타일을 설정할 수 있습니다.

02 치수

치수 항목에는 다음과 같은 명령어들이 있습니다.

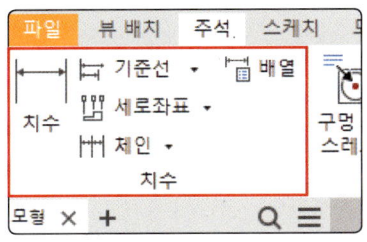

① 수평/수직 치수 : 선택한 개체의 수평/수직 치수를 작성합니다.

② 정렬 치수 : 선택한 개체와 평행하는 정렬 치수를 작성합니다.

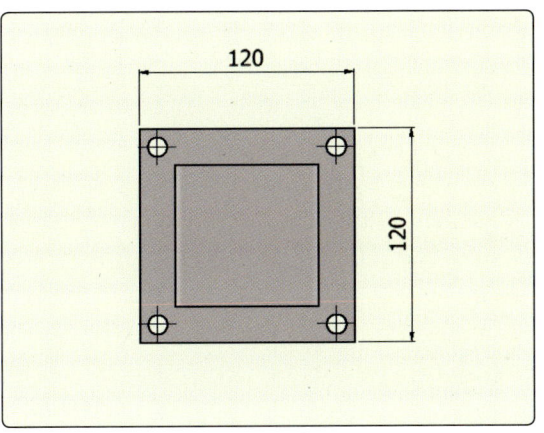

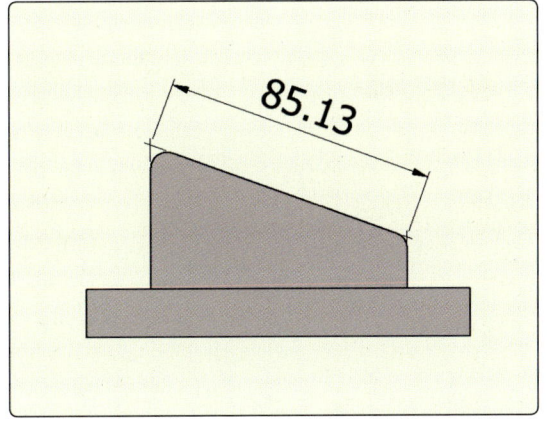

③ 각도 치수 : 평행하지 않은 두 개의 모서리를 선택해 각도 치수를 작성합니다.

④ 지름 치수 : 원형 모서리를 선택해 지름/반지름 치수를 작성합니다.

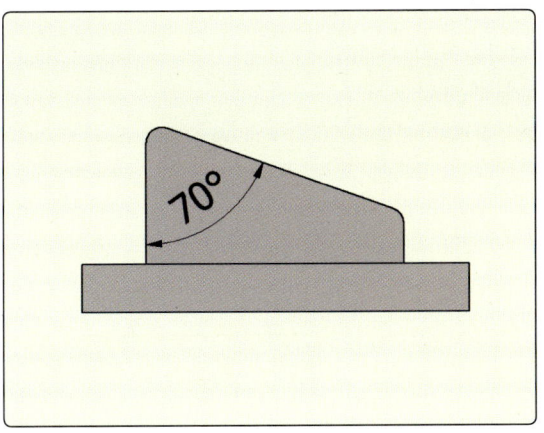

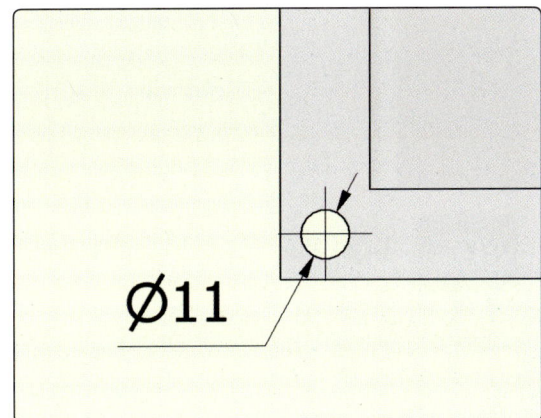

❺ **기준선 치수** : 처음 모서리에서 누적된 연속 치수를 작성합니다.

❻ **세로좌표 치수** : 치수 원점을 기준으로 좌표 치수를 작성합니다.

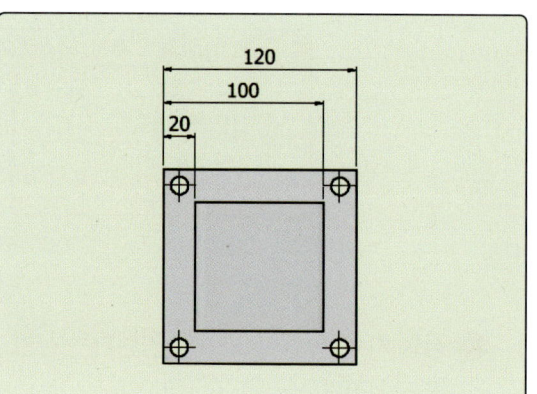
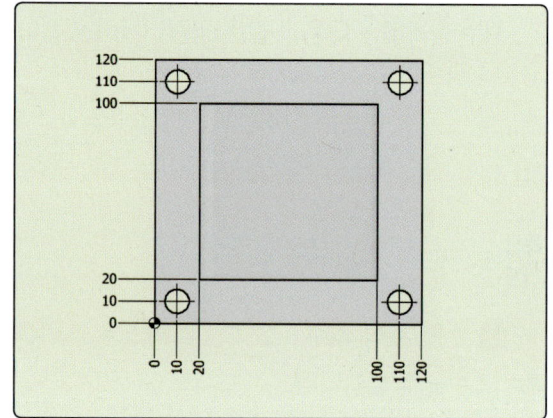

❼ **체인 치수** : 서로 이어진 연속 치수를 작성합니다.

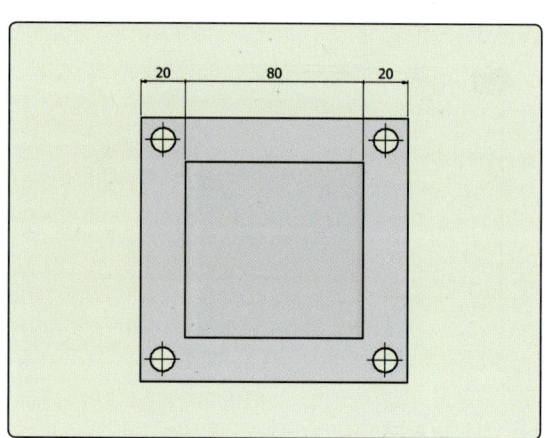

> **Tip**
>
> 일반 치수 작성법은 스케치 환경에서의 치수 작성법과 유사합니다.

03 피처 주

피처 주 항목에는 다음과 같은 명령어들이 있습니다.

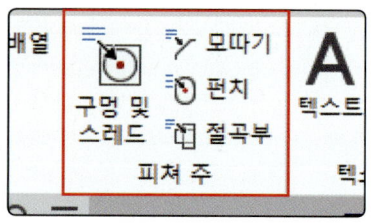

❶ **구멍 및 스레드** : 구멍 명령의 탭 옵션이라 스레드 명령으로 작성한 피처의 주석을 작성합니다.

❷ **모따기** : 모따기 명령으로 작성한 피처의 주석을 작성합니다.

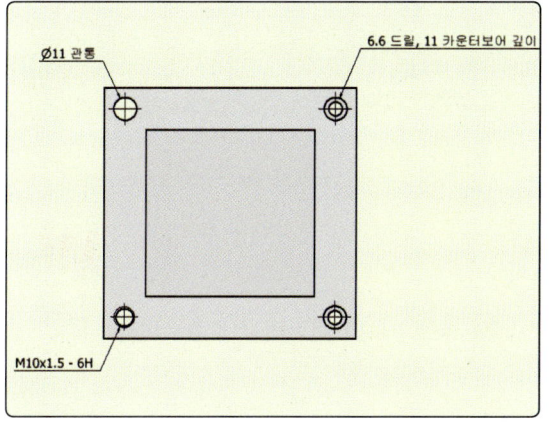

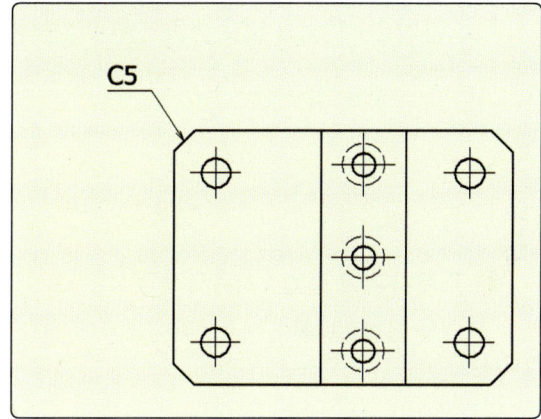

04 텍스트

텍스트 항목에는 다음과 같은 명령어들이 있습니다.

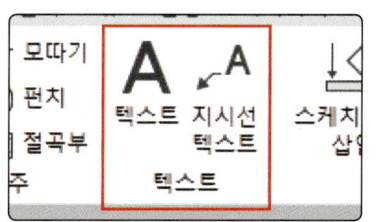

❶ **텍스트** : 일반 텍스트를 작성합니다.

❷ **지시선 텍스트** : 지시선 텍스트를 작성합니다.

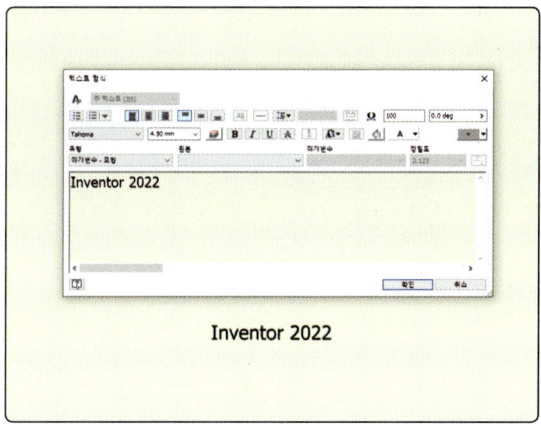

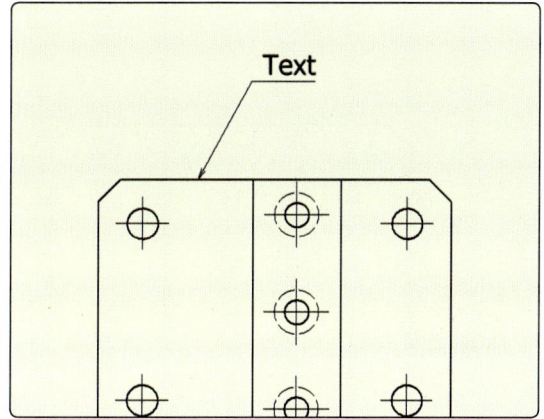

05 기호

기호 항목에는 다음과 같은 명령어들이 있습니다.

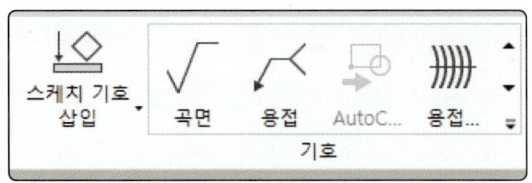

❶ **스케치 기호 삽입** : 사용자가 작성한 스케치 기호를 삽입합니다.

❷ **곡면** : 표면 거칠기 기호를 작성합니다.

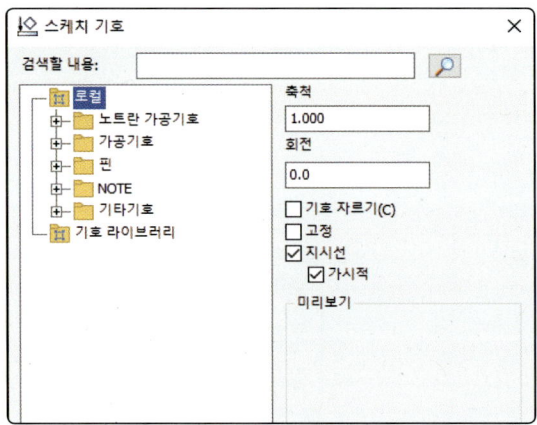

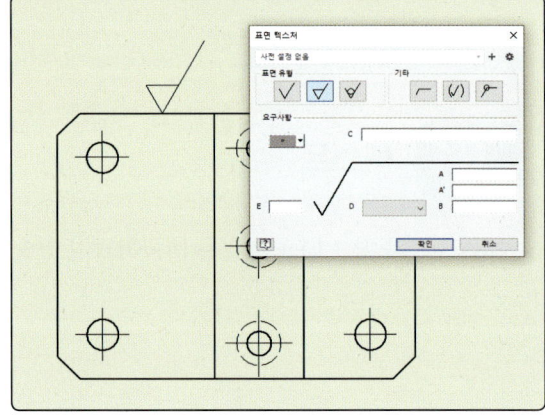

❸ **데이텀** : 데이텀 기호를 작성합니다.

❹ **형상 공차** : 형상 공차 기호를 작성합니다.

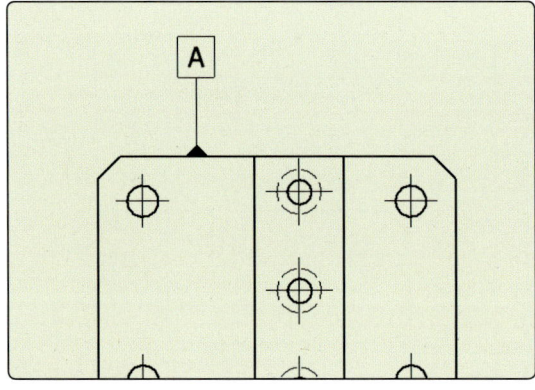

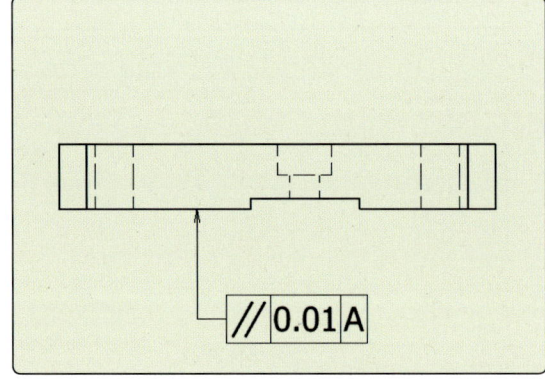

 **Tip**

새 기호 정의 명령을 사용하면 사용자 정의 기호를 작성할 수 있습니다.

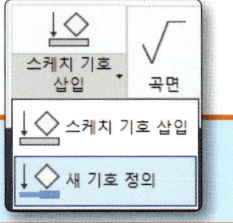

06 중심선 마크 기호

중심선 마크 기호 항목에는 다음과 같은 명령어들이 있습니다.

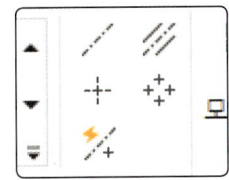

❶ **중심선** : 점과 점을 이어서 일반적인 선 형식의 중심선을 작성합니다.

❷ **중심선 이등분** : 평행한 두 개의 모서리의 중앙을 지나가는 중심선을 작성합니다.

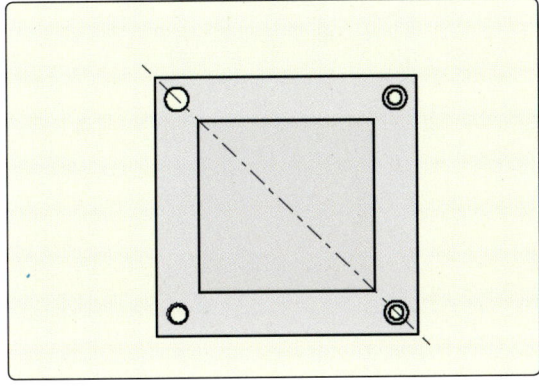

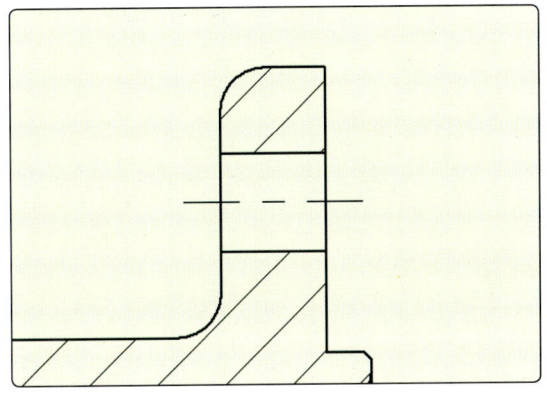

❸ **중심 표식** : 원 또는 호의 중심 마크를 작성합니다.

❹ **중심 패턴** : 일정한 원형 패턴으로 작성되어 있는 원형 개체의 중심 표식을 작성합니다.

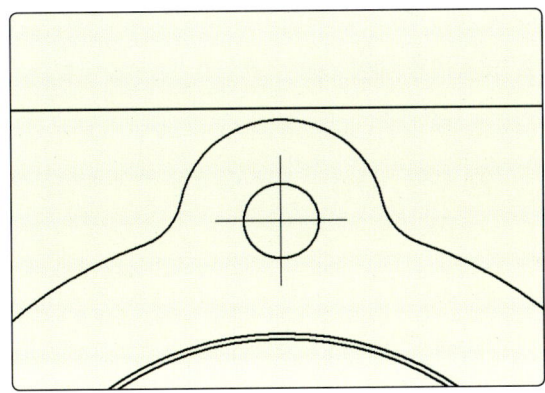

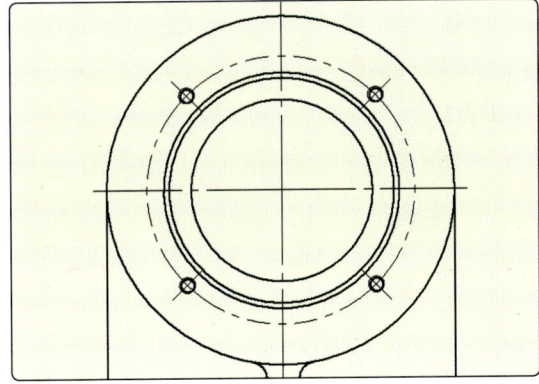

> **Tip**
>
> 중심선은 세 개 이상의 점을 이어서 작성하면 호 형상의 중심선을 작성할 수 있습니다.

❺ 　　자동화된 중심선 : 선택한 뷰에서 조건에 맞는 중심선 마크를 자동으로 생성합니다.

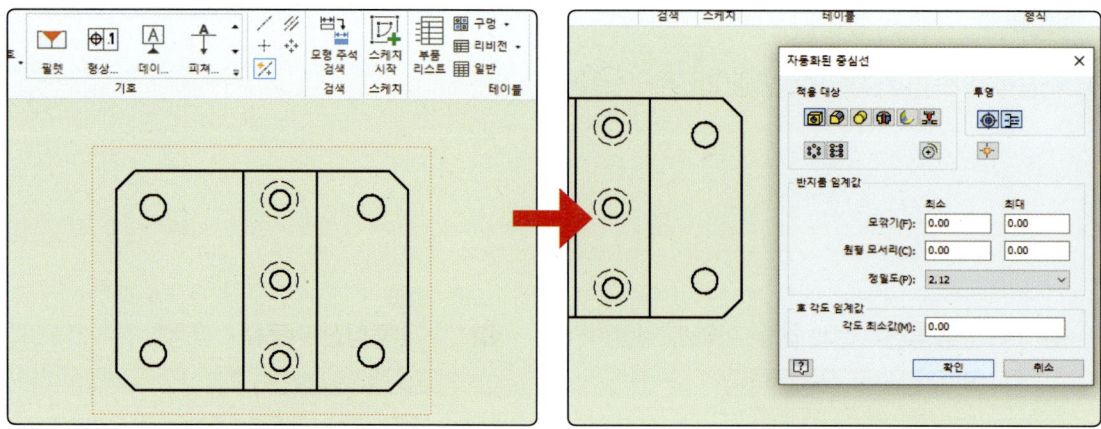

▲ 아이콘 클릭 후 뷰 선택　　　　　　▲ 설정 후 확인 클릭

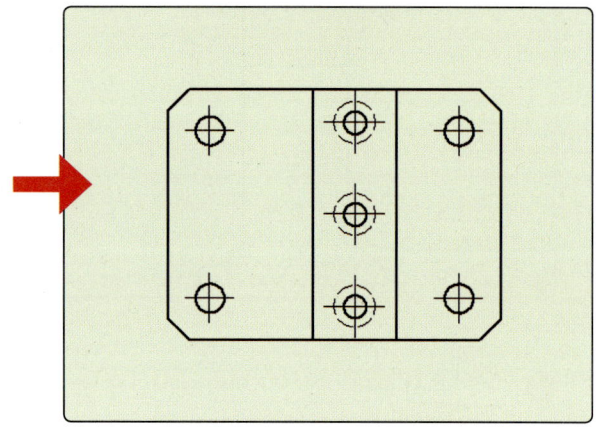

▲ 자동화된 중심선 작성 완료

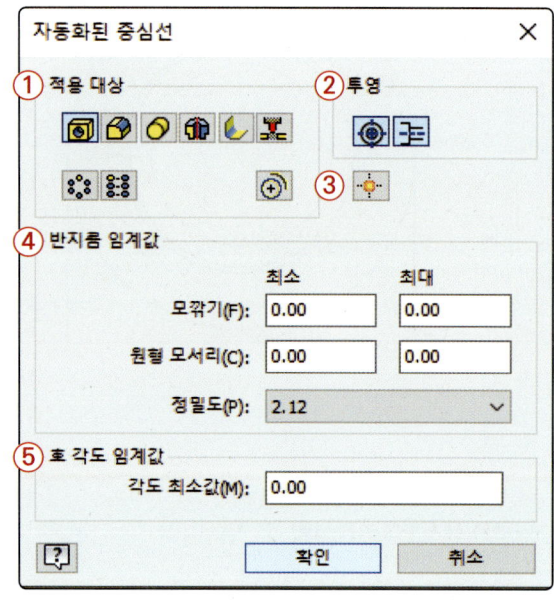

❶ **적용 대상** : 중심 표식을 작성할 대상을 선택합니다.

❷ **투영** : 중심 표식을 작성할 투영 방향을 선택합니다.

❸ **작업 피처** : 모형 작업에서 작성한 작업 피처를 중심 표식으로 작성합니다.

❹ **반지름 임계값** : 세부 항목의 반지름 임계값을 설정합니다.

❺ **호 각도 임계값** : 호 각도 임계값을 설정합니다.

07 테이블

테이블 항목에는 다음과 같은 명령어들이 있습니다.

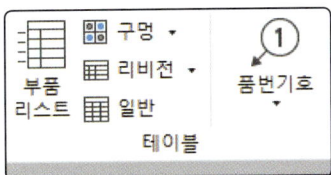

① 부품 리스트 : 조립품 환경에서 작성한 BOM을 부품 리스트로 작성합니다.

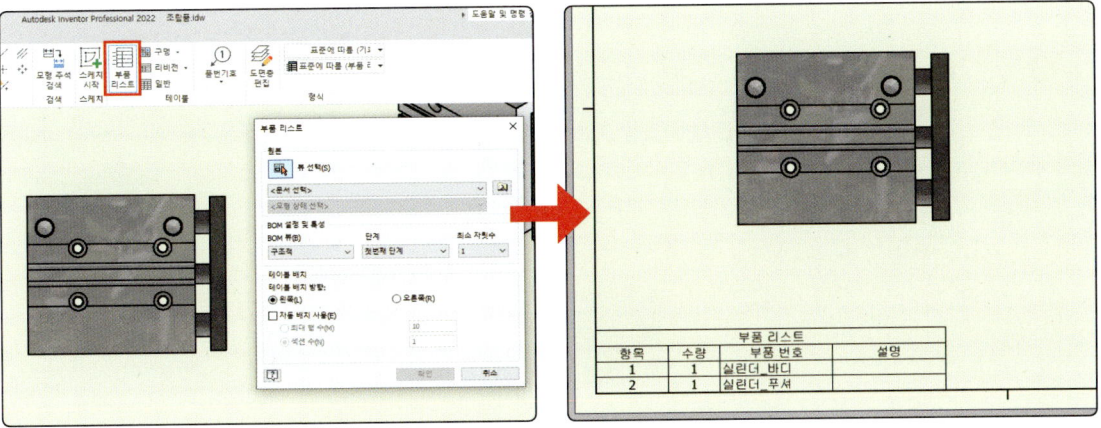

② 부품 리스트 스타일 편집하기 : 작성한 부품 리스트를 팝업 메뉴를 표시해 [부품 리스트 스타일 편집]을 클릭하면 다음과 같이 스타일 편집기로 이동하여 편집할 수 있습니다.

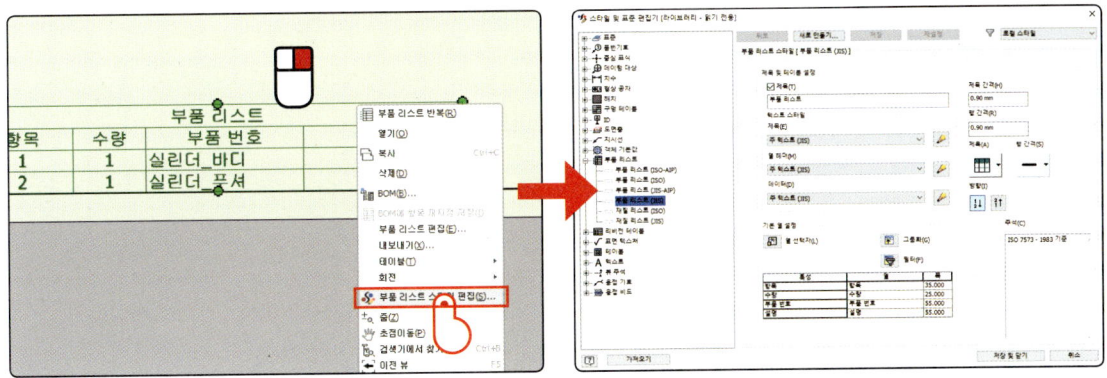

 **Tip**

부품 리스트를 더블클릭하면 일시적으로 편집하는 창이 표시됩니다.

❸ **구멍 테이블** : 구멍 명령으로 작성한 원형 피처의 작업 테이블용 리스트를 작성합니다.

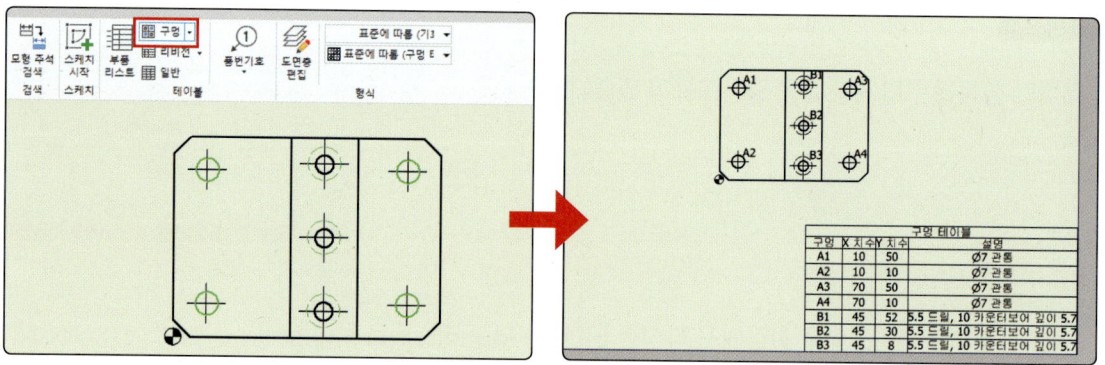

❹ **품번기호 / 자동 품번기호** : 도면에 여러 가지 종류의 부품번호를 작성합니다.

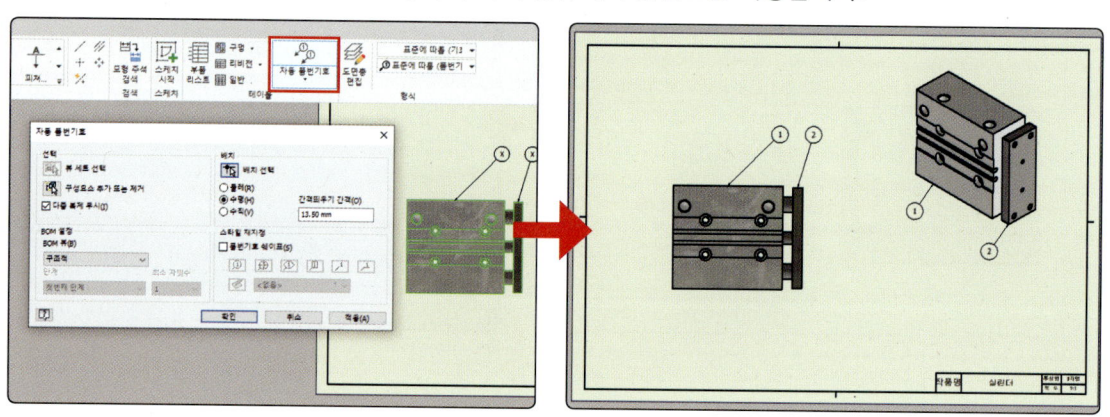

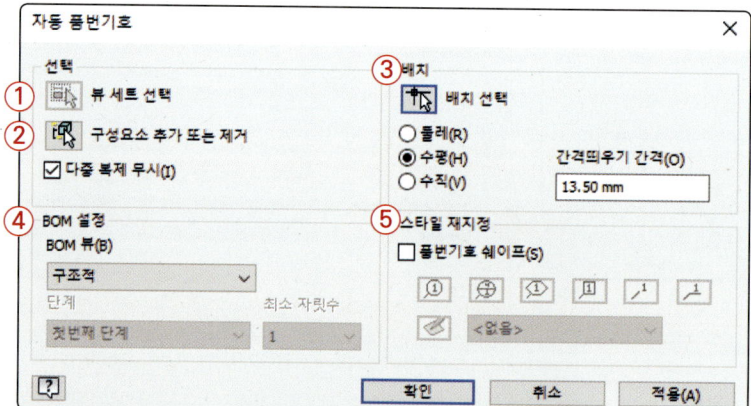

❶ **뷰 세트 선택** : 품번기호를 작성할 뷰를 선택합니다.

❷ **구성요소 추가 또는 제거** : 품번기호를 작성할 부품들을 선택합니다.

❸ **배치** : 품번기호의 배치 종류를 선택합니다.

❹ **BOM 설정** : 부품리스트로 표시할 BOM 설정을 선택합니다.

❺ **스타일 재지정** : 품번기호의 스타일을 설정합니다.

08 내보내기

❶ DWG로 내보내기 : 인벤터 도면 파일을 DWG 파일로 내보냅니다.

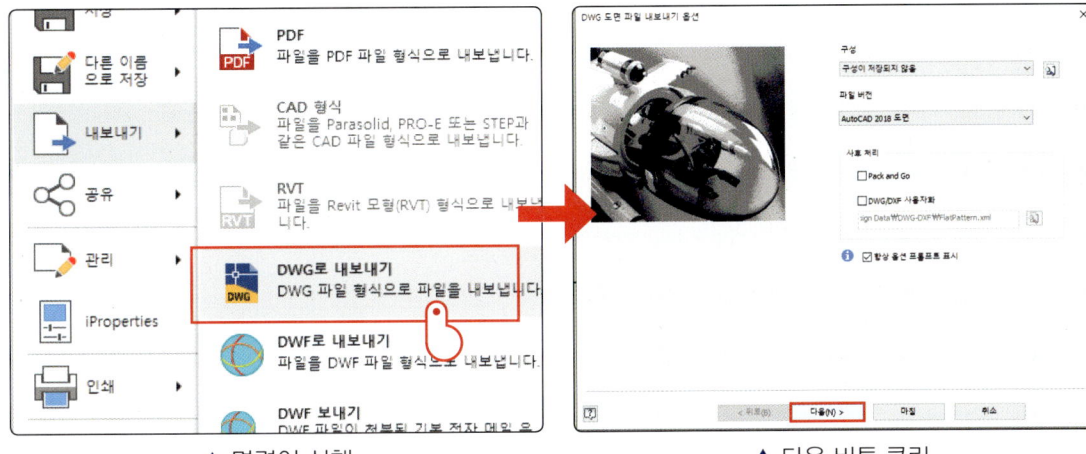

▲ 명령어 실행 　　　　　　　　　　　▲ 다음 버튼 클릭

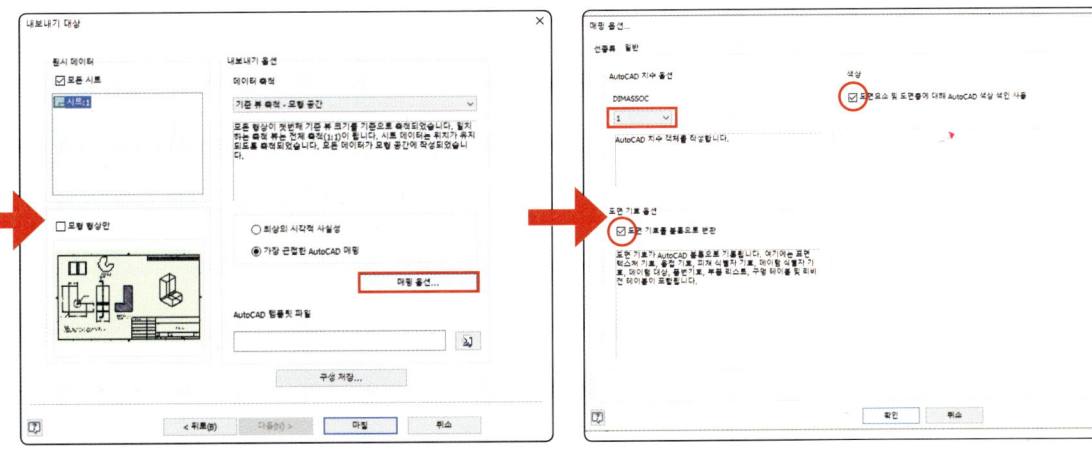

▲ 매핑 옵션 클릭 　　　　　　　　　　▲ 매핑 옵션 설정후 확인

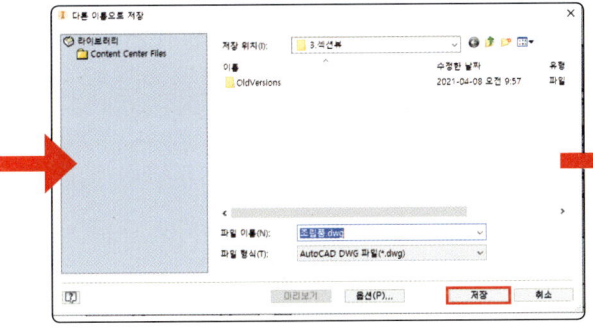

▲ 파일 이름을 정한 후 저장

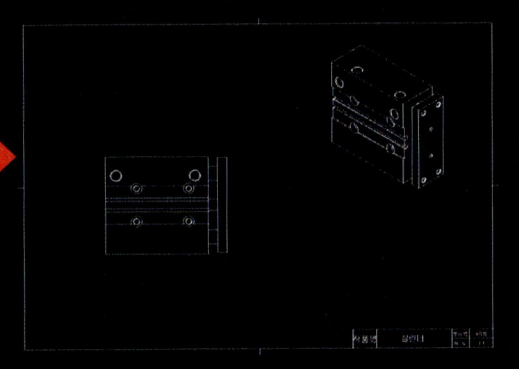

❷ **PDF로 내보내기** : 인벤터 도면 파일을 PDF 파일로 내보냅니다.

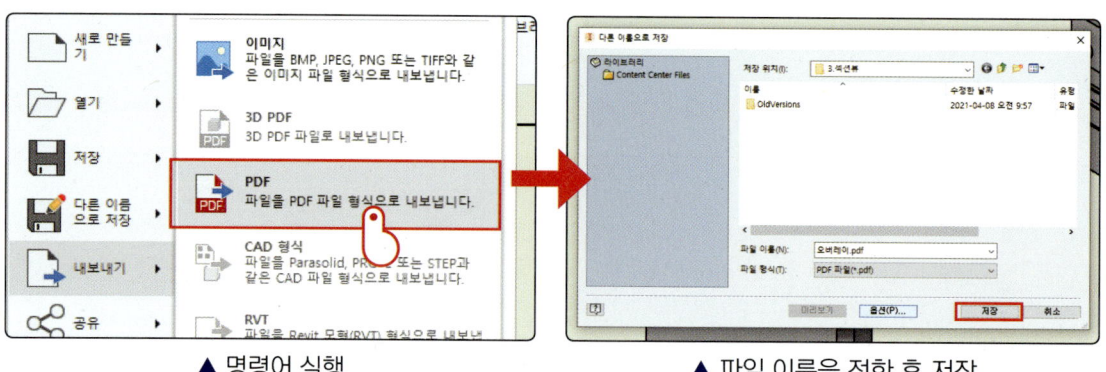

▲ 명령어 실행   ▲ 파일 이름을 정한 후 저장

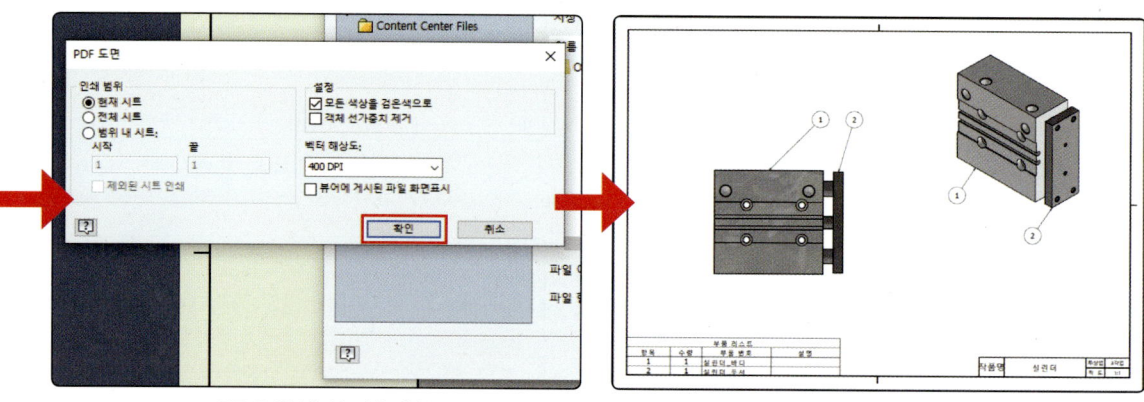

▲ PDF 옵션 설정후 확인   ▲ 내보내기 완료

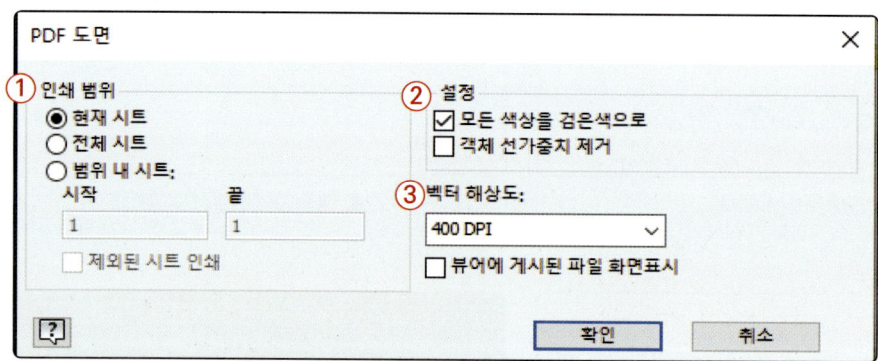

❶ **인쇄 범위** : 인쇄할 시트 범위를 설정합니다.

❷ **설정** : 선의 색상 및 선가중치 설정을 합니다.

❸ **벡터 해상도** : PDF의 해상도를 설정합니다.

❸ **인쇄하기** : 인벤터 도면 파일을 인쇄합니다.

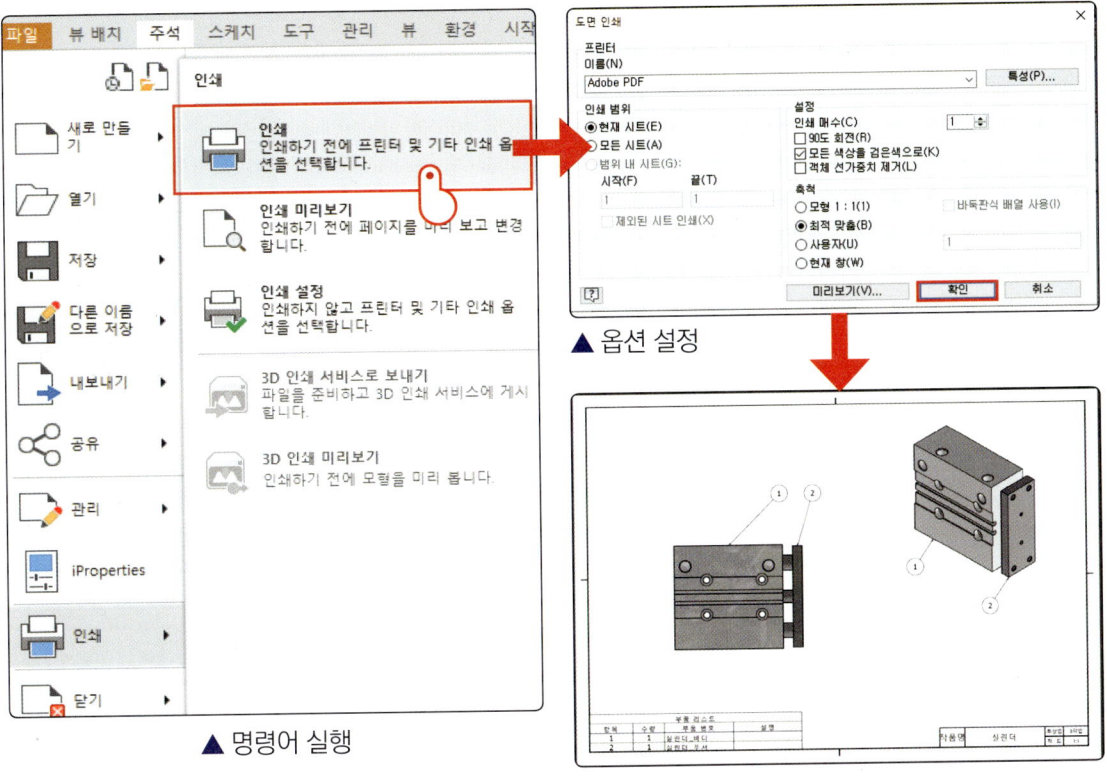

▲ 명령어 실행   ▲ 옵션 설정

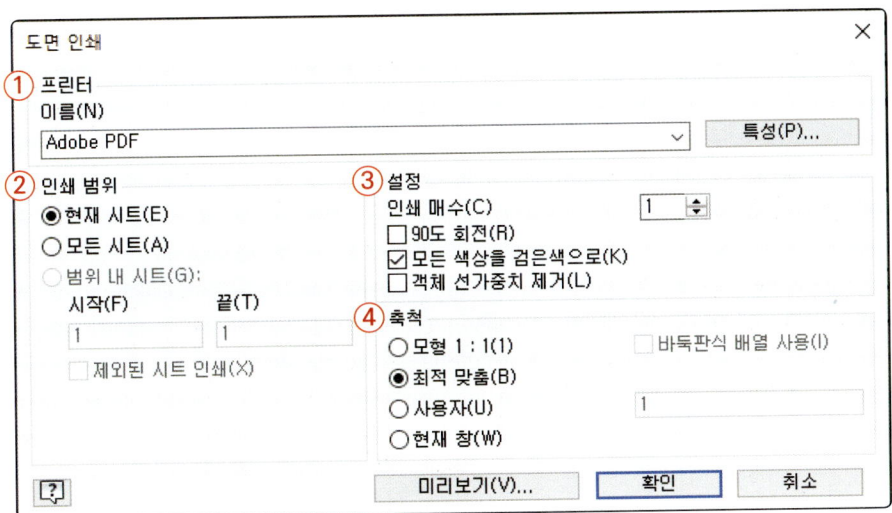

❶ **프린터** : 인쇄할 프린터 선택 및 설정을 합니다.

❷ **인쇄 범위** : 인쇄할 시트 범위를 설정합니다.

❸ **설정** : 선의 색상 및 선가중치 설정을 합니다.

❹ **축척** : 인쇄할 도면의 축척을 설정합니다.

연습예제 : 제시된 예제파일로 다음과 같은 도면을 완성해보자.

■ Part6 – Chapter4 – 연습예제 – 1.블럭.ipt

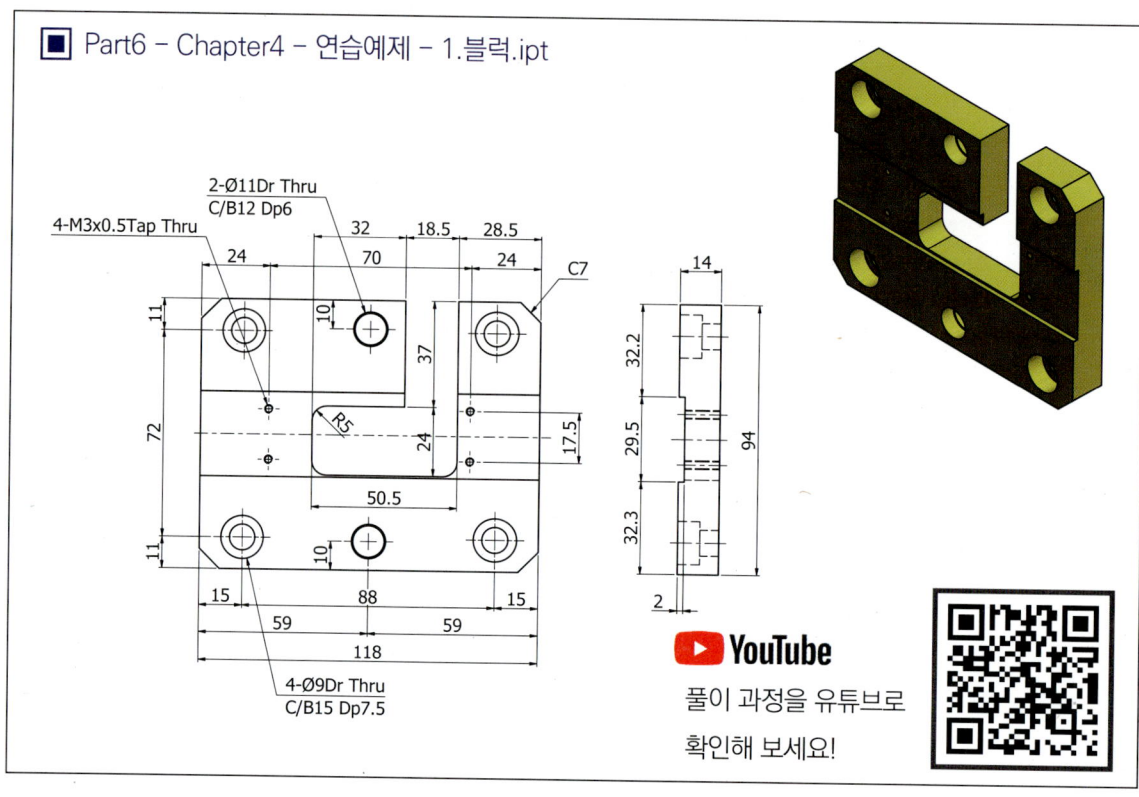

▶ YouTube
풀이 과정을 유튜브로
확인해 보세요!

■ Part6 – Chapter4 – 연습예제 – 2.팬.ipt

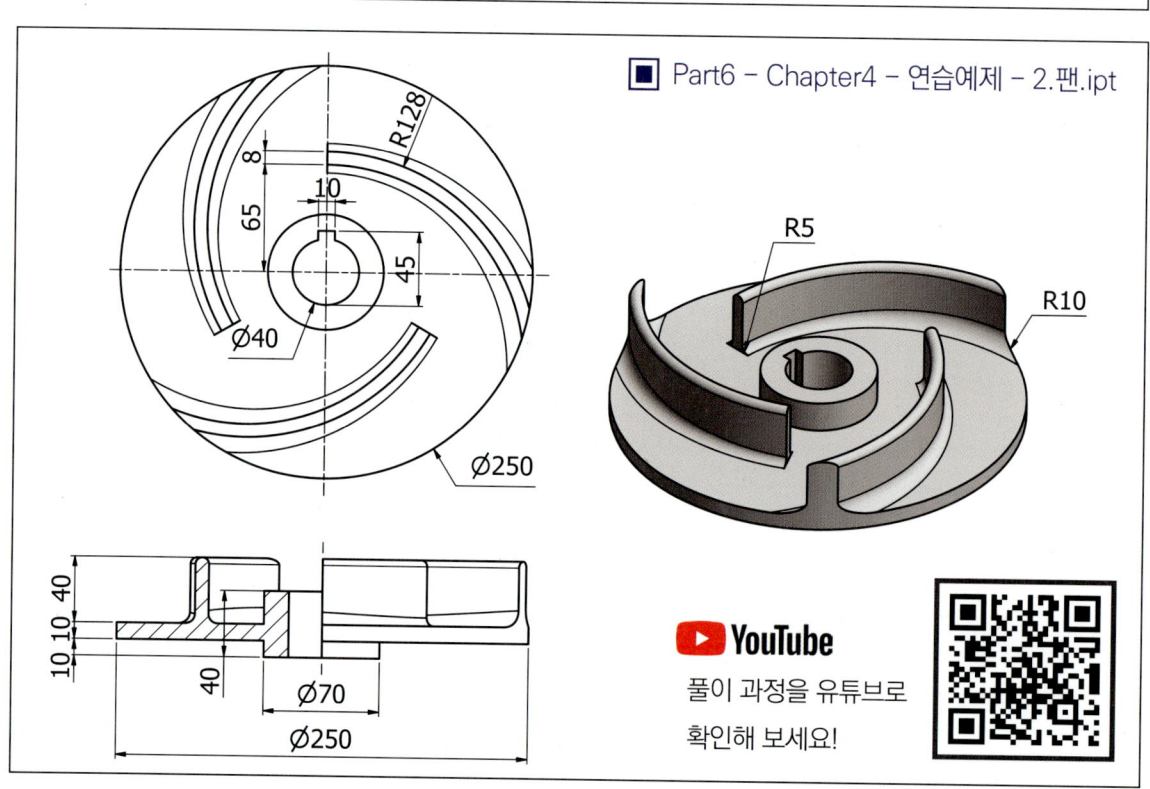

▶ YouTube
풀이 과정을 유튜브로
확인해 보세요!

■ Part6 – Chapter4 – 연습예제 – 3.판금 커버.ipt

▶ YouTube
풀이 과정을 유튜브로 확인해 보세요!

■ Part6 – Chapter4 – 연습예제 – 4.곡면 돌출.ipt

▶ YouTube
풀이 과정을 유튜브로 확인해 보세요!

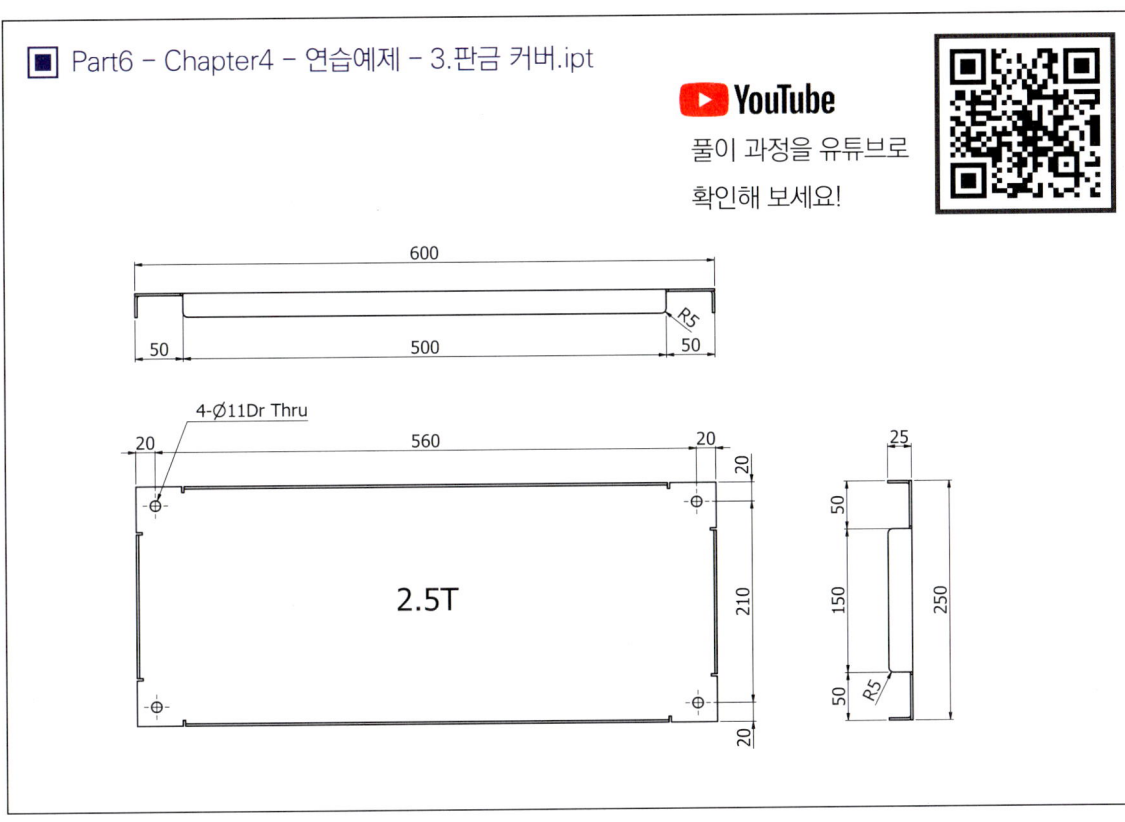

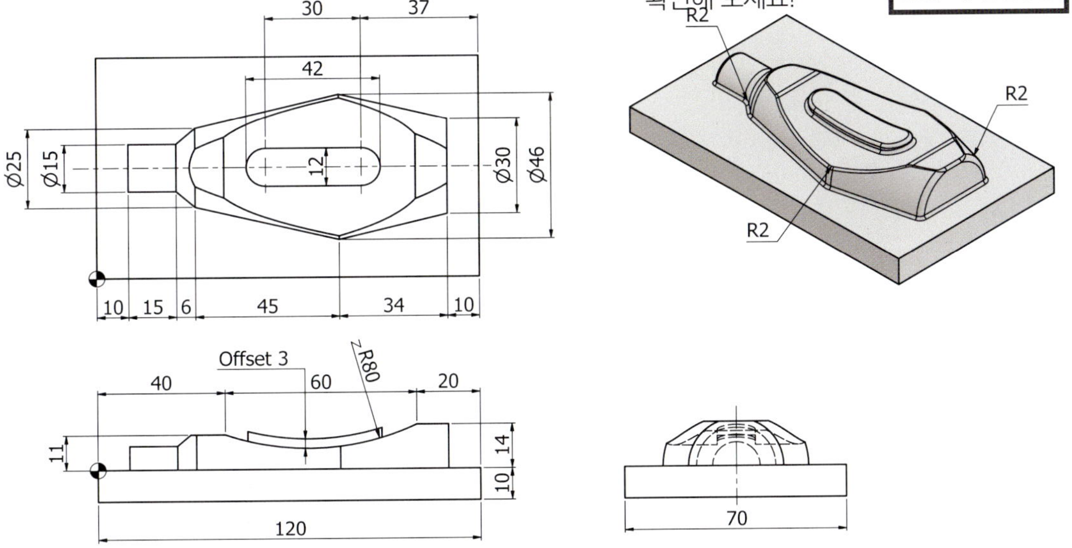

■ Part6 – Chapter4 – 연습예제 – 5.곡면 스윕.ipt

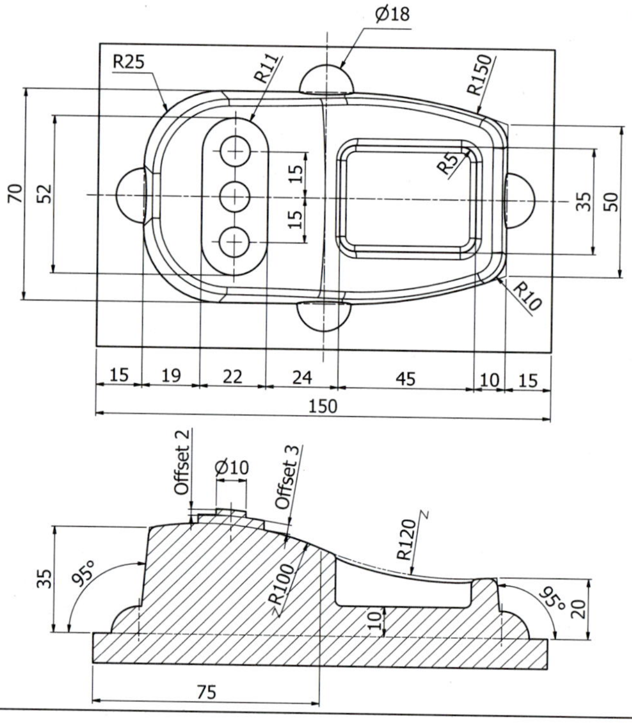

YouTube

풀이 과정을 유튜브로 확인해 보세요!

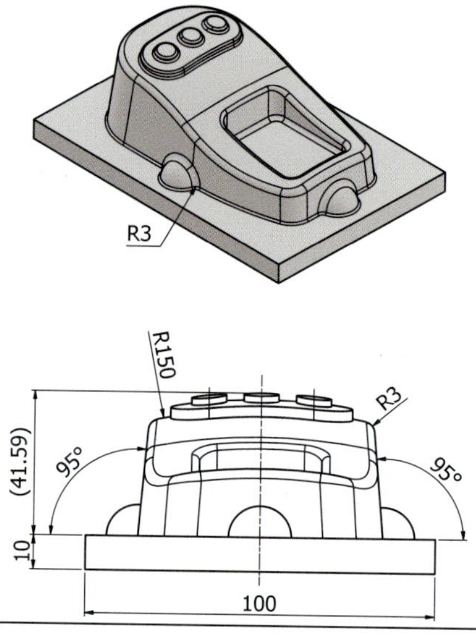

■ Part6 – Chapter4 – 연습예제 – 6.레고맨 – 레고맨.iam

항목	설명	수량	주석
1	몸통	1	
2	고간	1	
3	머리	1	
4	손	2	
5	오른다리	1	
6	오른팔	1	
7	왼다리	1	
8	왼팔	1	

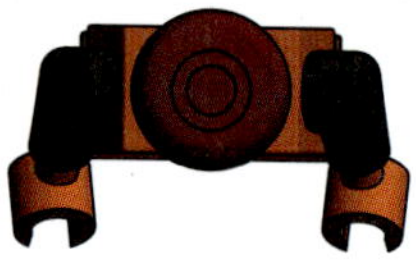

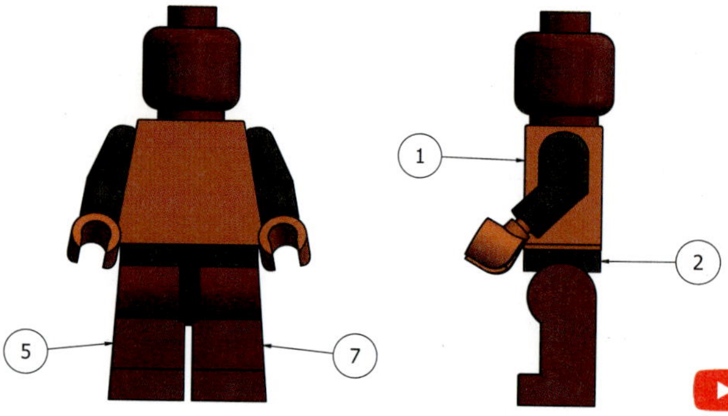

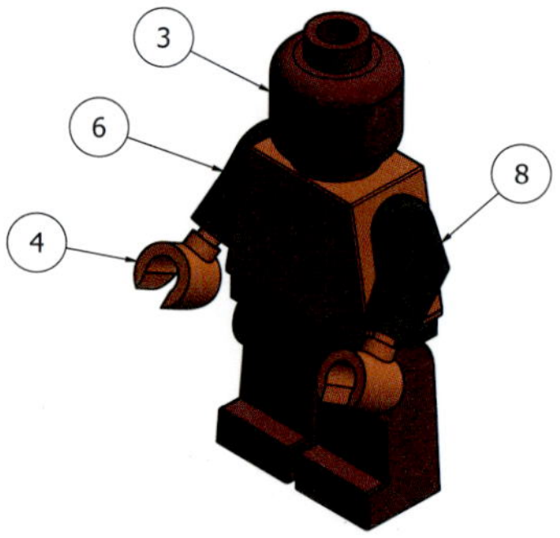

YouTube

풀이 과정을 유튜브로 확인해 보세요!

항목	설명	수량	재질	주석
1	베이스	1	SS400	
2	부시(1)	1	SCM435	
3	부시(2)	1	SCM435	
4	블록(1)	1	SS400	
5	블록(1)	1	SS400	
6	스프링	1	STPG	
7	지그블록(1)	1	SS400	
8	지그블록(2)	1	SS400	
9	핀	1	SS400	
10	핸들	1	S45C	
P01	소켓머리볼트(M6 x 12)	2	PUR	
P02	소켓머리볼트(M6 x 20)	4	PUR	
P03	소켓머리볼트(M6 x 25)	2	PUR	
P04	핀(6x25L)	3	PUR	
P05	핀(6x30L)	1	PUR	

YouTube

풀이 과정을 유튜브로 확인해 보세요!

▣ Part6 – Chapter4 – 연습예제 – 7.드릴지그 – 드릴지그.iam

YouTube

풀이 과정을 유튜브로 확인해 보세요!

항목	설명	수량	재질	주석
1	V-벨트풀리	1	GC200	
2	기어	1	SC480	
3	본체	1	GC200	
4	축	1	SCM440	
5	칼라	2	SM45C	
6	캡	1	SM45C	
7	커버	2	GC200	
P01	볼 베어링	2	PUR	
P02	씰	2	PUR	
P03	키(4X4X15)	1	PUR	
P04	키(4X4X24)	1	PUR	

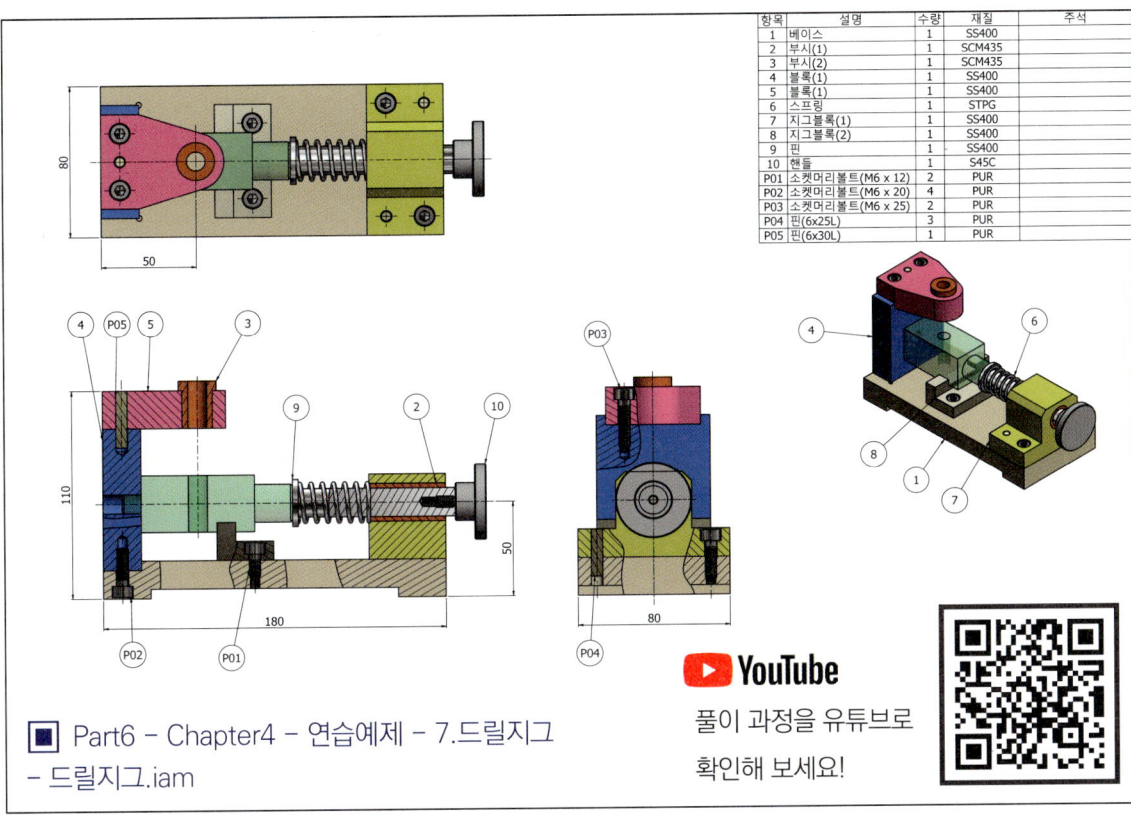

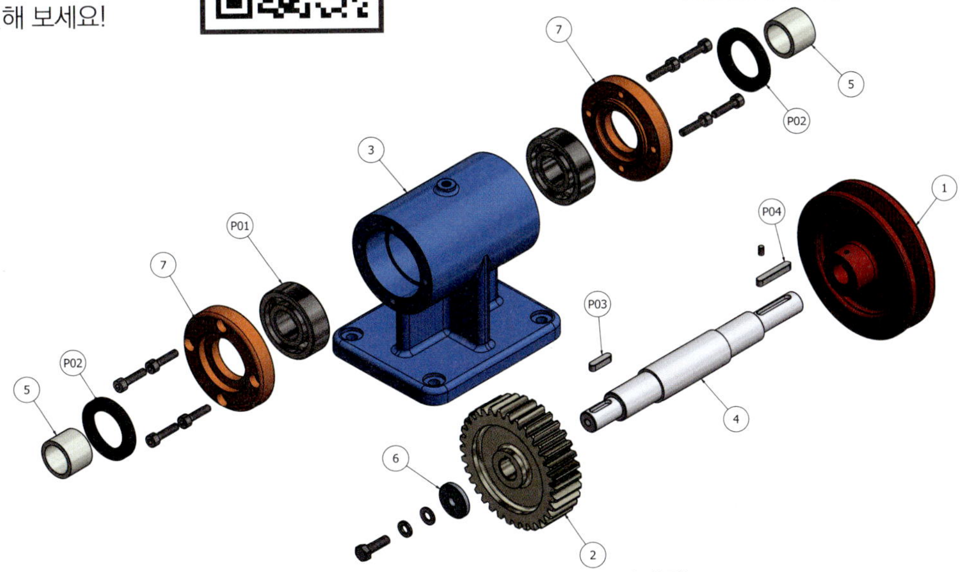

▣ Part6 – Chapter4 – 연습예제 – 8.동력전달장치 – 동력전달장치.iam